각각 그 재능대로 맡겨 주신 고난

각각 그 재능대로 맡겨 주신 고난

초판 1쇄 인쇄 2024년 11월 11일
초판 1쇄 발행 2024년 11월 15일

지은이 | 김정훈
책임제작 | 김태림

임프린트 | 도서출판 bombom
등 록 | 제2022-000061호
주 소 | 서울시 동대문구 고산자로 505, 2층 43호
전 화 | 070-4145-7564
이메일 | design_bombom@naver.com

카톡채널 | @design_bombom
페이스북 | @bombombooks2024

종이책 ISBN 979-11-987031-2-5 03230
전자책 ISBN 979-11-987031-3-2 05230

각각 그 재능대로 맡겨 주신 고난

달란트 비유에 관한 연구
Suffering, a God-given talent

김정훈 지음

bombom

저자   김정훈

계명대학교 물리학과 졸업

총신대 신학대학원 98회 졸업(M.Div)

논문 "리더십계승의 원리와 방법에 관한 연구" https://www.riss.kr/link?id=T9988955

웨스트민스터신학대학원대학교 성경 주해(Th.M)

저자는 교회를 개척하여 큰 성과를 이룬 대형 교회 담임목사가 아니다. 유학을 하지도 않았고 오랫동안 학업에 정진하여 학위를 가진 교수도 아니다. 이런 경우에 원고를 작성하는 것보다 출판하게 되는 것이 더 힘들다. 원고를 투고하는 모든 출판사들로부터 거절받게 되기 때문이다. 그런데 출판을 포기하려고 할 때쯤 하나님의 도우심으로 좋은 분들을 만날 수 있었다.

목회의 큰 성과나 학문적 성과는 없었지만, 그는 전처의 뇌종양 투병과 사별과 무임목사, 그리고 재혼으로 많은 고난을 겪었다. 그는 부목사로 성경신학을 공부하던 2011년 4월, 뇌종양에 걸린 아내를 간호하고 어린 두 아들의 양육하기 위해 목회와 학업을 내려놓았다. 사별 후 재혼을 하고 교회 개척을 위해 수고했다. 이 과정에서 되는 일은 없고 많은 어려움을 겪었다. 이때 다른 것보다 소외와 시기와 자기연민과 같은 '감정 고난'이 가장 고통스러웠다고 한다. 상처투성이인 자신과 어린 두 아들의 영혼을 보면서 자기연민에 갇혀 많이 울었다고 한다.

그러나 그는 고난 속에서 두려움과 수치와 정죄와 자기의(自己義), 그리고 교만을 직면하며, 누구보다 자신이 죄인이라는 깊은 깨달음을 얻었다. 그는 온몸으로 고난을 겪으며 자신의 고난과 삶을 통해 성경으로 이해하고 깨달으며, 자신의 연구에 정진하고자 몸부림쳤다. 그 몸부림을 통해서 그는 맡겨진 고난이 구속을 위한 특별한 상급이요, 달란트였음을 깨달았다.

추천의 글

이 책은 마태복음에 기록된 달란트 비유를 고난의 관점에서 접근한 연구서다. 저자는 달란트를 고난으로 이해하며, 많은 고난을 받은 신자는 불행한 사람이 아니라 다섯 달란트를 받은 사람으로 해석한다. 하늘나라의 복음은 번영을 이루는 사람들의 재능이 아니라 고난과 수치를 통해 확장된다. 저자는 마태복음의 달란트 비유에 나타난 의미를 입증하기 위해 구약 성경과 신약 성경에 나타난 주요 인물들을 고난과 희생의 의미로 재해석한다. 이 책은 사실상 저자의 고백적 진술이다. 이해하기 어려운 고난을 겪은 저자가 성경을 깊고 넓게 묵상한 결과물이다. 저자는 성경 본문을 치밀하게 탐구했을 뿐만 아니라 엄청난 독서량으로 학문적 논의를 전개한다. 저자는 달란트 비유뿐만 아니라 성경의 많은 본문을 새로운 각도로 읽을 수 있게 도전한다. 특별히 본서는 고난과 수치의 여정을 걷는 독자들에게 하나님의 마음을 통해 용기를 줄 것이다. 저자가 견딘 극심한 시련이 이 책을 통해 많은 사람에게 도전과 소망의 촉매제가 되길 기대한다.

강대훈 교수 · 총신대학교 신학대학원 신약신학

그리스도인에게 고난은 옷이 아니라 피부라는 말이 있다. 신자의 삶에서 고난은 피할 수 없다는 의미로 쓰이는 말이다. 분명 신자가 겪는 고난은 우리의 삶을 깊어지게 만든다. 그러나 그 고난이 결코 반가운 것은 아니다. 신발에 들어 있는 작은 돌멩이처럼 우리를 불편하게 할 뿐 아니라, 하나님과의 관계까지 심각하게 흔들어 놓을 때가 있다. 김정훈 목사님의 책은 고난의 의미를 다시 생각하게 만든다. 성경은 우리의 삶을 해석하기도 하지만, 동시에 우리의 삶이 성경의 의미를 새롭게 보게 만들기도 한다. 김 목사님의 책은 그가 통과한 고난 그리고 통과하고 있는 고난이라는 렌즈를 통해 성경을 다시 새롭게 읽어 낸다. 그리고 그의 해석과 통찰에 각자의 경험을 대입해 보라고 우리에게 손짓한다.

특히 목사님이 강조하는 '대리적 고난'의 개념은 우리 신앙의 사각지대에 있었던 개념이다. 그는 우리의 시야에서 벗어나 있던 이 '대리적 고난'이라는 개념을 제대로 볼 수 있는 보조 거울 같은 소중한 작업을 이 책에서 해낸다. 학술적인 영역과 삶의 고통스러운 현장의 경계를 오가며 써 내려가는 이 책은 고난의 중압감 앞에 무기력해진 우리에게 위로와 공감의 메시지를 던지며 우리의 처진 어깨를 보듬어 줄 것이다.

김경식 교수 · 웨스트민스터신학대학원대학교 신약학, 한국복음주의신약학회 부회장

한 달란트를 감춘 자의 이야기. 대중적으로 성공을 거둔 한 목회자가 자신에게 도움을 청하러 온 연약한 목회자의 손에 도움을 쥐여 줘 돌려보낸 후에 나직한 목소리로 이르기를, "확실히 하나님은 '있는 자는 받아 풍족하게 하시고 없는 자는 그 있는 것까지 빼앗는다'는 말이 맞는 것 같아요. 확실히"라고 말하는 소리를 들은 적 있다. 누구에게서 전해 들은 게 아니라 내 귀로 직접 들은 말이다.

"있는 자는 받아 풍족하게 되고 없는 자는 그 있는 것까지 빼앗기리라"는 말씀을 가장 구조적으로 구현한 공관복음서 저자는 바로 마태이다. 마태는 특히, 자신의 복음서 후반부에 나오는 달란트 비유에서 이 문제를 심층적으로 다룬다. 이 구조를 마태가 창안했다는 뜻이 아니라 공관복음 도처에 깔려 있는 이 정서를 가장 밀도 있게 다루고 있는 문필가가 바로 마태란 뜻이다.

근대에 사본학이 발달하면서 가장 축소된 형태의 복음서인 마가복음에 더 큰 권위를 부여하는 경향성이 나타났지만, 마태복음은 명실상부 제1의 복음서라는 위상을 갖는다. 산상수훈이 갖는 위상은 말할 것도 없거니와 완성도를 갖춘 주기도문을 수록한 것도 마태의 복음서이다. 공관복음과 평행하게 써 내려가는 다양한

단화들을 통해 구현하는 마태의 독창성은 바로 이 주기도문으로부터 흘러나온다. 이를테면, 마태는 "우리가 우리에게 죄지은 모든 사람을 용서하오니 우리의 죄(ἁμαρτίας)도 사하여 주옵시고"라고 수록한 누가와는 달리 "우리가 우리에게 죄지은 자를 사하여 준 것 같이 우리의 빚(ὀφειλήματα, debts)을 사하여 주시옵고"라고 고쳐 썼는데, 이 빚은 이후에 언급될 달란트의 성격을 규정짓는 중요한 기제의 구실을 한다. 지금 이 책에서의 핵심 본문인 25장의 달란트 이야기도 다름 아닌 이 '빚' 아래에 놓여 있다.

마태에게 달란트는 누가가 동등한 자본으로 표기한 '므나'에 대한 반동으로써, 불균형하게 타고나는 재능을 표기하고자 도입한 단위이다. 누가는 동일하게 수여된 한 므나에서 불어난 변수의 가치를 측량하지만, 마태는 불균형하게 타고난 재능에 대한 배수의 가치를 측량한다. 즉, 누가에게 이 좋은 심판해야(κρίνω) 할 종이지만, 마태에게 이 좋은 수익을 못 내는(ἀχρεῖος) 종이다. 다른 말로 하면, 바깥 어두운 데로 내쫓겨 슬피 울며 이를 갈고 있을 수많은 하나님의 종이다.

그 바깥 어두운 데서 느끼는 참담한 수치가 바로 이 책의 출발 지점이다. 대중은 바깥 어두운 데에 관해서는 관심이 없다. 바깥 어두운 데에 처한 교회에는 관심이 없다. 그래서 그 바깥 어두운 데서 일어나는 일을 잘 알지 못한다. 바깥 어두운 데에 처한 목회자가 그 다음에 어떻게 되었는지 알지 못하는 것이다. 더 정확히는 그 바깥 어두운 데서 역사하시는 성령의 일을 전혀 알지 못하는 것이다.

그러나 반면 모든 인간은 수치를 알고 있다. 자신의 어두운 면에서 서식하는 수치에 대해 아주 잘 알고 있다. 심지어 연약한 목회자의 손에 도움을 쥐여 준 그 목회자에게도 은밀한 수치가 있다. 그 수치를 가릴 만한 달란트 곧 재능을 타고났거나, 혹은 그 수치를 가릴 만한 달란트를 타고나지 못한 차이만 있다. 그런 점에서 한 달란트 감춘 자의 수치는 수치를 외면한 자들의 채무(ὀφειλήματα, debts)이다. 저자 김정훈 목사는 이 점을 우리에게 폭로한다. 그래서 이 책을 읽은 우리는 수치를 체험하게 된다. 수치를 감추었던 사실에 대한 수치 말이다.

이영진 교수 · 호서대학교 평생교육원 신학과 주임교수
(저서: 『요한복음 파라독스』, 『자본적 교회』, 『철학과 신학의 몽타주』 외)

예레미야애가를 묵상하고 있을 때, 김정훈 목사님의 원고를 받았다. 목사님의 글을 읽으면서 또 다른 형태의 '애가'라는 생각이 들었다. '애가'가 겉으로는 고통과 슬픔을 말하는 것 같지만, 결국엔 소망과 희망을 말하는 노래이기 때문이다. 긴 간병과 사별, 자녀 양육과 사역의 어려움 등 자신이 겪은 고난 속에서 '고난이 달란트이며 상급'이라는 귀한 깨달음을 얻고, 이 '비밀'을 자신과 같이 고난 당하는 다른 이들과 나누려는 목사님의 마음이 참 따뜻하게 느껴졌다. 이 책이 고난 가운데 계신 분들을 위로하고 힘을 줄 뿐 아니라 고난의 더 큰 의미를 깨닫고 이해하도록 도움으로써, 우리를 위해 대속의 고난을 받으신 예수님과의 관계가 더욱 깊어지길 소망한다.

김대로 목사 · 한국성서유니온선교회 대표

저자와는 오랫동안 알고 지낸 사이다. 저자의 기구한 인생의 여정을 옆에서 지켜보면서 아무 도움도 되지 못한 안타까움이 늘 있었다. 하지만 신실하신 하나님은 곁에서 저자의 인생을 말씀으로 터치하시고 인도하신 것을 매 순간 깨닫게 된다. 저자의 열등감, 수치심, 절망감이 말씀에 신선한 도전을 던지는 해석의 도구가 되었고, 인생을 치유하게 하시는 은혜의 기름이 되었다. 얍복강에서 하나님과 씨름한 야곱의 야성을 이 책에서 느낄 수 있었다.

박성은 목사 · 교회교육리더십센터 대표

저자는 고난에 대해 철저하게 성경을 토대로 분석하고, 복음적으로 해석한다. 그리고 자신과 가족이 직접 체험한 고난의 실체를 여과 없이 파헤치고 드러낸다. 신학적 깊이가 상당하기에 자칫 딱딱하게 느껴질 수도 있는 고난이라는 주제가 오히려 가슴 먹먹하게 와닿는 것은, 그의 고백이 너무나도 진솔하고 처절하기 때문일 것이다. 그와 그의 아내를 잘 아는 목회자로서 저는 이 모든 스토리가 너무나도 생생하게 눈앞에서 펼쳐진다.

저자는 결코, 짧지 않은 세월 동안, 가까운 사람으로부터 비참할 정도로 내면에 깊은 상처를 입고, 이전까지는 상상하지도 못했던 신앙적 정죄감에 휩싸이고, 스스로 인식하지 못했던 영혼의 교만을 깨달으면서, 고난을 통해 일하시는 하나님을 이제 온몸으로 느끼고 있다.

자신이 하나님으로부터 버림받거나 외면당한 것이 아니라, 오히려 남들보다 더 큰 달란트를 받은 것이라는 저자의 고백이 전혀 억지스럽지 않다는 것을, 독자들은 곧 인정하게 될 것이다. 마태복음 25장의 "달란트 비유"가 예수님이 몸소 보여주신 대리적(대속적) 고난의 설명이 될 수 있음을, 저자는 매우 설득력 있게 증명한다.

머리로만이 아닌 전 존재로, 지성으로만이 아닌 온 삶으로, 고난의 신비를 체득하고 있는 저자와 그의 아내와 두 아들에게 최고의 격려와 칭찬을 보낸다. 그리고 지금 고난 중에 신음하고 있는 그 누군가를, 이 가족을 통해 위로하시고 일으켜 세워주실 하나님을 찬송한다.

박태양 목사 · 복음과도시 사무총장
(저서: 『눈먼 기독교: 위기에 처한 현대 기독교 영성의 실체 보고서』)

나는 필리핀 최북단 카가얀(Cagayan) 주의 솔라나(Solana) 지역에서 현지인 선교와 학교 사역하고 있다. 이곳에서 교회를 개척하고 학교를 설립해 지금까지 이어오며 수많은 고난을 겪었다. 특히 서툰 현지어로 대화하고 설교할 때, 현지인들이 웃음을 터뜨릴 때마다 마음은 무겁다. 외국인이라는 이유로 속기도 했다. 그럴 때마다 "주님을 따르는 길이 왜 이렇게 힘든가?"라는 질문이 떠오른다. 주님을 따르고자 하는 데도 고난과 어려움은 어째서 항상 내 삶의 일부분으로 남아있어야 하는지 깊은 고민을 해왔다. 이런 고난에 대한 물음은 대부분 기독교인이 한 번쯤 고민해 보았을 것이다.

저 역시 이 질문을 품고 있을 때, 김정훈 목사님의 저서『각각, 그 재능대로 맡겨주신 고난』을 접하게 되었다. 김 목사님과 그의 책은 제 마음에 큰 위로와 깨달음을 주었다. 지금 어려움과 고난 속에서 고민하는 많은 기독교인에게 목사님의 저서『각각, 그 재능대로 맡겨주신 고난』을 추천한다. 이 책이 새로운 관점에서 성경을 이해할 수 있도록 도와줄 것이며, 각자의 고난을 향한 하나님의 뜻을 깨달는 데 큰 도움이 될 것이다.

사랑하는 김정훈 목사님, 귀한 책을 써 주셔서 감사합니다.

박정배 선교사 · Dynamic Christian World Mission Association & Dynamic Christian Global School
필리핀 솔라나 선교사

이 책은 고난의 한가운데에서 새롭게 피어난 믿음과 삶에 대한 깊은 통찰을 전달한다. 저자는 아내와의 사별이라는 고난과 그로 인한 시련의 과정을 통해, 고난이 더 이상 남의 이야기가 아닌 가족 전체가 함께 견디고 겪어야 하는 '대리적 고난'이라는 새로운 시각을 제시한다. 그의 경험과 사색은 단순한 위로를 넘어서, 고난을 직시하며 해석하는 힘이 된다.

우리는 살아가며 크고 작은 고난을 마주하게 되지만, 이 책은 그 고난 속에서 드러나는 우리의 내면을 진지하게 직면하게 만든다. 달란트의 비유를 빌려서 충성된 자와 게으른 자의 결말이 어떻게 엇갈리는지를 묵상하며, 성경적 교리와 삶의 연관성을 일깨우는 저자의 이야기는 마치 거울처럼 우리를 비추며 돌아보게 한다. 저자가 경험한 대리적 고난은 단지 고통이 아닌, 더 깊은 은혜와 부르심이 담긴 특권임을 깨닫게 해준다. 예수님의 삶이 그러했듯, 그 고난에는 사랑하는 사람들을 위해 자신을 내어놓는 헌신과 희생의 마음이 깃들어 있다.

저자는 성경적 세계관의 부재가 삶의 변화를 가로막는 근본적인 원인이라 말하며, 단순한 교리 이해를 넘어서 삶의 방식과 태도로까지 이어져야 하는 세계관의 형성 필요성을 강조한다. 우리는 고난이 닥쳤을 때 저마다의 세계관을 바탕으로 반응하지만, 그 세계관이 성경적일 때 비로소 고난을 올바르게 해석하고 받아들일 수 있음을 강조한다. 특히, 성도가 맞닥뜨리는 부당하고 억울한 고난을 대리적 고난의 관점으로 바라보며, 이를 통해 예수님을 따르는 삶의 의미와 가치가 어떻게 드러나는지를 깊이 있게 조명한다.

이 책은 성경적 세계관을 바탕으로 한 고난의 재해석이라는 주제 속에서 독자들이 각자의 삶을 돌아보게 하고, 고난을 피하지 않고 대면하며 이해할 수 있는 용기를 불어넣는다. 어려움 속에서도 하나님께서 주신 은혜의 특권을 새롭게 느끼고, 고난이 때로는 우리를 진정한 믿음의 길로 인도하는 문임을 보여 주는 이 책은 고난을 해석할 힘과 성숙한 믿음을 원하는 모든 이에게 소중한 지침이 되어 줄 것이다.

신현빈 목사 · 디모데성경연구원, 월드티치 대표

달란트 비유에서의 달란트는 재능과 은사로만 해석하는 기복주의, 외형주의 해석이 복음과 하나님 나라의 원리를 왜곡할 수 있음을 지적하며, 저자는 "달란트는 고난이다"라는 관점으로 달란트 비유를 풀어내었다. 그러한 해석의 배경에는 십자가 복음으로 말미암는 구원의 완성(성화)과 하나님 나라를 위해 "고난받는 종"이라는 주제가 있다.

저자가 고난의 삶을 온몸으로 부딪히며 말씀과 씨름하는 가운데 이르게 된 달란트 비유의 새로운 해석은 포스트모던 시대에 방향을 잃은 오늘날의 교회와 성도들에게 십자가 도의 도전과 생명의 소망을 줄 것이다. 주님도 십자가를 영광이라고 하셨다. "아버지여 때가 이르렀사오니 아들을 영화롭게 하사 아들로 아버지를 영화롭게 하옵소서"(요 17:1).

이성삼 목사 · 카이스트 전자공학 석사, 총신대학교 신학대학원(M.Div),
                   달라스신학교 (STM), 미드웨스턴 침례신학교 성경사역학 박사과정 중

처음으로 "달란트가 고난"이라는 해석을 접했다. 더욱 호기심이 생겨서 처음부터 끝까지 집중하여 읽게 되었다. 몇 달란트를 받았는지에 관심갖던 우리의 마음을 "달란트가 고난이다"라는 명제로 바꿔 놓았다. 또한 "달란트가 고난"이라는 말을 들으니, 나의 고난이 깊고 깊으면, 더 큰 달란트가 내게 주어진 것임을 알게 된다. 깊은 연구를 통해 내어놓은 책이기에 결코, 가볍지 않다. 또한 충분한 근거를 바탕으로 펼친 논지라 수긍이 된다.

달란트가 고난임을 잊지 않는다면, 우리가 살아가는 모든 시간이 하나님의 섭리 가운데 있는 것이며, 모든 고난은 그냥 우리에게 주어진 것이 아니다. 지금 당하고 있는 고난은 예수님이 지신 대리적 고난에 동참하는 일이기에 믿는 성도에게

영광임을 알게 되었다. 한국 교회 안에 소개되어 많은 분이 달란트 비유를 달리 보고 삶에 적용할 수 있기를 바란다.

이재학 목사 · 하늘땅교회 담임, 작은 교회연구소 소장
(저서: 『우리는 날마다 교회가 무엇인지 묻는다』)

저자 김정훈 목사님과는 오랜 기간 동안 친구로 지내며 그가 겪은 고난과 역경의 걸음을 봤다. 자신이 겪은 고통의 시간을, 성경을 통해 이해하고 해석하려는 노력과 수고가 있는 책이다.

황화창 간사 · 제주 열방대학 간사

김정훈 목사님과의 만남 속에서 그의 고난이 "고난 당한 것이 내게 유익이라"(시 119:71)는 말씀을 떠올리게 했다. 그가 걸어온 삶의 고난은 오직 예수 그리스도 안에서 녹아내리고 풀어졌으며, 감정적 고통의 해답 역시 예수님께 있음을 고백하게 된다. 목사님의 이야기는 우리에게, 고난을 통해 하나님의 말씀 깊이 들어가는 것이 가장 큰 축복임을 가르쳐 주었다.
"자녀이면 또한 상속자 곧 하나님의 상속자요… 우리가 그와 함께 영광을 받기 위하여 고난도 함께 받아야 할 것이니라"(롬 8:17)라는 말씀처럼, 고난받은 종으로서 목사님의 승리를 기원한다.

김갑수 목사 · 꿈을 찾아주는 교회 담임

책 제목을 보면 누구도 '쉽게' 구매할 수 없는 책을 썼다. 『각자 재능대로 맡겨주신 고난』, 제목만 보고도 피하고 싶고 하나님에 성품에 대한 저항심이 솟구친다. 하나님이 각 사람에게 고난을 맡겨주신다고? 절대로 동의할 수 없을 것같아 속으로 심호흡을 하며 추천사를 쓴다.
우리는 달란트 비유를 항상 우리에게 주신 재능으로 해석하며 믿어 왔다. 그러나 저자는 병걸린 아내를 간병하다 결국에 사별하는 실존적인 과정을 통하여 신구약 성경에 나타나는 단어들을 찾아 연결하며 달란트 비유를 이로 깨물고 물어뜯으

며 이 비유를 해부하였다. 대부분의 사람들은 내가 몇 달란트를 받았는가에 집중하지만 저자는 달란트가 무엇인가에 집중하였다. 달란트 비유의 그 달란트가 '대리적 고난'임을 깨달았다. 모진 고통을 지나는 동안 불편함, 우울함, 열등감, 자괴감, 무력감, 분노가 저자를 삼켰지만 '달란트'를 붙잡고 씨름하다 고통을 대하는 진지함과 아픔을 극복하는 구원여정을 엿보는 기쁨을 누린다.

불합리한 삶을 이해하고, 여정과 열매를 알고 싶은 자들에게 권한다. 몇 달란트를 받았던지 그 삶이 선물이었음을 깨달을 터이다.

김병년 목사 · 다드림교회 담임

누구나 진주를 품고 있는 조개처럼 아픔을 품고 있다. 그 아픔을 진주로 바꾸지 못한 채 자신뿐만 아니라 주변 사람에게 계속 아픔을 주는 사람이 있다. 반면 그 아픔을 조개처럼 진주로 바꾸고 나눠 주어. 또 다른 사람을 빛나게 해 주는 사람이 있다. 저자가 쓴 책은 단순한 성경 본문 연구가 아니다.

책을 읽다 보면, 한때는 그 아픔이 자신과 타인을 모두 아프게 했던 저자의 이야기가 나온다. 그 아픔의 시절을 본인도 옆에서 지켜본 증인이다. 하지만 그 아픔을 통해 저자는 첫사랑을 회복하는 자처럼 예수님 앞에 다시 서게 되었다. 그는 자신의 아픔을 가지고 성경 위에서 뒹굴며 진주를 만들어 내었다. 그래서 이 책을 읽는 독자들에게 그 진주를 나눠 주려 하고 있다. 나는 이 책을 읽는 독자들이 저자가 나눠 주는 진주를 기꺼이 받는다면, 그도 역시 또 다른 사람에게 진주를 나누는 자가 될 것으로 생각한다.

성경 본문만을 연구하며 해석하는 신학자는 자칫 성도의 삶과 동떨어진 해석과 적용을 내놓을 수 있다. 하지만 목사인 저자는 자신과 가족의 삶을 들고 성경 본문 속으로 들어갔다. 그래서 신학적인 깊이를 가지면서도 성도의 삶과 밀접한 해석과 적용을 이 책을 통해 보여 주고 있다. 저자는 예수님께서 우리에게 맡기신 '자기 십자가'가 우리에게 주어진 달란트임을 아주 훌륭하게 해석한다. 그래서 오늘을 사는 성도들이 기꺼이 스스로를 다섯 달란트 받은 자로 여길 수 있도록 돕고 있다. 이러한 성찰과 적용이 주님 앞에서 '착하고 충성된 종'이라 칭찬받고자 하는 모든 자들에게 큰 도움을 줄 수 있으리라는 점을 확신한다.

김정수 목사 · 하늘사랑교회 담임

책은 두 종류가 있다. 좋은 책과 나쁜 책…. 그리고 좋은 책은 다시 두 종류가 있다. 유익이 되는 책과 감동을 주는 책…. 그런 의미에서 김정훈 목사의 이번 책은 좀 애매하다. 책을 처음 열면 머리말에 감정선을 자극하는 자신의 아픈 경험들이 노출되어 있다. 그러나 챕터를 넘기기 시작하면 논문을 읽는 듯한 묵직함이 다가온다. 그러다가 슬슬 부담스러워지기 시작할 쯤이면, 다시 자신의 마음 이야기를 하나둘 풀어놓는다. 도대체 왜 이렇게 글을 썼을까? 다른 사람은 몰라도 나는 안다. 친구이기 때문이다. 이 책은 유익을 위해서도, 감동을 위해서도 쓴 것이 아니다. 자신이 경험하는 현실의 고통을 말씀 속에서 찾으려는 치열함 그 자체를 위해서 썼다고 생각한다.

신앙은 우리의 삶을 해석하는 방식이다. 그래서 결코 쉬운 일이 아니다. 그렇다면 김정훈 목사는 그 쉽지 않은 일을 해내려고 할 수 있는 최선을 다한 것 같다. 그리고 자신의 고통과 신앙적 고민을, 같은 고난을 겪고 있는 사람들을 위해 나누고 싶었던 것이다. 나는 독자들이 이 책을 통해 유익과 감동, 두 마리 토끼를 잡는 일을 포기했으면 좋겠다. 한 사람의 인생, 그 자체를 읽어내는 제3영역의 독서를 했으면 좋겠다. 이러한 책 읽기는 아마 위로와 재기의 기회가 될 것이다. 그리고 김정훈 목사가 이 출판을 계기로 책의 결론을 잘 이뤄냈으면 좋겠다.

박성민 목사 · 의정부 삼성교회 담임

고난은 누구에게나 피하고 싶은 위기이며, 맞이하고 싶지 않은 손님이다. 피할 수만 있다면 피하고 싶은 것이 고난이다. 하지만 피할 수 없다. 그래서 생각한다. 고난은 무엇인가? 이 책을 통해서 나는 고난이 단순히 삶의 부록이 아닌, 하나님께서 우리에게 맡기신 "기업"이란 것을 깨닫는다. 나의 삶을 특별하게 만드는 것은 재능이나 화려한 스펙이 아니라 바로 나의 고난이었다. 고난은 결코 쉽게 환영받는 손님이 아니지만, 그 속에 담긴 하나님의 구속을 이해할 때, 우리는 고난이 축복임을 깨닫게 된다.

오랜 기간 고난을 겪으며, 견디며, 묵묵히 그 길을 걸어온 저자의 고통이 묵직하게 다가온다. 그는 자신의 고난을 말씀으로 풀어가며, 또 다른 고난을 겪는 이들을 향해 "고난은 저주가 아니라 복이다"라고 외치고 있다. 그렇다! 고난은 복이다. 이 책을 통해 지금도 고난 중에 힘겨워하는 이들이 위로받기를 바란다.

박한수 목사 · 전주동양교회 담임

사람들에게 어떤 관점으로 세상을 대하는지는 자신들의 현재의 경험을 재구성하게 만든다. 예를 들자면, "자라보고 놀란 가슴 솥뚜껑 보고 놀란다"라고 하는 식이다. 즉, 누구나 자기 보고 싶은 대로 본다는 것이다. 이것은 다른 말로 "세계관"이라고도 할 수 있다.

저자에게 있어서 "성경적 세계관"은 매우 중요한 키워드이다. "성경적 세계관"은 교회 교육에서 성도들이 하나님의 뜻과 가치를 이해하고 삶에 적용하도록 돕는 핵심이기 때문이다. 또한 인간 존재, 구원, 윤리, 사명 등에 대한 성경적 관점을 제공하여 신앙의 기초를 세우고, 세속적 가치관과의 혼란을 방지해 주어, 신앙 성장을 원활하게 할 것이기 때문이다. 한마디로 성경적 세계관을 통해 성도들은 세상 속에서도 성경적 진리 위에 삶을 세우며 그리스도인 정체성을 확립하게 된다.

저자는 그중에서도 "고난"에 대한 성경적 세계관으로 우리에게 주목시키고 있다. 저자는 이 책을 통해서 고난의 위치와 의미를, 성경적 기독교 세계관 양육 방법론의 틀로 바라본다. 이미 고난에 대한 기독교 도서는 시중에 많이 나와 있다. 그러나 어떤 책도 이 책과 같지 않다. 특히 저자는 이 글에서 예수님의 달란트 비유의 신학적 관점에 근거해서 "고난"의 문제를 심도 있게 탐구했다. 이를 통해 저자는 복음으로 사람을 어떻게 양육해야 하는지에 대한 실제적인 통찰을 제공하고 있다. 게다가 고난에 대한 저자 자신의 경험담을 함께 이야기 함으로써 그 내용의 진정성과 설득력을 더하고 있다.

이 책을 통해 고난의 의미를 찾고 있는 수많은 분들에게 분명한 성경적 관점, 그리고 위로와 공감도 전달할 것을 확신하며, 일독을 권한다.

이 책은 고난에 대해 신학적이고도 목회적인 관점을 제시함으로써, 목회자들뿐 아니라 신학도들에게도 깊은 통찰을 제공할 것이다. 또한 본 연구가 현대 교회와 신앙인들이 고난 속에서 하나님의 뜻을 새롭게 깨닫는 데 중요한 기여를 할 것으로 믿어 의심치 않는다.

독자 중의 한 사람으로서, 저자의 깊이 있는 통찰력과 성경에 대한 열정에 감사 드린다. 덧붙여, 이 글은 학문적으로도 충분한 기여를 할 수 있는 귀중한 논문임을 확신하며 추천한다.

송준기 목사 · 웨이처치 담임 (저서 : 『새벽순종』, 『끝까지 가라』 외)

세상 누구도 고난을 기뻐하는 사람은 없을 것이다. 그러나 오직 그리스도인만이 고난도 유익이 된다는 것을 안다. 이 책은 고난도 유익이라는 것을 뛰어넘어 그리스도의 대리적(대속적) 고난을 따라 성도들의 고난은 달란트요, 기업이 됨을 말하고 있다. 정말로 그렇지 않은가! 성경을 보면 하나님이 아브라함을 불러 그리스도에 대한 약속을 주시지만 그의 인생은 고난의 연속이었다. 요셉도 모세도 다윗의 삶도 그랬다. 이스라엘의 역사도 두말할 것도 없이 고난의 역사였다. 이러한 가운데 언약으로 오신 분이 그리스도이시며, 그의 절정은 십자가의 고난이 아닌가! 이 책은 목회적 관점에서 교회 된 성도들의 삶 속에서 받는 고난에 대해 그것이 각자의 재능대로 주신 달란트요 상급이 된다는 것을 가르치며 적용할 수 있는 유익을 준다고 생각하며 강력히 추천하는 바다.

이충현 목사 · 혁신중앙교회 담임, Southern Baptist Theological Seminary D.Min.

김정훈 목사님은 '다섯 달란트의 고난'을 받은 종이다. 그는 남들에 비해 많이 받은 그 버거운 달란트를 땅에 묻어 버리지 않았다. 그것을 주신 주인을 원망하지도 않았다. 오히려 그 무거운 고난의 달란트를 활용하여 풍성한 인내의 열매를 맺었다. 우리에게 익숙한 달란트 비유를 새로운 관점으로 해석하고, 그것을 본인 인생의 스토리와 함께 녹여 낸 저서 『각각, 그 재능대로 맡겨주신 고난』이 독자들의 삶 속에서도 풍성한 열매를 맺게 할 것을 기대한다.

장주창 목사 · 세대로교회 담임, 탈봇신학대학원 Ph.D

이 책은 독특한 해석을 시도하는 성경 연구이면서 동시에 치유와 회복의 기록이다. 저는 이 책을 읽으면서 두 가지 사실에 놀랐다. 첫째는 저자의 솔직함에 놀랐다. 저자는 고통스러웠던 자신의 아픔과 상처를 그대로 보여 준다. 때로는 좌절하기도 하고, 때로는 하나님을 향하여 소리를 지르며 욕을 하기도 했다. 둘째는 깊고 통찰력 있는 성경 해석에 놀랐다. 저자의 고백처럼 고통스러웠던 경험이 성경을 보는 새로운 시각을 주었다. 저는 이 책을 링 위에 올렸으면 좋겠다고 생각한다. 세계적인 성경학자들이 저자의 성경 해석을 두고 치열하게 토론하면 좋겠다. 성경을 사랑하는 모든 이들이 읽으면 좋겠다.

정준경 목사 · 우면동교회 담임

상처받은 자는 그 상처를 통해 상처 입은 사람들을 치유할 수 있다. 하나님 나라의 비밀 또한 단순한 지적 호기심의 사람들에 의해서가 아니라, 하나님의 의를 위해 능동적인 고난을 감당하는 사람들만이 깨달아 알 수 있는 것이다. 김정훈 목사님은 자신이 입었던 상처를 통해서, 하나님 나라의 비밀을 새롭게 발견하게 되었고, 여기에서 오늘 우리에게 맡겨진 달란트가 재능이 아닌 하나님의 선하신 뜻과 구원을 이루기 위한 고난임을 분명하게 설파한다. "달란트는 고난에 감추어진 천국의 비밀"이라는 김정훈 목사님의 고백에 깊이 공감하며, 이 책이 많은 독자들에게 큰 힘과 용기와 기쁨을 주리라 믿는다.

최영준 목사 · 제천 동신성결교회 담임

목차

| 제1부 달란트는 고난이다 |

들어가는 글

「달란트는 고난이다 – 상급으로 고난을 받은 사람들의 이야기」

나는 한 달란트 받은 종인가?

사별과 재혼, 무임목사라는 고난을 겪으며 나는 아내와 목회를 빼앗기고 쫓겨난 것만 같았다. 빼앗기고 쫓겨났던 한 달란트 받은 종처럼 오랜 시간 억울함과 원망의 감정에 갇혀 지옥을 살았다. 나도 누구만큼이나 목회에 열심이었고, 대소변을 가리지 못하는 아내를 간병하면서까지 남편의 자리를 지켰는데, 내 현실은 빼앗기고 쫓겨난 한 달란트 받은 종과 다를 것이 없었다.

무엇보다 마음이 아팠던 것은 두 아들도 함께 고난과 수치를 감당하는 모습을 아버지로서 지켜봐야 하는 것이었다. 나는 성경을 연구하며 목회하는 아버지였지만 두 아들에게는 그 어떤 도움도 줄 수가 없었다. 그리고 수치로 그늘지고 굳어진 두 아들의 얼굴을 보며, '나는 한 달란트 받은 종인가?' 하는 답답함과 괴로움 속에서 한 자 한 자 글을 써 내려가기 시작했다. 그렇게 달란트 비유뿐만 아니라 성경 본문의 원문을 대조해서 찾아보며 써 내려간 글들이 이제 한 권의 책으로 엮어졌다.

마태복음 25장의 달란트 비유는 주일학교에 〈달란트 잔치〉라는 프로그램이 있을 만큼 성도들에게 익숙한 말씀이다. 〈달란트 잔치〉란 주일학교 학생들의 신앙 양육을 위한 목적에서 만들어진 프로그램으로, 학생들이 예배에 참석하거나 기도, 성경 암송 등을 할 때마다 쿠폰이나 포인트를 적립해주고, 일정 기간 동안 적립한 쿠폰이나 포인트로 각종 학용품이나 장난감, 먹거리 등을 살 기회를 주는 프로그램이다. 〈달란트 잔치〉를 통해서 학생들은 친구들에게 선물을 하기도 하고, 담당 사역자나 선생님에게 감사를 표현하기도 한다. 이 프로그램은 학생이나 교사 모두에게 즐거운 시간이고, 성경 암송과 예배 출석를 독려하는 동기가 되기도 한다.

나에게도 〈달란트 잔치〉에 대한 특별한 기억이 있다. 교사로 섬기던 때였는데, 담당 목사님과 동료 교사들에게 〈달란트 잔치〉를 통해서 학생들에게 십일조를 가르쳐 보자고 제안했다. 〈달란트 잔치〉가 일회성 이벤트로 끝나지 않고 양육 받은 말씀을 적용하는 기회가 되었으면 하는 의도에서 했던 제안이었다. 그후 〈달란트 잔치〉는 학생들에게 십일조의 원리를 배우고 적용하는 기회가 되었다. 때로 학생들은 십일조를 하기 위해 작은 갈등을 겪기도 했지만, 그 과정을 거쳐 성장하는 학생들을 바라보는 교사들에게는 기쁨이었다.

그러나 달란트에 대한 좋은 기억만 있었던 것은 아니다. 왠지 달란트 비유의 말씀을 들을 때마다 마음이 불편했다. 아무리 살펴보아도 나는 다섯 달란트를 받은 사람 같아 보이지는 않았기 때문이다. 그러나 나는 이내 '그래, 다섯 달란트를 가진 사람은 아니더라도 한 달란트 가진 사람처럼 되지는 말아야지' 라고 생각하며, '현실을 받아들이고 상황을 악화시키는 어리석음을 범하지 말자'라고 스스로를 설득했다. 한 달란트 받은 것이라도 잘 지키고 싶었다.

이후 나는 목회자가 되었고, 가정도 이루고 비전과 사명을 꿈꾸었다. 하나님께서 내게 주신 작은 은사와 재능이라도 노력하고 수고하여 열매 맺는 삶을 살아 내고 싶었다. 그러나 이런 나의 바람과는 달리 2011년 4월 가정에 큰 위기가 찾아왔다. 아내가 뇌종양을 진단받아 수술을 받은 것이다.

아내는 불신 가정에서 태어나 청소년 시절 예수님을 영접하고 선교사가 되기를 소망하던 중 신학교에서 나를 만나 가정을 이루었다. 그러나 그녀는 한 달란트였던 건강을 빼앗기고 대소변도 가리지 못하는 수치스러운 투병 생활을 감당해야만 했다. 나는 극진히 아내의 병간호를 하며, 당시 8살과 6살이었던 두 아들의 양육에 힘썼지만, 아내는 3년간의 투병 생활 끝에 하나님의 부르심을 받았다.

나는 그것이 그녀와 나에게 주시는 특별한 고난이라 여기고 잘 감당하는 모습을 보이고 싶었다. 그러나 내 믿음이 그리 견고하지 않다는 것을 깨닫기까지는 많은 시간이 필요하지 않았다. 사별 후 긴 간병으로 지쳐 있던 나의 마음과 육신, 두 아들의 어두운 얼굴에 다시 회복의 은혜를 주시기를 간절히 구하며, 부르심의 사명을 이어가기 위해 노력했는데 현실은 그렇게 녹록하지 않았다. 무엇보다 힘겨웠던 것은 '감정 고난'이었다. 수없이 청빙이나 교회 개척을 위해 노력했지만, 쉽지 않았다. 나는 그나마 가지고 있던 것마저 빼앗긴 채 밖으로 쫓겨났던 한 달란트 받은 종의 처지가 된 듯한 기분을 느껴졌다.

"그에게서 그 한 달란트를 빼앗아 열 달란트 가진 자에게 주라 무릇 있는 자는 받아 풍족하게 되고 없는 자는 그 있는 것까지 빼앗기리라 이 무익한 종을 바깥 어두운 데로 내쫓으라 거기서 슬피 울며 이를 갈리라 하니라"(마 25:28-30).

나는 내 자신이 마치 한 달란트마저 빼앗기고 쫓겨나 슬피 울던 종처럼 느껴졌다. 빼앗기고 쫓겨난 종의 피해 의식 때문에 다섯 달란트를 받은 것처럼 보이는 사람들의 앓는 소리를 들어야 할 때는 정말 괴로웠다. 정죄와 시기, 교만의 감정이 뒤섞여 고통스럽기까지 했다. 때때로 이런 감정의 고통에서 벗어나기 위해 내게 남아 있는 것으로 만족하고 감사하며 하루하루를 살아 내고자 몸부림쳐야만 했다.

그렇게 7년이라는 세월이 지나고, 문득 그동안 내가 배우고 양육 받은 마태복음 25장의 달란트 비유에 대해서 의문이 생겼다. '나는 빼앗기고 쫓겨난 존재인가? 이것이 과연 이 말씀의 의미하는 바인가? 나는 왜 슬피 우는 수치스러운 존재로 살아야 하는가?' 그리고 '사람들은 마태복음 25장의 달란트 비유를 읽을 때 어떤 생각을 할까?' 하는 생각을 해 보았고, 아마도 대부분은 '나는 과연 몇 달란트를 받은 사람일까?' 하는 질문을 해 보았을 것이다. 다섯 달란트는 아닌 것 같고 그렇다고 한 달란트를 받은 사람이 되고 싶지도 않을 것이다. 그래서 대개는 두 달란트를 받은 사람이라고 결론을 내릴지도 모른다. 그러면서 여전히 마음 깊은 곳에서 '내게는 왜 다섯 달란트를 주시지 않았을까?' 하는 의문과 섭섭함을 느낄지도 모른다. 나에게 다섯 달란트를 주시지 않는 하나님을 원망하지 않기 위해 힘겨운 감정싸움을 하고 있을지도 모른다.

진정 마태복음 25장의 달란트 비유를 통해서 하나님께서 그의 백성에게 주시는 말씀은 무엇일까? 달란트 비유의 말씀은 심판과 종말이 강조되며 게으르고 충성되지 못한 한 달란트 받은 종의 심판을 예고한다. 동시에 하나님께서 주신 재능과 은사에 감사하며, 주어진 달란트로 복음을 위해 적극적으로 충성하는 종이 되라는 메시지가 설득력 있게 들린다.

금수저, 흙수저라는 단어는 상대적 빈곤의 시대를 살아가는 젊은 세대들의 패배감과 좌절감을 잘 보여 준다. 이 프레임에 갇힌 사람들에게 달란트 비유는 금수저와 흙수저의 이야기로 들릴 수 있다. 금수저가 남긴 성공적인 삶을 격려하는 것이 성경의 교훈처럼 보인다면, 이 메시지는 흙수저들에게 폭력처럼 느껴질 것이다. 이것은 한 달란트 받은 종에게 맡겨진 한 달란트를 빼앗아 열 달란트를 가진 종에게 주는 장면에서 절정을 이룬다. 우리나라의 번영을 이끌어 온 전후 세대는 절대 빈곤의 세대였다. 그들은 많은 고생도 했지만, 성취도(달란트 비유의 말씀과 함께) 누렸다. 반면 현세대는 상대적인 빈곤을 감당해야 하고 성취보다는 좌절을(달란트 비유의 말씀으로 한 번 더) 겪어야 한다. 절대적 빈곤도 고난이지만, 소외감과 좌절과 절망에 가두는 상대적 빈곤도 만만치 않은 고난이다.

나는 한 달란트 받은 종의 '감정 고난'을 겪고 있다. 목사로서 사역에 언제나 열심을 내었지만, 목회에서 쫓겨난 것 같은 무임목사의 수치를 감당하고 있다. 한 달란트 받은 종이 빼앗기고 쫓겨난 것처럼, 전처와 나는 건강과 목회를 빼앗기고 쫓겨난 것처럼 보였다. 실제로 내가 사역했던 교회 담임목사님께서는 전처의 투병으로 흔들리던 나에게 "하나님께서 김 목사에게 목회를 못 하게 하려고 김 목사 사모가 병에 걸리게 하신 것 같다"라고 말했다. 그 말을 듣고 마음이 무척이나 아팠다. 그리고 그분의 말씀대로 현재까지 목회를 하지 못하고 있다. 그래서 더 아프다. 하나님께서 빼앗고 쫓아내신 것 같아서 더 아프다.

과연 마태복음 25장 달란트 비유를 통해서 전처와 나, 나의 두 아들에게 주시는 말씀은 무엇인가? 달란트 비유는 무엇을 교훈하는 말씀인가? 나는 달란트 비유에서 무엇을 배워야 하는가? 달란트는 무엇인가? 에 대한 나의 답변은 절박했다.

학자들은 달란트는 일반 사람들에게 주어진 자연적 재능이 아니라 하나님의 통치를 받는 제자들의 특권과 기회라고 말한다.[1]

좌절과 절망, 소외감의 고난을 겪고 있는 청년들과 건강과 생명, 기회를 얻지 못한 채 빼앗기고 쫓겨난 '감정 고난'으로 수고하는 인생들, 특히 가정에서 고난으로 수고하고 있는 많은 부부와 그의 자녀들에게 이 글을 통해 공감과 위로를 전하며 함께하고 싶다. 상급으로 고난을 받은 충성된 종들에게 공감과 위로의 말씀을 전하고 싶다.

"잘하고 있습니다. 충분히 잘하고 있습니다."

2023년 7월 26일

김정훈

---

1 R. T. 프랜스, 『틴데일 신약 주석: 마태복음』, 박상민, 진규선 역 (서울: CLC, 2013), 554.

저자 서문

기복과 율법, 혼합주의 세계관

'아노미'는 법의 부재를 뜻하는 헬라어 '아노미아'(ἀνομία)에서 유래한 말이다. 부정 접두사 'ἀ'와 '율법'을 뜻하는 헬라어 '노모스'(νόμος)의 합성어 '아노미아'는 '율법이 없는', '무법의', '법에 복종하지 않는'이라는 뜻을 지닌다. 즉, '법에 어긋나거나 죄를 짓는 것으로'(요일 3:4).[1] 법이나 법률이 없는 것처럼 행동하는 태도이다.[2] 따라서 '아노미아'는 '잘못'이나 '죄'라는 의미가 있다.[3]

'아노미아'는 구약에서는 하나님의 법에 대적하는 것을 묘사하기 위해 사용되었고, 의로움과 반대되는 '부정함' 혹은 '불의함'이라는 개념의 단어다(롬 6:19; 고후 6:14).[4] 바울은 'ἀνομία(무법)'와 'ἁμαρτία(죄)'의 반의어로 의

1 　김재권, 『성경 문화배경 사전』(서울: 생명의말씀사, 2018), 1097.

2 　*TDNT*. *Vol*. 4, 1086.

3 　*TDNT*. *Vol*. 4, 1085.

4 　필립 H. 타우너, 『디모데전후서, 디도서(신약의 구약 사용 주석 시리즈)』, 이상규 역 (서

(δικαιοσύνη)를 사용한다(롬 6:19; 고후 6:14; 살후 2:3, 7).[5] 유대교에서 'ὁ ἄνομος'와 'οἱ ἄνομοι'는 '율법이 없는 이방인'을 의미한다.[6]

그러므로 불법(ἀνομία)은 예수께서 성취하신 하나님의 법을 무시하고 어기는 모든 활동이며(마 7:23; 13:41; 23:28),[7] 무법(ἀνομία)은 성경적 세계관의 부재로 기복과 율법, 혼합주의 세계관에 갇혀 있는 상태이다.

마태복음 7:23에서 예수님은 거짓 선지자들에게 불법을 행하는 자들이라고 말하며 그들을 거절한다. 거짓 선지자들은 문자적으로 '무 율법자'가 아니다. 왜냐하면 그들도 모세오경이나 구약을 알았을 것이기 때문이다. 그럼에도 예수님이 '불법'이라고 칭한 것은 거짓 선지자들이 성경을 기복과 율법, 혼합주의적 세계관으로 사람들을 판단하고 정죄하였기 때문이다(7:1-3). 거짓 선지자들은 마태 공동체에서 선생의 자리에 앉아 기복과 율법, 혼합주의적 세계관으로 옳고 그름을 판단하는 자들이었다(7:1-3). 따라서 그들은 성경을 모르고 하나님 나라에 들어갈 수 없으며(5:20), 다른 사람들도 들어가지 못하게 만든다(23:13).[8]

그러므로 구원은 '불법(무법)'에서의 구원이며, 하나님의 법, 성경적 세계

울: CLC, 2012), 615-616.

5 드실바 데이비드, 『바울 복음의 심장: 개인, 교회, 창조 세계를 변화시키는 복음(교회를 위한 신학)』, 오광만 역 (고양: 이레서원, 2019), 58.

6 *TDNT*. *Vol*. 4, 1086

7 Ulrich Luz, *Matthew 21-28: a commentary*. *HERM*. (Minneapolis, MN: Augsburg, 2005), 193-194.

8 강대훈, 『마태복음 주석 1권』 (서울: 부흥과개혁사, 2019), 562.

관을 부여하는 것이다. 환난과 핍박은 '무 율법'이나 '불법'의 세계관을 직면하는 기회가 된다(마 7:23; 13:14; 23:28; 24:12).[9] 왜냐하면 기복과 율법, 혼합주의 세계관을 붕괴시키기 때문이다. 따라서 거짓 선지자들에게 가장 큰 축복은 예수님에게 쫓겨나고, 자신들이 모래 위에 집을 지은 상태, 즉 거짓 화평이 깨지는 아노미 상태인 자신을 직면하는 것이다. 다시 말해, 비가 오고 창수와 바람으로 기복과 율법, 혼합적 세계관의 무너지는 것이다(마 7:24-27).

'아노미 현상'이란 무 율법 혹은, 불법으로 가치관이 붕괴되고, 목적 의식이 상실됨에 따라 개인과 사회에 안정감을 주는 가치와 규범, 세계관이 무너진 상태를 의미한다.[10] 그러나 내가 볼 때, '아노미 현장'은 개인과 사회에 거짓 화평을 주는 기복과 율법, 혼합주의적 세계관이 무너지게 함으로써 성경적 세계관을 회복하게 하는 절호의 기회이다. 만약 이 시기에 성경적 세계관을 회복하지 못한다면, 개인과 사회는 무 율법 또는 불법의 상태가 고착되거나 세상과 교회 모두에게 소외되어 피해 의식 속에 갇히게 되고 말 것이다.

사람은 변화를 원한다. 성공한 사람이나 실패와 좌절을 경험한 사람도 변화를 원한다. 성도들도 참된 그리스도인이 되기를 갈망한다. 충성된 제자로 서기를 원한다. 삶의 환경뿐만 아니라 자기 내면도 건강하고 성숙한 사람으로 변화되기를 원한다. 어떤 사람들은 그런 변화를 위해서 교회를 찾기

---

9 Luz, *Matthew 21-28*. 193-194.

10 Douglas Peterson, "아노미", 『선교학사전』(서울: CLC 2014), 1007-1008.

도 한다. 그런데 변화된다는 것은 무엇인가? 무엇이 변화되어야 속사람과 겉사람이 변화될 수 있는가? 오랜 시간 신앙생활을 하며 변화와 성숙을 갈망함에도 불구하고 성도가 변화되지 못하는 이유는 무엇일까?

성경적 세계관이 바로 세워지지 않았기 때문이다. 즉, 기복과 율법, 혼합적 세계관에 머물러 있기 때문이다. 고난과 갈등에서 상대방의 문제를 찾아내는 것만큼 나의 세계관을 분별하는 것도 중요하다. 자신의 세계관을 돌아보지 못하면 변화될 기회를 놓치게 된다. 이는 여전히 무 율법 또는 불법의 상태를 벗어나지 못하는 것과 같다.

따라서 환난과 핍박이라는 기회가 찾아올 때 우리 안의 기복과 율법, 혼합적 세계관이 무너지고 성경적 세계관이 세워져야 한다. 기독교교육에서는 성도들이 변화되지 않는 이유를 세계관이 변화되지 않았기 때문이라고 말한다. 기독교의 교리는 받아들였지만 세계관이 달라지지 않았기 때문에 변화가 일어나지 않는다는 것이다. 이런 이유로 폴 히버트(Paul Hiebert)는 "21세기 선교는 세계관의 변화에 초점을 맞추어야 한다"라고 주장한다.[11]

그러면 '성경은 하나님 백성에게 어떻게 기독교 세계관을 가르치는가?' 하는 점과 '어떻게 성경적 세계관을 가르칠 것인가'를 살펴볼 필요가 있다.

---

11 폴 히버트, 『21세기 선교와 세계관의 변화』, 홍병룡 역 (서울: 복 있는 사람, 2010), 22.

성경적 세계관의 역사

기독교 세계관이라는 말은 조정되어야 한다. 나는 기독교 자체가 세계관이라고 생각한다. 기독교 세계관은 세속주의 원리를 대적하기 위해 세상과 각 개인의 삶을 관통하는 성경의 원리를 찾는 것이다. 그리고 그 성경적 원리로 삶의 모든 영역이나 이슈들을 분별하고 적용하려는 노력이라고 할 수 있다.

지금은 기독교 세계관 운동의 역사를 성찰하기 적절한 때이다. 지난 수십 년간 복음주의 교회들은 기독교 세계관에 대한 폭발적인 관심을 보여 왔고, 그 결과 큰 변화들이 있었다. 그러나 이제 지난 시간을 돌아보며 다시 한번 기독교 세계관의 방향과 목적을 점검할 필요가 있다.

더군다나 한국 교회와 사회 내에 점점 다문화와 다원화 의식이 고조되면서 다양한 사회 변화와 현상들이 나타나는 가운데 이러한 것들을 기독교 세계관으로 분변할 필요성이 더욱 커지고 있다. 나아가 새뮤얼 P. 헌팅턴(Samuel P. Huntington)이 '문명의 충돌'에서 예견한 것처럼, 세상에는 점점 정치나 경제적인 것이 아닌 문화적 갈등과 충돌이 발생하는데, 이런 갈등과 충돌이 바로 세계관의 충돌이다.

먼저 기독교 세계관을 살펴보면, 기독교 세계관은 이성의 절대성을 표방하는 모더니즘에 대항하기 위해 정립되었고 삶의 모든 영역에 이를 적용하려는 시도로 시작되었다. "세계관"(Weltanschauung)이라는 용어는 독일의 근대 철학과 낭만주의 문학에서 사용되기 시작하여 현대에 빈번하게 사용되는 표현이다.[12] '기독교 세계관'이라는 표현을 처음으로 사용한 사람은 브라이언 월쉬(Brian J. Walsh)와 리처드 미들턴(J. Richard Middleton)이다. 그들은 세계관을 '인식의 틀' 또는 '세계를 바라보는 방식'으로 정의하였다.[13]

한편 '기독교 세계관'이라는 특별한 표현은 19세기 초반 네덜란드의 역사학자 흐룬 판 프린스터러(Groen van Prinsterer)가 근대 인본주의 시대정신의 종교성을 분석하고, 네덜란드 사회에서 근대 인본주의 시대정신에 대항하여 칼빈의 개혁 신학에 기초한 근대의 기독교 세계관(사회 및 문화) 운동을 주창하면서 사용하기 시작하였다. 이후 아브라함 카이퍼(Abraham Kuyer), 헤르만 바빙크(Herman Bavinck), 헤르만 도예베르트(Herman Dooyeweerd) 등으로 이어지면서 19세기 후반부터 20세기에 신칼빈주의자로 칭해진 신학자와 철학자와 교육학자들에 의해 교육과 학문, 사회와 문화에서의 기독교적 개혁 운동으로 확장되었다.

기독교 세계관이란 개념을 19세기 유럽 신학계에 처음으로 도입한 학자는 스코틀랜드의 장로교 신학자이자 변증가, 목회자, 교육가였던 제임스 오르(James Orr)와 네덜란드의 신학자, 정치가, 교육가였던 아브라함 카이퍼이다. 두 사람은 모두 존 칼빈(John Calvin)에 신학적 뿌리를 두고 있으며, 특히 개혁주의 중심의 기독교 세계관 운동을 이끈 중심인물들이다.

---

12 전광식, 『학문의 숲길을 걷는 기쁨: 세계관, 철학, 학문에 관한 여덟 가지 글 모음』 (서울: CUP, 1998), 12.

13 브라이언 월쉬·리처드 미들턴, 『그리스도인의 비전』, 황영철 역 (서울: IVP, 2023), 17.

오르와 카이퍼는 비기독교화되어 가는 유럽을 바라보면서, 계몽주의의 도전에 맞서는 근본적인 대안을 모색할 성경적 전제가 필요하다고 생각했다. 오르와 카이퍼는 세계관이라는 용어를 도입하여 성경적 전제로 삼았다. 오르는 세계관을 '하나님과 세계에 대한 기독교적 견해'(The Christian View of God an World)라고 하였고,[14] 카이퍼는 세계관을 '삶의 체계'(Life System)라고 설명했다. 오르와 카이퍼를 이어 기독교 세계관을 이끌었던 대표적인 인물은 '헤르만 도예베르트'였다. 도예베르트는 추상적이고 이론적인 체계가 아닌 창조-타락-구속이라는 성경적 구조를 기반으로 하는 철학적 체계를 세우고자 했다.

유럽에서 시작되었던 기독교 세계관 운동은 미국으로 건너가 프랜시스 쉐퍼(Francis A. Schaeffer)에 의해 더욱 활성화되었다. 1955년에 '라브리'(L'Abri)라는 공동체를 세워 기독교가 단순히 하나의 종교가 아니라 세계와 삶 전체에 대한 하나의 세계관이라는 것을 인식하게 했다.[15]

아브라함 카이퍼의 사상을 수용하여 화란 개혁주의 기독교 세계관의 틀을 세운 알버트 월터스(Albert Wolters)는 "창조·타락·구속"이라는 책에서 "법"이라는 용어를 중심으로 하나님의 창조 질서를 설명한다.[16] 알버트 월터스는 삶의 모든 영역에서 하나님이 창조의 때에 의도한 질서를 구현해야 한다

---

14 David K. Naugle, *Worldview The History of a Concept* (Grand Rapids: William B. Eerdmand Publishing Company, 2002), 8.

15 David K. Naugle, *Worldview The History of a Concept*, 35-36.

16 알버트 월터스, 『창조·타락·구속』, 양성만 역 (서울: IVP, 1992), 25-28.

며 하나님의 주권을 강조한다.[17] 그는 세계관을 "사물들에 대한 한 인간의 기본적 신념들의 포괄적인 틀"로 규정하였다.[18]

안점식 교수는 기존의 기독교 세계관에 반하여 "관계 중심적 명예-수치 문화에서의 기독교 세계관"을 제시한다.[19] 그는 기존의 기독교 세계관을 헬라 관점에서 비롯된 지성과 질서 중심의 세계관으로 분석하며, 선교적 관점에서 관계 중심의 기독교 세계관이 요구됨을 증명한다. 이러한 그의 주장이 유의미한 이유는 관계 중심의 명예-수치 문화에서 하나님의 은혜를 배신하고 관계를 깨뜨린 죄와 그 죄의 결과로 주어진 수치심과 두려움을 다루어야 한다고 말하기 때문이다(창 3:10).[20]

선교 인류학자인 폴 히버트는 "질서"와 "관계"라는 관점에서 서구 사회와 전통 사회의 세계관을 비교하면서 그 차이를 설명한다.[21] 히버트에 의하면, "전통 사회에서는 관계가 구조적 질서보다 중요하다", "사회적 조화를 유지하는 것이 중요한 가치이며, 평화를 깨뜨리는 것은 죄이다."[22] 관계 중심적이고 "개인보다 집단을 강조하는 사회"에서 죄는 "관계들을 어기거나

---

17 월터스, 『창조·타락·구속』, 40.
18 월터스, 『창조·타락·구속』, 2.
19 안점식, "관계 중심적 명예-수치 문화에서의 기독교 세계관", 「ACTS 신학저널」 제 52집(2022) 81-120.
20 안점식, "관계 중심적 명예-수치 문화에서의 기독교 세계관", 「ACTS 신학저널」 제 52집(2022) 81-120.
21 폴 히버트, 『선교 현장에서의 문화 이해』, 김영동, 안영권 역 (서울: 죠이선교회출판부, 1997), 185.
22 히버트, 『선교 현장에서의 문화 이해』, 187.

위반하는 것이다."[23] 이러한 사회에서 "구원은 화해와 좋은 관계의 회복"인데, "종종 오염되거나 부정으로 죄의 개념과 연관된다"라는 것이다.[24]

성경적 기독교 세계관 양육 방법

앞서 성경적 세계관을 언급할 때 대부분 '무엇인 성경적 세계관인가?'를 다루었다. 성경적 세계관이란 무엇인가? 구원이 세계관이다. 나는 이를 '구속 사적 세계관(관점)'이라고 부른다. 구속사적 세계관을 거부하는 세계관은 율법적으로 옳고 그름을 판단하는 세계관이다. 따라서 삶의 모든 선천적이고 후천적 환경과 삶에서 만나는 사건, 사고, 인간관계를 옳고 그름이 아니라, 구속사적 세계관으로 해석해야 한다. 사람은 고난을 통과할 때 불안과 두려움, 혼란을 겪게 된다. 왜냐하면 고난의 과정에서 세상과 자신을 이해하는 기복적이고 율법적인 세계관(관점)이 무너지고 아노미적 혼돈의 상태를 겪기 때문이다. 성도가 변화되고 성숙해지는 것은 혼란과 공허의 아노미 상태를 지나 구속사적 세계관으로 채워질 때 비로소 가능하다.

나의 고민은 '성경은 성경적 세계관에서의 양육 방법에 대해 어떻게 말하는가?' 하는 점이다. 이것은 성경적 세계관이 무엇인가에 관한 질문만큼이나 중요하다. 그러므로 우리는 '성경은 하나님 백성에게 어떻게 기독교 세

---

23 폴 히버트·다니엘 쇼·티트 티에노우, 『민간 종교 이해』, 문상철 역 (서울: 한국해외선교회출판부, 2006), 281.
24 히버트·쇼· 티에노우, 『민간 종교 이해』, 321.

계관을 가르치는가?' 하는 것을 살펴볼 필요가 있다.

신약 성경에는 고난에 관한 많은 가르침이 등장한다. 초대 교회 당시 공동체와 성도들에게 많은 고난이 따랐기 때문일 것이다. 그러나 단지 고난이 많았다는 이유만으로 이에 관하여 많이 가르친 것일까? 다른 이유도 있을 것으로 여겨진다. 그것은 고난을 통해 기복적이고 율법적인 세계관에서 벗어나, 성경적 세계관으로 양육하는 것이 가장 효과적이기 때문이다.

성경은 인생의 숨겨진 음지, 숨겨야 하는 각자의 가장 어둡고 감추어진 죄와 그늘에 관한 지침서이다. 세상은 보이는 재능과 화려함, 성공과 성취에 주목한다. 그러나 성경은 사람의 성공과 성취에 큰 관심이 없다. 오히려 영혼의 어둠과 상처, 죄, 실패와 좌절에 집중한다. 왜냐하면 사람의 변화는 재능과 성취에 있지 않으며, 오히려 어둠과 상처, 두려움과 좌절에 주목할 때 나타나기 때문이다. 돈을 사용하는 우선순위로 누군가의 경제적 가치관이 드러나듯이, 고난에 대한 해석과 반응으로 그 사람의 세계관을 알 수 있다. 폴 트립(Paul David Tripp)은 고난은 마음속에 있는 것을 드러낸다고 말한다.[25]

다시 말해, 고난 자체가 아니라, 고난과 자신, 삶, 타인과 하나님을 바라보는 기복적이고 율법적 세계관이야말로 우리에게 찾아온 고난에 대한 이해와 반응에 절대적 영향을 끼치며, 고난을 이해하는 비성경적 세계관으로

---

25 폴 트립, 『고난: 하나님의 특별한 은혜의 도구』[eBook], 조계광 역 (서울: 생명의말씀사, 2019), 20/142.

더 큰 고통을 받는다는 것이다.[26] 따라서 고난을 겪을 때, 고난으로 드러난 기복, 율법적 혼합적 세계관에서 벗어나, 성경적 세계관으로 삶과 고난, 수치를 재해석하고 성경적 세계관을 내재화할 기회로 삼아야 한다.[27]

성경적 세계관의 현장은 고난의 삶이다. 따라서 성경적 세계관의 교육 방법과 교재도 삶의 현장이어야 한다. 성경적 세계관의 현장은 결혼, 부부 관계와 자녀 양육의 현장에서 피할 수 없는 고난, 수치, 갈등을 포함한다. 그러므로 성경적 세계관으로 사람을 세울 때는 영혼의 양지가 아니라 음지에 대해선 이해와 접근이 필요하다. 인간의 원죄에서 비롯한 감정인 두려움과 수치의 세계관을 변화시키지 못하면 어떠한 방법으로도 사람은 회복되지 못한다. 아무리 동이에 물을 채워도 결국 물은 가장 낮고 약한 곳으로 빠져나가는 것처럼 어둠의 세력은 사람의 약점을 파고든다.

나는 성경적 세계관의 교재로 나의 달란트 비유의 연구인 『각각 재능대로 맡겨주신 고난』를 제안한다(마 25:14-30). 달란트 비유의 말씀으로 성경적 세계관을 가르쳐야 하는 이유는 현재까지 달란트 비유의 전통적인 해석이 기복 신앙과 성공 복음이라는 이원화와 세속화 속에 갇혀 있었기 때문이다. 달란트 비유는 창조·타락·구속의 원리, 고난에 대한 해석, 고난에 대한 청지기 관점, 고난받는 종의 순종, 복음의 증거, 그리고 '옳고 그름의 율법적 세계관이 아닌 구속의 세계관'을 보여 준다.

---

26 트립, 『고난: 하나님의 특별한 은혜의 도구』[eBook], 22-26/142.
27 트립, 『고난: 하나님의 특별한 은혜의 도구』[eBook], 84/142.

성경은 고난의 책이다. 창세기에서 고난은 죄와 심판의 결과이다. 아담의 타락으로 인해 심판이라는 고난이 주어졌다. 그러나 아사야 53장은 의인의 고난을 언급한다. 죄가 없으신 예수님의 고난으로 우리는 '샬롬'을 누린다. 바울과 베드로에게도 고난은 익숙한 주제였기 때문에, 그들은 충분히 반복해서 이사야 53장의 고난받는 종에 대해 가르쳤다. 이는 고난을 가르쳐야 진정한 성경적 세계관과 구속의 세계관이 세워지기 때문이다.

성도의 고난은 보응적 심판의 결과이거나 양육의 방편이기 때문만은 아니다. '대리적 고난'을 통해서 예수님과 함께 구원에 동참하기 때문이다. 종말을 살아가는 각각의 성도가 당하는 부당하고 억울한 고난은 '대리적 고난'이다. 성도는 이 '대리적 고난'으로 부르심을 받았으며, 이로써 하나님 나라와 구원을 이루어간다. 이것이 성경적 세계관이다. 그러므로 예수님의 대리적 고난을 이해하고 각자에게 맡겨진 '대리적 고난'을 감당해야 한다.

이제 성경적 세계관의 양육은 관계 중심적으로, 공동체에서의 '고난'이라는 주제로 이어져야 한다. 성경적 세계관은 가정과 교회에서 공동체적 양육을 통해 유산으로 물려받는 것이기 때문이다. 이것이 지적으로 습득 가능한 것이라면, 십자가와 교회는 필요하지 않을 것이다. 성경적 세계관을 습득하기 위해서는 가정과 공동체에서 정죄와 수치, 갈등과 조정, 인내와 연합을 통해 반복적인 지지와 격려의 과정이 요구된다.[28]

---

28 왈쉬·미들턴, 『그리스도인의 비전』, 198.

현재까지의 성경적 세계관 양육은 예수님의 십자가를 강조하기는 하지만, 각각의 성도에게 맡겨진 고난을 중심으로 양육하지 않았기 때문에 복음의 실재가 이루어지지 않았다. 동시에 "누구든지 나를 따라오려거든 자기를 부인하고 자기 십자가를 지고 나를 따를 것이니라"(마 16:24; 막 8:34; 눅 14:27)라고 말씀하신 예수님을 따를 수도 없었다. 왜냐하면 "성경적 세계관 양육 방법"이 성경적이지 않았기 때문이다. 각각의 성도에게 주어진 고난과 수치에 대한 존재적 해석과 성경적 세계관이 심어지지 않으면, 성도의 믿음은 혼합적 세계관으로 모래 위에 쌓은 성과 같이 된다.

그러므로 한 사람의 세계관은 수치와 두려움, 고난에 대한 해석과 접근을 살펴야 한다. 폴 트립은 고난의 환경이 자신의 세계관을 직면할 기회라고 말한다. 따라서 고난과 수치를 주제로 성경적 세계관을 가르쳐야 한다. 고난과 수치를 이해하는 '대리적 고난'의 성경적 세계관이 회복되지 않으면 복음을 이해할 수 없다. 나는 본서에서 고난에 대한 성경적 접근과 해석으로 두려움과 수치, 고난에 대한 성경적 세계관을 보이고자 한다.

약어표

ACCS	*Ancient Christian Commentary on Scripture*
AYBD	*The Anchor Yale Bible Dictionary*
BDAG	*A Greek-English lexicon of the New Testament and other early Christian literature*
BNTC	*Black's New Testament Commentary*
BST	*The Bible Speaks Today*
CBC	*a new translation with introduction, commentary, and interpretation*
EGGNT	*Exegetical Guide to the Greek New Testament*
HERM	*Hermeneia—a Critical and Historical Commentary on the Bible*
HNTC	*Holman New Testament Commentary*
ICC	*International Critical Commentary*
IGNTP	*International Greek New Testament Project*
ISBE	*The International Standard Bible Encyclopedia*
JBT	*A Journal of Bible and Theology*
JPS	*JPS Bible Commentary*
JPSTC	*The JPS Torah Commentary*
LRC	*Lexham Research Commentaries*
NAC	*The New American Commentary*
NIB	*New Interpreter's Bible*

NICNT	*The New International Commentary on the New Testament*
NICOT	*The New International Commentary on the Old Testament*
NIGTC	*New International Greek Testament Commentary*
NPNF	*A Select Library of the Nicene and Post-Nicene Fathers of the Christian Church*
NIVAC	*The NIV Application Commentary*
OTL	*The Old Testament Library*
PNTC	*The Pillar New Testament Commentary*
SRC	*A Socio-Rhetorical Commentary*
TDNT	*Theological dictionary of the New Testament*
TDOT	*Theological Dictionary of the Old Testament*
TLOT	*Theological lexicon of the Old Testament*
TNTC	*Tyndale New Testament Commentaries*
TOTC	*Tyndale Old Testament Commentaries*
WBC	*Word Biblical Commentary*

제1부 달란트는 고난이다

제1장

한 달란트 받은 종이
달란트를 감춘 이유

감추어진 천국의 비밀을 아는 지식은 모든 사람에게 허락되지 않았다(마 13:11). 달란트 비유는 고난 속에 감추어진 천국의 비밀을 깨닫지 못한 종의 안타까운 이야기이다. 한 달란트는 현대 화폐 가치로 따지면 일용 노동자들이 20년을 일해야만 벌 수 있는 비현실적인 금액이었다.[1] 그러나 이는 달란트가 주어진다는 것이 얼마나 큰 기회이며 어떤 의미를 지니는가를 보여 주기 위한 마태복음 기자의 설정이다. 이런 큰 가치를 땅에 묻어둔 한 달란트 받은 종의 행동은 엄청난 기회를 낭비한 것으로 보인다. 따라서 기회를 낭비한 종은 심판받는다. 이것이 달란트 비유의 전통적 해석이다.

그러나 앞에서도 언급한 것과 같이 한 달란트는 노동자가 20년을 일해야 가질 수 있는 큰 돈이었다.[2] 이런 큰 돈을 땅에 감추어 두기만 한 종의 행동은 이해하기가 힘들다. 성경에서 재물을 땅에 감추는 행동은 물건을 훔치거

---

1   데이비드 터너, 『BECNT 마태복음』, 배용덕 역 (서울: 부흥과개혁사, 2014), 775.
2   터너, 『BECNT 마태복음』, 775.

나 누군가를 속이려고 할 때 하는 행동으로 등장한다. 당시 잦은 전쟁으로 피난을 가면서 재물을 땅에 감추어 두기도 했다는 해석도 있지만, 성경에서는 누군가 훔친 재물을 감추고자 하는 의도를 보일 때 이 표현을 주로 사용한다. 여호수아 7장에서 아간은 하나님께 바쳐진 제물을 훔친다(외투 한 벌과 은 이백 세겔과 오십 세겔 되는 금덩이: 21절). 그리고 아간은 훔친 재물을 땅속에 감춘다(21절). 열왕기하 7장에서는 사마리아성을 포위한 아람 군대가 도망한 후, 나병 환자 네 사람이 텅 빈 아람 진영에서 탈취한 은과 금과 의복을 감춘다(왕하 7:8). 사도행전 5장에서 아나니아는 땅을 판 땅 값 얼마를 감추고 베드로와 교회를 속였다. 그러나 베드로는 이것을 두고 사람이 아닌 하나님을 속인 죄라고 고발한다.

따라서 한 달란트 받은 종이 단지 자신에게 맡겨진 달란트가 다른 두 종에 비해 적었기 때문에 방치했다는 해석은 한 달란트 받은 종의 행위를 설명하기에 부족하다. 그가 땅을 파고 달란트를 묻어버린 행위 자체도 이해하기가 어렵다. 그는 무엇을 감추고 싶었던 것일까? 본 장에서는 달란트에 감추어진 천국의 비밀을 이해하지 못하는 무지와 한 달란트 받은 종의 감추는 행위를 연결하여 이해하고자 한다. 그 이유를 밝히는 것이 달란트를 이해함에 큰 역할을 할 것이다. 이어서 감추어진 달란트의 의미를 깨닫지 못한 상태가 어떤 상태인가를 설명하려고 한다. 천국의 비밀을 깨닫지 못한 한 달란트 받은 종은 '왜 엄청난 가치가 있는 달란트를 감출 수밖에 없었는가?'를 살펴보자.

1. 수치심

한 달란트 받은 종은 땅을 파서 달란트를 감추고(κρύπτω) 묻어버린다.[3] 한 달란트 받은 종이 달란트를 비밀스럽게 감추고 숨겨야 했던 이유는 무엇일까?

나는 '감추다'로 번역된 헬라어 'κρύπτω'(krypto)에서 그 답을 찾는다. 아담과 그 아내 하와는 하나님을 두려워하여(ἐφοβήθην) 숨는다(κρύπτω)(창 3:8, 10). 이때 사용된 히브리어는 חבא(haba)이고, 그 의미는 '숨기다', '빼다'이다.[4] 이 단어는 LXX에서 '숨은지라'(κρύπτω)로 번역되었다(창 3:8). 한 달란트 받은 종이 '감추었나이다(κρύπτω)'라고 했을 때 사용된 헬라어와 같다.

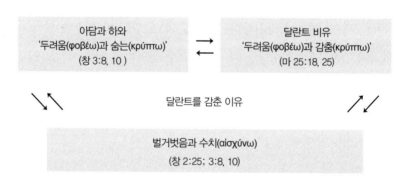

---

3 Oepke, A. & Meyer, R., "κρύπτω, ἀποκρύπτω, κρυπτός, κρυφαῖος, κρυφῇ, κρύπτη, ἀπόκρυφος", *TDNT*. Vol. 3, 958.

4 Wagner, S., "חָבָא", *TDOT*. Vol. 4, 165-171.

창세기 3:8의 '두려움(φοβέω)과 숨는(κρύπτω)' 패턴과 달란트 비유의 '두려움(φοβέω)과 감춤(κρύπτω)'은 같은 패턴이다(마 25:18, 25). 달란트 비유에서 숨기는(κρύπτω) 것은 달란트이고, 창세기에서 아담과 그 아내 하와가 숨기는(κρύπτω) 것은 자신들의 '벌거벗음(ערם)'이다(창 3:10). 벌거벗음은 타락 전과 후에 두 번 언급된다(창 2:25; 3:8, 10). 그러나 타락 전과 후의 벌거벗음은 각각 다른 의미를 가지며, 타락 후 벌거벗음은 수치(αἰσχύνω; בשׁ)가 된다(창 2:25; 3:8, 10).[5] 죄가 인간의 내외적 존재에 수치심을 일으켰기 때문이다.[6]

그러므로 한 달란트 받은 종의 감추는 행위는 타락한 아담과 그 아내가 하나님의 낯을 피하여 숨고 감추는 행위로, 타락한 인간의 죄성을 보여 주는 상징적 행동임을 알 수 있다. 강대훈은 그의 주석에서 한 달란트 받은 종이 자신의 실패의 원인을 주인에게 돌린 행위는 아담이 타락한 후에 했던 원망들을 연상시킨다고 말한다.[7] 그러나 그는 벌거벗음에 대한 수치를 지적하지 못하는 아쉬움이 있다.

벌거벗음은 심판과 수치의 상징이다. 이사야는 타락한 시온이 하체(פֹּתהֵן עֶרְיָה; ἀνακαλύψει τὸ σχῆμα)가 드러나는 수치를 당할 것을 경고한다(사 3:17). 또한 하나님께서는 이사야에게 삼 년 동안 '벗은 몸과 벗은 발로'(עָרוֹם וְיָחֵף; γυμνὸς καὶ ἀνυπόδετος) 다닐 것을 명령한다. 이는 장차 애굽과 구스가 당할 수치의 징조와 예표였는데, 목적은 종의 신분으로 살아가라는 이사야의 말씀

---

5   Schultz, C., "1588 עוּר", *Theological Wordbook of the Old Testament*. (Chicago: Moody Press, 1999), 736.

6   이홍록, 『시내산 아래서 창세기를 읽다』 (서울: CLC, 2010), 51.

7   Bruner, *Matthew 13-28*, 559; 강대훈, 『마태복음 주석』, 465에서 재인용

을 거부하고, 애굽을 의지하려는 유다를 경고하기 위함이었다(사 20:1-5).
이사야는 이스라엘의 회개와 구원을 위해 '자발적 수치'(대리적 고난)를 감당
한 것이다.

수치심의 위험성

수치심이 치명적인 이유는 '행위'에 대한 감정이 아니라 '존재'에 대한 감
정이기 때문이다.[8] 수치심은 내가 한 행동보다 나 자신이 어떤 존재인가에
대한 감정이다.[9] 따라서 수치심은 종교적으로나 영적으로 죄인이라는 존재
적 이해에서 비롯된 것이다. 그래서 수치심은 파괴적이고 자학적이며 자신
을 고립시킨다. 남자들의 수치심은 실패를 통해 나타나는 약함과 무기력,
무능과 깊은 연관이 있다.[10] 남자답게 강하지 못하거나 무능함 또는 무기력
이 수치가 된다. 여자들의 수치심은 외모와 몸매이다.[11] 이는 성적 수치심과
연결된 것으로 보인다. 이처럼 수치심은 무가치함과 열등감을 수반한다. 수
치심은 성적 이슈와 관련하여 발생할 수 있지만, 그밖의 다양한 상황에서도
발견된다.

수치심은 다른 사람들이 타인을 판단하는 기준에 비추어 자신을 바라보
면서 우월감 또는 비판적인 태도로 사회적 시선을 의식하는 것에 의해 발생
한다.[12] 사람의 내면에 자리 잡은 수치심은 명예나 강한 자존감과 관련하여

---

8   브레네 브라운, 『나는 왜 내 편이 아닌가』, 서현정 역 (북하이브, 2012), 43.

9   브라운, 『나는 왜 내 편이 아닌가』, 43.

10   브레네 브라운, 『대담하게 맞서기』, 최완규 역 (서울: 명진출판, 2013), 85.

11   브라운, 『대담하게 맞서기』, 78.

12   Ames, E.S., "SHAME", *Encyclopædia of Religion and Ethics* (Edinburgh; New York: T. &

다른 사람 앞에서 고발되거나 폭로될 때 나타난다. 그런데 방성규는 그의 박사학위 논문인 "수치심과 죄책감에 대한 목회상담학적 고찰"에서 "수치심은 한 개인이 자신에 대해 스스로 전반적인 자기 평가를 내릴 때 경험되는 정서로, 부적절하고, 가치 없고, 무능하다고 느끼는 부적응적인 자의식 정서다. 이를 반복적으로 경험하면 내재화되어 만성적 수치심을 갖게 된다.[13] 이 단계에 이르면 외부의 자극이 없어도 수치심을 경험한다"라고 말한다.[14] 나는 종교인, 특히 하나님의 백성이 반복되는 죄와 중독, 그리고 반복되는 죄와 회개의 반복으로 인한 좌절감으로 만성적 수치심에 갇혀 있는 것처럼 보일 때가 있다. 죄와 회개를 반복하지만 벗어나지 못하는 존재적 죄와 좌절감으로 깊은 수치심에 빠지는 것이다. 이 단계이 이르면 복음과 회개에 대해서도 회의적이고 비관적인 태도를 갖게 된다.

그러나 수치심의 비중과 위험성은 정신의학적 관점이 아니라, 성경 신학적 관점에서 더욱 두드러지게 드러난다. 왜냐하면 창세기 3장의 아담의 범죄가 수치심의 원인과 결과이기 때문이다. 타락하기 전 아담과 그의 아내 하와는 벌거벗었으나 부끄러움(αἰσχύνω)이 없었다(창 2:25). 그러나 하나님의 말씀을 거역하고 죄를 범한 이후 자신들의 벌거벗음을 알고 부끄러움, 즉

T. Clark; Charles Scribner's Sons, 1908-1926). 11권, 446.

13 June Fhce langney, *Fatnaa Wagner and Richard Gramzow*, "Proneness to Shame, Goneness to Guilt, and Psychopathology," *Journal of Abnormal Psychology* 101 (1992): 469-470; W. R Crozier, *Shyness and Embarrassment-Perspectives torn social Psychology* (Camtridge: Cambridge University Press, 1990), 19-20; 방성규, "수치심과 죄책감에 대한 목회 상담학적 고찰"「박사학위논문」(용인: 웨스트민스터신학대학원대학교, 2013), 20에서 재인용

14 방성규, "수치심과 죄책감에 대한 목회 상담학적 고찰", 20.

수치(αἰσχύνω)를 알게 된다. 자신의 벗음을 알게 된 아담과 그 아내는 하나님의 낯을 피해 숨는다(창 3:8). 전에는 서로의 존재 앞에서 벌거벗은 채로 있어도 수치심을 느끼지 않았다. 하지만 타락 후, 자신의 벌거벗음을 신속하게 가리고 하나님을 피해 숨어야만 했다.[15]

"부끄러워하다"로 번역된 히브리어 'בוש'(boosh; 창 2:25)의 의미는 '창백하다', '부끄러워하다', '실망하다', '부끄럽다', '당황하다'이고,[16] LXX의 병행 헬라어는 'αἰσχύνω'(aischynō)이다. 이는 '수치를 느끼다, 부끄러워하다'를 의미한다.[17]

그러므로 수치심은 창조와 타락, 구속의 세계관에서 볼 때 그 위험성과 치명성이 분명하게 드러난다. 성경은 수치심에 관해 말하는 책이다. 성경은 믿음의 조상 아브라함이 아내 사라를 누이라고 속인 거짓말과 예수님의 직계 조상 유다와 며느리 다말의 수치, 다윗이 밧세바와 간음한 수치까지 미화하거나 감추지 않는다. 이는 신약도 마찬가지이다. 초대 교회의 수장이었던 베드로가 예수님을 부인한 치명적인 수치와 사도 바울이 회심 전에 비방자이자 핍박자, 박해자였던 과거를 감추지 않는다.

---

15 트렘퍼 롱맨 3세, 『구약 성경의 정수: 창조, 정복, 유배, 그리고 귀환』, 최광일 역 (서울: CLC, 2016), 44.

16 Seebass, H., "בוש", *TDOT*. 2권, 52.

17 Bultmann, R., "αἰσχύνω, ἐπαισχύνω, καταισχύνω, αἰσχύνη, αἰσχρός, αἰσχρότης", *TDNT*. 1권, 189.

죄와 수치는 비밀을 먹고 자란다

브레네 브라운(Brene Brown)은 그의 저서 『대담하게 맞서기』에서 "수치심은 일종의 두려움이다"라고 말한다.[18] 그녀는 "수치심은 소속감을 누릴 자격이 없다고 믿게 되는 뼈에 사무치는 고통이며, 실제적 고통을 유발한다"라고 말한다.[19] 그녀에 따르면 수치심을 경험한 후, 가장 위험한 일은 감추거나 묻어버리는 것이다.[20]

"감추어 두었더니"(κρύπτω; 마 25:18)에서 중요한 의미는 '(자신을) 감추다'이다.[21] 이것을 볼 때 한 달란트 받은 종이 '감추고', '비밀로 하고', '숨겨야' 했던 것은 자기 자신이었다는 것을 알 수 있다(우물가 여인처럼). 그는 아담과 그 아내 하와가 몸을 숨긴 것처럼 자신을 숨겼다. 율법주의와 기복주의에 갇힌 종이 수치심에서 벗어나는 길은 자신의 달란트(고난)를 '감추고', '숨기고', '비밀'로 하는 것뿐이다. 왜냐하면 달란트는 천국의 비밀을 가진 고난이지만, 이를 깨닫지 못한 그에게는 그저 심판과 수치일 뿐이기 때문이다. 브레네 브라운은 "수치는 비밀을 먹고 자란다"라고 말한다.[22] 즉, 감출수록 수치가 깊어진다는 것이다. 김양재는 그의 책 『상처가 별이 되어』에서 "사탄은 끊임없이 죄를 숨기려 한다. 숨어서 은밀하게 죄를 행하면서 그 죄가 나를 속박하고 중독과 집착에 빠지게 만든다"라고 말한다.[23] 그러나 수치 문화권

---

18   브라운, 『대담하게 맞서기』, 58.

19   브라운, 『대담하게 맞서기』, 60.

20   브라운, 『대담하게 맞서기』, 72.

21   Strong, J., *A Concise Dictionary of the Words in the Greek Testament and The Hebrew Bible*. 1 권 (Bellingham, WA: Logos Bible Software, 2009), 43.

22   브라운, 『대담하게 맞서기』, 73.

23   김양재, 『상처가 별이 되어』 (서울: 두란노, 2014), 166.

에 속한 우리는 문화적으로나 습관적으로 잘 감추고 숨기는 기술을 배우고 가르친다. 율법·기복적 세계관으로 볼 때 고난은 심판이다. 욥의 고난과 그의 친구들의 이야기를 보면, 당대 의인으로 인정받았던 욥도 고난으로 인해 심판과 정죄의 말을 들어야 했다. 고난 자체를 악이자 심판으로 보기에 정죄와 수치가 따라오는 것이다. 따라서 율법적이고 기복적 세계관에 갇힌 사람들은 고난을 인과응보로 해석하고 정죄하게 된다.

같은 맥락에서 한 달란트 받은 종은 정죄를 피하고 수치심에서 벗어나기 위해 자신의 한 달란트를 땅 속에 감춘 것이다. 이 종은 "세상은 위험하다고 생각했고 자신을 희생자로 이해한다."[24] 달란트 비유를 단순히 청지기 관점으로 보는 해석으로는 창세기 3:8, 10과 마태복음 25:25의 관계를 설명하기 어렵다. 더욱이 굳이 땅을 파고 감출 이유가 무엇이겠는가? 그러나 달란트가 수치라면 어떨까? 달란트가 수치라면 한 달란트 받은 종은 자신의 달란트를 '감추고', '숨기고', '비밀'로 해야 한다. "감추어 두었더니"(κρύπτω; 마 25:18)에서 '(자신을) 감추다'는 중요한 의미이다.[25] 결국 한 달란트 받은 종이 감추는 것은 자신의 고난과 수치, 벌거벗은 자아(에고)다. 즉, 그는 자기를 부인한 것이(마 16:24) 아니라 자기를 감춘 것이다. 그러므로 창세기 3장과 연결하여 살펴볼 때, 달란트는 고난과 수치로 해석되며, 하나님 나라의 비밀을 알지 못한 자에게 고난(달란트)은 수치와 정죄의 조건이 될 뿐이다.

---

24 Dan Otto Via, "Ethical Responsibility and Human Wholeness in Matthew 25:31–46," *HTR* 80 (1987), 79~100 (87).; 강대훈, 『마태복음 주석 2권』 (서울: 부흥과개혁사, 2019), 465에서 재인용

25 Strong, J., *A Concise Dictionary of the Words in the Greek Testament and The Hebrew Bible*, 1권, 43.

재혼 후에 아내와 잦은 부부 갈등으로 이혼의 위기를 겪으면서도 어느 곳 하나 하소연할 데가 없었다. 수치와 정죄받을 것에 대한 두려움, 목회의 기회를 얻지 못할지도 모른다는 두려움에 감추고 숨기기에 급급했다. 초혼이었던 아내는 부부 갈등으로 우울감을 겪으면서 더 힘겨워했지만, 수치와 두려움의 가면을 쓰고 살아야 했다. 두 아들은 재혼한 아빠와 계모의 싸움을 보면서 부모에 대한 정죄와 수치로 얼굴이 어두웠다. 두 아들에게 매우 많이 미안하다. 할 말이 없다. 엄마를 잃은 두 아들의 수치와 상처는 매우 깊었다. 하물며 부모가 이혼할지도 모를 순간들을 지켜보며 감당해야 했던 자녀들의 수치와 상처는 얼마나 깊겠는가? 죄를 짓고 이혼의 위기 가운데 있었던 것은 부모인데 그 수치는 자녀들이 감당해야 한다.

십자가는 불명예와 수치이다

예수님은 제자들에게 "누구든지 나를 따라오려거든 자기를 부인하고 자기 십자가를 지고 나를 따를 것이니라"라고 말씀하셨다(마 16:24; 막 8:34; 눅 9:23). 그리고 친히 십자가에서 조롱과 수치를 감당하시고 돌아가셨다. 전통적으로 교회와 성도는 해마다 고난주일이 되면 예수님의 십자가 고난을 묵상한다. 그러나 예수님의 십자가를 묵상할 때 예수님의 육체적 고통에만 집중하고 그 이면을 보지 못하는 실수를 범하곤 한다. 그도 그럴 것이 십자가는 극단적인 육체적 고통을 상징하기도 했지만, 불명예와 수치의 상징이기도 했기 때문이다. 신명기 21:23의 "나무에 달린 자는 하나님께 저주(כִּי־קִלְלַת)를 받았음이니라"에서 히브리어 קְלָלָה(qelala)는 '경멸', '수치', '불명예', '업신여기다'라는 의미를 지니고 있다.[26] 이처럼 십자가는 불명예와 수치이다. 정

---

26   TDOT, Vol. 13, 38, 39, 42.

확히 말하면 예수님은 죄인들의 수치를 대신 감당하기 위해 십자가를 지셨다. 그러므로 자기 십자가를 지고 자기를 부인하고 예수님을 따른다는 것은 타인(원수)을 대신하여 죄의 값인 수치(대리적 고난)를 감당한다는 의미이다.

수치심의 극복

현대 유대인들은 전 세계적으로 매우 큰 영향력을 행사하는 민족이다. 유대인의 영향력이 강력한 이유 중 하나는 그들이 수치심을 극복하는 민족이기 때문이다. 유대인은 수치스러운 자신들의 역사를 미화로 감추거나 회피하지 않는다. 오히려 수치스러운 역사를 사실대로 직면하도록 기록하고, 자녀들에게 기억하게끔 가르친다.[27] 이것이 그들의 힘이다. 수치의 역사를 감추지 않고, 오히려 알리고 가르치는 것 말이다. 이것은 수치심의 세계관이 아니라 언약 세계관을 전수하는 지혜이다. 반면에 어리석은 민족들은 자신들의 수치스러운 역사를 미화하고, 상대를 악마화하면서 자신들을 피해자로 만든다. 이런 현상은 수치스러운 역사와 진실을 직면하지 못하는 두려움에서 발현된다. 이런 패턴의 사람과 민족들은 수치심과 두려움에 갇혀 누군지도 모르는 자들에게 가스라이팅(gaslighting)을 당하기 쉽다. 그럼에도 불구하고 그것을 자신들만 모를 뿐이다. 유대인들은 자신들을 무기력한 피해자가 아니라 수치를 직면하고 극복하는 정신과 문화를 소유함으로써 전 세계적으로 큰 영향력을 미치는 민족으로 성장할 수 있었다.

대리적 고난(사 53:4-6)

우물가 여인은 결혼을 여섯 번이나 했지만 실패했다. 왜냐하면 여섯 번

---

27   현용수, 『유대인의 고난의 역사 교육』 (서울: 도서출판 쉐마, 2015), 212-214.

의 결혼으로 만난 남편들 중 누구도 자신을 사랑해 주지 않았기 때문이다 (요 4:18). 우물가 여인은 수치심과 정죄를 피해 대인기피증과 심각한 우울증으로 자신을 스스로 감추어야만 했다. 자신과 타인들의 자책과 정죄, 수치에서 벗어날 수 없기 때문이다. 그래서 대부분 사람이 피하는 가장 더운 시간에 물을 길으러 온 것이다(요4:6). 자신을 손가락질하는 사람들의 시선과 얼굴을 피하려고 한 것이다. 이 우울한 여인이 할 수 있는 것이라고는 이런 고난을 허락하신 하나님을 원망하는 것뿐이었다.

그러나 예수님을 만나고 난 후 이 여인이 변한다. 자신을 손가락질하던 사람들을 피하던 여인이 오히려 그들에게 찾아가서 예수님이 메시아임을 전한다(요 4:28). 우물가 여인에게 복음을 들은 마을 사람들은 "이제 우리가 믿는 것은 네 말로 인함이 아니니 이는 우리가 친히 듣고 그가 참으로 세상의 구주신 줄 앎이라"(요 4:42)라고 고백한다. 이 여인에게 자신의 과거는 이제 더 이상 수치가 아니다. 오히려 복음을 전하는 간증이 되었다. 우물가 여인의 수치스러운 삶은 이제 달란트가 된 것이다. 자신의 고난 속에 감추어진 천국의 비밀을 발견한 것이다. 이것이 감추인 보화를 발견한 자의 기쁨이다. 이 우울한 외톨이 여인의 회복은 공동체적 회복으로 나타나야 한다. 그렇기 때문에 예수님은 이 여인을 복음 증거의 전도자로 세운 것이다.

그러나 엄밀하게 말하면, 예수님을 만나기 전 우물가 여인이 사람들의 시선을 피해 감추고 숨었던 수치는 예수님을 만나고 난 후에도 여전히 수치이다. 달라진 것은 우물가 여인이 자신의 수치를 대하는 태도이다. 예수님을 만나기 전 우물가 여인을 지배한 수치가 이제는 힘을 잃었다. 우물가 여인은 자신을 정죄하고 멸시하던 사람들에게 찾아가서 자발적으로 수치를 감당할 권능과 힘이 생겼다. 왜냐하면 자신의 수치스런 죄와 고난이 이사야 53:4-6의 대리적 고난인 것을 깨달았기 때문이다. 아니 자신의 수치스러운 음란과 고난을 대리적 고난으로 만들어주신 예수님을 전하고 싶어졌기 때문이다. 여전히 수치와 우울 속에 살아가는 사람들이 여인의 눈에 보인다. 더 이상 그들을 방치할 수 없다.

우물가 여인은 자신이 받은 은혜, 그것으로 인해 누리는 자유와 기쁨을 그들과 공유하고 싶었다. 이런 관점에서 자신을 정죄하고 멸시하던 동네 사람들을 찾아가기까지 수치와 조롱을 피하지 않는 우물가 여인의 자발적 수치는 그들의 구원과 회개를 위한 대리적 고난이 된다.

수치로부터의 치유는 철저하게 하나님과의 관계에서 자신의 죄를 깨닫고 회개하는 것에서 시작된다. 그리고 자신의 수치를 복음 증거의 수단으로 사용하며, 자발적 수치(대리적 고난)를 감당함으로써 회복된다. 하나님의 은총은 수치를 고백하는 죄인을 용납하시며, 그의 고난을 하나님의 고통과 이사야 53:4-6의 대리적 고난에 동참하는 것으로 여겨 주시는 것이다. 이는 창세기 15:6의 "여호와께서 이를 그의 의로 여기시고"에서 아브라함을 의(צְדָקָה)로 여겨 주심과 일맥상통하는 것이다. 즉, 하나님께서 의(צְדָקָה)로 여겨 주시기 때문에 죄가 없는 의인만이 감당할 수 있는 속량의 제물이 되는 것이다. 그러므로 대리적 고난을 감당할 자격인 의(צְדָקָה)로 여겨 주심은 곧 치유와 회복을 의미한다. 대리적 고난을 감당할 자격의 근거인 의(צְדָקָה)로 여겨 주심은 하나님의 구원과 예수님이 감당하신 대리적 고난에 동참하는 영광이다. 이것이 창세부터 만세 전에 감추어진 천국의 비밀이며(마 13:35; 고전 2:7; 골 1:26; 2:3), 이 비밀을 깨달을 때에야 억울함과 원망, 수치에서 치유된다.

자발적 수치를 감당함으로 아들을 살린다

성경은 감추고(κρύπτω) 비밀로 해야 할 고난과 수치의 이야기로 가득하다. 성경은 아담과 하와가 하나님의 낯을 피하여 감추고(κρύπτω) 숨었던 것, 유다와 며느리 다말의 수치스러운 가족사를 땅을 파고 감추지 않았다. 다윗과 밧세바의 간음과 우리야를 청부 살인한 왕의 수치를 감추지 않았다. 다윗은 자신의 간음을 감추기 위해 우리야를 청부 살인하고, 계대결혼으로 숨기려고 했지만, 하나님께서는 마태복음 1장 족보에서 밧세바를 이름으로 기록하지 않고 "우리야의 아내"(마 1:6)라고 노골적 표현함으로써 다윗의 죄와 수치를 드러내셨다. 예수님은 이런 조상들의 후손으로 오시기를 기뻐하셨고, 이런 자들의 하나님으로 일컬음 받는 것을 부끄러워하지 않으셨다(히 11:16). 베드로는 예수님을 부인한 자신의 수치를 감추지 않았다. 바울은 핍박자요 박해자였던 자신의 과거를 미화하거나 감추지 않았다.

그들에게 수치는 더 이상 수치가 아니라 달란트였기 때문이다. 그들은 수치를 감당하고 고백함으로써 구원을 이루었다. 김양재는 그의 저서 『돌탕집탕』에서 "거지가 되어 돌아온 작은아들을 살린 것은 아버지가 아들의 수치를 자발적으로 떠안았기 때문"이라고 말한다.[28] 자기 잘못을 뉘우치고 돌아오는 작은아들이 마을 어귀에서 마을 사람들에게 수치를 당할 지도 모른다고 생각한 아버지는 아들이 수치를 당할 것을 막기 위해 체면을 버리고 아들에게 달려갔다. 여기서 달려가는 아버지를 표현한 헬라어 "τρέχω"(trecho)

---

28   김양재, 『돌탕집탕』 (서울: 두란노, 2019), 55.

는 경기장에서 달리는 선수의 달음질을 표현할 때 사용하는 단어다(마 28:8; 롬 9:16; 갈 2:2; 빌 2:16; 3:12-14; 고전 9:24-27; 히 12:1).[29] 이는 아들이 받아야 할 수치를 아버지가 대신 감당한 것이다. 따라서 누가복음 15장의 탕자 비유는 아들의 수치를 대신 감당함으로 아들을 살린 아버지의 이야기이다. 예수님께서 십자가에서 죄인들의 수치를 대리적으로 감당하셨기에 우리는 구원받는다. 이것이 하나님 아버지의 자발적 수치이며, 용서하는 하나님이 감당하는 대리적 고통이다.

수치의 문화와 언약의 문화

수치 문화권에 사는 사람들은 수치심 때문에 이웃을 버리고, 수치심 때문에 자살을 선택한다. 성폭행당한 여인들이 수치를 감당하지 못하고 자살을 선택하기도 하고, 조선 시대 남편들은 성폭행당한 아내를 버리기까지 했다. 수치를 당하는 것보다 죽는 것이 낫다고 여긴 것이다. 일본 사무라이는 할복을 영광스럽게 죽는 것이라고 여겼다. 사울왕은 이방 족속 아말렉에게 수치 당할 것이 두려워 자살한다(삼하 31:3-4). 이미 중상을 입은 상태였지만 그는 다른 무엇보다 수치를 두려워한다. 이것이 수치의 문화이다. 수치에서 벗어나는 방법은 수치의 원인인 나와 타인을 살해하는 것이다. 왜냐하면 비밀을 완전히 감출 수 있는 유일한 방법은 존재 자체를 사라지게 하는 것이기 때문이다.

반면에 언약의 문화는 자발적으로 수치를 감당하며, 나도 살고 남도 살린다. 사무엘하 11~20장을 보면 다윗은 죄의 형벌과 수치를 감당한다. 이

---

29 *TDNT. Vol.* 8, 227-233.

복 자녀들의 근친상간과 살인, 압살롬의 반역, 시므이의 조롱 등 모든 수치를 감당하면서 하나님의 은총을 구한다. 유다는 며느리와 동침한 시아버지라는 비방하는 말을 들었을 것이고, 다말도 온갖 수치스러운 말을 묵묵히 다 들어냈기 때문에 마태복음 1장 예수님의 계보에 올라간 것이다. 유다가 훌륭해서 예수님의 계보에 이름이 올라간 것이 아니다. 유다는 다말이 자신을 대신해서 수치를 감당한 것을 깨닫고 "그는 나보다 옳도다"라는 위대한 고백을 했다(창 38:26). 유다가 "그는 나보다 옳도다"라고 고백한 것은 다말이 '신 벗김 받은 자'라는 가족의 수치를 면하기 위해 유다의 씨를 받는 수치를 감당했기 때문이다. 즉, 며느리 다말이 유다 자신을 대신하여 수치를 감당한 수고를 인정했다.

이를 깨달은 유다는 언약 공동체인 가족과 형제를 위해 베냐민을 대신해서 담보로 잡히는 고난을 자청한다. 그는 '대리적 고난'을 이해하고 감당하는 삶을 살아낸 것이다. 며느리 다말이 '신 벗김 당한 자'라는 가문의 수치를 떠안았던 것처럼, 유다는 아버지 야곱의 차별과 형제들의 시기로 얼룩진 죄와 수치를 '종의 신분과 태도'로 떠안은 것이다.

그러므로 하나님께서 주신 종의 신분과 그 고난의 의미와 목적을 이해하지 못한다면 고난은 그저 수치로 남을 뿐이다. 율법적이고 기복적인 세계관으로는 천국의 감추인(κρύπτω) 비밀인 대리적 고난의 의미와 목적을 이해할 수 없다. 그래서 유대인은 종으로 오신 예수님처럼 종의 고난과 수치로 넘어지고, 헬라인에게는 미련하게 보인다. 암, 실직, 사별, 사고, 뇌 병변 장애의 고난을 달란트로 받아들이지 못하는 것은 율법적이고 기복적인 세계관 때문이다. 율법과 기복과 보응적 세계관에 갇힌 한 달란트 받은 종이 수치심에서 벗어나는 방법은 땅을 파서 자신의 수치를 감추고 비밀로 하는 것이다. 이것은 마치 아담과 그의 아내 하와가 무화과나무 잎으로 자신들의 벗은 몸을 가린 것과 다를 바 없다(창 3:7).

아테네와 고린도에 전한 바울의 설교(κήρυγμα)

사도 바울은 고린도전서 1:21-24에서 "유대인은 표적을 구하고 헬라인은 지혜를 찾으나 우리는 십자가에 못 박힌 그리스도를 전하니 유대인에게는 거리끼는 것이요 이방인에게는 미련한 것이로되 오직 부르심을 받은 자들에게는 유대인이나 헬라인이나 그리스도는 하나님의 능력이요 하나님의 지혜니라"라고 말한다.

바울은 아테네에서 복음을 전하는 데 실패한 원인이 무엇인지를 깨달은 것이다. 나는 바울이 교회를 세우는 것에 실패했기 때문에 아테네에서의 사역에 실패했다고 본다. 고린도 교회, 빌립보 교회, 에베소 교회는 있지만 아테네 교회는 없다. 이는 바울이 전한 '설교'(κήρυγμα)와 관련이 있다. 바울은 아테네 사람들의 종교적 열심과 관련하여 신론적으로 접근하여 복음을 전하려고 노력했지만, 교회를 설립하는 데도 실패했다(행 17:16-34). 고린도전서 2:4의 "내 말과 내 전도함(κήρυγμα)이 설득력 있는 지혜의 말로 하지 아니하고"라는 말은 아테네에서 전했던 바울 자신의 설교(κήρυγμα)에 대한 반성이다. 왜냐하면 그는 당시 헬라 철학자들과 이방 종교 지도자들이 선호하는 화려한 수사학적 표현을 사용해서, 마치 사람을 선동하는 것처럼 '설득력 있는 지혜의 말', '말과 지혜의 아름다운' 것으로 복음을 전하려 했기 때문이다.[30] 그러나 이후 고린도에 도착한 바울은 아테네에서 전한 복음(고전 2:1 "말과 지혜의 아름다운 것")을 버리고 십자가에 못 박힌 그리스도만 전한다고 말한다(행 18:1-17; 고전 1:18-2:5).[31]

그렇다면 바울이 고린도전서 2:1에서 강조한 "말과 지혜의 아름다운 것"과 2:2에서 "예수 그리스도와 그가 십자가에 못 박힌 것 외에는"은 무엇을 말하는 것인가? "예수 그리스도와 그가 십자가에 못 박히신 것"(2:2)와 "성령의 나타나심과 능력"은 병행 사용되었다. 학자들은 고린도전서 2:4의 "다만 성령의 나타나심과 능력으로"라는 말씀에 근거하여 성령의 주권적인 역사하심을 의지한다는 고백으로 해석한다.[32] 그러나 이는 바울이 성령을 의지함과 동시에, 일반적인 수사학을 버리고 "예수 그리스도와 그가 십자가에 못 박히신 것"(2:2)에 집중한다는 뜻으로 해석되어야 한다. 즉, 헬라 철학자들과 이방 종교 지도자들이 선호하는 수사학을 버림으로 그들과 차별성을 두겠다는 의미이다.

"예수 그리스도와 그가 십자가에 못 박히신 것"(2:2)은 유대인을 넘어지게(거리끼게) 하는 것이었고, 헬라인에게는 미련하게 여겨졌다(1:23). 헬라인에게 지혜는 수사학적인 언변이었고, 미련한 것은 "예수 그리스도와 그가 십자가에 못 박히신 것"(2:2)이었다. 유대인들의 눈에 십자가는 실패와 수치

---

30 리차드 L. 프랫 주니어, 『Main Idea로 푸는 고린도전후서』, 김진선 역 (서울: 디모데, 2005), 44.

31 Gordon D. Fee, *The First Epistle to the Corinthians*. Revised Edition. *NICNT* (Grand Rapids, MI; Cambridge, U.K.: William B. Eerdmans Publishing Company, 2014), 97.

32 프랫 주니어, 『Main Idea로 푸는 고린도전후서』, 44.

의 상징이었기 때문이다. 따라서 바울의 "다만 성령의 나타나심과 능력"에 대한 해석은 성령의 주권적인 역사하심보다 "예수 그리스도와 그가 십자가에 못 박힌 것"(2:2)에 초점을 맞춘 '설교'(κήρυγμα)의 내용과 형식을 결단한 것으로 이해되어야 한다. 이후 바울은 자신의 모든 지식과 지혜를 배설물로 여긴다고 말한다. 왜냐하면 "내 주 그리스도 예수를 아는 지식이 가장 고상하기 때문"(빌 3:8)이다.

십자가의 죽음은 가장 수치스러운 죽임이다. 고로 예수님이 감당하신 십자가는 고난과 수치의 상징이다. 그러나 이는 하나님의 감추어진 능력이요 감추어진 지혜이기도 하다(고전 1:18, 24; 2:5). 십자가의 죽음은 종의 신분으로 대리적 고난을 감당함으로써 죄인을 구원하기 위한 것이기 때문이다. 십자가는 추상적 개념도 아니고 종교적 상징도 아니다. 십자가는 종의 신분으로 감당하는 예수님의 대리적 고난이다. 이제 교회와 성도가 감당하는 십자가(대리적 고난)는 타인(원수)의 죗값(고난과 수치)을 내가 감당하는 것이다. 이를 깨닫지 못한다면 십자가는 약자의 수치와 헛된 고난과 죽음일 뿐이다. 기복과 세속, 혼합적 세계관에서 십자가는 감추고 피해야 할 고생일 뿐이다.

"예수 그리스도와 그가 십자가에 못 박히신 것"(고전 2:2)이 헬라인에게는 미련한 것이고 유대인에게는 수치라면, 바울에게 미련하고 수치스러운 것은 지난날 예수님을 부인하고 박해했던 자신의 죄와 무지이다. 그래서 고린도전서 1~2장에서 바울은 헬라인의 지식적 수사학을 버리고, 자신의 지난날 죄와 수치를 간증하겠다고 결단하며 고백하는 것이다. 다시 말해 바울의 'κήρυγμα'(복음)는 자신의 지식과 지혜, 그리고 화려한 수사학이나 언변이 아니라. 지난날의 죄와 수치스러운 간증을 고백하는 것이다. 바울은 이를 "전도($κήρυγμα$)의 미련한 것"(고전 1:21)이라고 말한다. 보통 헬라어 '$κήρυγμα$'는 전도와 설교, 선포로 번역된다. 그런데 이 전도와 설교, 선포에는 고난과 죄 고백의 수치스러운 간증이 포함된다. 나는 이를 초기 기독교 '$κήρυγμα$'의 전통으로 본다. 그러므로 바울의 '$κήρυγμα$'(복음)는 신학적 지식과 논쟁으로 전해지는 것이 아니라, 죄 고백의 수치와 고난을 통한 회개의 간증으로 전해지는 것이다.

사도행전에서 사도 바울의 '$κήρυγμα$'(kērygma)

헬라어 명사 '$κήρυγμα$'(kērygma)에서 유래한 이 단어는 복음으로 설교되는 것(동사 $κηρύσσω$(케리소))을 의미한다. '$κήρυγμα$'를 일방적인 선포로 이해하는 사람들도 있으나, '$κήρυγμα$'는 일방적 선포가 아니라 소통이다. 왜냐하면 이것은 구원의 복음을 세상에 전달하기 위하여 하나님이 정하신 수단이기 때문이다.[33] 따라서 '$κήρυγμα$'에는 설교 행위뿐만 아니라 내용도 포함된다(고전 1:21).[34]

'$κήρυγμα$'에 대한 학자들의 연구는 초대 교회에 선포된 설교의 내용을 재구성하기 위한 목적으로 행해졌다. C. H. 도드와 디벨리우스는 사도행전의 베드로와 바울의 설교($κήρυγμα$)를 통해 초대 교회의 케리그마($κήρυγμα$), 즉 복음의 메시지를 재구성할 수 있다고 믿었다.[35] 그러나 도드와 많은 학

---

33 김재권, 『성경 문화배경 사전』, 876.

34 Patzia, A.G. & Petrotta, A.J., *Pocket dictionary of biblical studies* (Downers Grove, IL: InterVarsity Press, 2002), 69.

35 Polhill, J.B., "Kerygma and Didache", *Dictionary of the later New Testament and its*

자의 노력에도 불구하고 설교(κήρυγμα)를 재구성하는 합의는 잘 이루어지지 않았다.

내가 사도행전 9, 22, 26장에서 발견한 바울의 'κήρυγμα'의 특징은 바울 자신의 수치스러운 간증을 포함하고 있다는 것이다. 사도행전에서 대표적 바울의 'κήρυγμα'의 내용은 다메섹에서 예수를 만난 사건이다. 사도행전 22:3-21, 26:1-23에서 바울은 자신의 지식과 논리가 아니라 핍박자였던 과거를 언급하며 다메섹 노상에서 예수님을 만났던 경험을 간증한다. 여기서 바울의 수치스러운 간증을 세 번이나 반복적으로 기록한 누가에게는 목적이 있었을 것이다. 다시 말해, 사도행전 22:3-21, 26:1-23에서 바울의 두 'κήρυγμα'를 근거로 볼 때, 고린도전서 1:21에서 말하는 바울의 'κήρυγμα'는 수치스러운 간증을 포함하는 것이다. 더불어 바울은 자신의 무기력과 수치를 "약한 것"이라고 부르고(고후 11:30; 12:5, 9, 10), 약한 것들 외에는 자랑하지 않겠다고 말한다. 물론 그의 'κήρυγμα'는 그리스도의 죽음과 부활 사역에 중심을 두고 있다(고전 15:14 "그리스도께서 만일 다시 살아나지 못하셨으면 우리가 "전파"(κήρυγμα)하는 것도 헛것이요 또 너희 믿음도 헛것이며"). 그러므로 바울의 'κήρυγμα'의 특징은 그 자신의 약한 것과 수치스러운 간증을 포함하는 것이다.

나는 나와 같은 주장을 하는 학자는 아직 찾지 못하였으나, 목회자 가운데서는 같은 주장을 하는 이를 찾았다. 브리티시컬럼비아주 리치몬드의 평화메노나이트교회 담임목사 팀 쿠퍼(Kuepfer, Tim)는 그의 논문 "I saw the

---

developments (Downers Grove, IL: InterVarsity Press, 1997), 626-627.

light: The significance of the Apostle Paul's conversion testimony"에서 "'*κήρυγμα*'(kērygma)에는 각 성도도 포함되므로, 각 성도의 간증은 하나님의 빛, 예수님의 빛을 모든 피조물에 반사하는 역할을 하며, 동시에 공개적인 간증을 통해 우리 역시 구원을 선포하시는 분은 바로 예수님이심을 확신할 수 있다"라고 말한다.[36]

예수님은 자신을 "빛"이라고 말씀하신다(요 8:12; 12:46). 또한 제자들에게 "너희는 빛"이라고 말씀하신다(마 5:14). 그리고 사도 바울을 "이방의 빛"으로 삼는다고 한다(행 13:47). 밤하늘에 많은 별이 빛을 발하지만, 별은 태양 같은 발광체와 달처럼 빛을 반사하는 반사체로 구별된다. 예수 그리스도의 성육신과 십자가의 고난과 죽음, 부활은 발광체로서의 빛이고, 제자들과 바울의 빛은 예수님의 빛을 반사하는 빛으로 죄와 고난과 수치를 드러내는 간증이다. 죄인인 인간의 어둠을 빛으로 삼아 주심이 하나님의 능력이요 하나님의 지혜이다. 우리의 어둠이 여전히 어둠으로 남는다면, 우리에겐 늘 빛이 부족하고 더 필요할 것이다. 고린도후서 12:9-10에서 바울은 사도직을 수행함에 가장 부끄러웠던 치명적 약함이 가장 큰 자랑이 되었다고 말한다. 즉, 빛으로 오신 예수님이 인간의 어둠을 통해 더욱 드러나며, 인간의 어둠까지 빛으로 만들어주시는 은총이 하나님의 능력이요 하나님의 지혜이다.

그러므로 복음 증거는 '*κήρυγμα*'를 선포하는 자의 죄와 고난, 수치스러운

---

36 Kuepfer, Tim. "I saw the light: The significance of the Apostle Paul's conversion testimony." *Vision: A Journal for Church and Theology* 10.2 (2009): 13-19, 19.

간증을 통해 예수 그리스도를 주로 고백(kerygma)하는 것이다.[37] 왜냐하면 최고의 복음 증거는 논리와 지식과 표적이 아니라, 예수님을 만난 사람의 죄 고백과 회개하는 인격, 그리고 변화된 삶이기 때문이다. 따라서 십자가의 고난과 죽음 그리고 부활하신 예수님을 만난 한 사람의 인격을 통하여 선포되는 간증(κήρυγμα)보다 강력한 복음 증거는 없다. 다시 말해, 바울의 'κήρυγμα'(설교)는 예수 그리스도의 성육신과 십자가의 고난과 죽음 그리고 부활 사건뿐만 아니라, 이를 반사하는 바울 자신의 죄와 수치스러운 간증을 통해 그리스도를 주로 고백함에 있는 것이다.

이것이 비밀(비유)이자 감추어진 하나님의 지혜이며, 육에 속한 사람은 깨달을 수 없고 어리석게만 보일 것이다(고전 2:14). 이를 깨달은 바울은 "전도(κήρυγμα)"는 구원하시는 하나님의 방법이며, 하나님의 능력이자 지혜라고 말한다(고전 1:18, 24). 더불어 그는 고린도전서 2:7에서 "오직 은밀한(μυστηρίω) 가운데 있는 하나님의 지혜를 말하는 것으로서 곧 감추어졌던(τὴν ἀποκεκρυμμένην) 것인데 하나님이 우리의 영광을 위하여 만세 전에 미리 정하신 것이라"라고 말한다. 바울의 말에는 놀라움과 감격이 있다.

그러나 수치를 고백하는 바울의 'κήρυγμα'(설교)는 이후 기복적이고 세속적 세계관을 가진 교회에서 마치 다단계의 성공 사례처럼 성공과 번영을 간증하는 것으로 변질되었다. 신구약 성경 어느 부분에서도 성공과 번영을 고백하는 간증은 없다. 오히려 아브라함부터 유다, 다윗까지 자신의 수치를

---

37 미국 풀러신학교의 찰스 벤 엥겐(Charles Van Engen)는 예수 그리스도를 주로 고백(kerygma)하는 것을 케리그마로 쓴다.; J. 허버트 케인, 『세계 선교 역사』, 변창욱 역 (서울: CLC, 2020), 349.

감추지 않고 명백하게 드러낼 뿐이다. 한국 교회사를 살펴보면 평양대부흥운동에서 길선주 목사와 성도들은 자신들의 감추어진 죄와 수치를 공개적으로 고백하며 회개하였다.[38] 어떻게 이런 교회사적 사건이 발생 가능한 것인지는 알 길이 없다. 하나님께서 하시는 성령의 역사일 뿐이다. 이천 년의 빈 공백과 공간적 거리를 뛰어넘어 바울에게 나타난 성령의 역사가 평양에서 나타난 것이다.

교회사적으로 살펴보는 'κήρυγμα'(kērygma)

그렇다면 언제부터 바울의 'κήρυγμα'(죄 고백 간증) 전통이 교회사에서 사라지고 수사학이 자리 잡게 되었을까를 살펴보고자 한다. 나는 이에 대한 고민과 답을 교회사에서 찾았다. 세계 교회사와 한국 교회사를 살펴보면 두 지점에서 변곡점을 발견할 수 있다.

콘스탄티누스 황제의 기독교 국교화에 대한 프랭크 바이올라(Frank Viola)와 조지 바나(Barna, George)의 관점은 전통적인 관점과 차이가 있다. 전통적으로 교회사는 AD 313년 콘스탄티누스 황제의 기독교 국교화의 사건을 기독교의 승리, 적게는 로마 교회의 승리로 해석한다. 그러나 프랭크 바이올라와 조지 바나는 이를 기독교의 승리가 아니라 기독교의 정치화, 제도화, 세속화로 본다.[39] 프랭크 바이올라와 조지 바나에 의하면, AD 313 이후 교회는 혼합 종교화되었다. 그들은 이러한 주장을 뒷받침할 근거로 교회의 예

---

38 박용규, 『평양대부흥운동』(서울: 생명의말씀사, 2000), 211-223.

39 프랭크 바이올라 & 조지 바나, 『이교에 물든 기독교(*Pagan Christianity?: Exploring the Roots oF our Church Practices*)』, 이남하 역 (논산: 대장간, 2011), 69.

배당 건축과 사제 제도, 그리고 수사학적 설교 등을 꼽는다.[40] 이런 종교 혼합적 변질이 3~4세기를 거치며 급격하게 이루어졌다.

즉, 콘스탄티누스가 자신의 정치적 목적을 위해 기독교를 이용했고, 기독교는 어용 종교가 되었다는 것이다.[41] 콘스탄티누스의 이중성에는 몇몇 근거가 있다. 그는 기독교에 호의를 베풀면서도 제국 내의 다른 이방 종교를 배척하지 않았다.[42] 또한 콘스탄티누스는 예배당을 건축했지만, 동시에 이방 사원을 복원하기도 했다.[43] 무엇보다 그는 회개하지 않았다. 박철수는 그의 책에서 콘스탄티누스는 세례를 받지 않았다고 말한다. 그는 65세의 나이로 죽음이 임박해서 교회 지도자에게 손을 내밀었으며, 그의 신앙 문답 과정과 세례 과정은 매우 이례적으로 급하게 기간을 단축하여 이루어졌다고 말한다.[44]

존 와츠는 그의 이사야 주석에서 "새 시대에는 하나님의 백성에게 민족적 독립이 존재하지 않고, 하나님의 성읍 예루살렘에게 정치적 권력이 존재하지 않고, 그들 자신의 왕과 국토가 존재하지 않는다. 새 시대의 기본적 개념은 '종의 신분'이다"라고 말한다.[45] 이사야를 통해 선포된 종의 신분은 바벨론과 페르시아, 헬라와 로마 시대에 이르기까지 초대 교회의 정체성으로

---

40 프랭크 바이올라 & 조지 바나, 『이교에 물든 기독교』, 68, 147.

41 박철수, 『하나님 나라: 기독교란 무엇인가』, 270.

42 케인, 『세계 선교 역사』, 87.

43 케인, 『세계 선교 역사』, 87.

44 박철수, 『하나님 나라: 기독교란 무엇인가』, 142.

45 존 와츠, 『WBC 이사야 상』, 강철성 역 (서울: 솔로몬, 2002), 58.

나타났다. 그러나 로마의 국교화로 종의 신분의 정체성이 버려지고 교회는 어둠의 길을 걷게 된다. 로마 교회의 국교화는 종의 신분을 통해 성취하시는 하나님의 구속사와 정체성에 대한 퇴행이다. 결국 교회는 로마 권력의 종이 되었지만, 지금까지 자각하지 못하고 있다.

프랭크 바이올라와 조지 바나는 기독교가 국교화되면서 많은 이방 종교 지도자와 철학자들이 개종하고 교회의 설교자가 되었다고 말한다.[46] 이들이 개종했던 이유는 기독교가 국교화되면서 국가에서 합법적으로 보수가 보장되었고, 무엇보다 사제들에게는 교권뿐만 아니라 사법권까지 주어졌으며, 교회 재산에 대해서는 세금을 면제해 주었기 때문이다.[47] 이런 배경에서 많은 이방 사제들이 기독교로 개종했고, 그들이 교회의 지도자로 예배당에서 성경을 읽고 "설득력 있는 지혜의 말"(고전 2:4), 즉 수사학적 설교를 했을 것이다. 그러나 그들은 초대 교회 사도들과 교부의 "종의 신분과 종의 고난"에 대한 세계관을 이해하지 못했기 때문에, 결국 기복적이고 이교도적이며 혼합주의적인 세계관(고전 2:1 "말과 지혜의 아름다운 것")으로 성경을 해석하고 설교했을 것이다.

정리하면 콘스탄티누스의 기독교 국교화 이후, 초대 교회와 바울의 'κήρυγμα'(죄 고백 간증)적 설교와 성경 해석의 전통이 수사학으로 변질되고, 단절되었다는 것이다. 물론 프랭크 바이올라와 조지 바나는 그들의 책에서 초대 교회와 바울의 'κήρυγμα'(전도 or 설교) 전통이 무엇인지에 대해서는 언

---

46 프랭크 바이올라 & 조지 바나, 『이교에 물든 기독교』, 147.
47 케인, 『세계 선교 역사』, 88.

급하지 않는다. 그러나 기독교 국교화의 영향으로 이교적 문화와 가치관이 유입되고 혼합되어 종교 혼합적 기독교가 된 것은 분명해 보인다.

이같은 현상은 한국 교회사에서도 나타나는데, 평양대부흥운동에 나타난 공개적 죄 고백의 전통이 신사 참배 후에 사라졌다. 나는 신사 참배 이후, 한국 교회에 나타난 부정적 유산이 개인화, 내면화, 내재화의 편향성이라고 본다. 왜냐하면 신사 참배 이후, 신사 참배에 굴복했던 종교 지도자들이 해방 이후 여전히 교회의 재건에 앞장섰기 때문이다. 그들은 자신들의 신사 참배를 합리화하거나 회개했다고 선언했을 것이다. 그러나 장대현교회에서 있었던 평양대부흥운동의 죄 고백의 전통은 따르지 못했으며, 그들의 설교(κήρυγμα)는 수치스러운 죄 고백이 아니라, 바울이 버린 "말과 지혜의 아름다운 것"(고전 2:1)으로 채워졌을 것이다. 마치 AD 313 이후, 기독교가 어용이 되고 기복적이고 세속적인 종교 혼합의 길을 걸은 것과 비슷하다. 빌립보서에서 바울은 이를 "배설물"이라고 불렀다(빌 3:8).

연합이 수치를 이긴다

수치심을 치유하고 극복하는 방법은 창세기에서 찾아야 한다. 곧 부부가 한 몸으로 연합됨이 수치심을 치유하고 극복하는 길이다(창 2:24-25). 두려움과 수치가 하나님의 말씀을 거역하고 하나님과 분리된, 하나님을 떠난 결과이기 때문이다. 따라서 수치심은 하나님과 연합하고 하나님과의 관계를 회복함으로 해결받을 수 있다.

하나님과 연합을 상징하는 부부의 연합은 모든 상처와 아픔을 치유한다. 박성덕은 그의 저서 『당신, 내 편이라서 고마워』에서 "부부의 연합으로 부끄럽지 아니하듯이 부모와 연합된 자녀도 부끄럽지 않고 떳떳한 삶을 살아간다"라고 말한다.[48] 부부의 연합이 남편과 아내의 수치를 치유한다. 그리고 부부 연합은 부모와 자녀의 연합으로 이어지고, 성장한 자녀를 건강하게 파송하는 밑거름이 된다. 따라서 수치심은 감추고 묻어 두는 것이 아니라 공동체에서 나눔과 대화의 주제가 되어야 한다.[49] 수치심을 나눌 수 있는 친밀한 부부 관계, 친밀한 부모와 자녀의 관계, 친밀함의 공동체가 있어야 수치심에서 치유된다. 어떤 여자들은 자신의 수치를 남편에게 감추고 결혼한다. 자신의 수치가 드러날 때, 이를 알게 된 남편에게 버림받을 것이 두렵기 때문이다. 누군가 배우자에게 자신의 어떤 수치심을 감추어야 한다면 그것만큼 안타까운 것도 없을 것이다. 결혼은 서로의 수치를 보이는 것이다. 따라서 가면을 쓰고 자신의 수치를 감추고 결혼하는 것은 출발부터 잘못된 것이라고 할 수 있다. 결혼은 서로의 수치를 이해하고 공감하며 한 몸으로 연합을 이루는 것이기 때문이다(창 2:24, 25). 서로의 수치와 두려움을 용납하지 못하는 부부의 연합은 거짓된 것이다. 그러므로 우리는 배우자와의 연합, 교회 공동체와의 연합에서 수치심의 치유와 회복의 길을 찾아야 한다.

아내와 나는 한동안 재혼 후 찾아온 문제를 감당하지 못하고 부부싸움으로 얼룩진 결혼 생활을 이어가야 했지만, 지금은 많이 치유되고 회복되었다. "내가 더 옳다"라는 서로의 교만과 정죄를 고백하고 정죄에서 애통으로 나아가고 있다. 여기에는 아내의 도움이 컸다. 아내는 나를 많이 안아 준다. 잠자리에서는 내 품을 파고들어 안겨 준다. 내가 화를 내거나 삐져 있을 때

---

48 박성덕, 『당신 내 편이라서 고마워』 (서울: 두란노, 2017), 172.
49 브라운, 『대담하게 맞서기』, 74.

아내는 자존심을 버리고 내 품을 파고든다. 내가 부부의 침실을 언급하는 것은 나의 수치와 거절감이 아내로 인해 치유되고 있기 때문이다. 부부가 한 몸을 이루고 연합하는 데는 스킨십이 매우 중요하다. 부부가 서로를 안아 주는 스킨십으로 거절감에서 치유된다. 남편은 아내의 거절에서 수치심을 느낀다. 거절이 수차례 반복되면, 수치를 느끼는 것이 두려운 남편은 아내에게 다가서지 못하고 눈치를 보게 된다. 아내의 따뜻한 손이 내 등을 어루만질 때 나의 굳은 몸과 감정이 풀린다. 나를 용납해 주는 아내로 인해 편안해진다. 내가 조금씩 편안해지니 아이들의 표정도 편안해지는 것이 보였다. 처음에는 아내의 사과를 당연하게 받아들이며 '그렇지. 내가 옳지. 내가 이겼다'라고 생각했는데, 지금 돌아보면 아내가 먼저 자신의 죄를 본 것이다. 여전히 나는 찌질한 남편이었다. 먼저 나의 죄를 돌아보며 사과하지 못했다. '나는 왜 먼저 사과하지 못하는가?'를 깊이 생각해 보다가 나는 수치심이 깊고 낮은 자존감을 가진 사람이라는 것을 알게 되었다.

반면에 아내는 남편인 나에게 모든 감각을 집중한다. 많은 여성들은 아내가 되고 어머니가 된다. 어머니가 되면 이제 모든 관심은 남편보다 자녀에게 집중된다. 그렇게 자녀를 양육하지만, 자녀가 우상이 되면 관계에 갈등이 나타나기 시작한다.

아내는 초혼으로 나와 결혼을 했고, 자신의 배로 낳은 자녀가 없다. 때문에 아내의 모든 감각은 나에게 집중되곤 한다. 이것이 한때는 나에게 상당히 피곤하고 부담스러웠는데, 그것은 아내에게도 마찬가지였다. 더구나 나보다 연상인 아내는 나의 여자 관계에 대해 지나치게 예민했다. 예전에는 이 문제로 아내와 많이 다투기도 했다. 나는 나를 의심하는 아내에게 너무

서운하고 억울해서 분을 내었고, 목사인 나를 너무 무시하는 것 아니냐며 항변하고 변론했다. 그러나 아내의 정죄와 나의 항변이 반복될수록 부부싸움만 더욱 커질 뿐이었다. 참 많이 힘들었다. 부부 관계의 수치이기 때문에 함부로 말을 꺼내는 것도 조심스러웠다.

의심하는 아내와 억울한 남편의 관계는 의심하는 아내의 정죄와 억울한 남편의 항변의 정죄로 나타난다. 이것은 부부 관계를 깨트리는 고통이 될 뿐이다. 그러나 많은 시행착오를 지난 후 이사야 53장의 대리적 고난을 깨달으며, 남편이 억울하다고 자기변호와 정죄를 한다고 해서 의심하는 아내를 살릴 수 없다는 것을 깨달았다. 의심하는 아내를 살릴 방법은 내가 자기의를 버리고 의심받는 남편으로 이사야 53:8의 "마치 도수장으로 끌려 가는 어린 양과 털 깎는 자 앞에서 잠잠한 양 같이 그의 입을 열지 아니하였도다"라고 하는 말씀처럼 아내의 정죄를 묵묵히 받아 주는 것이었다. 이는 의심하는 아내를 살리기 위한 남편의 대리적 고난이 된다. 아내의 죄를 담당하는 남편의 대리적 고난은 그리스도처럼 아내를 사랑하는 것이다.

나의 옳음(צדקה)이 사람을 살리는 옳음(צדקה)이 되지 못한다는 것을 알아야 한다. 예수님은 하늘 영광을 버리고 이 땅에 죄인의 형상으로 오셨다. 엘리야는 죽은 과부의 아들을 살리기 위해 자신의 정결함을 버리고 죽은 아들의 시체를 자신과 동일시했다(왕상 17:21). 스스로 죽은 시체 위에 엎드려 부정한 존재가 된 것이다. 나의 옳음(צדקה)을 주장하면 할수록 나의 아내와 자녀들이 죽어 간다는 것을 깨달아야 한다. 사람을 살리는 것은 정의가 아니라 대리적 고난이다(사 53:4-6). 하나님은 엘리야에게 자기의를 버리는 성육신의 원리를 가르치기 위해서 죽은 시체를 먹는 부정한 짐승 까마귀와 이방 여인을 사르밧 과부를 통해서 엘리야를 먹이신다(레 11:15; 신 14:14). 그럼에도 엘리야는 자기의 열심을 주장하며 하나님을 원망하는 자신을 직면하고 회복된다(왕상 19:10, 14). 의인이라는 자기 열심과 자기의를 버리는 자기 부인은 신의 영역이다.

나는 전처를 간병하는 동안 남편으로의 신의를 지켰다. 간병이 길어지면서 두려움과 외로움에서 올라오는 성욕을 느낄 때도 있었지만, 남편으로, 그리고 목사로서 결혼 서약을 지키기 위해 노력했다. 마음 한켠에 이런 수고를 자기의로 여기는 마음이 있었기 때문에, 아내의 의심과 정죄가 너무 억울했다. 나는 목사로서 쌓아온 열심과 자기의를 버리지 못했고, 아내는 여전히 의심과 정죄의 고난을 홀로 외롭게 감당해야 했다. 내가 자기의를 버리고 의심받는 남편의 자리에 서는 것을 거절했기 때문이다. 그렇게 우리 부부는 내가 의로운 남편의 자리를 버리기까지 의로운 남편과 의심하는 아내로 살아야 했다. 이 고난을 통해서 나는 하나님의 놀라운 구원의 비밀을 깨닫는다. 우리 부부는 의로운 목사인 남편과 의로운 전도사인 아내에서 억울한 남편과 의심하는 아내, 이제는 죄인인 남편과 죄인인 아내로 각자의 자리에서 죄를 고백하며, 죄를 감당함으로써 연합을 이루어 가고 있다.

내가 우리 부부 관계의 수치스러운 사건을 언급하는 것은 이 수치를 부부 연합의 관점에서 풀어야 한다고 보기 때문이다. 아내의 문제가 아니라 부부의 문제이다. 전에는 이런 아내를 정죄하였고, 수치스러움에 분을 내었다. 너무 억울했기 때문이다. 하지만 이제는 아내의 수치를 나의 문제로 접근하여 아내의 수치와 고통을 나의 고통으로 안고 나의 수치로 감당하는 것이 예수 그리스도께서 교회를 위하여 자신을 주심같이 아내를 사랑하는 것임을 깨달았다(엡 5:25).

그럼에도 아내가 나를 추궁할 때는 참 힘들고 피곤하다. 여전히 불편하지만 아내의 수치를 나의 수치로 감당할 힘이 생겼다. 에베소서 5:25-26의 "남편들아 아내 사랑하기를 그리스도께서 교회를 사랑하시고 그 교회를 위하여 자신을 주심 같이 하라 이는 곧 물로 씻어 말씀으로 깨끗하게 하사 거룩하게 하시고"처럼 남편의 대리적 고난이 아내를 거룩하게 할 것이다. 그리고 어쩌면 아내의 강박 덕분에 내가 음란과 유혹을 더욱 경계하고, 아내의 눈치를 살피는가 하는 생각도 든다. 이 생각이 옳다면 아내는 나의 음란으로 인해 고통을 받는 것이 된다.

2. 정죄[50]

정죄는 방어 기제이다

한 달란트 받은 종은 주인을 굳은 사람($\sigma\kappa\lambda\eta\rho\acute{o}\varsigma$)이라고 비난하며 책임을 전가한다(마 25:24). 채영삼은 그의 저서『마태복음의 이해 긍휼의 목자 예수』에서 "정죄는 자신의 큰 허물을 감추고 그것을 보지 않기 때문에, 자신의 허물에 대한 죄책감을 다른 사람의 작은 허물을 보며 쏟아붓는 행위"라고 말한다.[51] 김영진은 그의 주석에서 "본문에서 금하는 판단은 이해심이나 동

---

50 조경철은 그의 마태복음 주석에서 "'비판하지 말라'보다는 '정죄하지 말라'로 번역하는 것이 더 적절해 보인다"라고 말한다. 조경철,『대한기독교서회창립 100주년 기념 성서주석 마태복음(1)』(서울: 대한기독교서회, 1999), 327.

51 채영삼,『마태복음의 이해 긍휼의 목자 예수』(서울: 이레서원, 2011), 150.

정심이 전혀 없이 상대방을 근거 없이 헐뜯을 뿐 아니라 절대 공의로 재판권을 행사하시는 하나님과 같은 위치에서 다른 사람을 정죄하는 교만한 태도를 가리킨다"라고 말한다.[52]

한 달란트 받은 종은 자신의 허물과 죄를 감추기 위한 방어 기제로 주인을 정죄한다. 다윗도 나단 선지자에게 가난한 자의 양 한 마리를 빼앗은 부자의 이야기를 듣고 지나치게 분을 내며 정죄했다(삼하 12:5-6: "다윗이 그 사람으로 말미암아 노하여 나단에게 이르되 여호와의 살아 계심을 두고 맹세하노니 이 일을 행한 그 사람은 마땅히 죽을 자라 그가 불쌍히 여기지 아니하고 이런 일을 행하였으니 그 양 새끼를 네 배나 갚아 주어야 하리라 한지라"). 다윗은 자신의 간음과 우리아를 죽인 살인을 감추기 위해 나단의 말을 듣고 분노하고 정죄한 것이다.

한 달란트 받은 종 역시 주인을 굳은 사람(σκληρός)이라고 비난하며 책임을 떠넘기려 한 것은 자기의 허물과 죄를 감추고, 합리화하려는 방어 기제로부터 비롯된 것이다(마 25:24). 이런 인간의 죄성은 타락한 아담이 하나님과 아내에게 책임을 전가했던 것과 다를 바가 없다. 한 달란트 받은 종은 자신에게 쏟아지는 정죄와 수치를 피하고자 주인을 정죄해야 했다.

정죄는 자기의의 산물이다

율법·종교·도덕적으로 쌓인 자기의는 타인을 향한 공치사나 정죄로 나타

---

52 김영진, 『옥스퍼드 원어 성경대전 마태복음 제1-11a장』 (서울: 성서교재주식회사, 1998), 490.

나기도 한다(마 7:1-3). 인류 역사에서 정죄가 끊이지 않았던 것은 정죄가 죄성을 가진 인간에게 쾌락을 가져다 주기 때문이다. 마치 중독성 강한 알코올이나 마약을 찾듯이 우리는 정죄의 대상을 찾는다. SNS상에 떠도는 댓글을 보면, 타인을 정죄하는 쾌락을 즐기는 자들의 수많은 배설물이 남겨져 있다. 반면 자신이 원하는 만큼 혹은 기대한 만큼 세상의 인정과 평가를 받지 못할 때, 열등감이나 자책이라는 지옥에 갇혀 살게 된다. 이는 달란트로 승화되지 못한 고난이 훈장과 자기의가 되어 타인을 향한 공치사나 정죄로 나타나는 것과 유사하다. 자발적 고난일수록 공치사가 크다.

한 달란트 받은 종은 열왕기상 19장의 엘리야처럼 자신이 주인과 하나님 나라를 위해 충성을 다해 고난을 감당했다고 생각한 것 같다. 누가복음 15장의 큰아들처럼 그는 자신의 믿음과 헌신에 대한 보상으로 형통과 풍성함을 얻기를 기대했다. 한 달란트 받은 종은 고난(달란트)을 기대하지 않았다. 그런데 자신이 생각했던 보상이 아닌 고난이 주어지자, 주인에게 정죄와 공치사를 쏟아낸다. 당신은 굳은 사람이라는 표현은 '나에게 고난만 주셨으면서 내게 무엇을 기대하십니까?'라는 의미이다. 그의 헌신과 충성은 공치사와 정죄에 갇혀버렸다.

'눈에는 눈, 이에는 이'라는 율법주의가 초래하는 가장 심각한 문제는 사람들로 하여금 끝없이 정죄의 대상을 찾게 한다는 것이다. 반대로 본인들의 고난에 대해서는 자책과 수치심, 책임 전가나 원망 등으로 반응하곤 하는데, 이는 자기 죄를 직면할 기회를 빼앗는 것이다. 고난을 통해서 자기 죄를 직면하지 못한다면 아무런 유익이 없다. 그냥 개고생일 뿐이다. 고난이 자기의가 되고 훈장이 되면, 타인을 향한 정죄와 판단, 무시와 차별에서 벗어날 수 없게 된다.

이처럼 자기의가 견고한 사람에게 본인과 타인의 고난은 자기의를 쌓는 수단일 뿐이다. 이들은 사람들의 시선을 의식하거나 자기의를 쌓기 위해 구제한다. 그도 아니면 율법의 의무이기에 행할 뿐이다. 내가 '지극히 작은 자' 보다 옳거나 다르다는 율법·도덕적 우월감은 자신을 남보다 낫게 여기며 부지중에 타인을 무시하고 차별하게 된다. 정죄와 차별, 무시가 율법 행위에서 비롯된 자기의와 교만의 열매인 것을 깨달아야 한다.

정죄와 비판은 생각보다 치명적이다. 하재성은 심각한 우울을 겪었던 사람은 우울증이 재발할 가능성이 크다고 말한다. 우울증 치료를 잘 받아도 2년 이내에 재발할 확률이 50%에 달하며, 우울증을 재발하게 하는 원인 중 가장 치명적인 것은 배우자의 비난이라고 말한다.[53] 그런데 이처럼 수없이 정죄와 비난을 반복하면서도 그 치명적 위험성을 깨닫지 못하고 간과하기가 쉽다. 비난과 공치사와 정죄는 부부 관계와 자녀 양육에서 더 치명적인 상처를 주게 된다. 대부분의 부모는 자녀를 위해 헌신한다. 할 수만 있다면 자녀를 대신해서 어떠한 고난이라도 감당하려고 할 것이다. 그러나 이런 부모의 마음이 의도와는 다르게 자녀에게 정죄와 비난의 잔소리로 표현될 때가 많다. 자녀를 대신한 자발적 헌신이 공치사가 되면, 자녀들에게 서운함과 배신감을 느끼게 된다. '내가 어떻게 키웠는데 네가 이럴 수가 있느냐'라는 말을 레퍼토리처럼 던지게 된다. 자녀의 관점에서 늘 공치사하는 부모는 최악의 부모다. 왜냐하면 사랑은 자랑하지 않는 것이기 때문이다. 부모가

---

53 하재성, 『우울증, 슬픔과 함께 온 하나님의 선물』, 262-263.

자발적 헌신을 함에도 불구하고 공치사를 하고픈 욕망에 휩싸이곤 하는 이유는 그것이 성경적 사랑이 아니기 때문이다. 결국 자녀는 부모가 자신을 우상과 욕망의 수단으로 삼고 있는 것을 느끼고, 부모와의 관계에서 갈등을 빚게 된다. 서로가 서로를 상한 감정의 쓰레기통으로 대하게 되는 것이다.

아내가 생모를 잃은 어린 두 아들을 가진 남자와 재혼하려고 했을 때, 아내의 몇몇 주변 사람들은 아내가 상처 입은 세 남자와 한 가정을 이루는 것을 걱정했었다. 그러나 아내는 어린 두 아들과 나를 선택하고 가정을 이루었다. 그렇게 아내의 사랑과 결단으로 재혼 가정을 이루었지만, 상처 입은 우리 세 남자와의 가정 생활은 결코 만만한 것이 아니었다. 반면 상처 많은 세 남자들은 아내의 푸념이나 공치사를 감당하기가 너무나 어려웠다. 나와 두 아들의 마음에 아내의 푸념이나 공치사는 "내가 거지 같은 너네 세 남자와 살아 주는데 나를 이렇게 무시하냐?"라고 말하는 것처럼 들렸다. 특히 큰아들과의 갈등이 깊어질 때 아내의 억울함은 더 크고 깊게 나타났다. 나는 아내의 헌신과 사랑을 잘 알고 있었음에도 불구하고 그녀의 푸념을 들어 주는 것이 몹시나 괴로웠다. 온갖 공치사를 하면서 큰아들을 정죄하고 판단하는 소리를 들어줄 수가 없었다. 아내의 공치사를 듣다 보면 나도 모르게 참지 못하고 소리를 지르게 되었고 싸움은 확대되었다. 공치사나 정죄하는 말을 듣는 것보다, 움막에서 혼자 사는 것이 낫다는 잠언 말씀이 많이 생각났다(잠 25:24). 아내는 자기 헌신을 인정받고자 한 마음을 고백하는 데까지, 나는 아내의 헌신와 사랑, 그리고 하소연을 이해하고 받아 주기까지 많은 시행착오가 필요했다.

정죄는 대리적 고난의 반대 개념이다

이사야 53장에는 대리적 고난을 감당하는 '고난받는 종'과 그를 정죄하고 멸시하는 "우리"가 등장한다. 고난받는 종은 그들을(우리) 대신하여 고난받지만, 그럼에도 그들에게(우리) 정죄받는다. 정죄는 자신을 대신하여 '고난받는 종'에게 가하는 2차 폭력이다. 이런 관점에서 대리적 고난과 정죄는 대립과 반대 개념이다.

정죄하는 자는 고난을 인과응보적 심판으로 이해한다. 따라서 그는 법정에 선 재판관처럼 옳고 그름만을 따질 뿐, 대리적 고난의 세계관을 이해하지 못한다. 고로 도덕·율법적 자기의와 고난에 대한 인과응보적 이해로는 예수 그리스도의 대리적 고난을 이해할 수 없다. 이해는커녕 '대리적 고난'의 세계관을 강력하게 거부하게 된다. 예수님의 '대리적 고난'도 이해하지 못하는데, 타인이 나를 대신하여 '대리적 고난'을 받는다는 사실을 어떻게 받아들일 수 있는가? 나는 의인이자 피해자인데, 누군가가 나 때문에 고통을 받을 수 있다고 생각하지 못하는 것이다. 율법이 없는 이방인과 율법을 지키지 못하는 세리와 창녀들이 나를 대신한 대리적 고난을 감당한다는 사실을 어떻게 인정할 수 있겠는가? 그러므로 옳고 그름을 따지며 판단과 정죄를 반복할 뿐이다.

바울은 고린도전서 1:18-31에서 이를 세상의 지혜를 미련하게 하는 하나님의 지혜와 능력이라고 말한다. 이사야 53:4의 "우리는 생각하기를 그는 징벌을 받아 하나님께 맞으며 고난을 당한다 하였노라"라는 말처럼, 우리는 정죄와 판단하는 말밖에 할 수 있는 것이 없다. 유다가 자신으로 인해 다말이 고난을 감당했다는 사실을 깨닫기까지 세 사람이(요셉을 포함하여 유다의 아들 엘과 오난, 유다의 아내) 죽었다. 내가 정죄하고 멸시하는 대상이 나로 인해 나를 대신하여 고난받는 종일 수 있다는 사실을 늘 생각해야 한다. 이것이 진정한 겸손이다.

성도는 타인(원수)을 위한 대리적 고난을 감당하는 삶이 아니면, 정죄하는 삶을 살게 될 뿐이다. 타인(원수)을 위해 대리적 고난을 감당하는 종은 정죄와 멸시를 받는다. 따라서 우리는 정죄를 받는 삶과 정죄하는 삶 중 하나의 삶만을 선택할 수 있다. '착하고 충성된 종'이라는 칭찬은 이사야 53장의 대리적 고난을 순종으로 살아낸 종에게 주시는 것이다. 이는 예수님이 감당하신 '대리적 고난'을 이어받는 것이며, 은총이자 특권이다.

이사야 53의 대리적 고난은 정죄와 멸시를 포함한다

이사야 52:13-53:12에서 종의 고난은 다수의 '우리'에게 정죄와 멸시를 받는 것까지 포함된다. 또한 죽는 순간까지 고난받는 종은 악인들과 함께 있음으로써 악인들과 같은 취급을 받아야 한다(사 53:9; 마 27:38; 막 15:27; 눅 23:33; 요 19:18). 예수님은 십자가에서 두 강도와 함께 달림으로써 사람들의 눈에 강도 중 한 사람으로 여겨지는 시선을 감당해야 했다. 따라서 고난은 십자가의 고난뿐 아니라 사람들의 정죄와 멸시까지 감당하는 것이다. 일상생활에서 서로를 정죄하고 갈등을 일으키는 관계는 대부분 부부와 가족관계이다. 남편과 아내는 서로의 정죄와 비난을 받아낼 수 있어야 한다. 이는 서로 가족의 상한 감정을 받아 주는 감성의 쓰레기통이 되어 주는 것, 즉 오랜 인내와 기도로 상대방을 기다려 주는 것이다. 서로를 받아 주지 못하면 끝없는 정죄와 비난이 서로를 향해 반복될 뿐이다. 남자 관점에서 아내의 잔소리와 비난, 고발을 들어낼 수 있다면 어떤 사람의 정죄와 비난도 감당할 수 있다.

다윗이 예수 그리스도의 예표인 이유는 그가 고난을 잘 감당했기 때문이다. 다윗은 밧세바와 간음하고 우리아를 청부 살해한 죄로 인해 하나님께 심판을 받았다. 그 형벌 중 하나가 아들 압살롬의 반역이었다. 아들의 반역으로 도망을 다녀야 하는 다윗의 심신은 매우 고달팠을 것이다. 그러나 다윗의 고난은 압살롬의 반역에서 그치지 않았다. 그의 고난에는 시므이의 정죄와 고발을 듣는 것도 포함되었다. 다윗은 모든 신하가 보고 듣는 가운데서 "피를 흘린 자여 사악한 자여 가거라 가거라 사울의 족속의 모든 피를 여호와께서 네게로 돌리셨도다 그를 이어서 네가 왕이 되었으나 여호와께서 나라를 네 아들 압살롬의 손에 넘기셨도다 보라 너는 피를 흘린 자이므로 화를 자초하였느니라"(삼하 16:7–8)라고 하는 시므이의 저주를 들어야 했다. 참으로 수치스럽고 고통스러운 정죄와 저주의 말이었다. 쫓기고 가장 아플 때 이런 저주와 정죄의 말은 당하는 자에게 매우 치명적이다. 그러나 다윗은 "그가 저주하는 것은 여호와께서 그에게 다윗을 저주하라 하심이니 네가 어찌 그리하였느냐 할 자가 누구겠느냐 … 몸에서 난 아들도 내 생명을 해하려 하거든 하물며 이 베냐민 사람이랴 여호와께서 그에게 명령하신 것이니 그가 저주하게 버려두라 … 혹시 여호와께서 나의 원통함을 감찰하시리니 오늘 그 저주 때문에 여호와께서 선으로 내게 갚아 주시리라"(삼하 16:10–12)라고 말하며, 시므이의 저주와 정죄를 하나님께서 들려주시는 말로 듣는다. 다윗이 들었던 저주와 정죄의 말은 범죄한 다윗이 들어야 할 당연한 형벌이었다. 그러나 그런 하나님은 죄인 다윗이 들은 정죄와 저주를 이사야 52:13–53:12에서 고난받는 종에게 주어지는 정죄와 멸시의 말로 여겨 주시는 은총을 베푸신다. 그리고 이는 십자가에서 감당하신 예수님의 고난과 정죄와 수치에 대한 예표가 되었다.

그런데 이사야 52:13-53:12에서 고난받는 종을 정죄하고 멸시하는 자들은 누구인가? 그들은 자신들을 위해 고난을 받는 여호와의 종을 정죄하고 멸시한다. 여호와의 종이 자신들이 받아야 할 형벌을 대신해서 고난받고 있다는인 것을 깨닫지 못한다. 오직 자기중심적 옳고 그름을 기준으로 판단하며 정죄한다. 그럼에도 자신이 옳다고 여기며 종의 고난과 정죄를 마땅하게 여긴다. 나를 정죄하고 비난하는 사람은 멀리 있는 사람이 아니다. 내 가족과 형제, 친구들이 나를 정죄하고 멸시할 수 있다. 남편과 아내, 형제, 아버지와 아들이 나를 정죄하고 멸시할 수 있다는 사실을 깨달아야 한다.

이런 때일수록 공격과 정죄에 침묵함으로 죄와 악을 확대하고 재생산하는 구조를 끊어야 한다. 그렇게 할 때 비로소 악을 무기력하게 만드는 선으로 악을 이기는 구원과 회복의 패턴이 시작된다. 비난과 정죄, 분을 쏟아 놓는 대상은 자신의 악과 혈기를 직면하게 되고, 분노와 혈기, 정죄와 공격을 받아내는 종은 자신의 죄를 인정하고 정죄를 받아냄으로써 피해자와의 화해와 용서, 참된 회개에 이르게 된다. 그러나 대개 우리는 이 과정을 견디지 못하고 회피와 감춤의 가면을 쓰게 된다. 안타까운 것은 그로 인해 피해자와의 화해로 나아가지 못하고, 참된 화평과 회개의 기쁨을 누리지 못하게 된다는 것이다. 한 달란트 받은 종은 자신은 정죄와 비난으로 일상을 살지만, 자신에게 돌아오는 정죄와 비난은 받아내지 못한다. 이런 사람은 감추고, 숨기고, 회피하는 것을 반복할 수밖에 없다. 아니면 방어 기제인 정죄를 점점 더 강하고 폭력적으로 사용할 뿐이다.

그러므로 고난받는 여호와의 종은 가장 아프고 고통스러운 상황에서도 정죄와 배신과 거절의 고통까지 감내해야 한다. 공격과 비난을 받아내는 것이 대리적 고난을 감당하는 종의 역할이기 때문이다.

자책은 회개가 아니다

마태복음은 정죄하는 만큼 정죄를 받는다고 말한다(마 7:2; 롬 2:1-5). 이것이 교만한 자세로 정죄한 자가 치루어야 할 고난이다. 정죄는 자타 구별과 차별이 없다. 조경철은 "인간의 인간에 대한 정죄는 마지막 심판에서 그에 상응하는 하나님의 정죄를 받을 것이다"라고 말한다.[54] 반면 비판과 정죄는 종말적이지만은 않다. 왜냐하면 비난이나 정죄하는 자는 자신과 타인을 구별하거나 차별하지 않기 때문이다. 남을 정죄하는 사람은 자신도 정죄한다. 정죄와 자책은 회개의 반대 개념이다. 스스로를 정죄하고 자책하는 데 몰두하는 사람은 회개에 이르기 어렵다. 정죄와 자책은 자유를 가져다 주지 않는다. 우울과 정죄, 자책이라는 굴레에 빠져 그것을 반복하게 할 뿐이다. 모든 사람을 향한 비난과 정죄 또한 계속해서 이어지게 한다. 그래서 비난과 정죄에서 벗어나지 못하는 삶은 지옥과 같다. 비난과 정죄는 자학적이고 파괴적이다. 습관적으로 정죄하는 사람은 자신의 죄책감을 감추기 위해 타인을 습관적으로 정죄한다.

그러므로 정죄는 자신과 타인을 속이는 행위이다. 정죄는 한 달란트 받았던 종이 땅을 파고 감추었던 행위와 방향만 다를 뿐 그 본질은 다를 것이 없다. 물리·화학적으로 정죄와 자책에 중독된 종은 이제 자신이 정죄받을

---

54   조경철, 『대한기독교서회창립 100주년 기념성서주석 마태복음(1)』, 327.

것을 두려워하며 땅을 파고 감춘다. 고난 자체도 힘들고 괴로운데 그보다 괴로운 것은 고난으로 인한 정죄와 자책이다. 이것이 정죄와 수치, 원망의 감정에 요동하며 억눌려 고통받는 죄인의 모습이다. 정죄와 자책은 회개가 아니기 때문이다.

요즘 이혼 후에 재혼하는 가정이 많다 보니 나도 종종 오해를 받는다. 이런 오해를 받을 때마다 불쾌한 감정이 올라온다. 나는 뇌종양으로 투병하는 전처의 대소변을 받아내면서까지 남편의 자리를 지켰고, 그런 후에 사별하고 재혼한 것인데, 음란과 외도로 이혼하고 재혼한 사람들과 같은 재혼 부부인 것처럼 취급을 받을 때면 기분이 나쁘다. 그럴 때면 나는 사별한 것이라고 밝히면서 은근히 나의 '의'를 주장한다. 대소변을 받아내며 남편의 자리를 지켰다는 '의'를 강조하면서, 외도하고 이혼한 사람들을 정죄하는 것이다. 내가 이런 정죄 의식에 빠져 있으니, 나의 두 아들 역시 수치를 떨쳐내기 어려운 것 같다. 두 아들은 재혼 가정인 것을 밝히는 것을 꺼린다. 아니, 친구들에게 밝혀지고 알려질 것을 두려워한다. 아빠는 이혼한 것이 아니라 사별로 재혼한 것이니 하나님이 하신 일이라고 아들들에게 말하곤 하지만, 두 아들은 그저 모든 것이 수치로 다가올 뿐이다. 내 영혼 깊은 곳에 정죄 의식이 자리잡고 있으니, 아무리 말로 가르쳐 본들 두 아들에게 선한 영향을 끼칠 수 없을 것이다. 그렇다. 나는 교만한 사람이다. 영적 시기심과 정죄하는 마음으로 가득한 사람이다.

헤아림(μέτρον)은 이사야 53:4-6의 대리적 고난을 기준으로 판단하는 것이다.

성경은 비판과 정죄를 금지한다(마 7:2; 눅 6:37-38; 롬 2:1-5). 예수님이 비판(κρίνω)과 정죄(καταδικάζω)를 금한 이유는 비판과 정죄가 하나님의 자리를 탐하는 악이기 때문이다. 그뿐만 아니라 비판과 정죄는 이사야 53:4-6에서 대리적 고난을 감당하는 '고난받는 종'을 거절하는 반증이기도 하다. 이는 대리적 고난으로 구원을 이루시는 하나님의 방법과 지혜에 대한 무지인 동시에 하나님의 구원을 거절하는 것이다.

산상수훈에서 예수님은 비판(정죄)의 반대 개념으로 헤아림을 강조한다(마 7:1-2; 막 4:24; 눅 6:37-38). 예수님의 제자는 비판과 정죄가 아니라 헤아림(μέτρον)의 자세를 지니고 있어야 한다(마 7:2; 막 4:24; 눅 6:37-38). 남을 헤아리는(μέτρον) 사람은 자신도 헤아릴(μέτρον) 수 있다. 따라서 비판과 정죄, 헤아림은 이사야 53장의 배경에서 이해되어야 한다. 그렇다면 헤아림(μέτρον)은 무엇인가? 이사야 53장에서 '헤아림'은 나를 대신하여 대리적 고난을 받는 '고난받는 종'에 대한 인식(헤아림)이다. 즉, 대리적 고난을 담당하는 종을 멸시하고 귀히 여기지 않으며, 그를 범죄자로 여긴 자신의 비판과 정죄에 대한 뒤늦은 반성이다. 그러므로 비판과 정죄에 반하는 헤아림은 타자가 아니라 내가 죄인이라는 것을 고백하는 것이다. 정죄와 멸시가 아닌 이사야 53:4-6의 고백을 하는 것이다.

언어적으로 마태복음 7:2, 마가복음 4:24, 누가복음 6:37-38에서 '헤아리는'과 '헤아림'에는 헬라어 'μετρέω', 'μέτρον'이 사용된다. 'μέτρον'은 출애굽기에서는 성막, 느헤미야 3장에서는 성벽 중수, 에스겔에서는 성전 건축(겔 40~48장)에서 사용된다. 크루즈 C. G.(Kruse, C. G.)는 로마서 12:3의 '메트론'(metron)이 모든 신자에게 주어진 믿음의 "기준"이라고 말한다.[55] 반면 이사야 53장에서 사용된 '헤아림'은 헬라어 'ἐλογίσθη'로 이사야 53장에서는 '여기지'(3절), '생각하기를'(4절), '헤아림'(12절)으로, 창세기 15:6, 시편 106:31에서는 "여기시고"(인정되었으니)로 번역되었다. LXX에서 창세기 15:6, 시편 106:31, 이사야 53:3, 4은 חָשַׁב(hashab)가 병행 사용되었고, 이사야 53:12은 "מָנָה"(mana)가 사용되었다.

마태복음 7:2, 마가복음 4:24, 누가복음 6:37-38과 이사야 53:3, 4, 12에서 사용된 헬라어의 차이는 두 단어의 의미상 차이점 때문이다. 'μετρέω', 'μέτρον'은 '객관적인' 측량을 의미하지만, 'ἐλογίσθη'는 '주관적', '감정적' 평가를 의미한다.[56] 창세기 15:6에서 의로 여겨 주심은(ἐλογίσθη) 아브라함의 믿음에 대한 하나님의 주관적이고 감정적인 평가이다. 왜냐하면 믿음을 '의'(義)로 여겨 주는 것은 믿음이 하나님을 기쁘게 하기 때문이지, 믿음이 본질적이고 객관적으로 의(צְדָקָה; δικαιοσύνη)의 가치를 가지고 있는 것은 아니기 때문이다.[57]

그러므로 마태복음 7:2, 마가복음 4:24, 누가복음 6:37-38에서 '헤아리는'과 '헤아림'은 이사야 53장을 근거로 고난받는 자에 대한 대리적 고난과 구속사적이고 객관적인 이해이다. 만약 이사야 53장의 '여기지'(3절), '생각하기를'(4절), '헤아림'(12절)을 보응적 심판의 관점에서 이해한다면, 그것은

---

55 Kruse, C.G., *Paul's Letter to the Romans*, PNTC, 469.

56 *TDNT*, Vol. 4, 285.

57 *TDNT*, Vol. 4, 289-290.

잘못된 이해이다. 이는 고난받는 자에 대한 주관적이고 감정적인 판단과 이해로써, 대리적 고난을 이해하지 못한 자들은 고난받는 종을 이런 주관적이고 감정적인 평가를 근거로 정죄하고 멸시하는 것이다.

정죄의 언어가 아니라 헤아림(μέτρον)의 언어를 사용해야 한다

"헤아림"으로 번역된 헬라어 μέτρον(metron)은 미터의 어원으로 양적 개념이 아닌 객관적 측량의 기준을 의미한다.[58] '헤아림'(μέτρον)은 이사야 53장을 근거로 고난받는 자에 대한 대리적 고난에 대한 구속사적이고 객관적인 이해이다. 즉, 예수님의 십자가 고난과 부활이 구원의 기준이 되는 것이다. 그러므로 모든 사건과 질병, 고난의 관계를 예수님의 십자가 고난과 부활이라는 사건을 기준으로 이해하고 해석하는 언어가 헤아림(μέτρον)의 언어이다. 따라서 헤아림(μέτρον)의 언어는 자신의 주관적 신학과 감정, 옳고 그름으로 비판하고 정죄하며 심판의 자리에서 쏟아 놓는 언어의 반대 개념이다.

창세기 38장에서 다말의 임신 소식을 들은 유다는 "그를 끌어내어 불사르라"(창 38:24)라는 심판과 정죄의 언어를 쏟아 놓는다. 그러나 곧 자신의 죄를 깨닫고 "그는 나보다 옳도다"라고 말한다. 하나님의 백성은 유다처럼 심판의 자리에서 내려와 "그는 나보다 옳도다"라는 헤아림의 언어가 있어야 한다(창 38:26). "그는 나보다 옳도다"라고 한 유다의 고백은 이 모든 일이 내 책임이며 내 죄라고 하는 의미를 내포하고 있는 헤아림의 언어다. 우리는 정죄와 자책의 언어를 버리고 내 앞에 쌓여 있는 하나님의 진노를 깨달아야 한다(롬 2:1-5).

---

58 팀 켈러, 『당신을 위한 로마서 2』, 김건우 역 (서울: 두란노, 2015), 176.

이사야 52:13-53:12을 네 번째 종의 노래라고 부른다. 곽철호는 이사야 52:13-15과 53:11-12이 52:13-53:12에서 수미쌍관 구조를 형성하고 있다고 본다.[59] 나는 곽철호의 구조에 이사야 52:15의 "그들의 입을 봉하리니"와 53:7의 "그의 입을 열지 아니하였음이여 마치 도수장으로 끌려 가는 어린 양과 털 깎는 자 앞에서 잠잠한 양 같이 그의 입을 열지 아니하였도다"도 수미쌍관 구조의 병행으로 본다. 즉, 깨닫고 입을 다무는 자와 고난 중에도 입을 열지 않는 종의 구조이다. 네 번째 종의 노래(사 52:13-53:12)에서 화자는 대리적 고난을 받는 종을 멸시하고 정죄한 "우리"이다. "우리"는 지난날 자신들의 정죄와 멸시를 회고하며 탄식한다. 내가 보낸 정죄와 멸시가 나의 죄 때문에 나를 대신하여 고난받는 이를 향하고 있었음을 깨닫는다면 어떻게 할 것인가? 이를 깨닫게 될 때 우리는 입을 다물게 될 것이다. 이사야 52:15에서 고난받는 종의 비밀을 깨닫게 된 사람들은 "그로 말미암아 그들의 입을 봉하리니"라고 말하는 것처럼, 모든 비밀과 말씀이 깨달아질 때, 정죄하고 멸시하던 우리의 입이 다물어질 것이다.

우리의 죄악이 깨달아지는 날, 우리의 정죄와 멸시에 대한 탄식이 있을 것이다. 입이 다물어진다는 것은 침묵, 곧 언어의 변화를 이해한다. 우리는 자신을 지키기 위해 타인을 공격하던 정죄의 언어를 버리고, 타인의 정죄가 두려워 스스로를 자책하던 방어 기제에서도 벗어나야 한다(롬 2:1-5). 이사야 53:7의 "그가 곤욕을 당하여 괴로울 때에도 그의 입을 열지 아니하였음이여 마치 도수장으로 끌려 가는 어린 양과 털 깎는 자 앞에서 잠잠한 양 같이 그의 입을 열지 아니하였도다"라는 말씀처럼 때로는 입을 열지 않는 것

---

[59] 곽철호, 『패턴으로서의 고난받는 종의 전형』, 60.

이 나을 때가 있다. 입을 다물고 정죄와 고발의 말을 묵묵히 듣는 것이다.

유다는 다말이 임신한 것은 막내아들 셀라를 다말에게 계대결혼으로 내어 주지 않은 자신의 잘못 때문이라 고백한다. 그는 옳고 그름으로 판단하는 것이 아니라 구원의 논리로 분별하는 '헤아림'(μέτρον)의 언어를 사용한다. 옳고 그름으로 판단하면 시부 유다와 며느리 다말의 관계는 수치스러운 관계이다. 그러나 구속사적으로 'μέτρον'(헤아림)하면, 하나님께서는 다말의 행위를 '의'(義)로 헤아려(μέτρον) 주셨다. 동시에 유다의 죄 고백과 죄의 짐을 지는 삶을 '의'(義)로 헤아려(μέτρον) 주심이다. 하나님 나라는 도덕과 윤리, 상식과 법률로 깨달을 수 있는 것이 아니다. 이것이 이사야 53:3-6의 대리적 고난을 중심으로 해석하고 판단하는 구속사적 세계관과 헤아림의 언어의 회복이다.

3. 교만

신원하는 그의 저서 『죽음에 이르는 7가지 죄』에서 "교만은 자기를 높이는 것이고 결국은 하나님의 자리를 차지하는 것이다"라고 말한다.[60] 교회는 교만을 인간의 모든 죄 가운데 가장 큰 죄로 인정한다.[61] 교만은 듣지 못하고 배우지 못하게 만든다. 훈장이 된 고난이 교만과 만나면 자기 확신으로 세워진 견고한 성이 된다. 그러나 그것은 아무도 거주할 수 없는 성이다.

---

60   신원하, 『죽음에 이르는 7가지 죄』 (서울: 한국기독학생회 출판부, 2012), 39.
61   신원하, 『죽음에 이르는 7가지 죄』, 34.

'γινώσκω'의 앎과 'οἶδα'의 앎

천국의 비밀을 아는 깨달음은 교만한 자에게 허락되지 않는다. 노승수는 교만은 우리의 눈을 가려 하나님을 아는 지식에 이르지 못하게 하는 눈의 들보라고 말한다.[62] 스튜어트 K 웨버(Stuart K. Weber)는 달란트 비유에서 한 달란트 받은 종의 문제는 교만이라고 말한다.[63] 왜냐하면 그는 자기가 옳다는 교만으로 주인을 정죄하기 때문이다(마 25:24). 양용의는 "세 번째 종의 실수는 단순히 게으름에 있었다기보다는 그의 주인에 대한 그릇된 이해에 있었다"라고 말한다.[64] 한 달란트 받은 종이 맡겨진 달란트를 땅을 파서 감춘 이유는 그의 주인을 굳은 사람으로 알았기(γινώσκω) 때문이다. 한 달란트 받은 종의 그릇된 '앎'은 그의 주인에 대한 두려움을 불러일으킨 교만하고 제한적인 것이었다.

그럼에도 종은 주인에 대한 자신의 '앎'에 확신이 있다. 한 달란트 받은 종은 자신이 주인을 '알았다'(γινώσκω)라는 표현을 사용한다(마 25:24). '알다', '이해하다', '인지하다'라는 의미의 헬라어 γινώσκω의 병행 히브리어는 ידע(yada)인데, 이 단어는 남녀의 성행위를 통한 사귐을 의미하며,[65] 어떤 사물에 대한 지적인 이해가 아니라 경험에 근거한 이해를 의미한다.[66] 구약에

---

62   노승수, 『핵심 감정 성화: 대요리문답으로 해석한 7가지 대죄와 성화』 (서울: 세움북스, 2019), 128.

63   스튜어트 K 웨버, 『Main Idea로 푸는 마태복음』, 김창동 역 (서울: 디모데, 2005), 583.

64   목회와 신학 편집팀, 『마태복음 어떻게 설교할 것인가』 (서울: 두란노, 2003), 374.

65   Bultmann, R., "γινώσκω, γνῶσις, ἐπιγινώσκω, ἐπίγνωσις, καταγινώσκω, ἀκατάγνωστος, προγινώσκω, πρόγνωσις, συγγνώμη, γνώμη, γνωρίζω, γνωστός", TDNT, 1권, 696-697.

66   트렘퍼 롱맨 3세, 『구약 성경의 정수: 창조, 정복, 유배, 그리고 귀환』, 최광일 역 (서울: CLC, 2016), 43.

서는 언약적 의미를 설명할 때 이 단어가 사용되었다. 한 달란트 받은 종이 이 γινώσκω라는 표현을 선택하고 사용한 것은 그의 교만을 보이는 증거가 된다.

반면에 주인은 '알다'라는 의미의 다른 헬라어 οἶδα(oida)를 사용한다. οἶδα도 LXX에서 יָדַע'(yada)와 병행 사용되며, '아버지와 아들과 성령에 관한 신성한 지식'을 의미할 때 사용된다.[67] 요한복음에서 'οἶδα'는 'γινώσκω'와 달리 계시적 지식을 나타낼 때 사용된다.[68] "너희가 나를 알고(οἴδατε) 내가 어디서 온 것도 알거니(οἴδατε)와 내가 스스로 온 것이 아니니라 나를 보내신 이는 참되시니 너희는 그를 알지(οἴδατε) 못하나 나는 아노니(οἶδα) 이는 내가 그에게서 났고 그가 나를 보내셨음이라"(요 7:28-29)에서 예수님은 '안다(οἶδα)'를 사용한다. "너희는 그를 알지(ἐγνώκατε) 못하되 나는 아노니(δὲ οἶδα) 만일 내가 알지(οἶδα) 못한다 하면 나도 너희 같이 거짓말쟁이가 되리라 나는 그를 알고(οἶδα)"(요 8:55)에서 예수님의 '앎'은 유대인들의 추상적인 '앎'(γινώσκω)과 구별되는 '앎'(οἶδα)이며, 순종을 낳는 사명에 대한 지식으로,[69] 제자들조차도 알지(γινώσκω) 못하는 '앎'이다(요 4:32; 14:7). 그러나 성령이 오실 때 그들에게도 이 지식과 앎이 주어질 것이 약속된다(요 14:15; 16:7). 그러므로 'οἶδα'는 하나님에 관한 앎으로서 예수님의 사명, 특히 예수님의 죽음을 통해 성취되

---

67 Lampe, G.W.H., "οἶδα", *A Patristic Greek Lexicon* (Oxford: At The Clarendon Press, 1961), 936-937.

68 Balz, H.R. & Schneider, G., *Exegetical dictionary of the New Testament*. 2권 (Grand Rapids, Mich.: Eerdmans, 1990), 494.

69 *TDNT. Vol.* 5, 118.

는 구원의 계획에 대한 지식과 앎에 사용된다.[70]

주인은 'οἶδα'를 사용하여 "네가 알았느냐?"라고 질문한다. 이는 주인에 대해 바로 알지 못한 것을 강하게 질책하려는 것이다.[71] 종은 주인을 정죄하고 판단할 만큼 충분히 알고 있다고 확신하지만, 자신의 무지와 교만은 모른다. 이사야는 이처럼 교만한 자들을 소경이라고 말한다. 이사야는 "너희가 듣기는 들어도 깨닫지 못할 것이요 보기는 보아도 알지 못하리라"(사 6:9)라고 말한다. 요한복음 9장은 이사야를 인용하여 "종의 신분으로 오신 예수님"을 보고도 깨닫지 못하는 자들을 소경이라고 부른다. 이사야는 그들의 제한된 앎이 그들에게 "걸림돌과 걸려 넘어지는 반석"이 될 것을 예언했다(사 8:14). 가장 완고한 사람은 한 달란트 받은 종처럼 자신이 '안다'라고 생각하는 사람이다. 자신이 아는 것이 극히 작은 일부분이라는 것을 알기까지 인간에게 필요한 것은 고난이다. 이런 이유로 하나님은 이사야에게 백성들과 유다의 성읍이 황폐하게 될 때까지 말씀을 봉인하라 명령하신다 (사 6:9-13).

교만한 종은 주인의 가혹함과 부당함을 고발하려 했지만, 정작 드러난 것은 자신의 무지와 교만이다.[72] 그럼에도 주인은 악하고 게으른 종을 인내로 양육한다. 내가 한 달란트 받은 종에 대한 주인의 자세를 인내하는 양육

---

70 Kittel, G., Friedrich, G. & Bromiley, G.W., *TDNT. Vol.* 1, 674.

71 김영진, 『옥스퍼드 원어 성경대전 마태복음 제21~28장』, 416.

72 김학철, "하늘나라 비유로서 달란트 비유 (마 25:14-30) 다시 읽기", 「신약논단」 제16 권 제1호 (2009년 봄), 32.

으로 보는 이유는 한 달란트 받은 종과 관련된 내용이 다른 두 종과 비교할 때 마태복음 25:14–30에서 가장 길기 때문이다.[73] 따라서 기복적이고 율법적인 세계관에 갇힌 종의 구원을 위해 주인은 '쫓겨나 슬피 울며 이를 가는 고난'을 종에게 허락하는 것이다(마 25:29–30). 한 달란트 받은 종은 고난 속에서 자신의 교만과 위선, 거짓된 자기의를 직면해야 한다. 유다처럼 내가 틀렸다는 것과 주인이 옳다는 것을 깨달아야 한다. 그렇지 않으면 피해 의식과 정죄의 감옥에 갇힐 것이다.

한 달란트만큼 아는(οἶδα) 천국의 비밀

오리겐에 의하면 한 달란트를 받은 것은 한 달란트만큼 천국의 비밀을 아는 것이다.[74] 다섯 달란트나 두 달란트를 받은 종에 비하며 적지만, 적어도 그에게는 한 달란트만큼의 천국의 비밀에 대한 이해가 맡겨졌다(마 25:15). 따라서 그는 한 달란트에 해당하는 천국의 비밀로 자신의 고난에 감추어진 비밀과 대리적 고난을 이해하기 위해 수고해야 한다. 감정적인 수고, 지적인 이해를 위해 기록된 성경을 읽고 묵상하는 수고를 해야 한다. 필요하다면 공동체의 영적 지도자에게(다섯 달란트와 두 달란트를 받은 종들) 묻고 상담하며, 무엇보다 하나님께 기도하고 지혜를 주시기를 간구해야 한다. 그러나 한 달란트 받은 종은 이런 수고와 노력을 하지 않았다. 어떤 주석은 한 달란트 받은 종의 죄는 아무것도 하지 않은 것이라고 말한다. 고난을 주신 하나님의 뜻을 이해하고자 하는 어떠한 노력도 기울이지 않았다는 관점에서 틀린 말은 아니다. 그러나 그는 아무것도 하지 않은 것이 아니라, 자신의 모든

---

73   양용의, 『마태복음 어떻게 읽을 것인가』 (서울: 성서유니온선교회, 2005), 491.

74   Luz, Matthew *21-28*, 259.

열정을 원망하고 정죄하는 데 사용한다. 이것이 그의 악이며, 게으름이다 (우리가 상식적으로 아는 게으름과 차이가 크다).

　　정리하면 한 달란트 받은 종을 넘어뜨린 것은, 첫째, 교만이다. 그는 한 달란트에 해당하는 천국의 비밀을 맡은 자다. 그러나 그는 천국의 비밀을 아는 특권을 주인을 정죄하는 데 사용한다. 종은 자신의 제한된 지식으로 자신을 높이고 주인을 설득하려고 한다. 그는 자신의 지식에 대한 확신은 있지만, 그것은 제한된 지식일 뿐이었다. 더군다나 고난에 대한 그의 이해는 인과응보적 관점뿐이다. 그럼에도 자기주장을 꺾지 않는다. 자기주장은 교만이다. 교만은 우리의 눈을 가려 '대리적 고난'(하나님)을 아는 지식에 이르지 못하게 하는 눈의 들보이다.[75] 둘째, 두려움이다. 한 달란트 받은 종을 움직이는 동력은 두려움이다. 그는 스스로 주인을 두려워한다고 말한다(마 25:25). 루즈는 그의 주석에서 한 달란트 받은 종에 대한 주인의 평가는 두려움이 많은 종이라고 말한다.[76] 의학박사인 티머시 R. 제닝스(Timothy R. Jennings)는 그의 저서『뇌 하나님 설계의 비밀』에서 "두려움은 우리의 판단력을 흐리게 하고 이상을 마비시킨다. 그리하여 우리를 이기심의 길로 데려간다"라고 말한다.[77]

　　전처가 투병 중일 때, 친구 목사님의 사모님이 나에게 목회 비전이 뭐냐고 물은 적이 있었다. 나는 잠시 생각하다가 '목회 비전이 있었는데 하나님

75　노승수, 『핵심 감정 성화: 대요리문답으로 해석한 7가지 대죄와 성화』, 128.

76　Luz, Matthew 21-28, 252.

77　티머시 R. 제닝스, 『뇌 하나님 설계의 비밀』, 윤종석 역 (서울: 진성북스, 2021), 74.

이 무너뜨렸다'라고 대답했다. 나는 목회의 비전과 양육 커리큘럼과 설교 등을 위해 많은 준비를 했었다. 목회에 대해서 알아야 할 만큼 안다고 생각했었고, 할 수 있다고 확신했다. 그러나 지금 돌아보면 그것은 교만이었다. 목회는커녕 나의 숨겨진 죄조차 알아채지 못했다. 안다고 생각한 것 자체가 교만이었다. 나는 내가 안다는 확신과 교만으로 온 교회와 목회를 비판하고 무시하고 정죄했다. 지금 보면 내가 무시하던 사람들은 모두 목회를 잘하고 있는데 나만 목회를 하지 못하고 있다. 내 교만에 대한 죄값을 치르고 있는 것인지도 모른다. 목회에 대한 좌절 속에 나는 교만을 깨달았고, 그러고 나서야 더 깊어지고 겸손해졌다.

그러나 나의 교만은 생각보다 더욱 깊었고, 나는 나의 교만에 무지했다. 아내와 나의 재혼은 나의 교만과 아내의 교만이 만나는 것이었다. 나는 목사였고 아내는 선교사 출신의 연륜 있는 시니어 전도사였다. 교만한 목사와 교만한 전도사는 서로가 더 옳다는 주장을 꺾지 않으며 서로를 정죄하고 싸웠다. 서로의 교만을 깨닫지 못한 채 싸우고 또 싸웠다. 우리는 각자 자기의 목회 경험과 성경 지식으로 서로를 비난하고 정죄했다. 교만은 지옥이다. 우리 부부는 지옥을 살았다. 서로를 비판하고 정죄하며 긴 고통을 받는 것이 하나님의 심판이자 교만의 대가였다.

그럼에도 결혼은 축복이다. 재혼을 하지 않았다면 나는 나의 교만을 깨닫지 못하고 영적 소경으로 남았을 것이다. 교만과 외식으로 한 달란트 받은 종처럼 감추고 숨기며 자신도 속이고 남도 속였을 것이다. 자신도 속이고 남도 속이는 자를 성경은 맹인이 맹인을 인도한다고 말한다(마 15:14; 눅 6:39).

아내와 나는 서로를 정죄하며 싸웠지만, 하나님께서는 우리 부부의 교만과 정죄를 서로의 회개와 구원을 위한 대리적 고난으로 여겨 주신다. 아내는 나의 교만과 죄의 짐을 지고 수고하였고, 나는 아내의 교만과 죄의 짐을 지고 수고하였다. 우리의 다툼은 율법적으로 볼 때는 그저 교만과 죄일 뿐이지만, 하나님은 그리스도의 고난에 동참하는 대리적 고난으로 여겨 주신다. 이것이 천국의 감추어진 비밀이다. 따라서 아내와 나는 재혼으로 죽음같은 시간을 경험하였지만, 현재는 감사하고 있다. 재혼과 서로의 수고가 없었다면, 오늘 우리 부부는 이사야 53:4-6의 대리적 고난에 대해 이해하고 적용할 수 없었을 것이기 때문이다. 하나님께서는 교만으로 교만을 다스리신다. 고난과 좌절을 통해 우리에게 자기의를 내세우고 정죄하며 공치사했던 교만을 깨닫게 하신다. 아내와 나는 앞으로도 깨닫고 적용하지 못하는 말씀이 삶에서 열매를 맺을 때까지 서로의 구원과 회개를 위해 서로의 죄의 짐을 감당하고 인내할 것이다. 이전에는 자신의 수고를 알아달라고 공치사하며 원망하며 서로를 바라봤다면, 이제는 기쁨과 감사로 고난을 감당할 힘이 생겼기 때문이다.

천국의 비밀은 지적 호기심이 아니라, 고난을 감당하는 자가 깨닫는다

리처드 헤이스(Richard B. Hays)는 『상상력의 전환』에서 "감추어진 보물은 단순히 궁금해하는 자들이 아니라 하나님의 의를 구현함으로써 화해의 사역을 능동적으로 감당하는 자들에게만 말을 걸어올 것이다"라고 말한다.[78] 그에 의하면 단순한 지적 호기심만으로는 천국의 비밀을 이해할 수 없다.

---

78 리처드 B. 헤이스, 『상상력의 전환(구약 성경의 해석자 바울)』, 김태훈 역 (서울: 큐티엠), 101-102.

감추어진 천국의 비밀이 대리적 고난이라는 깨달음은 다섯, 두 달란트 받은 종들처럼 고난을 살아 내는 종들에게 주어지는 것이다. 그들은 고난(달란트)이 맡겨진 즉시 장사하여 달란트를 남긴다. 이는 그들이 고난에 대한 이해와 십자가를 감당하는 종의 삶을 살았음을 알려 준다. 천국의 비밀인 대리적 고난은 희생과 순종으로 고난의 삶을 감당하는 자에게 주시는 특권이다.

리처드 헤이스(Richard B. Hays)는 또 '감추어진 비밀을 깨달은 사람'과 '단순히 궁금해하는 자들'을 비교한다. 산상수훈에서 화해의 사역을 능동적으로 감당하는 사람의 대조군은 공동체의 높은 자리에 앉아 옳고 그름을 판단하며 비판하는 자들이다. 이들은 자신들은 고난의 삶을 살아 내지 못하면서 선생의 자리에서 타인과 그들의 고난을 판단한다. 그뿐만 아니라 대리적 고난을 이해하지도 못하고 살아 내지도 못하면서, 옳고 그름을 따지며 함부로 판단하고 비판하며 정죄한다. 마태복음 7:1-6에서 비판과 거짓 선지자를 금하는 것은 이런 자들의 판단과 정죄, 비판이 고난받는 공동체에 큰 위협이 되기도 하고 이것이 그들 자신을 하나님의 자리에 앉히는 교만한 행위이기 때문이다.[79] 교만이 율법주의와 만나면, 정죄와 판단이 의로운 율법적 행위인 것처럼 포장된다.

마태복음 5~7장 산상수훈의 내용과 구조를 살펴보면, 마태복음 5장은 살인과 간음 등, 십계명과 형사법적인 죄를 다룬다. 6장은 구제와 기도와 금식에 대한 외식을 다루고, 6장 후반부에서는 맘몬 우상에 대해서 다룬다.

---

79 그랜트 오스본, 『LAB 주석시리즈 마태복음 (상)』, 전광규 김진선 역 (서울: 성서유니온선교회, 2002), 233.

이것을 잘 살펴보면 내용의 전개에 있어서 순서와 방향성의 일관성이 보인다. 마태복음 5~7장은 인간의 죄를 점점 더 깊이 있게 다루는 순서와 방향으로 전개된다. 다시 말해, 외적 영역에서 내적 영역으로, 도덕적 영역에서 영적 영역으로 나아가는 것이다. 이를 전제로 7:1-6에서 인간의 비판과 정죄를 다루는 것을 보면, 여기서 타락한 인간의 가장 악한 죄인 교만을 다루는 것을 알 수 있다.[80] 비판(χρίνω)의 의미는 '구별하다', 즉 '(마음으로 또 사법상으로) 결정하다', '정죄하다', '비난하다', '판결하다'이다.[81] 천국의 비밀은 이렇게 옳고 그름으로 판단하는 자가 아니라 살아 내는 자에게 맡겨진다.

교만은 자기주장과 밀접한 연관이 있다. 교만은 듣는 귀가 없을 뿐만 아니라 들으려고도 하지 않는다. 한 달란트 받은 종은 자기주장을 굽히지 않는다. 주인을 굳은 사람이라 비난하면서도 주인의 말을 듣지 않는다. 오히려 주인을 설득하려 한다. 이처럼 교만한 사람은 타인의 의견을 경청하지 못한다. 자신의 판단이 더 합리적이고 도덕적이라고 생각하기 때문에 듣지 못하고 비난과 정죄를 끊임없이 쏟아 놓는다.[82] 부부 관계는 듣지 않으려 하는 남자의 교만과 정죄하는 여자의 교만이 만나는 현장이다. 판단의 자리에 서서 서로를 정죄하기 때문에 천국의 비밀을 깨닫지 못한다. 반대로 충성된 종들은 말이 없다. 이사야 53:7에서 고난받는 종은 "마치 도수장으로 끌려가는 어린 양과 털 깎는 자 앞에서 잠잠한 양 같이 그의 입을 열지 아니하였도다"라는 말씀처럼 입을 열지 않는다. 그러나 말이 없는 종들은 주인의 칭

---

80 신원하, 『죽음에 이르는 7가지 죄』, 34.

81 Arndt, W., *BDAG*, 3rd ed. (Chicago: University of Chicago Press, 2000), 568.

82 신원하, 『죽음에 이르는 7가지 죄』, 441.

찬과 격려의 말을 듣는다.

내가 가장 듣기 힘들어하는 것은 아내의 잔소리와 정죄하는 말이다. 그 말은 나를 정말 아프게 한다. 아내는 나의 가장 아픈 곳을 안다. 어떻게 말하면 내가 발작을 일으키는지를 아는 것 같다. 아내는 "그것밖에 안 되니 목회를 못 하지"라는 말로 나의 아픈 부분을 찌르며 혈기를 자극한다. 이처럼 교만한 남자와 교만한 여자는 서로 내가 더 옳다는 주장으로 서로를 정죄하며 싸운다. 그들은 서로 너보다는 내가 더 옳다고 주장할 뿐 스스로 교만하다고 생각하지는 않는다. 그래서 탈탈 털릴 때까지 싸운다. 심각하면 가정이 깨어지기까지 교만으로 고통을 당한다. 그만큼 교만의 뿌리는 깊고 강하다. 교만은 우리의 삶과 관계를 철저히 파괴한다. 그럼에도 서로의 아픔과 힘겨움에 신음하는 소리를 들어낼 귀가 없다.

한 달란트 받은 종은 감추어진 하나님 나라에 대한 앎이 턱없이 부족하다. 종은 여전히 고난(대리적 고난)의 의미와 목적을 이해하지 못한다. 고난으로 이루어 가시는 하나님의 구원도 알지 못한다. 왜냐하면 기복과 율법주의에 갇혀 주인을 충분히 안다고 생각하는 교만으로 눈이 가려졌기 때문이다. 눈이 가려졌음에도 불구하고 그는 자신이 알고 있다고 확신하며 주인을 판단하고 정죄한다. 그는 자신보다 더 많은 고난을 맡은 다섯 달란트와 두 달란트를 받은 종들과 비교할 때, 자신의 고난이 적음에도 불구하고 주인을 정죄하고 두려워하며 원망한다. 왜냐하면 그는 고난 속에 감추인 천국의 비밀인 '대리적 고난'을 깨닫지 못하기 때문이다. 교만한 자는 '감추인 천국의 비밀'(대리적 고난)을 깨달을 수 없다. 자신이 틀렸다는 것을 깨닫기까지 많은 시간이 필요하다.

달란트(τάλαντον)는 고난이다

본회퍼는 십자가를 지는 것이 유일한 고난의 극복이라고 말한다.[1] 왜냐하면 고난이 없이는 하나님과 함께할 수 없기 때문이다. 따라서 고난을 피하는 자는 오히려 고난에 빠진다. 그러므로 본회퍼에 의하면 하나님과 같이 있는 자는 고난 속에 있지만, 고난을 모르는 것이다.

1. 달란트는 재능대로(δύναμις) 나누어 주시는 고난이다

누구에게나 고난이 있다. 고난에는 차별과 소외가 없기 때문이다. 또한 누구나 자기 고난에서는 주인공이다. 고난이 달란트라면 모두가 다섯 달란트를 받은 종이 된다. 왜냐하면 사람은 누군가 자기 고난이 가장 크다고 여기기 쉽기 때문이다. 반면에 달란트가 재능이 되면 대부분 사람은 다섯 달란트를 가진 이 앞에서 위축될 것이다. 왜냐하면 스스로를 다섯 달란트만큼의 재능을 가진 자로 여기지 않을 것이기 때문이다. 그러나 달란트가 고난

---

1 디트리히 본회퍼, 『나를 따르라』, 손규태, 이신건 역 (서울: 대한기독교서회), 75.

이라면 모두가 스스로를 다섯 달란트 가진 사람으로 여기는 기쁨을 누리게 된다.

하나님께서는 종들에게 재능대로, 감당할 만큼, 참고 견뎌야 할 고난, 즉 달란트를 나누어 주신다. τάλαντον(달란트)의 어원 'τλάω'(tlaō)에는 "to take upon oneself, to bear, suffer, undergo(고통을 겪다, 견디다)"라는 의미가 있다.[2] 예수님의 고난 겪으심에 사용된 헬라어 'πάσχω'(pascho)는 '겪다', '고생하다',[3] '고난을 받고', '괴로움을 받고'[4]라는 의미가 있다(마 16:21; 눅 24:26). 재미있는 것은 'τάλαντον'의 어원인 'τλάω'(tlaō)의 의미(겪다, 고생하다)가, 예수님의 고난 겪으심에 사용된 헬라어 'πάσχω'(paschō: 견디다, 겪다, 참다)에서도 발견된다는 것이다.

재능대로(δύναμις)

하나님 나라를 위해 일을 하는 사람들에게는 각자의 재능과 역량의 차이가 분명히 존재한다. 따라서 각자에게 주어진 책임이나 찾아오는 기회는 같을 수가 없다. 베드로와 요한이 달랐고, 스데반과 바울의 재능과 은사가 달랐다. 오히려 작은 능력을 가진 사람에게 큰 책임을 맡기는 것은 본인뿐만

---

2 τλάω, tlaō 고전 발음: [뜰라오:] 신약 발음: [뜰라오], 기본형: πάσχω, 형태 분석: τλά (어간) + ω(인칭어미), pres.에서 사용되지 않는 라디칼 형태. 뜻: 스스로 떠맡다, 견디다, 고통받다, 겪다, 절대, 버티다, 견디다, 인내하다, 복종하다; Liddell, H.G.기타, *A Greek-English lexicon*. (Oxford: Clarendon Press, 1996), 1800.

3 Michaelis, W.,"πάσχω, παθητός, προπάσχω, συμπάσχω, πάθος, πάθημα, συμπαθής, κακοπαθέω, συγκακοπαθέω, κακοπάθεια, μετριοπαθέω, ὁμοιοπαθής", *TDNT*. Vol. 5 (Grand Rapids, MI: Eerdmans, 1964), 904-908.

4 맹용길, 『스트롱 맨 히브리어 헬라어 성경 원어 사전』, #3958.

아니라 공동체에도 무자비한 일이다. 하나님은 책임의 크고 작음에 따라서 자기 백성을 차별해서 평가하지 않으신다(마 25:21, 23). 따라서 하나님 백성은 직분이나 기회가 서로 다르다고 해서 서로 시기하거나 좌절하거나 오만하지 말아야 한다. 직분과 능력의 차이는 차별의 이유가 될 수 없으며, 하나님은 우리가 차별 의식을 가지고 사람을 대하는 것을 결코 원하지 않으신다. 오직 예수의 평가는 받은 책임이나 기회를 신실하게 사용했는지에 따라 달라진다. 그런데 여기서 살펴볼 것이 있다. 각 사람마다 가지고 있는 재능과 역량의 차이는 무엇에 대한 차이인가 하는 점이다. 달란트 비유에서 나오는 종들은 집에서 허드렛일을 하던 하인들이 아니라 사업에 능한 전문가였다.[5] 주인은 종들의 특별한 재능대로 달란트를 나누어 주었다(마 25:15).

'δύναμις'는 "Nestle-Aland Greek New Testament, 28th Edition"에서 119번 언급되는데, 달란트 비유에서 사람에게 사용되어 '재능'(ability)으로 번역되었다(마 25:15). '재능'으로 번역된 헬라어 'δύναμις'(dynamis)는 신약에서 대부분 구원과 함께 '권능' 또는 '능력'이라는 의미로 예수님과 하나님께만 사용되었다. 가장 대표적인 표현은 'δύναμις θεοῦ'(하나님의 능력)로 사용된 것이다(롬 1:16; 고전 1:18). 따라서 'δύναμις'는 구원과 연관시킬 때 그 의미가 가장 명확해진다. 즉, 권능은 사람을 죽음에서 벗어나게 할 수 있는 능력에 대한 것이다. 그러므로 하나님의 'δύναμις'(권능)는 사람으로 하여금 하나님이 되

---

5 J. Duncan M. Derrett, "Law in the New Testament: the Parable of the Talents and Two Logia," *ZNW* 56/3-4 (1965): 184~195: *Reprinted in Law in the New Testament* (London: Darton, Longman, & Todd, 1970), 18~19. 고대 근동에서 이 역할을 맡은 사람들은 주인의 친척들이나 아들들일 경우가 많았다. 강대훈, 『마태복음 주석 2권』, 461에서 재인용.

게 하는 것이 아니라, 하나님이 사람이 되시는 것이다.

헬레니즘적 용어 이해로 말하면, 이는 물질의 속박에서 사람을 구원하여 불멸성을 부여할 수 있는 능력에 관한 질문이다. 헬레니즘에서는 'δύναμις'를 우주의 원리로 이해한다.[6] '재능'으로 번역된 'δύναμις'는 일반적으로 세속적인 재능과 힘, 권능으로 생각할 수 있다. 그러나 유대 배경에서는 인격적인 하나님이며, 인격적인 하나님의 권능으로 우주의 원칙이 아니라 하나님의 뜻에 따라 나타난다.[7]

그러므로 달란트 비유에서 사람에게 사용된 것은 상당히 이례적인 사용으로 볼 수 있다. '재능'으로 번역된 헬라어 'δύναμις'의 의미 중에 시선을 끄는 것은 'capacity(받아들이는 능력)'[8]과 '가능성(potentiality)'[9]이라는 의미이다. 여기서 내가 주목하는 것은 '받아들이는 능력'으로서의 재능(capacity)이다. 다시 말해, 재능대로 나누어 주신다는 말씀은 고난을 감당할 능력, 고난을 받아들일 수 있는 재능에 따라 나누어 주시는 것으로 볼 수 있다. 그레고리 K. 빌과 데이비드 H. 캠벨은 그들의 책 *Revelation: A Shorter Commentary* (2015)에서 "믿음은 타협을 거절할 때 수반되는 고난을 받아들이는 능력을 포함한다"라고 말한다.[10] 같은 고난과 사건을 겪더라도 어떤 사람에게는 심

---

6 *TDNT. Vol.* 2, 286.

7 *TDNT. Vol.* 2, 290.

8 Liddell, H.G. *A lexicon: Abridged from Liddell and Scott's Greek-English lexico*, 213.

9 Lampe, G.W.H., "δύναμις", *A Patristic Greek Lexicon* (Oxford: At The Clarendon Press, 1961), 389.

10 그레고리 K. 빌 & 데이비드 H. 캠벨, 『그레고리 빌 요한계시록 주석』, 김귀탁 역 (서울: 복있는사람), 488.

판이 되고, 어떤 사람에게는 구원이 될 수 있다. 이 고난을 감당할 재능은 세상 나라에서는 찾아볼 수 없는 하나님 나라의 속성으로 믿음과 인내라고 한다.

예수님의 능력(δύναμις)은 죽음을 이기는 권능이며 죄인을 죄에서 구원하는 능력이다. 예수님은 이 권능으로 병자들을 치유하셨고 성육신과 십자가를 감당하셨다. 제자들이 받은 능력은 그리스도의 능력이자 하나님의 능력이었다.[11] 하나님은 이 구원의 권능으로 교회 공동체를 세우셨고, 마지막 날에 성도들도 영광의 몸으로 부활할 것이다. 사도행전 1:8의 "오직 성령이 너희에게 임하시면 너희가 권능(δύναμιν)을 받고 예루살렘과 온 유대와 사마리아와 땅 끝까지 이르러 내 증인이 되리라 하시니라"에서 성령께서 주시는 '권능'(δύναμιν)은 세속적인 재능이나 힘, 권력이 아니다. 따라서 '재능대로'(δύναμις)는 구원을 이루는 하나님의 신적 권능이 제자들에게 주어진 것으로 해석되어야 한다. 즉, 예수님이 죄인의 구원을 위해 성육신과 십자가를 감당하신 것처럼 하나님 나라와 구원을 위해 고난을 감당하는 권능을 뜻한다(행 1:8).

그러므로 하나님께서는 종들에게 재능대로(δύναμις; 마 25:15), 감당할 만큼(ὑποφέρω)만 고난(달란트)을 나누어 주신다(고전 10:13). 고난은 사람마다 다른 크기와 깊이로 찾아온다. 다윗과 욥의 경우처럼 어떤 이에게는 깊은 고난이 주어진다. 그러나 모두가 다윗과 욥과 같은 고난을 감당할 그릇을 갖고 있지는 않기 때문에, 하나님은 특별한 종에게 특별한 고난을 선물로 주

---

11   *TDNT. Vol.* 2, 309.

신다. 고난이 적고 짧은 것은 그릇이 작고 영적 수준이 낮기 때문이다. 자랑할 것이 아니라 부끄럽게 여길 줄 알아야 한다. 이것이 감추어진 하나님 나라의 비밀이다. 하나님께서 감당할 만큼 고난을 주신다는 말씀(고전 10:13)은 재능대로 나누어 주신다(마 25:15)는 의미와 같다. 그러므로 고난(달란트)은 하나님 나라를 위해서 예수의 제자들에게 맡겨진 기회이자 특권, 그리고 책임이다.

'δίδωμι'(didomi)

달란트 비유에서 달란트를 '주고'라는 의미로 사용된 헬라어는 'δίδωμι'이다(마 25:15). 달란트 비유는 14절의 '맡김'(παραδίδωμι), 15절의 '주고', 28절의 '주라', 29절의 '받아'에서 모두 헬라어 'δίδωμι'를 사용하는데, 이것으로 보아 이는 본문이 헬라어 'δίδωμι'를 중심으로 대칭구도임을 알 수 있다.

 A. 서론: (14, 15절) 14절 맡김(παραδίδωμι), 15절 주고(δίδωμι)

 B. (16-23절) 16, 17, 20, 22절 남김(κερδαίνω)과 21, 23절 참여
  (εἰσέρχομαι)

 C. (24절) 내가 알았으므로/ γινώσκω
  한 달란트 받은 종의 주인에 대한 비난

 X. (25절) 두려워하여/ φοβέω
  한 달란트 받은 종의 주인에 대한 감정

 C'.(26, 27절) 네가 알았으냐/ οἶδα
  종의 비난에 대한 주인의 판단(27절)

 B'. (28-30절) 29절 빼앗김(αἴρω)과 30절 쫓겨남(ἐκβάλλω)

 A'. 결론: (28, 29절) 28절 주다(δίδωμι), 29절 받다(δίδωμι)

'δίδωμι'(didomi)의 LXX 병행 히브리어는 נָתַן'(natan)이다.[12] 이 단어는 하나님께서 신적 권위로 베푸시는 '하늘의 궁창'(창 1:17), '은혜'(왕상 3:6, 9), '구원'(시 144:10), '기업'(민 26:62; 신 26:1, 2; 시 2:8; 136:21), '언약'(말 2:5), '자녀'(창 15:2; 17:6; 삼상 1:11), 왕권(삼하 12:8)을 '주신다'는 의미로 사용되었다. 제의 영역에서는 '봉헌하다' 또는 '희생'이라는 의미로 נָתַן'(natan)을 사용하며,[13] 한나가 하나님이 주신(נָתַן) 아들을 바친다고 서원할 때도 사용하였다(삼상 1:11).

이 단어는 신적 권위로 주시는 모든 은총을 표현할 때 사용되며, 시편 127편에서 '잠'(שֵׁנָא; ὕπνος)을 주시는 의미로도 사용된다(시 127:2). 에스겔에서 새 언약을 주실 때 "또 새 영을 너희 속에 두고(נָתַן) 새 마음을 너희에게 주되(נָתַן) 너희 육신에서 굳은 마음을 제거하고 부드러운 마음을 줄 것이며(נָתַן) 또 내 영을 너희 속에 두어(נָתַן) 너희로 내 율례를 행하게 하리니 너희가 내 규례를 지켜 행할지라"라고 한 말씀에도 사용되었다(36:26-27). נָתַן'은 신적 권위로 주어지는 심판에서도 사용된다. 또 다윗이 밧세바와 간음으로 죄를 범한 후 심판을 주실 때(삼하 12:11), 압살롬이 상수리나무에 머리가 걸려 죽임당할 때, '달리고'에 사용되었다(삼하 18:9). 이사야 50:6에서 "나를 때리는 자들에게 내 등을 맡기며(נָתַן)" 에스겔 23:49에서 "그들이 너희 음란으로 너희에게 보응한즉(נָתַן)"에서 음란에 대한 하나님의 '보응'으로 사용된다.

---

12 Lipiński, E. & Fabry, H.-J., "נָתַן", *TDOT. Vol.* 10. (Grand Rapids, MI; Cambridge, U.K.: William B. Eerdmans Publishing Company, 1999), 107-108.

13 Lipiński, E. & Fabry, H.-J., "נָתַן", *TDOT. Vol.* 10, 101.

신약에서도 'δίδωμι'는 하나님의 최고의 은사를 주실 때 사용된다.[14] 요한은 '독생자를 주셨으니(ἔδωκεν)'와 '하나님의 자녀가 되는 권세를 주셨으니(ἔδωκεν)'에서 이 용어를 사용한다(요 1:12; 3:16). 누가는 "성령을 주신(ὁ ἔδωκεν)" 것에 대해 말할 때 이 용어를 사용하며(행 5:32), 바울은 "소망이 우리를 부끄럽게 하지 아니함은 우리에게 주신(δοθέντος) 성령으로"(롬 5:5), "이 복음을 위하여 그의 능력이 역사하시는 대로 내게 주신(δοθείσης) 하나님 은혜의 선물을 따라 내가 일꾼이 되었노라"(엡 3:7), "우리 각 사람에게 그리스도 선물의 분량대로 은혜를 주셨나니(ἐδόθη) 그러므로 이르기를 그가 위로 올라가실 때, 사로잡혔던 자들을 사로잡으시고 사람들에게 선물을 주셨다(ἔδωκεν) 하였도다"(엡 4:7, 8)에서 하나님의 은혜를 강조할 때 사용한다.[15]

이러한 용례만 보아도 달란트 비유에서 나타난 'δίδωμι' 중심의 대칭을 살펴볼 필요가 충분히 있다. 여기서 신적 권위로 주시는 동사 'נָתַן'과 LXX 전통을 따라 'δίδωμι'를 사용하여 달란트를 맡긴다. 이는 하나님께서 신적 권위로 주신 고난(달란트)이 하나님께서 주시는 최고의 선물임을 보이는 것이다.

'παραδίδωμι'(paradidomi)

마태복음 25:14-30에서 '맡김'(14절)과 '주셨는데'(20, 22절)는 'παραδίδωμι'(paradidomi)를, '맡기리니'(21, 23절)는 'καθίστημι'(kathistemi)를, '맡겼다가'(27절)는 'βάλλω'(ballo)를 각각 번역한 것이다.

---

14 Büchsel, F., "δίδωμι, δῶρον, δωρέομαι, δώρημα, δωρεά, δωρεάν, ἀπο-, ἀνταποδίδωμι, ἀνταπόδοσις, ἀνταπόδομα, παραδίδωμι, παράδοσις", *TDNT*. Vol. 2, 166.

15 Büchsel, F., "δίδωμι, δῶρον, δωρέομαι, δώρημα, δωρεά, δωρεάν, ἀπο-, ἀνταποδίδωμι, ἀνταπόδοσις, ἀνταπόδομα, παραδίδωμι, παράδοσις", *TDNT*. Vol. 2, 166.

‘παραδίδωμι’는 예수님의 수난사에서 자주 등장하며,[16] ‘떠나가시니라’(요 19:30), ‘내줌이 되고’(롬 4:25), ‘내주신’(롬 8:32), ‘버리신’(갈 2:20), ‘주심’(엡 5:25)에서 예수님의 희생적 사랑을 표현하는 데 사용된다.[17] 또한 유다의 배신(막 14:10)과 산헤드린에서 빌라도에게 넘겨질 때(막 15:1), 군중들의 뜻에 따라(눅 23:25) 빌라도에게 처형당하기 위해 군인들의 손에 넘겨질 때(막 15:15)에도 사용되었다. 그리고 마태복음 11:27과 누가복음 10:22에서는 메시아와 하나님의 아들로서 예수님의 권위적인 위치와 관련하여 사용되었다.[18] 반면에 사람에게는 ‘내버려 두사’(롬 1:24), ‘버려 두셨으니’(행 7:42), ‘방임하여’(엡 4:19)에서 하나님의 심판을 의미하는 데 사용되었다.[19]

특히, 고린도전서 11:23의 “잡히시던”(παρεδίδετο)은 이사야 53:6의 언어와 이미지를 상기시킨다.[20] 수난의 모티브로 확립된 헬라어 ‘παραδίδωμι’는[21] 고린도전서 11장과 이사야 53장의 언어적 평행을 암시하는 패턴으로 보인다.[22] 로마서 8:32의 “내주신”(παρέδωκεν)과 이사야 53:6의 “우리는 다 양 같아서 그릇 행하여 각기 제 길로 갔거늘 여호와께서는 우리 모두의 죄악을 그에게 담당시키셨도다”에서 “담당시키셨도다”(παρέδωκεν)와 이사야의 53:12 “그가

---

16 *TDNT*. *Vol*. 2, 169.

17 *TDNT*. *Vol*. 2, 170.

18 *TDNT*. *Vol*. 2, 171.

19 *TDNT*. *Vol*. 2, 170.

20 ‘잡히시던’보다는 ‘넘겨졌다’라는 의미가 고전 11:23의 παρεδίδετο와 더 잘 맞는다. 곽철호, 『패턴으로서의 고난받는 종의 전형』, 307-316.

21 Conzelmann, H., *1 Corinthians: a commentary on the First Epistle to the Corinthians*. HERM (Philadelphia: Fortress Press, 1975), 197.

22 곽철호, 『패턴으로서의 고난받는 종의 전형』, 311.

자기 영혼을 버려"에서 "버려"(παρεδόθη)로 사용된 것은 의로운 종에게 대속적 고난을 감당하도록 하신 하나님을 강조하는 의미로 사용된다. 그러므로 달란트 비유에서 'παραδίδωμι'를 사용한 것은 이사야 53:4-6을 암시하고 반향하기 위한 마태 기자의 의도적 선택이다. 주인이 종들에게 달란트를 맡긴 (παραδίδωμι) 것은 예수님의 수난사에 동참하는 대리적 고난을 맡긴 것으로 보인다.

창조 질서의 회복(구원)을 목적으로 한다면 형벌은 상급이다

시미안-요프레(Simian-Yofre)는 *TDOT*에서 하나님과의 깨어진 관계와 창조 질서의 회복을 목적으로 한다면 형벌은 보상이라고 말한다.[23] "여호와께서 그의 앞으로 지나시며 선포하시되 여호와라 여호와라 자비롭고(רַחוּם; οἰκτίρμων) 은혜롭고(חַנּוּן) 노하기를 더디하고 인자(חֶסֶד; ἔλεος)와 진실(אֱמֶת; ἀληθινός)이 많은 하나님이라 인자(חֶסֶד; καὶ δικαιοσύνην διατηρῶν καὶ ἔλεος)를 천대까지 베풀며 악과 과실과 죄를 용서하리라 그러나 벌을 면제하지는 아니하고 아버지의 악행을 자손 삼사 대까지 보응하리라"(출 34:6-7)라는 말씀은 주의 길(דֶּרֶךְ)을 알리시고(33:13) 주의 영광을 보여 달라(33:18)고 한 모세의 요청에 대한 하나님의 답변이고, 출애굽기 34:6-7 말씀의 배경은 이스라엘이 금송아지 우상을 만들고 섬김으로 인해 하나님께서 진노하셨던 사건이다. 출애굽기 34:6은 그 다음 절인 7절에서 여호와께서는 "천대까지" 인자를 베푸신다는 말씀의 설명이다. 이 말씀은 하나님의 '의'(義)는 죄와 악을 용서하되 죄인들에게는 반드시 벌 주심을 전제로 한다.

---

23   *TDOT. Vol.* 13, 449

여기서 삼사 대까지 보응하시는 하나님의 형벌에 대한 이해가 필요하다. 테렌스 E. 프레타임은 그의 저서『구약에 나타난 하나님의 고통』에서 하나님에게 인간의 죄는 반드시 대가를 지불해야 하는 것이며, 그 심판이 즉각적으로 나타나지 않는 이유는 하나님께서 백성의 죄를 엄격하게 법대로 처리하지 않고 대신 짊어지기로 선택하셨기 때문이라고 말한다.[24] 마찬가지로 출애굽기 34:6-7은 하나님이 죄의 짐을 감당하기로 결단하신 하나님의 선언이다. 하나님은 출애굽과 구원의 의지를 성취하기 위해 고통을 계속해서 짊어지기로 결심하셨다.

금송아지 우상을 만들고 섬겼던 출애굽 첫 세대는 애굽에서 배운 우상 숭배와 종의 세계관과 가치관이 몸과 영혼에 흐르고 있던 사람들이었다. 다시 말해 애굽의 노예로 있었던 400년 동안 우상 숭배와 종의 습성이 그들의 몸과 영혼에 깊이 흐르고 있었다. 그러나 하나님은 자기 백성들의 죄악을 다스리고 정복하여 반드시 가나안에 이르게 하실 것이다. 그러므로 출애굽은 역사적으로 광야 40년간 두 세대에 걸쳐 진행되었고, 출애굽 2세대(광야 세대)에 이르러서야 여호수아와 함께 가나안을 정복하게 된다. 이처럼 하나님과 깨어진 관계와 창조 질서의 회복을 위해 하나님의 고통에 동참하는 부르심은 보상이다.[25] 그들은 각자의 죄로 심판을 받을 것이다. 그러나 그들이 감당하는 고난은 보응적 형벌이 아니다. 그들이 광야에서 감당한 고난은 보응적 형벌이 아니라, 이사야 53장의 대리적 고난이 된다. 이런 관점에서 시

24　테렌스 E. 프레타임,『구약에 나타난 하나님의 고통』, 조덕환 역 (서울: 시들지않는소망, 2024)[eBook], 55-58/73.

25　*TDOT, Vol.* 13, 449.

미안-요프레는 회복을 위한 보응적 형벌은 보상이라고 말하는 것이다.

따라서 고난이 상급이라는 개념은 구약에서부터 이어진다. 하나님의 죄에 대한 벌과 심판(고난)이 상급이라는 의미는 죄와 불순종으로 하나님을 반역하고, 배신하는 상황에서 더욱 명확하게 드러난다. 반역한 이스라엘을 용서하기 위해 하나님께서 죄의 짐을 지셨기 때문이다. 이 죄의 짐에 동참하는 부르심이 하나님의 은혜(חֶסֶד)이다.[26] 이 은혜를 경험하고 은혜의 하나님을 만난 사람은 모세처럼 얼굴이 빛난다. 백성의 죄를 담당하고 생명책에서 이름을 지워 달라고 요청한 모세는 어떤 피해 의식이나 대가를 바라는 마음이 없었고, 그의 얼굴에서는 영광의 빛이 난다.

고난으로의 부르심(벧전 2:19-25)

다윗에게는 크고 깊은 고난을 맡겨졌다. 그러나 그는 스스로 고난을 해결하려고 하지 않았다. 다윗은 엔디게 광야에서 자신을 쫓는 사울왕을 죽이고 쫓김과 고난을 해결할 수 있었지만, 사울왕의 옷자락만을 베어낸다(삼상 24:1-6). 이후 하나님의 기름 부음 받은 자의 옷자락을 벤 것만으로 양심의 찔림을 받는다. 왜 다윗은 사울왕을 죽임으로써 고난을 해결하거나 고난에서 벗어나려고 하지 않았을까? 다윗은 자신의 고난을 사울이 아니라 하나님께서 맡기셨다고 여겼다. 그는 하나님께서 주신 것이니 고난도 선물이라고 여겼다. 그는 하나님의 선물인 고난을 거절할 이유가 없었다. 그러나 이 고난은 다윗이 인생 하반기에 받은 고난에 비하면 시작에 불과했다. 물론

---

26   Harris, R.L., "698 חסד", *Theological Wordbook of the Old Testament* (Chicago: Moody Press, 1999), 306-307.

그 고난은 다윗의 죄로 인한 고난이었다. 하나님께서는 단호하심으로 국가의 멸망보다는 자녀를 통한 고난으로 다윗에게 수치를 감당하게 하셨다. 이복 자녀들 사이에 강간 사건이 일어나고 살인 보복을 하며, 아들 압살롬은 반역을 일으켰다. 다윗은 사람이 겪을 수 있는 모든 종류의 고난을 경험한 것으로 보인다. 그러나 하나님께서는 그가 주신 고난을 잘 감당한 다윗을 충성된 종, 내 마음에 합한 종이라고 불러 주셨다.

다윗이 고난을 감당한 것은 사울과 비교할 때 더욱 두드러지게 나타난다. 사울은 수치를 당할 것을 두려워하다가 자살했지만, 다윗은 자신의 죄를 고백하며 수치를 묵묵히 감당하며 살아간다. 이것은 천국과 지옥만큼의 큰 차이점이다. 우울이나 자살 또는 원망에 갇히지 않고, 회개의 태도로 고난과 수치를 잘 감당한 것은 다윗이 얼마나 충성된 종인지를 보여 준다. 죄로 인한 심판적 고난을 잘 감당하는 것만으로도 충성된 종으로 평가받는다.

주기철 목사는 한국 교회가 낳은 가장 훌륭한 순교자라는 점에 이의가 없을 것이다. 해방 이후, 그의 순교는 독일의 본회퍼의 죽음과 대비되면서 한국 교회의 신학과 교회적 삶에 지대한 정신적 영향을 끼쳤다.[27] 주기철 목사님은 1937년 9월의 한 설교에서 "고난(苦難)이란 것은 예수의 고난을 내 몸에 채우는 것을 의미합니다. 이는 결코 자신의 잘못이나 실수로 인해 오는 고난이나 세상으로부터 오는 고난이나 천변지재(天變地災)로 인해 오는 고난이 아닙니다. 내가 받지 않으려면 얼마든지 받지 않을 수 있는 고난이니

---

27   주기철, 『주기철(한국 기독교 지도자 강단설교)』 (서울: 홍성사, 2008), 9.

곧 주님을 위해 당하는 고난입니다"라고 말한다.[28] 나는 주기철 목사님의 설교에서 대리적 고난에 대한 목사님의 이해를 본다.

고난의 명상(暝想)[29]

주님을 위하여 오는 고난을 내가 이제 피하였다가 이다음 내 무슨 낯으로 주님을 대하오리까?

주님을 위하여 이제 당하는 수옥(囚獄: 감옥)을 내가 피하였다가 이다음 주님이 "너는 내 이름과 평안과 즐거움을 다 받아 누리고 고난의 잔은 어찌하고 왔느냐?"고 물으시면 나는 무슨 말로 대답하랴!

주님을 위하여 오는 십자가를 내가 이제 피하였다가 이다음 주님이 "너는 내가 준 유일한 유산인 고난의 십자가를 어찌하고 왔느냐?"라고 물으시면 나는 무슨 말로 대답하랴![30]

2011년 5월 1일 전처가 뇌수술을 받고 중환자실에 누워 있을 때 주님께 이 고난을 감당할 힘을 주시기를 간구했다. 하루하루 감당할 힘을 주시지 않으면 견딜 수가 없었다. 그렇게 3년, 투병으로 수치를 감당하던 전처와 함께 우리 부부에게 주시는 특별한 고난을 잘 감당하고, 특별한 인도하심이 있기를 기도했다. 정말 간절하게 기도를 드렸다. 그러나 끝내 전처는 소천하였고, 이후 7년이란 시간이 흘렀음에도 하나님의 특별한 인도는 없는 것 같아 보였다. 하나님께서 주시는 특별한 고난을 잘 감당하겠다던 나의 고백

28 　주기철, 『주기철(한국 기독교 지도자 강단설교)』, 40-41.

29 　편저자 김인서는 이 부분을 "주기철 목사의 필적으로 전한 말씀. 이순경(李順璟) 목사 전송(傳誦)(입으로 전하여 욈)"이라고 설명하고 있다.

30 　주기철, 『주기철(한국 기독교 지도자 강단설교)』, 160.

은 어느샌가 사라졌고, 시기와 원망만이 가슴에 남았다. 예배 중 들려오는 설교자들의 설교를 교묘하게 비판하고 정죄하며 나의 시기심을 감추려 했지만 감추어지지 않았다. 우리 가정에 허락하신 특별한 고난을 잘 감당하고 싶었는데 그러지 못했다. 고난은 해결이 아니라 감당하는 것이라 말했지만, 사실 마음으로는 특별한 해결책만을 찾았던 것이다. 우리의 고난이 특별한 방법으로 끝나기만을 기다렸을 뿐이다. 하나님은 이런 자격 없는 나에게 특별한 고난을 특권으로 주셨다.

하나님은 하나님 백성들의 구원과 영적인 유익을 위하여 각자의 분량대로 고난을 주신다(시 119:67, 71; 롬 8:17; 빌 1:29; 딤후 1:8). 이는 각자 자신의 죄로 인한 보응적 형벌로 주어지는 고난을 넘어서는 개념이다. 사도 바울은 하나님의 백성은 그리스도와 함께 상속자가 된다고 말한다. 이는 성령의 증언으로 확인되며, 상속자의 권리를 누리는 근거가 된다(롬 8:16). 상속자의 권리는 예수님과 함께 영광을 누리는 것이다. 그러나 종말의 시대에 상속자에게 맡겨진 권리와 의무는 그리스도의 고난(대리적 고난)에 동참하는 것이다(롬 8:17). 하나님은 물맷돌을 던지는 재능이 훌륭해서 다윗을 택한 것이 아니다. 하나님 나라와 백성들의 영적 유익을 위해, 그리고 고난의 모범과 본을 보이기 위해서 그를 택한 것이다. 다윗은 누구보다도 크고 깊은 고난을 받았고, 다윗만이 그러한 고난을 감당할 재능(δύναμις)이 있었다. 고난(대리적 고난)은 특별한 종들에게 주시는 특권이다.

영화 '교회오빠'의 주인공은 4기 대장암 진단을 받았다. 이 영화는 아들의 암 투병을 지켜보던 어머니의 자살하고, 4개월 뒤 아내까지 혈액암 4기를 진단받으면서 고통받는 과정을 생생하게 담았다. 사실 영화는 2017년 한 공영방송에서 방영되었던 다큐멘터리의 후속편으로, 故 이관희 집사님의 이야기는 TV 다큐멘터리로 먼저 방영되었다. 당시 방송사 PD는 故 이관희 집사님에게 방송 출연을 제안하면서, 그의 철저히 무너지고 연약해진 모습, 수치스러운 모습을 방송을 통해 세상에 내보일 수 있겠느냐는 질문을 했다고 한다. 방송 후 그는 어느 인터뷰에서 소회를 밝히며 "세상을 향해 나의 능력을 과시해야 하고, 내 존재의 가치를 입증해야만 살아남을 수 있는 이 시대를 살아가는 많은 분들에게 이런 저의 모습은 적지 않은 충격을 던진 듯합니다. 저는 이 촬영이 환자의 때에 제게 주어진, 그리고 큰 고난을 겪고 있는 저희 가정에 주어진 사명이라고 생각했기에 철저하게 무너진 저의 삶을 있는 그대로 주님께 내어 드렸을 뿐입니다"라고 말했다.[31] 故 이관희 집사님은 자신에게 주어진 수치(고난)를 부르심과 사명으로 여긴 것이다.

故 이관희 집사님의 간증이 한국 교회에 큰 공명이 된 것은 성공과 성취의 간증이 아니라, 가장 약하고 감추고 싶은 수치의 간증이기 때문이다. 한국 교회는 그동안 성공과 성취에 취해 실패와 수치의 솔직한 실존적 간증을 고백하지 못했다. 그러나 故 이관희 집사님은 가장 약하고 무기력한 고난을 드러냄으로, 한국 교회의 치유와 회복을 위한 '대리적 고난'을 감당했다. 그동안 자신의 수치가 드러날까? 들킬까? 하는 조바심으로 감추고 숨겨야 했던 많은 지체들이 故 이관희 집사의 대리적 고난받음을 보고 많은 위로와 치유를 얻었다.

---

31   오은주, 이호경, 『교회오빠 이관희』 (서울: 국민일보, 2019), 38.

2. 달란트는 고난에 감추어진 천국의 비밀이다(마 13:13, 35)

"오직 은밀한($\mu\nu\sigma\tau\eta\rho\iota\omega$) 가운데 있는 하나님의 지혜를 말하는 것으로서 곧 감추어졌던($\tau\eta\nu\ \dot{\alpha}\pi o\kappa\epsilon\kappa\rho\nu\mu\mu\acute{\epsilon}\nu\eta\nu$) 것인데 하나님이 우리의 영광을 위하여 만세 전에 미리 정하신 것이라"(고전 2:7)

성경에서 '$\kappa\rho\acute{\nu}\pi\tau\omega$'의 반대 개념은 '계시'이다. 진리는 본질적으로 감추어져($\kappa\rho\acute{\nu}\pi\tau\omega$) 있다. 따라서 진리는 계시를 통해서만 접근할 수 있다. 하나님은 자신을 원하는 자들에게 계시하시기 때문이다. 알브레히트 엡케(Albrecht Oepke)와 마이어(Meyer, R)는 '$\kappa\rho\acute{\nu}\pi\tau\omega$'의 연구 범위를 위경과 정경, 정경의 과정까지 확장한다.[32] 이는 '$\kappa\rho\acute{\nu}\pi\tau\omega$'가 말씀과 계시의 영역에 신학적인 의미가 있기 때문이다. 따라서 '$\kappa\rho\acute{\nu}\pi\tau\omega$'는 감추어진 하나님 말씀이라는 의미로도 사용되는 동시에, 감추어진 비밀이 드러남을 뜻하는 의미로 사용된다. 하나님은 자신을 계시하신다. 하나님은 아브라함에게 자신의 계획을 숨기지 않으셨다(창 18:17). 하나님께서는 이스라엘의 지도자들, 특히 선지자들을 통해 감추인($\kappa\rho\acute{\nu}\pi\tau\omega$) 비밀을 드러내셨다.[33] 반면 하나님은 자신의 계시를 계속 통제하신다.[34] 하나님은 자신을 계시로 드러내시기도 하지만 비밀로 감추기도 하신다. 의인도 숨어 계시는 하나님으로 고통스러운 경험을 한다(사 45:15).

---

32 Oepke, A. & Meyer, R., "$\kappa\rho\acute{\nu}\pi\tau\omega$, $\dot{\alpha}\pi o\kappa\rho\acute{\nu}\pi\tau\omega$, $\kappa\rho\nu\pi\tau\acute{o}\varsigma$, $\kappa\rho\nu\phi\alpha\~{\iota}o\varsigma$, $\kappa\rho\nu\phi\~{\eta}$, $\kappa\rho\acute{\nu}\pi\tau\eta$, $\dot{\alpha}\pi\acute{o}\kappa\rho\nu\phi o\varsigma$", TDNT. Vol. 3, 977–1000.
33 TDNT. Vol. 3, 969.
34 TDNT. Vol. 3, 969.

감추어진 말씀에 대한 지식은 역사적으로 그리스도 안에서 성취된 구원의 계획에 달려 있다.[35] 하나님께서 감추어진 것을 하나님께서 원하는 자들에게 드러내신다(마 3:11).[36] 성도의 특권은 감추어진 종말론적 구원의 비밀에 계시를 통해 접근이 가능하다는 사실이다. 대대에 감추어졌던(κρύπτω) 비밀이 이제 하나님의 성도들에게 나타났으니(골 1:26; 엡. 3:9), 그리스도 안에는 지혜와 지식의 모든 감추인(κρύπτω) 보화가 있다(골 2:3).[37] 때문에 감추어진 비밀인 하나님의 말씀은 최고의 보물이다. 감추어진 비밀을 깨달은 사람은 이 보물을 자신의 소유로 만들어야 한다(마 13:44).[38] 감추어진 보물을 발견한 사람은 기쁜 마음으로 서둘러 보물을 다시 숨기고, 모든 재산을 팔아서라도 자신의 소유로 삼아야 한다(마 13:44).[39]

B. 체노웨스(B. Chenoweth)는 달란트가 '천국의 비밀을 아는 지식'(마 13:11)으로 구체화되어야 한다고 지적한다.[40] 그가 마태복음 13:11과 고린도전서 4:1, 마태복음 13:12과 25:29의 비교를 통해서 달란트가 '천국의 비밀을 아는 지식'인 것을 밝힌 것은 달란트 비유를 해석함에 큰 의미가 있다. 그러나 '천국의 비밀을 아는 지식'은 달란트의 내용이다. 그러므로 그의 해석으로는

---

35 *TDNT*. *Vol*. 3, 976.

36 *TDNT*. *Vol*. 3, 977.

37 *TDNT*. *Vol*. 3, 976.

38 *TDNT*. *Vol*. 3, 970.

39 *TDNT*. *Vol*. 3, 974.

40 B. Chenoweth, TynBul 56 (2005) 61–72, argues for a more specific identification of the talents as "the knowledge of the secrets of the kingdom of heaven;" (13:11) his argument depends partly on noting that the following verse (13:12) is taken up again in this parable at v. 29.: 재인용 France, R.T., The Gospel of Matthew. NICNT, 951.

달란트 비유를 이해하기에는 부족한데, '천국의 비밀을 아는 지식'과 이사야 53장의 대리적 고난의 관계를 밝히지 못기 때문이다.

"사람이 마땅히 우리를 그리스도의 일꾼이요 하나님의 비밀을 맡은 자로 여길지어다"(고전 4:1)

"대답하여 이르시되 천국의 비밀을 아는 것이 너희에게는 허락되었으나 그들에게는 아니되었나니"(마 13:11)

"무릇 있는 자는 받아 넉넉하게 되되 없는 자는 그 있는 것도 빼앗기리라"(마 13:12)

"무릇 있는 자는 받아 풍족하게 되고 없는 자는 그 있는 것까지 빼앗기리라"(마 25:29)

나는 본 연구의 앞에서 달란트가 고난에 감추어진 하나님 나라의 비밀임을 밝혔다. 즉, 하나님은 하나님 나라의 비밀을 고난에 감추셨다(κρύπτω). 그래서 기복적이고 율법적인 세계관으로는 고난에 감추인 하나님 나라의 비밀을 볼 수 없다. 기복·율법적 자기의에 갇힌 자들에게 고난은 수치일 뿐이며, 정죄의 근거가 될 뿐이다. 그들에게 고난은 심판의 결과이기에 고통이자 수치이다. 율법과 기복, 수치 문화권에서 고난과 수치는 숨기고 감추어야 할 사건이다. 한 달란트 받은 종이 맡겨진 달란트를 땅을 파고 감춘 것은 고난 속에 "감추인" 하나님 나라의 비밀을 깨닫지 못했기 때문이다. 천국의 비밀을 깨닫지 못한 한 달란트 받은 종에게 고난(달란트)은 수치일 뿐이다.

지금까지는 달란트를 '고난 속에 감추어진 천국을 아는 비밀'로 해석하지 못함으로써, 한 달란트 받은 종의 죄는 불성실로 이해되어 왔다. 그러나 종은 불성실이 아니라 '감추인'(κρύπτω) 달란트, 즉 고난의 비밀과 고난이 맡겨진 의미를 깨닫기 위한 수고와 '대리적 고난' 속에 감추어진 하나님 나라를 거부한 것이다. 이것을 주인은 게으름으로 여기고 심판한다(마 25:26). 게으름은 하나님께서 주신 고난의 뜻과 목적을 거절하고 이해하려고 수고하지 않는 것이다. 그는 기복적이고 율법적인 세계관에 갇혀 고난을 수치로 여기며 '대리적 고난'을 주신 하나님을 원망하고 두려워한다. 그러므로 주인은 이런 종을 악하고 게으른 종이라고 책망하며 심판한 것이다(마 25:26).

자신은 두 달란트나 다섯 달란트 받은 종에 비하여 고난이 적음에도 불구하고 자신의 고난을 수치로 여기며 감추기에 급급하다. '맡겨진 한 달란트만큼'은 천국의 비밀을 알고 있음에도 불구하고 이사야 53장의 종의 신분과 대리적 고난을 거절한 것이다. 이것은 우리의 안타까운 모습과 조금도 다르지 않다. 달란트는 '천국의 비밀을 아는 특권'과 '그리스도의 대리적 고난에 동참하는 특권'이다. 그러나 그 겉모습은 고난으로 나타난다. 따라서 고난 속에 감추어진 천국의 비밀은 알곡과 가라지를 구분하는 기능을 한다 (마 5:14; 11:25; 13:35, 44).

23세에 상대 차량 운전자의 음주 운전으로 전신에 큰 화상을 입은 이지선은 어느 인터뷰에서 사고가 나기 전 원래의 모습으로 되돌려 준다면 어떻게 하겠냐는 질문을 받았다. 그러자 그녀는 "바보 같다고 할지 모르겠지만 제 대답은 되돌아가고 싶지 않습니다. 왜냐하면 정말로 중요하고 정말로 영원한 것은 눈에 보이지 않는다는 것 안에 있다는 중요한 사실을 깨달았기 때문입니다. 예전에는 몰랐던 사랑을 알게 되었고, 은혜를 맛보았기 때문입니다. 지금 제 안에 담겨 있는 고난이 가져다 준 축복의 보물들은 정말 무엇과도 바꾸고 싶지 않은 것이기 때문입니다"라고 말한다.[41] 아마도 이지선 교

---

41   이지선, 『지선아 사랑해』(파주: 문학동네, 2010), 302.

수는 고난(달란트) 속에 감추어진 하나님 나라의 비밀을 깨달은 것 같다.

나의 전처는 나이 40에 뇌종양 수술을 받고, 젊은 여인이 날마다 자신의 하체를 보여야 하는 수치를 감당해야 했다. 부부는 한 몸이라는 말씀대로 아내의 수치는 곧 나의 수치였다. 아내는 자신의 수치를 남에게 보이기를 꺼려 했고 나를 많이 의지했다. 그런 전처의 마음을 외면할 수 없어서 내가 직접 전처의 병간호를 도맡아 했다. 그러던 중 문병차 방문한 온 친구 목사에게 하소연을 했던 적이 있다. "전처와 내가 서로에게 복이 되지 못하는 것 같다. 우리 부부는 서로를 너무 힘들게 하는 것 같다"라고 말이다. 그러자 그 친구 목사는 이렇게 말했다. "하나님께서는 너희 부부가 복을 누리는 것보다 너희 부부가 복이 되기를 원하시나 보다…." 그 친구는 창세기 12장 말씀을 인용해서 말했다. 창세기 12:1-3의 말씀은 이전부터 나에게 큰 의미가 있는 말씀이었다. 결혼 예배를 드리던 날, 주례 목사님께서 이 본문으로 말씀을 전해 주셨기 때문이다. 그래서 친구 목사의 말이 더욱 의미 있게 다가왔다. 사실이었다. 나는 누구나 알 만한 복을 누리고 싶었고, 기복적이고 율법적인 세계관에 갇혀 있었다. 나는 전처의 투병이 고난에 감추어진 천국의 비밀인 것을 깨닫지 못했다. 그때나 지금이나 별반 다르지 않다. 다른 것은 나의 세계관이 성경적 세계관이 아니라, 기복적이고 율법적인 세계관이라는 것을 인정하게 되었다는 것뿐이다.

폴 트립은 "고난은 우리의 마음속에 있는 것을 드러낸다. 시련은 우리 안에 있는 것을 드러내는 놀라운 능력을 지녔다"라고 말한다.[42] 이는 고통의

---

42 트립, 『고난: 하나님의 특별한 은혜의 도구』[eBook], 19/142.

근원이 고난 자체가 아니라, 고난을 이해하고 반응하는 자신의 가치관과 세계관에 있다는 말이다. 고통의 근원이 고난 자체가 아니라 기복과 혼합적인 세계관에 있음을 발견할 때, 비로소 성경적 세계관을 간절히 구하게 될 것이다. 나는 전처의 뇌종양 투병과 무임목사, 재혼이라고 하는 변화무쌍한 환경 가운데서 고난을 겪으며, 기복적이고 율법적인 세계관을 직면할 수 있었다. 그렇게 종의 신분과 종의 고난을 감당하는 삶을 살아갈 힘을 얻었다.

예수님께서는 마태복음 5장 산상수훈에서 '팔복'을 말씀하시며 복에 대한 세계관을 새롭게 정의하셨다. 한 마디로 '팔복'은 고난이 복이라는 말씀이다. 고난 속에 천국의 비밀이 감추어져 있기 때문이다. 달란트 비유와 '팔복'(구복)은 이사야 53장의 대리적 고난과 맥을 같이하는 것으로 보인다. '팔복'(구복)은 가난에서 시작해서 박해로 마친다(마 5:3-12).

마태복음 5장 3절-12절

심령이 가난한 자는 복이 있나니 천국이 그들의 것임이요

애통하는 자는 복이 있나니 그들이 위로를 받을 것임이요

온유한 자는 복이 있나니 그들이 땅을 기업으로 받을 것임이요

의에 주리고 목마른 자는 복이 있나니 그들이 배부를 것임이요

긍휼히 여기는 자는 복이 있나니 그들이 긍휼히 여김을 받을 것임이요

마음이 청결한 자는 복이 있나니 그들이 하나님을 볼 것임이요

화평하게 하는 자는 복이 있나니 그들이 하나님의 아들이라 일컬음을 받을 것임이요

의를 위하여 박해를 받은 자는 복이 있나니 천국이 그들의 것임이라

나로 말미암아 너희를 욕하고 박해하고 거짓으로 너희를 거슬러 모든 악한

말을 할 때에는 너희에게 복이 있나니

기뻐하고 즐거워하라 하늘에서 너희의 상이 큼이라 너희 전에 있던 선지자

들도 이같이 박해하였느니라

여기서 고난은 기업이며, 특권이자 복이다. 즉, '가난'(πτωχός), '애통'
(πενθέω), '주리고 목마름'(πεινάω, διψάω), '박해를 받음'(διώκω), '욕과 악한 말을
들음'(καὶ εἴπωσιν πᾶν πονηρὸν)이 복이다. 하나님 백성은 각자에게 주어진 '팔
복'(구복)의 고난 속에 감추어진 천국의 비밀을 깨닫기 위해 수고해야 한다.
그러나 예수님 당시나 지금이나 '팔복'(구복)은 복으로 보기 어렵다. 그럼에
도 불구하고 예수님께서는 이를 복이라 하셨고, 이것은 천국의 감추어진 비
밀이다. 다시 말해, '팔복'(구복)은 바울이 말한 그리스도의 남은 고난(대리적
고난)이다(골 1:24). 본회퍼는 고난을 회피하는 자는 누구든지 고난과 함께
가장 큰 선물을 내버리는 것이라고 말한다.[43]

3. 하나님은 고난을 맡기신다

성경이 말하는 고난의 기원은 하나님이다(창 3:16-19; 사 53:4-6). 우연은 없
다. 하나님은 하나님 백성에게 고난을 선물로 주신다. 생명과 재능, 은사뿐
만 아니라 고난도 나누어 주신다. 누구나 원하지만 원하는 만큼 주어지지
않는 것이 재능이라면, 누구도 원하지 않지만 각자에게 감당할 만큼 나누어
주시는 특권이 고난이다. 재능이 없다고 생각하는 사람은 있어도 고난 없다

---

43   본회퍼, 『십자가 부활의 명상』, 연규홍 역 (도서출판 청우, 2003), 88.

고 생각하는 사람은 없다. 고난에서만큼은 변두리 인생이 없다. 누구나 자기 고난에는 주인공이다. 욥기를 보라. 욥이 감당해야 할 고난이지만 욥에게는 선택권이 없다. 사람은 고난을 통제할 수 없다. 고난의 종류와 범위, 깊이는 하나님께서 결정하신다(욥 1:12, 2:6). 구약은 전염병과 기근과 전쟁, 천재지변, 나라와 민족의 멸망도 하나님의 심판적 고난으로 설명한다.

그러나 놀라운 사실은 하나님은 고난의 기원인 동시에 하나님 자신이 고난받는 종으로서 타락한 이 땅의 질서 안으로 들어오셨다는 것이다. 예수님은 죄가 없으시나 죄인들을 대신하여 고난받으셨다(사 53:4-6). 인간의 죄의 대가에 따른 형벌이 하나님의 고난이 된 것이다. 고난의 기원인 하나님 자신이 고난받으셨다. 따라서 고난은 감추어진 비밀의 영역이다.

고난에는 많은 유익이 있다. 23세에 만취한 상대 운전자의 과실로 인해 전신 화상을 입는 교통 사고를 당했던 이지선 교수는 사고를 '당했다'라고 편향하지 않고 '만났다'라고 표현한다. 이 사고로 얻은 유익이 너무나 많다는 것이다.[44] 우리 속담에 '젊어서 고생은 사서도 한다'라고 했던가? 이지선 교수는 고난이 가장 큰 축복이 될 수 있다고 말한다.[45] 그렇지만 극단적인 고난을 겪는 사람은 그 어떤 것으로도 위로받기 어려울 것이다. '고난이 가장 큰 축복'이라는 말을 들으면 분노가 올라올 것이다. 대인기피도 생기고, 우울감과 원망, 분노가 찾아올 것이다. 일상적인 삶이 무너지는 고난 자체도 힘겹지만, 사람들의 시선을 감당하는 것도 만만치 않다. 세상에서 고난

---

44   이지선, 『지선아 사랑해』, 302.

45   이지선, 『지선아 사랑해』, 302.

은 수치이며, 자랑이 아니기 때문이다. 고난은 삶을 망가뜨리고 인생의 실패자, 뒤처진 무능한 사람이란 꼬리표가 따라붙게 한다. 일상과 정상적인 삶은 망가지고, 자녀들의 인격과 삶이 파괴되기도 한다.

그럼에도 베드로는 하나님 백성은 고난을 부끄러워하지 말아야 한다고 충고한다(벧전 4:16). 왜냐하면 하나님 백성은 부당한 고난을 받는 삶으로 부름심을 받았기 때문이다(2:19, 21).[46] 하나님 백성은 우연이나 알 수 없는 어떠한 운명의 힘에 이끌려 고난받는 것이 아니다. 오직 하나님의 뜻대로 고난받는다.[47] 우리가 이해할 수 없는 고난 속에서 피해 의식과 원망, 분노, 버려진 감정으로 요동할 때, 그 고난으로 부르심을 받았다는 대리적 고난의 세계관은 요동치는 우리의 마음을 붙잡아 준다. 고난을 상급으로 받은 하나님 백성들은 "너만이 감당할 수 있기에 너에게 부당한 고난을 주었다"라고 하시는 하나님의 세미한 음성을 깨닫는다. 그러므로 우리는 고난을 추구할 필요는 없으나, 고난이 찾아올 때 이상히 여기거나 두려워할 필요도 없다. "드디어 나에게도 올 것이 왔구나"라고 여기며 오히려 기뻐해야 한다(마 5:12; 롬 8:14-17; 벧전 4:13; 약 1:2). 베드로는 고난받는 성도에게 고난은 영예로운 것이므로 부끄러워하지 말고 하나님 백성의 이름으로 하나님께 영광을 돌리라고 말한다.[48] 왜냐하면 이사야 53장의 대리적 고난으로 부르심을 받았기 때문이다.

---

46 웨인 A. 그루뎀, 『틴데일 신약 주석: 베드로전서』, 왕인성 역 (서울: CLC, 2014), 197.
47 그루뎀, 『틴데일 신약 주석: 베드로전서』, 281.
48 그루뎀, 『틴데일 신약 주석: 베드로전서』, 275.

구약학자 트렘퍼 롱맨 3세(Tremper Longman III)는 욥기의 목적은 죄에 대한 인과응보 신학을 무너뜨리는 것이라고 말한다.[49] 욥기는 모든 고난이 타락의 결과이긴 하지만, 사람의 모든 고난이 개인적인 죄의 결과라고 하는 전제를 부인한다.[50] 폴 트립은 우리가 누리는 축복은 우리의 공로로 인함이 아니며, 반대로 하나님 백성의 시련은 하나님의 사랑이라고 말한다.[51] 따라서 욥기에서 욥의 의와 선행은 고난으로부터 보호받을 수 있는 조건이 될 수 없으며,[52] 절대적이고 기계적인 보응 신학으로 고난받는 사람을 정죄할 수 없다는 점을 강조한다.[53] 무엇보다도 욥기는 어떤 사람도 고난을 통제할 수 없다는 사실을 강조한다. 달리 말하면 고난은 하나님께서 신적 권위로 주시는 특권이다. 요한복음에서 제자들은 날 때부터 선천적 장애로 소경 된 사람을 보고 예수님께 그가 소경으로 태어난 원인이 무엇인지에 관해 질문한다(9:1-3). 죄에 대한 보응 신학으로 볼 때, 선천적 장애는 죄로 인한 심판이다. 그러나 그 선천적 장애가 누구의 죄로 인한 것인지는 알 수 없다. 부모의 죄로 인한 것인지, 장애가 있는 본인의 죄로 인한 것인지를 분별하는 것은 고난에 대한 인과응보 세계관의 딜레마였다. 그런데 예수님께서는 "이 사람이나 그 부모의 죄로 인한 것이 아니라 그에게서 하나님이 하시는 일을 나타내고자 하심이라"라고 말씀하신다(요 9:3). 죄에 대한 보응 신학과 기복적 세계관에 갇힌 제자들의 해석과 관점을 바꾸어 주신 것이다. 고난은 심

---

49 트렘퍼 롱맨 3세, 『욥기 주석(베이커 지혜 문헌·시편 주석 시리즈)』, 임요한 역 (서울: CLC, 2017), 103.

50 롱맨 3세, 『욥기 주석』, 107-108.

51 트립, 『고난』[eBook], 45/142.

52 Reitman, *Unlocking Wisdom*, 63.

53 롱맨 3세, 『욥기 주석』, 104.

판과 죄의 결과라고 단정할 수 없다. 이사야 53:4-6의 대리적 고난의 세계 관으로만 설명할 수 있다.

부부 관계와 가정에서의 고난

하나님은 모든 사람에게 각자가 맡을 몫의 고난을 맡기신다. 창세기 3:16-19을 보면, 하나님은 범죄한 아담과 하와 부부에게 '수고'(עצבון)와 '고 통'(עצבון)을 주신다. 남자에게는 가시덤불(קוץ)과 엉겅퀴'(דרדר)를 주시고 (3:18), 여자에게는 해산하는 고통을 주신다(3:16). 수고와 고통으로 번역된 히브리어 עצבון'(itstsabon)의 사전적 의미는 '괴로움', '슬픔', '수고', '고통', '노 동', '고난', '슬픔', '고역'이다.[54] 이에 대한 LXX 병행 헬라어는 λύπη'(lype)이 다. 아담과 하와에게 주신 수고와 고통은 각각 다르지만, 히브리어로는 같 은 단어 עצבון'(itstsabon)를 사용한다.

여자에 맡겨진 고난은 남편과 자녀의 고난이다. 하나님은 아담과 하와를 각각 남자와 여자로 동등하게 창조하셨다. 그런데 이들은 타락 이후에 서로 를 지배하려고 한다. "너는 남편을 원하고 남편은 너를 다스릴 것이니라"(16 절). 여기서 '원하다'로 번역된 히브리어 תשוקה'(teshuqa)의 의미는 "this strong desire may refer to sexual urges or desires, or a desire to dominate"[55]이다. 이 단 어는 창세기 4:7에서 죄가 가인을 '원한다'에서도 사용되었다. 즉, 죄가 가 인을 지배하려고 했다는 것이다. 같은 맥락에서 하와가 그 남편 아담을 '원

---

54 Meyers, C.L., "עצב", *TDOT*. 11권, 278-280.

55 Swanson, J., *Dictionary of Biblical Languages with Semantic Domains : Hebrew (Old Testament)* (Oak Harbor: Logos Research Systems, Inc, 1997), 9592 תשוקה.; Str 8669; TWOT 2352a.

하다'의 의미는 남편을 통제하고 지배하려는 강한 욕망이다.[56] 이로써 존경과 사랑으로 한 몸을 이루어야 할 부부의 관계가 지배와 피지배의 관계가 되었다.[57] 아담과 하와의 후손인 모든 부부는 서로를 다스리고 지배하기를 원한다. 지배와 피지배의 관계는 모든 관계로 확장되어 재생산된다. 심판의 결과로써 아내들은 남편에게 다스림을 받아야 한다. 나보다 어리석은 남편에게 지배받는 것만큼 큰 고통은 없다. 동시에 자신을 지배하는 남자에게 의존해야 하는 것이 여자의 고난이다.[58]

현대에 이르러서는 많은 부분에 있어서 부부 관계가 재조정되고 있다. 부녀자들의 인권에 많은 부분 변화가 있었고, 전통적인 부부 관계가 깨어졌다. 때문에 현대 여성들에게는 남편으로 인한 고난보다 자녀로 인한 고난이 더 크게 작용할 것이다. 부부 관계는 이혼으로 끊어낼 수 있을지 몰라도, 자녀와의 관계는 손쉽게 끊어낼 수 없는 천륜으로 이어져 있기 때문이다. 불임에서부터 시작된 자녀와의 고난이 출산 후에는 반항과 일탈, 배신으로 채워진다. 마치 예수님께서 자기 백성들에게 배반당한 것처럼, 부모는 자녀를 사랑하며 자녀의 고통을 대신 감당하지만, 결국 자녀에게 배반당한다. 하나님에 대한 반역으로 여자의 인생에서 가장 큰 축복이어야 할 결혼과 출산, 그리고 자녀 양육이 가장 고통스러운 고난이 된 것이다.[59]

---

56 롱맨 3세, 『구약 성경의 정수: 창조, 정복, 유배, 그리고 귀환』, 45.

57 Mathews, K.A., *Genesis* 1–11:26. *NAC* (Nashville: Broadman & Holman Publishers, 1996), 251.

58 김영진, 『옥스퍼드 원어 성경대전 창세기 제1~11장』, 261.

59 Mathews, K.A., *Genesis* 1–11:26. *NAC*, 251.

구원 이후, 여자는 결혼 생활에서 'עֲנָוִים'(온유)의 자세로 남편의 다스림을 받으며, 자녀를 출산하고 양육하는 고통과 수고를 감당함으로써 자녀의 구원을 이루어야 한다.[60] 사도 바울은 아내들에게 남편에게 복종할 것을 요구한다(엡 5:22). 왜냐하면 결혼의 목적은 행복이 아니라 구원이기 때문이다.[61] 김양재 목사는 그의 책『상처가 별이 되어』에서 "우리가 100% 죄인이기에 나 자신을 철저히 주님께 복종시키는 훈련을 결혼 생활과 힘든 배우자를 통해서 하게 됩니다. 그래서 결혼의 목적은 행복이 아니라 거룩입니다"라고 말한다.[62] 복종으로 감당하는 여자의 고난이 구원을 이루는 해산의 고통, 즉 산통이 된다.

하나님은 남자보다 여자에게 먼저 심판과 고난을 주셨다. 사도 바울은 에베소서에서 남자보다 먼저 여자에게 복종할 것을 명령한다(엡 5:22-23). 이는 남자보다 여자가 먼저 범죄에 빠졌기 때문이다(딤전 2:12-15). 돕는 배필로 지음받은 여자가 오히려 남자를 넘어뜨린 것을 기억하고, 먼저 자신의 죄를 남편과 자녀들에게 고백하며, 두 번째 영적으로 해산하는 수고를 통해 구원을 이루라는 말씀이다.[63] 상황과 잘잘못을 따지는 옳고 그름을 뒤로하고 먼저 나(아내)의 죄를 남편과 자녀에게 고백하는 것은 십자가를 지는 것만큼이나 고통스럽다. 이것이 단순한 고통이 아니라 '대리적 고난'이기 때문이다. 죄는 백성들이 지었는데 고난은 예수님이 감당하신 것처럼, 죄는 남

---

60   김양재, 『보시기에 좋았더라』 (서울: 두란노, 2014), 212.

61   김양재, 『사랑하고 사랑받고』 (성남: 큐티엠, 2018), 63.

62   김양재, 『상처가 별이 되어』, 217.

63   현용수, 『성경이 말하는 어머니의 EQ 교육 2권』 (서울: 도서출판 쉐마, 2004), 134-144.

편이 지었는데 고난은 믿음의 아내가 감당한다. 그러나 남편과 자녀들의 구원을 위해 흘리는 아내의 눈물, 어머니의 눈물에는 힘이 있다. 현용수에 의하면 남편과 자녀들의 구원을 위해 흘리는 아내, 어머니의 눈물은 남편과 자녀들을 재창조한다.[64] 심판으로서의 고난을 대리적 고난으로 성화시켜 주시는 하나님의 은총을 간구해야 한다.

여자의 산통만큼이나 남자에게도 매우 고통스러운 고난이 맡겨졌다. 바로 직장생활과 일이다. 아담이 반역하기 전에도 이미 하나님은 아담에게 노동의 의무를 주셨다. 하나님은 아담에게 땅을 "정복하라"(כָּבַשׁ, κατακυριεύσατε)고 명령하셨고(창 1:28), "바다의 물고기와 하늘의 새와 땅에 움직이는 모든 생물을 다스리라"라고 말씀하셨다(창 1:26, 28). 더 중요한 것은, 하나님은 아담에게 에덴동산을 "경작하고"(עָבַד, ἐργάζεσθαι), 그것을 "지키라"(שָׁמַר, φυλάσσω)라고 명령하셨다는 것이고(창 2:15), 그의 노동(창 2:18)을 '돕는 배필'(עֵזֶר כְּנֶגְדּוֹ)로서 하와를 창조하셨다. 그러므로 노동 자체는 죄의 결과는 아니다. 하지만 사람이 노동으로 겪게 되는 절망과 좌절감은 죄의 결과이다.[65]

남자가 겪는 가장 큰 고난 중 하나는 직장에서 쫓겨나고 실직하는 것이다. 본성적으로 자신의 자존감과 정체성을 하나님과의 관계에서 찾는 것이 아니라, 성공과 성취에서 찾기가 쉽기 때문이다. 그러므로 실직은 자존감이 무너지고 사라지는 고통으로 남자에게 다가온다. 실직한 남자는 스스로를 무가치하고 무능한 존재, 패배한 존재처럼 느낀다. 남자들에게 가장 큰

---

64 현용수, 『성경이 말하는 어머니의 EQ 교육 1권』, 315-325.

65 롱맨 3세, 『구약 성경의 정수: 창조, 정복, 유배, 그리고 귀환』, 45.

두려움은 무능한 사람이 되는 것이기 때문에 실직은 두려움이다. 남자들이 퇴직 후 우울증으로 고통받는 이유는 더 이상 자신의 존재 가치를 확인하기가 어렵기 때문이다. 이러한 이유에서 하나님께서는 이따금 남자에게 죄고백과 회개를 위해 일과 직장에서의 실패와 배신, 좌절로 연단시키기도 하신다.

자녀의 출산과 양육, 남편의 다스림을 받은 아내와 직장에서 고난을 받은 남편이 만나 갈등하는 현장이 결혼으로 이루어진 가정이다. 따라서 가정에는 모든 육체, 정서, 경제, 감정적 고난이 존재한다. 이런 고난의 현장에서 부부싸움에 주로 등장하는 말은 "너 때문에, 내가 개고생한다"라며 분노하고 정죄하는 말이다. 옳다. 결혼과 가정생활에서 부부는 서로의 구원을 위해 서로를 대신하여 '대리적 고난'을 감당하는 특권을 누리는 것이다. 그러나 "너 때문에, 내가 개고생한다"라는 말은 "나 때문에 당신이 수고한다"라는 고백으로 바뀌어야 한다. 우리는 나의 배우자가 나를 대신하여 대리적 고난을 감당한다는 것을 깨닫지 못할 때 정죄와 원망, 피해 의식이라는 지옥을 살게 된다. 이사야 53장에서 고난받는 종을 정죄하고 멸시한 "우리"(4-6절)처럼 서로를 정죄하고 멸시하다가 때로는 가정이 깨어지기까지 한다.

너 때문에 망한 것처럼 보여도 꾹 참고 "나 때문에, 당신이 수고한다"라는 고백으로 가정을 지키고 결혼의 언약을 지키다 보면, 언젠가 아내와 남편은 각자 자신의 죄를 깨닫게 될 것이다. 따라서 한 몸인 부부가 된다는 것은 서로의 구원을 위해 이사야 53장의 대리적 고난을 감당한 예수님처럼 "너 때문에 고생하는 것"을 특권으로 여기는 것이다. 남편과 아내가 되는 것은 각자 배우자의 구원을 위해 '대리적 고난'을 감당하는 창세부터 계획된 특별한 부르심이다. 그러나 감추어진 고난의 비밀인 '대리적 고난'을 깨닫지 못하면 주 안에서 날마다 새로워지는 것이 아니라, "너 때문에 내 인생 망했다"라는 정죄와 원망, 피해 의식으로 날마다 서로 시들어 가고 말 것이다.

더욱이 "너 때문에 내 인생 망쳤다"라고 말하는 사람은 자기 죄를 깨닫지 못했을 가능성이 높고, "내 죄가 커서 당신이 수고한다"라고 말하는 사람은 그리스도와 함께 고난을 감당하는 사람이다. 김양재 목사는 "결혼은 배우자에게 이해받기 위해서 하는 것이 아니라 무거운 짐을 더 많이 지기 위해서 하는 것이다. 배우자의 식구들, 돈, 집, 질병까지 짊어지고 가기 위해서 하는 것이다. 그러니까 이 어려운 짐을 지고 저 사람과 같이 갈 수 있겠다는 확신이 있을 때 결혼하는 겁니다. 나를 이해해 주고 사랑해 줘서 한다는 것은 위험한 결혼입니다"라고 말한다.[66] 왜냐하면 결혼과 가정은 오직 구원을 위해 주신 공동체이기 때문이다.

유대인들은 결혼식 마지막에 축복기도를 한 후, 신부가 신랑에게 수건으로 싼 포도주잔(혹은 유리 전구)을 건네주는데, 신랑이 그 포도주잔을 받아서 바닥에 내려놓고 발로 밟아 깨뜨린다고 한다. 포도주가 가득한 포도주잔은 하나님의 축복과 번영을 의미한다(시 23:5). 그런데 이런 축복의 잔을 깨트리는 의식에는 무슨 의미가 담겨 있는 것일까? 축복의 잔을 상징하는 포도주잔을 깨뜨림으로써 성전이 파괴되었던 그 고난의 날을 기억하는 것이다.[67]

---

66   김양재, 『상처가 별이 되어』, 215.
67   현용수, 『성경이 말하는 남과 여 한 몸의 비밀』 (서울: 도서출판 쉐마, 2012), 196.

이는 유대인들이 각자 자신의 가정에서 가정 성전을 건설하는 것이 바로 예루살렘 성전을 재건하는 첫걸음이라고 하는 의미를 담고 있다.[68] 나는 여기에 사족을 붙이고 싶다. 아마도 결혼 예식을 마치는 순간 이제 기쁨은 끝나고 만만치 않은 결혼 생활이 기다리고 있다는 것이다. '기쁨 끝 고난 시작'이라는 말이다. 그러나 대부분의 신랑 신부는 각자 자신에게 다가올 고난을 상상하지 못한 채, 웃으면서 각자에게 주어진 기쁨의 잔을 깨트린다(함박웃음을 지으면서). 결혼식을 마침과 동시에 우리의 기쁨은 끝났다. 이젠 철저히 서로의 구원을 위한 '대리적 고난'을 감당하며 구원을 이루어야 한다. 이것이 행복이 아닌 거룩을 위한 삶이다. 가정 성전을 건설하기까지 남편과 아내는 갈등과 죽음과 같은 시간을 통과하는 고난을 겪어야 한다.

남녀가 겪는 고통의 내용은 다르지만, 영적 원리는 같다. 스스로 죄인임을 고백한다면, 자신에게 감당할 만큼만 맡겨지는 고난과 수치를 감당하고 죄를 고백하며 구원을 이루어야 한다. 결혼의 목적은 행복이 아니라 거룩이기 때문이다.[69] 여자가 남자를 넘어지게 했지만, 하나님께서는 해산하는 고통으로 남편과 자녀의 구원을 위해 '먼저' 수고하는 역할을 여자에게 맡기셨다.[70] 이것이 하나님 나라의 감추어진 비밀이다. 고난은 수고와 고통이지만 동시에 하나님께서 나의 구원을 위해 주신 선물(대리적 고난)이기도 하다. 죄와 불순종으로 주어진 보응적 형벌로서의 고난은 구원을 위해 해산하는 수

68 Lamm, Maurice, *The Jewish Way in Love and Marriage*, (Middle Village, NY; Jonathan David Publishers, Inc, 1980), 229–230; 현용수, 『성경이 말하는 남과 여 한 몸의 비밀』, 197.

69 김양재, 『사랑하고 사랑받고』, 63.

70 이흥록, 『시내산 아래서 창세기를 읽다』 (서울: CLC, 2010), 53.

고와 고통으로 승화되며, 예수님의 고난(대리적 고난)에 동참하는 특권이 된다. 이것이 하나님 백성만이 누리는 특권이다.

폴 트립은 그의 저서 『고난』(Suffering)에서 "우리는 우리 자신으로부터 구원받는다. 우리 삶에 존재하는 가장 큰 불행은 우리가 겪는 고난이 아니라 우리 안에 있는 죄다. … 그분은 시련을 이용해 우리를 죄로부터 구원하신다"라고 말한다.[71] 사람은 고난을 만나고, 고난을 통해 자기 마음속에 있는 것을 만나기까지 자신의 실체를 깨닫지 못한다. 결국 자신을 고통스럽게 하는 것이 '고난'이 아니라, '고난'을 이해하는 세계관(가치관)인 것을 깨닫게 되기까지 많은 시간이 필요하다. 내 영혼에 감추어진 죄를 깨달을 때, 나를 대신하여 아내와 가족들이 대리적 고난을 감내하고 있었음을 깨달을 수 있다.

나를 고통스럽게 한 고난은 전처의 투병과 사별, 무임목사가 된 상황과 재혼이 아니라, 고난을 이해하는 세계관과 그 부산물인 시기심과 두려움, 좌절, 절망감과 소외감이었다. 따라서 은혜는 고난에서 벗어나는 것이 아니라, 고난으로 자신의 죄와 기복, 세속, 혼합적인 세계관을 깨닫고 간절히 성경적 세계관을 구하는 것이다. 그러나 하나님은 나의 고난을 이사야 53:4-6의 대리적 고난으로 여겨 주신다. 이제 대리적 고난의 세계관으로 치유와 회복을 누리고 있다.

우리들교회의 세미나에 참석했을 때의 경험이다. 교회의 중역들을 소개하는 시간이 있었다. 한 분 한 분 자신을 소개하는데 각각 자신의 '죄패

---

[71]　트립, 『고난』[eBook], 121/142.

(αἰτία)와 고난'으로 자신을 소개하는 것을 보고 매우 놀랐다. 한 분은 자신의 죄패(αἰτία)는 낙태와 이혼이며, 재혼과 자녀와의 관계 속에서 고난을 겪고 있다고 소개했다. 또 한 분은 자신의 죄패(αἰτία)는 남편 정죄와 이혼이며, 재혼으로 고난을 겪고 있다고 소개했다. 이분들 중에는 외모나 학벌, 사회적 지위가 남다른 분들도 있었다. 그러나 자신의 소유나 학벌, 재능이 아니라, 맡겨진 고난으로 자신을 소개했다. 성도들은 자신의 고난으로 자신과 비슷한 고난을 겪는 자를 공감하고 위로하며 고난을 통해 깨닫게 된 자신의 숨겨진 죄를 고백했다. 우리들교회에서 자기 소개를 할 때 사용하는 이 죄패(αἰτία)라는 단어는 예수님께서 십자가에 못 박힐 때 빌라도가 정죄한 예수님의 죄패(αἰτία)를 적용한 것이다(마 27:37). 나는 하나님의 백성들이 각자 자신의 죄패(αἰτία)를 가지고 예수님의 뒤를 따르는 모습을 상상했다.

계속해서 언급해 왔던 것처럼, 나의 가시덤불과 엉겅퀴는 전처의 투병과 사별, 재혼이다. 이것은 내가 심지도 않았고 보살피지도 않았지만 내 인생에 깊이 뿌리를 내리고, 나의 수고와 노력과 삶 전체를 무너뜨렸다. 나는 사실 전처의 투병보다 목회와 설교를 하지 못하는 것이 더 힘들었다. 이런 나 자신을 직면하는 것이 당황스러웠고, 그래서 늘 스스로를 자책했다. '나라는 사람은 왜 이런 것일까? 어떻게 아내의 투병보다 나의 목회가 더 중요할 수가 있는 것일까?' 이제는 내가 본성적으로 이런 사람이라는 것을 깨달았다. 김양재는 남자는 일이 없어지고 무너져야 하나님께로 돌아오는 존재라고 말한다.[72] 나는 나의 삶에 아내의 뇌종양이라는 가시덤불과 엉겅퀴가 뿌리내리지 못하도록 보살피고 뽑아야 했지만, 내가 막을 수 있는 암도 아니

---

[72] 김양재, 『보시기에 좋았더라』, 215.

었다. 그러나 하나님께서는 그 가시덤불과 엉겅퀴까지도 나의 구원을 위해 사용하셨다. 하나님의 은혜는 고난 속에서 내가 알지 못하던 내 죄가 드러나게 하는 것이다. 그리고 이 고난은 강도가 아니라 하나님의 선물(대리적 고난)인 것을 깨달았다.

고난은 구원을 위한 산통이다[73]

해산의 고통은 여자에게 주어진 심판이지만, 동시에 희망의 징조이며, 죄와 심판 속에서도 생명과 자손을 이어가게 하는 여성의 역할을 상기시키는 기능을 한다.[74] 하와에게 심판으로 주어진 해산의 고통을 표현할 때 사용된 단어는 히브리어 עצבון(itstsabon)과 헬라어 'λύπη'(lype)이다(창 3:16). 요한은 예수님의 고난에 대하여 헬라어 '루페'(λύπη)라는 단어를 사용하여 표현한다(요 16:6). 이는 요한이 예수님의 고난을 해산하는 어머니의 고통과 비교한 것으로 보인다(요 16:21). 선지자들은 해산의 고통을 인간의 극한 고뇌의 이미지로 사용하였다(시 48:6; 사 13:8; 21:3; 26:17; 42:14; 렘 4:31; 6:24; 13:21; 22:23; 30:6; 31:8; 48:41; 49:22, 24; 50:43; 호 13:13; 욘 4:4, 9; 마 24:8; 살전 5:3). 그리고 자신의 경건 때문에 받는 폭력적 억압과 고난을 해산의 고통과 비교했던 사람들도 있었다.[75]

---

73   새번역은 롬 8:22에서 'συνωδίνω(synodino)'를 '해산의 고통'으로 번역한다. "모든 피조물이 이제까지 함께 신음하며, 함께 해산의 고통을 겪고 있다는 것을, 우리는 압니다."

74   Mathews, K.A., *Genesis 1–11:26*, NAC, 250.

75   크레이그 S. 키너, 『키너 요한복음 3권 (CLC 신약 주석 시리즈)』, 이옥용 역 (서울: CLC, 2018), 2741–2744.

요한은 헬라어 '루페'(λύπη)를 의도적으로 사용하여 하와에게 심판으로 주어진 해산의 고통과 예수님의 고통을 연결하는 것으로 보인다. 즉, 예수님께서 십자가에서 겪으신 해산의 고통 때문에 하나님 백성은 '물과 성령으로' 거듭날 수 있다(요 3:3-5). 서신서로 가면, 사도 바울도 자신의 사역과 고난을 해산하는 수고로 비유한다(갈 4:19; 딤전 2:15). 베드로는 '루페'(λύπη)를 사용하여 하나님 백성의 고난을 설명한다(벧전 2:19). 그러나 베드로는 이를 해산의 고통으로 비유하지는 않으며, 부당하게 고난을 받기 위해 부름을 받았다고 말한다(벧전 2:19, 21).[76] 그럼에도 베드로는 '부당한 고난'을 구원을 위한 '대리적 고난'으로 해석하는 것으로 보인다. 그러므로 대리적 고난은 구원을 위한 산통으로 해석되어야 한다.

> "홀연히 수많은 천군이 그 천사와 함께 하나님을 찬송하여 이르되 지극히 높은 곳에서는 하나님께 영광이요 땅에서는 하나님이 기뻐하신 사람들 중에 평화로다 하니라"(눅 2:13-14).

예수님이 탄생하던 날 영광의 찬송이 있었지만, 마리아는 마구간에서 '산통'을 겪어야 했다. 하나님의 영광을 찬양하는 '멜로디'와 마리아 산통의 '부르짖음'이 동시에 화음을 이룰 때 비로소 구원이 성취된다. 예수님이 이 땅에 오시기 위해서는 성육신의 고통이 있었지만, 마리아도 메시아의 고난에 산통으로 동참한다. 모든 구원은 하나님의 역사이지만, 누군가는 나의 구원을 위해 구원의 산통으로서의 고난을 감당한 자가 있다는 것을 깨달아야 한다. 우리나라 이 민족을 위해 선교사로 순종하고 고난을 감당한 선교사들과

---

76   그루뎀, 『틴데일 신약 주석: 베드로전서』, 197.

그 가족들의 고난이 있었기에 오늘날 한국 교회가 있는 것이다. 그들의 고난이 산통이 되어 오늘 한국 교회가 잉태되고, 자라고 성장하여 오늘의 모습이 되었다.

고난이 구원을 위한 산통이라는 의미는 그리스도가 우리의 구원을 위하여 부당한 고난을 인내하였던 것처럼, 우리가 다른 사람들의 구원을 위하여 부당한 고난을 인내한다면, 하나님께 복을 받게 될 것이라는 뜻이다.[77] 왜냐하면 하나님 백성이 견뎌 내는 부당한 고난은 이사야 53:4-6의 대리적 고난을 받으신 예수님을 따르는 것이기 때문이다(벧전 2:19-25). 따라서 성도가 감당하는 부당한 고난은 그리스도에게 속한 것을 확증한다.

하나님께서는 구원을 위해 고난을 주신다. 창세기 3장의 고난은 심판이지만, 동시에 구원을 위한 하나님 긍휼의 결과이다. 죄인들이 회개하고 하나님께로 돌아가도록 하는 것은 재능과 은사가 아니라 고난이다. 고난을 통해야만 자신의 죄를 깨달을 수 있기 때문이다. 무엇보다 나의 죄로 인해 가족들이 고통받는 것을 깊이 깨달음으로 자신이 가해자라는 사실을 직면할 수 있다. 이런 관점에서 죄로 인해 함께 고통받는 가족들의 고난은 대리적 고난이 된다. 따라서 하나님께서 주시는 구원이 선물이라면, 고난도 하나님의 선물이며(엡 2:8), '밭에 감추인 보화'이다(마 13:44). 그러므로 구원을 위한 해산의 고통은 예수님에게 적용되지만, 하나님의 백성에게로 확장되고 적용된다.[78] 산모에게 해산의 고통은 일시적이지만 결국은 더 긴 기쁨을 가져

---

77 그루뎀, 『틴데일 신약 주석: 베드로전서』, 237.

78 키너, 『키너 요한복음 3권』, 2741-2744.

다주는 것처럼, 구원을 위한 해산의 고통은 빼앗아 갈 수 없는 기쁨을 준다 (요 16:22; 10:28). 그렇다고 고통의 강도가 줄어드는 것은 아니다. 그러나 구원을 위한 해산의 고통은 하나님 백성에게 고난에 대한 이해와 감당할 힘을 부여한다. 바울이 여자에게 복종을 요구하는 것은 남편과 자녀들의 구원을 위해 해산하는 고통을 감당하라는 권면이다. 이사야 53장은 해산하는 고통을 대리적 고난이라 부른다.

예수님께서 '달란트'(τάλαντον)라는 단어를 선택하신 이유

나는 달란트 비유를 연구하면서 마태는 '왜 달란트(τάλαντον)라는 단어를 선택했을까?' 하는 의문이 있었다. 누가는 달란트의 1/60에 해당하는 '므나'를 사용한다.[79] 반면에 마태는 당시 화폐 가운데 가장 큰 단위인 달란트를 사용한다. 그런 이유에서 마태는 '왜 달란트 비유를 기록한 것일까?', '달란트라는 단어를 통해서 무엇을 가르치고 싶었을까?' 하는 질문이 생긴다.

이에 대해 내가 찾은 답은 고난의 가치를 설명할 수 있는 단어가 달란트이기 때문이라는 것이다. 더욱이 하나님 나라의 비밀인 고난의 가치를 감출 수 있는 단어 역시 달란트다. 달란트는 노동자가 평생 일을 해도 벌기 힘든 엄청난 액수이다. 이렇게 비현실적인 큰 액수를 들어서 비유한 것은 하나님 나라를 위해 성도들이 감당하는 고난이 그만큼 가치 있기 때문이다. 우리는 실존적으로 고난을 감당하는 동안 엄청난 비용을 치르게 된다. 육체, 정서, 사회, 경제, 영적 비용을 감당해야만 한다. 건강이 무너진다거나, 파산하거나, 관계가 깨어지기도 하고, 우울증을 앓다가 하나님을 향한 원망과 불신

---

79   김재권, 『성경 문화배경 사전』, 1194.

에 빠지기도 한다. 이로 인해 당사자 한 사람뿐만 아니라, 온 가족 또는 온 공동체가 엄청난 비용을 치르며 고난을 감당하기도 한다.

하나님은 지금도 하나님 백성에게 고난을 맡기시며 비용을 치르도록 당신의 백성들을 동원하신다. 때로는 건강, 때로는 관계, 때로는 생명, 때로는 경제적으로 값을 치르게 하신다. 때로는 가정이 깨어지기도 하고, 때로는 나라가 망하는 비용을 치르게도 한다. 고난은 단순한 고난이 아니라 큰 비용을 치를 만한 가치가 있는 달란트이다. 각자 자신이 감당하는 고난의 전문가가 되어, 구원을 위해 해산하는 고통을 감당함으로써 다섯 달란트, 두 달란트를 받은 충성된 종이 된다.

다니엘은 나라가 망하고 포로로 잡혀가 내시가 되는 비용을 치렀고(왕하 20:18; 사 39:7), 에스겔은 제사장 직분을 빼앗기고 아내를 잃는 비용을 치러야 했다(겔 1:1; 24:18). 이스라엘 백성은 예배와 나라를 빼앗기고 예루살렘과 성전이 파괴되는 비용을 치러야 했다. 이후 이들은 성경을 읽는 관점이 바뀌었고, 바벨론 포로의 관점으로 성문화에 힘쓰게 되었다. 나는 엄청난 경제, 사회, 육체적 비용을 치른 고난의 가치를 달란트로 표현하는 것이 조금도 어색하지 않다. '감추인 하나님 나라의 비밀을 가진 고난의 가치'를 설명할 수 있는 단어로 달란트보다 좋은 단어를 찾기가 힘들다. 많은 학자는 달란트를 하나님 나라를 위해 제자도를 실천할 수 있는 모든 특권과 기회로 본다.[80] 그러나 이 특권은 재능이 아니라 고난이다. 바울은 이것이 세상의 지혜를 미련하게 만드는 하나님의 지혜요 하나님의 능력이라고 말한다(고

---

[80] 양용의, 『마태복음 어떻게 읽을 것인가』, 490.

전 1:18-31). 하나님 백성은 고난이 예수를 본받고 따르는 책임이나 기회임을 알아야 한다(벧전 2:21).[81]

나와 두 아들은 아내를 잃고, 생모를 잃는 비용을 치렀다. 전처의 투병으로 많은 경제적 비용도 감당해야 했다. 간병비, 병원비 등 억대에 이르는 비용이 지출되었다. 두 아들은 생모의 투병과 아빠의 사임으로 전학을 4번이나 해야 했다. 두 아들은 생모를 잃은 아픔과 낯선 학교에서 적응해야 하는 힘겨움까지 감당해야 했다. 무엇보다 전처가 오랫동안 투병하고 소천하는 과정에서 처가 식구들과의 관계도 깨어졌다. 나는 지금도 많은 감정의 비용을 치르고 있다. 또한 많은 분이 나와 내 가정을 위해 기도해 주셨다. 이름도 기억하지 못하는 많은 성도께서 경제적 후원과 영적 격려로 우리 가정의 고난을 함께 감당해 주셨다.

"고난 당한 것이 내게 유익이라 이로 말미암아 내가 주의 율례들을 배우게 되었나이다"(시 119:71).

칼빈은 "하나님을 알면 세상을 아는 것처럼 인간 자신에 대해서 깨닫게 된다"라고 말한다.[82] 이에 반해 나는 하나님을 안다고 여겼지만, 인간의 숨겨진 수치와 죄의 메커니즘에 대한 이해가 부족했다. 그럼에도 스스로 하나님을 안다고 여겼으니 무척이나 어리석었던 것이다. 그러나 고난을 통해서

---

81 Bruner, *Matthew 13-28*, 553. 강대훈, 『마태복음 주석 2권』, 461에서 재인용.

82 Calvin, J. & Norton, T., *The Institution of the Christian Religion* (London: Bonham Norton, 1599), 1, 57.

하나님을 이해하게 되었고 그만큼 인간론에 대한 이해도 깊어졌다. 큰 비용을 치르면서, 나는 죄와 수치라는 인간의 메커니즘과 인간론을 다시 배울 수 있었다. 육체·경제적 고난을 감당하고 있고, 두려움과 수치의 '감정 고난'도 몸으로 배우고 있으며, 공감 없는 정답(옳은 개소리)이 얼마나 사람을 외롭고 지치게 하는지도 배웠다. 무엇보다 아내를 잃는 비용을 치르고서야 결혼과 가정, 부부 관계의 중요성을 배웠다. 그리고 목회를 떠나는 비용을 치르고나서야 내가 목회라는 일중독과 성취, 성공의 우상을 섬기고 있었다는 것도 배웠다. 재혼을 하며 가정에 찾아온 고난을 겪으면서는 나에게 정죄와 율법적 자기의가 얼마나 깊었는지를 깨달았다.

고난은 엄청난 비용을 치르면서 배우고 익히는 경험(달란트)이다. 내가 전처의 투병과 사별, 재혼과 무임목사라는 수치를 감당하는 비용을 치르면서 유일하게 얻는 것이 있다면 그것은 성경을 보는 새로운 관점이다. 고난을 치르기 전의 나는 두 달란트 받은 종의 관점으로 성경을 읽었다. 그러나 지금 나는 빼앗기고 쫓겨난 한 달란트 받은 종의 관점으로 성경을 읽는다. 전에는 여호수아는 못 되어도(부족하고 어리석지만), 그래도 '아간'은 아닐 것이라라는 관점으로 성경을 읽었다. 그러나 지금은 내가 '아간'과 다른 것이 없다는 것을 깨달았고, '아간'의 관점에서 성경을 보고 이해하게 된다. 하나님께서는 나에게 성경을 보는 종의 관점을 주려고 그동안 엄청난 비용을 치르면서까지 고난을 감당하게 하신걸까? 하는 생각도 해 본다. 고난을 통해 얻은 이사야 53장의 대리적 고난의 세계관이 나의 상급이다.

마태복음 13:11은 감추인 천국의 비밀은 누구에게나 허락된 것이 아니라고 말씀한다.[83] 하나님 나라의 비밀은 인간의 이성으로 깨달을 수 없다. 특히 기복적이고 율법적인 세계관으로는 감추어진 천국의 비밀을 깨달을 수 없다. 예수님께서는 이 비밀을 깨닫지 못하도록 비유로 말씀하셨고, 비유로 기록된 천국의 비밀을 아는 것은 특권이다.[84] 그런데 이 특권이 고난과 함께 주어진다. 고난을 감당하며 숨겨진 죄를 직면할수록 천국의 비밀을 깨닫게 되는 것 같다. 적어도 내 경우에는 그랬다. 이런 면에서 고난은 특권과 기회가 된다. 성경학자들은 달란트가 무엇인지 정확히 논하지 않지만, 엄청난 기회와 책임을 준다는 것에는 공통된 의견을 갖고 있다.[85] 달란트는 고난, 특별히 대리적 고난 속에 감추어진 천국의 비밀이다.

루즈는 그의 주석에서 한 달란트 받은 종에 대한 주인의 "게으른 종아"라는 평가는 두려움이 많은 종이라는 의미를 갖고 있다고 말한다.[86] 두려움에 갇힌 한 달란트 받은 종이 빼앗기고 쫓겨난 것은 고난 속에 감추어진 하나님 나라의 비밀을 깨닫지 못했기 때문이다. 그는 고난을 수치로만 여겨 땅

---

83 Ben Chenoweth는 달란트가 하나님 나라의 비밀을 아는 것과 관련된 것이 증거로 고전 4:1-5을 제안한다. 마 13:11-12은 달란트의 의미를 확증하는 본문일 뿐만 아니라, 달란트 비유를 두 구절 사이의 유사성 통해 '달란트'의 의미를 찾고 있다. 그는 이러한 유사성에 근거하여 '달란트'를 하나님 나라의 비밀을 아는 것으로 주장한다; B. Chenoweth, *TynBul* 56 (2005) 61-72, argues for a more specific identification of the talents as "the knowledge of the secrets of the kingdom of heaven;" (13:11) his argument depends partly on noting that the following verse (13:12) is taken up again in this parable at v. 29.; France, R.T. *The Gospel of Matthew.* NICNT (Grand Rapids, MI: Wm. B. Eerdmans Publication Co, 2007), 951에서 재인용.

84 양용의, 『마태복음 어떻게 읽을 것인가』, 278-279.

85 Bruner, *Matthew* 13-28, 553; 강대훈, 『마태복음 주석 2권』, 461에서 재인용.

86 Luz, *Matthew 21-28*, 252.

을 파서 감추고 비밀로 하려고 했다. 고난을 맡겨 주신 하나님의 뜻과 목적을 깨닫기 위한 수고를 거절하고, 피해 의식과 원망, 그리고 수치에 갇혀 특권과 기회를 낭비했기 때문이다. 그는 고난으로 자기 죄와 수치를 깨닫고 고백하며 복음을 전해야 했다. 안타깝지만 그는 고난을 허락한 하나님을 원망할 뿐이었다. 그는 여전히 두려움과 수치에 갇힌 불쌍한 영혼이다.

나만 당하는 억울함이 아니라, 나만이 감당할 수 있는 특권이다

고난을 겪는 그리스도인에게 베드로는 마귀를 대적하라고 권한다(벧전 5:9). 고난 속에 있는 사람은 나만 고난을 겪는다는 피해 의식과 억울함에 갇히곤 한다. 고난과 함께 오는 억울함과 소외감은 생각보다 감당하기 힘든 2차적 고난이다. 그중에서 소외감이 가장 무섭다. 소외감은 모든 사람은 행복하게 사는데 나만 억울하게 고통받고 있다는 착각에 빠지게 함으로써 잘못된 선택을 하도록 부추긴다.

출애굽한 이스라엘 백성은 가데스바네아에서 가나안을 정탐하지만, 불신과 두려움 때문에 가나안 정복을 포기한다. 그리고 광야에서 죽거나 애굽으로 돌아가자며 원망하고 불평한다. 이때 하나님께서는 즉결 심판으로 이스라엘을 멸망시키려고 했지만, 모세의 중보로 즉결 심판만은 면할 수 있었다. 그러나 출애굽 첫 세대는 모두 광야에서 죽고, 그들의 자녀들은 아비 세대의 죄짐을 지고 40년이나 광야에서 방황하는 심판을 받는다. 민수기 14:33의 "너희의 자녀들은 너희 반역한 죄를 지고(וְנָשְׂאוּ) 너희의 시체가 광야에서 소멸되기까지 사십 년을 광야에서 방황하는 자가 되리라"에서 하나님은 부모들의 반역한 죄를 자녀들이 '지도록'(נָשָׂא) 하신다. 다시 말해, 광야 세대는 부모 세대의 반역한 죄를 대신 지고 광야 40여 년간 고난을 감당한 것이다. 그런데 여기서 중요한 것은 이스라엘을 용서하기 위해 하나님도 큰 비용(고통)을 치르셨다는 사실이다. 테렌스 E. 프레타임은 하나님에게 인간의 죄는 반드시 대가를 지불해야 하는 것이라고 말한다. 그런데도 즉각적 심판이 나타나지 않는 이유는 하나님께서 백성의 죄를 엄격하게 법적으로 처리하지 않고, 하나님이 대신 짊어지기로 선택하셨기 때문이라는 것이다.[87] 하나님께서 대신 담당하시는 고통 없이 이스라엘은 삶을 영위할 수 없다. 그러므로 하나님이신 예수님께서 자신을 희생하는 고통을 감당하셨다.

민수기 14:33은 부모의 죄를 억울하게 자녀에게 지우겠다는 의미가 아니다. 이는 이스라엘을 용서하는 하나님의 고통에 참여함이며, 이사야 53:4-6의 대리적 고난에 동참하는 것을 의미한다. 즉, '나만 당하는 억울함이 아니라, 나만이 감당할 수 있는 특권'으로의 부르심이다. 민수기 14:33에서 '지고'로 번역된 히브리어 'נָשָׂא'(nasa)는 육체적 의미와 정서적이고 영적인 의미에서 용서를 목적으로 다른 사람의 죄와 형벌, 수치심을 짊어진다는 개념이 있다(출 18:22, 38; 레 10:17; 17:16; 19:8, 17; 20:17, 19; 20:20; 24:15; 민 9:13; 11:17; 14:33; 18:1, 23, 32; 30:15; 신 1:12; 사 53:12; 겔 4:4, 5, 6; 14:10; 16:52, 54, 58; 18:19, 20; 23:35, 49; 44:10, 12, 13; 미 6:16).[88] 구약에서 '지고'와 '담당'으로 번역된 'נָשָׂא'의 개념은 용서의 원리를 포함하도록 확장되었고 하나님의 구원을 위해 '형벌의 짐을 지다'와 같은 의미로서 "짊어지다", '옮기다', '해결하다' 등으로 이해된다.[89] 따라서 출애굽 자녀 세대는 하나님의 용서와 구원의

---

87 프레타임, 『구약에 나타난 하나님의 고통』[eBook], 55-58/73.
88 *TDOT*. Vol. 10, 33.
89 *TDOT*. Vol. 10, 24-25.

계획을 위해 부모 세대와 함께 광야 40년의 대리적 고난을 받은 것이다.

이제 하나님 백성은 특별히 고난을 받기 위해 선택받은 것을 두려워하거나 피해 의식을 가질 필요가 없다.[90] 오히려 특권으로 여겨야 한다. 성도는 고난으로 특별한 존재가 된다. 재능이나 은사가 아니라 고난이 나를 특별한 관점을 가진 창조물로 재창조한다. 테렌스 E. 프레타임은 고통과 새 창조는 서로 긴밀하게 연결되어 있으며, 새 창조는 하나님의 고통을 절대적으로 필요로 한다고 말한다.[91]

더불어 성도들은 억울한 고난은 나만 겪는 것이 아니라는 것을 알아야 한다.[92] 우리에게는 나와 같은, 나보다 더 큰 고난을 겪고 있는 지체들이 함께하는 공동체가 있다. 고난받는 지체와 공동체는 위로를 가져다준다. 나와 같은 고난을 겪는 이들을 교회 공동체에서 만나고 서로 위로하고 공감받는 것만큼 중요한 일은 없다. 언제든 공동체에서 고난과 죄와 수치를 고백하며 정죄와 고발이 아닌 참된 위로와 공감을 받는 것, 신뢰가 쌓이고 관계가 형성되면 때로는 책망과 고발의 말도 들어내는 것 말이다. 하나님 백성의 특권은 '천국의 비밀을 아는 것'이고, 동시에 '그리스도의 고난에 동참하는 것'이다. 이 둘을 동시에 가지고 있는 것이 대리적 고난이다(사 53:4-6). 고로 달란트는 고난으로 해석되어야 한다.

90 Schreiner, T.R., *1, 2 Peter, Jude. NAC* (Nashville: Broadman & Holman Publishers, 2003), 243-244.

91 프레타임, 『구약에 나타난 하나님의 고통』[eBook], 57/73.

92 Forbes, G.W., *1 Peter. EGGNT* (B&H Academic; WORDsearch, 2016), 178-179.

1) 빼앗기고(αἴρω) 쫓겨남(ἐκβάλλω)이 고난이다

인간이 느끼는 고통 가운데 가장 큰 고통은 버림받았다는 감정이다. 그 중에서도 부모나 교회 또는 하나님으로부터 버림받았다고 여겨질 때 인간은 가장 큰 고통을 느끼게 될 것이다. 아담과 하와는 에덴동산에서 쫓겨났다(창 3:24).[93] 달란트 비유에서 한 달란트 받은 종은 한 달란트마저 빼앗기고 쫓겨났다(마 25:29). 이 종뿐만 아니라 모든 인간은 빼앗기고 쫓겨난 인생을 산다. 창세기에서 쫓겨남은 에덴과 언약에서의 '쫓겨남'이다(창 3:24). 신명기의 쫓겨남은 이스라엘 백성이 하나님의 진노로 언약의 땅에서 뽑히고 내던져질 것이라는 예언의 말씀을 받고서 열왕기하에서 성취되는 것이다(신 29:28). 하나님께 심판받은 인생들은 고난을 겪으면서 숨겨진 죄를 깨달거나, 안타깝게도 회개에 이르지 못하면 하나님께 버림받았다는 상처로 피해 의식에 갇히게 된다. 인간은 자신의 죄를 깨닫지 못하고 억울함과 버림받았은 피해 의식에 갇히곤 한다. 이 하나님께 버림받은 것 같은 현실과 상처 자체가 인간에게는 고난이다. 그러나 하나님은 누구도 버리지 않는 분이다.

요셉은 쫓겨난 사람이었다. 형들에게 배신당하고 이방 땅에 종으로 팔려 갔다(창 37:28). 모세도 쫓겨난 사람이었다. 동족을 구하려 했던 그는 충동적 살인을 저지름으로써 광야로 쫓겨났다(출 2:15). 그는 이스라엘 백성들의 출애굽을 위해 누구보다 중요한 역할로 쓰임 받았지만, 가나안에는 들어가지 못하고 추방당하기까지 했다. 한나도 쫓겨난 사람이었다. 임신하지 못했

---

93   롱맨 3세, 『구약 성경의 정수: 창조, 정복, 유배, 그리고 귀환』, 45-46.

던 그녀는 기쁨의 화목제와 가족 잔치에 동참할 수 없었고, 잉태하지 못하는 슬픔으로 홀로 눈물을 흘렸다(삼상 1:7). 다윗은 쫓겨난 사람이었다. 사무엘이 이새의 아들들을 면접할 때, 아버지 이새는 다윗을 부르지도 않았다(삼상 16:11). 다윗은 이새에게 아들이라기보다 종과 같은 대우를 받았다(야곱의 아들들처럼). 또한 사울로 인해 다윗은 공동체와 공동체 예배에 동참하지 못하고 쫓기는 삶을 살았다(삼상 18:17, 21, 25). 다니엘과 세 친구 역시 쫓겨난 사람이었다. 바벨론 포로로 끌려간 다니엘과 세 친구는 당시 예루살렘에 남겨진 사람들의 눈에는 심판을 받아 쫓겨난 사람들로 보였을 것이다. 더구나 다니엘은 말씀대로 내시(환관)가 되었다(왕하 20:18; 사 39:7). 에스겔은 쫓겨난 사람이었다(겔 1:1). 에스겔은 30살이 되면 제사장으로 임직되지만 25살에 이르러 바벨론으로 끌려갔다. 제사장이었지만 제사장의 삶을 살지 못하고, 이방 땅 바벨론으로 쫓겨난 것이다. 바벨론 포로로 잡혀간 백성들은 예배와 성전을 빼앗기고 쫓겨난 사람들이었다. 그들은 약속의 땅 가나안에서 제사장 나라를 세우는 사명에 실패함으로 약속의 땅에서 쫓겨났다. 사도 바울도 쫓겨난 사람이었다. 유대교에서 기독교로 개종한 그는 유대교에서 쫓겨났고 무엇보다 가족들에게조차 버림받았다. 예루살렘 교회와 열두 사도도 박해자였던 사도 바울과 교제하지 않았다. 그를 의심하고 거절했다(행 9:26). 그는 양쪽에 선 모든 이들로부터 쫓겨난 인생이었다.

누구보다 예수님은 자기 백성들에게 쫓겨나셨다. 자기 동족, 자기 백성에게 배신당하고 쫓겨나, 십자가에 못 박혀야 했다. 십자가에 못 박힌 예수님은 하나님 아버지에게도 거절당한다(마 27:46). "나의 하나님, 나의 하나님, 어찌하여 나를 버리셨나이까"라는 말씀은 자신을 거절하면서까지 죄인들을 구원하시는 하나님에 대한 탄원이다. 여기서 하나님의 거절에 대한 예수님의 감정을 엿볼 수 있다. 예수님도 자신에게 맡겨진 고난과 하나님께 버림받았다는 사실로 인해 정죄받고 내적 갈등을 겪어야 했다. 그 어떤 고난보다 하나님께 버림받았다고 느껴질 때 감정적으로 피해 의식이 가장 크게 느껴진다.

베드로는 부당한 고난이 수반하는 다양한 정신적 고통을 표현할 때 'λύπη'(lype)를 사용한다(벧전 2:19). 'λύπη'는 일반적으로 슬픔, 고통(대하 7:10, 히 12:11, 벧전 2:19), 특히 영혼의 슬픔에 사용된다.[94] 마태복음에서 'λύπη'(lype)는 비통의 감정을 표현하는 '근심'으로 번역되어 사용되었다(마 14:9; 17:23; 18:31; 살전 4:13).[95] 신약은 '감정적인 고난'을 표현할 때 이 단어를 사용한 것으로 보인다.

나도 하나님이 나를 돌아보지 않는다고 생각했다. 그가 나를 방치하고 내 버려 두신다는 '감정적 고난'을 겪었다. 2011년 4월 전처가 뇌종양 진단을 받으면서, 전처의 병간호뿐만 아니라 당시 8살, 6살이었던 두 아들의 양육까지 홀로 감당해야 했을 때, 교회는 나에게 사임을 권고했다. 그리고 우리 가정은 사택을 비우고 교회를 떠나야만 했다. 이후 전처는 3년을 더 투병했지만 결국은 하나님의 부르심을 받았다. 당시 나는 교회의 사정도 있었겠지만, 내가 가장 아프고 힘들 때 교회가 나를 버렸다는 피해 의식 때문에 더 가슴이 아팠다. 이따금씩 지금까지도 이 피해 의식이 나를 추적하면서(רדף) 괴롭게 하곤 한다.

---

94   *TDNT*. *Vol*. 4, 320.
95   그루뎀, 『틴데일 신약 주석: 베드로전서』, 94-95.

사별 후, 목회를 재기하기 위해 청빙과 교회 개척 등 여러 방편을 찾았다. 그러나 어느 것도 쉽지 않았다. 청빙은 될 듯 하면서도 열리지 않았다. 교회를 개척해서 시작한 적도 있었지만, 현실적인 어려움에 부딪히고 말았다. 무엇보다도 어린 두 아들의 상태가 좋지 않았다. 수치심으로 얼굴은 어두웠고, 생모의 보살핌과 양육을 받지 못한 여러 결핍에서 비롯된 인격적 상처가 사춘기에 접어들며 뚜렷하게 드러나기 시작했다. 아래 그림은 작은아들이 초등학교 4학년 때 그린 〈가족 자화상〉이다. 이 그림을 볼 때면 마음이 너무 아프고 눈물이 앞을 가린다. 두 아들이 얼마나 힘들었을까를 생각하면 가슴이 너무 아프다. 그동안 전처의 병간호로 지친 나머지 제대로 보살피지 못하고 있었던 어린 두 아들의 상태가 얼마나 심각했는지 이 그림을 보고서야 깨달을 수 있었다.

　이런 심각성을 깨닫지 못하고 필리핀으로 선교를 계획한 적도 있었다.
그러나 하나님께서는 허락하지 않으셨고, 어렵게 받은 청빙도 하나님께서
허락하지 않으셨다. 나는 하나님께 다른 계획이 있을 거라고 믿고 청빙을
거절했다. 그런데 그 후 5년이나 지났지만 아무런 일도 일어나지 않았다.
그리고 하나님이 나를 방치하신다는 생각에 괴롭기만 했다.

　하루하루 배달과 택배 일를 하면서 삶을 유지했다. 이따금씩 목회자가
지녀야 할 자질과 인격이 부족하여 목회에서 쫓겨났다는 자책감과 정죄가
올라올 때마다 감정의 소용돌이에 빠지곤 했다. 전처의 투병과 고난을 감당
하며 믿음을 지키려고 수고하였는데, 결국 나를 지배한 생각은 하나님께 쫓
겨났다는 억울함과 소외감뿐이었다. '하나님께서 나를 돌아보지 않으신다.
내버려두셨다.' 제사장 직분과 아내를 잃은 에스겔을 묵상하며 견뎌 보려고
했지만, 주기적으로 찾아오는 '감정적 고난(고통)'으로 결국은 정신과에서

우울증 약을 처방받기도 했다. 하나님께서 고난을 주신다는 앎과 실제로 고난을 지고서 하루하루를 살아 내는 삶에는 큰 간격이 있었다. 하나님께서 나를 돌아보지 않고 나를 버리신 것 같은 '감정적 고통'은 정말 너무 아팠다. 감정은 시간과 공간의 제한도 받지 않고 괴롭게 했기 때문이다.

창세기 3장 이후, 모든 인간은 하나님과의 관계가 깨어지고, 에덴에서 쫓겨났다는 감정적 지배를 받는다. 노승수는 이 감정을 '핵심 감정'이라고 부른다. 감정은 하나의 세계관으로 작동한다. 예를 들어 두려움이 '핵심 감정'으로 작용하면 하나님을 징계하시는 하나님으로 인식하게 된다.[96] 이러한 인식이 따라오면 하나님을 징계하시는 하나님으로 인식하고, 자신의 연약함을 감추고 숨기는 이차적 고통에 갇히게 된다. 따라서 타락한 감정인 두려움과 수치에 빠진 삶, 그 자체가 주인의 즐거움에 동참하지 못하는 쫓겨난 삶이다. 쫓겨난 삶, 거절과 슬픔, 수치와 소외감으로 주인을 오해하고, 주인의 즐거움에 동참하지 못하는 실존이 우리가 직면하고 깨달아야 할 한 달란트 받은 종과 같은 고난이다. 이런 죄인의 실존을 깨닫고 주인과의 관

---

96 핵심 감정이란 현재에 살아 있는 과거의 감정이며 끊임없이 반복한다. 초기 아동기 경험에 의해서 주로 형성되고 외부 자극에 대해서 일정한 패턴으로 움직이는 마음 상태다. 핵심 감정은 사랑받고 인정받고 싶은 욕구가 좌절되었을 때 주로 일어나며, 자신을 둘러싸고 있는 주변 사람들과의 관계에서 항상 작용한다. … 핵심 감정은 내가 자주 자연스럽지 못하고 걸리는 감정으로 심리적 아킬레스건이며 주로 아동기 때 정서적으로 영향을 많이 준 사람, 특히 부모 관계 속에서 형성되기 쉬우며 핵심 감정과 관련된, 즉 핵심 감정의 뿌리를 중심으로 파생된 감정들이 있고 매순간 작용하며 현재에는 사실이 아님에도 반복되는 가짜며 내가 과거에 만든 감정이며 지금, 여기에서 사는 것을 방해한다. 그러나 핵심 감정에도 건강한 면이 있고 그것이 여태껏 나를 지탱해 온 힘이다. 핵심 감정은 생존하기 위한 몸부림이다. … 모든 사람은 핵심 감정에서 벗어나려고 끊임없이 애를 쓰고 있다; 노승수, 『핵심 감정 탐구: 핵심 감정의 치유와 성화의 길』, 65.

계를 회복하는 것이 초림과 재림 사이, 종말을 살아가는 죄인들에게 구원의
시작이 된다.

주인은 한 달란트 받은 종에게 쫓겨난 영적 실존을 직면하도록 실존적
'쫓겨남과 빼앗김의 심판과 고난'을 허락한다. 고난의 사건은 하나님께서 버
리신 것이 아니다. 김양재는 그의 저서 『뜨겁게 행하라』에서 빼앗김과 쫓겨
남의 심판은 한 달란트 받은 종을 지금이라도 돌아오게 하려는 하나님의 양
육이라고 말한다.[97] 따라서 한 달란트 받은 종에 대한 주인의 심판은 보응적
형벌인 동시에 양육적 고난의 기능을 가진다. 그러므로 끝이 아니라 구원의
시작인 것이다. 그러나 때로 고난은 부작용을 낳는다. 고난을 감당하지 못
하면, 고난을 주신 하나님을 원망하고 수치와 시기로 '왜 나만 이런 고난을
받느냐'라는 피해 의식에 갇히게 된다. 그러나 이것은 감당해야 할 또 다른
감정적 고난일 뿐이다.

그러므로 충성된 종은 자신에게 주어진 고난을 이해하기까지 많은 수고
를 해야 한다. 하나님 백성에게 '쫓겨남의 고난'은 보응적 심판만으로 볼 수
없다. 왜냐하면 쫓겨남에는 요셉, 모세, 한나, 다윗, 다니엘, 에스겔의 경우
처럼 '대리적 고난'의 속성이 포함되기 때문이다. 잉태하지 못한 한나의 고
통과 쫓겨남은 불임과 같은 이스라엘의 현실과 신앙 상태를 표현한 것이
다.[98] 가나안 땅에 입성하지 못한 모세의 쫓겨남은 가나안을 기업으로 받을

---

97 김양재, 『뜨겁게 행하라』(서울: 두란노, 2013), 40.
98 김지찬, 『거룩하신 여호와 앞에 누가 능히 서리요』(서울: 한국성서학연구소, 2003),
    21-24.

자격이 없는 이스라엘을 대신한 고난이었다. 따라서 나의 죄와 악으로 인한 보응적 형벌의 쫓겨남을 겪음과 동시에, 구원을 위해 '대리적 고난'으로 초청받은 부르심의 사명을 감당해야 한다. 이것이 위로이며 회복이다. 결국 자신에게 주어진 고난을 이해하고 자신의 두려움과 수치, 죄를 고백하는 간증으로 복음을 전하는 삶을 살아가야 한다.

한 달란트 받은 종은 자신에게 허락된 고난의 뜻과 목적을 이해하고 적용하지 못했고, 교만으로 주인을 비난하고 정죄함으로써 쫓겨난 죄인임을 자각해야 한다. 이를 자각하면 다시 시작할 수 있다. 대부분의 성도는 좌절과 원망의 과정을 통해 자신에게 찾아온 고난과 그것을 허락하신 하나님을 이해하게 된다. 베드로도 어린 소녀의 고발로 예수님을 부인하는 실패와 좌절을 경험했다(마 26:69-75). 그러나 고난과 수치의 자리에 머무르지 않고 다시 일어나 예루살렘 교회의 지도자가 되었다. 하나님의 긍휼은 크고 깊다. 어느 누구에게도 차별이나 정죄하지 않고 회개와 구원의 기회를 주신다. 하나님께 버림받은 현실과 '감정적 고난'에도 불구하고 하나님의 신실하신 약속을 믿어야 한다.

2) 두려움(φοβέω)과 수치(αἰσχύνω)가 고난이다

토마스 D. 리(Thomas D. Lea)는 성도들은 고난받을 때, 자기 연민, 분노, 우울의 희생양이 되는데, 그 이유는 고난에는 그 자체뿐만 아니라 고난으로 인해 파생된 육체·감정적 긴장감 등이 포함될 수 있기 때문이라고 말한다.[99] 미국의 사회학자인 앨리 러셀 혹실드(Arlie Russell Hochschild)는 감정 노동을 '직업의 요건을 충족시키기 위해 특정한 감정을 드러내는 것'이라고 정의한다.[100] 육체노동만큼 감정 노동도 노동으로서의 강도와 가치를 인정받아야 한다는 것이다. 그런데 감정 노동만 있는 것이 아니라 '감정 고난'도 존재한다. 감정 노동은 급여라도 받지만, '감정 고난'에는 아무런 보상이 없다. 그럼에도 불구하고 다른 어떤 고난보다 질기고 고통스러운 것이 '감정 고난'이다. '감정 고난'은 시공간을 초월하여 찾아오기 때문에 벗어나기도 힘들다. 욥은 자녀를 잃는 고난, 재산을 잃는 고난, 육체의 건강을 잃는 고난을 겪었다.

토마스 D. 리에 의하면 성도는 고난 자체와 더불어 고난에서 파생되는 2차 고난, 즉 육체·감정적 고난을 예상해야 한다고 말한다. '감정 고난'은 다른 고난들과 함께 고난의 범주에 포함되고, 그 어떤 고난보다도 오래 지속되기 때문이다. 아치볼드 하트(Archibald D. Hart)는 그의 책『숨겨진 감정의 회복』에서 "우리 자아가 맞서 싸워야 할 가장 큰 싸움은 바로 감정에 대한 싸움이다"라고 말한다.[101] 그는 많은 사람이 자신을 지배하고 있는 고통스러운 감정이나 마비된 감정에서 벗어나기 위해 노력하지만, 대부분은 부정적인 결과를 맞이할 수밖에 없는 임시방편일 뿐이라고 말한다.[102]

---

99   Lea, T.D., *Hebrews, James. HNTC* (Nashville, TN: Broadman & Holman Publishers, 1999), 346.

100   https://ko.wikipedia.org/wiki/%EA%B0%90%EC%A0%95%EB%85%B8%EB%8F%99

101   아치볼드 하트,『숨겨진 감정의 회복』, 정성준 역 (서울: 두란노, 2005), 15.

102   하트,『숨겨진 감정의 회복』, 7.

창세기 3:10의 "두려워하여"는 히브리어 'ירא'(yare)이고, '두려워하다', '경외하다', '무서워하다'로도 해석된다.[103] 'ירא'의 병행 헬라어는 'φοβέω'(phobeo)로 '두려워하다', '경외하다'를 의미한다.[104] "부끄러워하다"는 히브리어로 'בוש'(boosh)이고, '창백하다', '부끄러워하다', '실망하다', '부끄럽다', '당황하다' 등의 의미도 가지고 있다(창 2:25).[105] 'בוש'의 병행 헬라어 'αἰσχύνω'(아이스퀴네)의 의미는 '(스스로) 수치를 느끼다', '부끄러워하다'이다.[106]

두려움과 수치의 지배

타락하기 전 아담과 그의 아내 하와는 벌거벗었으나 부끄러움(αἰσχύνω)이 없었다(창 2:25). 그러나 하나님의 말씀을 거역하고 죄를 범한 이후, 벌거벗음을 알고 부끄러움, 즉 수치(αἰσχύνω)를 느낀다.[107] 자신의 벗음을 알게 된 아담과 그 아내는 하나님의 낯을 피해 숨는다(κρύπτω)(창 3:8). 전에는 서로의 존재 앞에서 벌거벗은 채로 있어도 어떤 수치심도 느끼지 않았지만, 이제는 자신의 벌거벗음을 신속하게 가리고 하나님을 피해 숨어야만 했다.[108] 타락한 인간의 원초적인 감정인 두려움(φοβέω)과 벌거벗음으로 인한 부끄러움(αἰσχύνω), 즉 수치의 감정에 지배받게 된 것이다. 이처럼 두려움과 수치라는 감정의 지배를 받는 것이 '감정 고난'이다.

---

103   Fuhs, H.F., "ירא", TDOT. Vol. 6, 290–315.

104   Thayer, J.H., A Greek-English lexicon of the New Testament: being Grimm's Wilke's Clavis Novi Testamenti (New York: Harper & Brothers, 1889), 655–656.

105   Seebass, H., "בוש", TDOT. Vol. 2, 52.

106   Bultmann, R., "αἰσχύνω, ἐπαισχύνω, καταισχύνω, αἰσχύνη, αἰσχρός, αἰσχρότης", TDNT. 1권, 189.

107   김영진, 『옥스퍼드 원어 성경대전 창세기 제1~11장』, 232.

108   롱맨 3세, 『구약 성경의 정수: 창조, 정복, 유배, 그리고 귀환』, 44.

아담과 하와는 서로에게 자신의 부끄러움을 숨기기 위해 덮을 거리를 찾아야만 했다. 이제 부부 관계에서도 온전히 자신의 연약함을 드러내지도 못하게 되었다. 벌거벗었다는 것은 단순히 육체적 영역에서만이 아니라 심리, 정서, 영적 영역까지를 의미하며, 이것은 정죄와 비난의 조건이 되기 때문이다. 죄는 하나님과 인간의 관계를 소원하게 만들었고, 사람들과의 관계까지 파괴했다.[109] 김양재 목사는 그의 저서『보시기에 좋았더라』에서 "가장 엄중한 형벌은 수치와 두려움을 느끼는 것이다"라고 말한다.[110] 타락한 인간은 두려움과 부끄러움에서 벗어나기 위해 끊임없이 몸부림친다. 그 몸부림 중한 가지가 중독이다. 인간의 모든 중독은 삶의 고통을 극복하기 위한 몸부림이다. 자기 자신을 부족하고 열등하며 불완전한 사람이라고 여기는 억눌린 생각에서 벗어나기 위해, 약물, 알코올, 성관계, 도박 등에 몰입하는 것이다. 하지만 이것들은 더 깊은 수치심을 느끼게 한다. 자각하지 못한 수치심과 해결되지 않은 갈등이 많을수록 중독을 통해 정신적으로 회피하고 도피하려는 욕구가 더욱 강해진다. 그리고 결국은 회피와 두려움으로 무너지게 된다. 아치볼드 하트는 "감정은 하나님이 주신 축복이지만 감정을 어떻게 다스리고 조절해야 하는지 이해하지 못해 갈등하고 있다. 부정적인 감정에 대해 특히 그렇다"라고 말한다.[111]

아담과 하와는 범죄 후 두 영역의 관계에서 수치심을 느낀다. 첫째, '사람이 나를 어떻게 생각할까?' 하는 대인 관계에서의 수치심이고, 둘째, '하나

롱맨 3세, 『구약 성경의 정수: 창조, 정복, 유배, 그리고 귀환』, 47.

김양재, 『보시기에 좋았더라』, 208

하트, 『숨겨진 감정의 회복』, 6.

님이 나를 어떻게 생각할까?' 하는 대신 관계에서의 수치심이다.[112] 나무 뒤로 숨게 만든 두려움은 수치스러운 자신에 대한 거절감에서 비롯된 감정이다.[113] 하나님을 떠나서 하나님과 분리된 고통의 감정이 수치심이다. 두려움과 수치의 감정은 하나님을 거역한 결과이기 때문에 이것을 벗어나는 길은 오직 회개, 즉 하나님께 돌아가는 것뿐이다. 두려움이 하나님을 향하면 경외하는 감정으로 하나님 앞에 나아가게 된다. 반대로 하나님을 향한 경외로 나아가지 못한 감정은 그저 두려움으로만 남을 뿐이다.

감정의 풍선 효과

'종로에서 뺨을 맞고 한강에 눈 흘긴다'라는 속담이 있다. 사람은 종로에서 뺨을 맞은 수치와 분노를 누군가에게, 그리고 어디에선가라도 쏟아 놓으려고 하는 본능을 지니고 있음을 보여 주는 말이다. 이것을 깨닫지 못하면 우리는 종종 또는 자주 감정의 풍선 효과를 경험할 수밖에 없다. 그러므로 무엇보다 좋은 감정을 품는 것이 중요하다. 사람은 좋은 시간과 감정으로 살아갈 힘을 얻는다. 좋지 않은 상황과 감정에 많은 시간 노출되는 것을 '감정 고난'이라고 말한다. 예를 들어 부모의 부부싸움은 자녀로 하여금 분노와 수치심에 빠지게 하는 가장 부정적인 환경 중 하나라고 할 수 있다. 자녀가 반복적으로 분노와 수치의 감정에 노출되게 하기 때문이다.

---

112 방성규, "수치심과 죄책감에 대한 목회 상담학적 고찰", 「박사학위논문」, (웨스트민스터신학대학원대학교, 2013), 48.

113 Edward T. Welch, *When People are Big and God is Small* (Phillipsburg, New Jersey: P&R Publishing, 1997), 24-25; 방성규, "수치심과 죄책감에 대한 목회 상담학적 고찰", 48에서 재인용.

이처럼 인간의 모든 상황과 환경, 선택과 결정은 감정과 분리되는 것이 불가능하다.[114] 그런데 죄인인 인간의 원초적인 감정은 두려움과 수치심이고, 이 두려움과 수치심이 인간을 지배한다. 또한 감정은 하나의 감정으로 독립하여 존재하지 않는다. 하나의 감정은 또 다른 감정으로 이어지고 연결된다. 즉, 부정적 감정이 확대되고 재생산되는 것이다. 아치볼드 하트는 이를 '감정 연쇄 반응'(emotional chaining)이라고 부른다.[115]

수치심에 지배당하는 사람

(내 기억에 의하면) 오래 전 내가 섬겼던 교회의 담임목사님은 전처의 투병으로 흔들리던 나에게 "하나님께서 김 목사가 목회를 못 하게 하려고 사모가 병에 걸리게 하신 것 같다"라고 했었다. 그러면서 본인이 목회하는 교회의 부목사 사모가 병에 걸리고 죽게 된 것이 너무 부끄럽고 수치스럽다는 말까지 했다. 전처의 투병으로 수치심을 느끼고 있던 나에게 그의 말 한마디는 "너는 수치스러운 존재다"라고 낙인을 찍는 것과 같았다. 나는 전처의 투병으로 수치를 느꼈고, 담임목사님에게도 수치스러운 존재가 되었다. 그분은 자신의 40년 목회 사역의 수치인 나와 아내를 감추고 싶었을 것이다. 그 자리에서 나는 아무 말도 하지 못했지만, '아프고 죽어 가는 사람에게 이렇게 말해야 하나'라는 원망과 정죄, 미움과 올라오는 분노를 참지 못하고 홀로 욕을 하면서 감정을 폭발시켰다. 그리고 나면 용서하지 못한 나 자신을 자책하고 정죄하며 우울함에 빠지기를 반복했다. 계속해서 확대되고 재생산되는 '감정 연쇄 반응'으로 나는 더 많은 '감정 고난'을 겪어야만 했다.

---

114   김경일, 『적정한 삶』 (서울: 진성북스, 2021), 21.
115   하트, 『숨겨진 감정의 회복』, 53.

두려움과 두려움의 갈등

두려움으로 인해 얼마나 인간이 고통을 받는지, 성경은 두려워하지 말라고 끊임없이 격려한다. 성경은 하나님을 떠난 인간이 두려움과 수치에서 벗어나고자 몸부림치는 이야기이기도 하다. 아치볼드 하트는 그의 책『숨겨진 감정의 회복』에서 "점점 더 많은 사람이 고통스러운 감정을 극복하기 위해 각종 물질 중독과 행위 중독에 시달리는 시대"라고 말한다.[116]

하루는 J 집사님과 통화하다가 아들의 양육에 관한 문제로 대화가 이어졌다. 집사님의 중학생 아들이 중간고사를 앞두고 당분간 주일 예배에 참석하지 않고 학원을 가겠다고 통보했다고 한다. 집사님은 성적도 중요하지만, 구원을 우선순위에 두어야 한다고 말해 주었지만, 이를 받아들이지 못한 아들과 결국 언쟁을 하게 되었다고 하소연했다. 나는 집사님과 통화하면서 중학생 아들의 두려움에 먼저 공감해 줄 것을 제안했다. 왜냐하면 이 갈등이 겉으로 보기에는 '신앙이냐 성적이냐'를 가리는 우선순위의 문제인 것처럼 보이지만, 내가 보기에는 아들의 두려움과 아버지의 두려움이 만난 갈등의 문제로 보였기 때문이다. 누군가는 아버지의 반응이 옳아 보일 것이고, 누군가는 아들의 반응이 옳아 보일 것이다. 그러나 이것은 두려움과 두려움의 갈등이다. 중학생 아들은 자신의 진로와 성적에 대한 두려움으로 예배보다 학원을 선택한 것이고, 아버지는 아들의 구원과 신앙이 무너지게 될 것이 두려운 것이다. 나는 아버지와 아들이 서로의 두려움을 고백하고, 서로 공감하며 하나님을 의지하는 시간이 필요하다고 말씀드렸다.

---

116 하트, 『숨겨진 감정의 회복』, 7.

구약에서 사랑(ἀγάπη; אהב)은 두려움(ירא; φοβέω)과 반대되는 감정이다.[117] 루즈는 그의 주석에서 한 달란트 받은 종에 대한 주인의 평가는 두려움이 많은 종을 의미한다고 말한다.[118] 한 달란트 받은 종의 동력은 두려움이다. 다섯 달란트와 두 달란트를 받은 종은 주인을 기쁘게 하려는 충성심으로 장사를 하지만, 한 달란트 받은 종은 두려움의 통제를 받았기 때문에 땅을 파고 감춘다(마 25:25).[119] 의학박사인 티머시 R. 제닝스는 그의 저서 『뇌 하나님 설계의 비밀』에서 "두려움은 우리의 판단력을 흐려 놓고 이상을 마비시킨다. 그리하여 우리를 이기심의 길로 데려간다"라고 말한다.[120] 그에 의하면 임신부의 두려움은 태아의 뇌세포 성장에 심각한 영향을 미친다.[121] 안타까운 것은 산모의 두려움과 불안에 영향을 받은 태아들은 다른 아이들에게 비해 불안과 두려움이 높은 상태로 태어난다는 사실이다. 우리의 생각보다 훨씬 더 많이, 훨씬 더 충격적으로 두려움의 영향을 받는다.

감정은 언제나 현재로 존재한다
따라서 상한 감정에 지배당하면 현재를 살아낼 수 없다

아치볼드 하트는 "감정은 상태로 존재한다"라고 말한다.[122] 감정은 언제나 현재로 존재한다. 감정은 과거나 미래로 존재하지 않는다. 지난 과거의 억울함과 슬픔은 지나갔지만, 감정은 존재한다. 아직 일어나지 않은 미래의

---

117   *TDNT. Vol.* 1, 28.

118   Luz, *Matthew 21-28*, 252.

119   데이비드 터너, 『BECNT 마태복음』, 배용덕 역 (서울: 부흥과개혁사, 2014), 777.

120   티머시 R. 제닝스, 『뇌 하나님 설계의 비밀』, 윤종석 역 (서울: 도서출판CUP, 2015), 74.

121   제닝스, 『뇌 하나님 설계의 비밀』, 76–77.

122   하트, 『숨겨진 감정의 회복』, 50.

일은 현재 존재하지 않지만, 그것은 상상하면 나타나는 두려움, 혹은 설렘과 같은 감정은 지금 존재한다.[123] 감정은 현재로 존재할 뿐이다. 기억은 흐려져도 감정은 남는다. 학창 시절 당한 학교 폭력을 생각하면 분노와 수치심이 올라오는 것 역시 같은 원리이다. 아내들이 오래 전에 지난 사건으로 남편들을 힐난하는 것도 감정은 현재에 남아 있기 때문이다. 남성들보다 감성이 발달한 여성들은 '감정 고난'이 많다. 반면 그렇기 때문에 여성들은 감정을 처리하는 것에 익숙하고, 감정을 잘 직면하고 해소하는 편인 것 같다. 그러나 그에 비해 남성들은 감정 처리에 미숙하고 자신의 감정을 잘 알아채지도 못하고 직면하지 못하는 경우가 많은 것 같다. 어찌되었거나 남성이든 여성이든 자신의 수치스러운 기억과 감정을 숨기는 것은 매우 위험하다. 술과 담배, 음란과 폭력으로 숨기고, 성공과 성취, 능력으로 숨긴다고 감정이 사라지는 것은 아니기 때문이다. 감정은 상처받은 자를 끝까지 추적하며 (רדף: raw-daf) 괴롭힌다.

나는 현재를 살아 내지 못하는 고통에 갇혀 있다. 나의 감정은 전처에게 뇌종양이 발생했던 2011년 4월에 갇혀 있는 것 같다. 이미 10년이나 지났는데도 말이다. 그때의 두려움과 분노, 그리고 억울함에 갇혀 있다. 가장 두려웠던 것은 뇌종양으로 서서히 온몸의 자율신경계가 죽어 가는 전처의 얼굴을 보는 것이었다. 질식할 것처럼 얼굴이 붉어지며 가쁜 숨을 몰아쉬는 아내를 보는 것이 너무 힘들고 두려웠다. 아내의 죽음이 나의 죽음처럼 느껴졌고 그저 모든 것이 두렵고 고통스럽기만 했다. 문제는 시간이 이렇게나 흘렀는데도 나는 여전히 2011년을 사는 것 같다는 것이다. 이것은 잔인한

---

123   김경일, 『적절한 삶』, 46.

감옥이다. 감정의 감옥에서 벗어나기 위한 노력으로, 갇힌 감정을 분별하고 분리하려는 수고도 하고 있다. 수치심을 건강하게 쏟아 놓는 것도 연습하고 있다. 감정에 갇힌 사람들, 특히 피해 의식이라는 감정에 갇힌 사람들은 본인이 가장 고통스럽다. 피해 의식은 자기학대적이기 때문이다. 아내에게 미안하다. 재혼하고 부부가 되었는데도 내 감정의 한편은 2011년에 갇혀 있으니, 이런 나를 받아 주는 게 쉽지 않을 것이다. 그러나 아내의 도움으로 현재를 살아 내고 있다. 하나님에게 쫓겨났다는 억울함이나 소외의 감정에서 벗어날 수 있도록 치유와 회복의 자유를 주시기를 기도한다.

안타까운 사실은 우리나라, 우리 민족이 아직도 19세기 민족의 감정에 갇혀 있는 것이다. 어떤 사람들은 20세기 초, 어떤 사람들은 1980년에 갇혀 있다. 역사적으로도 우리는 너무 많은 아픔을 겪어야 했지만, '원수를 사랑하라'고 명령하신 말씀을 감당하지 못하면, 우리는 상한 감정과 피해 의식의 노예가 된다. 자신이 욕망과 상한 감정의 노예라는 것을 깨닫지 못하면 치유와 회복이 시작될 수 없다. 결국 이것은 하나님 나라의 현재와 미래, 그리고 사명을 살아낼 수 없게 만든다. 이런 사람들이 권력을 차지하는 민족에게 미래는 없다.

하재성은 여성들에게는 자신을 우울증으로 끌고 가는 습관이 있다고 말한다.[124] 하재성이 말하는 자신을 우울증으로 끌고 가는 습관이란 부정적 사건을 되새김질(rumination)하는 것이다. 즉, 부정적 사건에서 기인한 슬프거나 우울한 감정을 되새김질하면서 심각한 우울증을 앓게 되고, 과거의 감정

---

124 하재성, 『우울증, 슬픔과 함께 온 하나님의 선물』(서울: 이레서원, 2014), 45.

에 갇힌 채 현재를 살아 내지 못하게 하는 것이다. 그에게는 과거나 현재, 미래는 사라지고, 오직 과거의 부정적 감정만 남는다. 스스로 우울한 감정의 감옥에 갇혀 그 감옥을 견고히 만든다. 그러므로 하나님의 치유와 회복은 과거를 포함하여, 현재와 미래까지 이어진다. 과거의 사건과 감정을 치유하지 못한다면 현재의 회복도 없다.

인간과 감정에 대한 이해

기독교 신앙의 핵심을 이해하고, 이해된 복음을 자기 삶에 구체화하기 위해서는 죄인인 자신을 아는 이해가 필요하다. 그러기 위해서는 믿음과 은혜의 수단을 통하여 우리 삶에서 죄의 세력을 끊어내고, 지속적으로 은혜의 지배로 들어가야 한다.[125] 다시 말해, 기독교 신앙의 핵심을 이해하기 위해서는 죄인인 인간과 숨겨진 죄와 수치, 고난이라는 메커니즘에 대한 이해가 선행되어야 한다. 그중 한 가지가 두려움과 수치에 대한 이해이다. 두려움과 수치의 감정이 고난인 이유는 사람을 움직이는 주요한 요인이 감정이기 때문이다.[126]

노승수는 그의 저서에서 '핵심 감정'(nuclear feeling)에 대한 개념을 정의한다. 그에 의하면 '핵심 감정'은 "한 사람의 행동과 사고와 정서를 지배하는 중심 감정이며, 타자와의 관계에서 끊임없이 반복된다"라고 말한다.[127] 즉, 인간을 움직이는 것은 감정인데, 그 감정은 하나가 아니며 복잡한 여러 감

---

125 노승수, 『핵심 감정 탐구: 핵심 감정의 치유와 성화의 길』, 47.

126 심리학자 김경일은 사람을 움직이는 것이 감정이라고 말한다. 김경일, 『적정한 삶』, 21.

127 노승수, 『핵심 감정 탐구』, 29.

정이 존재한다. 그리고 그 여러 감정 가운데 주도적인 역할을 하는 감정이 바로 '핵심 감정'이다.[128] 노승수는 대표적인 12가지 '핵심 감정'을 부담감, 그리움, 경쟁심, 억울함, 불안, 두려움, 열등감, 슬픔, 무기력, 허무, 소외, 분노로 정리한다.[129] 감정은 하나의 세계관으로 존재하고 작동하는데, 놀라운 것은 감정이 사람과 사건, 하나님을 이해하는 데까지 영향을 끼친다는 것이다. 예를 들어, 이 감정들은 사건뿐만 아니라 사람이나 하나님까지 왜곡해서 인식하게 만드는데, 두려움이라는 '핵심 감정'에 매인 사람은 하나님을 징벌하시는 하나님으로 인식하게 된다.[130] 이처럼 감정은 인간이 인식하지 못하는 순간순간마다 인간을 움직이고, 왜곡된 관점으로 사물이나 사건, 하나님을 인식하게 만들며, 자신의 관점과 이해에 갇히게 만든다. 그러므로 노승수는 자신의 '핵심 감정'을 찾고, 그것을 이해하고, 그것으로부터 자유하려는 노력이 필요하다고 말한다.[131]

브레네 브라운(Brene Brown)은 그의 저서 『대담하게 맞서기』에서 수치심을 경험 후에 가장 위험한 태도는 그것을 감추거나 묻어버리는 것이라고 말한다.[132] 이러한 태도는 수치심을 자살로 이어지게 한다. 자살은 감추고 숨기기 위한 가장 극단적인 방법이기 때문이다. 자살은 자신의 존재를 사라지게 함으로써 타인의 시선에서 벗어나고자 하는 심리에 기인한 최후의 수단이

---

128   노승수, 『핵심 감정 탐구』, 36.

129   노승수, 『핵심 감정 탐구』, 48-49.

130   노승수, 『핵심 감정 탐구』, 65.

131   노승수, 『핵심 감정 탐구』, 196-197.

132   브레네 브라운, 『(완벽을 강요하는 세상의 틀에) 대담하게 맞서기』, 최완규 역 (서울: 명진출판사, 2013), 72.

다.[133] 그러므로 숨기기와 감춤을 멈추는 것이 치유의 시작이고, 죄와 수치심을 드러내는 고통을 감수하는 것이 치유의 과정이다.[134] 아담과 아내 하와가 범죄하였을 때 보였던 반응은 죄로 인한 두려움과 수치심을 느끼며 숨기고 숨는 것이었다(창 3:7-10). 자신들의 몸을 나무 사이에 숨기고, 무화과나무 잎으로 숨기는 것, 이것이 수치심에 대한 죄인의 반응이다. 이후 아담의 자손은 죄를 지으면 언제나 자신의 죄를 감춘다. 그런데 이 감추어진 죄를 드러냄, 다시 말해 사실대로 고백하는 것이 회개이다. 요한복음 4장 우물가 여인에게 예수님은 남편을 불러 오라고 하셨고, 우물가 여인은 자신에게 남편이 없다고 고백한다(17절). 결혼을 다섯 번이나 했다는 자신의 죄와 실패한 치부를 예수님께 숨기지 않은 것이다. 그러나 한 달란트 받은 종은 땅을 파고 자신의 달란트를 감춘다.

내 두 아들은 생모의 투병과 재혼 후 나와 아내의 잦은 부부싸움을 지켜보며 부정적인 감정과 상황에 많이 노출되었다. 언젠가 두 아들에게 진심으로 사과하며 그때의 감정을 물어보았는데, 작은아들은 "죽이고 싶었다"라고 대답했다. 나는 정말 미안하다며 용서를 구하고 또 구했다. 그렇게 우리 부부는 회개의 눈물을 많이 흘렸다. 이후, 나는 두 아들에게 좋은 기억과 감정을 만들어주려고 노력하고 있다. 고난과 수치가 별것 아니라는 말도 종종 해 준다. "별것 아니다. 별것 아니다"라고 말이다. 그리고 아들과 함께 1 대 1 자전거 여행을 가기도 한다. 특별한 것은 없다. 그냥 양평에서부터 용인

---

133 Wurmser, L., "Shame", *The encyclopedia of Christianity*. 4권. (Grand Rapids, Mich.; Leiden, Netherlands: Wm. B. Eerdmans; Brill, 2005), 940.

134 M. 스캇 펙, 『아직도 가야할 길』, 신승철 이종만 역 (서울: 열음사, 2007), 21-22.

집까지 1박 2일 동안 자전거를 타는 것이다. 자전거를 타다가 쉬고, 맛있는 것도 먹고, 호텔에 들어가서 함께 잠을 잔다. 일정을 마치고 돌아오면 아내가 "아이들의 얼굴과 표정이 많이 좋아졌다"라고 격려해 준다. 그러고 나면 조금이라도 아들들에게 좋은 감정을 만들어 준 것 같아 위로가 된다. 부모의 부부싸움은 자녀로 하여금 분노와 수치심에 빠지게 한다.

3) 감추고 숨는 것이 고난이다

인간의 역사는 감추고 숨김의 역사이다. 더 잘 감추고 더 잘 숨는 기술, 곧 문명이다. 인간의 역사는 두려움(φοβέω)과 벌거벗은(עָרוֹם(erom); γυμνός (gymnos)) 수치(αἰσχύνω; בּוֹשׁ)를 감추고(κρύπτω) 숨기기(κρύπτω) 위한 수고의 연속이었다.[135] 여기서 헬라어 'κρύπτω'(감춤)가 창조자와 피조물 사이의 본질적인 구별을 나타내는 의미로 사용된다는 점이 중요하다.[136] 첫째, 구약은 하나님의 편재성과 전지하심을 강조하며, 하나님께는 아무것도 숨겨져 있지 않다는 것을 강조할 때 'κρύπτω'를 사용한다.[137] 둘째, 반대로 죄인인 인간은 하나님을 피한다.[138] 자신의 죄를 깨달은 아담은 하나님을 피하고자 자신을 숨겼다(창 3:8, 10).[139]

창세기 3:8의 '두려움(φοβέω)과 숨는(κρύπτω)' 패턴과 달란트 비유(마

135　Wagner, S., "חָבָא", TDOT. Vol. 4, 165–166.

136　TDNT. Vol. 3, 967.

137　TDNT. Vol. 3, 967.

138　TDNT. Vol. 3, 968.

139　TDNT. Vol. 3, 968.

25:14-30)의 '두려움(φοβέω)과 감춤(κρύπτω)' 패턴에 대해 살펴보자(마 25:18, 25). 달란트 비유에서 숨기는(κρύπτω) 것은 '달란트'이고, 창세기에서 아담과 하와가 숨기는(κρύπτω) 것은 자신들의 '벌거벗음(עָרֹם)'이다(창 3:10). 나는 창세기 3장과 달란트 비유에서 이 모티브를 발견하면서 달란트 비유의 감추어진 비밀을 깨닫고 확신하게 되었다.

성경에서 '감춤'(κρύπτω)과 관련된 기사는 두 가지이다. 그것은 '계시'가 아니면, '죄'와 '도적질한 물건'에 관한 기사다. 첫째, 하나님의 감춤은 계시의 영역으로, 감추어진 계시와 언약은 하나님께 속한 것이고, 나타난(성취된) 영역은 하나님 백성이 행해야 할 말씀이다(신 29:29 "감추어진 일은 우리 하나님 여호와께 속하였거니와 나타난 일은 영원히 우리와 우리 자손에게 속하였나니 이는 우리에게 이 율법의 모든 말씀을 행하게 하심이니라"). 잠언 2:4은 "은을 구하는 것 같이 그것을 구하며 감추어진 보배를 찾는 것 같이 그것을 찾으면 여호와 경외하기를 깨달으며 하나님을 알게 되리니"라고 말씀한다. 아들에게 찾으라고 권면하는 감추어진 보배는 '계명', '지혜', '명철', '지식'으로 하나님을 알고, 하나님을 경외하게 된다.

둘째, 사람의 '감춤'(κρύπτω)은 죄와 도적질한 물건에서 나타난다. 여호수아 7:19에서 여호수아가 아간에게 간곡하게 청하는 것은 죄를 더 이상 감추지 않고 자복하는 것이다. 아간은 '땅 속에 감추어 둔' 재물과 죄를 자백한다(수 7:21). 엘리사의 종 게하시는 나아만에게 받은 물건(왕하 5:24)과 나병 환자들과 함께 아람 진영에서 약탈한 은과 금과 의복을 감춘다(왕하 7:8). 사도행전에서는 아나니아가 성령을 속이고 땅을 판 땅 값 가운데 얼마를 감춘다(행 5:3). 내가 지적하려는 것은 달란트 비유에서 한 달란트 받은 종의 '땅을 파고 감추는' 행위는 아간이 '땅에 감추는' 행위와 겹친다는(Overlap) 것이다. 그러므로 성경에서 감추어진 보화는 계시의 영역이거나 도적질한 물건이다. 죄를 범한 인간의 '감춤'(κρύπτω)은 죄로 인한 탈취물과 죄, 그리고 수치이다. 이들은 다른 것처럼 보이지만 결국 인간의 감춤은 하나다.

아담과 하와는 하나님의 말씀을 거역하고 죄를 범한 이후, 벌거벗음을 알고 부끄러움, 즉 수치(αἰσχύνω, בוש)를 느낀다. 자신들의 벗음을 알게 된 그들은 수치를 가리기 위해 무화과나무 잎으로 치마(חגרה)를 만들어 가리고 나무 사이에 숨는다. 이처럼 죄로 인한 두려움과 수치에서 벗어나기 위한 인간의 퇴행적 방어 기제는 감추고 숨는 것이다. 그러나 무화과나무 잎으로 만든 치마는 효과적이지 않다. 금세 말라 버리기 때문이다. 아무리 가리고 숨어도 수치에서 벗어날 수 없다. 이를 불쌍히 여기신 하나님께서 아담과 하와에게 가죽옷(כֻּתֹּנֶת, χιτῶνας δερματίνους)을 지어 입히신다(창 3:21). 인간의 수치를 가리기 위해 짐승이 피 흘리고 대신 죽어 가는 것을 아담과 하와에게 보여 주신 것이다. 희생된 짐승의 가죽으로 아담과 하와가 수치를 가린 것처럼 인간은 십자가에서 피 흘리신 예수 그리스도의 의를 옷 입음으로써 수치를 온전히 가릴 수 있다.[140] 이 말은 곧 인간의 노력과 수고로는 자신의 두려움과 수치에서 벗어날 수 없다는 것이다. 하나님의 긍휼과 구원만이 두려움과 수치에서 벗어나는 유일한 방법이다. 이것이 이사야 53장에서 예언된 예수님의 '대리적 고난'이며, 이처럼 교회와 성도들도 타인의 구원을 위해 그리스도의 고난(대리적 고난)에 동참한다.

---

140   김영진, 『옥스퍼드 원어 성경대전 창세기 제1~11장』, 274.

그러나 인간은 끊임없이 자신의 노력과 수고로 두려움을 해결하려 하고, 수치를 감추고 숨기려고 한다. 생존의 두려움에서 벗어나기 위해 열심으로 땀을 흘린다. 이 지나친 노력과 열심의 뿌리는 두려움이다. 영적 수치를 가리기 위한 인간의 특징적 행위는 선행으로 자기의를 쌓는 것이다. 그러나 더 좋은 무화과나무 잎으로 치마를 만드는 것과 같은 이러한 행위는 인간의 헛된 수고인 것을 알아야 한다. "내 무화과나무 잎 치마는 명품이다"라고 자랑해 봐야 무슨 의미가 있겠는가? 자기 눈의 들보(수치)를 숨기기 위해 남의 눈에 있는 티끌(수치)을 비난하고 정죄하는 것이 인간이다. 종교적 열심과 자기의로 영적 벌거벗은 수치를 가리려고 하지만, 거짓 의(義)로는 인간의 수치를 가릴 수 없다. 수많은 부와 학벌, 성취, 외모와 목회, 선행까지 자기의라는 또 다른 무화과나무 잎 치마를 만드는 행위일 뿐, 두려움과 수치심을 벗어나는 데는 아무런 도움이 되지 못하고 곧 말라 버릴 뿐이다. 그러나 역설적이게도 이 무화과나무 잎 치마가 말라 버리는 고난으로 인간은 하나님을 찾게 된다. 그러므로 우리의 무화과나무 잎 치마는 철저하게 말라야 하고, 우리의 수치는 벌거벗겨진 채 고발되고 드러나야 한다.

내게는 엘리야와 사도 바울처럼 열심이 특심인 사람이라는 자랑이 있었다. 그러나 나의 열심은 거짓 열심이었다. 돌아보면 나는 출발부터 잘못되어 있다. 좋은 목사가 되기보다 좋은 남편, 좋은 아버지가 되는 것을 우선시했어야 했는데 그러지 못했다. 내게는 목사 직분과 목회와 목회적 성과가 무화과나무 잎 치마였기 때문이다. 나는 남편으로도, 아버지나 아들로도 살지 않았다. 그저 남자로, 목사로만 살았을 뿐이다.[141] 그렇게 가정과 자녀들

---

141   김성묵, 『남자, 아버지가 되다』, (서울: 두란노, 2017), 18-21.

을 뒤로하고 교회와 목회를 우선시하며 사는 것이 하나님과 사명에 대한 충성이라고 생각했다. 그렇게 사는 것이 얼마나 악한 것인지 깨닫지 못했다. 목사의 직분과 목회의 성과, 그리고 노력과 수고라는 열심으로 만든 자기의가 말라 버리고 나니, 그제서야 나의 수치가 드러났다. 나는 나의 수치스러운 자아와 삶을 직면하는 것은 괴로웠다. 그동안 내가 알고 있던 내 모습보다 더 비참하고 지질했기 때문이다. 나는 성공한 목사라는 욕망을 좇았다. 내가 아내보다 연합했던 욕망과 우상을 분리하는 과정은 바벨론 포로 70년의 세월만큼이나 고통스러웠다. 그러나 그 고통스러운 분리가 시작되고 나서야 아내와의 연합이 시작되었다.

폴 트립은 "고난을 당하면 우리는 화를 내고, 시기심을 표출하고, 불만이 많아지고, 조급해하고, 분노와 의심을 드러내는 경향이 있다. 고난 자체가 우리를 그렇게 만든 것이 아니다. 고난은 단지 우리 안에 있던 것들을 밖으로 끄집어낼 뿐이다"라고 말한다.[142] 고난으로 인해 드러나는 자신의 실존을 직면할 때, 율법의 행위와 자기 열심으로 쌓았던 자기의가 무너진다. 이것이 죄와 수치를 가리던 무화과나무 잎 치마가 말라 버리는 현장이다. 기복적 세계관으로 볼 때 고난은 고통이지만, 성경적 세계관으로 볼 때 고난은 축복이다.

나는 나 자신만 아는, 혹은 나 자신도 모르는 나의 벌거벗은 자아를 직면해야 했다. 겉으로는 전처를 병간호하면서 남편의 자리를 지킨 것처럼 보였겠지만 마음으로는 아내를 버렸다. 전처에게 뇌종양의 전조가 있었을 텐데

---

142   트립, 『고난』[eBook], 122/142.

왜 미리 알고 대응하지 못했을까? 하는 자책도 많이 했다. '…껄 …껄' 하면서 '그때 이랬어야 했는데'가 후렴구였다. 투병 기간이 길어지니 이제 그만 하나님께서 데려가셨으면 좋겠다는 생각도 많이 했다. 전처는 믿음의 사람이니 구원받을 것이고, 투병으로 피차 고생하느니 하나님께서 빨리 데려가시는 게 서로에게 좋을 것이라고 생각했다. 나는 내가 이렇게 쉽게, 이렇게 빨리 아내를 버리고 '나만이라도, 나와 두 아들만이라도 살아야겠다'라고 생각하게 될 줄 몰랐다. 건강을 빼앗기고 대소변조차 가리지 못하는 수치를 감당하며 외로움 속에 죽어 가던 전처를 공감하지 못했다. 껍데기로는 아내와 함께하며 병간호를 했지만, 순간순간 아내를 버렸다. 1년 정도 지나 간병으로 지쳐 있을 때쯤, 교회는 나에게 사임을 권고했다. 많이 외로웠다. 그러나 머잖아 내게 사임을 권고하는 교회나 전처를 버리고 싶었던 나 자신이나 별반 다를 것이 없다는 것을 깨달았다. 나는 가해자였다.

시간이 흘러 재혼을 준비할 때 이번엔 분명 좋은 남편이 될 수 있을 것이라고 생각했다. 한번 아픔과 고난을 겪었으니 잘할 수 있을 것 같았다. 그러나 재혼은 생각하지 못한 새로운 영역의 고난이 기다리고 있었다. 사소한 갈등으로부터 시작한 부부 갈등은 점점 커져만 갔다. 여러 가지 이유가 있었겠지만, 나는 아내를 공감하지 못했고 아내의 미숙한 요리 솜씨와 아이들을 대하는 태도가 불편했다. 후에 내가 아이들에 대한 애착이 유달리 깊었기 때문인 것을 알게 되었지만, 그때는 그것이 문제가 되는지도 몰랐다. 점점 나는 아내를 정죄하고, 아내를 떠나고, 아내를 버렸다. 좋은 목사로서 준비되고 싶었고 좋은 목사로 준비되려고 노력했는데, 목사가 지녀야 할 자질도, 인격도 준비되지 못했다는 것을 인정할 수밖에 없었다.

나는 좋은 목사가 되고 싶었다. 성경도 많이 읽고, 기도도 많이 했다. 일정이 바빠도 한 달에 하루는 시간을 내어 금식했다. 새벽기도 시간에는 가장 늦게까지 남아 기도하는 사람이 되었다. 무엇보다 설교 준비에 많은 시간을 할애하며 열심을 냈다. 그 때문인지 부목사로 섬기면서 성도들의 사랑도 많이 받았다. 그래서 나는 내가 꽤 괜찮은 목사라고 생각했던 것 같다. 그러나 가정의 고난을 겪으며 나의 벌거벗은 실체가 드러났다. 어린 두 아들에게 짜증과 화를 내었고, 병든 아내의 간병은 힘겹기만 했다. 나는 두려움과 수치, 분노로 표정이 일그러졌다. 그때는 이런 증상이 우울증인 것도 몰랐다. 나는 내 생각처럼 괜찮은 목사가 아니었다. 좋은 남편도 아니었고 좋은 아버지도 아니었다. 물론 좋은 아들도 아니었다. 그것을 깨닫지 못하고 있었을 뿐이었다. 나 자신을 속일 만큼, 나는 내가 만든 무화과나무 잎으로 철저하게 숨고 가리고 있었기 때문이다. 이런 나에게 하나님은 고난을 선물로 주셨다.

내가 만든 무화과나무 잎으로 만든 치마는 말라 버렸고 이내 벌거벗은 수치가 드러났다. 하나님께서 나의 벌거벗은 실존을 직면할 기회를 주신 것이다. 벌거벗은 나의 수치를 직면하기까지 전처는 나를 대신하여 고통을 겪어야 했다.

제3장

고난이 상급이다

하나님 백성은 공동체의 유익과 복음 증거를 위해서 그리스도를 배우고 닮아 가며 그분과 연합하기 위해 고난을 받는다.[1] 폴 트립은 "고난은 우리 것이 아니다"라고 말한다.[2] 그는 "고난은 혹독한 고통과 축복의 현장이며, 부르짖음과 진정 어린 찬양의 하모니와 하나님의 부재와 임재가 가장 분명하게 느껴지는 공간"이라고 말한다.[3] 하나님은 고난이 다른 사람들의 삶 속에 구원과 회복과 위로를 위해 사용할 수 있는 도구로 사용되길 원하신다.

1. 주인의 즐거움($\chi\alpha\rho\dot{\alpha}$)에 참여

다섯 달란트와 두 달란트를 남긴 종들에게 주어진 상급은 주인의 즐거움에

---

1 박노식은 고난에 대한 '일반적 이해'를 서술하면서 세 가지를 제시한다: 죄의 결과, 영적 혹은 도덕적 진보를 위한 신적 교육, 그리고 다른 사람을 위한 고난. 박노식, "마가복음의 대속적 고난의 신학적 함의와 그 배경", 191–194.

2 트립, 『고난』[eBook], 133/142.

3 트립, 『고난』[eBook], 136/142.

참여(εἰσέρχομαι)하는 것이다(마 25:21, 23). 이는 한 달란트 받은 종이 빼앗기고 쫓겨난(ἐκβάλλω) 것과 대비된다(마 25:30). 'εἰσέρχομαι'(참여할지어다)의 사전적 의미는 '들어가다', '입장하다'이다.[4] 이 단어는 열 처녀 비유에서 지혜로운 다섯 처녀가 혼인 잔치에 '들어간다'라고 할 때 사용된 단어와 같다(마 25:10). 그러므로 주인의 즐거움에 참여하는 것은 혼인 잔치에 들어가는 (εἰσέρχομαι) 것이며,[5] 예비된 나라의 상속(마 25:34)과 의미를 같이한다. 즉, 구원의 의미이다. 한 달란트 받은 종의 쫓겨남(ἐκβάλλω)은 그 반대의 의미라고 볼 수 있다.

그렇다면 주인의 즐거움(χαρά)은 무엇인가? 그것은 부활 승천 후, 우주의 통치자로 성부 하나님과 함께 누릴 영광,[6] 예수님의 재림과 구원이 완성된 후의 영광이다. 그러나 현재를 살아가는 우리에게 하나님의 통치적, 현재적 관점이 필요하다.

그렇다면 초림과 재림 사이 종말적 관점에서 주의 즐거움은 무엇인가?

현대 그리스어(Modern Greek)[7]에는 'Χαρά'는 '축제', '결혼식'의 의미가 있

---

4 김영진, 『옥스퍼드 원어 성경대전 마태복음 제21~28장』, 411.
5 더글라스 R. A. 헤어, 『현대성서주석 마태복음』, 최재덕 역 (서울: 한국장로교출판사, 1993), 391.
6 김영진, 『옥스퍼드 원어 성경대전 마태복음 제21~28장』, 411.
7 이집트의 그리스 문서 (파피루스, 오스트라카, 비문, 미라 표시 등)에서 찾을 수 있는 모든 그리스어, 라틴어, 이집트어, 히브리어, 아랍어 및 기타 셈족 및 비셈족 인간 이름을 포함하는 이름 책이다. 프리드리히 프레지케. 1922년 하이델베르그.; (Preisigke Namenbuch sv 참조) Moulton, J.H. & Milligan, G., *The vocabulary of the Greek Testament*

다. 'χαρά'가 고유명사화되어 '축제', '결혼식'으로 사용된 것은[8] 마태복음 25장의 문맥적 흐름에도 자연스럽다. 마태복음 25장에서 달란트 비유와 함께 기록된 비유는 열 처녀 비유이고, 열 처녀 비유의 배경은 혼인 잔치다(마 25:10). 다시 말해, 이 본문은 'χαρά'를 중심으로 A-X-A' 구조이다. 그러므로 주인의 즐거움(Χαρά)에 참여하는 것은 혼인 잔치(εἰς τοὺς γάμους), 영생(ζωὴν)과 같은 의미가 된다.

A 마태복음 25:10 혼인잔치(εἰς τοὺς γάμους)

X 마태복음 25:21, 23 즐거움(Χαρά)

A' 마태복음 25:46 영생(ζωὴν)

여기서 가장 주목할 것은 고통 속의 기쁨이다.[9] 야고보는 "내 형제들아 너희가 여러 가지 시험을 당하거든 온전히 기쁘게 여기라"(약 1:2)라고 말한다. '시험'(πειρασμός)이 기쁨의 조건이라는 것이다. '시험'은 하나님의 양육 도구이며 믿음을 증명할 기회를 제공한다. 고통 속에서 기쁨을 얻는 역설적인 생각은 유대교에서 발전되었다.[10] 이는 바벨론 포로기의 영향과 유산으로 보인다. 요한복음에서는 'χαρά'(기쁨)와 'λύπη'(근심)가 충돌하는 것처럼 보이지만, 출산의 고통과 기쁨으로 해석된다(요 16:20-22). '고통 속에서의 기쁨'(joy in suffering)의 모티브는 사도행전에서 '고통에서의 기쁨'(joy at suffering)

(London: Hodder and Stoughton, 1930), 683.

8   שִׂמְחָה can mean "festival"; cf. Dalman, Words, 111; Str-B 1,972-73.; 재인용 Luz, U., *Matthew 21-28: a commentary. HERM,* 257.

9   *TDNT. Vol.* 9, 370.

10 *TDNT. Vol.* 9, 368.

으로 발전한다(행 5:41).[11]

1) 주인의 즐거움(Χαρά)은 죄인의 회개이다[12]

χαρά는 축제적 기쁨으로 제의적 관계에서 사용한다(시 126:5; 사 65:19; 62:5; 습 3:17).[13] 기쁨은 단지 내면에만 있는 것이 아닐 뿐더러, 무엇보다 축제의 기쁨으로 공유하는 것이 중요하다. χαρά는 복음서에서 '잃어버린 것을 찾은 기쁨'(눅 15:5-7, 10, 32)과[14] '추수의 기쁨'(요 4:36)으로[15] 표현된다.

누가복음의 돌아온 탕자의 비유에서 집을 나간 작은 아들이 돌아왔을 때, 아버지는 "즐거워하고(εὐφρανθῆναι) 기뻐하는(καὶ χαρῆναι) 것이 마땅하다"라고 말한다(눅 15:32). 누가복음 15:7은 회개할 것 없는 의인보다 죄인 한 사람의 회개가 더 기쁘다(χαρά)고 말한다. 잃은 양 비유에서는 잃은 양 하나를 찾은 것을 기뻐하는 주인의 즐거움을 볼 수 있다(마 18:13). 따라서 주인의 즐거움은 죄인의 회개와 깊게 연관되어 있다(마 18:13; 눅 15:10, 32). 에스겔서에서도 회개에 대한 하나님의 기쁨(חפץ)을 확인할 수 있다(겔 18:23, 32; 33:11). חפץ(hapets)의 사전적 의미는 '즐거워하다', '기쁨을 취하다', '희망하다', '만족하다'[16]이다. 즉, 주인이신 하나님 아버지의 기쁨은 악인이 회개하

---

11 TDNT. Vol. 9, 368.
12 TDNT. Vol. 9, 367.
13 TDNT. Vol. 9, 363.
14 TDNT. Vol. 9, 367.
15 TDNT. Vol. 9, 370.
16 Jenni, E. & Westermann, C., TLOT. (Peabody, MA: Hendrickson Publishers, 1997), 466.

고 돌이키는 것이다.

그러나 하나님 백성이 주인의 기쁨에 동참하는 것은 쉽지 않다. 탕자 비유에서 큰아들은 집 나갔던 작은아들을 되찾은 아버지의 기쁨에 동참하기를 요청받지만, 큰아들은 아버지의 기쁨에 동참하지 못한다(눅 15:32). 오히려 그는 한 달란트 받은 종이 주인을 비난한 것처럼, 자신의 억울함과 부당함을 주장하며 아버지와 동생을 비난하고 정죄한다. 그의 관심은 오로지 자기 몫의 재산과 동생이 탕진한 재산, 그리고 다시 동생과 나누어야 할지도 모를 아버지의 재산에만 있었다.

주인의 즐거움은 죄인의 회개이며, 죄인의 회개에 동참하는 것이 상급이다. 적극적으로 확대하면 내 원수의 회개와 구원을 기뻐하는 것이다. 한번 더 확대하면 내 원수의 회개와 구원을 위해 내가 '대리적 고난'으로 수고하는 것이다. 요나는 원수인 니느웨의 회개와 구원에 쓰임 받는 것을 기뻐하지 못했고, 주의 기쁨에 동참할 수도 없었다(욘 4:1-4). 그럼에도 불구하고 이것은 상급이다. 어떤 자들에게는 상급이 시시하게 느껴질 수 있지만 말이다.

이사야 53장은 죄인의 구속을 위해 여호와의 종이 대리적 고난을 감당할 것을 예언한다. 죄인의 구속을 위해 대리적 고난에 동참하는 것은 하나님 백성에게 상급이다. 이러한 맥락에서 나의 고난이 누군가의 구원의 수단이 될 때, 비록 고난 중이라 할지라도 고난 자체가 위로($\pi\alpha\rho\alpha\kappa\alpha\lambda\acute{\epsilon}\omega$)가 된다. 나의 억울함과 눈물의 간증이 사람들에게 감동과 위로가 되는 것보다 더 큰 위로는 없다. 이것이 고난에 감추인 천국의 기쁨이다(마 5:12). 즉, 최선의

위로는 나의 고난이 누군가의 구원을 위해 쓰임 받는 것이다.[17]

내가 당한 억울한 박해, 나의 눈물과 설움이 어떻게 위로가 될 수 있는가? 가장 큰 위로는 고난이 사라지는 것이 아니라 나의 고난이 누군가의 구원과 회복에 쓰임 받는 것이고, 그럴 때 가장 큰 감격을 누릴 수 있다. 이것이 이사야 53장에서 고난받는 종의 고난이다. 따라서 고난이 상급이 되는 것은 철저하게 구원을 전제로 할 때만 가능한 것이다. 나의 고난으로 원수가 구원받는 것이 상급이다. 바꾸어 말해, 원수의 구원을 위해 내가 고난을 받는 것이 하나님 나라의 상급이다. 왜냐하면 예수님께서는 원수인 죄인의 구원을 위해 십자가의 고난을 감당하셨기 때문이다(롬 5:10).

원수는 멀리 있지 않다. 외도한 남편이 원수이고, 외도한 아내가 원수이다. 외도는 가정과 자녀들을 버리는 배신이다.

그러나 나는 외도한 아내, 외도한 남편의 구원을 위해 수고하는 종들을 알고 있다. J 장로님은 가장의 책임을 외면하고 외도와 도박, 무책임으로 가정을 버렸던 자신의 아버지의 구원을 위해 수고했다. J 장로님의 아버지는 노년에 고독사하기 직전에 이르러서야 가족들에게 알려졌고, 가족들은 그의 구원을 위해서 집으로 모셔와 임종을 지켰다.

외도한 배우자의 구원을 위해 수고하는 종들도 있다. 그들은 원수인 남편, 아내, 아버지의 구원을 위해 수고하고, 원수의 회개에 참여하는 기쁨을

---

17   김양재, 『고난이 보석이다』 (서울: 두란노, 2013), 25.

누렸다.

　주인의 즐거움에 동참하기 위해 거창한 것을 해야만 하는 것은 아니다. '지극히 작은 자'의 회개와 구원을 위해 아주 작은 부분에라도 손발을 내미는 동참이 있으면 된다. 나의 작은 수고로 '지극히 작은 자'의 회개와 구원에 참여할 수 있다면, 원수의 회개와 구원을 보는 즐거움에 참여하게 된다. 왜냐하면 그의 회개에 나의 수고가 있기 때문이다. 그러므로 우리의 삶에 성공이라고 할 만한 것이 있다면, 그것은 하나님 아버지의 기쁨에 동참하는 것이다. 주인의 기쁨이 나의 기쁨이 되고, 주인의 기쁨을 위해 수고하는 것이 곧 상급이다. 그러나 주인의 즐거움에 참여하는 것이 쉬운 것만은 아니다. 구원보다 이해관계에 예민하기 때문이다. 탕자의 비유에서 큰아들이 집 나갔던 작은아들을 되찾은 아버지의 기쁨에 동참하지 못한 이유는 동생보다 이해관계가 앞서기 때문이다(눅 15:32). 같은 맥락에서 요나처럼 구원보다 이해관계, 배타적 민족관, 세상의 기득권과 이익, 기복적 가치관이 앞섬으로 인해 주인의 기쁨에 동참할 수 없다면, 그는 '한 달란트 받은 종'이다. 주인의 기쁨에 동참하지 못하는 것은 큰아들처럼 자발적 쫓겨남을 당하는 것과 같기 때문이다.

큰아들의 상급은 동생의 구원을 위해 고난받는 것이다

　세상에 많은 감동적인 장면이 있지만, 죄인이 자신의 죄를 고백하며 회개의 눈물을 흘리는 것만큼 감동적인 장면도 없다. 이 기쁨과 감동에 동참하는 것이 상급이다. 하나님 백성은 이 기쁨과 감동에 고난(대리적 고난)받는 종으로 동참한다. 우리의 고난은 나를 포함하여, 누군가의 구원을 위한 것이다. 그래서 사도 바울은 고난은 구원을 이루는 산통이라고 말한다(갈

4:19; 딤전 2:15).

한나는 매년 남편과 함께 화목제를 드리기 위해 실로의 성막을 찾는다. 하나님의 백성은 예배를 통해 상처가 치유되고 슬픔을 위로받는다. 그런데 한나의 경우, 이 예배의 순간에 그녀의 고통이 가장 크게 확대된다(삼상 1:7). 매년 가족의 화목제를 드릴 때마다 브닌나가 한나를 격분시켰기 때문이다. 한나에게 가장 비참하고 괴로운 순간은 1년에 한 번 하나님께 예배를 드리는 시간이었다. 그럼에도 한나는 매년 실로의 성전과 제사에 참여하면서 브닌나에게 수치를 당한다.

나도 위로받고 상처가 치유되기를 소망하며 예배당을 찾는다. 그런데 예배당에서 예배를 드리는 순간이 가장 비참하고 고통스럽다. 임신하지 못한 한나처럼 나는 목사임에도 강단에 서지 못하고, 그로 인해 빼앗기고 쫓겨난 피해 의식과 시기심으로 격분된다. 아무도 나를 격분시키지 않는데, 내 안에 시기심과 질투와 억울함의 감정이 나를 격분시킨다. 나는 예배 중에 눈물 흘리며 죄를 고백하는 찬양과 간증과 설교가 공감되기보다 부러움과 시기심에 가득한 비판과 정죄만 올라온다. 예배를 섬기는 이들의 작은 실수조차 시기 어린 시선과 입술로 정죄하니, 예배에 온전히 참여할 수 있을 리가 없다. 죽을 지경이다. 마치 조율되지 않은 피아노로 연주하는 찬송가를 한 시간 동안 듣고 있는 기분이다. 예배 시간마다 하나님 나라와 구원보다 이해관계의 세속·기복적 세계관이 작동한다. 나는 나의 가치관이 이토록 구원보다 이해에 예민하게 작동하고 앞설 것이라고는 꿈에도 생각하지 못했다. 이것이 벌거벗은 나의 실존이다.

나에게 가장 가슴 아픈 고난은 예배에 동참하지 못하는 고난이다(한나는 1년에 한 번이었고, 나는 주일마다 겪어야 했다). 나는 부르심을 받은 목사로 섬겼고, 대소변을 못 가리며 투병하는 아내를 간호하며 수고했는데, 지금은 예배에 동참하지 못하고 있다. 이런 내 자신을 지켜보다 보면 '대체 이게 무엇이란 말인가' 하는 원망에 갇힌다. 나는 여전히 종이다. 주인의 즐거움에 초청받아도 동참하지 못하는 병들고 아픈 영혼이다. 교만의 종, 기복의 종, 율법의 종, 시기와 원망의 종으로 남은 고통을 감당해야 한다. 언제까지 이런 감정으로 요동하고 흔들려야 하는가를 부르짖으며 하나님의 개입하심을 간구하지만, 하나님은 여전히 응답이 없으시다. 매주 예배 가운데 이런 감정의 격분이 반복된다. 이 고통이 너무 힘들어서 예배 도중에 예배당을 나온 적도 있다. 세습 교회의 담임목사가 된 30대 아들 목사가 강사로 와서 자신에게 찾아온 고난이 너무 힘들었다고, 너무 큰 고난이었다고 말하는 것을 듣고서 참을 수가 없었다(나는 세습을 문제 삼는 것이 아니다. 그가 세습의 과정과 세습 후, 교회에서 겪은 일을 고난이라고 말한 것이 나를 격분시켰다). 내가 목사가 아니고 목회를 하지 않았다면 이런 '감정 고난'은 겪지 않았을 것이라며 분을 내었다. 이때가 가장 힘이 들었다. 예배에서조차 위로받지 못하니 갈 곳이 없었다. 예배에서는 위로받지 못하는 나를 정죄하고, 이런 나를 위로하지 못하는 설교자를 비난했다. 나는 이렇게 자책과 정죄를 반복하는 지옥을 살았다.

음란과 외도를 즐기던 자들이 죄를 고백하며 회개의 기쁨을 누리고, 아들의 신분으로 주인의 즐거움에 동참하는 것을 볼 때, 차라리 '나도 저들처럼 음란하게 살 걸' 하는 어리석은 생각을 한 적도 있다. 목사로서 충성하고 전처를 병간호하며 남편의 자리를 지켰던 수고를 나의 '의'(義)로 여겼기 때문이다. '나는 저들처럼 죄를 짓지도 않았고, 열심히 목회하며 가정을 지켰는데 이게 뭐냐'를 외치면서 분을 낸다. 이렇게도 나는 자기의를 버리지 못한다. 예배당과 공동체에서는 상처와 시기심으로 쓴 감정만 올라온다. 나의 영혼은 병들었다. 화목제의 기쁨에 동참할 수 없었던 한나처럼 괴롭고 슬프기만 하다. 회개하고 눈물을 흘리기도 했지만, 마치 늪에 빠진 것처럼 감정의 악순환에 갇혀 버렸다. 침묵뿐인 고난의 세월이 10여 년이나 지났다. 하나님의 침묵을 통해 그간 드러나지 않았던 나의 숨겨진 시기와 욕망이 드러나고, 그것을 직면하는 고통이 더해진다.

나는 나의 수치와 고난을 통해 복음이 전파되고 영혼이 살아나는 것을 기대하면서 고난을 견뎠다. 그러나 여전히 목회의 기회는 얻지 못한 채 늙어가고 있다. 이런 나의 고통을 알면서도 방치하듯 내버려두는 주인이 싫다. 도대체 왜 나를 목회로 부른 것인지, 아내는 병들어 죽고 목회의 기회마저 허락되지 않는 처지에 분이 난다. 없는 형편에도 책을 사고, 그 책을 또 읽어내면서 시력마저 망가졌다. 이제는 노안까지 와서 글이 더 잘 보이지 않는다(그 돈으로 맛있는 것이나 사 먹을 걸…). '나도 그 시간에 돈이나 벌었으면, 지금 이렇게 가난하지 않을 것인데' 하는 어리석은 생각과 이제 나이도 50세가 넘었는데 할 줄 아는 것도 없고, 화만 날 뿐이다. 너무도 간절하게 소명을 지키려고 했지만 원망만 남았다. 원망과 분의 감정에 중독되어 죽을 지경인데 이런 나의 고통을 알면서도 내버려두시는 하나님이 정말 싫었다.

이제 나는 내 구원과 회심을 점검하며 살아가고 있다. 이런 감정에 갇혀 살다 보니, '내가 구원은 받았나' 하는 생각도 든다. 더욱이 내가 한 달란트 받은 사람인 것은 너무도 쉽게 인정할 수 있게 되었다. 예전에 스스로 다섯 달란트 받은 종은 아니더라도 두 달란트 정도는 받은 종일 것이라고 생각하며 열심히 살았는데 아니었다. 나는 한 달란트 받은 종이었다. 이것이 나의 회개이자 죄 고백이다. 나는 악하고 게으른 종이다. 목회에서도, 선교에서도 큰 성과를 남기지 못했지만, 나는 이런 고백을 담아 하루하루를 살아 내고 있다. 나의 벌거벗고 지질한 삶을 하나님께서 기뻐하신다는 어쩌면 정신승리처럼 보일지도 모를 생각으로 스스로를 위로하면서 삶을 살아 내고 있다. 하나님은 어리석은 죄인인 나의 회개를 기뻐하신다.

나는 나와 내 가정에 찾아온 고난을 그저 억울하고 불편한 고난이라고만 여겼고, 수치스러워 하며 원망했다. 그러나 이제는 호세아와 같이 음란한 이스라엘을 용서하기 위해 하나님의 고통에 동참하는 고난이라고 여기는 은총을 누리게 되었다. 나는 지금이나 그때나 여전히 세상을 사랑하는 아합 같은 존재인데, 하나님께서는 그런 나와 내 가정을 '대리적 고난'으로 부르셨다. 이 은총과 부르심이 나를 일으켜 세운다. 그리고 평신도의 위치에서 질서에 순복할 힘을 주신다.

2) 주인의 즐거움(χαρά)은 공동체의 회복이다

'שָׂמַח'(sāmaḥ)의 즐거움이 가장 선명하게 사용된 구절은 느헤미야 12:43이다. 이 구절은 바벨론 포로 후, 70년 동안 무너졌던 성벽을 재건하고 성벽 봉헌식을 올린 하나님과 백성들의 즐거움을 'שִׂמְחָה'(simha)와 파생어 'שָׂמַח'(samah)로 표현한다.

"이 날에 무리가 큰 제사를 드리고 심히 즐거워하였으니(וַיִּשְׂמְחוּ) 이는 하나님이 크게 즐거워하게(שָׂמַח) 하셨음이라 부녀와 어린아이도 즐거워하였으므로(שָׂמַח) 예루살렘이 즐거워하는(שָׂמַח) 소리가 멀리 들렸느니라"(느 12:43)에서 구원과 회복으로 인한 종교적 기쁨의 의미로 하나님과 온 백성 부녀와 어린아이까지 즐거워하는 소리가 예루살렘에 충만함을 표현할 때 사용된다.[18] 이는 화목제를 나누는 즐거움이었을 것이다.[19]

느헤미야 12:43에서는 성벽이 재건되고 율법대로 제사장과 레위인의 십일조가 시행되는 언약 공동체를 보는 하나님과 백성의 즐거움이 설명된다. 한 영혼, 한 가정, 한 지역 교회가 세워지는 감격을 보는 것이다. 느헤미야에게는 기도가 응답되고 실현되는 감격이며, 한 영혼이 세워지는 것을 보는 온 공동체의 즐거움이다. 이것은 마태복음 25:1–13과 요한계시록 19:1–10의 혼인 잔치의 즐거움이고, 역사적으로는 열왕기상 8:66의 솔로몬의 성전 봉헌에서의 기쁨이다.[20]

이사야 66:10의 "예루살렘을 사랑하는(אָהַב: ahab) 자들이여 다 그 성읍과 함께 기뻐하라(גִּיל: gil) 다 그 성읍과 함께 즐거워하라(שָׂמַח: samah) 그 성을 위하여 슬퍼하는(אָבַל: abal) 자들이여 다 그 성의 기쁨으로(מָשׂוֹשׂ: masos) 말미암아 그 성과 함께 기뻐하라(שׂוּשׂ: sus)"에서 'שָׂמַח'는 '다른 사람의 기쁨에 참여

---

18 *TDOT*. Vol. 14, 148.

19 Radmacher, E.D., Allen, R.B. & House, H.W., *Nelson's new illustrated Bible commentary*. (Nashville: T. Nelson Publishers, 1999), 599.

20 *TDOT*. Vol. 14, 151.

하는 즐거움'을 요청받는다.[21] 반의어는 '슬픔', '수치', '두려움'을 뜻한다.[22] 이 단어는 시가서를 제외하고는 세속적 문맥에서 거의 등장하지 않는다.[23]

　누가복음 15:23에서 아버지가 큰아들에게 "우리가 먹고 즐기자"라고 청함은 단순히 '먹고 마시고 즐거워함'을 의미하는 것이 아니라 구원과 회복, 그리고 언약 공동체와 연관되어 있다. 출애굽에서 하나님과 이스라엘이 언약식을 맺을 때, '먹고 마심'의 모티브는 출애굽기 24:11의 "그들은 하나님을 뵙고 먹고(אָכַל, ἐσθίω) 마셨더라(שָׁתָה, πίνω)"라고 언급되며, 느헤미야에서 언약의 갱신은 8:12에서 확인되는데, "모든 백성이 곧 가서 먹고(אָכַל) 마시며(שָׁתָה) 나누어 주고 크게 즐거워하니(עָשׂוֹת שִׂמְחָה; καὶ ποιῆσαι εὐφροσύνην) 이는 그들이 그 읽어 들려 준 말을 밝히 앎이라"(느 8:12)에서도 발견된다. 더불어 "크게 즐거워하니(עָשׂוֹת שִׂמְחָה)"는 "and to make great mirth"(asv)로 '큰 즐거움을 만들다'라는 의미이고, 'שִׂמְחָה'의 LXX는 'εὐφραίνω'(euphraino)와 그 파생어가 사용된다.[24] 헬라어 'εὐφραίνω'(euphraino)는 누가복음 15:23, 24, 30, 32에서 아버지가 큰아들을 청할 때 사용되었고 잃은 아들을 찾은 기쁨, 언약 공동체의 회복에서 하나님과 백성의 즐거움을 표현한다.

21　*TDOT*. *Vol.* 14, 145.

22　*TDOT*. *Vol.* 14, 147.

23　*TDOT*. *Vol.* 14, 150.

24　*TDOT*. *Vol.* 14, 143, 157.

3) 주인의 즐거움(χαρά)에 동참하는(εἰσέρχομαι) 것은 종의 신분 상승이다[25]

주인의 즐거움은 주인의 식탁이다.[26] 주인의 식탁에 오른다는 것은 자유를 얻었음을 의미한다.[27] 그는 이제 더 이상 종이 아니다. 가장 크고 합당한 상급은 아들로서 주인의 즐거움에 참여하는 것이다. 양과 염소 비유에서 예비된 나라를 상속받는다는 것은 그 나라의 주인이 되는 것이다.[28] 그래서 정의로운 주인은 충성된 종이 자신의 즐거움에 동참하도록 허락한다. 왜냐하면 참 상급은 자유이기 때문이다. 주인이 굳은 사람이라면 종에게 자유를 허락하지 않을 것이다. 그저 더 많은 달란트를 맡기는 보상으로 충분하다고 여길 것이다. 그러나 좋은 주인은 종을 아들로 삼는다.

반면 노예는 두려움 때문에 일한다(마 25:25). 주인의 즐거움에 참여하는 상급보다, 보상으로 주어지는 더 많은 달란트가 그의 시선을 끈다. 다섯 달란트 받은 종에게 다섯 달란트가 더 주어지는 보상이 그의 시선을 끄는 것처럼, 우리의 시선도 끌린다. 우리가 여전히 종의 보상에 끌리는 이유는 맘몬의 종, 율법의 종, 교만의 종, 감정의 종, 욕망의 종이기 때문이다. 주인의 즐거움이 아니라 종의 보상을 기대하고, 종의 보상으로 감사하는 것은 (믿음처럼 보이지만) 여전히 종의 자리에 머물고 있다는 반증이다. 이런 사람이 '한 달란트 받은 종'이다.

---

25 조경철, 『대한기독교서회 창립 100주년 기념성서주석 마태복음(2)』, 392.
26 헤어, 『마태복음』, 391.
27 조경철, 『대한기독교서회 창립 100주년 기념성서주석 마태복음(2)』, 392.
28 조경철, 『대한기독교서회 창립 100주년 기념성서주석 마태복음(2)』, 392.

베드로는 하나님 백성을 "왕 같은 제사장"이라고 말한다(벧전 2:9). 창세기는 인간이 하나님의 대리자로서 다스리고 정복하는 왕의 신분을 받았다고 말한다(1:28). 그러나 타락 후 인간의 신분은 종으로 추락한다. 예수님은 '종의 신분'으로 오셔서 대리적 고난을 감당하고, 부활하셔서 하늘 보좌에 앉으셨다. 그러므로 상급은 하나님의 대리자로 하나님의 통치를 실현하는 왕의 신분을 회복하는 것을 포함한다. 그러나 왕이신 예수님께서 재림하시기까지 교회와 성도는 왕이 아니라 종의 신분으로 대리적 고난을 감당한다.

타락하기 전에 하나님께서 인간에게 주셨던 복과 타락 이후에 주신 복의 차이점은 '정복(כָּבַשׁ; κατακυριεύω)'과 '다스림(רָדָה; ἄρχω)'이다(창 1:28). 노아에게 주신 복에는 이 정복과 다스림이 빠져 있다(창 9:1). 정복과 다스림은 죄를 정복하고(미 7:19), 하나님의 도(צְדָקָה וּמִשְׁפָּט)로 다스리는(창 18:19) 것이다. 아브라함을 통하여 성취하고자 하신 하나님의 도(צְדָקָה וּמִשְׁפָּט)는 왕의 역할이다. 따라서 하나님의 통치는 죄를 정복하고 다스리는 구원을 포함한다.

죄를 정복하고 다스리는 하나님의 구속 경륜은 보응적 심판이 아니라, 이사야 53장의 '대리적 고난'이다. 하나님의 정의 역시 심판이 아니라, '대리적 고난(십자가)'이다. 예수님은 고난받는 종으로 성육신과 십자가 고난(대리적 고난)을 감당하셨다. 이제 하나님의 백성도 고난받는 종으로 부르심을 받아 예수님과 함께 고난(대리적 고난)을 받는다. 여기서 '이신칭의' 교리가 적용된다. 의롭다 함을 받은 성도는 이제 예수님처럼 '흠 없는' 희생 제물의 자격을 얻었으므로, 타인(원수)의 구원을 위해 고난을 감당할 자격이 있다. 그러므로 성도의 고난은 죄를 정복하고 하나님의 통치에 동참하는 특권이요 영광이다. 즉, '대리적 고난'은 수치가 아니라, 왕의 신분을 회복하고 왕의 역할을 행하는 것이다. 그러나 이것은 왕의 신분으로서가 아니라 종의 신분으로 감당하는 고난을 통해 성취된다. 종의 신분은 죄와 수치, 욕망의 종이라는 실존적 비참함을 자각한 사람만이 가능할 수 있다.

알코올 중독자가 알코올에서 자유를 얻으려면, 무엇보다도 자신이 알코올 중독에 빠져 있다는 사실을 깨달아야 한다. 알코올이나 마약 또는 운동과 같은 것에 중독된 경우는 그나마 자각하기 쉬운 편이다. 반면 피해 의식에 갇힌 사람이 그것에 갇혀 있다는 사실을 깨닫는 것은 상대적으로 어렵다. 왜냐하면 피해 의식에 갇힌 사람은 스스로를 피해 의식이라는 감옥에 가두고 그 감옥을 더욱 견고하게 하기 때문이다. 피해 의식에 갇힌 사람은 자신이 얼마나 큰 피해를 당했고 얼마나 억울한지를 주장한다. 그러나 자신의 억울함이나 피해를 주장하면 할수록 피해 의식의 감옥에 갇히게 된다. 피해 의식에서 벗어나는 가장 강력한 방법은 자신이 피해자인 동시에 가해자라는 사실을 깨닫는 것이다. 우리는 우리의 죄로 인해 아픔과 고통을 받은 사람들 역시 많다는 사실을 깨달아야 한다. 이것이 가해자의 회개라면, 이제는 타인(원수)의 구원을 위해 고난받아야 한다. 이렇듯 예수님의 대리적 고난에 동참하는 그의 고난과 아픔에는 자기연민과 피해 의식이 없다. 오히려 주인의 기쁨에 동참하는 영광으로 기쁨이 충만하다. 이 시대 교회와 성도에게 피해 의식이 많은 것은 대리적 고난을 이해하지도 못하고 살아 내지도 못하기 때문이다.

내게 고난이 찾아왔을 때 처음 10년은 하나님을 원망하지 않고 믿음을 지키며 하나님께서 특별한 계획을 이루시기를 기도했다. 그러나 10여 년의 시간이 지나고 나자 나의 인내가 바닥을 드러냈다. 동료 목사님들의 목회와 사역을 보면서 시기심이 올라왔다. 주일마다 공치사와 시기심이 쓰나미처럼 밀려와 내 모든 생각과 마음을 휩쓸렸다. 이때까지만 해도 나는 고난을 '보응적 고난'과 '훈련과 양육을 목적으로 하는 고난'으로만 이해했다. 하나님은 내가 다다를 수 없는 목표를 정해 놓고 고난과 채찍으로 훈련하는 고약한 교관처럼 느껴졌다. 선후배 목사님들의 목회와 설교를 들을수록 하나님을 향해 올라오는 원망과 분노를 다스릴 수 없어 공동체 생활을 하기가 힘들었다.

이런 나에게 쉼과 안식을 제공해 준 본문이 이사야 52:13-53:12의 대리적 고난이다. 고난에 대한 대리적 고난의 이해와 적용으로 나는 공치사와 정죄, 분노와 피해 의식, 원망을 벗어날 수 있었다. 왜냐하면 대리적 고난은 "왕 같은 제사장"(벧전 2:9)만이 감당할 수 있는 특권이기 때문이다. 나와 내 가정에 찾아온 고난이 보응적 고난이나 훈련과 양육을 위한 고난이 아닌, 많은 생명을 구원하기 위한 예수님의 대리적 고난에 동참하는 것이라는 말보다 더 큰 위로와 쉼을 주는 말은 없다. 깊은 고난을 감당하고 있는 종에게 가장 명확한 위로는 자신의 고난을 대리적 고난으로 여겨 주시는 하나님의 은총이다.

사랑하는 한 친구 목사는 어린 시절 부모님의 이혼 후, 재혼 가정에서 계모에게 양육을 받았다. 그는 어린 나이에 아버지의 상습적인 폭행에 시달리다가 외가에서 자라기도 했다. 그래도 다행히 청소년 시절 친구에게 교회가 도피처가 되어 주었고, 교회에서 양육을 받으며 아버지와 계모를 용서할 수 있었다. 하지만 그는 자신이 받은 고통의 피해 의식에서 완전히 벗어나지는 못했다고 말한다. 시간이 흘러 친구는 개척 교회의 담임목사가 되었고, 섬기던 중 한 복지 기관에서 강의를 하게 되었다. 그는 가해자와 피해자에 대해 강의를 했고 청중들에게 좋은 반응을 얻었다. 이후 그는 나에게 이렇게 말했다. "계모의 편애가 심했는데, 지금 와서 생각해 보니 20대 초반이었던 계모가 시집을 와서 출산하고 전처의 아들이었던 나까지 키우려니 얼마나 힘들었을까" 하는 생각을 했다는 것이다. 그는 "나는 30대에 결혼을 했고 목사로서 많은 양육과 훈련을 받았음에도 불구하고, 아이 셋을 출산하고 양육하는 것이 너무 힘들었는데, 계모는 얼마나 힘들었을까? 하는 생각을 하고 나니 나는 피해자인 동시에 가해자였다는 생각이 들더라"라고 말했다. 이 고백을 하는 동안 친구 목사의 눈에는 눈물이 흘렀고, 이후로 지금까지 언제나처럼 성숙하고 멋진 모습으로 지내고 있다.

탕자 비유에서 돌아온 탕자는 "나를 아들이 아니라 품꾼이나 종으로 봐 달라"라고 입으로 말하지는 않았다. 혼자서 속으로 그렇게 생각했을 뿐이다 (눅 15:18, 19). 그러나 아버지는 종들에게 명하여 제일 좋은 옷을 입히고 손에 가락지를 끼우고 발에는 신을 신겨 주었다(눅 15:18-22). 당시 옷과 반지, 신발은 신분의 상징이었는데, 아버지는 아들의 신분부터 회복시켜 준 것이다. 이처럼 하나님은 인간에게 왕적 신분을 회복시키고 자유를 주고 싶어 하신다. 그러나 인생들은 돈을 원한다. 성공을 원하고 고난의 해결을 원한다. 종은 종의 상급을 원할 뿐이다. 그래서 죄의 종이다.

내 안에는 두려움과 수치심, 그리고 정죄하는 마음이 많다. 그런데 이것을 깨닫기까지 오랜 시간이 걸렸다. 나는 내가 정죄를 많이 하는 사람이라는 사실을 몰랐다. 재혼 후 아내와 부부싸움을 할 때마다 내가 더 옳다며 아내를 정죄하고 싸웠다. 그때 내가 했던 대부분의 말은 아내를 정죄하는 것뿐이었다. 눈을 뜨면 잠자는 순간까지 마음에서 정죄가 이어졌다. 그럼에도 내가 정죄하고 있다는 사실을 몰랐다. 오히려 나의 옳음과 아내의 옳지 못함을 증명하기 위해서 내가 아는 모든 성경 지식과 경험을 총동원하여 논리적으로 반박했다. 그러나 그렇게 해서 돌아온 것은 나의 승리가 아니라 아내의 무시와 반격이었다. 나는 정말 무지하고 악한 남편이었다. 반복된 고통을 겪으면서도 무엇이 문제인지를 파악하지 못했다. 아내와의 갈등을 그저 악순환으로만 여겼고, 벗어나려고 해도 벗어날 수 없는 지옥으로만 느꼈을 뿐이다. 정죄는 지옥이다. 쉼이 없는 고난이다. 아내의 수치를 덮어 주기 위해 십자가를 지고 수치와 정죄를 당하는 남편이 아니라, 그녀를 정죄하기 위해 (그렇게 열심히 공부한) 성경 지식을 총동원했던 나를 돌이켜 보면서 비참하고 지질했다.

그러나 이제 아내는 더 이상 나를 정죄하지 않는다. 오히려 "자신 때문에 당신이 고생했다"라고 말하며 위로해 준다. 그러면서 "자신은 결혼하고서야 사람이 되었고 감사하다"라고 말한다. 그럼에도 불구하고 나는 아내만큼 "나 때문에 당신이 고생한다"라고 말하지 못한다. 아내는 나보다 훨씬 더 자유로운 영혼이다. 왜냐하면 아내는 나보다 먼저 대리적 고난을 자신의 삶에 적용하고 있었기 때문이다.

자유를 원하지 않는 자에게는 자유를 줄 수 없다. 그에게 자유를 주려면, 먼저 자신이 종이라는 사실을 깨닫게 해야 한다. 정죄와 수치의 종에 불과하다는 사실을 알아야 한다.

나는 아내를 정죄하고 비난하는 자신을 직면하면서 진정으로 치유되고 싶었다. 자유로워지고 싶었다. 그렇게 간절히 감정과 기복, 교만과 정죄의 종에서 벗어나기를 원했지만, 고난의 시간이 길어질수록 그저 경제적 자유만을 바라고 있었다. 내게는 돈과 시간만 없었던 것이 아니라 인내할 믿음도 없었던 것이다. 나는 두려움과 수치, 욕심으로 가득한 죄인이었다. 이런 내게 아내는 "많이 좋아졌다"라며 격려를 아끼지 않는다. 자신의 실체를 직면하고 고백함으로써 비로소 자유해진 것 같다. 내가 보기에도 정죄와 수치에서 조금은 자유해졌다. 정죄와 수치의 종으로 미천하고 지질한 삶을 이어갈 수밖에 없는 내게 하나님의 전적 능력으로 대리적 고난을 감당하는 왕같은 제사장의 신분을 회복하여 주시기를 간절히 간구한다.

2. "착하고 충성된 종"(δοῦλε ἀγαθὲ καὶ πιστέ)

구약에서 "여호와의 종"(עֶבֶד יְהוָה)으로 불린 사람은 몇 명 있긴 하지만, "여호와의 종"이란 수식어구가 직접적으로 사용된 사람은 모세와 여호수아, 그리고 다윗뿐이다(신 34:5; 수 1:1, 13, 15; 8:31, 33; 11:12; 12:6; 13:8; 14:7; 18:7; 22:2, 4-5; 24:29; 삿 2:8; 왕하 18:12; 대하 1:3; 24:6; 시 18편 제목; 시 36 제목). 브루크너(James K. Bruckner)와 알렌(Leslie C. Allen)은 "여호와"(יְהוָה)라는 하나님의 이름은 "엘로힘"(אֱלֹהִים)과 비교할 때, 하나님의 구속 사역과 연결된 언약적 이름이라고 말한다. 이에 따라 나 역시 "여호와의 종"의 의미는 하나님의 구속사에 대속적 사역의 한 부분을 감당한 종들에게 주신 특별한 상급으로 본다. 즉, "여호와의 종"은 하나님의 구속적 고통을 함께 받은 종들에게 주신 특별한 호칭이다. 모세는 가나안에 들어가지 못하는 수치와 고난을 감당한 후 신명기 34:5에 와서야 비로소 "여호와의 종"으로 불린다. 종의 노래(사

42:1-4; 49:1-6; 50:4-9; 52:13-53:12)와 종의 시편에서 "여호와의 종"의 공통점은 종이 고난을 받는 것이다. 복수 개념인 "여호와의 종들아"(עַבְדֵי יְהוָה)는 구약에서 몇 번 사용되지 않는다(왕하 9:7; 시 113:1; 134:1; 135:1; 54:17). 이 호칭은 이사야 53장의 고난의 종이 대리적 고난에 순종한 이후에 등장하는 "여호와의 종들"에게 붙여진다(사 54:17). 신약에서 "여호와의 종"은 하나님의 구속, 즉 이사야 53장의 대리적 고난을 성취한 "예수 그리스도의 종"(δοῦλος Χριστοῦ Ἰησοῦ)으로 호칭이 전환된다(롬 1:1; 약 1:1; 유 1:1). 나는 이것을 신약 서신서에서는 "예수 그리스도의 종"으로, "예수 그리스도의 종"에 대해 마태는 "착하고 충성된 종"(δοῦλε ἀγαθὲ καὶ πιστέ)으로 표현한다고 본다(마 25:21, 23).

1) 주인과 좋은 관계가 상급이다

매튜 헨리(Matthew Henry)는 그의 마태복음 주석에서 '적은 일'(ὀλίγος)이란 보상과 상급에 비해 적은 것이라고 해석한다.[29] 그는 "하나님의 백성들이 하나님을 위해 봉사할 수 있는 일은 얼마 안 되지만, 그들이 하나님과 더불어 영광을 누리게 될 일들은 많다"라고 말한다.[30] 조경철은 매튜 헨리의 관점에 하나를 더 추가한다. '적은 일'은 충성된 종이 앞으로 할 일에 비하여, 지금 한 일이 '적다'는 뜻이다.[31] 이는 마태복음 25:21, 23의 "내가 많은 것을 네게 맡기리니"와 적은 일을 비교할 때 설득력이 있다. 또 다른 의미로 "적은 일

---

29 매튜 헨리, 『매튜 헨리 주석 마태복음』, 원광연 역 (파주: 크리스챤 다이제스트, 2006), 973.
30 헨리, 『매튜 헨리 주석 마태복음』, 973.
31 조경철, 『대한기독교서회 창립 100주년 기념성서주석 마태복음(2)』, 381.

에 충성하였으매, 내가 많은 것을 네게 맡기리니"에서 많은 것을 맡긴다는 것은 주인과 좋은 관계가 계속해서 이어진다는 의미이며, 이것은 곧 상급을 뜻한다. "바깥 어두운 데"는 주인과의 단절을 의미하며, 주인과의 단절은 곧 심판을 의미한다. 그러므로 주인과의 관계를 지속하는 것은 상급이다.

달란트 비유와 평행인 누가복음의 열 므나 비유에서 종들은 주인의 왕 됨을 원하지 않는다(눅 19:14, 27). 달란트 비유와 열 므나 비유의 공통점은 종들이 주인을 비난하고 거절하는 것이다. 땅을 파고 감추는 행위는 주인과 하나님 나라를 위해 수고하기를 거절함을 나타낸다.[32] 한 달란트 받은 종은 달란트를 맡긴 주인의 뜻을 이해하려고 하지 않는다. 반면에 다섯 달란트, 두 달란트를 받은 종들은 주인의 뜻을 이해하고 '바로' 행동으로 옮긴다. 'εὐθέως'는 '직접적으로', 또는 '곧', '바로', '하자마자', '즉시', '곧장'을 의미하는 단어이다.[33] 다섯 달란트와 두 달란트 받은 종은 주의 재림이 예상보다 늦어지는 상황에도 주인이 반드시 돌아온다는 믿음으로 주인의 기대에 부응하고, 주인은 그들의 수고를 인정하며 종들에게 "잘하였다"라고 칭찬한다. 주인과 종들의 관계가 앞으로도 이어질 것을 보여 주는 "많은 것으로 네게 맡기리니"라는 선언은 종들에게 충분한 상급이다.

---

32 강대훈, 『마태복음 2권』, 466.

33 Louw, J.P & Nida, E.A., *Greek-English lexicon of the New Testament: based on semantic domains*, 1권 (New York: United Bible Societies, 1996), 635.

2) 상급은 말씀으로 설득되는 것이다

'πιστός'(pistos)

'충성된'으로 번역된 헬라어 'πιστός'의 사전적 의미는 '믿을 만한', '신뢰할 수 있는', '충성스러운'이고, 병행 히브리어는 יאמן'(amen)이다.[34] 헬라어 'πίστις', 'πιστεύω'를 중심으로 *TDNT*의 내용을 정리해 보면, 파생어 'πιστεύω' 는 '신뢰하다', '의존하다'를 의미한다.[35] LXX에서 'πιστεύω'의 병행 히브리어 는 הֶאֱמִין'이며, LXX와 신약 성경은 'πιστεύειν'을 히브리어 אמן'과 연결하여,[36] 인간의 내외적인 삶 전체를 포괄하는 하나님과의 관계를 의미한다.[37] 'πιστεύω'는 사람을 '신뢰하다'(미 7:5; 고전 27:12)라는 의미로, 말씀을 '믿다' (창 45:26; 왕상 10:7)라는 의미로도 사용되며,[38] 그 반대 의미는 원망과 의심 이다.[39] 'πιστεύω'는 하나님의 말씀을 믿는다는 의미이다.[40] '믿는다'와 '순종 하다'라는 의미가 히브리어 אמן'에서 강조된다.[41] 따라서 순종의 신실함은 율법에 대한 순종의 성격을 갖게 된다.[42]

---

34 Bultmann, R., "πιστεύω, πίστις, πιστός, πιστόω, ἄπιστος, ἀπιστέω, ἀπιστία, ὀλιγόπιστος, ὀλιγοπιστία", *TDNT. Vol.* 6, 175–176.

35 *TDNT. Vol.* 6, 177.

36 *TDNT. Vol.* 6, 196.

37 *TDNT. Vol.* 6, 188.

38 *TDNT. Vol.* 6, 197.

39 *TDNT. Vol.* 6, 198.

40 *TDNT. Vol.* 6, 205.

41 *TDNT. Vol.* 6, 205.

42 *TDNT. Vol.* 6, 201.

구약에서 하나님을 믿는다는 것은 절대적인 신뢰만을 의미하지 않는다. 하나님을 믿는다는 것에는 하나님을 향한 '신뢰', '희망', '순종'을 보임과 동시에 '두려워하는 것'도 포함된다. 즉, 두려움과 순종이 공존함에도 불구하고 하나님을 향한 믿음으로 인정받는 것이다. 동사 'πιστεύειν'는 어떤 고난 속에서도 하나님의 도움을 바라고 응답을 기대하는 기도 행위와[43] 기도하는 사람의 태도를 의미한다.[44] 왜냐하면 하나님을 향한 신뢰는 두려움을 극복하기 때문이다.[45]

'πίστις'의 병행 히브리어인 יחל'(yahal)은 '고통스러운 기다림' 또는 '견디다'의 의미로 사용된다(삼상 13:8; 욥 14:14). 사울은 전투를 앞두고 고통스럽게 7일을 기다렸고, 욥은 자신의 고난을 견디기 원한다고 말한다. 'πίστις'의 또 다른 병행 히브리어 חיל'(hul)은 '수고하다', '견디다'라는 뜻으로 '고통스러운 기대 상태'를 말한다.[46] 따라서 고난 속에서 하나님을 향한 신뢰는 '고통스러운 기다림'과 '견딤'을 의미할 수 있다. 이를 통해서 참된 'πίστις'가 열매를 맺는다.

'πίστις'의 '신뢰'는 사람 및 사물에도 적용된다.[47] 특히 'πίστις'는 사람의 신뢰성, 즉 '신실함'을 의미한다. 초기 기독교에서 'πίστις'는 구약과 유대교에서 '믿음'이 종교적 관계를 나타낸 것을 따라 인간과 하나님의 관계를 나타

---

43 *TDNT. Vol.* 6, 194.

44 *TDNT. Vol.* 6, 196.

45 *TDNT. Vol.* 6, 198.

46 *TDNT. Vol.* 6, 194.

47 *TDNT. Vol.* 6, 176.

내는 중요한 단어로 사용된다.[48] 유대교의 신앙에서 'πίστις'(믿음)은 '신뢰하는 것'이자, '신뢰를 주는 것'이다.[49] 여기에는 신실함과 순종, 희망과 기대가 포함된다. 따라서 'πιστός'(자신에게 충실한 사람)는 다른 사람에게도 'πίστις'(신실)할 수 있다.[50] 이 부분에서 'πίστις'는 다른 사람에 대한 태도가 아니라 자기 자신에 대한 태도이다.[51] 왜냐하면 'πάστις'는 신성한 'χάρις'를 이해하고 'χάρις' 아래에서 자신을 이해하는 방법이기 때문이다.[52] 구체적으로 하나님의 종말론적 심판을 받은 인간의 종말론적 태도이며, 구원받은 이것은 새사람의 태도이다. 이처럼 하나님 앞에서 자기 자신에 대한 인간의 신실함(πίστις)은 다른 사람들과 올바른 관계(πίστις)를 가능하게 한다.

'πίστις'(믿음)은 그리스도와 함께 십자가에 못 박힌 사람의 삶의 방식이며, 더 이상 그리스도 안에서 옛사람인 나로 살 수 없게 한다(갈 2:19).[53] 이 부분에서 탈 세속화의 의미가 나온다. 그러나 'πίστις'는 세상으로부터의 도피가 아니라 세상의 규범과 가치를 뒤집고 파괴하는 것이다.[54] 이것은 하나님의 계시를 통해서만 인간에게 가능하다.[55] 바울은 'πίστις'의 개념을 신학의 중심에 둔다. 바울에게 'πίστις'는 단순히 인간의 성향이 아니며, 케리그마(kerygma)를 받아들이는 것이다. 즉, 하나님께서 정하시고 그리스도 안에서 열어 놓

---

48 *TDNT. Vol.* 6, 205.

49 *TDNT. Vol.* 6, 199.

50 *TDNT. Vol.* 6, 182.

51 *TDNT. Vol.* 6, 182.

52 *TDNT. Vol.* 6, 218.

53 *TDNT. Vol.* 6, 219-220.

54 *TDNT. Vol.* 6, 225.

55 *TDNT. Vol.* 6, 224.

으신 구원의 길에 복종하는 것이다.[56] 이런 이유로 동사 'πιστεύειν'는 예수님에 관한 메시지를 받아들이는 의미로 사용되고,[57] 명사 'πίστις'는 요한복음이나 서신서에는 나오지 않는다.

'불링거(Bullinger, E.W)의 *A Critical Lexicon and Concordance*(헬라어가 아니라 KJV 성경을 중심으로 구성한 헬라어 사전)는 'πιστεύω'의 의미를 'be persuaded'(설득되다)로 본다.[58] 또한 'BELIEVE'를 주제로 'πιστεύω'와 'πείθω'(peitho)를 한 어군으로 묶는다.[59] 이는 'πιστός'의 의미를 보다 명확히 하는 효과를 가진다. 'πείθω'(peitho)의 의미는 "to suffer one's self to be persuaded or convinced by any fair means, by words, to be won over, prevailed upon(공정한 수단이나 말을 통해 자기 자신을 설득하거나 설득하고, 승리하고, 승리하도록 허용하는 것이다)"이다.[60] 'πιστεύω'의 파생어 '믿어졌음이라'(ἐπιστεύθη: 살후 1:10)라는 의미로 사용되었다.[61] 정리하면, 충성된 종은 주인의 마음을 '알고' 주인의 마음에 '쉽게 설득당하는' 종이라는 의미가 추가된다.

---

56 *TDNT. Vol.* 6, 217.

57 *TDNT. Vol.* 6, 222.

58 Bullinger, E.W., *A Critical Lexicon and Concordance to the English and Greek New Testament.* Fifth Edition, Revised. (London: Longmans, Green, & Co, 1908), 95.; Bullinger, E.W. *The Companion Bible: Being the Authorized Version of 1611 with the Structures and Notes, Critical, Explanatory and Suggestive and with 198 Appendixes.* (Bellingham, WA: Faithlife, 2018) 173-174.

59 Bullinger, E.W., *A Critical Lexicon and Concordance to the English and Greek New Testament.* Fifth Edition, Revised, 95.

60 Bullinger, E.W., *A Critical Lexicon and Concordance to the English and Greek New Testament.* Fifth Edition, Revised, 95.

61 Danker, F.W. & Krug, K., "πιστόω", *The Concise Greek-English Lexicon of the New Testament.* (Chicago; London: The University of Chicago Press, 2009), 285.

‘ὀκνηρός’(oknēros)

‘게으른’의 헬라어 ‘ὀκνηρός’(oknēros)의 의미는 ‘주저하고’(hesitating), ‘타락하여 뒤로 물러나고’(backward), ‘준비가 안 되어 있고’(unready)[62], ‘burdensome’(무거운 짐이 되는)[63], ‘backward’(역행하여, 거꾸로)[64]이며, 병행 히브리어는 ‘עָצֵל’(atsel)이다.[65]

‘עָצֵל’(ʿāṣēl)은 설득력 있는 것처럼 보이는 근거를 제시하며, 자신의 게으름을 합리화한다(잠 22:13; 26:13).[66] 그러나 끝없는 핑계로 자신의 게으름을 합리화하고 핑곗거리를 찾아낼 뿐이다.[67] 그럼에도 ‘עָצֵל’은 스스로 지혜롭다고 여긴다. 결과적으로 게으름은 자신뿐만 아니라 공동체의 안녕과 존재에도 해를 끼친다.[68] 잠언은 스스로에 대해서 반성하거나 돌아보지 않는 ‘עָצֵל’을 조롱한다.[69]

‘ὀκνηρός’(게으름)에는 깊은 두려움이 자리 잡고 있는 것으로 보인다. 게으름은 망설임과 불안, 태만, 나태함으로 인해 행동이 느린 사람이라는 의미

62　Liddell, H.G., *A lexicon: Abridged from Liddell and Scott's Greek-English lexicon*, 550.

63　Spicq, C. & Ernest, J.D., *Theological lexicon of the New Testament*. 2권 (Peabody, MA: Hendrickson Publishers, 1994), 576.

64　Thayer, J.H., *A Greek-English lexicon of the New Testament: being Grimm's Wilke's Clavis Novi Testamenti*, 442.

65　Bultmann, R., “πιστεύω, πίστις, πιστός, πιστόω, ἄπιστος, ἀπιστέω, ἀπιστία, ὀλιγόπιστος, ὀλιγοπιστία”, *TDNT. Vol.* 11, 286.

66　*TDOT. Vol.* 11, 287.

67　*TDOT. Vol.* 11, 286.

68　*TDOT. Vol.* 11, 285.

69　*TDOT. Vol.* 11, 288.

도 내포하고 있기 때문이다.[70] 이따금 우리는 재난이나 사고를 당한 사람들 중 두려움과 절망에 빠져 나태하고 게으른 모습으로 살아가는 모습을 볼 수 있다. 로마서 12:11은 게으름과 성령의 영감 또는 성령으로부터 지시받는 것을 대조한다.[71] 이는 "훈계를 무시하는 자에게는 가난과 불명예가 있느니라"(잠 13:18)라는 잠언의 가르침을 상기시킨다. 게으름은 전통적인 지혜와 규율을 따르지 않는 데 더 깊은 뿌리를 두고 있다. 나아가 로마서 12:11은 게으름을 단지 도덕적 문제가 아니라, 죄와 영혼의 문제로 접근하는 것으로 볼 수 있는 근거다.

프리드리히 하우크(Friedrich Hauck)는 *TDNT*에서 "'망설임'을 의미하는 ὄκνος(oknos)와 마찬가지로 ὀκνηρός(okneros)는 '망설임', '주저함', '불안함', '태만함', '나태함'의 의미로 사람에 대해 사용되었다. 따라서 여러 가지 이유나 어려움으로 인해 행동할 결심을 하지 못하는 사람을 나타낸다"라고 말한다.[72] 루즈는 "Friedrich Hauck, ὀκνηρός, *TDNT* 5 (1967) 166"를 인용하여 고대 헬라어 문헌에서 '게으른'으로 번역된 'ὀκνηρός'가 '게으름'을 뜻한 적이 거의 없다고 말한다.[73]

정리하면 'ὀκνηρός'는 게으름보다는 주인의 뜻을 '역행하는' 것이다.[74] 주

---

70   Kittel, G., Friedrich, G. & Bromiley, G.W., *TDNT*. *Vol*. 1, 681.

71   Kittel, G., Friedrich, G. & Bromiley, G.W., *TDNT*. *Vol*. 1, 681.

72   Hauck, F., "ὀκνηρός", *TDNT*. *Vol*. 5, 166−167.

73   Luz, *Matthew 21-28: a commentary*. *HERM*, 252.

74   "게으른"의 헬라어 "ὀκνηρός"의 사전적 의미는 '게으른, 나태한, 역행하는'이다.; Liddell, H.G. *A lexicon: Abridged from Liddell and Scott's Greek-English lexicon*.

인의 마음을 역행한다는 의미는, 첫째, 주인에게 설득되지 않는다는 의미이다. 다르게 말하면 말씀으로 자신을 설득하려는 수고가 없는 것이다. 그는 주인을 이해하려는 어떤 노력도 하지 않는다.[75] 둘째, 주인의 마음을 역행하는 것은 설득당하지 않기 위해 비판하고 정죄하며, 오히려 주인을 설득하고 자기주장을 하는 것이다.[76] 이는 마태복음 25:21, 23에서 '충성된'으로 번역된 헬라어 'πιστός'와 마태복음 25:26의 'ὀκνηρός'(게으른)이 평행 문맥인 것을 중심으로 본 나의 의역이다.

조경철은 그의 마태복음 주석에서 주인이 폭로하는 한 달란트 받은 종의 문제가 게으름이라고 말한다.[77] 종은 자신이 주인을 두려워한다고 말하지만, 주인은 그에게 게으르다고 말한다. 주인의 논리에 따르면 종의 두려움은 극복될 수 있는 것이었고, 달란트(고난)은 종의 재능에 따라 맡겨진 것이다. 그는 최소한 자신을 설득하고 주인을 이해하려고 수고해야 했지만 거절한다(마 25:24).[78] 그런데도 그는 주인을 충분히 '안다'(γινώσκω)라고 주장한다(마 25:24). 게으른 종은 주인에게 설득당하려는 것이 아니라 오히려 주인을 설득하려고 한다. 주인을 '굳은 사람'이라고 비난하면서 자신의 논리를 주장한다.[79] 주인을 이해하려는 수고가 없는 정도가 아니라 오히려 의도적으로 주인을 설득하고 있다. 주인에게 이것은 악하고 게으른 것이다.[80]

---

75 김영진, 『마태복음 제21~28장』, 416.

76 터너, 『마태복음』, 777.

77 조경철, 『마태복음(1)』, 382.

78 헤어, 『마태복음』, 392.

79 터너, 『마태복음』, 777.

80 채영삼, 『마태복음의 이해 긍휼의 목자 예수』 (서울: 이레서원, 2011), 419.

예수님은 겟세마네 동산에서 땀방울을 흘리시면서 기도했다(눅 22:43-44). 예수님은 하나님을 설득하기 위해 기도한 것이 아니라 자신이 하나님께 설득당하기 위해서 기도하셨다. 설득당하기 위해서 땀을 흘리며 기도하는 본을 보이신 것이다. 사도 바울도 육체의 가시를 떠나가게 하시기를 세 번이나 기도하였으나(고후 12:8), "(하나님께서) 나에게 이르시기를 내 은혜가 네게 족하도다 이는 내 능력이 약한 데서 온전하여짐이라 하신지라 그러므로 도리어 크게 기뻐함으로 나의 여러 약한 것들에 대하여 자랑하리니 이는 그리스도의 능력이 내게 머물게 하려 함이라"라고 고백한다(고후 12:9). 바울이 사용한 '머문다'라는 의미의 헬라어 'ἐπισκηνόω'(episkēnoō)는 매우 희귀한 단어로, 이 단어는 신약 성경 중 이곳에서만 발견된다.[81] 바울로 하여금 기쁘게 자랑하게 하는 것은 자신의 약함 가운데 있는 그리스도의 능력에 대한 경험이며,[82] 곧 하나님께 설득되는 바울의 기쁨이다(고후 12:9, 10).

창세기 32장은 야곱과 하나님이 씨름하는 장면이다. 야곱은 이겨야만 하는 사람이었다. 아버지 이삭도 이기려 했고, 형 에서도 이겨야만 하는 사람이었다. 그는 때로 거짓말을 하거나 사람의 약점을 이용해서라도 이기려고 했다. 결코 질 수 없는, 져서는 안 되는 처절한 삶을 살아갔던 사람이 야곱이다. "야곱"이라는 이름은 무엇을 쟁취하기 위해 사람과 싸운다는 뜻이며, 그는 지금까지 그 이름답게 싸우고 이기고 쟁취했다.[83] 그런데 이제 야곱은

---

81 콜린 G. 크루즈, 『고린도후서(틴데일 신약 주석 시리즈)』, 왕인성 역 (서울: CLC, 2013), 299.

82 크루즈, 『고린도후서』, 300.

83 한정건, 『창세기(대한예수교장로회 고신총회 설립 60주년 기념 성경주석)』(서울: 대한예수교장로회 총회출판국, 2016), 504-505.

창세기 32:25의 "자기가 야곱을 이기지 못함을 보고"에서 하나님을 이기기 위해 밤새도록 씨름한다. 그러나 하나님은 야곱이 이길 수 없도록 야곱의 환도뼈를 치신다. 그렇게까지 하면 야곱은 포기해야 하는데, 환도뼈가 어긋난 채 다리를 절면서도 하나님을 이기려고 몸부림을 친다. 그만큼 야곱은 절박했던 것이다. 가진 것도 없고, 배경도 없고, 남자답지도 못하고, 형 에서에 비해 사냥이나 전쟁에 능하지도 않기 때문이다.

이기고 이기려는 사람, 이겨야만 살 수 있는 절박한 환경을 가진 야곱이 처음으로 패배한 곳이 얍복 강가이다. 여기서 야곱은 다리만 절게 되는 것이 아니라 패배를 맛본다. 그냥 패배한 것이 아니라 몸이 망가져 장애인이 될 만큼 처절하게 패배했다. 그런데 하나님은 "네 이름을 다시는 야곱이라 부를 것이 아니요 이스라엘이라 부를 것이니 이는 네가 하나님과 및 사람들과 겨루어 이겼음이니라"(창 32:28)라고 말씀하신다. 하나님은 그분의 설득을 거부하는 사람에게 고난을 주신다. 때로는 다리를 절게 만드신다. 때로는 실패와 절망, 그리고 우울과 같은 고난을 통해서 설득하신다. 그러나 하나님께 매를 맞아 다리를 절고 피가 철철 흐른다고 해도 어떻게든 하나님께 설득되는 인생이 이기는 인생이다. 야곱은 환도뼈가 어긋나 다리를 절게 된다. 아무리 봐도 이긴 자의 모습이라고 할 수 없다. 그러나 하나님은 이겼다고 말씀하신다. 하나님께 전적으로 설득된 사람으로서 하나님의 얼굴을 본 것이다. 이것을 브니엘(פְּנִיאֵל)이라고 말한다.

어떤 이들은 하나님을 설득하기 위해서 기도한다. 주인을 '굳은 사람'이라고 비난하며, 주인을 설득하려 했던 종이 바로 한 달란트 받은 종이었다. 그러므로 충성된 종과 게으른 종은 주인의 마음을 이해하고 설득되는(주인이 아니라, 자신을 설득하려는) 수고의 유무로 구분된다.

그렇다면 충성된 종은 누구인가? 주인에게 쉽게 설득당하는 자이다(주인의 신실하심을 믿고 자신을 설득하려고 수고한다). 예수님께서는 "자기를 부인하고 자기 십자가를 지고 나를 따를 것이니라"라고 한다(마 16:24). 충성된 종은 맡겨진 고난의 의미와 목적을 알아야 하고, 자신에게 고난을 허락하신 하나님의 마음을 시원하게 해 드려야 한다. 그러나 먼저 충성된 종은 고난을 기쁨으로 감당하기 위해 자기 자신을 설득해야 한다. 왜냐하면 이것은 죄성을 가진 인간이 지적으로 동의하고 인식한다고 해서 가능한 것이 아니기 때문이다. 감정적인 부분과 전인격적인 설득의 과정이 있어야 한다. 이 모든 과정이 자기를 부인하고 자기 십자가를 지는 것이다. 그러나 기복과 율법주의에 물든 나의 가치관과 감정을 부인하는 과정이 쉬운 것은 아니다. 어떤 면에서 충성됨은 끊임없는 갈등과의 싸움이다. 더구나 주의 재림이 예상보다 늦어지는 가운데 때로는 돌아온다던 주인의 약속을 의심하게 되는 순간이 찾아올 수도 있지만, 끝내 주인의 약속을 믿고 자신을 설득하기를 게을리하지 않는 것이 충성이다. 이런 종의 수고를 두고서 주인은 "잘하였다"라고 칭찬하는 것이다.

창세기 12장에서 아브라함은 하나님의 약속에 설득되어 가나안으로 왔다. 그리고 그는 창세기 22장에서 독자 이삭을 번제물로 드릴 때까지 계속해서 설득되어야 했다. 부모들은 자녀들을 신앙으로 양육하기 위해 계속해서 자녀들을 설득하려고 한다. 하지만 자녀들은 부모의 설득에 설득되기는커녕 오히려 관계에 갈등이 발생할 때가 많다. 어쩌면 이것은 부모들이 먼저 하나님에게 설득되지 않았기 때문일 수도 있다. 자녀들이 부모의 권위를 거절하고 설득되지 않으며 오히려 자신을 주장하는 것은 부모인 우리조차 하나님을 설득하려고 하는 교만한 삶을 살고 있기 때문일 수 있다. 하나님에게 설득되기를 거부하는 부모가 하나님 말씀으로 자녀를 설득한다는 것은 어불성설이다. 그러므로 자신도 설득하지 못한 말씀으로 자녀들을 설득하려는 위선과 거짓을 버려야 한다. 오히려 설득받는 자리로 나아가야 한다. 먼저 자신을 돌아보고 하나님께서 설득하여 주시기를 겸손하게 간구해야 한다.

그리고 또한 중요한 것은, 부모인 우리에게 하나님을 설득하려는 교만이 있다는 것을 자녀들에게 고백해야 한다. 그리고 자녀들에게 하나님의 말씀에 설득되어 고난의 자리에서 고난을 감당하는 '종의 모습'을 보여야 한다. '고난받는 종'의 모습을 보여 줄 때에야 비로소 자녀들은 부모의 영적 권위 앞에 설득될 수 있다. 이혼과 음란 등으로 무너져 가는 가정과 세상 속에서 하나님의 말씀에 설득된 부모와 자녀만이 세상을 설득할 수 있다. 왜냐하면 하나님에게 설득된 자에게 주어지는 은총은 마음에 소원을 주시는 것이기 때문이다. 빌립보서 2:13의 "너희 안에서 행하시는 이는 하나님이시니 자기의 기쁘신 뜻을 위하여 너희에게 소원을 두고 행하게 하시나니"라는 말씀대로 하나님은 우리의 마음에 소원을 두고 행하게 하신다.

전처의 투병과 가정의 고통 가운데 나는 하나님께 끊임없이 주장했다. 이 고난이 빨리 끝나야 한다고 너무 길다고 너무 힘들다고 온몸으로 표현했다. 처음에는 온 세상 짐을 홀로 다 진 것처럼 힘들었다. 기도할 때는 최대한 하나님께 불쌍하게 보이고 싶었다. 그리고 내 스스로 생각해도 내 자신이 불쌍했다. 아내는 병들었고, 아이들은 어리고, 돈은 없고, 사택은 비우고 이사해야 하는데 갈 곳은 없고…. 도대체 어떻게 살라는 건지 그저 눈물만 났다. 10년 정도 고난이 이어질 때쯤 나는 하나님께 화를 내기 시작했다. 욕도 했다. 배달 일을 하다가 너무 힘이 들면 배달하는 차 안에서 혼자 소리를 지르며 욕을 했다. 오십견과 고관절 염증으로 병원까지 다니며 배달을 하는데, 절임 배추를 엘리베이터가 없는 빌라 4층까지 배달해야 했을 때는 정말 너무 힘들었다. 마트에서 배달하면서 혼자 차 안에서 소리를 지르며 욕을 했다. 이렇게 배달을 시킬 거면 뭐 하러 그렇게 힘들게 신학대학원 공부를 했으며, 뭐 하러 목사로 불렀냐고 분을 내었다. 이건 아니라고, 이건 너무한 거라고 하면서 하나님을 설득하며 내 주장을 굽히지 않았지만 하나님은 응답이 없었다.

하나님은 설득당하는 분이 아니다. 내 속의 숨겨져 있던 악이 드러날 뿐이다. 그렇게 숨겨진 악이 드러날 때에야 비로소 자신의 죄를 깨닫게 된다. 그럼에도 불구하고 나는 교만하여 틈만 나면 하나님을 설득하려 하고 내 주장을 굽히지 않으려 한다. 악한 종이다.

날마다 말씀을 묵상하며 말씀으로 자신을 돌아보고 설득당하는 종은 충성된 종이다. 나의 아내는 날마다 말씀으로 자신을 설득한다. 그 모습을 보며 나는 정신 승리하는 것 아니냐고 농담을 던지곤 한다. 나는 매일 같이 십여 년을 같은 말씀만 하는 하나님이 너무 힘들어서 설득당하고 싶지 않다. 하나님의 응답에 대한 기대와 거절에 대한 절망이 반복되다 보니 어제는 모든 것이 희망 고문처럼 느껴진다. 나는 하나님께 생떼를 부린다. 아내는 이런 나의 퇴행을 보면서 이제서야 영적 사춘기를 겪는 것이라고 위로해 준다. 나는 이런 자신의 죄를 수치없이 공동체에 드러내고, 공동체는 정죄 없이 나를 받아 준다. 더는 한 달란트 받은 종처럼 감추지 않는다. 달란트 비유에 대한 원고를 쓰면서 조금씩 상한 감정이 설득된다. 말씀 사역자에게 상급은 말씀으로 설득되는 것이다. 지적으로나 감정적으로 설득되는 과정이 있어야 한다. 성도들을 설득하기에 앞서 자신이 먼저 설득되지 않으면 설교를 할 수 없다.

부부싸움으로 갈등이 깊어져 갈 때 아내와 함께 갈등을 해결하기 위한 노력도 게을리하지 않았다. 나는 〈두란노 아버지학교〉를 수료하면서 자신을 돌아보는 계기가 되었고, 감정적으로 채워지기 위해 많은 노력을 기울였다. 아내에게는 〈두란노 사모어머니학교〉를 추천하였고 아내에게도 좋은 시간이 되었다. 이후 우리 부부는 3박 4일의 〈부부학교〉에 참여하여 함께 반성하고 힘을 내어 갈등을 감당하기 위해 노력을 멈추지 않았다. 이런 몸부림과 수고를 게을리하지 않을 수 있었던 것이 감사할 뿐이다. 고난과 갈등을 이해하고 숨겨진 죄를 찾기 위해 배우고 상담하며, 강의를 듣거나 책을 읽고 적용하는 노력을 게을리하지 않는 것이 충성이요 상급이다.

주인이 돌아올 거라고 예상했던 시일이 늦어짐에 따라 종들은 큰 혼란을 겪었을 것이다. 충성된 종은 지난 시간의 고난과 그에서 비롯된 내적 갈등(두려움, 염려, 시기, 원망 등의 감정에 흔들렸던 고통의 시간)을 겪으며, 하나님의 신실하심을 믿기 위해 끊임없이 자신을 설득해야 했다. 때로는 눈물을 흘리며 기도했을 것이고, 때로는 원망과 분노의 감정에 무너지기도 했을 것이다. 응답 없는 기도에 좌절하기도 하고 하나님의 신실하심을 의심하기도 했을 것이다. 하나님을 설득하기 위해 하나님을 비난하고 분을 내기도 했을 것이다. 그럼에도 끊임없이 자신을 설득하고 또 설득하며 하루하루를 살아

내었다. 그리고 마침내 주인이 돌아올 때 종은 그 어떤 보상과 상급보다도 "너는 착하고 충성된 종"이라고 하는 주인의 부름과 격려를 기대했을 것이다. 그러나 그는 스스로 충성된 종이라고 생각하지 않는다. 자신에게 주인의 칭찬과 격려는 과분할 뿐이고, 스스로 악하고 무익한 종으로 여길 것이다. 왜냐하면 그는 고난 속에서 자신의 죄를 깊이 깨달았기 때문이다.

3) 상한 영혼의 치유와 회복이다

예수님이 누군가를 부를 때 사용하시는 호칭은 단순한 호칭이 아니다. 마가복음 5장의 여인은 12년간 혈류병을 앓았다. 12년 동안 혈류병을 앓았다는 대목에서 독자는 그녀의 모든 관계가 깨어졌을 것이라고 유추할 수 있는데, 그 근거는 구약의 정결법이 혈류병을 부정한 병으로 규정하고 있기 때문이다. 혈류병에 걸린 자는 예배에 참여할 수 없었고, 남편과 가족뿐만 아니라 이웃과의 모든 교제권을 빼앗기는 병이었다. 모든 관계가 철저하게 깨지고 고립되어 하나님께 버림받았다는 피해 의식에 갇혀 살던 이 여인에게 예수님은 "여자" 또는 "아줌마"가 아니라, "딸아"(θυγάτηρ)(막 5:34)라고 부르신다. 이 부름은 육체의 질고뿐만 아니라 모든 신분의 회복을 의미함과 동시에, 그동안 겪었던 고통과 슬픔, 분노, 원망에 대해 "내가 다 안다. 고생했다"라고 하는 이해와 공감의 공적 표현이다. 즉, 열두 해 동안 고난을 겪은 여인에게 정서적, 영적, 사회적인 위로와 회복을 선언하는 공적 부르심인 것이다. "착하고 충성된 종아"라고 하는 부름이 상급인 이유도, 그 부르심이 상한 영혼의 치유와 회복의 선언이기 때문이다. 회복이 없는 상급은 부족한 상급이다. 가장 필요한 상급은 종의 내적, 정서적 치유와 회복이다.

두 아들의 신앙 양육을 위해 심방을 요청한 적이 있다. 그간 아이들은 전학을 3번이나 해야 했다. 중학교 1학년이던 큰아이는 학년이 바뀔 때마다 전학을 해서 중학교만 3곳을 다녔다. 아내는 큰아들의 상태가 너무 걱정되어 심방을 요청하려고 한다며 나를 설득했다. 목사가 심방을 요청하는 것이 불편할 수도 있지만, 아이들의 상태가 너무 걱정되어 자존심을 내려놓을 수밖에 없었다. 심방을 요청하면서 우리 부부는 많이 위축되었다. 왜냐하면 그동안 고난을 감당하지 못하고 너무나 많이 다투었기 때문이다. 그것도 두 아들이 보는 앞에서 싸우는 모습을 보였다. 처음에는 조심했지만, 점차 아이들을 배려하지 못할 만큼 부부싸움이 심각해졌다. 사춘기를 지나던 두 아들에게 나타난 문제의 원인이 우리 부부인 것을 이미 잘 알고 있었기에 우리는 책망받을 것을 예상하며 위축되어 있었다. 그렇게 긴장된 마음으로 심방을 받는데, 심방 오신 집사님은 가정의 여러 상황과 재혼 부부의 어려움을 묻고 들으시더니 오히려 "너무 잘하고 계신다"라고 격려해 주셨다. 나는 생각하지도 못한 격려를 듣고서 왈칵 눈물이 쏟아졌다. 목사가 건강한 가정의 본을 보이지 못할 뿐만 아니라, 부부싸움을 하고 자녀들에게 수치를 안겨 주었다는 정죄에서 치유되고 회복되는 순간이었다.

나는 내가 잘하고 있다는 생각은 하지 못 했다. 완벽주의와 강박으로 늘 자신을 질책하고 정죄했다. 전처가 뇌종양에 걸리기 전에 미리 병증을 살피지 못한 것이 늘 괴로웠다. 재혼 후에는 부부싸움을 하는 아내와 나를 정죄했고, 목회의 성과를 내지 못한 자신이 무능하게 느껴졌다. 그런 내가 잘하고 있다니…. 잘하고 있다는 말을 처음 들었다. 그렇다. 나는 잘하고 있었다. 달리 보면 집사님의 지나가는 말일 수도 있었지만, 상한 내 영혼에 위로가 되는 말이었다. 나는 주의 음성으로 들었다. 이후로 나는 두 아들에게도 이 말을 들려 주었다. "잘하고 있어, 아들. 충분히 잘하고 있어."

"착하고 충성된 종아"라고 불러 주시는 것이 상급인 이유는 종의 회복과 관련이 있다. 회복이 없는 상급은 온전한 상급으로 볼 수 없다. 종에게 가장 필요한 상급은 내적, 정서적 회복이다. 매튜 헨리는 그의 마태복음 주석에서 "주인의 상급은 모든 눈물이 씻겨지고 모든 위로의 근원들이 열리는 것이다"라고 말한다.[84] 스스로를 무익한 종으로 여기는 자들에게 하나님께서는 "착하고 충성된 종아"라고 불러 주실 때 그들의 눈에는 폭포수와 같이 눈물이 흘러내릴 것이다. 그 눈물은 감격의 눈물이자 상한 감정이 회복되는 눈물이다.

상급은 악과 게으름에서의 치유와 회복이다. 심판과 정죄의 대상은 사람이 아니라 악과 게으름이어야 한다. 그러므로 충성된 종 또한 고난(달란트)을 통해 자신의 숨겨진 죄와 우상을 발견해야 한다. 고난을 통해서 자기 죄를 직면하지 못한다면 고난은 아무런 유익이 없으며, 그저 고난으로 남을 뿐이다. 자기 죄를 직면하지 못한 고난은 자기의가 되어 더욱 견고해질 뿐이다. 고난이 자기의가 되면, 타인을 향한 정죄와 판단, 무시와 차별이라는 오류에 빠지게 된다. 고난을 겪으면서 실존적 죄인인 자신의 악과 게으름을 직면하고, 하나님의 말씀으로 자신을 설득하며, 자기를 부인하는 삶이 충성된 삶이다. 이제 자신뿐만 아니라 고난을 겪는 "지극히 작은 자"에게 다가가 그를 공감하고, 그에게 자신의 고난과 수치를 나누며, 자신을 설득한 하나님을 전하는 것이 충성이다. 고난과 수치 속에서 "착하고 충성된 종아"라

---

84 매튜 헨리, 『매튜 헨리 주석 마태복음』, 973.

고 하는 주인의 부름은 악과 게으름으로 영적 실패와 좌절, 스스로 자신에게 실망한 종을 향한 치유와 회복의 말씀이기에 최상의 상급이다.

3. 상급은 더 많은 고난(대리적 고난)이다

착하고 충성된 종에게(다섯 달란트와 두 달란트 받은 종) 주어진 보상은 다섯 달란트와 두 달란트를 더 받은 것이다(마 25:21, 23, 28, 29). 대부분의 독자들은 칭찬이나 즐거움에 참여하는 보상보다 더 많은 것을 맡겨 주는 보상에 관심이 끌릴 수도 있고, 반대로 한 달란트 받은 종에 대한 심판이 가혹해 보여서 반발심이 생길 수도 있다. "누구에게는 다섯 달란트를 맡기고, 누구에게는 한 달란트를 맡겼으면서, 그 하나까지 줬다가 빼앗냐?" 하는 마음이 생길지도 모른다. 무언가 억울하고, 가혹하고, 공평하지 않아 보이기 때문이다. 돈이 돈을 낳는다는 말처럼 하나님 나라도 규모의 경제인가? 아니면 다른 의미가 있는 것일까? 이에 대해 두 가지 관점에 대한 질문으로 자세히 살펴보려고 한다.

먼저 마태복음 25:21, 23의 '많은 것을 맡긴다는 것'은 어떤 의미인가?

달란트가 재능과 은사라면, "많은 것을 맡겨 주는" 상급은 더 많은 재능과 은사, 즉 지경이 넓어진다는 의미로 해석할 수 있다. 그러나 다음과 같은 이유로 더 많은 재능과 은사를 받는 것이 상급으로 보이지는 않는다.

첫째, 더 많은 재능과 은사가 상급이라면 기독교 신앙은 기복 신앙이 된다. 인간은 악하므로, 헌신과 충성이 대가성 거래가 될 위험에 노출된다.

둘째, 주어진 달란트로 복음을 위해 최대한 활용하는 충성된 종이 되라는 메시지가 종말을 살아가는 성도들에게 설득력 있게 들리기도 한다. 그러나 이는 인간의 열심과 행위를 강조함으로써 기독교가 열심의 종교가 되는 위험에 노출된다.

셋째, 성경은 죄와 수치, 회개와 구원에 대해 말한다. 더 많은 재능과 은사의 관리와 계발로 구원을 이루는 것이 아니다. 달란트 비유는 종말의 비유 가운데 위치하기 때문에 구원론적 문제가 발생한다.

그렇다면 이것은 무엇을 더 많이 맡겨 준다는 의미일까? 상급으로 맡겨 주시는 더 많은 것은 고난(대리적 고난)이다. "팔복"은 첫번째 복인 '가난'에서 출발하여 여덟 번째 복인 '박해'로 끝나는데, 그들이 받는 상은 천국을 소유하게 되는 것뿐이다(마 5:3-12). 팔복이 가난으로 시작해서 박해로 끝나는 것은 '고난'에서 '대리적 고난'를 보여 주는 것이다. 정말 당황스러운 상급이다. 기복적이고 세속적인 세계관으로는 도저히 이해할 수 없는 감추어진 비밀이다.

그러나 모세와 요셉, 이사야와 예레미야, 에스겔과 같은 선지자를 비롯하여 많은 충성된 종들이 상급으로 고난을 받았다. 아벨은 하나님께서 받으시는 예배를 드린 후, 형 가인의 시기를 받아 죽임을 당했다. 우리아는 이방인으로 하나님의 백성이 되었다. 그러나 그는 자기 왕 다윗에게 배신당했고, 아내 밧세바는 남편 우리아를 배신하고 다윗의 품에 안겼다. 심지어 전장에서 요압과 동료들이 우리아만 남기고 후퇴함으로 인해 그는 허무하게 전사하고 만다. 이후 모든 사건이 정리되자 다윗은 정당하고 합법적인 것처럼 보이지만 매우 위선적인 방법, 즉 계대결혼으로 위장하여 밧세바를 취한다(삼하 11:27). 우리아는 철저한 희생양이었다. 그러나 내가 볼 때 우리아는 이스라엘과 다윗을 위하여 '대리적 고난'을 받은 것이다. 그런 이유로 우리아는 마태복음 1장의 그리스도의 족보에 당당히 그 이름을 올린다(마 1:5: "다윗은 우리아의 아내에게서"). 세례 요한은 예수님의 길을 예비하고 감옥에 갇힌다. 감옥에 갇혀 질문하는 세례 요한에게 주신 예수님의 답은 죽음이었다(마 11:4-5). 열두 사도 가운데 요한을 제외하고는 모두 순교당한다. 사도 바울은 회심 후 누구보다 충성된 하나님의 종이었지만, 결국 로마에서 참수당했다.

학자들은 달란트를 기회와 특권으로 본다. 성경에서 가장 큰 특권은 예수님처럼 하나님의 고통에 참여하는 '대리적 고난'을 받는 것이다. 따라서 달란트 비유에서 달란트가 기회와 특권이라면, 상급으로 맡겨지는 더 많은 달란트는 이사야 53:4-6에서 의로운 종이 감당한 '대리적 고난'이다. 반대로 빼앗기는 것은 그리스도의 고난에 동참할 특권이다. 고난을 피하고 스스로 거절하는 것은 결과적으로 그리스도의 고난에 동참하는 특권을 빼앗기는 것이다. 역사적으로 볼 때 이 특권을 빼앗긴 대표적인 인물은 역사적으로 룻기에서 보아스보다 기업 무름의 우선권을 가지고 있었던 "아무개"와 가룟 유다이다. 그 속에 천국의 비밀이 감추어져 있다(마 13:11). 밭에 감추어진 비밀을 발견한 자는 모든 소유를 팔아 보화가 감추어진 밭을 사는 것이다.

그러므로 상급으로 주어지는 고난은 '대리적 고난'이다. 고난에 대한 보응적 심판의 세계관으로는 '고난이 상급'이라는 개념을 이해할 수 없다. '고난이 상급'이 되는 세계관은 '대리적 고난'으로 가능하다(사 53장). 고난받는 종의 고난은 자신의 죄로 인한 심판이 아니라, 타인(원수)의 구원을 위해 받는 '대리적 고난'이다(사 53:4-6). 이사야 53:6의 "여호와께서는 우리 모두의 죄악을 그에게 담당시키셨도다"라는 말씀은 타인과 공동체의 구원과 회개를 위해 '대리적 고난'으로 부름 받음을 의미한다.

마태복음 25:14-30에서 '맡김'(14), '주셨는데'(마 25:20, 22)는 'παραδίδωμι'를 번역한 것이다. 이사야 53:6에서 "그들의 죄악을 친히 담당하리로다"에서 "담당하리로다"는 히브리어로는 פָּגַע(paga)이고 LXX에서는 'παραδίδωμι'를 사용한다. 'παραδίδωμι'는 '예수님의 수난사'에서 자주 등장하며,[85] '떠나가시니라'(요 19:30), '내줌이 되고'(롬 4:25), '내주신'(롬 8:32), '버리신'(갈 2:20), '주심'(엡 5:25)에서 예수님의 희생적 사랑을 표현하는 데 사용된다.[86] 이사야 53:6과 마태복음 25:14-30에서 같은 헬라어 'παραδίδωμι'를 사용한 것은 우연이 아니다. 그러므로 달란트 비유에서 주인이 종들에게 달란트를 맡긴 것은 '고난에 종들을 내어 준' 것으로 볼 수 있다. 이것이 하나님 나라의 감추어진 비밀이다. 더구나 예수님의 수난사와 죄인에 대한 심판의 의미에서 볼 때, 주인이 종들에게 달란트를 맡긴 것은 '대리적 고난'에 동참할 기회를 준 것으로 보인다.

---

85 *TDNT. Vol.* 2, 169.

86 *TDNT. Vol.* 2, 170.

우리들교회에 L이라는 재혼 부부가 있다. 우리 부부와 같은 재혼 부부라는 공통점으로 친분을 쌓게 되면서 가끔 식사를 하고 교제를 나눈다. 나이도 비슷하고 재혼 가정이라는 공통점에 갈등의 이슈까지 비슷하다 보니 서로 공감하는 부분이 많다. 서로 공감하고 위로를 나눌 수 있는 이 부부와의 만남이 너무 즐겁다. 이 부부는 현재도 해결되지 않은 갈등이 많다. 고부간의 갈등도 있고, 전처의 딸과의 갈등 문제도 남아 있다. 이혼 후 재혼을 한 부부라서, 남편의 전처와 딸의 문제에 관해 의논을 해야 한다는 관계적 어려움도 남아 있다. 여전히 감당해야 할 고난들이 많이 남아 있지만, 그럼에도 불구하고 감사한 것은 이 부부가 남겨진 고난을 감사함으로 받고 있다는 것이다. 우리가 사는 날 동안 크든 작든 고난은 함께하겠지만, 그 고난이 자신들의 달란트가 될 것을 깨달았기 때문이다.

한 번은 이혼의 위기에 있는 가정을 만나 자신의 낙태와 이혼, 재혼의 과정 중에 만난 고난에 대해서 간증하는데 멀쩡하게 이쁜 여자가 자신의 수치를 너무도 편안하고 담담하게 말하는 것을 보고 들으면서 이분들이 크게 충격을 받았다. 그리고 이혼의 위기를 막는 일꾼으로 쓰임 받은 것이 너무 기뻐서 집에 돌아와 남편에게 "여보, 나 재혼하고 후처로 만들어줘서 고마워"라고 했단다. 그랬더니 남편이 말하기를 "지금 나 먹이냐!"라고 말해서 함께 웃었다고 들었다.

창세기 12장에서 하나님은 아브라함을 복으로 부르셨다. 그러나 사도 바울과 베드로는 성도들을 고난으로 부르셨다고 말한다(롬 8:17; 빌 1:29; 벧전 2:21; 4:19). 고난에 대한 의미 있는 관점의 변화는 구약에서는 심판의 결과인 고난이 신약에서는 복으로 전환되는 것이다. 구약에서 주리고 목마르고 헐벗은 고난은 불순종으로 인한 심판의 결과이다(신 28:48). 그러나 신약에서 주리고 목마르고 헐벗은 고난은 의인과 악인을 나누는 심판의 기준이 된다(마 25:40, 45). 신명기에서 자녀가 포로가 되는 것은 심판의 결과이다(신 28:41). 다니엘과 세 친구, 에스겔 같은 자녀들이 바벨론 포로가 된 것은 불순종으로 인한 심판의 결과였다. 그러나 바벨론 포로로 잡혀간 자녀들은 율법 성문화의 주역이 되며, 언약 공동체의 남은 자와 그루터기로 정통성을 이어간다. 팔복의 대부분은 구약에서 심판의 결과로 주어지는 고난이다. 그러나 신약에서는 고난받는 종으로 오신 예수님과 함께 구원의 역사에 동참하는 '대리적 고난'을 누리는 특권이다. 이제 하나님의 백성도 고난받는 종으로 부르심을 받아 예수님과 함께 고난받는다(롬 8:16). 하나님의 자녀로서 상속자(입양자)의 권리로 고난을 받는다(롬 8:16). 그러나 이것은 죄를 정복하고 하나님의 통치에 동참하는 영광이다. 그러므로 대리적 고난(달란트)은 더 큰 특권이자 특별한 은혜이다(빌 1:29).[87] 고난(대리적 고난)은 특권이다.

나이 40에 뇌종양으로 투병하던 전처를 간병하며 두 아들을 양육하기 위해 목회를 내려놓은 후 오랫동안 다시 목회의 기회를 얻으려 노력했지만, 뜻대로 되지 않았다. 현재는 배달과 택배 일을 하면서 생계를 유지하고 있다. 부르심을 받은 목사 부부로서 특별한 고난을 감당하는 은총을 받은 것이라며 믿음을 지키고자 했지만, 사실 내게는 그럴 만한 믿음이 없었다. 패배자, 루저라는 세상의 인식과 수치에서 벗어나지 못했기 때문이다. 이런 내가 '고난이 상급'이란 주제로 글을 쓰는 것은 모순이며, 어쩌면 이런 주제를 언급할 자격조차 없다는 것을 잘 안다. 그럼에도 나와 나의 가정은 '대리

---

87   *TDNT*. *Vol*. 5, 920.

적 고난'으로 부르심을 받았고 이것이 달란트 비유를 통해 주시는 하나님의 말씀이라고 믿는다. 나에게 고난(대리적 고난)은 상급이다.

사도 바울은 골로새서에서 "그리스도의 남은 고난"을 말한다(골 1:24). '남은'(ὑστέρημα)의 사전적 의미는 '결핍', '부족', '필요'이다.[88] '남은'의 사전적 의미를 살펴볼 때, 바울의 '남은 고난'은 '고난의 결핍, 고난의 부족'을 의미한다. 즉, 사도 바울은 자신에게 '채워야 할 고난의 양'이 부족하며, 앞으로 예비된 고난이 있다고 말하는 것이다. 아이러니하게도 골로새서를 기록할 당시 바울은 로마 감옥에 투옥되어 있었다(골 4:10).[89] 즉, 이때는 바울이 1차, 2차, 3차 전도 여행을 마친 후였고, 이것은 그가 이미 많은 고난을 겪었음을 의미한다. 그럼에도 사도 바울은 자신에게 고난이 부족하다고 말한다. 자신에게 남겨진 고난, 자신을 위해 예비된 고난이 있다고 말하는 것이다. 더불어 신약의 다른 서신서에서 발견되는 것처럼 그들은 고난을 두려워하거나 수치스럽다고 생각하지 않았다. 오히려 고난을 특권으로 여겼다(행 5:41; 살후 1:5).

필리핀 투게가라오에서 선교하시는 한 선교사님을 알고 있다. 선교사님은 따갈로어와 영어를 구사하면서 필리핀 현지인 사역을 하신다. 선교 초반에는 나무 아래에서 주일 설교를 하면서 필리핀 현지인과 관계를 형성하고, 공동체를 이루었다. 현재는 〈Dynamic Christian World Mission Association〉[90]

---

88   Liddell, H.G., *A lexicon: Abridged from Liddell and Scott's Greek-English lexicon*, 850.

89   룩 티모시 존슨, 『최신 신약 개론』, 채천석 역 (파주: 크리스천 다이제스트, 1998), 491.; 데이비드 A. 드실바, 『신약개론』, 김경식 역 (서울: CLC, 2013), 958.

90   https://www.facebook.com/DynamicChristian2010/?locale=id_ID

의 대표로서 필리핀 선교사들의 후원과 〈Solana Dynamic Christian church〉 현지인 선교 사역[91]을 하고 있으며, 몇 년 전부터는 학원 사역도 시작하셨다. 내가 선교사님을 존경하는 이유는 선교사님이 파송을 받고 필리핀으로 가신 것이 아니라, 하나님의 부르심을 받고 자비량으로 선교를 떠났다는 것이다. 그럼에도 불구하고 선교사님에게는 많은 시련과 고난이 있었다. 선교사님의 사모님은 건강이 좋지 않아 한국으로 돌아와 요양 중이다. 그래서 선교사님은 현지에 홀로 남아 사역을 감당하고 계신다. 여전히 파송 교회도 없이 몇몇 개인 후원과 협력 교회들의 도움으로 사역을 이어가고 계신다. 이런 상황 속에서도 선교사님은 원망이나 불평을 하지 않는다. 고난을 상급으로 받은 충성된 주의 종들은 생각보다 많다.

생각해 보면 사별하고 어린 두 아들마저 딸린 무임목사가 재혼을 한다는 것은 쉬운 일이 아니었다. 그러나 지금 아내는 상처투성이의 세 남자의 고난에 자발적으로 동참해 주었다. 재혼 후 청빙이나 교회 개척에 무척이나 힘을 기울였지만 목회의 길은 쉽게 열리지 않았고, 어렵게 찾아온 청빙의 기회도 허락되지 않았다. 나는 택배와 배달을 하면서 생계를 유지했고, 아내도 두 아들의 양육비를 벌기 위해 가사도우미 일을 하기 시작했다. 나는 집필을 시작하면서 택배와 배달을 그만두었지만, 아내는 여전히 가사도우미를 하고 있다. 아내는 때로는 지치기도 하고 피곤하지만, 두 아들을 키워내는 기쁨을 누린다고 말해 준다. 더군다나 아내는 가사도우미로 일하는 집에서 복음을 전하고 있다. 자녀 양육이나 부부 관계에 대한 문제를 들어주고, 때로는 간증을 나누면서 복음을 전하는 기쁨을 누린다. 나의 전처나 지

---

91 https://www.youtube.com/watch?v=no0uMPTfqos

금의 아내나 고난을 상급으로 받은 여인들이다.

상급으로 맡겨지는 더 많은 달란트는 고난이다. 반대로 한 달란트 받은 종이 빼앗긴 것도 예수 그리스도의 대리적 고난에 동참하는 특권이다(마 25:28). 더 많이 맡겨지는 달란트와 빼앗기는 달란트의 의미는 천국의 비밀을 아는 특권이다(마 13:11, 12). 고난을 피하고 스스로 거절하지만, 결과적으로는 그리스도의 고난에 동참하는 특권을 빼앗기는 것이다. 정리하면, 상급은 '남은 고난'이다(마 25:21, 23). 하나님의 백성은 상급으로 맡겨지는 남은 고난(달란트)에 참여하는 것을 영광으로 여긴다. 충성된 종은 맡겨진 고난(달란트)으로 더 많은 천국의 비밀을 깨닫게 된다(마 13:11).

끝으로, 상급으로 더 많은 고난(달란트)을 주시는 이유는 무엇일까? 열 처녀 비유를 보면 이에 대한 한 가지 해답을 얻을 수 있다. 열 처녀 비유의 마지막 말씀은 '깨어 있으라'이다(마 25:13). 그런데 하나님의 백성들로 하여금 영적으로 '깨어 있게 하는 것은 고난'이다. 하나님은 하나님의 백성들이 주님 오실 때까지 깨어서 사명을 감당하도록 고난을 주신다. 그러므로 고난이 상급이 되는 이유는, 첫째는 고난으로 인해 영적으로 깨어 있을 수 있기 때문이고, 둘째는 고난으로 인해 상한 영혼들을 공감하고 위로할 수 있게 되기 때문이다. 그리고 마지막으로 하나님과 그리스도의 대리적 고난에 동참할 때 비로소 고난에 감추어진 천국의 비밀을 깨닫게 되기 때문이다.

4. 함께 고난받는 공동체가 상급이다

더 많은 고난은 상급이다. 충성된 종 당사자에게 주어지는 더 많은 고난이 상급이기도 하지만, 나와 비슷한 고난을 감당해 온 지체들도 상급이다. 고난 자체가 상급인 것이 아니라 고난받는 사람이 곧 상급이다. 하나님은 고난을 주시는 것이 아니라, 고난받는 사람들을 상급으로 주신다. 나와 비슷한 고난을 감당하는 지체, 성도가 상급이며, 이것이 천국의 감추어진 비밀이다. 양과 염소의 비유에서 살펴보면, 상급은 "지극히 작은 자들"이다(마 25:40, 45). 즉, 상급은 고난받는 사람들, 혹은 지극히 작은 자들의 공동체, 즉 함께 고난받는 공동체이다.

팀 켈러는 구원의 현재성과 실재성을 강조하기 위해 구원을 공동체적 잔치라고 말한다.[92] 그러나 우리의 수치심과 죄책감, 걱정과 불안은 구원을 현실적이고도 실재적으로 맛보지 못하게 만든다. 예를 들어, 하나님 앞에 간음과 폭력을 참으로 회개하는 것과 하나님의 용서 또는 용납의 은총을 삶에서 실재적이고도 현실적으로 경험하는 것은 다른 것이다. 여전히 과거의 간음과 폭력이 고발되는 두려움과 수치심이 내면에 잠재되어 있기 때문이다. 팀 켈러는 현대 교회를 살펴보면 교회 안에는 동생과 아버지를 정죄하는 누가복음 15장의 큰아들이 많으며, 서로 정죄하는 큰아들들이 싫어서 교회를 떠나기도 한다고 말한다.[93]

---

92   팀 켈러, 『마르지 않는 사람의 샘』, 전성호 역 (서울: 베가북스, 2011), 133, 152.
93   켈러, 『마르지 않는 사람의 샘』, 153.

우리는 함께 고난받는 공동체에서 정죄와 수치, 차별없는 용납을 경험할 때, 수치와 정죄, 그리고 죄책감에서 실재적인 자유를 맛보고 치유와 회복을 누리게 된다. 그럴 때 그리스도의 몸된 교회 공동체에서 진정한 하나님과의 연합을 맛보게 된다. 그런 맥락에서 함께 고난받는 공동체는 상급이다. 구원은 개인적이며 동시에 공동체적이어야 한다.

팔복에서 복은 가난에서 박해까지를 가리킨다. 그런데 구체적으로 팔복의 복은 가난과 박해, 즉 고난 자체가 아니라 고난을 겪는 사람으로 접근해야 한다. 성경의 관심은 고난 자체가 아니라 사람에게 있기 때문이다. 가난에서 박해까지의 고난을 모아둔다고 하나님 나라가 되는 것이 아니다. 하나님 나라는 가난한 사람들부터 박해받는 사람들까지의 공동체이기 때문이다. 그러므로 상급은 나와 비슷한 고난을 감당하는 지체들이다. 차별과 수치의 세상에서 고난받는 사람들끼리 소통하고 공감하고 위로하며 구원을 위해 묵묵히 서로의 고난을 감당함으로써 하나님 나라를 이룬다.

양과 염소 비유에서 의인과 악인을 구분하는 기준은 "지극히 작은 자"에 대한 선행이 아니라 '동일시'(Identification)이다(마 25::40, 45).[94] 이는 지극히 작은 자의 고난에 대한 이해 때문이다. 첫째, 이사야 53:4-6의 대리적 고난으로 볼 때, 고난받는 종의 고난은 나와 공동체를 대신한 고난이다. 그러므

---

94   어느 대상의 생각과 감정과 행동 등을 무의식적으로 받아들여 그 대상과 비슷한 경향을 나타내는 것. 김춘경, 『상담학 사전 세트』 (서울: 학지사, 2016), 동일시 (identification).
    https://terms.naver.com/entry.naver?docId=5676796&cid=62841&categoryId=62841,(접속일: 2023.11.15.).

로 지극히 작은 자의 고난은 정죄와 비난의 대상이 될 수 없다. 이런 이해는 지극히 작은 자의 고난을 외면하거나 정죄하지 않고, 어떤 모양으로든 공감하며 구제에 동참해야 할 이유와 근거가 된다. 둘째, 고난으로 자기의가 깨어지고 자신의 벌거벗은 실존을 직면한 사람은 그와 내가 조금도 다른 것이 없는 죄인임을 인정하게 된다.

예수님 당시 의롭다고 인정받던 바리새인이 나는 '그들과 다름'을 주장하며 감사 기도를 드린 것을 보면 얼마나 그들 안에 차별과 무시와 자기의가 강했는지 알 수 있다(눅 18:11). 따라서 양과 염소 비유의 교훈은 선행이 아니라, 이사야 53:4-6의 대리적 고난에 대한 이해를 적용하여 나와 지극히 작은 자가 하나님 앞에 차별 없는 죄인임을 깨닫고, 그와 함께 가족 공동체가 되라는 말씀으로 읽어야 할 것이다(마 25:31-46). 이것이 "지극히 작은 것 하나"라도 버리지 않는 가르침과 행함이다(마 5:19). 반면 달란트 비유의 교훈을 청지기 도로 이해하면,[95] 충성을 지극히 작은 자에 대한 선행 정도로 이해하는 것에 머물게 된다. 그러나 사람이 몇 번의 선행은 할 수 있다고 해도, 어리석은 자들과 자신을 동일시하며 공동체를 이루는 것까지 할 수 있는 것은 아니다. 몇 번의 선행으로 자신의 의무를 다한 것으로 여기며 타인을 차별하고 무시하고 정죄한 바리새인과 서기관들이 쫓겨남을 당한 것은 당연한 결과로 볼 수 있다.

하나님께서 원하시는 것은 외식적인 구제가 아니라 고난받는 자와 함께 공동체를 이루는 것이다. 타인(원수)과 공동체의 유익을 위해 이사야 53:4-6

---

95   터너, 『마태복음』, 772.

의 대리적 고난을 감당한 그리스도를 따르는 공동체가 되는 것이다. 예수님은 하늘 보좌를 버리시고 죄인의 형상으로 이 땅에 오셨다. 이를 성육신이라 부른다. 그리고 이사야 53:4-6의 대리적 고난을 감당하고 십자가에서 죽으셨다. 이후 부활하신 예수님께서 이 땅에 남기신 것은 교회이다. 그리고 그 예수님의 몸된 교회와 성령께서 함께하신다. 그리스도도 남은 고난을 채울 교회를 남기신 것이다(골 1:24). 예수님은 이 교회를 자신과 동일시하셨다(행 9:5).[96]

장재일은 그의 저서 『히브리적 관점으로 다시 보는 마태복음 1~13장』에서 유대인들이 당연히 있어야 할 것으로 여기는 세 가지를 언급한다.[97] 첫째는 건강, 둘째는 공동체, 셋째는 땅이다. 그리고 그 결과는 שָׁלוֹם(εἰρήνη; 평화)이다. 유대인에게 땅은 재물이 아니라 하나님이 주신 기업을 의미하며, 공동체는 가정과 교회를 의미한다. 사람에게 육체의 건강은 굳이 언급할 필요가 없을 만큼 기본적이고 필수적인 요소이다. 그런데 여기서 유대인들이 건강만큼나 공동체에 중요한 가치를 두고 있는 것을 알 수 있다. 공동체를 상급으로 여기는 것이다. 속한 공동체가 없는 것은 가난과도 같으며, 나아가 가정과 교회 공동체가 없는 사람은 고아와 같다. 그런데 공동체 없는 고아와 같은 사람들의 고난에 동참하는 사람은 어리석은 사람이 아니라, 대리적 고난에 자원하는 것이다.

---

96 도놀드 헤그너, 『WBC 마태복음 하』, 채천석 역 (서울: 솔로몬, 2000), 1137.
97 장재일, 『히브리적 관점으로 다시 보는 마태복음 1~13장』 (서울: 쿰란출판사, 2011), 172.

공동체는 나도 죄인이라는 고백을 공유하는 사람들의 모임이다. 마태복음 7장의 선지자 노릇으로 쫓겨난 사람들, 마태복음 25장의 달란트 비유에서 빼앗기고 쫓겨난 한 달란트 받은 종, 같은 장의 양과 염소 비유에서 쫓겨난 악인들이 모여서 공동체를 이루어야 한다. 이들이 서로를 정죄하지 않고 악과 게으름을 받아 주며, 서로 공감하고 용납하고 자신의 죄와 악을 깨닫고 회개함으로써 다섯 달란트, 두 달란트를 받은 종이 되는 것이다. 빼앗기고 쫓겨난 심판과 고난을 감당하는 모든 인생이 모여 지극히 작은 자들의 공동체를 이루는 것이 상급이다. 그러나 서로 다른 배경과 사회적 위치를 지닌 사람들이 공동체를 이루는 것이 쉽지만은 않다. 그럼에도 각자가 가진 신분과 사회적 위치와 선천적 배경을 떠나, 서로 위로하고 공감하는 공동체를 가능하게 만드는 것이 고난이다. 고난은 사회적 위치와 신분이 다르기는 하지만 결국 영적인 실존이 같은 죄인인 것을 깨닫게 하기 때문이다.

폴 트립은 "우리 주위에 있는 형제와 자매들은 하나님의 은혜의 도구이다. 그들은 완전한 도구도 아니고, 항상 올바른 것만 말하고 행하는 것도 아니지만, 하나님은 그들과의 관계를 통해 우리에게 오직 그분만이 주실 수 있는 도움을 베푸신다"라고 말한다.[98] 사람들은 고난이 오면 대인기피도 생기고, 소외감에 스스로를 고립시키기도 한다. 타인에게 부담을 안겨 주고 싶지 않아서 스스로를 고립시키고 그 상태에 점점 익숙해지는 것이다. 그러나 이런 유혹에서 벗어나 불편함을 감수해야 할지라도 공동체를 찾고 경험과 지혜를 겸비한 지체에게 도움을 요청해야 한다. 개인의 깨달음에는 늘 한계가 있으므로 공동체의 도움이 필요하다. 공동체에서 자신의 의견과 다

---

[98] 트립, 『고난』[eBook], 126/142.

른 의견을 듣게 되거나 공감은커녕 오히려 지적당할 경우, 방어 기제가 작동하거나 회피하고 싶은 마음이 들 수도 있다. 그럼에도 불구하고 이런 자신을 직면하며 공동체와 함께해야 한다.

L 장로님과 아내 집사님은 재혼 부부다. 두 분은 이혼을 하고 재혼했다. L 장로님 부부와 식사 교제를 할 때면 대화가 끝이 없다. 웃고 울면서 서로 공감하고 위로한다. L 장로님의 아내 집사님은 오늘 말이 통하는 사람을 만났기 때문에 말을 많이 해야 한다고 하면서, 그동안 하지 못한 말이나 쉽게 나누기 힘든 감정, 그리고 사건들을 말씀하신다. 나와 아내도 그렇다.

아내는 가사도우미를 하면서 전처의 두 아들을 양육하고 있다. 나는 아내가 가사도우미 일을 하는 것이 미안하고 불편하다. 이런 마음을 L 장로님 부부와 식사 교제를 하면서 나눈 적이 있다. 그때 내 말을 듣던 L 장로님의 아내 집사님이 이런 말씀을 하셨다. "아내가 가사도우미 일을 하는 것이 남자로서 자존심이 상하고 불편할 수도 있지만, 아내분이 지금 가사도우미 일을 해야 하는 것은 아내가 조강지처가 되어야 하기 때문이다. 너무 힘들어하시지 말라"라고 말이다. 나는 이 위로의 말씀을 들은 이후로 마음이 편해졌다. 여전히 수고하는 아내에게 미안하지만, 아내의 수고가 나와 두 아들에게 의미 있고 감사할 뿐이다. 아내는 가사도우미 일을 해서 번 돈으로 두 아들에게 용돈을 줄 때 가장 즐겁다고 말한다. 나는 그런 아내에게 감사할 뿐이다.

나는 피해 의식이 큰 과거형 사람이다. 그래서 "껄"이 많다. "…할 껄, …할 껄"이 나의 후렴구이다. 그래서인지 나를 떠난 사람들에 대한 부정적인 감정을 가슴에 많이 품는 편이다. 하루는 어느 가수의 "바람의 노래"라는 곡을 들으면서 깨달은 것이 있다. 그 곡의 가사 중에는 "나를 떠난 사람들과 만나게 될 또 다른 사람들"이라는 가사가 있다. 이 가사를 듣다가 문득 나는 나를 떠난 사람들을 바라보며 쓴 감정에 갇혀 살고 있다는 생각이 들었다. 이런 나의 못난 모습을 직면할 수 있다는 것은 감사한 일이다. 이렇게 조금씩 나를 알아간다. 나이가 50이 넘었는데 이제야 나를 조금 알아가는 것 같다. 나를 떠나고 내가 떠나보낸 많은 사람이 있었지만, 하나님께서는 새로운 만남을 주셨다. 여전히 고난은 두렵고 힘들지만, 같이 위로하는 지체와 공동체가 있기에 믿음의 선한 경주를 완주할 수 있겠다는 자신감이 생긴다. 재혼이라는 같은 공통점 가운데 고난을 감당하고 있는 이 부부와의 만남을 허락하심도 감사하다. 상급은 함께 고난을 감당하는 공동체이다. 함께 고난을 감당하는 공동체를 주신 하나님께 감사드린다.

초혼이던 아내가 어린 두 아들이 딸린 홀아비와 결혼을 결심했을 때, "왜 그 힘든 일을 자청하냐?"라고 반문한 사람들이 있었다. 그들이 보기에 아내는 고생길이 뻔한 불구덩이에 스스로 몸을 던지는 것처럼 보였을 것이다. 사실이었다. 그때 나는 가난한 무임목사였고, 어린 두 아들까지 있었다. 속해 있는 공동체도 없고, 뭐 하나 봐줄 만한 것이 없었다. 게다가 오랜 시간 전처를 간병하느라 몸도 마음도 지친 상처투성이의 영혼이었다. "그 힘든 일을 왜 자청하냐?"라고 물었던 사람들의 질문은 틀리지 않았다. 재혼 이후 찾아온 고난은 우리 부부가 감당하기에 너무나 벅차고 힘들었다. 아이들은 계모인 아내를 어떻게 불러야 하는지, 호칭부터 큰 고민거리가 되었다. 두 아들은 한동안 고민하더니 "맘"이란 단어를 찾아냈다. 아내를 엄마라고 부르는 것이 부담스러웠던 아들들은 아내를 "맘"이라고 부르기 시작했다.

내가 가장 힘들었던 것은 아내와 큰아들의 갈등이었다. 그들 사이에서 나는 아무것도 하지 못하고 눈치만 봐야 했다. 한번은 아들의 편을 들었다가 아내에게 박살이 나고, 또 한번은 아내의 편을 들다가 아들에게 박살이 났다. 지혜롭게 대처해야 하는데 그게 말처럼 쉽지 않았다. 아내는 엄마의 위치와 역할을 감당하고자 했지만, 큰아들은 엄마의 권위와 역할을 인정하지 않았다.

선교사로, 전도사로 충성하던 아내에게 하나님께서 상급으로 주신 것은 상처투성이의 세 남자였다. 아내는 중학생 때부터 배우자와 가정을 위해 기도했다고 하는데, 하나님은 아들이 둘이나 딸린 남자를 보내 주셨다. 그것도 우울증과 분노 조절 장애와 피해 의식으로 찌들은 나와 두 아들을 말이다. 이것이 하나님이 아내에게 주신 상급이었다. 이것은 내 말이 아니고 아내의 고백이다. 이제 아내는 계모의 자리를 안다. 아내는 나에게 "자신은 평생 생모의 자리를 대신할 수 없는 가정부와 같은 위치의 역할을 할 뿐이다"라고 말한다. 그러나 그것으로 아내는 상처받지 않는다. 이것이 아내에게 주신 상급이기 때문이다. 이 상급으로 아내는 자신의 구원을 재확인했고, 사람과 가정에 대해서 다시 배웠다. 생모를 잃은 두 아들을 양자로 입양하는 특권을 통해, 자격 없는 죄인을 양자로 입양한 하나님을 이해하는 특권을 누리게 되었다. 무엇보다도 아내는 자신이 얼마나 자기의에 심취한 사람이었지를 깨달았다고 말한다.

충성된 종에게 주시는 상급은 고난이며, 고난받는 사람의 삶과 고난에 동참하는 것이다. 이런 관점에서 고난받는 사람들은 상급이다. 아내에게 주신 상급은 몸과 마음이 병든 나와 두 아들, 우리 가정 공동체였다. 하나님께서 아내와 나, 우리 부부에게 "잘하였다. 착하고 충성된 종아"라고 불러 주시리라고 기대한다.

5. 상급은 고난에 감추어진 천국의 비밀을 깨닫는 것이다

마태복음 25:29(무릇 있는 자는 받아 풍족하게 되고 없는 자는 그 있는 것까지 빼앗기리라)은 달란트 비유를 해석함에 있어서 가장 중요한 구절이다. 이것을 살펴보기 위해 주인이 한 달란트 받은 종을 심판하면서 마태복음 13:12을 언급한다는 점을 눈여겨볼 만하다.[99] 마태복음 25:29의 "γάρ"(gar)는 이유를 나타내는 접속사로, 주인이 감정적이고 자의적으로 징계적 선언을 한 것이 아니라 영적인 원리에 따라 한 것임을 의미한다.[100] 이 원리는 마태복음 13:12에 드러난다.

> A 무릇 있는 자는 받아 **넉넉하게 되되** 없는 자는 그 있는 것도 **빼앗기리라**(마 13:12)
>
> X 대답하여 이르시되 **천국의 비밀을 아는 것**이 너희에게는 허락되었으나 그들에게는 아니되었나니(마 13:11)
>
> A' 무릇 있는 자는 받아 **풍족하게 되고** 없는 자는 그 있는 것까지 **빼앗기리라**(마 25:29)

99　황원하, 『마태복음(대한예수교장로회 고신총회 설립 60주년 기념 성경주석)』(서울: 대한예수교장로회 총회출판국, 2014), 549.

100　김영진, 『마태복음 제21~28장』, 419.

두 구절에서 빼앗기는 것은 무엇이고, 풍족하고 넉넉하게 주어지는 것은 무엇인가?

마태복음 25:29의 "무릇 있는 자는 받아 풍족하게 되고 없는 자는 그 있는 것까지 빼앗기리라"와 13:11-12의 "대답하여 이르시되 천국의 비밀을 아는 것이 너희에게는 허락되었으나 그들에게는 아니 되었나니, 무릇 있는 자는 받아 넉넉하게 되되 무릇 없는 자는 그 있는 것도 빼앗기리라"의 병행 구조를 살펴보면 빼앗기는 것이 "천국의 비밀을 아는 것"임을 알려 준다.[101]

그렇다면 한 달란트 받은 종이 빼앗긴 것은 "천국의 비밀을 아는 것"이고, 다섯 달란트 받은 종이 더 받은 것은 역시 "천국의 비밀을 아는 것"이라는 결론에 이르게 된다. 정리하면 달란트는 "천국의 비밀을 아는 것"이다.[102] 그러므로 천국의 비밀을 아는 종은 더 받아 넉넉하고 풍족하게 되고, 천국의 비밀을 깨닫지 못한 종은 한 달란트만큼 아는 천국의 비밀도 빼앗기는 것이 천국의 원리가 된다. 빼앗긴다고 표현했지만 사실은 영적 감각이 둔하여서 깨닫지 못하는 것으로 보인다. 결국 천국의 비밀을 깨닫지 못함이 문제인데, 여기서 천국의 비밀을 깨닫지 못하는 것과 천국의 비밀을 깨닫는 것의 차이를 살펴보고자 마태복음 13:12과 마태복음 25:29을 중심으로 구

---

101 Chenoweth, Ben. "Identifying the Talents: Contextual Clues for the Interpretation of the Parable of the Talents (Matthew 25:14-30)." *Tyndale Bulletin* 56.1 (2005): 61-72, 61, 68-71.

102 마 13:11-12; 고전 4:1-5의 유사성 통해 '달란트'의 의미를 찾는 Ben Chenoweth는 두 구절의 유사성에 근거하여 '달란트'를 하나님 나라의 비밀을 아는 것으로 주장한다; Chenoweth, Ben. "Identifying the Talents: Contextual Clues for the Interpretation of the Parable of the Talents (Matthew 25:14-30)." *Tyndale Bulletin* 56.1 (2005): 61-72.

조를 분석하면 다음과 같다.[103]

> A: 마태복음 13:12   하나님 나라의 원리
> X: 마태복음 16:21;   예수님의 대리적(대속적) 고난과
>   17:22-23; 20:17-19   죽음, 부활
> A': 마태복음 25:29   하나님 나라의 원리 적용

이 구조에서 발견되는 것은 예수님의 '대리적 고난과 죽음'(사 53:4-6)을 이해하지 못하면 천국의 봉인된 비밀을 알 수 없다는 것이다. 마태복음 16:21-23에서 예수님의 '대리적 고난과 죽음'을 이해하지 못한 베드로는 항변하다가 예수님에게 "사탄아 내 뒤로 물러 가라 너는 나를 넘어지게 하는 자로다 네가 하나님의 일을 생각하지 아니하고 도리어 사람의 일을 생각하는도다"라는 책망을 듣는다. 마태복음 17:23의 "죽임을 당하고 제삼일에 살아나리라 하시니 제자들이 매우 근심하더라"라는 말씀은 예수님의 말씀, 천국의 비밀을 조금도 이해하지 못하는 제자들의 부정적 반응이다.

그러므로 천국의 비밀을 아는 것의 열쇠는 예수님의 '대리적 고난과 죽음', 그리고 '부활'이다.[104] 예수님의 '대리적 고난과 죽음'을 이해하지 못하면 다른 어떤 천국의 비밀도 이해할 수 없다. 오랫동안 감추어진 천국의 비밀은 선택된 자들에게 열리지만, 예수를 거부한 자들에게는 닫힌 비밀이다.[105]

---

103   프랜스, 『마태복음』, 556.

104   김영진, 『마태복음 제21~28장』, 419.

105   이석호, 『하나님 나라 왕들의 행진곡』 (용인: 킹덤북스, 2013), 400-401.

마태가 여기서 이사야 6:9-10을 인용하는 것은 천국의 비밀을 깨닫지 못하는 것이 심판을 내포하고 있기 때문이다(마 13:14-15).[106] 따라서 한 달란트 받은 종이 심판을 받은 이유는 고난에 감추어진 천국의 비밀을 깨닫기 위한 수고에 게을렀기 때문이다. 그는 모든 자산을 동원하여 맡겨진 고난의 의미와 목적을 깨달아야 했다. 그러나 그는 도리어 주인을 정죄하고 원망하며 시간을 보낼 뿐이었다.

사도 바울은 하나님의 백성은 그리스도와 함께 상속자가 된다고 말한다. 이는 성령의 증언으로 확인되며 상속자의 권리를 누리는 근거이다(롬 8:16). 상속자의 권리는 예수님과 함께 영광을 누리는 것이다. 또 다른 상속자의 권리는 그리스도의 대리적 고난에 동참하는 것이다(롬 8:17). "자녀이면 또한 상속자(κληρονόμοι) 곧 하나님의 상속자요(κληρονόμοι μὲν θεοῦ) 그리스도와 함께한 상속자니(συγκληρονόμοι δὲ Χριστοῦ) 우리가 그와 함께 영광을 받기 위하여 고난도(συμπάσχομεν) 함께 받아야 할 것이니라"(롬 8:17). 여기서 바울은 '함께'(with)로 번역된 헬라어 'σύν'(syn)을 사용하여 설명한다(롬 8:17; 딤전 1:8; 딤후 2:3). 'συμπάσχομεν'(함께 고난)은 그리스도께서 하나님 백성을 고통 속에 두셨다는 뜻이다.[107] 'συμπάσχειν'은 장차 주어질 'συνδοξασθῆναι'(함께 영광)의 필수 불가결한 조건일 뿐만 아니라, 그리스도와의 교제, 그리고 상속자로서의 신분의 증거이다.[108]

---

106 이석호, 『하나님 나라 왕들의 행진곡』, 400-401.

107 *TDNT. Vol.* 5, 925.

108 *TDNT. Vol.* 5, 925.

따라서 고난을 거부하는 것은 상속자이기를 포기하는 것이다. 상속을 포기한 상속자는 룻기에서 만날 수 있다. 보아스보다 기업 무름의 권리가 있었던 "아무개"(אַלְמֹנִי; κρύφιος; 룻 4:1)는 상속의 권리를 포기하고 신을 벗어 증거로 삼는다. 그는 이름이 있었지만, 성경에 기록되지는 못했다.[109] 공동체의 지체의 회복을 위한 고난을 거부하는 것은 언약 공동체에서 수치스러운 일이다(룻 4:6). 로마서에 의하면 고난은 상속자의 책임과 의무이다. 그뿐만 아니라 고난은 더 큰 특권이며 특별한 은혜이다(빌 1:29).[110] 고난이 기업이라는 의미를 이해하려고 할 때, 고난에 대한 부정적인 선입관부터 해결해야 한다. 나사로는 가난했지만 구원받았고 부자는 심판받았다(눅 16:19-31). 탕자는 쥐엄 열매조차 먹을 수 없는 고난을 겪음으로써 아버지에게 돌아간다(눅 15:16-19). 탕자의 삶이 풍요로웠다면 그는 아버지에게로 돌이키지 않았을 것이다. 그러므로 고난은 악한 것이 아니다. 십자가의 고난은 하나님의 '의'(義)를 보이신 방편이며, 죄인에게는 구원의 방편이다. 그러나 기복적이고 세속적인 관점에서 고난은 악이자 수치이다. 고난이 선인지 악인지를 결정하는 것은 하나님의 신적 권위에 속한 것이며, 인간에게는 이것을 판단할 권리가 없다. 분명한 것은 하나님께서 그의 백성에게 주시는 고난은 선한 것이며, 그는 고난을 통해 선을 이루실 것이다. 하나님은 선하시기 때문이다.

---

109 보아스보다 더 가까운 기업 무를 자는 형제의 이름이 끊어지지 않도록 하는 일에 관심이 없는 자였다. 형제의 이름이 끊어지지 않도록 행하는 데 관심 없는 자는 결국 자기 이름도 끊어지게 된다는 것이 룻기 기자의 핵심 메시지라고 학자들은 주장한다.; Hubbard, *Ruth*, 234-35.; 김지찬,『룻기, 어떻게 설교할 것인가: 본문 주해에서 설교까지』(서울: 생명의말씀사, 2018), 593에서 재인용.

110 *TDNT*. Vol. 5, 920.

천국의 비밀과 예수님의 대리적 고난에는 긴밀한 상관관계가 있다. 달란트는 고난 속에 감추어진 천국의 비밀이다. 겉으로 고난은 심판에 지나지 않는 것처럼 보이지만 그 속의 내용은 감추어진 천국의 비밀이다. 천국의 비밀은 고난으로 포장되어 있으며, 고난 자체가 천국의 감추어진 비밀이다. 김양재는 그의 책 『상처가 별이 되어』에서 "고난을 통해, 때마다 하나님의 곳간에서 새것과 옛것, 신구약 말씀을 마음대로 내어오는 사람이 될 것입니다"라고 말한다.[111]

그러므로 더 많은 것을 맡기고자 하는 상급에는 더 많은 고난(대리적 고난)이 따른다. 왜냐하면 천국의 비밀은 고난 속에 감추어져 있기 때문이다. 이는 고린도전서 12:7-10에서 사도 바울의 고백으로 확인된다. 하나님께서 천국의 비밀을 아는 사도 바울에게 육체의 가시를 주신 것은 자고하지 않게 하려는 하나님의 은총이다. 이것은 바울에게 더 많은 계시와 비밀을 깨닫게 하기 위함이다. 사도 바울은 이를 "그리스도의 능력이 내게 머물게 하려 함"이라고 해석한다(고후 12:7-10). 바울이 말하고자 하는 것은 자신의 약함 가운데 있는 천국의 비밀(그리스도의 능력)에 대한 경험이다.[112] 바울은 이것을 더 받아 풍족하게 된 사람이다. 비록 그에게는 육체의 가시가 있었지만, 천국의 비밀을 깨달았으므로 기꺼이 주인의 즐거움에 동참한다. 반면 한 달란트 받은 종은 고난 속에 감추어진 비밀을 깨닫지 못한다. 감추어진 천국의 비밀을 깨닫지 못한 자에게 고난은 그저 고난에 지나지 않으며 수치일 뿐이다. 하나님은 천국의 비밀을 감추시고, 사람은 자신의 수치를

---

111   김양재, 『상처가 별이 되어』, 116-117.
112   크루즈, 『고린도후서』, 300.

감춘다. 그러나 천국의 비밀을 깨달은 바울은 자신의 고난과 수치를 감추지 않는다. 한 달란트 받은 자가 자신의 고난과 수치를 숨기고 감춘 것은 고난 속에 감추어진 천국의 비밀을 깨닫지 못했기 때문이다. 이것으로 보아 천국은 빼앗기는 것처럼 보이기도 하지만 스스로 거절하고 버리는 것일 수도 있다. 천국의 비밀은 고난의 모습으로 위장해서 찾아오기 때문이다. 고난의 양이 채워지지 않았기 때문에 성경이 어렵게 느껴진다. 고난을 겪고 나면 모든 말씀이 나에게 주시는 말씀으로 들린다. 성경은 성령님께서 깨닫게 하신다.[113]

'한 달란트만큼'

한 달란트 받은 종은 '한 달란트만큼' 천국의 비밀을 알았다. 그러나 자신에게 주어진 고난과 그 고난을 허락하신 하나님의 뜻을 이해하기 위해, 고난을 해석하기 위해 아무런 노력도 하지 않는다. 또한 자신에게 주어진 특권과 고난, 그리고 천국의 비밀을 아는 지식으로 하나님 나라를 위해 일하기를 거절한다. 오히려 자신의 앎으로 자신의 게으름과 악을 정당화하며 주인을 비난하기까지 한다. 그는 기복 신앙과 율법주의적 정죄와 수치에 갇혀있기 때문이다. 그의 행동에 대한 결과로 그는 주인으로부터 빼앗기고 쫓겨나게 된다. 그런데 빼앗기는 것처럼 보이지만 스스로 거절하고 버린 것일 수도 있다.

반면 사도 바울은 자신에게 주어진 고난, 즉 육체의 가시를 놓고 하나님께 기도한다. 천국의 비밀인 하나님의 뜻을 이해하기 위해 노력하고 수고한

---

113   김양재, 『상처가 별이 되어』, 120-121.

것이다. 결국 그는 육체의 가시가 자신의 교만 때문에 주어졌음을 깨닫고 하나님께 설득당한다. 자신에게 육체의 가시라는 고난이 필요함을 인정하고 이해한 것이다. 바울은 자기 육체의 가시를 감추거나 숨기지 않았다. 육체의 가시가 안질이든[114] 간질이든[115], 그는 수치심에 갇히지 않았다. 바울은 고난 속에 감추어진 천국의 비밀을 상급으로 더 받아 넉넉하고 풍성한 종이 되었기 때문이다. 마태복음 저자가 고난을 달란트라는 천문학적인 가치로 표현한 것은 고난 속에 감추어진 천국의 비밀을 아는 특권과 기회의 가치를 표현하기 위한 것으로 보인다.

나는 목회가 너무 하고 싶었다. 목사에게 목회가 하고 싶은 것은 당연한 것이겠지만, 그보다도 무임목사의 삶이 너무나 수치스러웠기 때문이다. 그러나 무임목사의 삶을 살지 않았다면 성경을 읽는 나의 관점이 달라지지 않았을 것이다. 빼앗기고 쫓겨난 한 달란트 받은 종의 '감정 고난'이 없었다면 성경을 읽는 나의 관점은 달라지지 않았을 것이다. 이것이 나의 상급이다.

크리스천 정신과 의사인 폴 투르니에(Paul Tournier)는 그의 책 『창조적 고통』에서 "우리는 고통 자체가 창조적일 수 없을지 모르지만, 고통 없이는 창조적일 수 없다는 결론에 도달했다. … 고통 없이 사람은 성장하지 못한다. 결국 모든 상실과 고통은 창조성을 위한 기회인 것이다"라고 말한다.[116] 이처럼 고난은 하나님의 특별한 선물이다. 유대 민족은 바벨론에 의해 포로로

---

114 이문범, 『신약 개관 (역사 지리로 보는 성경)』 (서울: 두란노, 2017), 41.

115 크루즈, 『고린도후서』, 297-298.

116 폴 투르니에, 『창조적 고통』, 김기복 역 (서울: 전망사, 1986), 131.

잡혀간 후, 70년이라는 긴 세월간 수치스러운 포로 생활을 하면서 성경을 읽는 관점이 바뀌었다.[117] 우리가 물려받은 구약 성경의 대부분은 바벨론 포로 이후에 기록된 것이다. 포로기를 겪으면서 그들은 율법을 읽는 세계관이 바뀌었고 고난에 대한 이해가 바뀌었다. 바벨론 포로의 고난을 겪은 이들은 자신들이 희생 제물이 되어 대리적 고난을 겪는 것을 깨달았다. 이를 성문화한 것이 구약 성경이다. 그 대표적인 것이 역대기이다.[118] 역대기는 열왕기와 같은 내용이지만 다른 관점에서 기록한 책으로, 신명기적 관점 혹은 바벨론 포로의 관점에서 쓰였다고 말하기도 한다. 그런데 나는 바벨론 포로의 관점이라는 말을 그다지 좋아하지 않는다. 유대인의 정통성의 관점으로 보면, 에스겔이나 다니엘과 같은 포로들이 잡혀갈 때 예루살렘에 남아 있던 사람들은 자신은 하나님의 은총을 받은 사람이고 포로로 잡혀간 사람들은 심판을 받은 것으로 보았다. 예루살렘 성전에서 제사장의 직무를 행하던 사람들이 제사장의 직무를 빼앗긴 에스겔을 볼 때 그랬을 것이고, 제사장의 직무를 빼앗긴 에스겔은 수치심에 고통스러웠을 것이다. 그러나 결국 그들은 바벨론에 의해 예루살렘성과 함께 멸망당했고, 바벨론 포로된 자들은 복음과 구원을 위해 '대리적 고난'을 받은 것이었다.

---

117 포로기 이전의 책들은 하나님의 백성인 이스라엘이 왜 바벨론에 끌려왔는가? 하는 질문과 아직도 소망이 있는가 하는 관점이다. 포로기 이후의 역사서들은 이스라엘의 정체성에 관한 질문에 답변인 동시에 옛 이스라엘과 포로에서 귀환한 백성들의 관계에 대한 질문의 답변이다. 바벨론 포로기를 기점으로 역사서의 신학적 주제와 관심사가 달라진다. 송병헌, 『엑스포지멘터리 역사서 개론』, 43.

118 역대기는 바벨론 포로에서 귀환한 백성들을 대상으로 기록되었다. 돌아온 백성들이 하나님 백성의 정통성을 이은 언약 공동체라는 관점으로 기록되었다; 송병헌, 『엑스포지멘터리 역사서 개론』, 45.

해리스(Harris, M.J)는 "그리스도인들에게 고난은 하나님이 우리에게 실망했다는 의미가 아니라, 하나님을 만날 기회이다"라고 말한다.[119] 바벨론에 포로로 수치를 당하던 유대인을 통해서 정통성이 이어져 왔다. 하나님은 멸망을 피해 에스겔과 다니엘 같은 '남은 자'들을 바벨론으로 옮긴 것이다. 학자들은 제2의 출애굽이라고 부르지만, 나는 이것을 "출 유다" 혹은 "출 예루살렘"이라고 부른다. 그들은 포로로 잡혀간 것이 아니라, 타락하고 범죄한 소돔 성에서 "출 유다"한 것이다. 출 유다의 관점이 곧 바벨론 포로의 관점이다. 이 관점으로 구약 성경의 대부분이 기록되었다. 이 관점이 바벨론 포로기를 살아낸 그들의 상급이었다. 바벨론 포로들은 자신들이 하나님의 '남은 자', 혹은 '대리적 고난'을 받는 제물과 종이라는 정제성을 깨달았다. 그제서야 바벨론 포로들은 자신들을 오랫동안 괴롭힌 수치심에서 벗어날 수 있었을 것이다. 자신들의 고난과 수치가 단순한 고난과 수치가 아니라 특권인 것을 깨달았기 때문이다. 이런 배경에서 유대인들은 고난에 대한 인과응보적 관점에서 이사야 53장의 '대리적 고난'의 세계관으로 극적인 전환이 나타난 것으로 보인다. 이 감격으로 율법을 성문화한 것이 오늘날 우리가 물려받은 구약이다. 제3의 출애굽 사건은 유대교에서 기독교로의 '출'이다. 제4의 출애굽 사건은 종교 개혁이다. 이것이 고난 속에서 얻은 나의 상급이다. 이 상급으로 나는 바벨론 포로들과 같이 나를 괴롭히던 수치심에서 자유하고 있다. 고난을 감당하는 자에게 하나님께서 주시는 상급은 천국의 비밀을 깨닫게 하는 것이다.

---

119 Harris, M.J., *The Second Epistle to the Corinthians: a commentary on the Greek text*, *NIGTC* (Grand Rapids, MI; Milton Keynes, UK: W.B. Eerdmans Pub. Co.; Paternoster Press, 2005), 349.

제4장

의인과 악인은 고난(대리적 고난)으로 구분된다

1. 한 달란트 받은 종과 지극히 작은 자의 만남

신명기에서 주리고(רָעֵב) 목마르고(צָמָא) 헐벗은(עֵירֹם) 고난과 수치는 불순종으로 인한 보응적 심판의 결과이다(신 28:48). 즉, 신명기를 배경으로 볼 때, '지극히 작은 자'의 고난은 죄와 불순종으로 인한 심판이다. 따라서 한 달란트 받은 종과 지극히 작은 자는 심판으로 쫓겨난 죄인이라는 공통점이 있다. 연극이나 영화에서 달란트 비유에 관한 등장인물이 나와서 스토리가 진행된다고 상상해 보자. 한 달란트 받은 종이 쫓겨나면서 1막이 내린다. 그리고 어느 정도의 시간이 흐른 뒤, 다른 무대와 카메라에 '지극히 작은 자'가 등장한다. 그런데 관객의 시선에는 한 달란트 받은 종과 '지극히 작은 자'가 어딘가 묘하게 닮은 듯 보인다. 이처럼 나는 두 상황과 두 비유가 다른 듯 하면서도 같은 이야기라는 것을 설명하고자 한다.

달란트의 증대: 남기는(κερδαίνω) 종

다섯 달란트와 두 달란트를 받은 종이 주인에게 돌아와서 또 다른 다섯 달란트와 두 달란트를 남겼다(마 25:16, 17, 20, 22). 여기서 '남기고', '남겼으되', '남겼나이다'로 번역된 'κερδήσομεν'(κερδαίνω(kerdaino)의 미래 능동태 직설법 1인칭 복수)는 '선교 용어'이다.[1] 'κερδήσομεν'는 '(상업적) 이익을 얻다'(약 4:13), '무엇을 아끼다'(행 27:21), '무엇을 얻다'(마 25:16, 17, 20, 22)로 쓰인다. 그리고 'κερδαίνω'의 부정과거 능동태 가정법 1인칭 단수인 'κερδήσω'는 '그리스도인을 만들다'(고전 9:19-22; 벧전 3:1)를 의미하며 'σώζω'(구원하다)와 병행 사용된다(고전 9:22).

나의 상상력으로 볼 때, 다섯 달란트와 두 달란트 받은 종들에게 한 달란트 받은 종과 지극히 작은 자는 과거 자신들의 모습처럼 보일지도 모른다. 그리고 한 달란트 받은 종과 지극히 작은 자가 미래에 다섯 달란트, 두 달란트 받은 종이 되도록 섬겨야 한다. 이것이 '장사하여'(ἐργάζομαι), '남기는' (κερδαίνω) 것이다(마 25:16, 21, 22). 김학철은 그의 논문 "하늘나라 비유로서 달란트 비유 (마 25:14-30) 다시 읽기"에서 한 달란트 받은 종이 감추고 묻어둔 것은 "지극히 작은 자"에 대한 외면으로 해석한다.[2]

헬라어 'κερδαίνω', 즉 달란트의 증대는 해석에 따라 다양하게 이해되었다. 제롬(Jerome)은 달란트를 남기는 것을 '복음에 대한 더 많은 지식'을 얻는 것으로 보지만,[3] 말도나투스(Maldonatus)는 달란트를 남기는 것을 '더 많은

---

1   *TDNT, Vol. 3*, 673.

2   김학철, "하늘나라 비유로서 달란트 비유 (마 25:14-30) 다시 읽기", 「신약논단」제16권 제 1호 (2009년 봄), 31.

3   Maldonatus, J., *A Commentary on the Holy Gospels*, 2권 (Catholic Standard Library) (London: John Hodges, 1888), 311.

사람을 그리스도께로 인도하는 것'으로 본다.[4] 제롬의 말처럼 달란트의 증대는 천국의 비밀에 대한 더 깊은 이해 또는 선행일 수도 있다. 반면 루즈는 달란트를 묻어버리는 행위에 대해 죄를 짓지는 않지만, 어떤 의로운 행위도 하지 않는 것이며, 자기 자신만 생각하고 다른 사람은 생각하지 않는 것으로 본다.[5] 이어지는 최후의 심판의 비유(마 25:31-46)에서 의인과 악인을 나누는 기준은 주리고, 목마르고, 나그네 되고, 헐벗고, 병 들고, 감옥에 갇힌 "지극히 작은 자"를 먹이고 입히는 것이다. 따라서 한 달란트 받은 종이 달란트를 묻어둔 것은 지극히 작은 자에게 어떠한 도움도 주지 않은 것으로 볼 수 있다. 김학철은 이를 하나님 나라를 보이는 삶을 거부하는 것으로 본다.[6]

루즈와 몇몇 학자들은 달란트 비유와 양과 염소 비유를 연결하여 해석하는 것을 볼 수 있다. 따라서 빼앗기고 쫓겨난 한 달란트 받은 종과 지극히 작은 자의 만남이 감추어진 천국의 비밀이다. 감추어진 천국의 비밀을 깨달을 때, 지극히 작은 자와 한 달란트 받은 종의 만남이 이루어진다. 반대로 감추어진 천국의 비밀을 깨닫지 못할 때, 고난은 수치심과 정죄, 그리고 교만에 갇히게 된다. 본 장에서는 'κερδαίνω'를 마태복음 25:31-46의 "지극히 작은 자"를 중심으로 공감과 동일시, 그리고 영적 권위를 다룰 것이다.

4 Maldonatus, *A Commentary on the Holy Gospels*. 2권, 311.
5 Luz, *Matthew* 21-28, 260.
6 김학철, "하늘나라 비유로서 달란트 비유 (마 25:14-30) 다시 읽기", 30.

달란트 비유와 양과 염소 비유의 문예적 관계

루즈는 마태복음 24~25장에 등장하는 비유의 목적을 올바른 지식, 즉 올바른 실천으로 이끄는 것이라고 말한다.[7] 그는 종말에 관한 비유에 나오는 열 처녀 비유와 달란트 비유, 양과 염소 비유를 볼 때 깊은 연관성을 염두에 두고 읽는 것이다. 이는 히브리 문학의 삼중 구조로, 히브리 문학은 의미가 비슷한 것을 3번 반복함으로써 최상급 강조를 표현하는 방법을 사용한다.[8] "너는 마음(לֵבָב)을 다하고 뜻(נֶפֶשׁ)을 다하고 힘(מְאֹד)을 다하여 네 하나님 여호와를 사랑하라"(신 6:5)라는 말씀에서 마음과 뜻과 힘을 다하라는 말씀을 해석함에 있어서 '마음'은 무엇이며, '뜻'과 '힘'은 무엇을 의미하는지도 중요하지만, 히브리 문예적 특징을 참고해야 한다. 그리고 이를 통해 마음과 뜻과 힘, 3가지 중에서 가운데 위치하는 '뜻'이 가장 중요하다는 것을 유추할 수 있다.[9] 이처럼 마태는 히브리 문학의 특징을 사용하여 본문을 숫자 3의 패턴을 선호하는 방식으로 구성한다.[10]

이처럼 '열 처녀 비유'와 '달란트 비유', '양과 염소 비유' 역시 이러한 문예적 특징을 사용하여 반복적으로 메시지를 강조한다. 그러므로 '달란트 비유'는 '양과 염소의 비유'와 '열 처녀 비유'와 함께 살펴보아야 한다. 양용의는 '양과 염소 비유'가 '열 처녀 비유'와 '달란트 비유'에서 종말을 준비하는

---

7   Luz, *Matthew 21-28*, 179.
8   한성천, 김시열, 『옥스퍼드 원어 성경대전 신명기 제1~11장』 (서울: 제자원, 2002), 405.
9   김주석, 『히브리적 사고로 조명한 성경해석학 성경을 이렇게 해석하라』 (서울: 도서출판 동행, 2011), 51-57.
10 강대훈, 『마태복음 주석 1권』, 63.

삶의 구체성이 무엇인지를 설명한다고 말한다.[11] 학자들은 '양과 염소 비유'를 종말 비유의 결론으로 보면서, '열 처녀 비유', 그리고 '달란트 비유'와 구별한다. 그러나 종말 비유의 결론으로 '양과 염소 비유'의 위치와 역할을 강조하는 것은 오히려 종말 비유의 연관성을 더 강조하는 기능을 한다.

A.마태복음 24:1–31	24:30–31, 인자가 구름을 타고 능력과 큰 영광으로 오는 것을 보리라 그가 큰 나팔소리와 함께 천사들을 보내리니
B. 마태복음 24:32–51	24:51, 거기서 슬피 울며 이를 갈게 될 것이다
X. 마태복음 25:1–13	혼인 잔치, **마태복음 25:13, 깨어 있어라**
B'. 마태복음 25:14–30	25:30, 거기서 슬피 울며 이를 갈게 될 것이다
A'.마태복음 25:31–46	25:31, 인자는 자기 영광으로 모든 천사와 함께 올 것이다

그러므로 나는 '열 처녀 비유'와 '달란트 비유'와 '양과 염소 비유' 사이의 깊은 연관성을 고려하면서 이 본문들을 읽는다. 한 달란트 받은 종의 '빼앗김'(마 25:29)과 '쫓겨남', '슬피 울며', '이를 가는 상태'(마 25:30)의 또 구체적인 다른 표현은 "지극히 작은 자"의 주리고, 목마르고, 나그네 되고, 헐벗

---

11   양용의, 『마태복음 어떻게 읽을 것인가』, 426.

고, 병들고, 옥에 갇힌 것이다(마 25:35, 36). 두 사람 모두 용서와 긍휼, 은총을 받을 자격이 없는 자라는 공통점을 가지고 있다. 차이점은 달란트 비유에서는 쫓겨난 심판과 근거가 제시되지만, 양과 염소의 비유에서는 지극히 작은 자의 고난에 대한 구체적인 기록만 있을 뿐, 고난의 이유를 설명하지 않는다. 마태복음 저자는 지극히 작은 자가 누구인지와 그의 고난의 원인과 이유에는 관심이 없다. 신명기 28:48에 의하면, 지극히 작은 자의 주리고 목마르고 헐벗은 고난은 불순종으로 인한 저주와 심판이다. 그런데 마태복음 25:31-46에서는 "지극히 작은 자"를 향한 태도와 섬김이 양과 염소(의인과 악인)를 구분하는 기준과 근거가 된다. 이는 행위 구원을 주장하는 것처럼 보이고 이신칭의에 익숙한 교회와 성도에게 혼란을 준다.

지극히 작은 자(마 25:40, 45)

대부분의 마태복음 주석은 '지극히 작은 자가 누구인가?'에 많은 관심이 있다. 데이비스(W. D. Davies)와 데일 C. 앨리슨(Dale C. Allison, Jr)은 "내 형제 중에 지극히 작은 자는 누구인가"에 대한 가능성을 다섯 가지로 정리한다.[12] 첫째는 기독교인이든 아니든 도움이 필요한 모든 사람으로 보는 관점이다. 이 관점에는 니사의 그레고리, 크리소스톰, 알포드, 맥네일, 슐라터, T. 프리스, 크랜필드, G. 그로스, 예레미아스, 힐, E. 슈바이처, 아그바누, 마이어, 슈나켄부르크, 그닐카, 파테, D. 웬함이 있다. 둘째는 모든 기독교인, 즉 제자로 보는 관점이다. 이 관점에는 오리겐, 바실리우스 대제, 어거스틴, 베데, 토마스 아퀴나스, 츠빙글리, 루터, 칼빈, B. 바이스, J. 프리드리히,

---

12   Davies, W.D. & Dale C. Allison, Jr, *A critical and exegetical commentary on the Gospel according to Saint Matthew. ICC. Vol. 3*, 428-429.

잉겔라이어, S. W. 그레이, G. N. 스탠튼, 코트, 프랑스, 갈랜드이 있다. 셋째는 유대인 기독교인으로 보는 관점으로, 이 관점에는 알렌(Allen)이 있다. 넷째, 기독교 선교사나 지도자로 보는 접근으로, 여기에는 잔, 건드리, 코프, 람브레히트, 헤어, 블롬버그, 루즈가 있으며, 다섯째는 선교사나 지도자가 아닌 평신도 기독교인으로 보는 접근으로, 매덕스가 이 관점을 지지한다. 정리하면 지극히 작은 자는 도움이 절실한 자인가? 성도인가? 복음 전도자인가? 하는 문제를 다루는 것이다. 그러나 정작 마태복음은 지극히 작은 자가 누구인지에 대해서 큰 관심이 없다. 그가 누구인지, 왜 고난을 겪는지에 관해서는 설명하지 않는다. 다만 그의 구체적 고난에 집중하면서, 구체적인 단어를 사용하여 4번이나 반복적으로 묘사할 뿐이다. 따라서 '지극히 작은 자가 누구인가'라는 질문에 집중하는 것은 자신을 의로운 자로 보이고자 하는 어떤 율법사가 예수님께 "그러면 내 이웃이 누구이니까?"라고 질문한 것과 다를 것이 없다(눅 10:29).

그뿐만 아니라 "지극히 작은 자"를 '기독교 공동체의 작은 자나 전도자'로 보는 관점을 바라볼 때, 예수께서 원수까지 사랑하라고 하신 말씀을 기억해야 한다(마 5:44). 지극히 작은 자를 기독교 성도로 제한하면 "네 원수가 주리거든 먹이고 목마르거든 마시게 하라"(롬 12:20)는 말씀과 대치된다.[13] 그러므로 최후의 심판(양과 염소 비유)은 지극히 작은 자가 누구인가에 대해 집중하면서 이 본문을 읽는 것이 아니라, '지극히 작은 자를 섬기는 의인은 어떤 사람인가' 하는 관점에 초점을 두고 읽어야 한다. 반면 신명기 28:48에서

---

13 로날드 사이더, 『가난한 시대를 사는 부유한 그리스도인』, 한화룡 역 (서울: 한국기독교학생회 출판부, 1998), 114.

주리고(רָעֵב) 목마르고(צָמֵא) 헐벗은(עֵירֹם) 고난과 수치는 불순종으로 인한 심판의 결과이다. 즉, 지극히 작은 자의 고난은 죄와 불순종으로 인한 보응적 심판으로 주어진 고난으로 여겨진다.

데이비스와 데일 C. 앨리슨은 마태복음 25:35-39, 42-44에 나열되어 있는 배고픔과 갈증 등은 전도자들의 '고난 목록'이 아니라, 랍비들이 "게밀루트 하시딤"(גְּמִילוּת חֲסָדִים)이라고 부르는 일상적인 자비의 행위 목록이라고 말한다.[14] 이에 따르면 '심판적 고난을 받는 지극히 작은 자의 고난'에 대한 접근이 아니라, '선행을 베푸는 의인은 어떤 사람인가'에 대한 접근이 필요하다. 나는 이런 마태복음 기자의 관점을 따라, 첫째는 지극히 작은 자의 구체적인 고통이 설명되는 이유를, 둘째는 지극히 작은 자를 돕는 자가 누구인가를 중심으로 살펴보고자 한다. 왜냐하면 최후의 심판, 양과 염소의 비유에서 '지극히 작은 자를 돕는 자가 누구인가' 하는 점이 곧 심판의 기준이기 때문이다.

앞에서 살펴본 바와 같이 마태복음 5~7장과 23~25장은 마태복음 13장을 중심으로 A-X-A'의 대칭 구조를 이루고 있다. 또한 마태복음 5:6과 25:35, 36 역시 대칭 병행 구조에 위치함을 알 수 있다. 이를 따른 분석을 표로 만들면 아래와 같다.

---

14   Davies, W.D. & Dale C. Allison, Jr, *A critical and exegetical commentary on the Gospel according to Saint Matthew. ICC. Vol. 3, 428.*; Singer, I., (1901-1906), *The Jewish Encyclopedia: A Descriptive Record of the History, Religion, Literature, and Customs of the Jewish People from the Earliest Times to the Present Day, 3권. 12 Vols.* (New York; London: Funk & Wagnalls), 667.

산상수훈(마 5:6)		양과 염소 비유(마 25:35, 36)	
주리고(πεινάω)	배 불리다(χορτάζω)	주리고(πεινάω)	먹이다(τρέφω)
목마르고(διψάω)	배 불리다(χορτάζω)	목마르고(διψάω)	마시게하다(ποτίζω)
		나그네 되고(ξένος)	영접(συνάγω)
		헐벗고(γυμνός)	입혔고(περιβάλλω)
		병들고(ἀσθενής)	돌아봄(ἐπισκέπτομαι)
		옥에 갇히고(φυλακή)	와서 봄(ἔρχομαι)

이 표의 산상수훈(마 5:6)에서 '주림과 목마름'이, 최후의 심판(양과 염소 비유)에서는 '주리고 목마름, 헐벗음과 병듦, 나그네와 옥에 갇힘'이라는 더 구체적이고 다양한 고난으로 표현된다(마 25:35, 36). 지극히 작은 자의 고난을 구체적으로(마 25:35-36, 37-39, 42-43, 44-45) 4번이나 반복하는 것은 마태 공동체의 제자들에게 선행의 실제적 지침을 강조하는 효과가 있다.[15]

루즈는 유대인에게 지극히 작은 자에 대한 자선(צְדָקָה)은 의인과 악인을 나누는 심판의 결정적인 기준이라고 말한다.[16] 강대훈은 이에 대해서 심판과 구원의 기준은 궁휼과 동정의 삶이라고 말하며,[17] 팀 켈러는 가난한 이웃을 외면하는 것은 하나님의 은혜를 이해하거나 체험하지 못한 태도라고 말한다.[18] 자선(צְדָקָה)은 유대인의 삶에서 중요한 삶의 한 영역을 차지하며, 특

---

15   오스본, 『마태복음 (상)』, 370
16   Luz, *Matthew 21-28*, 278.
17   강대훈, 『마태복음 주석』, 473-474.
18   팀 켈러, 『팀 켈러의 정의란 무엇인가』, 최종훈 역 (서울: 두란노, 2012), 150.

히 성전이 파괴된 포로 후기에 더 강화되었다.[19] 따라서 양과 염소의 비유를 유대적 배경으로 읽을 때, 자선이 의인에게 요구되는 필요조건인 것을 이해할 수 있다. 마태가 단순히 유대교 관점을 반영하기 위한 목적으로 자선과 최후의 심판을 기록한 것으로 보이지는 않는다. 그러므로 이제 지극히 작은 자를 영접하고, 먹이고, 입히고, 마실 것을 주고, 찾아가서 보살피는 의인은 어떤 사람인가에 대하여 살펴보자.

1) 지극히 작은 자와 '동일시'(identification)하는 사람이다[20]

임금은 자신과 "지극히 작은 자"를 '동일시'한다(마 25:40, 45).[21] 그리고 임금은 "지극히 작은 자"에게 행한 선행을 기준으로 의인과 악인을 나눈다. 임금이 "지극히 작은 자"와 자신을 '동일시하는'[22] 마태복음의 가르침은 율법주의와 반율법주의자들을 포함하여 모든 독자에게 혁명적인 메시지이다.[23] 왜냐하면 신명기 28:48의 관점으로 볼 때 지극히 작은 자는 죄로 인한 심판과 저주를 받은 죄인이기 때문이다. 불순종과 죄로 인한 보응적 형벌을 받은 자와 자신을 동일시하는 것은 쉽게 이해하기가 어렵다. '동일시'의 개념은 구약 동물 제사에서도 확인된다.[24] 레위기의 제사법을 보면, 제물을 드리는 자는 자기 제물의 머리에 안수를 하는데(레 1:4), 이는 제물과 예배

---

19 Luz, *Matthew 21-28*, 278.
20 스튜어트 K 웨버, 『Main Idea로 푸는 마태복음』, 587.
21 헤그너, 『WBC 마태복음 하』, 1137.
22 웨버, 『Main Idea로 푸는 마태복음』, 587.
23 목회와 신학 편집팀, 『마태복음 어떻게 설교할 것인가』, 375.; 채영삼, 『마태복음의 이해 긍휼의 목자 예수』 (서울: 이레서원, 2011), 422.
24 존 E 하틀리, 『WBC 레위기(4)』, 김경열 역 (서울: 솔로몬, 2006), 138-140.

자를 '동일시'하는 행위다. 그리고 안수 행위를 통해서 자신의 죄가 제물에 전가된다. 구약의 예배에서 제물과 예배자는 '동일시'되었다. 가인과 아벨의 제사를 살펴보면 제물의 거절은 예배자의 거절이었고, 제물의 용납은 예배자의 용납이었다(창 4:4, 5). 그러므로 구약 배경에서 '동일시'는 제의 용어와 제의 개념으로 속죄와 깊은 연관이 있다. 양과 염소를 구분하는 기준 역시 단순한 선행이나 구제 행위가 아니라, 죄인인 지극히 작은 자를 자신과 동일시하는 것이다.[25] 이에 대해서는 뒤에서 다룰 것이다.

김득중, 유태엽은 그들의 주석에서 마태 공동체가 부유한 교회였다고 말한다. 그 근거로 마태복음에서 사용된 화폐의 단위를 들 수 있다. 구체적으로 누가복음은 예수님의 탄생 장소를 마굿간과 말구유라고 언급하지만, 마태복음은 집으로만 언급한다는 점, 그리고 아리마대 요셉을 부자라고 언급하는 유일한 복음서라는 점 등으로 미루어 보아 마태 공동체는 부유한 상류층으로 구성된 공동체였다고 말한다.[26] 이것은 마태의 직업이 세리였다는 것을 생각할 때 설득력 있는 주장이다. 마태 공동체가 부유한 공동체라면 예수님이 지극히 작은 자와 자신을 동일시하는 말씀은 독자들에게 매우 충격적이었을 것이다. 그러나 이것이 하나님의 의(צְדָקָה)로우신 속성이다. 복음서의 예수님은 가난한 자들과 함께 식사를 하고 그들과 함께 생활하셨다. 사람이 아무리 의롭다고 해도, 선행으로 고난을 겪는 자를 돕는 것까지는 하겠지만 지극히 작은 자와 자신을 '동일시'하기는 어려운 일이다. 그러나

---

25 목회와 신학 편집팀, 『마태복음 어떻게 설교할 것인가』, 375.
26 김득중, 유태엽, 『마태복음 해석』(서울: CLC, 2013), 33.

예수님은 죄인을 자신과 '동일시'하셨고 성육신하심으로 함께하셨다.[27] 예수님께서 '동일시'하신 것은 '지극히 작은 자'(마 25:34, 40, 45)와 '교회'뿐이다(행 9:4, 5).

달란트 비유의 교훈을 신실한 청지기로 이해하면,[28] 충성은 지극히 작은 자에 대한 선행으로 만족된다. 여기서도 마찬가지로 몇 번의 선행은 반복할 수 있지만, 죄인으로 여겨지는 지극히 작은 자와 자신을 동일시하기는 어려운 일이다. 나는 그들과 다르기 때문이다. 재능과 은사가 자기의가 되면, 더욱 우월감은 강화되고, 판단과 무시와 차별이 앞서게 된다. 당시 사회적으로 의롭다고 인정받았던 바리새인들이 나는 '그들과 다르다'라고 기도한 것은 영적 우월감과 다름에 대한 감사이다(눅 18:9-12).

또한 달란트 비유의 의미를 신실한 청지기로 이해하면, 달란트 비유의 교훈이 경영학에서 다루는 자기 경영과 자기 성공, 즉 기복적 가치관과 행위 구원처럼 보이는 문제점에 이르게 된다. 자신도 죄인이라고 동일시하는 것이 아니라 스스로를 타인보다 의롭게 여기는 자기의가 더 견고해지는 구조적 문제에 발생한다. 다섯 달란트와 두 달란트를 받은 종들이 한 달란트 받은 종을 자신들과 동일시하지 못하고 영적 우월감으로 한 달란트 받은 종을 정죄하고 차별하며 무시한다면 그들도 실패한 것이다. 불의한 자들의 불의는 지극히 작은 자들을 무시하는 것이기 때문이다.[29]

---

27   헤그너, 『WBC 성경주석 마태복음(33 하)』, 1137.
28   데이비드 터너, 『BECNT 마태복음』, 배용덕 역 (서울: 부흥과개혁사, 2014), 772.
29   웨버, 『Main Idea로 푸는 마태복음』, 588.

바리새인들은 죄인들과 다름을 주장했지만, 그렇게 함으로써 맘몬과 동일시되는 것을 깨닫지 못했다(마 6:24). 한 달란트 받은 종이 땅을 파고 감춘 것은 죄로 인한 두려움과 수치를 자신과 동일시했기 때문이다. 이것은 동일시의 부정적인 예다. KB경영연구소의 보고서에 따르면 한국에서 반려동물을 키우는 인구수가 약 천만 명에 달한다고 한다. 수많은 사람이 반려동물을 키우는 것은 반려동물이 인간의 정서적 발달이나 안정에 도움이 되기 때문이다. 그러나 자신과 반려동물을 '동일시하는' 것은 지적받아야 한다. 창세기는 동물이 아니라 사람이 배우자이며, 배우자와 함께 가정을 이루는 것을 가르친다. 이러한 성경의 가르침을 인지하고 분명한 질서와 영역에 대한 기준을 세우는 것이 필요하다. 여러 매스컴과 SNS 등의 매체가 친 반려동물적 메시지를 반복해서 노출시킴으로써 사람과 배우자가 아닌 반려동물을 자신과 동일시하도록 가스라이팅될 수도 있다는 점을 인지하고 분별해야 한다. 비단 반려동물만이 아니다. 어떤 이는 자녀, 어떤 이는 평생 키운 회사, 심지어는 목회와 설교 등을 자신과 동일시하기도 한다. 이러한 것들을 분별하지 못하면 결국 돈과 시간, 창조 질서를 빼앗기고 혼란과 무질서만 남게 된다.

거의 18번 이상을 외도한 남자가 자신의 외도를 고백하는 간증을 들은 적이 있다. 그 간증을 들으면서 마음에 분이 올라오는 것을 느꼈다. 전처가 투병하는 동안 나는 정서적으로도 외로웠고 아내의 체온도 그리웠다. 두려움과 외로움의 고난 끝에 올라오는 퇴행적 음란과 성욕을 참으면서 목사와 남편의 자리를 지키려고 했다. 그러나 마음속으로 음란한 생각을 하는 것까지는 벗어나기가 어려웠다(마 5:28). 그렇다고 해도 거의 18번 이상 외도한 남자와 내가 같은 음란한 죄인이라는 것을 받아들이기는 힘들었다. 마음속에 분이 차오르고 "나도 차라리 외도할 걸 억울하네" 하는 생각까지 들었다.

그런데 어쩌면 나는 목사라서 목회를 위해 음란을 참은 것이었다. 억울함과 올라오는 분을 느끼면서도 예수님께서 바리새인들을 왜 그렇게 비난하셨는지 깨달을 수 있었다. 나는 자기의가 충만한 바리새인이었다. 나는 아직도 외도로 이혼한 남자들과는 다르다고, 나는 사별한 것이라고 주장한다. 외도와 이혼한 자들과 같은 취급을 받는 것이 불쾌한 것이다. 나는 3년간 투병하던 아내 곁에서 남편의 자리를 지켰다는 주장과 자기의가 견고하다. 팀 켈러의 말처럼 우리는 선행의 동기까지 회개할 수 있어야 한다.

그들을 돕는 의로운 자가 되고 싶은 것이지, 그들과 함께 공동체를 이루려는 것은 아니다

선행보다 어려운 일은 도움이 필요한 자와 나를 동일시하는(identification) 것이다.[30] 구약의 배경에서 볼 때 죄인은 부정한 존재이다. 이스라엘 백성들은 부정한 존재와 접촉만 해도 정결법을 따라야 했는데, 부정한 죄인과 자신을 동일시한다는 것은 상상하기도 어려운 일이었다. 그런 그들을 구제하며 선을 베푸는 것보다 그들과 함께 식사하는 것이 더 어려웠을 것이다. 복지 시설에서 노숙자들에게 음식을 제공하는 것보다 그들과 함께 식사하기가 더 어려운 일이다. 주린 자들에게 빵을 나누는 것보다 주린 자가 감사를 표현하며 냄새나고 손으로 주는 물 한 잔을 받아 마시는 것이 더 어렵다. 그들을 돕는 의로운 자가 되고 싶은 것이지 그들과 같은 존재가 되고 싶지는 않은 것이 인간의 본심이다. 그러나 하나님은 죄인인 인간의 육신으로 오셨

---

30   웨버, 『Main Idea로 푸는 마태복음』, 587.

다. 죄인을 구원하기 위해 죄인과 같은 형상으로 오셨다. 이것이 하나님의 '의'(צְדָקָה)이다. 하나님처럼 죄인들과 함께 고난을 받음으로써 하나님의 '의'(צְדָקָה)를 흉내 내는 자가 구원을 받는다는 메시지가 양과 염소 비유의 교훈이다. 어떤 이들은 이러한 최후의 심판(양과 염소 비유)을 행위 구원의 가르침으로 오해한다.

고아들을 찾아 위로하고 돕는 것도 의미 있는 일이다. 그러나 그 고아를 입양하여 가족이 되는 것은 다른 일이다. 아프리카 선교지의 가난하고 병든 사람들에게 찾아가서 돕는 것도 의미 있는 일이다. 그러나 아프리카 선교사로 헌신하고 그들과 함께, 그들을 자신과 동일시하며 공동체를 이루고 가족이 되는 것은 다른 일이다. 그러므로 최후의 심판(양과 염소 비유)의 말씀은 선행이 아니라, 자신과 지극히 작은 자가 하나님 앞에 조금도 바를 바 없이 하나님의 절대적 긍휼이 필요한 죄인임을 고백하는 것이다. 그리고 동시에 지극히 작은 자와 함께 공동체가 되라는 말씀으로 읽어야 할 것이다. '나는 누구와 어떤 사람과 동일시하고 있는가?' 혹은 '어떤 사람과 동일시하고 싶은가?' 이것은 우리가 함께 살펴볼 문제이다.

깊은 고난으로 자기의가 깨어지고 자신의 벌거벗은 실존을 직면한 사람은 그와 내가 별반 다를 것이 없는 죄인임을 인정하게 된다. 그리고 "지극히 작은 자"와 자신을 동일시할 수 있는 세계관이 열린다. 팀 켈러는 『팀 켈러의 정의란 무엇인가』에서 "지극히 작은 자를 향한 마음과 태도가 그리스도를 향한 마음을 드러내는 것이다"라고 말한다.[31] 이에 대한 가장 좋은 예는

---

31   켈러, 『팀 켈러의 정의란 무엇인가』, 97.

사도 바울이 보여 준다(고전 9:22). 그는 율법으로 흠이 없는 바리새인이었고, 영적 우월감으로 이방인을 차별하고 무시했지만, 예수님을 만난 후 완전히 달라진다. 이방인과 자신이 복음 앞에 조금도 다를 것 없는 죄인임을 깨달았을 뿐만 아니라 내면에 깊이 뿌리 내리고 있던 영적 우월감이 깨어진 것이다. 바울은 예수 그리스도의 대리적 고난이 유대인과 이방인을 차별하지 않는 종으로서의 고난임을 깨달았다. 그리고 이방인과 자신을 '동일시'하며, "이방인을 위한 사도"의 삶을 살아낸다(갈 2:8).

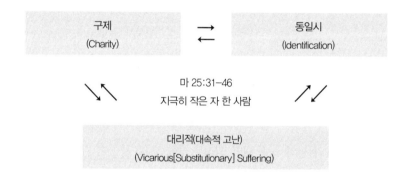

2) 지극히 작은 자의 고난이 나로 인한, 나를 대신한 '대리적 고난'임을 깨달았기 때문이다

양과 염소 비유에서 충성된 종과 악한 종을 나누는 기준은 '지극히 작은 자'에 대한 선행으로 보인다. 그러나 본문을 더 깊이 이해하게 되면 선행이 아니라 '동일시(identification)'인 것을 깨닫게 된다.[32] 정신 분석 이론에서 동일

---

[32] 자아와 초자아 형성에 가장 중요한 기능을 하는 것으로서, 자신보다 더 훌륭하다고

시란 아이가 엄마와 자신을 동일 대상으로 여기는 현상이다.[33] 동일시의 대상은 최초 엄마에서 시작해서, 유아기 때는 자신을 하나님과 동일시하기도 한다.[34] 어른이 된 후에는 자신이 그간 쌓아온 지식이나 성취와 공로, 사회와 교회에서 받은 직분,[35] 자신이 소속된 집단으로까지 동일시하는 대상이 확장된다.[36] 그러나 정신 분석학에서 말하는 동일시와 임금의 동일시는 그 대상이 다르다(마 25:40, 45). 자신보다 더 훌륭한 무언가를 동일시하는 대상으로 두는 것이 아니라, 자격 없는 가난한 자, 박해받는 자, 그리고 지극히 작은 자를 그 대상으로 두고 있기 때문이다. 예수님은 지극히 작은 자와 자신을 동일시하였다(마 25:40, 45). 구약에서 하나님은 언제나 고아와 과부와 나그네의 편에 서 계셨다. 고아와 과부와 나그네에게 긍휼을 베푸는 것은 하나님을 빚지게 만드는 행위이며, 고아와 과부와 가난한 자를 경멸하는 것은 하나님을 경멸하는 것과 다를 것이 없다(잠 14:31; 17:5; 21:13). 이는 하나님께서 고아와 과부와 나그네를 자신과 동일시하셨기 때문이다. 이처럼 구약의 배경에서 임금은 지극히 작은 자와 자신을 동일시한 것으로 볼 수 있다.

판단되는 인물 혹은 집단과 강한 정서적 유대와 일체감을 형성하여 부분적으로나 전반적으로 그들의 행동을 모방하는 것을 뜻한다. 이러한 과정은 자기 가치감을 고양 시키고 자기 실패감으로부터 자신을 보호하는 기능을 한다. 청소년이 유명 연예인의 복장이나 행동을 모방하는 것이나 자녀가 동성 부모의 행동을 모방하여 성역할 행동을 습득하는 것도 일종의 동일시라고 할 수 있다.
[네이버 지식백과] 동일시 [identification, 同一視] (상담학 사전; 학지사, 2016. 01.15. 김춘경, 이수연, 이윤주, 정종진, 최웅용), (접속일: 2024.2.15.).

33 노승수, 『핵심 감정 성화: 대요리문답으로 해석한 7가지 대죄와 성화』, 33-34.

34 김상윤, 『유아유치부 사역 매뉴얼』 (서울: 생명의 양식, 2008), 52.

35 노승수, 『핵심 감정 공동체(핵심 감정 시리즈)』 (서울: 세움북스, 2019), 171.

36 강용원, 『유능한 교사의 성경 교수법』 (서울: 생명의 양식, 2008), 158.

그러나 나는 다른 관점, 즉 이사야 53:4-6의 대리적 고난이라는 관점에서 지극히 작은 자와 임금을 동일시하는 배경을 찾았다. 이는 마태복음 25:31-46의 지극히 작은 자가 고난받는 종으로 대리적 고난을 감당하는 것이다. 다시 말해, 양과 염소를 나누는 최후의 심판의 기준은 선행이 아니라 '대리적 고난'을 감당하는 종에 대한 태도와 관계이다.

나는 더 나아가서 "지극히 작은 자"는 자신의 죄로 보응적 형벌의 고난을 받는 자가 아니라, 타인의 구원을 위해 대리적 고난을 감당하는 고난받는 종으로 본다. 왜냐하면 사도 바울 역시 자신을 "지극히 작은 자"로 인식하기 때문이다. 'ἐλάχιστος'(elachistos)의 의미는 '지극히 작은', '최소의', '하찮은'이다(마 25:40, 45).[37] 양과 염소 비유에서 "지극히 작은 자"는 '주리고', '목마르고', '나그네 되고', '헐벗고', '병들고', '옥에 갇힌' 사람이다(마 25:35, 36, 37, 38, 39, 42, 43, 44). 마태복음은 "지극히 작은 자 한 사람"이 누구인지, 어떤 사람인지에 관해서는 관심이 없다. 그가 왜 그런 고난을 겪고 있는지에 대한 이유가 아니라, 지극히 작은 자의 고통을 '마치 사도 바울의 고난 목록처럼' 네 번이나 반복하며 구체적으로 나열할 뿐이다. 어쩌면 이것은 당시 종교적이고 영적인 배경에서 너무나도 당연하게 여길 정도로 널리 알려져서 지극히 작은 자의 고난의 이유를 언급할 필요조차 없었는지도 모른다.

배고픔과 목마름은 사도 바울의 고난 목록에 나타나는 고난으로(고후 11:27; 빌 4:12), 굶주리고, 목마르고, 헐벗고, 얻어맞고, 집도 없이 떠도는 고난은 십자가에 달리신 '그리스도 때문에'(διὰ Χριστόν) 받는 고난(대리적 고난)

---

37 Liddell, H.G., *A lexicon: Abridged from Liddell and Scott's Greek-English lexicon*, 248.

이다(고전 4:10; 고후 4:5, 11; 빌 3:7).[38] 또한 마태복음의 '지극히 작은 자'는 사도 바울이 서신서에서 자기 자신에게 적용한 표현이다. 바울은 "모든 성도 중에 지극히 작은 자보다 더 작은 나에게"(엡 3:8), 그리고 "나는 사도 중에 가장 작은 자라"(고전 15:9)라고 말하며 겸손을 넘어 비하적 자화상을 그린다. 이는 사도 바울이 핍박자였던 자신이 사도의 부르심을 받을 "자격 없음"에 대한 고백으로 볼 수 있다.[39]

따라서 마태복음 25:31-46의 "지극히 작은 자"는 사도 바울이 자신에게 적용하는 모티브가 된다. 그러므로 "지극히 작은 자"는 자신의 죄로 인해 보응을 받은 죄인으로 보이나, 그는 타인(원수)과 공동체의 유익을 위해 '대리적 고난'을 감당하는 종이다. 그렇기 때문에 임금(예수)은 '지극히 작은 자'를 자신과 '동일시'하는 것이다(마 25:40, 45). 임금의 동일시가 주는 관점은 그가 '대리적 고난'을 감당한 종임을 반증하는 것이다. 이는 이사야 53:4-6의 패턴과도 유사하다. 이사야 53:4-6의 고난받는 종은 타인을 위한 대리적 고난을 담당하는 것이지만, 마치 자기 죄로 인해 보응적 심판을 받는 것처럼 보인다. 마찬가지로 마태복음 25:31-46의 '지극히 작은 자'는 신명기 28:48의 말씀대로 심판을 받아 주리고(רָעָב) 목마르고(צָמָא) 헐벗은(עֵירֹם) 고난과 수치를 받는 것으로 보인다. 하지만 그는 바울처럼 그리스도의 고난에 자신에게 맡겨진 '대리적 고난'으로 동참하는 종이다.

---

38 최영숙, "바울의 고난과 교회의 하나됨: 고전 4장 6-13절을 중심으로", 「성경과 신학」 54호(2010), 35-63, 53.

39 랄프, 마틴, 『현대성서주석 에베소서·골로새서·빌레몬서』, 김춘기 역 (서울: 한국장로교출판사, 2002), 78.

앞에서 데이비스와 데일 C. 앨리슨은 마태복음 25:35-39, 42-44의 배고 픔과 갈증 등의 나열은 '고난 목록'이 아니라, 유대 배경에서 "게밀루트 하시딤"(גְּמִילוּת חֲסָדִים)이라 부르는 자선(צְדָקָה) 행위 목록이라고 언급했다.[40] 이는 바벨론 포로기 후 유대 배경에서 의인의 증거는 자선(צְדָקָה)이라고 보았기 때문이다. 사도 바울은 이 유대인의 자선(צְדָקָה) 목록인 "게밀루트 하시딤"(גְּמִילוּת חֲסָדִים)의 모티브를 사용하여 자신의 고난과 수고를 표현하는 고난 목록(peristasenkatalog)을 나열한다. 이는 의인의 증거인 자선(צְדָקָה)을 강조하는 관점이 아니라, 오히려 보응적 형벌을 받은 죄인의 고난을 정리한 것으로 볼 수 있다. 기복적이고 율법적인 관점에서 고난은 의인의 증거가 아니라, 보응적 심판을 받은 죄인이라는 증거이기 때문이다. 그런데도 바울이 자신의 고난을 "고난 목록(peristasenkatalog)"으로 나열하여 강조하는 것은 고난받는 종, 즉 의인의 대리적 고난을 강조하기 위함이다. 왜냐하면 예수님이 십자가로 세운 하나님 나라에서 의인의 증거는 자선(צְדָקָה)이 아니라, 예수님을 따라 감당하는 십자가(대리적 고난)이기 때문이다. 따라서 사도 바울은 "지극히 작은 자"의 고난 목록(마 25:35, 36, 37, 38, 39, 42, 43, 44)을 인용하고 암시하고 반향하여 그의 "고난 목록"(고후 11:27; 빌 4:12)을 기록한 것이다. 그러므로 "지극히 작은 자"의 고난 목록과 바울의 고난 목록은 평행을 이룬다. "지극히 작은 자"의 고난 목록은 대리적 고난을 감당하는 의인의 고난을 말하며, "게밀루트 하시딤"(גְּמִילוּת חֲסָדִים)이라고 부르는 자선(צְדָקָה) 행위 목록은 대리적 고난을 감당하는 의인을 구제하는 자선(צְדָקָה)이 된다. 정리하

---

40 Davies, W.D. & Dale C. Allison, Jr, *A critical and exegetical commentary on the Gospel according to Saint Matthew. ICC. Vol.* 3, 428.; Singer, I., *The Jewish Encyclopedia: A Descriptive Record of the History, Religion, Literature, and Customs of the Jewish People from the Earliest Times to the Present Day,* 12 Vols., 667.

면 의인의 증거는 첫째는 대리적 고난을 감당하는 것이며, 둘째는 대리적 고난을 감당하는 "지극히 작은 자"를 향한 동일시와 자선(צְדָקָה)이다. 사도 바울은 전자를 강조함으로써 예수님의 고난과 자신의 고난을 동일시하는 것이고, 마태는 후자를 강조하여 의인과 악인을 구별하는 최후의 심판의 기준을 보이는 것이다(마 25:31-46).

예수님은 사도행전에서 교회와 자신을 동일시하신다(행 9:4). 이는 교회가 그리스도의 몸이라는 조직신학적 관점에서만 말하는 것이 아니다. 이는 교회가 '이미와 아직'(종말론적 관점) 사이에서 재림의 때까지 예수 그리스도를 대신하여 대리적 고난을 감당하는 특권으로 부르심을 받았기 때문이다. 그러나 대리적 고난을 담당하는 교회는 죄와 불순종으로 보응적 형벌을 받고 있는 죄인(지극히 작은 자)처럼 비추어질 것이다. 따라서 교회와 성도는 이사야 53:4에서 "우리는 생각하기를 그는 징벌을 받아 하나님께 맞으며 고난을 당한다 하였노라"라는 말씀처럼 대리적 고난과 더불어 다수의 "우리"에게 정죄와 멸시도 감당해야 한다.

그러므로 "지극히 작은 자"를 공감하고 동일시할 수 있는 사람은 이사야 53:4-6의 대리적 고난을 감당하는 '종의 고난'에 대한 이해가 있는 사람이다. 또한 지극히 작은 자의 고난이 자신 때문에, 자신을 대신하여 감당하는 '대리적 고난'임을 깨닫고 인정하는 자이다. 그러나 율법적으로 옳고 그름을 따지는 보응적 세계관에 갇힌 자들은 "지극히 작은 자"를 향해, 이사야 53:4의 "우리는 생각하기를 그는 징벌을 받아 하나님께 맞으며 고난을 당한다 하였노라"라는 말씀의 "우리"처럼 "지극히 작은 자"를 정죄하고 멸시할 뿐만 아니라, 사울이 스데반의 죽음을 마땅히 여김같이 "지극히 작은 자"의 고난을 마땅히 여길 것이다(행 8:1).

데이비스와 데일 C. 앨리슨은 그들의 공동 주석 *A Critical and Exegetical Commentary on the Gospel according to Saint Matthew, Volume* 3에서 임금의 동일시에 관하여 "마태복음에서 새로운 것은 이 개념이나 특별한 자비의 행위가 아니라 가난한 사람들을 인자, 예수와 동일시하는 것입니다. 그러나 메시아적 비밀의 또 다른 측면인 이 새로운 동일시는 설명되지 않은 채로 남겨져 있습니다"라고 말한다.[41] 여기서 데이비스와 데일 C. 앨리슨은 지극히 작은 자와 예수님의 동일시가 새로운 개념인 것을 강조한다. 그리고 그들은 동일시의 개념이 어떻게 적용되는지에 대해 가난한 사람들 안에 실제로 인자가 인격적으로 임재하는 것인지를 연구하거나 다른 접근을 찾기도 하지만, 명확한 관점을 제시하지는 못한다.

여기서 나는 지극히 작은 자 한 사람과 예수님의 동일시를 대리적 고난의 관점에서 찾는 것이다. 누가복음 16:19-31의 부자와 나사로 비유에서 나사로는 거지로 버려져 부자의 상에서 떨어지는 것으로 배고픔을 면하는 고난을 겪는다(눅 16:25). 현대인의 관점에서 볼 때, 부자가 나사로를 돕지 않은 것까지는 인정하지만, 그렇다고 해서 부자가 지옥에 가야만 하는 어떤 분명한 이유를 찾기는 어렵다. 이 비유의 해석은 이사야 53장의 '대리적 고난'의 관점에서 접근해야 한다. 왜냐하면 부자와 나사로의 구원에 나타난 차이는 빈부의 격차에서 발생한 것이 아니라, '모세와 선지자의 말과 권함

---

41   Davies, W.D. & Dale C. Allison, Jr, *A critical and exegetical commentary on the Gospel according to Saint Matthew*, ICC, Vol. 3, 430.

을 경청하였는가 경청하지 않았는가?' 하는 차이에서 발생한 것이기 때문이다(눅 16:29, 31).

그렇다면 모세와 선지자의 말이란 무엇을 의미하는가? 그것은 이스라엘 백성을 위해 고난을 받는 것이다. 모세는 가나안에 입성할 자격이 없는 백성들을 대신하여 광야에서 죽임을 당했다. 스데반은 이런 모세를 "속량하는 자"로 보내셨다고 말한다(행 7:35). 이는 이스라엘을 용서하기 위해 하나님 자신이 지는 죄의 짐이며, 모세와 엘리야, 이사야, 예레미야, 에스겔과 같은 선지자가 감당한 고통이다. 또한 누가복음 16:25은 "아브라함이 이르되 얘 너는 살았을 때에 좋은 것을 받았고 나사로는 고난을 받았으니 이것을 기억하라 이제 그는 여기서 위로를 받고 너는 괴로움을 받느니라"라고 말한다. 이는 나사로의 고난의 의미를 강조하는 것으로, 부자의 긍휼과 자선 없음에 대한 죄와 더불어 그 이상의 의미를 포함하는 고난을 나사로가 감당한 것이다. 그러므로 부자는 나사로를 향한 태도와 관계로 심판을 받았다. 이는 마태복음 25:31-46에서 지극히 작은 자에 대한 태도와 구제로 양과 염소를 심판한 것과 동일한 것이다. 따라서 나사로의 고난은 보응적 고난이 아니라 이사야 53:4-6의 고난받는 종의 고난이다.

부자는 나사로의 고난을 공감해야 하고, '자선'(צְדָקָה)으로 나사로의 고난에 동참하고 그를 위로해야 한다. 그러나 부자는 이사야 53:4-6의 고난받는 종인 나사로를 외면하고 멸시했다. 마태복음 25:31-46의 최후의 심판과 누가복음 16:19-31의 부자는 긍휼과 구제의 부재가 아니라, 대리적 고난을 감당하는 이에 대한 정죄와 멸시로 심판받은 것이다. 이는 고난받는 종 예수에 대한 태도와 관계로 구원받는 것과 맥락을 같이 한다. 이는 창세기

12:3의 "너를 축복하는 자에게는 내가 복을 내리고 너를 저주하는 자에게는 내가 저주하리니"의 성취로 볼 수 있다.

그러므로 내가 가장 멸시하고 정죄하는 사람, 그에 대한 정죄와 멸시의 이유와 근거가 충분한 사람이라고 할지라도, 그가 나의 죄와 고난을 대신 감당하는 '고난받는 종'일 수 있다는 사실을 주목해야 한다. 부자에게는 나사로가 그런 존재였다. 세속적 기준에서 생각할 때 부자에게는 나사로의 게으름과 삶을 정죄하고 멸시할 이유가 충분했을 것으로 보인다. 그러나 내(우리)가 가장 정죄하고 멸시하는 이가 나(우리)의 죄를 감당하는 대리적 고난을 받는 종일 수 있다. 이것이 세상의 지혜를 미련하게 하는 하나님의 지혜요 하나님의 능력이다(고전 1:18-31).

2. 의인과 악인은 대리적 고난으로 구별된다

마태복음 13장의 연속되는 비유들은 교회 안에는 의인과 악인이 섞여 있다는 교훈을 내포한다.[42] 따라서 종말 강화(마 24~25장)의 중심 주제는 의인과 악인을 분리하는 것이다. 달란트 비유에서도 의인과 악인은 충성된 종(마 25:21, 23)과 악하고 게으른 종으로(마 25:26, 30) 분리된다. 달란트 비유에서 착하고 충성된 종과 악하고 게으른 종을 나누는 근거는 달란트(고난)와 깊은 연관이 있다.

---

42   강대훈, 『마태복음 주석 2권』, 469.

벤 체노웨스(Chenoweth, Ben)는 달란트가 천국의 비밀을 아는 것이라고 말하며, 달란트를 받은 종들에 대해서 "그들은 '내부 정보'(inside information)라고 설명할 수 있는 말씀을 들었다. 그렇다면 이것이 바로 '천국의 비밀을 아는 지식'이다"라고 말한다.[43] 다시 말해, 달란트 비유는 하나님 나라로 초청받고, 능력에 따라 천국의 비밀을 아는 지식과 '고난(달란트)'를 맡았음에도 불구하고 기복적이고 율법적인 세계관에 갇혀 고난(달란트)을 수치로 여기며 하나님 나라를 거절한 종에게 주어진 심판에 관한 비유이다. 이는 동시에 재능에 따라 더 많은 '대리적 고난'(더 많은 달란트)을 받고 하나님 나라의 확장에 힘쓴 종에게 주인의 칭찬과 보상을 약속한 비유이기도 하다. 따라서 칭찬받은 종과 빼앗기고 쫓겨난 종을 나누는 기준은 그들이 남긴 달란트의 양이 아니다. 고난(대리적 고난)에 대한 태도와 이해로 다섯 달란트를 남긴 종과 두 달란트를 남긴 종과 그렇지 못한 종으로 나누는 것이다.

1) 고난을 하나님께서 주신 달란트로 받아야 한다

1857년 12월 4일, 데이비드 리빙스턴(David Livingstone)은 케임브리지 대학에서 강연한 핵심 내용 가운데 고난은 희생이 아니라 특권(No Sacrifice, But a Privilege)이라고 말했다. 가난이나 질병을 주시기를 기도하는 사람은 없다. 그러나 가난은 부보다 더 큰 선물이 될 수 있고, 질병은 건강보다 더 큰 선물이 될 수 있다.[44]

---

43 Chenoweth, Ben. "Identifying the Talents: Contextual Clues for the Interpretation of the Parable of the Talents (Matthew 25:14-30)." *Tyndale Bulletin* 56.1 (2005): 61-72, 70.

44 Luz, *Matthew 21-28*, 260.

하나님 백성에게 고난(달란트)은 특권이자 기업이다. 히브리어 נַחֲלָה(기업)'는 '나누어 주다', '분배하다'라는 뜻에서 파생된 말로, '상속' 또는 '기업'이라는 의미를 지니고 있다. נַחֲלָה'은 가문의 상속자에게 세습되는 사유 재산으로, 빼앗긴다거나 빼앗을 수도 없는 소유권이다. 이 단어는 주로 하나님의 언약과 관련하여 사용된다(왕상 21:3-4; 욥 20:29; 27:13).[45] 바울은 하나님의 백성은 그리스도와 함께 상속자가 된다고 말한다. 그가 강조하는 상속자의 특권은 그리스도를 따라 '대리적 고난'에 동참하는 것이다(롬 8:17). 여기에서 '함께(with)'로 번역된 헬라어 'σύν'(syn)을 사용하여 만든 합성어 'συμπάσχομεν'(고난)과 'συνδοξασθῆναι'(영광)는 새로운 개념이다. 'συμπάσχομεν'(고난)는 그리스도께서 하나님의 백성을 고통 속에 두셨다는 뜻이다.[46] 그러므로 'συμπάσχομεν'(고난)는 장차 주어질 'συνδοξασθῆναι'(영광)의 필수 불가결한 조건일 뿐만 아니라, 그리스도와의 교제와 상속자로서의 신분의 증거이다.[47]

한 달란트 받은 종은 한 달란트(고난)를 해석할 수 있는 천국의 비밀을 아는 지식도 있고, 장사를 할 수 있는 달란트(고난)도 받았다. 그러나 그는 고난(달란트)을 준 주인을 원망한다. 심판을 가볍게 여기고 주인의 이익을 내는 데 수고하기를 거절할 뿐 아니라 주인을 근거 없이 비방한다. 왜냐하면 그에게 고난(달란트)은 기업이 아니라 수치일 뿐이기 때문이다. 그는 여전히 구원의 원리와 복음인 이사야 53:4-6의 대리적 고난을 이해하지 못한다.

---

45 Strong, J., *A Concise Dictionary of the Words in the Greek Testament and The Hebrew Bible*. 2 권. 77.

46 *TDNT*. Vol. 5, 925.

47 *TDNT*. Vol. 5, 925.

이사야 6:9의 "너희가 듣기는 들어도 깨닫지 못할 것이요 보기는 보아도 알지 못하리라"라는 말씀처럼 그는 영적 소경이기 때문이다. 고난을 거부하는 완고함은 주전 8세기 이사야에서 종의 신분과 고난받는 종을 멸시한 "그들"과 다를 것이 없다.

이스라엘은 바벨론에 의해 식민지가 되어 종의 신분으로 구속사의 경륜을 담당해야 했지만, 그들은 선지자들의 호소에도 불구하고 애굽과 절기, 제의를 의지할 뿐 하나님에게 돌이키지 않았다. 제국의 식민 백성인 종의 신분을 거부하고 다윗 왕국의 재건을 꿈꾼 것이다. 그러므로 종의 신분을 맡기겠다는 하나님의 말씀을 전하는 이사야와 예레미야 선지자는 그들의 눈에는 반민족적 거짓 선지자로 보였을 것이다. 결국 그들은 앗수르와 바벨론에 의해 멸망당하고 철저히 종의 신분으로 살아가게 된다. 하나님의 심판은 종의 신분을 거부한 자들에게 임한 하나님 정의처럼 보인다.[48] 하지만 심판 속에는 종이 되는 것에 순종한 소수의 의인도 포함되어 있다. 그 결과 종의 신분에 순종한 가난한 자들은 유다의 불의로 인해 삶은 황폐해졌고, 하나님의 심판까지 더해져 더욱 비참해졌다.[49]

여기서 악인과 함께 고난받는 의인의 고난이 나타난다. 이 고난이 의인의 고난사로, 53장의 대리적 고난을 본받은 교회와 성도의 대리적 고난이다. '종의 신분'과 '고난받는 종'의 세계관은 이미 주전 8세기 이사야를 비롯

---

48 미뇽 R. 제이콥스, 『미가 (구약의 신학적 해석: 구약 각 권 해석 연구)』, 조승희 역 (서울: CLC, 2011), 394.

49 제이콥스, 『미가 (구약의 신학적 해석: 구약 각 권 해석 연구)』, 394.

한 선지자들에게 '계시'된 말씀이었다. 바벨론 포로기와 신약의 백성들에게 하나님의 통치에 대한 복종은 하나님의 심판인 종의 신분으로 고난의 삶을 살아 내는 것이었다.[50] 에스겔과 포로된 백성들은 바벨론 포로 사건과 예루살렘 파괴라는 하나님의 특별한 심판(고난)을 어떻게 이해하고 적용할 것인가에 대한 갈등이 있었을 것이다. 이 과정에서 이사야 53장의 의인의 고난, 즉 '대리적 고난'에 대한 이해가 정립된 것이다. 이는 신약의 백성들도 마찬가지이다. 십자가(대리적 고난)를 어떻게 받아들이는가에 대한 고백과 태도로 구원받는다.

그러므로 고난(달란트)에 대한 태도와 세계관이 의인과 악인을 구별하는 첫 단계가 된다. 새로운 기업인 고난을 거부하는 것은 상속자의 권리를 포기하는 것이다. 룻기에서 보아스보다 기업 무를의 권리가 있던 "아무개"(אַלְמֹנִי; κρύφιος; 룻 4:1)는 상속의 권리를 포기하고 신을 벗어 그 증거로 삼는다. 이로써 그의 이름은 성경에 기록되지 않는다.[51] 그는 손해 볼 것을 염려해 상속자의 권리를 포기하였기 때문이다(룻 4:6). 이처럼 룻기는 나오미와 룻의 고난에 동참하는 것을 상속자의 권리로 여긴다. 그리고 나오미와 룻의 고난을 거부한 아무개는 언약 공동체에서 이름이 기록되지 못하는 수치스러운 사람이 되었다.

50　토마스 렌즈, 『에스겔 (구약의 신학적 해석: 구약 각 권 해석 연구)』, 조승희 역 (서울: CLC, 2011), 325.

51　보아스보다 더 가까운 기업 무를 자는 형제의 이름이 끊어지지 않도록 하는 일에 관심이 없는 자였다. 형제의 이름이 끊어지지 않도록 행하는 데 관심 없는 자는 결국 자기 이름도 끊어지게 된다는 것이 룻기 기자의 핵심 메시지라고 학자들은 주장한다. Hubbard, *Ruth*, 234-35. 김지찬, 『룻기, 어떻게 설교할 것인가: 본문 주해에서 설교까지』, 593에서 재인용.

2) 고난받는 공동체와 함께해야 한다

각자가 지닌 배경과 사회적 위치에서 저마다의 공동체를 이룬다는 것은 결코 쉽지 않다. 그러나 고난은 각자가 가진 신분과 사회적 위치, 선천적 배경을 떠나 서로 위로하고 공감함으로써 공동체로서의 가능을 하게 한다. 영적인 실존이 같은 죄인이라는 것을 알고 있기 때문이다. 폴 트립은 "우리 주위에 있는 형제와 자매들은 하나님의 은혜의 도구이다. 그들은 완전한 도구도 아니고, 항상 올바른 것만 말하고 행하는 것도 아니지만, 하나님은 그들과의 관계를 통해 우리에게 오직 그분만이 주실 수 있는 도움을 베푸신다"라고 말한다.[52]

오리겐은 다섯 달란트, 두 달란트, 한 달란트를 성경 이해의 다양한 수준으로 본다.[53] 다섯 달란트를 받은 자에게는 천국의 비밀을 아는 이해가 다섯 달란트만큼 주어졌다. 다섯 달란트와 두 달란트를 가진 사람은 '천국의 비밀을 아는 지식을 넓혀가지만, 한 달란트를 가진 사람은 처음에 받은 지식 이상으로 천국을 아는 지식을 넓혀가는 수고를 하지 않는다.[54] 이를 달리 표현하면 그는 맡겨진 고난(달란트)의 의미와 뜻, 목적을 이해하기 위해 수고하지 않은 것이다. 오히려 고난(달란트)을 주신 하나님을 향한 원망과 피해의식으로 특권과 기회를 낭비한 것이다. R. T. 프랜스는 한 달란트 받은 종은 맡겨진 특권과 책임의 본질을 깨닫는 데 실패했다고 말한다.[55] 그러나 그

---

52   트립, 『고난』[eBook], 126/142.
53   Luz, *Matthew 21-28*, 259.
54   Luz, *Matthew 21-28*, 259.
55   프랜스, 『마태복음』, 555.

는 한 달란트 받은 종에게 맡겨진 특권과 책임의 내용에 대해서는 언급하지 않는다.

고난이 오면 대인 기피증이 생기고, 소외감에 의해 스스로를 고립시키는 선택을 하기도 한다. 사람들의 시선이 부담스러워 스스로를 고립시키고 그 환경에 점점 익숙해진다. 그러나 이런 유혹에서 벗어나, 불편함을 감수하더라도 공동체를 찾고 경험과 지혜를 겸비한 영적 지도자에게 도움을 요청해야 한다. 개인적인 깨달음은 늘 한계가 있기에, 공동체의 도움이 필요하다. 그러나 공동체에서 다른 관점을 듣거나 공감받지 못하고 지적당하면 방어 기제가 작동하거나 회피하게 될 수도 있다. 그렇지만 이런 자신을 직면하고 공동체와 함께해야 한다. 베드로전서에 의하면 하나님의 백성은 부당하게 (ἀδίκως) 고난을 받기 위해 부름을 받았다(벧전 2:19, 21).[56] 하나님의 뜻으로 고난을 받는다는 것은 고난에 이유와 목적이 있다는 의미이다.[57] 이것은 고난을 겪고 있는 하나님 백성에게 위로를 의미하기도 하지만, 동시에 하나님께서 고난을 주시는 목적과 사명을 감당해야 한다는 뜻이기도 하다. 세상에는 고난의 세계관이 없다. 오직 보응과 심판적 관점으로 정죄하고 수치로 여길 뿐이다. 그럼에도 불구하고 공동체와 함께하며 이 불편하고 힘든 과정, 즉 고난의 목적과 의미를 배우고 들어야 하는 것이다.

사도 바울은 "여러 계시를 받은 것이 지극히 크므로 너무 자만하지 않게 하시려고 내 육체에 가시(σκόλοψ) 곧 사탄의 사자를 주셨으니"(고후 12:7)라고

---

56   그루뎀, 『베드로전서』, 197.
57   그루뎀, 『베드로전서』, 281–282.

고백한다. 중요한 것은 사도 바울이 자신에게 주신 고난을 이해하기 위해 수고했다는 것이다. 그는 세 번의 기도 후, 자신이 자만하지 않도록 하나님이 보호 장치로 가시를 주셨다고 말한다. 이 부분을 통해 우리는 바울조차도 자기 고난을 이해하고 해석하기가 쉽지 않았음을 엿볼 수 있다. 그럼에도 불구하고 하나님 백성은 고난을 이해하고 그 뜻과 목적을 감당하기 위해 수고해야 한다. 성경을 읽고, 공동체에 기도를 요청하고, 영적 지도자에게 질문해야 한다. 달란트 비유에서 한 달란트 받은 종은 '악하고 게으르다'는 심판을 받는다. '게으르다'라는 의미는 하나님께서 주신 고난(달란트)의 의미와 뜻, 사명을 감당하기 위해서 노력하고 수고하지 않았다는 뜻이다. '악하다'는 의미는 고난을 주신 하나님의 뜻을 거슬러 원망과 수치, 피해 의식에 갇혔다는 뜻이다.

고난받는 인간의 악과 게으름에서 도움을 요청하고 받을 수 있는 유일한 곳이 고난받는 공동체이다. 따라서 공동체와 함께 고난받으며 주어진 고난(달란트)을 자신과 타인의 구원을 위해 선용(장사; 마 25:16)해야 한다. 허락된 고난(달란트)을 주신 하나님의 뜻과 목적을 이해하기 위해 수고한 종을 주인은 충성된 종이라 불러고 주신다(마 25:21, 23).

3) 숨겨진 자신의 죄를 깨닫고 고백해야 한다

마태복음 25:18에서 "감추어 두었더니"로 번역된 헬라어 'κρύπτω'는 창조자와 피조물 사이의 본질적인 구별을 나타내는 의미로 사용된다.[58] 구약에

---

[58] *TDNT. Vol. 3, 967.*

서는 하나님의 편재성과 전지하심을 강조하며, 하나님께는 아무것도 숨겨져(κρύπτω) 있지 않다는 것을 강조할 때 이 단어를 사용한다.[59] 범죄한 인간은 하나님으로부터 숨고 감추려 한다.[60] 하나님과 분리된 실존을 깨달은 아담은 하나님을 피하고 숨는다(창. 3:8, 10).[61] 인간은 하나님 앞에 드러나는 자신의 존재와 죄를 두려워한다. 끊임없이 감추고 회피하고 숨고 변명하고 합리화하며 죄를 직면하지 못하는 것은 죄인된 인간의 속성이다. 길선주 목사는 "우리도 외변(外邊: 겉에 드러난 부분)[62]에 있는 작은 죄는 회개하고 자복하나, 깊이 숨은 죄는 자복하지 않는 때가 있습니다. 물론 누구든지 깊은 골방 속에 감추고 회개하지 않는 그 죄로 인하여 망하게 됩니다. 모든 깊은 속 숨은 죄를 다 내어 놓고 자복합시다"라고 말한다.[63] 하나님은 우리의 숨겨진 죄의 자복을 고난으로 돕는다.

하나님의 은총은 숨고 감추는 죄성을 가진 인간이 숨겨진 자신의 죄를 직면하도록 이끄시는 것이다. 하나님이 구속을 이루는 방법은 자신의 죄를 직면하고 죄와 물리적·화학적으로 연합된 자신의 실체를 깨닫도록 고난으로 인도하시는 것이다. 그러므로 고난의 가장 큰 유익은 죄인인 자신을 직면하는 것이다. 이는 추상적인 개념이 아니라 숨겨진 구체적 죄를 깨닫는 것이다. 『고난』(Suffering)이란 책을 쓴 '폴 트립'은 "고난은 마음속에 있었던 것을 드러낸다. 시련은 우리 안에 있는 것을 드러내는 놀라운 능력을 지녔다. 시

---

59 *TDNT. Vol. 3*, 967.
60 *TDNT. Vol. 3*, 968.
61 *TDNT. Vol. 3*, 968.
62 이해를 돕기 위해 한자를 추가하거나 안에 보충 설명을 더했다.
63 길선주, 『길선주 (한국 기독교 지도자 강단설교)』 (서울: 홍성사, 2008), 112.

련을 통해 우리의 참된 생각과 욕망이 드러난다. 우리가 삶의 목적을 어디에 두고, 어디에서 의미를 추구하며 소망을 찾으려 했는지가 선명하게 나타난다. 특히 고난은 우리가 하나님과 어떤 식으로 관계를 맺고 있는지 분명하게 보여 준다"라고 말한다.[64]

그러므로 고난을 통해 하나님의 은혜를 깨달은 사람은 '고난'이 아니라 '고난으로 인한 마음의 갈등'을 고백한다.[65] 자신이 얼마나 큰 고난을 겪었는지를 무용담처럼 설명하는 것이 아니라, 고난을 어떤 방식으로 받아들이고 경험했는지를 설명하는 것이다. 폴 트립의 말처럼 평안한 환경에서는 드러나지 않던 죄들이 척박한 환경, 즉 고난 가운데 드러나기 때문이다. 무엇보다도 "하나님과 어떤 식으로 관계를 맺고 있는지"를 분명하게 보여 준다.[66] 이것이 우리가 직면해야 할 죄와 죄의 결과이다.

평안하고 안정적인 환경에서 성장한 사람들은 자신이 괜찮은 죄인이라고 여기는 경향이 있다. 이런 죄인들에게 하나님이 주시는 복은 대인 관계의 갈등이나 어떤 사건들을 통해 자신의 숨겨지고 감추어져 있던 죄가 드러나게 하는 것이다. 복음적 간증은 '고난에도 불구하고 내가 이렇게 성공했다'가 아니라, 마음에 숨겨진 죄와 욕망을 깨닫고 고백하는 것이다. 그러므로 하나님께서 각자에게 나누어 주시는 고난이나 힘들게 하는 사람이 선물이다.

---

64 트립, 『고난』[eBook], 19/142.
65 트립, 『고난』[eBook], 128/142.
66 트립, 『고난』[eBook], 19/142.

사울에게 쫓겨 다닐 적의 다윗은 거룩했지만, 다윗 왕궁에서 평안을 누리던 다윗은 밧세바와 간음한다. 그리고 밧세바와의 간음을 감추기 위해 우리야를 살해한다. 어떤 사람은 척박한 고난과 환경에서 죄가 드러난다. 그러나 다윗처럼 평안하고 형통할 때 죄가 드러나는 사람도 있다. 다시 말해, 척박한 고난과 환경에서 드러나는 죄가 있고, 평안한 가운데 드러나는 죄가 있다. 죄의 깨달음과 회개를 중심으로 볼 때 고난과 형통은 중요한 것이 아니다. 중요한 것은 죄가 드러나고 죄를 깨닫고 회개에 이르는 것이다. 이것이 사람마다 다르기에 어떤 이에게는 고난을, 어떤 이에게는 형통을 주신다. 이런 하나님의 공의를 이해하지 못하고 때로는 시기하고 때로는 원망에 갇히는 것은 그가 세속적 세계관에 머물고 있기 때문이다.

한 달란트 받은 종은 하나님 나라로의 부르심과 천국의 비밀을 아는 지식, 그리고 고난을 맡았다. 그가 부르심과 지식으로 감당할 수 있는 만큼 한 달란트(고난)가 주어진 것이다. 그러나 자신의 고난을 크다고 여기며, 하나님 나라를 위한 수고를 주저할 뿐 아니라 주인을 비판하며 저항한다. 자신의 죄를 직면하고 회개하지 않는 영혼이 할 일은 고난(달란트)을 주신 하나님을 향해 분노를 쏟아 놓는 것뿐이다.

달란트 비유에서 중요한 것은 주인이 한 달란트 받은 종을 심판할 때 사용한 논리이다. 주인은 종의 주장에 대해 전혀 '반론'을 제기하지 않는다. 대신 주인은 종의 '자기모순'을 지적한다.[67] 종의 주장대로 주인이 악한 사람이라면 이자라도 받도록 해야 했다. 그러나 종은 아무것도 하지 않았다(마

---

67 Luz, *Matthew 21-28*, 253.

25:27). 주인은 종의 이런 자기모순을 지적한다. 최후 심판의 자리에서 주님은 우리의 주장과 논리를 반박하지 않으실 것이다. 그러나 우리의 주장과 논리로 우리의 모순됨을 고발하실 것이다. 결국 우리의 입은 다물어질 것이고 수치와 부끄러움을 감당하게 될 것이다. 따라서 우리의 주장과 논리의 모순 앞에 겸손해야 한다.

하나님은 정죄하는 대로 정죄받을 것이라고 말씀하신다(마 7:1-3). 이는 우리가 타인을 정죄하는 명제와 논리대로 우리가 정죄받을 것을 경고하는 말씀이다. 하나님은 유다의 모순을 고발하기 위해 다말을 사용하셨다. 스스로를 정의롭다고 여겼던 유다는 창기를 찾는다. 그런데 며느리 다말이 임신했다는 소문이 들려오자 다말을 불태워야 한다며 분을 낸다(창 38:24). 하나님 앞에서 간음은 남녀를 가리지 않는다. 그러나 유다는 자기는 남자이므로 괜찮다고 여겼던 것인지 여전히 자기모순을 깨닫지 못한다. 그러다 자신이 창기에게 주었던 담보물(도장과 끈과 지팡이)을 다말이 꺼내어 놓는 것을 보고서야 자기모순을 인정하고 "그는 나보다 옳도다(צָדְקָה)"라고 고백한다(창 38:26).

다윗은 밧세바와 간음하고 우리아를 죽인다. 그러나 나단 선지자가 이웃의 한 마리 양을 빼앗은 부자 이야기를 들려 주었을 때, 그는 분을 내며 그 사람은 죽어야 하고 네 배를 배상해야 한다고 말한다(삼하 12:1-6). 자기 죄와 자기모순은 늘 정당한 것처럼 보이기 때문이다. 결국 다윗은 나단으로부터 자신이 말한 정죄와 분노대로 심판받을 자기모순을 지적받아야 했다. 자기모순을 깨달은 다윗은 더 이상 변명하지 않고 자신의 죄를 고백한다(삼하 12:13). 이것이 다윗의 위대함이다. 하나님의 고발과 정죄 앞에 죄를 고백하고 용서를 구한 왕은 다윗뿐이다. 야곱은 자기모순을 깨닫기까지 아버지 이삭과 형 에서를 속인 것처럼, 자신도 삼촌 라반에게 속아 20년이라는 세월을 종살이해야 했다.

자기모순을 합리화하며 살아가는 인간이 자신의 모순을 깨닫고 인정하는 것이 유다와 다윗처럼 쉬운 것은 아니다. 내가 옳다는 자기 합리화의 견고한 진은 쉽게 무너지지 않는다. 자기모순과 자기 합리화의 견고한 진이 무너지게 하는 유일한 도구는 고난뿐이다. 남의 모순은 정죄하고 나의 모순은 합리화하며 살아가던 인생이 고난을 통해 자기모순을 발견하게 된다. 늘 스스로를 피해자로만 인식하던 사람이 가해자로서의 자신의 모습을 발견하는 회심의 사건을 가능하게 하는 것이 고난이다. 고난을 통해 자기모순의 사건이 자신에게 돌아오고 자신을 직면함으로써 자기주장과 모순이 깨어진다. 그러므로 고난은 축복이다.

사도 바울은 "여러 계시를 받은 것이 지극히 크므로 너무 자만하지 않게 하시려고 내 육체에 가시(σκόλοψ) 곧 사탄의 사자를 주셨으니"(고후 12:7)라고 고백한다. 이방인의 복음을 위해 수고하고 애쓴 사도 바울에게 주신 것은 복이 아니라 육체의 가시였다. 그러나 이 고백은 사도 바울이 자신의 교만을 지적하는 하나님의 말씀을 충분히 이해하고 인정했다는 의미이다. 교만은 상황에 따라 열등감으로 나타나기도 한다. 바울은 첫 순교자인 스데반 집사에 대해서 열등감이 있었던 것으로 보인다(행 7:58). 사도행전 7:2–53에서 구속사를 꿰뚫어 보며 설교하는 스데반 집사의 구약 지식과 영적 통찰력은 감탄스러울 정도다. 바울은 스데반 집사에 대해서 회심 전과 회심 후에도 열등감을 가진 것으로 보인다. 마치 사울이 다윗에게 그러했던 것처럼 말이다. 공교롭게도 바울은 사울왕과 같은 베냐민 지파 사람이다(아마도 스데반은 유다 지파 사람인 것으로 추정된다). 자신의 숨겨진 열등감과 교만을 깨달은 사도 바울은 스스로를 죄인 중의 괴수라고 고백한다(딤전 1:15). 디모데전서가 사도 바울의 인생 말년에 기록한 책인 것을 생각할 때, 그는 말년에 이르기까지 자신의 숨겨진 죄를 분별하고 경계할 수 있었다. 그러므로 육체의 가시는 하나님께서 바울의 깊은 영혼 속에 숨겨진 죄를 깨닫기 위해 주신 고난이자 은총이다. 그러나 대부분의 인생은 사도 바울과 같이 고난을 통해 자기 죄를 깨닫고 고백하지 못하며, 오히려 한 달란트 받은 종처럼 자신을 희생자로 여김으로써,[68] 하나님을 향한 원망과 피해 의식에 갇히기 쉽다. 결국 고난에 대한 자세와 태도로 의인과 악인이 구별된다.

말씀을 깨닫는 것은 하나님을 아는 만큼 자신의 죄에 대해서 깨닫는 것과 다르지 않다. 바울은 하나님과 하나님 나라에 대해서 알아 갈수록 자신의 죄에 대한 이해도 깊어진다. 수십 년의 사역과 서신서를 기록한 사도 바울이 스스로를 죄인 중의 괴수라고 고백한 것은 드러나지 않게 죄를 많이 행했음을 의미하는 것이 아니라, 자신의 죄를 보는 이해와 깊이가 이전보다 더 성숙해졌음을 의미한다. 영적으로 성숙하다는 것은 이전에는 죄로 보지 못하던 것들이 죄로 깨달아지는 것이다. 이것은 달란트 비유에서 "무릇 있는 자는 받아 풍족하게 되고 없는 자는 그 있는 것까지 빼앗기리라"(마 25:29)라는 말씀은 천국의 비밀에 관한 것으로, 바울은 이 천국의 비밀을 더 많이 깨달아 넉넉하게 되었다(마 13:12; 25:29). 바울은 많은 고난을 받고 순

---

68   Dan Otto Via, "Ethical Responsibility and Human Wholeness in Matthew 25:31–46," *HTR* 80 (1987), 79~100 (87); 강대훈, 『마태복음 주석 2권』, 465에서 재인용.

교하는 삶을 살았지만, 천국의 비밀로 넉넉하게 된 그는 충성된 서기관으로 13권의 서신서를 기록한다(마 13:52). "충성되고 지혜 있는 종이 되어 주인에게 그 집 사람들을 맡아 때를 따라 양식을 나눠 줄 자가 누구냐 주인이 올 때에 그 종이 이렇게 하는 것을 보면 그 종이 복이 있으리로다"(마 24:45-46). 이것이 고난(달란트) 속에 감추어진 천국의 비밀이다.

4) 타인의 고난을 나를 대신하는, 나로 인한 '대리적 고난'으로 여겨야 한다(사 53:4-6)

고난에 대한 성경적 이해는, 첫째, 인과응보적 심판, 둘째, 양육과 훈계의 목적, 셋째, 원수(타인)의 구원을 위한 '대리적 고난'이다. 따라서 하나님의 백성은 자신과 타인의 고난에 대해서 입체적 세계관을 가져야 한다. 왜냐하면 고난에 대한 이해는 세계관으로 작용하기 때문이다.

대리적 고난에 대한 이해가 없는 세계관에 서 있는 자는 자신을 대신하여 고난받는 예수님도 정죄하고 멸시한다(사 53:4-6). 반면 예수님의 대리적 고난은 이해한다고 해도 자신이 어떤 이를 대신하여 대리적 고난을 감당한다거나 누군가가 자신을 대신하여 대리적 고난을 감당한다는 것은 이해하지 못한다. 이는 그들이 옳고 그름이라는 율법적 세계관과 보응적 심판의 세계관에 갇혀 있기 때문이다. 마태복음 7:1-3에서 비판하는 행위를 경고한 것은 인과응보적 세계관으로 타인의 고난에 대해 경솔하게 정죄하는 것을 경고하는 말씀이다. 왜냐하면 그의 고난이 나의 죄로 인한 보응적 형벌을 대신해서 감당하는 대리적 고난일 수 있기 때문이다. 따라서 하나님의 백성은 고난을 만날 때, 고난의 이해에 대한 세 가지 관점과 세계관을 충분히 자신에게 적용해야 한다. 먼저는 자신을 돌아보고 죄를 회개할 것이고, 둘째는 하나님의 심판과 양육과 훈계의 목적을 깊이 이해함으로써 믿음과 속사람이 성숙해지는 열매를 맺어야 할 것이다. 동시에 세 번째는 '대리적 고난'의 관점을 이해하고 적용하여, 그리스도의 고난에 동참함을 기뻐해야 할 것이다. 이는 타인의 고난을 바라봄에 있어서도 같은 이해와 적용이 요구된다. 타인의 고난에 대리적 고난을 적용하여, 그의 고난이 나의 회개와 구원을 위한 '대리적 고난'라는 것을 이해해야 한다. 이런 이유로 사도 바울은 갈라디아서에서 성령의 열매(갈 5:22-23)와 성령을 따르는 삶을 충분히 설명한 후 6:1-2에 이르러 "형제들아 사람이 만일 무슨 범죄한 일이 드러나거든 신령한 너희는 온유한 심령으로 그러한 자를 바로잡고 너 자신을 살펴보아 너도 시험을 받을까 두려워하라 너희가 짐을 서로 지라 그리하여 그리스도의 법을 성취하라"라고 권면한다. 이 본문에서 바울이 강조하는 성령을 따라 사는 삶이란 첫째, 범죄한 일이 드러난 형제를 바로 잡는 것이고, 둘째는 나 자신을 살펴보는 것이며, 세 번째는 서로 범죄한 형제의 짐을 지는 것이다. 사도 바울은 법대로 '치리하라'라고 말하지 않는다. 그를 바로 잡기 위해 "짐을 서로 지라 그리하여 그리스도의 법을 성취하라"라고 말한다. 왜냐하면 교회와 성도는 구원을 위해 서로 대리적 고난을 감당하는 관계이기 때문이다. 따라서 서로 원망하고 정죄하는 것이 아니라 각각 자기에게 맡겨진 대리적 고난의 짐을 져야 할 것이다(갈 6:5).

그러나 고난에 대한 평면적 관점과 세계관, 즉 세속, 율법, 보응적 세계관으로는 자신과 타인의 관계를 갈라디아서 6:1-10의 말씀처럼 이해하고 적용하는 것이 불가능하다. 그것으로는 고난에 대한 입체적이고 균형적인 세계관에 이를 수 없기 때문에 자신의 고난은 감당하지 못해서 억울해하거나 원망하고, 타인의 고난은 인과응보적 세계관에 편중되어 정죄하는 악을 범하게 된다. 자신과 타인의 고난에 대한 이해가 보응적 관점 또는 세계관에만 머물러 있기 때문에 평면적으로밖에 이해할 수 없기 때문이다. 따라서 이 비판에 대한 경고의 말씀은 고난을 '대리적 고난'으로 이해하는 관점과 세계관을 예수님에게만 적용하는 것이 아니라, 교회와 성도에게 확장하고 적용할 것을 요구한다.

사무엘하 11장에서 다윗은 밧세바와 간음한다. 그런데 정작 그 죄로 고난받고 죽은 사람은 간음으로 잉태된 아이와 우리아, 그리고 압살롬이다. 다윗은 자신의 죄 때문에 압살롬과 우리아가 고난받고 죽임당한 것을 깨닫고 깊이 애통한다. 죄는 다윗이 지었는데, 아들 압살롬과 우리아가 고난받고 죽은 것이다. 우리아의 입장에서 보면 죄는 다윗이 지었는데 내(우리아)가 고난받고 죽임당한 것이다. 그러나 이는 억울한 죽음을 당했다거나 희생양이 된 것이 아니라, 그리스도의 대리적 고난에 동참하는 특권이었다. 이러한 배경에서 우리아의 이름이 마태복음 1장 예수님의 족보에 올라간다.

오늘날 하나님의 백성도 마찬가지다. 외도는 남편이 저질렀는데, 고통은 아내가 당한다. 외도한 남편은 자신이 죄를 지었는지도 모르거나, 외도를 죄로 여기지 않을지도 모른다. 그러나 외도한 남편으로 인한 배신감을 느끼고 용서하는 고통 중에도 결혼 언약과 가정을 지키는 아내를 보면서, 언젠가 자신이 가해자임을 깨닫는 날이 올 것이다. 아내는 그때까지 고난받는 종으로 '용서하는 종의 고통'(대리적 고난)을 감당해야 한다. 부당하고 억울하고 원통할 수 있지만, 이것은 예수 그리스도의 대리적 고난에 동참하는 영광이다. 그렇다고 해서 아내가 자기 입으로 내가 대리적 고난을 감당하고 있다고 주장하는 것이 아니다. 공동체와 남편의 입을 통해서 "당신이 나 때문에 고난을 많이 받았다"라고 하는 주님의 음성을 듣는 날이 올 것이다. 다말이 유다에게서 "그는 나보다 옳도다"(창 38:26)라는 말을 들었던 것처럼 말이다. 그 전에 고통받는 아내는 공동체와 남편의 입을 통해 그 고백을 들을 때까지 숨겨진 자신의 죄를 고백할 수 있어야 한다. 예를 들어, 용서하고 싶지 않은 완고함이나 결혼 서약을 지키고 싶지 않은 불순종의 마음, 하나님을 향한 분노 등이다. 이렇게 처절한 고통을 겪으며 대리적 고난을 감당한 종을 마태복음 25:14-30에서는 "착하고 충성된 종"으로, 로마서와 요한계시록에서는 "수고한" 종이라고 격려해 준다(롬 16:6, 12; 계 14:13).

예수님의 십자가 양 옆에는 두 행악자가 십자가에 못 박혀 있다(눅 23:32). 이는 이사야 53:9의 "그는 강포를 행하지 아니하였고 그의 입에 거짓이 없었으나 그의 무덤이 악인들과 함께 있었으며"라는 말씀을 성취한 것으로, 예수님은 죽는 순간에도 행악자들과 같은 취급을 받는 수치를 당해야 했다. 두 행악자와 같은 부류라는 오해와 정죄를 감당하는 자리에 세워진 것이다. 그중 한 행악자는 예수님을 조롱하였으나 다른 한 행악자는 조롱하는 이를 꾸짖으며 "네가 동일한 정죄를 받고서도 하나님을 두려워하지 아니하느냐 우리는 우리가 행한 일에 상당한 보응을 받는 것이니 이에 당연하거니와 이 사람이 행한 것은 옳지 않은 것이 없느니라"라고 말한다(눅 23:40-41). 이 말은 예수님이 자기 죄 때문에 못 박힌 것이 아니라, 죄없이 못 박힌 것이라는 뜻이다. 누가는 의도적으로 행악자의 말을 이처럼 세밀하고 구체적으로 인용하여 기록한 것으로 보인다. 누가는 십자가에 달린 행악자의 말을 인용하여 예수님의 고난이 이사야 53장의 '대리적 고난'인 것을 드러낸다. 더욱이 이 행악자는 고난받는 종의 '대리적 고난'을 이해하고 있었다. 반면 예수님이 제자들에게 고난받으실 것을 말씀하실 때, 베드로는 이해하지 못하고 항변하다가 책망받는다(마 16:22-23). 결국 예수님께서 말씀대로 십자가를 지시고, 모든 제자는 예수님을 버리고 도망간다. 그런 때에 오직 행악자 한 사람만이 예수님의 편에 서 있다. 예수님을 정죄하고 조롱한 행악자와 달리 이 행악자는 예수님의 '대리적 고난'을 이해하고, '의인의 고난'(사 53:4-6)이라고 대리적 고난을 고백함으로 구원받았다고 볼 수 있다.

대리적 고난과 자기의

자기의(自己義)가 견고한 사람일수록 열왕기상 19장의 엘리야처럼 억울한 것이 많다. 그는 법적 옳고 그름을 주장하며 억울함을 느낄 것이고, 자기만큼 용서의 고통을 감내하지 않는 성도들을 정죄할 수밖에 없다. 이처럼 율법·종교적 자기의가 강한 사람은 예수님의 '대리적 고난'을 고백하면서도 동시에 하나님 앞에 자신의 권리를 주장하는 모순을 범하게 된다. 만약 예수님의 대리적 고난과 죽음은 이해한다고 해도 자신이 가해자라는 것까지 인정하기는 어려울 것이다.

따라서 타인의 고난을 '대리적 고난'으로 이해하는 사람은 자기의가 무너진 죄인이다. 자기의가 건재한 사람은 "지극히 작은 자"와 같은 지질한 인생이 나를 대신하여 '대리적 고난'을 감당한다는 사실을 인정하기가 어렵다. 철저하게 자기의가 무너진 아내만이 남편의 외도를 두고 자신(아내)과 자신의 죄를 대신하여 대리적 고난을 감당하기 위함이라고 고백할 수 있다. 우리는 '의롭다' 여김을 받은 것이지 '의로운' 존재가 아님을 늘 고백해야 한다. 아무리 의로운 사람이라고 해도, 외도한 남편까지 용서한 아내라고 할지라도 자신이 죄인이라는 것을 고백할 수 있어야 한다. 여기까지 나아가지 못하면 설령 남편의 외도를 용서한다고 해도, 그 죄까지 용서한 자기 자신을 높이는 자기의만 견고해질 뿐이다. 하나님 앞에 가장 강력한 죄와 악은 자신의 의로움을 주장하는 것이며, 하나님께 정죄를 받아 고난을 겪는 사람을 멸시하고 무시하는 것은 자기의가 견고하기 때문이다. 그러나 자기의를 철저하게 깨달은 사람은 "지극히 작은 자"를 외면할 수 없다. 왜냐하면 "지극히 작은 자"가 나를 대신하여 '대리적 고난'을 감당하고 있다는 것을 깨달았기 때문이다.

5) 공감 능력

공감을 뜻하는 영단어 'empathy'의 기원은 그리스어 'ενπαθεια'인데,[69] 그 의미는 '다른 사람의 감정, 열정, 고통과 함께한다'이다.[70] 언어학적인 면에서 '공감'이라는 단어는 독일의 예술 이론가인 '로베르트 피셔'(Robert Vischer)로부터 유래되었다. 피셔는 1873년 조각과 회화 작품에 담긴 진정한 감정적 의미를 면밀하게 주의하는 상태를 표현하기 위해 'Einfühlung'(아인퓔룽)이라는 단어를 만들어 개념화했다.[71] 이후, 1909년 미국의 심리학자 '로버트 티처너'(Edward B. Titchener)가 'Einfühlung'을 'ενπαθεια'(엔파데이아)로 번역하였고, 이를 다시 영어 'Empathy'로 번역하였다. 'ενπαθεια'는 'en'(in)과 'πάθος'(pathos)를 결합한 합성어이다.

---

69 전요섭, 『효과적인 기독교 상담 기법』 (서울: CLC, 2009), 48.

70 브라운, 『대담하게 맞서기』, 72.

71 로베르트 피셔, "광학적 형태 감각에 관한 미학 논문", (Leipzig: Credner, 1873).; 전요섭, 『효과적인 기독교 상담 기법』, 48에서 재인용.

브레네 브라운(Brene Brown)은 그의 저서에서 "공감력이 중요한 이유는 수치심의 수령에서 빠져나오도록 이끌어 주는 사다리 역할을 하기 때문이다"라고 말한다.[72] 공감을 느끼게 해 주는 메시지는 "너는 혼자가 아니다"이다.[73] 공감한다는 것은 정죄 없이 들어주고 옆에 있어 주는 것이다. 이처럼 공감 능력이 중요한 이유는 사람을 움직이는 것은 감정이기 때문이다.[74] 사람은 공감받을 때 상한 감정이 움직인다. 복음의 증거와 회개를 위해서는 감정을 움직일 수 있어야 하는데, 감정을 움직이는 것이 공감이다.

공감 피로와 공감 만족

공감에 있어서 중요한 개념은 '공감 피로'(Compassion Fatigue)와 '공감 만족'(Compassion Satisfaction)이다. 공감 피로는 상담자가 내담자의 고통에 노출되거나 내담자를 공감하는 과정에서 받는 스트레스를 말하는 것으로, 공감 스트레스라고도 말할 수 있다.[75] 이는 내담자의 고통을 공유하는 '정서 전염'(emotional contagion)에 대한 민감성에 관계한다.[76]

내가 지적하고자 하는 것은 '공감'에 대한 사람들의 관심이 깊어지면서 우리는 '공감 강요'로 인한 '공감 피로'가 확대된 시대를 살고 있다는 것이다. TV, SNS 등 매체에서 자선과 기부를 요구하는 사회단체들의 광고가 너

---

72   브라운, 『대담하게 맞서기』, 72.

73   브라운, 『대담하게 맞서기』, 72.

74   김경일, 『적정한 삶』, 21.

75   손영득, 『공감적 피로의 영적 외상 이해』 (서울: CLC, 2021), 21.

76   Figley, C. R., *Compassion fatigue: Toward a new understanding of the costs of caring*, 252; 손영득, 『공감적 피로의 영적 외상 이해』, 21에서 재인용.

무나 자주 방송되는 것 같다. 기부된 자금이 얼마나 정직하고 투명하게 구제가 필요한 현장에서 잘 쓰이고 있는지와는 무관하게, 오직 반복적인 공감과 은근한 강요를 부추기는 마케팅 광고에 사람들은 '공감 피로'를 느낀다는 것이다. 이런 이유들 때문에 사람들은 '공감하지 않기를 선택'한다. 이로써 이웃과 타인의 고통에 무감각해지고 공감을 회피한다. 사람들이 공감을 회피하는 경우는 첫째, 공감이 자기의 행복을 위협하거나 고통을 유발하는 경우이다.[77] 타인을 공감함으로써 공감한 감정이 고통받는 자로부터 자신에게로 전이되는 것이다. 둘째, 공감에 수반되는 비용 때문이다. 공감할 때 수반되는 시간이나 돈과 같은 비용 등의 효율성을 따지는 것이다.[78] 하지만 자밀 자키(Jamil Zaki)는 이러한 이유로 공감 회피를 선택하는 것은 결과적으로 공감의 혜택인 공감 만족을 포기하는 것이므로, 결국은 모두에게 손해가 된다고 말한다. 공감 만족은 고통받는 사람을 도와준 결과로 주어지는 기쁨, 즐거움의 감정이다. 최근에는 단순히 공감 피로의 반대 개념으로서의 공감 만족이 아니라, 이것이 주는 긍정적 시너지 효과에 대한 관심이 높아지고 있다.[79]

차별과 혐오는 공감 회피와 공감 편향을 정당화한다

가장 강력한 공감 회피는 사람을 공감의 대상으로 보는 것이 아니라 차

---

77 자밀 자키, 『공감은 지능이다』, 정지인 역 (인천: 심심, 2021)[eBook], 45/226.

78 자키, 『공감은 지능이다』[eBook], 45/226.

79 이순늠, 김정아. "간호사의 공감 만족에 대한 국내 연구 분석". 『한국산학기술학회논문지』, (2016) 17(9), 599–609; 류민희, "권역외상센터 간호사의 외상 사건 경험과 공감피로, 공감 만족과의 관계", 『아주대학교 보건대학원 석사학위 논문』 (2022), 13에서 재인용.

별과 혐오의 대상으로 보는 것이다. 즉, 긍휼의 대상이 얼마나 긍휼을 받을 자격이 없는 존재인지를 강조함으로써 자신의 공감 회피를 정당화하는 것이다. 이것은 죄책감과 공감 회피를 정당화하기 위해 차별과 혐오의 선입관을 만들고, 사상, 인종, 종교, 정치 진영 논리에 따른 차별과 혐오, 공감 회피와 공감 편향을 정당화시킨다. 나는 이런 현상이 공감 장애와 다를 것이 없다고 본다. 반사회성 인격 장애의 특성은 공감하지 못하는 것이다. 반사회성 인격 장애를 가진 사람들은 다른 사람의 마음에는 관심이 없고 오직 자신의 이익만 중요시한다. 요즘 흉악한 강력 범죄 피의자들의 성향을 분석할 때 '사이코패스'와 '소시오패스'라는 단어를 사용한다. 이들의 특징은 피해자들의 아픔을 공감하지 못한다는 것이다. 정신의학에서는 이들을 반사회성 인격 장애로 규정한다.

공감 회피를 정당화하기 위해서는 종교와 인종, 사회적 차별과 이해관계에 따라 사람을 내부 집단과 외부 집단으로 나누어야 한다. 여러 조건과 원인으로 긍휼의 대상인 사람을 나누고 차별하는 것은 공감을 선택적으로 하게 만든다. 따라서 외부 집단의 고난과 고통을 볼 때 공감하지 못하고, 오히려 그들의 고난과 고통을 정당하게 여기는 것이다.[80]

인간에 대한 차별과 혐오는 가장 강력하고 원초적으로 공감을 차단하는 기능을 한다. 누가복음 18장의 바리새인은 종교적 우월감으로 세리를 정죄하며 자기의를 주장한다(눅 18:9-14). 그는 자신의 율법적 우월감에 빠져 세리와 죄인들을 공감하지 못한다. 오히려 그들과 같지 않은 것을 자랑하고

---

80   자키, 『공감은 지능이다』[eBook], 42, 59, 85,129/226.

감사한다(눅 18:11). 그는 철저하게 차별하고 무시하며 정죄할 뿐이다. 이처럼 자기의가 견고한 사람은 "지극히 작은 자"를 공감하기가 어렵다. 공감보다는 판단하거나 무시하거나 차별하는 마음이 앞서기 때문이다. 어쩌면 누가복음 18장의 바리새인은 '종교적 소시오패스'인지도 모른다.

차별과 혐오를 넘어서는 공감

자밀 자키는 "비인간화는 가장 원초적인 수준에서 공감을 차단한다"라고 말한다.[81] 중세와 근현대 시대 유대인에 대한 히틀러의 차별과 혐오, 증오는 유대인 학살을 불러 왔다. 유럽의 제국주의는 아프리카와 아메리카 원주민을 미개인으로 보았고, 그들을 향한 혐오와 차별은 곧 노예와 대규모 학살로 이어졌다. 현대인에게는 좌파와 우파 이념이 상대방에 대한 혐오와 증오를 불러일으키고 공감을 방해한다. 반일 감정은 2011년 동일본 지진과 쓰나미로 피해를 당한 일본인들의 고통에 공감하지 못하게 했다. 유대인들은 혼혈 사마리아인을 혐오하고 차별하며 무시했다. 누가복음 10장의 선한 사마리아 비유에서 제사장과 레위인은 강도 만난 자에게 긍휼을 베풀지 않지만, 사마리아인은 강도 만난 자가 자신을 종교적으로 멸시하는 유대인임에도 불구하고 긍휼을 베푼다. 그는 차별과 혐오를 넘어서서 긍휼을 베푼 것이다. 예수님께서 '나의 이웃이 누구인지'를 묻는 율법사에게 차별과 혐오를 넘어 긍휼과 공감을 베푸는 사람이 이웃이라고 가르치신다. 대한민국 국민으로서 일제 식민 역사를 기억하는 것과 2011년에 동일본 지진과 쓰나미라는 재난으로 막대한 손실을 입은 일본에게 반일 감정과 혐오로 일관할 뿐 그들의 고통에 공감하지 못하는 것은 다른 차원의 일이다. 이는 영혼을 공

---

81 자키, 『공감은 지능이다』[eBook], 60/226.

감하고 사랑하는 관점으로 그들과 관계하는 것이 아니라 혐오와 차별의 관점으로 관계하는 것이기 때문이다. 그들이 역사적으로 악을 행한 것은 사실이지만, 그들도 구원이 필요한 죄인임을 기억해야 한다. 이것이 복음으로 악을 이기는 것이다. 본회퍼는 하나님이 인간이 되었다는 성육신의 교훈은 인간에 대한 경멸과 우상화 모두를 경고한다고 말한다.[82] 또한 팀 켈러는 가난한 이웃을 깔보고 쌀쌀맞게 외면한다면 하나님의 은혜를 제대로 이해하거나 체험하지 못한 것이라고 말한다.[83] 따라서 인간에 대한 차별과 혐오는 범죄다.

공감 능력은 저절로 주어지는 것이 아니다

상담학자들은 공감 능력은 선천적인 자질로 보지만, 그럼에도 후천적인 훈련이나 노력으로 공감 능력을 향상시킬 수 있는 가능성을 열어 둔다.[84] 나 역시 후천적으로 공감력을 향상시킬 수 있다고 보며, 그 방법은 직접 고난을 경험하는 것이라고 생각한다. 사람은 자기가 고난을 경험한 만큼 공감할 수 있고, 나와 같은 고난을 겪는 사람에게 공감을 얻을 때 비로소 위로를 받는다. 왜냐하면 공감의 원리는 자아를 벗어나 타인을 수용하는 것이기 때문이다. 즉, 자아 중심적 성향이 극복될 때 타인의 관점을 수용하고 공감할 수 있으며, 자아 중심적 성향은 고난으로 극복된다.[85]

무한한 공감과 긍휼을 가지고 계신 성자 예수님이 종의 신분으로 성육신

---

82 디트리히 본회퍼, 『십자가 부활의 명상』, 연규홍 역 (경기: 도서출판 청우, 2003), 100.
83 켈러, 『팀 켈러의 정의란 무엇인가』, 최종훈 역 (서울: 두란노, 2012), 150.
84 전요섭, 『효과적인 기독교 상담 기법』, 63.
85 전요섭, 『효과적인 기독교 상담 기법』, 64.

하신 이유는 피해 의식과 소외감에 갇힌 죄인들을 위로할 수 있는 공감의 위치를 얻기 위함이다.[86] 하나님은 하늘 보좌에 앉아 우리를 공감하는 것이 아니라 부정한 종의 신분으로 이 땅에 오셔서 공감하신다. 따라서 공감할 수 있는 사람은 지극히 작은 자와 같은 고난(달란트)을 겪고 있는 사람이다. 가난하고 굶주리고 헐벗은 고난을 겪어본 사람들이 지극히 작은 자 한 사람에게 찾아갈 수 있다. 부자와 나사로의 비유에서 부자는 나사로를 외면한다 (눅 16:19-31). 부자는 나사로를 공감할 수 없기 때문이다. 그러나 나사로가 또 다른 나사로를 공감하는 것은 어렵지 않다. 누가 빼앗기고 쫓겨난 한 달란트 받은 종을 공감할 수 있을까? 빼앗기고 쫓겨난 경험이 있는 사람일 것이다. 다시 말해, "지극히 작은 자" 한 사람을 공감할 수 있는 사람은 쫓겨남을 경험한 한 달란트 받은 사람이다(마 25:37-39, 44).

　의인들은 악인들과 마찬가지로 임금이 '지극히 작은 자'와 자신을 동일시하는 것을 알지 못했다. 그러나 의인들은 지극히 작은 자를 찾아 필요를 따라 보살핀다. 의인들은 왜? 어떻게? '지극히 작은 자'들을 보살필 수 있었을까? 고난을 겪어 본 사람이 고난 가운데 있는 사람을 이해할 수 있다. 고난을 겪음으로써 인간의 죄와 감정을 깊이 이해하고 공감하게 되기 때문이다. 하나님께서는 죄로 인해 심판을 받아 빼앗기고 쫓겨난 사람들, 한마디로 자격 없는 사람들까지도 공감할 수 있는 권위와 권능을 주시기 위해 고난을 주신다. 왜냐하면 공감은 재능과 스펙이 아니라, 인간의 사회·경제·실존·영적 위치의 자각에서 시작되기 때문이다. 공감 능력이 후천적으로 향상될 수

86　공감에 대해서 가장 훌륭한 사례는 예수님의 성육신 사건이다. 전요섭, 『효과적인 기독교 상담 기법』, 59.

있다면 반대로 퇴보할 수도 있다. 차별과 혐오와 공감 피로로 인해서 우리의 공감이 통제될 수 있다는 사실을 알아야 한다.

공감은 '대리적 고난'이다(사 53:4-6)

아난다 가이저-푸셰와 토마스 M. 무넨그와는 그들의 공동 논문 "The concept of vicarious suffering in the Old Testament"에서 "공감적 고통 (Empathetic suffering)은 대리 고통의 의미를 보여 주는 좋은 예입니다. 대리적 고통은 다른 사람이 동일한 고통을 겪지 않도록 한 사람이 겪는 고통을 의미할 수도 있습니다"라고 말한다.[87] 이는 공감을 이사야 53:4-6의 대리적 고난에 포함하는 것이다.

전요섭을 비롯하여 많은 학자는 공감의 가장 훌륭한 사례는 예수님의 성육신 사건이라고 말한다.[88] 히브리서 4:15의 "우리에게 있는 대제사장은 우리의 연약함을 동정하지(συμπαθῆσαι) 못하실 이가 아니요 모든 일에 우리와 똑같이 시험을 받으신 이로되 죄는 없으시니라"에서 '동정'으로 번역된 헬라어 'συμπαθῆσαι'(sympatheo)는 '함께 같은 고통을 겪다',[89] '공감하다'라는 의미가 있다.[90] 예수님의 성육신과 십자가의 고난은 죄인을 대신한 대리적 고난이자(사 53:4-6), 죄인을 공감한 현장이었다. 더불어 인간의 타인을 향한

---

87 Ananda Geyser-Fouché & homas M. Munengwa, "The concept of vicarious suffering in the Old Testament." *HTS Teologiese Studies/Theological Studies* 75.4 (2019), 5/10.

88 전요섭, 『효과적인 기독교 상담 기법』, 59.

89 *TDNT. Vol. 5*, 935.

90 Danker, F.W. & Krug, K., "συμπαθέω", *The Concise Greek-English Lexicon of the New Testament*, 334.

공감은 예수님의 대리적 고난을 따르는 '의'(義)가 된다. 로마 교회에는 유대인과 이방인 사이에 갈등과 차별이 있었다. 그래서 바울은 로마 교회의 연합을 위해 유대인과 이방인을 차별하지 않는 '이신칭의', 그리고 유대인과 이방인에게 차별 없이 동등하게 적용되는 예수님의 대리적 고난을 전한 것이다. 따라서 영적 우월감과 열등감을 넘어서서 모든 사람을 공감하는 세계관은 예수님의 대리적 고난과 이신칭의 교리에서 발견된다.

공감과 정죄

에스겔은 제사장이었지만 바벨론 포로로 그발 강가에 있다. 서른 살이 되면 제사장으로서의 직무를 시작하게 되는데, 그는 사로잡힌 자가 되어 그발 강가에 있다. 그는 제사장의 직분을 빼앗기고 약속의 땅에서 쫓겨나 사로잡힌 자가 되어 바벨론에 있다(겔 1:1-3). 에스겔은 예배와 성전과 나라를 빼앗긴 백성들과 같은 입장에 있었기 때문에 바벨론 포로로 함께 끌려간 백성들을 정죄 없이 이해하고 공감할 수 있었다. 따라서 '지극히 작은 자'를 가장 공감할 수 있는 사람은 또 다른 '지극히 작은 자' 한 사람인 것이다. 예수님께서 바리새인과 서기관을 비난한 것은 그들이 율법적 자기의로 인해 공감 없는 정죄를 남용했기 때문이다.

공감의 반대 개념은 공감하지 않는 것이 아니다. 공감의 반대 개념은 '정답'만 말하는 것이다. "내가 틀린 말을 했어"라는 말은 그들의 주제가이고 후렴구이다. 바울과 야고보는 선생이 되지 말라고 했다(고전 4:15; 약 3:1). 아픈 사람에게 정답만을 제시하는 선생질은 잔인한 것이다. 내가 '감정 고난'으로 흔들리고 침체하고 있을 때 사람들은 나에게 '목사가 그러면 되냐'라고 하면서 정답만을 말했다. 나에게 선생질을 한 것이다. 그들의 바른 소리는 정말 내 마음을 아프게 했다. 나도 목사인데 자기만큼 성경을 모른다고 생각하는 것인지, 아니면 자신에 비해 목회를 모른다고 생각하는 것인지. 나만큼 고난을 겪어보지도 않았고, 목회 경험도 없고, 지식도 없는 사람이 어설픈 정답을 제시할 때마다 정말 화가 났다. 그러면서 동시에 나 자신을 돌아봤다. '내가 이렇게 목회를 했던나?' 공감하지 않으면서 정답만을 제시하는 선생질은 악이다. 이런 정답을 "옳은 개소리!"라고 한다. "옳은 개소리!"는 정말 사람을 아프게 한다. 정답을 제시한다고 해서 구원을 받을 수 있다면 성육신과 십자가는 필요하지 않았다. 성경만 있으면 되었다. 분석하고 정답을 제시한다고 구원을 이룰 수는 없다는 것을 알아야 한다.

에스겔이 선지자의 반열에 오른 것은 그가 정답만을 제시하는 선생이 아니라 백성들을 공감하였기 때문이다. 에스겔은 제사장이었지만 바벨론 포로로 그발 강가에 있다(겔 1:1-3). 제사장의 직분을 빼앗기고 약속의 땅에서 쫓겨나 사로잡힌 자가 되었다.[91] 그러나 이것은 하나님의 계획이었고, 그는 신명기 말씀대로 심판받은 것이다. 에스겔은 예배와 성전을 빼앗기고 이방 바벨론에 포로된 백성들을 공감하고 위로하는 새로운 사명으로 인도하기 위해 선택되고 준비된 일꾼이었다. 이보다 더 합당한 사람을 찾기는 어려웠을 것이다. 에스겔은 사로잡힌 백성들에 대해 깊이 이해하고 공감하는 동시에, 그들의 죄와 감정과 심리를 통찰할 수 있었을 것이다. 아내를 빼앗기고 제사장 직분마저 빼앗긴 에스겔의 고난은 백성의 구원과 회복을 위해 하나님께서 맡기신 대리적 고난이다.

---

91 마크 루커, 『Main Idea로 푸는 에스겔』, 김진선 역 (서울: 디모데, 2010), 12.

인간은 나와 같은 고난을 겪은 자에게 받는 공감과 구제로부터 위로를 받는다. 누군가 위로한다고 해서 상대가 무조건 위로받는 것은 아니다. 오랜 시간 그의 내면에 자리잡고 있던 소외감과 피해 의식 때문이다. 자신만 고난 속에 있고 남들은 모두 행복한 것 같다는 피해 의식은 소외감에 빠지게 한다. 공감이 중요한 이유는 이 소외감과 관련이 깊다. 소외감으로 피 흘리는 사람들에게 나도 그렇다고 하며 건네는 공감과 위로는 힘이 되어 준다.[92] 이것이 예수님께서 하늘 보좌를 버리고 이 땅에 죄인의 형상으로 오신 이유이다. 하늘 보좌에서 공감하시고 위로하신들 이 땅을 살아가는 죄인들은 위로받지 못한다. 인간들의 상하고 삐뚤어진 마음 때문이다. 그래서 하나님은 임마누엘하기로 하셨다. 이해와 공감이 안 되면 할 수 있는 것은 정죄 또는 자책뿐이다. 따라서 구제 행위보다 중요한 것은 구제하는 자의 공감과 위로이다(마 25:40). 왜냐하면 구제와 선행은 베푸는 사람의 관점도 중요하지만, 받는 자의 상한 마음까지 고려해야 하기 때문이다. 유대 문헌에 따르면, 가난한 사람들에게 자선을 베풀 때 결코 수치를 당하게 해서는 안 된다.[93] 사회적으로 성공한 위치에 있는 사람이 '지극히 작은 자'와 같은 지질한 나를 찾아온들 나의 상한 감정으로는 위로받지 못한다. 오히려 피해 의식으로 혈기만 타오를 것이다. 구제하고도 유익이 없고, 받는 사람은 감사하지 못한다. 왜냐하면 차별과 무시와 정죄, 그리고 수치가 틈타기 때문이다. 결국 선행을 하고도 사람을 얻지 못하고, 구제 받으면서도 감사하지 못하고 마음만 상하게 된다.

---

92 브라운, 『대담하게 맞서기』, 72.

93 Singer, I., *The Jewish Encyclopedia: A Descriptive Record of the History, Religion, Literature, and Customs of the Jewish People from the Earliest Times to the Present Day*, 12 Vols, 670.

재혼을 하면서 나는 새롭게 인도하실 하나님의 계획을 꿈꾸었다. 목회도 다시 하고 싶었고 아내와의 새로운 가정도 꿈꾸었다. 아내는 초혼이었지만, 선교사와 심방 전도사로 섬긴 경험을 가진 훈련된 사역자였다. 나 역시 전처와의 사별로 고난을 겪었으며 부목사로 섬긴 경험도 있었다. 재혼이 쉽지만은 않겠지만 그래도 감당할 수 있을 것이라고 생각했다. 그러나 이것은 현실이 어떠한지 또 내가 얼마나 죄인인지도 몰랐던 나의 무지함에서 비롯된 꿈이었다. 재혼을 하면서 찾아온 고난은 상상을 초월한 것이었다. 김양재 목사님은 재혼은 아프리카 선교보다 어렵다고 하셨는데 그 말은 진리였다. 아내와 나는 재혼으로 찾아온 고난을 감당하지 못하고 지옥을 살았다. 매일 매 순간마다 사소하게 던진 언행이 갈등으로 이어졌다. 아내와 나는 서로 자신이 더 옳다고 주장하고 정죄하며 싸웠다. 아내와의 갈등의 이유와 원인은 너무 다양하고 너무 많았다. 그중 대부분은 자녀 양육에 관한 관점의 차이에서 비롯된 것이었다. 결국 우리 가족 네 사람은 모두가 피해자로 남아 가슴 깊이 피를 흘리고야 말았다.

　　공감의 반대 개념은 공감하지 않는 것이 아니다. 공감의 반대는 정죄다. 사람들이 가장 많이 정죄하는 대상은 가족인 경우가 많다. 배우자, 또는 부모, 자녀를 정죄한다. 그러다 보니 원수가 집 안에 있는 것이다(마 10:36). 다른 사람을 공감하는 것보다 내 배우자를 공감하는 것이 더 어렵다. 부부 관계에서 배우자의 입장보다 자신의 상한 감정에 몰입되어 있기 때문이다. 아내에게 가장 좋은 남편은 아내의 자존감을 높여 주는 남편이다. 아내의 자존감을 높여 주는 것은 곧 공감하는 것이다. 그러나 대부분 남편은 정답을 제시한다. 아니면 옳고 그름을 따지면서 아내를 정죄한다. 아내의 자존감을 떨어뜨리는 것은 결국 남편과 남편의 정죄이다.

한번은 아내와 언쟁을 하면서 이런 말했다. "나이 사십에 아내를 잃은 남자와 8살, 6살에 생모를 잃은 어린애들의 마음을 알아요?" 그러자 아내는 이렇게 받아쳤다. "그럼 나이 사십에 아내를 잃은 남자와 8살 6살에 생모를 잃은 두 아들, 이 세 남자와 함께 사는 여자의 마음을 아느냐?"라고 말이다. 나는 할 말이 없었다. 이 말이 내 마음에 깊이 새겨졌다. 아내와 나, 어린 두 아들은 각자의 피해 의식에 갇혀 있었다. 나는 아내를 공감할 힘이 없었다. 생모를 잃은 두 아들은 공감되었지만, 아내를 공감하기는 어려웠다. 이후 나는 자신의 공감 능력에 문제가 많은 것을 인정했다. 이후 우리 부부는 아버지학교와 어머니학교, 부부학교에서 훈련을 받으며 도움을 받았다. 나는 두란노 부부학교에서 "정답은 정답이 아닙니다. 정답은 공감입니다"라는 강의를 도무지 이해할 수 없었다. 정답은 정답이지 어떻게 팩트가 아닌 감정적 공감을 정답이라고 하는지 혼란스럽기만 했다. 나는 늘 "옳은 개소리"로 아내의 마음을 아프게 한 것이다. 이처럼 나의 공감은 선택적이었고 깊지도 크지도 못했다. 그러면서 나는 공감받고 이해받기를 원했다. 공감 능력이 없는 사람은 가해자가 되기 쉽다. 감히 말하건대 공감하지 못하는 가정은 지옥이다. 두란노 아버지학교 김성묵 장로님은 "공감 천국, 불통 지옥입니다"라고 말한다.[94]

요한복음 4장의 우물가 여인은 다섯 번이나 이혼당하고 버림받은 여인이었다. 그녀는 사람들의 손가락질과 정죄, 수치심 때문에 하루 중 가장 뜨거운 시간, 그래서 아무도 물을 길으러 나오지 않는 시간에만 우물가에 나와 물을 길었다. 그러나 이 여인이 예수님을 만난 후, 수치스럽게만 여기던 자

---

94   김성묵, 『남자, 아버지가 되다』, 116-120.

기 삶을 통해 복음을 전하자 많은 사람이 그녀에게 공감하고 위로를 얻게 된다(요 4:39-42). 그녀는 그 마을에서 가장 "지극히 작은 자"였지만, 예수님을 만난 후, "다섯 달란트를 남긴 충성된 종"이 되었다.

고난이 우리에게 달란트가 되면 나와 비슷한 고난을 겪고 있는 사람을 찾아가게 된다. 그리고 나도 모르게 눈물이 나온다. 내게 허락된 특별한 고난으로 사람들을 이해하고 공감하며 위로하는 삶을 살게 되며, 이를 통해 누군가 치유되고 복음이 전파되는 감격을 경험함으로써 자신의 피해 의식과 원망에서도 벗어나게 된다. 나의 고난이 "지극히 작은 자"를 살리는 달란트인 것을 깨닫고 주인의 즐거움에 동참하게 되는 것이다. 이것이 상급이다. 고난에 대한 가장 강력한 위로는 고난에서 벗어나는 것이 아니라, 나의 고난이 다른 사람의 구원을 위해 쓰임 받는 것이며, 깊은 고난으로 고통받는 사람들이 나로 인해 위로받는 것을 보는 것이다.

영화 '교회 오빠'로 많은 감동을 끼친 故 이관희 집사와 아내 오은주 집사에게 가장 상처가 되는 말은 "무슨 죄를 그렇게 많이 지었길래…"라는 말과 "회개하라"는 말이었다고 한다. 그들 부부는 "이런 말을 정말 많이 들었습니다. 어머님도 지병으로 돌아가셨기에 '조상의 죄까지 회개하라'는 말도 들었어요. 그런 말을 듣는 순간 화가 났어요. '그럼 너는 얼마나 의인이기에?' 라는 말이 목까지 차오르고, 하나님께 서운한 마음도 들었어요. '하나님, 제가 뭘 그렇게 잘못했기에 이런 모욕과 수치를 당해야 하나요?' 하고 상한 마음을 토로하면서 울며 기도한 적도 많았어요. 제가 무슨 죄를 그렇게 많이 지었을까 하는 생각도 들었지요"라고 말하기도 했다.[95] 공감 없는 정죄는 사람의 마음에 깊은 상처를 남긴다. 더군다나 같은 형제나 신앙 공동체, 지체에게 받는 정죄는 더 고통스럽다. 이사야 53장의 고난받는 종인 예수님도 십자가에서 "네가 만일 유대인의 왕이면 네가 너를 구원하라"(눅 23:37)는 정죄와 멸시의 말을 들었다.

내가 부부학교에서 '정답은 정답이 아니라 공감입니다'라는 강의를 들었을 때 처음에는 도무지 그 말이 이해되지 않았다. 정답이 정답이지 어떻게 공감이 정답이란 말인가? 나에게는 공감은 오답이었고 정답은 진실이었다. 이것을 깨닫기까지 우리 부부는 계속해서 고난을 겪어야 했다. 나는 아직도 여전히 아내를 공감하는 것이 서툰 못난 남편이다. 한번은 '나의 아저씨'라는 드라마를 정주행할 만큼 큰 감동을 받으며 시청한 적이 있다. 가장 인상 깊게 보았던 장면이 있는데, 주인공 '박동훈'이 '광일'과 주먹다짐을 하면서, '불쌍한 이지안을 왜 때리냐?'라고 분노하고, 이때 광일은 '아버지를 죽였으니까"라고 말한다. 그러자 '박동훈'은 "나 같아도 죽여 내 가족 때리는 놈 나 같아도 죽여"라고 말한다. 박동훈을 도청하던 '이지안'은 박동훈의 말을 듣고 오열한다. 살인자로 정죄받던 '이지안'을 처음으로 공감한 어른 '박동훈'으로 인해 '이지안'은 마음이 열리고 치유되기 시작된다. 내가 이 드라마에 빠져들 수밖에 없었던 이유는 수치를 주제로 너무나도 극적이고 아름답게 연출하였기 때문이다. 나는 수치에 대한 이해와 공감력을 가진 작가와 배우들에게 찬사를 보낼 수밖에 없었다.

---

95 이대웅, '고난은 하나님과 가까워지는 지름길, 뜻하지 않은 기회', 2019.05.12. 17:29, https://www.christiantoday.co.kr/news/322368, (2024. 3. 06)

제2부 하나님의 고통

제5장 고난에 대한 성경적 이해

사별한 전처가 감당한 고난의 의미를 찾는 것은 내게는 너무 무거운 숙제였다. 어쩌면 지난 나의 삶은 이 숙제를 해결하기 위한 몸부림이었는지도 모른다. 〈들어가는 글〉에서 언급했던 것과 같이, 전처 故 김은경 사모는 뇌종양으로 36개월간 투병하다가 2014년 4월에 소천했다. 수술 후 전처는 36개월간 여인의 몸으로 대소변을 가리지 못하는 수치와 절망을 겪어야 했다. 속옷도 입지 못하는 와병 환자의 고통을 감당하며 하루하루를 조금씩 죽음에 이르는 두려움과 고통과 싸워야 했다.

대소변조차 가리지 못하는 상태가 되자 전처는 아내로도 어머니로도, 딸이나 며느리로도 살아낼 수가 없었다. 나는 아내의 간병과 두 아들의 양육을 위해 목회를 중단했고, 이후로 다시 목회의 자리로 부르심을 받지 못했다. 노력하지 않은 것은 아니다. 교회를 개척하려고도 했고 청빙도 받았지만, 하나님께서 허락하지 않으셨다. 필리핀 선교사로 가려고 한 적도 있었는데 이 역시도 허락하지 않으셨다. 목사가 목회를 하지 못하는 지루하고 답답한 세월이 15여 년이나 흘렀다.

나는 현실을 감당하는 것도 힘겨웠지만, 전처에게 찾아온 고난을 이해하지 못해서 공허와 무질서 등 혼돈 속으로 빠져들었다. 당시 나의 신학과 목회 경험으로는 전처의 삶에 찾아온 고난의 의미를 깨달을 수 없었다. 동료 선후배 목사님들과 담임목사님조차도 나와 전처의 고난을 이해하고 의미를 해석할 수 있는 신학과 경륜이 부족했다. 교회를 사임하고 부목사로서 목회를 마치던 날 "나는 복음을 모르는구나!"라고 탄식하며 예배당을 나왔다.

전처는 불신 가정에서 홀로 믿음을 키웠다. 중고등학교 시절 은혜를 받고 아세아신학대학교에 진학하여 선교사를 꿈꿨다. 그러나 처가 식구들은 딸이 신학대학으로 진학한 것을 못마땅하게 여겼기 때문에 어떤 경제적 후원을 기대할 수 없었고, 결국 학비를 감당하지 못하고 휴학했다. 이후 칼빈신학대학교에 편입하여 학업을 이어갔지만, 학부를 마치는 데만 10여 년이 걸렸다. 그 과정에서 나를 만나 가정을 이루고 두 아들도 얻었다. 가난한 전도사의 아내이자 두 아들의 엄마였던 그녀는 지혜롭고 사랑스러운 여자였다. 그랬던 아내가 뇌종양과 대소변조차 가리지 못하는 와병 환자 신세라니….

나는 우리에게 찾아온 고난의 의미와 목적을 이해하려고 하나님께 기도하고 물었다. 그러나 아내의 병세가 깊어지고 길어질수록 몸과 마음이 지쳐갔다. '누워만 있어도 살아만 있어라'라는 생각과 '이제 그만 하나님께서 전처와 두 아들과 나를 더 힘들게 하지 말고 데려가셨으면 좋겠다'라는 생각이 마음속에서 경쟁했다. 그러던 중 2014년 4월, 만 36개월간의 고통과 수치를 끝으로 아내는 하나님의 부르심을 받았다.

나는 모든 이들 앞에서 목사로서 훌륭하게 목회를 감당하는 모습을 보여주고 싶었다. 또한 전처의 고난을 하나님이 선하게 사용함으로써, 아내는 목회의 든든한 후원자의 역할을 충분하고도 넘치도록 감당했다고 말하고 싶었다. 그러나 안타깝게도 나는 다시 목회의 자리로 부르심을 받지 못했고, 결국 아무것도 증명할 수 없었다. 전처가 감당했던 고난의 의미와 목적은 숙제로 남게 되었다.

1. 고난에 대한 성경적 이해

"선하고 전능하신 하나님의 세계에서 어떻게 인간을 괴롭게 하는 악이 존재할 수 있는가?"라는 질문에 대한 신학적 해석의 노력을 '신정론'이라고 한다. 그러나 성경 신학적 관점에서 고난의 기원은 하나님이다(창 3:16-19). 하나님이 고난의 근원이기 때문에 시편 기자들은 고난으로 고통받을 때 하나님께 탄원하거나 하나님과 논쟁한다.

신약 성서의 기자들은 하나님 백성은 '왜 고난받는가?'라는 질문에 예수 그리스도가 감당한 '대리적(대속적) 고난'(Vicarious[Substitutionary] Suffering)의 의미와 역할을 기반으로 하나님 백성이 고난으로 부르심을 받았다고 말한다.

대리적 고난을 이해하기 위해서는 먼저 고난에 대한 성경적 이해를 살펴볼 필요가 있다. 고난에 대한 성경 이해의 범주는 크게 세 가지로, 첫째는 인과응보적 심판, 둘째는 양육과 훈계의 목적, 그리고 셋째는 원수(타인)의 구원을 위한 '대리적 고난'이다.

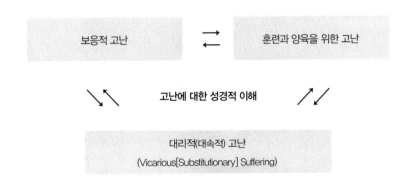

첫째, 성경에서 고난은 죄의 결과이다(창 3:16-19; 신 28:1-2; 느 9:26-28; 시 7:15-16; 37:1-3; 막 2:1-12; 요 5:14).[1] 창세기에서 고난은 인간이 하나님을 반역한 결과로 주어진 심판이다. 하나님께 반역한 결과로 남자는 노동의 고통을, 여자는 해산의 고통을 받게 된다. 이스라엘과 유다의 멸망과 포로 생활도 이스라엘과 유다의 죄와 왕들의 죄 때문이었다.

고난에 대한 인과응보적 관점은 신명기에서 더욱 강화된다. 신명기 관점에서 심판과 멸망의 원인은 하나님과 이스라엘이 맺은 언약이 위배되었기 때문이다(신 28:1-2).[2] 고난에 대한 보응적 세계관으로 의인이라 불렸던 욥조차도(욥 1:1, 8) 자신에게 주어진 고난으로 인해 친구들(데만 사람 엘리바스

---

1 David E. Garland, "I am the Lord Your Healer: Mark 1:21-2:12", *Review and Expositor* 85(1988), 327-43.; 박노식. "마가복음의 대속적 고난의 신학적 함의와 그 배경", 「신약 연구」, *vol.* 12, no. 2 (2013), 191-213, 192에서 재인용.

2 M. Noth, *The Deuteronomistic Histroy*, (Sheffifld: JOST Press, 1881), 89.

와 수아 사람 빌닷과 나아마 사람 소발)에게 정죄와 비난을 받아야 했다. 이처럼 고난에 대한 인과응보 세계관은 보편적이다.

요즘 낙태는 매우 민감한 이슈이다. 임신한 산모들 가운데는 여러 이유로 낙태를 선택하고 자신의 삶을 살기도 한다. 그러나 반대로 산모가 자신의 삶을 포기하고 태아에 대한 양육과 긍휼의 마음으로 어머니의 책임을 감당하기를 선택하기도 한다. 낙태를 선택한 산모와 출산을 선택한 산모 중 누가 정죄와 수치를 당하게 되는가? 연약한 생명을 죽이고 자신의 삶을 선택한 산모보다, 절대적으로 산모에게 의존하는 연약한 생명을 지키기 위해 출산을 강행한 산모가 훨씬 더 감당하기 힘든 정죄와 수치를 받게 된다. 이것이 인과응보 세계관의 한계이다. 이런 이유로 욥기와 산상수훈은 고난에 대한 인과응보에 갇힌 섣부른 판단과 정죄를 경고한다(마 7:1-3). 그러므로 세상과 인간의 고난과 삶을 인과응보 세계관으로만 판단할 수 없는 신학적 한계를 인정해야 한다.

인과응보 세계관은 자신이 죄인이라는 고백과 함께 회개의 열매로 이끄는 긍정적 기능을 한다. 그럼에도 인과응보 세계관의 사람은 욥을 정죄한 엘리바스처럼 누군가 겪고 있는 고난의 사건을 바라볼 때, 복을 받은 것 같은 사람에게는 근거 없는 선행으로 칭송하고, 고난 중에 있는 사람에게는 근거 없이 판단하고 정죄하는 우를 범하기도 한다. 대개 이런 사람은 스스로 인지하지 못할 만큼 습관적으로 타인을 정죄하지만, 자신이 비난이나 정죄받는 것은 견디지 못한다.

둘째, 고난은 영적 성숙을 위한 양육과 훈계를 목적으로 한다(잠 3:11-12;

사 9:13; 26:16; 렘 6:27-30; 호 2:6-7; 3:4-5; 5:15; 말 3:3; 롬 5:3-4; 고전 11:32; 살후 1:4-5; 약 1:2-4). 하나님은 그의 백성들을 양육하기 위해 고난을 사용한다. 부모들이 자녀를 징계하는 것처럼(잠 13:24; 22:15), 하나님도 자신에게 속한 자들을 징계하신다(신 8:5; 히 12:5-6). 호세아는 이스라엘의 고난을 '가시와 담'으로 표현하며, 고난의 원인을 하나님에게서 찾는다(호 2:6-7). 즉, 이스라엘의 고난은 이스라엘을 향한 하나님의 훈육이라는 목적과 동기를 가진 징계다. 이는 하나님의 사랑과 자비에서 비롯되었다.[3]

폴 트립은 "고난을 당하면 우리는 화를 내고, 시기심을 표출하고, 불만이 많아지고, 조급해하고, 분노와 의심을 드러내는 경향이 있다. 고난 자체가 우리를 그렇게 만든 것이 아니다. 고난은 단지 우리 안에 있던 것을 밖으로 끄집어낼 뿐이다"라고 말한다.[4] 팀 켈러(Timothy Keller)도 종교와 복음의 차이는 문제나 고통을 취급하는 방식에서 드러난다고 말한다.[5] 다시 말해, 고난의 상황에서 자신의 불신과 기복적 세계관을 직면하게 될 기회를 얻는 것이다. 결국 사람을 힘들게 하는 것은 고난이 아니라 고난을 이해하는 자신의 세계관과 자아인 것을 깨달아야 한다.

칼빈도 이에 동의한다. 칼빈은 인간이 세상에서 겪는 모든 종류의 고난은 원죄 때문이지만, 일상적인 측면에서 고난은 하나님의 의도와 계획에 의

---

3 Talbert, *Learning Through Suffering*, 14-15.; 박노식, "마가복음의 대속적 고난의 신학적 함의와 그 배경", 191-213, 194에서 재인용.
4 트립, 『고난: 하나님의 특별한 은혜의 도구』[eBook], 122/142.
5 켈러, 『살아 있는 신』, 236.

해서 오는 것이라고 설명한다.[6] 즉, 고난을 죄의 결과라고 보는 측면보다 성숙한 하나님 백성으로 만들어 가는 하나님의 수단이자 성도의 유익으로 보는 관점을 강조한다. 이런 관점에서 김이곤도 "구약 성서는 고난을 '신의 필연성'으로 이해하고 있다고 보아야 할 것이다"라고 말한다.[7] 즉, 고난은 하나님에게서 오는 구원의 섭리이다.[8]

반면에 고난은 자기의(自己義)와 훈장이 되기도 한다. 바리새인처럼 고난을 통과한 수고가 자기의가 되면, 감당한 고난은 교만과 타인을 향한 판단의 근거가 된다. 결국 이 모든 과정을 통해 내가 소망 없는 죄인인 것을 깨닫게 되는 것이 은총이다. 이처럼 고난을 양육과 훈계, 연단의 과정으로 보는 것이 기독교의 전반적인 이해이다. 그러나 고난의 목적을 양육과 훈계로 이해하는 세계관의 사람에게 지난 과거의 고난은 자기의의 근거가 될 수 있다. 이는 타인을 향한 정죄와 교만으로 나타난다.

셋째, 타인(원수)과 공동체의 구속을 위한 고난받는 종의 '대리적(대속적) 고난'이다(창 43:9; 44:33, 34; 50:15-21; 출 20:5; 34:6-7; 민 14:18, 33; 신 5:9; 사 52:13-53:12; 막 10:45; 갈 1:3-4; 골 1:24; 딤후 2:9-10; 벧전 2:21-25). 대리적 고난으로 가장 대표적인 본문은 이사야 53장이다. 배척과 슬픔과 고통에 젖은 종의 고난은 자신의 죄악으로 인함이 아니며, 그를 온전케 하려는 하나님의 훈육적 징계로 인한 것도 아니다. 하나님의 종은 타인(원수)의 구속을

---

6 존 칼빈, 존 칼빈 성경주석 출판위원회 역, 『구약 성경주석 8: 시편』 (서울: 성서교재간행사, 1982), 226-233.

7 박노식, "마가복음의 대속적 고난의 신학적 함의와 그 배경", 191-213, 193.

8 김이곤, "구약 성서의 고난 이해", 347-376, 353-355.

위해 이사야 53장에 예언된 대리적 고난을 겪는다.[9]

> "그는 실로 우리의 질고를 지고 우리의 슬픔을 당하였거늘 우리는 생각하기
> 를 그는 징벌을 받아 하나님께 맞으며 고난을 당한다 하였노라 그가 찔림은
> 우리의 허물 때문이요 그가 상함은 우리의 죄악 때문이라 그가 징계를 받으
> 므로 우리는 평화를 누리고 그가 채찍에 맞으므로 우리는 나음을 받았도다
> 우리는 다 양 같아서 그릇 행하여 각기 제 길로 갔거늘 여호와께서는 우리
> 모두의 죄악을 그에게 담당시키셨도다"(사 53:4-6).

이사야 52:13-53:12에서 무고한 종의 고난은 다른 사람으로 인해, 다른
사람을 대신하여, 다른 사람의 유익을 위해 받는 고난이다. 이처럼 문자적
으로 명확한 대리적 고난 사상은 이사야 53장에서만 유일하게 발견된다. 레
온 모리스(Leon Morris)는 "그가 우리를 대신하셨으며 '우리의 대리자'(our
substitute)이셨다는 것은 성경의 여러 곳에서 분명히 나타난다"라고 말한다.[10]

---

9 타인과 공동체의 유익과 대속을 위한 고난의 전가는 아래 논문을 참조하라: 김이곤,
   『구약 성서의 고난 신학』(서울: 한국신학연구소, 1989), 31-39.; 김이곤, "구약 성서의
   고난 이해", 347-376.; 김이곤, "요셉 이야기에 나타난 고난 신학", 「기독교사상」
   29(5) (1985), 188-199.; 박노식, "마가복음의 대속적 고난의 신학적 함의와 그 배경",
   191-213.; 송병헌, 『엑스포지멘터리 이사야 2』, 345.; 안인섭, "성도의 고난에 대한
   칼빈의 신학적 이해", 「신학지남」, 2016, 83(1), 153-184.; 박성호, "'고난받는 종' 예
   수", *Canon & Culture* 11.1 (2017) 169-211.; 조재천, "공동체, 미래, 그리고 그리스도
   와의 연합을 위한 고난 - 마카비서, 요세푸스 그리고 신약 성서의 고난 이해", 「신약
   연구」, (2020) 19(2), 415-447.; *TDNT, Vol. 4*, 612; Riesner, R. "Teacher", *Dictionary of
   Jesus and the Gospels*, Second Edition. (Downers Grove, IL; Nottingham, England: IVP
   Academic; IVP, 2013), 937.; Seifrid, M.A. "Death of Christ", *Dictionary of the later New
   Testament and its developments*. (Downers Grove, IL: InterVarsity Press, 1997), 275.

10 레온 모리스, 『레온 모리스의 그리스도의 십자가』[eBook], 이승구 역 (천안: 바이블리

또 김근주는 그의 이사야 주석에서 "여호와의 종의 고난이 우리의 고난을 대신 당한 것임을 분명히 표현하고 있다"라고 말한다.[11] 더불어 그는 여호와의 종의 승리는 타인을 대신하여(vicarious) 짊어진 고생과 수고와 고난을 통해 이루어졌다고 말한다.[12]

존 스토트(John Stott)는 『그리스도의 십자가』(The Cross of Christ)에서 "대속의 개념은 죄와 구원의 핵심에 놓여 있다고 말할 수 있을 것이다. 그 이유는 죄의 본질은 인간이 하나님에게 자신을 대속시키는 것이며, 반면 구원의 본질은 하나님이 인간을 위해 자신을 대속시키는 것이기 때문이다. 인간은 하나님에 대해서 그 자신을 주장하며 마땅히 하나님이 계셔야 할 자리에 자신을 놓기를 주장하고 있다. 반면에 하나님은 인간을 위해서 인간이 마땅히 있어야 할 그 자리에 자신을 놓으시고 스스로 희생되시고 있다. 그리고 인간은 하나님 한 분만이 속하게 되는 특권을 주장하고, 반면에 하나님께서는 인간이 오직 속하게 되는 형벌을 받아들이시고 계신다"라고 말한다.[13] 인간은 하나님의 자리에 우상과 우리의 욕망을 가져다 놓고, 하나님은 죄인이 있어야 할 심판의 자리에 오셨다. 그러므로 존 스토트는 대리적 고난은 기독교 복음의 핵심이라고 말한다.

대리적 고난 사상이 성경의 전반에 나타난다는 레온 모리스와 존 스토트의 주장과는 달리 곽철호는 『패턴으로서의 고난받는 종의 전형』(Persistent

---

더스, 2013), 39/226.

11 김근주, 『특강 예레미야』 (서울: VIP, 2013), 245.

12 김근주, 『특강 예레미야』, 247.

13 존 스토트, 『그리스도의 십자가』, 지상우 역 (서울: CLC, 1998), 213.

Image of the Suffering Servant: A Hermeneutical Analysis of the New Testament Use of Isaiah 53)에서 대리적 고난은 전례가 없는 새로운 혁명적인 개념이라고 말한다. 곽철호에게 대리적 고난은 이사야 52:13-53:12의 시점에 나타난 유일무이한 '계시'이다.[14] 그러나 내가 볼 때, 52:13-53:12의 대리적 고난은 창세기를 비롯한 구약 전체에 나타나는 하나님의 의(צְדָקָה)이며 구원 방법이다.

모세는 금송아지 우상으로 범죄한 이스라엘을 대신하여 자신이 고난받을 것을 간청한다. "그러나 이제 그들의 죄를 사하시옵소서 그렇지 아니하시오면 원하건대 주께서 기록하신 책에서 내 이름을 지워 버려 주옵소서"(출 32:32). 모세는 범죄한 이스라엘을 위하여 대리적 고난을 자원하는 구약의 모델이다. 사도 바울도 자신의 동족 유대인을 위하여 로마서 9:3에서 "나의 형제 곧 골육의 친척을 위하여 내 자신이 저주를 받아 그리스도에게서 끊어질지라도 원하는 바로라"라고 고백하며, 빌레몬을 위하여서는 만약 빌레몬의 빚이 있으면 바울 자신이 대신 갚겠다고 말한다(몬 1:18-19 "그가 만일 네게 불의를 하였거나 네게 빚진 것이 있으면 그것을 내 앞으로 계산하라 나 바울이 친필로 쓰노니 내가 갚으려니와 네가 이 외에 네 자신이 내게 빚진 것은 내가 말하지 아니하노라"). 따라서 대리적 고난은 레온 모리스와 존 스토트의 말처럼 신구약에 나타나는 구원의 핵심 모티브이다.

하나님의 '돌이키심'(חמ)은 죄의 보응적 형벌을 하나님 자신에게 돌리심이다.

14　곽철호, 『패턴으로서의 고난받는 종의 전형』, 김석근 역 (이천: 성서침례대학원대학교 출판부, 2017), 78-79, 104, 156.

하나님의 '돌이키심'(נחם)

(창 6:6, 7; 출 32:12, 14; 삼하 24:16; 욜 2:13; 암 7:6; 욘 3:10; 4:2)

"아버지의 악행을 자손 삼사 대까지 보응하리라"
(출 20:5; 34:6–7; 민 14:18; 신 5:9)

용서하는 고통의 근원은 하나님이시다. 인간의 회개는 자신들의 죄를 없애지 못한다. 이 둘 사이에는 등가가 성립되지 않는다. 그러므로 용서하는 하나님이 뜻을 돌이키신다는 것은 죄인인 인간이 감당해야 할 고통을 하나님께서 친히 감수한다는 뜻이다.[15] 박철수는 하나님은 악 그 자체로 고통을 받고, 또한 인간에게 부과해야 하는 고통을 감수하신다고 말한다.[16] **따라서 하나님의 '돌이키심'(נחם)이란 심판을 하나님 자신에게 돌린다는 의미가 된다.** 여기서 사용된 히브리어 נָחַם(naham)은 하나님이 주어가 될 때, 취소된(해결된) 심판(렘 18:8; 26:3, 13, 19; 42:10; 욜 2:13; 암 7:3, 6; 욘 3:10; 4:2), 중단된 심판(삼하 21:14; 24:16; 대상 21:15)을 의미한다. 취소된 심판과 중단된 심판은 하나님이 심판을 자신에게 돌리셨기에 가능하다. 이는 인간에게는 은총이지만, 하나님에겐 불편과 고통이다. 이사야 1:13–14은 백성의 죄의 짐을 지는 하나님의 피곤하심을 보여 준다. 하나님은 백성들의 죄의 짐을 지는 자신이 곤비하다고 말씀한다.

---

15 박철수, 『하나님 나라: 기독교란 무엇인가』 (논산: 대장간, 2015), 70–71.
16 박철수, 『하나님 나라: 기독교란 무엇인가』, 71.

"헛된 제물을 다시 가져오지 말라 분향은 내가 가증히 여기는 바요 월삭과 안식일과 대회로 모이는 것도 그러하니 성회와 아울러 악을 행하는 것을 내가 견디지 못하겠노라 내 마음이 너희의 월삭과 정한 절기를 싫어하나니 그것이 내게 무거운 짐이라 내가 지기(נָשָׂא)에 곤비하였느니라"

여기서 하나님이 무거운 짐을 지신다는 의미로 נָשָׂא(nasa)가 사용된다. 하나님은 자신의 "곤비함"(1:14)을 해결함으로써 "내 마음을 편하게"(נָחַם) 하기 위해 "보응하여 보복"(נָקַם)하실 것이라고 선포한다(1:24 "슬프다 내가 장차 내 대적에게 보응하여 내 마음을 편하게 하겠고 내 원수에게 보복하리라"). 그런데 하나님이 "내 마음을 편하게"라고 하는 말에서 "편하게"로 번역된 단어가 נָחַם 이다. 하나님도 '위로'(נָחַם)가 필요하다. 하나님의 편함(נָחַם)은 이스라엘의 심판이었다. 역사적으로는 바벨론 포로기 70년이다. 그런데 결국 하나님은 이 심판을 자신에게 십자가로 돌리셨다. 이사야가 하나님의 위로를 표현하는 단어로 '나함'(נָחַם)을 선택한 것은 하나님이 그분의 백성을 포로로부터 회복하실 것을 암시하기 위함이다(40:1; 51:3; 52:9; 66:13).[17] 하나님께서 선포한 심판을 취소하실 때, 성경은 이를 하나님께서 '돌이키셨다' 혹은 '악을 후회한다'라고 표현한다. 그러나 이런 표현은 전능하신 하나님의 속성에 대한 모순이 아니라, 오히려 출애굽기 34:6-7에서 "그는 은혜롭고 자비로우시다"라고 계시한 하나님 속성의 결과이다.[18]

---

17 Mangum, D., Custis, M.& Widder, W., *Genesis 1-11. LRC* (Bellingham, WA: Lexham Press, 2012), 창 5:1-32.

18 Jenni, E. & Westermann, C., *TLOT* (Peabody, MA: Hendrickson Publishers, 1997), 738.

히브리어 'נָחַם'(naham)

인간의 회개(שׁוּב)로 죄에 대한 하나님의 심판을 돌이키심을 의미하는 히
브리어는 נָחַם(naham)이다. 하나님의 נָחַם은 인간의 שׁוּב(shub)로 인해 죄를 심
판하시려는 하나님의 돌이킴이다(출 32:12, 14; 삼하 24:16; 대상 21:15; 욥기
42:11; 시 106:45; 렘 18:8, 10; 26:3, 13, 19; 42:10; 욜 2:12-17; 욘 3:9, 10; 4:2).
즉, 인간의 회개(שׁוּב)는 하나님의 נָחַם을 불러 온다. H. J. 스퇴베(H. J. Stoebe)
는 "위로자가 없다"(애 1:2, 9, 17, 21)라는 의미를 '내게서 멀리 계신 위로자'
(애 1:16)라는 뜻이며, "위로하는 자"(מְנַחֵם)는 '돕는 자'를 의미한다고 말한
다.[19] 그는 위로자를 '나를 회복시켜 주는 자'로 보며, 시편 23:4("주의 지팡이
와 지팡이가 나를 위로하소서")과 71:21("나를 위로하기 위해 돌이키소서")에서 이
런 의미로 해석되어야 한다고 말한다.[20]

נָחַם은 '누군가에게 동정심을 느끼다', '위로하다', '위로하다', '불쌍히 여
기다', '보답하다', '강하게 하다', '(누군가의 고통을) 완화하다'라는 의미가 있
다.[21] 히브리어 נָחַם Pi'el은 "위로"(창 5:29; 50:21; 룻 2:13; 삼하 12:24; 욥 7:13;
21:34; 29:25; 시 23:4; 71:21; 86:17; 119:82; 사 12:1; 49:13; 51:3, 9; 66:13; 렘
14:23; 31:13; 애 2:13; 슥 1:17)로, Nif'al은 '한탄', '뉘우쳐', '돌이켜'로 번역된
다(창 6:6, 7; 출 32:14; 삼상 15:11; 렘 4:28; 18:8, 10; 욜 2:14; 암 7:13).[22] 히브리
어에서 노아(안위)의 이름 '노아흐'(noach)는 '나함'과 유사한 소리로 발음된다

---

19 Jenni, E. & Westermann, C., *TLOT*, 736.

20 Jenni, E. & Westermann, C., *TLOT*, 736.

21 *TDOT. Vol.* 9, 342

22 앨런, 로스, 『창조와 축복』, 김창동 역 (서울: 디모데, 2007), 270.

(창 5:29).[23]

창세기 6:6, 7과 출애굽기 32:12, 14에서 נחם Nif'al은 하나님의 '한탄하사', '한탄함', '돌이키사'로 번역된다. 출애굽기 32:12, 14에서는 '돌이키사'로 번역된 נחם Nif'al은 모세의 생명을 담보하는 간구로 백성들에게 임한 심판을 '경감'시켰다는 의미가 된다.[24] 따라서 이스라엘 민족 전체를 멸망시키려는 심판이 광야 40년의 방황으로 경감된다. 창세기 6:6, 7에서는 지면에서 쓸어버리는 심판이 120년 지연되고(창 6:3), 노아를 통해 생명과 구원을 이어가시는 피할 길을 주심으로 경감된다(창 6:8-22). 출애굽기 32장에서는 모세의 중보가 있었지만, 창세기 6장에서는 전적인 하나님의 은혜로 인한 것이다.[25] 사무엘하 24:16에서도 백성을 위해 자기 목숨을 희생하는 다윗의 대속적 간구는[26] 하나님의 긍휼과 נחם을 불러일으킨다.[27]

נחם이 하나님께 사용될 때, 이 동사는 니팔에서 '불쌍히 여김을 받다'라는 뜻이다. 조이스 볼드윈(Joyce Baldwin)은 하나님이 주체가 될 때, נחם은 하나님이 감당하시는 고난의 신비를 보여 준다고 말한다.[28] 그리스도 안에서 그분은 고난을 스스로 짊어지신다(고후 5:19). 하나님의 심판의 경감은 하나

---

23 Jenni, E. & Westermann, C., *TLOT*, 735, 736.

24 로스, 『창조와 축복』, 271.

25 로스, 『창조와 축복』, 272.

26 목회와 신학 편집부, 『사무엘하 어떻게 설교할 것인가』 (서울: 두란노, 2009), 390.

27 스티븐 앤드루스, 로버트 버건, 『Main Idea로 푸는 사무엘상하』, 김창동 역 (서울: 디모데, 2011), 445.

28 Baldwin, J., "Jonah", *The Minor Prophets: An Exegetical and Expository Commentary* (Grand Rapids, MI: Baker Academic, 2009), 581.

님이 대신 고통을 받으시기로 작정하신 결과이다. 요나 4:2에서 하나님은 선포하셨던 니느웨의 심판마저도 철회하셨다. 죄인의 회개는 예정된 심판도 철회되거나 경감 혹은 보류하게 한다. 송병현은 하나님은 용서를 위해서라면 '약속을 지키지 않는 분'이라는 불명예와 명예 훼손까지 감수하신다고 말한다.[29] 그는 하나님의 고통에 대해 하나님께서 피조 세계에 내재하고 연합하심으로 인한 고통이라고 말한다.[30] 하나님은 피조된 세상을 초월하신다. 동시에 피조물, 특히 인간에게 내재하신다. 따라서 인간의 범죄와 반역으로 인해 하나님은 고통받으신다. 그래서 박철수는 נָחַם을 인간이 받을 고통을 하나님이 받으시고 스스로 '위로'하신다는 뜻으로 본다.[31] 하나님이 자신을 위로한다는 의미는 죄에 대한 심판을 연기하는 인내심과 고통에서 벗어나 심판을 집행한다는 뜻이다.[32] 한국어적 표현으로는 마음의 한 혹은 마음의 오래된 체증을 푼다는 뜻이 될 수 있다(창 27:32).

욥기 42:1-6 נָחַם(naham)

욥은 성경에 표현되어 있는 연설 중 가장 탁월한 고백으로 응답한다. 아래는 욥기 42:2-6에 대한 리처드 J. 클리포드(Richard J. Clifford)의 사역이다.[33]

---

29 송병현, 『엑스포지멘터리 호세아 요엘 아모스 오바댜 요나』 (서울: 국제제자훈련원, 2011), 117.

30 송병현, 『엑스포지멘터리 창세기』 (서울: 국제제자훈련원, 2010), 176.

31 박철수, 『하나님 나라: 기독교란 무엇인가』, 70-71.

32 Jenni, E. & Westermann, C., TLOT, 737.

33 리처드 J. 클리포드, 『지혜서, 구약학 입문 시리즈 IV』, 안근조 역 (서울: 대한기독교서회, 2015), 131-132.

욥기 42:2-6

나는 당신께서 모든 것을 하실 수 있으며

어떤 계획도 못 이루시는 일이 없음을 압니다.

[당신께서 말씀하셨습니다] "나의 설계를 무지함으로 가리는 자가 누구인가?"

정말로 저는 제가 알 수도 없는, 저를 넘어서는 것에 대하여

아무런 이해 없이 말했습니다.

[당신께서 말씀하셨습니다] "이제 들으라 내가 말하겠다,

내가 묻겠으니 대답하라."

제가 이제까지 당신을 귀로 들어왔습니다.

그러나 지금은 나의 눈으로 뵙니다.

그러므로 저는 철회하고

나의 티끌과 재 됨을 포기하겠습니다.

학자들은 욥기 42:6에서 히브리어 נָחַם(naham)을 '욥의 회개'로 볼 것인지, '욥의 위로'로 볼 것인지를 논쟁한다. 대부분 성경 번역과 개역개정은 '회개하나이다'로 해석한다. 그러나 리처드 J. 클리포드(Richard J. Clifford)는 6절에서 히브리어 נָחַם을 '…에 관한 마음을 바꾸다'라는 뜻으로 본다. 따라서 그는 42:6을 "하나님을 대항하는 자신의 소송을 철회하고 자신의 '티끌과 재', 즉 탄식자와 불평자의 전통적 상태를 거두어들이기로 결정한 것이다. 왜 그런가? 왜냐하면 그의 '눈'이 지금 하나님을 보고 있기 때문이다. 이는 그가 친구들과 토론을 시작했던 시점으로부터 줄곧 바라 왔던 목표였기 때문이다"라고 말한다.[34] 존 E. 하틀리(Hartley, J. E.)는 히브리어 נָחַם을 '철회하다'로

---

34 클리포드, 『지혜서』, 131-132.

본다. 그는 42:6의 מֵאַס을 "계획된 행동 방침에서 돌아서서 새로운 길을 택한다는 뜻이다. 이는 방향을 바꾸겠다는 강한 결의를 의미하지만, 후회하는 태도를 의미하지는 않는다. 욥은 자신의 의로움의 마지막 흔적, 즉 자신의 결백을 주장했던 것을 철회함으로써 하나님께 항복한다. 이제부터 욥은 자신의 가치를 자신의 도덕적 행동이나 결백이 아니라 야훼와의 관계에서 찾는다"라고 말한다.[35] 그는 욥의 이 고백은 하나님을 보았기 때문에, 어떤 운명도 감당할 수 있다는 것을 알고 자신의 운명을 하나님의 손에 맡기는 의미라고 말한다. 앤더슨(Andersen, Francis I.)은 "하나님에 대한 욥의 시야는 이전의 모든 한계를 넘어 확장되었다. 그는 하나님이 창조하신 세계의 범위와 조화에 비해 자신의 앎이 작은 부분에 불과한 것을 새롭게 인식하게 되었다"라고 말한다.[36]

나는 욥이 무엇을 보았기에 욥의 이런 변화를 이끌었을까를 생각한다. 그는 보응적 세계관에 갇힌 자신과 친구들을 보았다. 욥기의 내용은 철저하게 욥에게 보응적 심판을 적용하는 욥의 친구들과의 논쟁이다. 구약학자 트렘퍼 롱맨 3세(Tremper Longman III)는 욥기의 목적은 죄에 대한 인과응보 신학을 무너뜨리는 것이라고 말한다.[37] 그에 따르면, 욥기는 모든 고난이 타락의 결과이지만, 사람의 모든 고난이 개인적인 죄의 결과라는 보응적

---

35 Hartley, J.E., *The Book of Job: NICOT* (Grand Rapids, MI: Wm. B. Eerdmans Publishing Co., 1988), 537.

36 Andersen, F.I., *Job: An Introduction and Commentary: TOTC* (Downers Grove, IL: InterVarsity Press, 1976), 313-315.

37 트렘퍼 롱맨 3세, 『욥기 주석: 베이커 지혜 문헌·시편 주석 시리즈』, 임요한 역 (서울: CLC, 2017), 103.

심판 세계관을 거절하는 것이다.[38] 그러므로 욥이 눈으로 "본" 하나님은 보응적 심판을 넘어, 하나님이 직접 이사야 53장의 대리적 고난을 감당하심으로 세상을 구속하시는 하나님의 '돌이킴'(נחם)을 본 것이다. D. A. 카슨(D. A. Carson)은 "욥은 하나님을 더 잘 알지 못한 것을 회개한다"라고 말한다.[39] 보응적 세계관에 갇혀 대리적 고난으로 구원을 이루시는 하나님에 대해 알지 못한 것을 회개한 것이다. 이런 관점에서 욥이 42:6에서 사용한 히브리어 נחם은 두 가지 의미로 볼 수 있다. 첫째는 D. A. 카슨의 말처럼 하나님을 더 잘 알지 못한 것에 대한 회개이다. 둘째는 히브리어 נחם의 기본적인 의미로 위로받은 것이다. 지난 시간 욥이 받은 고난에 대한 위로는 무엇이었는가? 갑절이나 많은 재산의 회복, 많은 자녀와 손주까지 사대를 볼 수 있는 건강으로 욥은 진정한 위로를 받았을까? 욥의 위로는 자신의 고난이 하나님의 대리적 고난에 동참하는 고난이었다는 지식(דעת)이다. 재물과 건강을 위로로 보는 것은 하나님에 대해 귀로만 듣는 자들의 기복적 세계관에 따른 해석이다. 이사야 53장의 대리적 고난으로 죄인을 구원하시는 하나님을 "두 눈으로 본" 욥은 자신의 모든 소송을 철회하고 자신의 삶을 하나님께 맡길 수 있었다. 따라서 욥의 위로는 누구도 빼앗을 수 없는 위로를 받은 것이다.

---

38 롱맨 3세, 『욥기 주석』, 107–108.

39 D. A. 카슨, 『위로의 하나님 ∣ 신정론 시리즈 7』, 한동수 역 (서울: CLC, 2017), 279.

하나님의 위로의 형태와 방법

스토베(H. J. Stoebe)는 위로의 형태는 그 수단에 따라 달라진다고 말한다.[40] 첫째, 위로는 공동체적 관계의 회복이다. 보아스는 룻에게 "네 남편이 죽은 후로 네가 시어머니에게 행한 모든 것과 네 부모와 고국을 떠나 전에 알지 못하던 백성에게로 온 일이 내게 분명히 알려졌느니라 여호와께서 네가 행한 일에 보답하시기를 원하며 이스라엘의 하나님 여호와께서 그의 날개 아래에 보호를 받으러 온 네게 온전한 상 주시기를 원하노라"라는 말로 격려한다. 그러자 룻은 "당신이 이 하녀를 위로하시고 마음을 기쁘게(naham) 하는 말씀을 하셨나이다"(룻 2:13)라고 답한다. 이런 사회·공동체적 관계의 회복은 신약에서 우물가의 여인과 열두 해 혈류병으로 고통받은 여인이 예수님을 통해 거절과 차별의 관계가 회복되는 것으로 성취된다. 둘째, "위로를 받다"라는 의미는 고난과 갈등의 해결이 아니라 고난 속에 공동체와 함께하는 것이다(겔 14:22, 31:16; 32:31). 고통 속에서 더 이상 혼자가 아니라는 사실만으로도 위로받아야 한다.[41]

하나님의 '돌이키심'(נחם)은 긍휼이다

하나님의 נחם(naham)은 하나님의 긍휼의 증거이며 위로이다. 하나님이 נחם을 보이시는 대표적 사건은 출애굽기 32장이다. 이 본문에서 모세는 금송아지 우상으로 멸망당할 위험에 처한 백성을 대신하여 하나님께 간구한

---

40 Jenni, E. & Westermann, C., *TLOT*. (Peabody, MA: Hendrickson Publishers, 1997), 736.
41 Jenni, E. & Westermann, C., *TLOT*, 737.

다. 모세는 이스라엘을 심판하려는 하나님께 '돌이키시기'(נחם)를 간구하고, 하나님은 모세의 중보로 뜻을 '돌이키신다'(נחם). 이때 '돌이키사'가 히브리어 נחם이다. 그리고 돌이키시는 하나님의 속성은 긍휼(רחם)이다(출 34:6-7).

그러므로 하나님의 נחם은 하나님 긍휼(רחם)의 결과이다. 선지자들은 범죄한 백성을 대신하여 하나님의 נחם(돌이키심)을 간구할 때, 모세의 전통(출 32:11-13)을 인용하여 기도한다(욜 2:13; 암 7:6; 욘 3:10; 4:2). 그러나 인간의 '회개'(שוב)가 죄를 없애 주는 것은 아니다. 따라서 하나님의 '위로'(נחם)는 인간의 죄의 값을 하나님이 대신 감당하심으로써 심판이 경감되고 그치게 하는 것이며, 이는 하나님의 '위로'(נחם)는 하나님이 죄의 값을 대신 감당하신다는 의미이다. 창세기 50장에서 요셉이 형들을 "간곡한 말로 위로"(창 50:21)한 것은 아버지 야곱의 차별과 형들의 시기로 인해 받았던 상처와 죄를 자신의 죄로 여기고 감당하는 것이다. 즉, 하나님이 인간의 죗값을 대신 감당하심으로 인간에게 재앙이 그친 것과 같은 맥락이다.

그러므로 신적 '위로'(נחם)는 '용서'와 평행하며, 인간의 '회개'(שוב)와 연결된다.[42] 이사야 51:3에서 '위로'(נחם)라는 동사의 목적어는 '황폐한 곳들'이므로, 이 동사에는 '재건하다'라는 의미가 포함되어 있고, 52:9에서 '위로'(נחם)은 '구속하다'(גאל)와 병행하여 사용된다.[43] 따라서 하나님의 '위로'(נחם)에는 구속과 회복의 의미가 포함된다. 히브리어 נחם의 관점에서 위로는 죄의 짐을 나눠서 감당함으로 심판을 경감시켜 주는 것이다. 여기서 구제와 공감의

---

42 TDOT, Vol. 9, 355.
43 TDOT, Vol. 9, 351.

개념이 파생된다. 이런 이유로 바벨론 포로기 이후 히브리어 צְדָקָה는 구제
(ἐλεημοσύνη)와 병행하여 사용된다.

십자가는 '대리적 고난'이다

팀 켈러는 예수님은 대속적 고난을 감당하심으로 죄인에게는 회개와 구
원을, 병든 자에게 육체의 강건을, 외로운 자에게 공동체를 주셨다고 말한
다. 그러므로 예수님을 따르는 제자가 된다는 것은 예수님을 따라 대리적
고난의 한 부분을 감당하는 것이라고 말한다.[44] 송병현은 그의 이사야 주석
에서 구약에 대리적 고난이 없다고 주장하는 학자들이 있지만 모세의 율법
에 분명히 존재하며, 구약 사회뿐 아니라 오늘날도 존재한다고 말한다.[45]

마태복음 18:21-35에서 용서는 빚을 탕감해 주는 것이다. 이는 죄를 저
지른 사람에게 죄의 대가를 묻지 않는 것이지만, 결국 그 빚을 감수하는 것
은 탕감해 주는 사람, 즉 용서하는 사람의 몫이다. 이처럼 보복할 권리를
참는 것은 용서하는 자에게는 큰 고통이 뒤따르는 것이다. 예를 들면, 외도
한 배우자로 인해 고통을 받는 부부의 경우 외도한 배우자보다 이를 용서
하는 쪽이 훨씬 더 큰 고통을 감내해야 한다. 외도한 배우자가 불신자라고
할지라도 믿음을 가진 성도가 배우자의 음란과 외도를 용서하고 수치를 감
내하는 것은 견디기 힘든 고통이다. 귀책의 원인이 상대방에게 있기 때문
이다. 그렇다면 하나님의 백성은 이런 고통을 어떻게 해석하고 적용해야

---

44 켈러, 『살아 있는 신』, 319.
45 송병현, 『엑스포지멘터리 이사야 2』(서울: EM, 2012), 345.

할 것인가?

팀 켈러는 "원래 행복과 명성과 기회를 상실해서 고통을 받은 데다, 이제 다시 똑같은 고통을 상대에게도 준다는 위안마저도 포기해야 하는 것이다. 내가 희생을 감수하고, 그 사람에게 퍼붓는 대신, 내 스스로 손실을 떠안는 것이다. 그것은 여간 뼈아픈 일이 아니다. 그거야말로 죽음이나 마찬가지로 느껴진다고 하는 사람들도 많다"라고 말한다.[46] 이처럼 용서란 나를 아프게 한 사람이 고통받는 것이 아니라 용서하는 내가 고통받는 것이다. 고통은 죄를 지은 그가 아니라 용서하는 내가 받는 것이다.

아버지 하나님은 아들을 내어 주심으로써, 아들이신 예수님은 십자가에서 죽으심으로써 용서하는 고통을 받으셨다. 이를 '대리적(대속적) 고난'이라고 부른다(사 53:4–6). 그러나 하나님의 용서하는 고통은 죽음의 고통이 아니라 구원과 부활로 이어지는 산통이다. 반면에 용서하지 않음으로 인한 원한과 냉소, 분노, 복수심은 죽음에 이르는 고통이다.[47] 따라서 용서함에는 피할 수 없는 고통이 따르지만, 이 고통은 생명으로 이어지는 '대리적 고난'이며, 이를 통해 그리스도의 고난에 동참하는 '대리적 고난'을 감당하는 영광을 누리게 된다(롬 8:17). 그러므로 하나님의 백성은 용서라는 값비싼 고통인 '대리적 고난'에 순종해야 한다. 왜냐하면 악을 이기는 유일한 길은 용서의 고통을 감내하는 것이기 때문이다.[48] 이것이 눈으로 보고 귀로 들어도

---

46 켈러, 『살아 있는 신』, 271–272.
47 켈러, 『살아 있는 신』, 272.
48 켈러, 『살아 있는 신』, 276.

깨닫지 못하는 밭에 감추인 보화이다.

전문의로 현재까지 큰 병원에서 병원장을 하고 있는 한 가정의 간증이
다. 이분은 전문의가 된 후에 외도를 하고 혼외자까지 낳게 된다. 이혼을 결
심하고 두 집 살림까지 했지만 본처는 이혼해 주지 않았다. 오히려 용서의
고통을 끌어안고 남편과 가정의 구원을 위해 털 깎는 자 앞의 양처럼 침묵
했다. 끝내는 가정을 구원 공동체로 세웠고, 수치스러운 간증으로 교회 공
동체에서 새가족들에게 복음을 전하고 있다.[49] 외도와 혼외자까지 낳은 남
편을 용서하는 아내의 대리적 고통이 남편을 구원으로 이끈 것이다. 그러나
용서의 고통을 감당하지 못하고 이혼했다면, 이혼녀로서 겪어야 할 수치와
깨진 가정으로 인한 자녀들의 수치와 고통까지 떠안아야 했을 것이다. 무엇
보다 이사야 53장의 대리적 고난에 동참하는 특권과 은총을 누리지 못했을
것이다.

본회퍼(Dietrich Bonhoeffer)는 그의 책 『나를 따르라(Nachfolge)』에서 "세상을
대신하여 그리스도는 고난을 당하는 것이다. 오직 그의 고난이 대속의 고
난이다. 그러나 계속 세상의 고난을 질 교회가 필요하다. 그리하여 교회는
그리스도를 따름으로 세상의 고난을 지고 그리스도의 도움을 받으면서 그
것을 극복한다. 예수 그리스도의 교회는 십자가를 지고, 세상을 대신하여

---

49 차승균(2016.07.31.), 우리들교회 간증,
    https://www.woori.cc/board/?page=31&cate=0&skey=&sword=&MenuUid=105&bu
    id=1357&_m=V&vodDate=202404, (접속일: 2024.04.28.).
    윤재은(2009.04.12.), 우리들교회 간증,
    https://www.woori.cc/board/?page=59&cate=0&skey=&sword=&MenuUid=105&bu
    id=274&_m=V&vodDate=202404, (접속일: 2024.04.28.).

하나님 앞에 서야 한다"라고 말한다.[50] 그러므로 '대속적 고난'은 오직 예수님의 고난이지만, 교회와 성도는 '대리적 고난'을 감당함으로 그리스도를 따른다. 그리스도가 그리스도이기 위하여 고난을 받았듯이 제자들도 제자라면 타자를 위한 고난과 버림을 받아야 하는 것이다.[51] 왜냐하면 십자가를 따름으로써 예수 그리스도의 제자들은 하나님 앞에서 세상을 대표하기 때문이다.[52]

본회퍼는 십자가를 따르지 않는 교회에 대해 "따름을 중요하게 생각하지 않는 교회는 복음에서 한갓 값싼 신앙의 재료만을 찾고 일반적인 자연생활과 그리스도적인 것을 서로 구별하지 못하고 뒤섞으면서 십자가를 그날 그날의 괴로움, 일상생활의 곤란 공포로 이해한다"라고 말한다.[53] 레온 모리스도 그의 책『그리스도의 십자가』에서 "십자가는 우리가 어떻게 살아야만 하며, 어떻게 고난을 받아들여야만 하는지, 심지어 부당하게 당하는 고난까지도 어떻게 받아들여야만 하는지를 보여 준다"라고 말한다.[54] 따라서 본회퍼와 레온 모리스는 '대리적 고난'이라는 직접적 단어를 사용하지 않지만, '십자가', '제자도, '그리스도를 따름', '그리스도와 함께 당하는 고난' 등은 타인의 구원을 위한 '대리적 고난'을 의미하는 것으로 보인다. 이처럼 본회퍼에게 예수 그리스도와의 만남은 신비적이고 영적인 체험이 아니라, 죽기까지

---

50 본회퍼, 『나를 따르라』, 76.

51 본회퍼, 『나를 따르라』, 70, 72.

52 디트리히 본회퍼, 『십자가 부활의 명상』, 연규홍 역 (도서출판 청우, 2003), 41.

53 본회퍼, 『나를 따르라』, 72.

54 모리스, 『레온 모리스의 그리스도의 십자가』 [eBook], 61/226.

타인을 위한 삶, 타인(원수)을 위한 대리적 고난을 받는 현장이다.[55]

앞에서 고난에 대한 이해를 다루면서, 인과응보적 세계관이 죄인이라는 고백과 함께 회개의 열매로 이끄는 기능을 살폈다. 그러나 인간이 참된 회개에 이르는 것은 타인이 나의 죄와 죄의 짐을 대신 감당했다는 것을 깨달을 때이다. 즉, 내가 감당해야 할 고난과 심판을 예수님이 감당한 것을 깨달을 때, 나의 죄와 악을 깨닫는다. 예수님의 십자가와 고난은 내가 받을 고난과 십자가였다. 그러므로 예수님의 대리적 고난과 죽음은 종말적 관점에서 성령론과 교회론을 따라 각 성도(우리)의 삶에서 실시간적으로 우리의 삶에서 반복될 필요가 있다. 왜냐하면 인간은 자신의 죄를 깨닫지 못할 만큼 죄와 연합되어 있기 때문이다. 이런 관점에서 인간의 구원은 타인과 고난으로부터의 구원이 아니라 죄(죄와 연합된 자아 혹은 죄와 연합된 자신의 세계관)로부터의 구원이다.

따라서 내가 가해자라는 사실, 남편과 아내, 그리고 자녀가 나의 죄로 인해 고난을 받았다는 직면하고 싶지 않은 이 현실을 깨달을 때, 나 자신(죄와 연합된 자아 혹은 죄와 연합된 자신의 세계관)을 거부하고 회개할 수 있다. 이런 직시와 회개의 기적이 일어날 때까지 감당하는 고난을 대리적 고난으로, 대리적 고난을 감당하는 이의 순종과 희생을 '대리적 고난'으로 보는 것이다. 따라서 회개는 자신이 가해자인 것을 깨달아 가는 과정이다. 어떤 면에서 회개는 자신이 가해자인 것을 깨달은 만큼 할 수 있다. 사도 바울은 자신을 죄인 중의 괴수라고 이해한다.

---

55 본회퍼, 『옥중서간』, 227-229.

송병헌과 김근주의 말처럼 '대리적 고난'은 오늘날도 분명 나타나고 있다. 오늘날에도 대리적 고난을 감당하는 의로운 종은 말이 없다(사 53:7 "그의 입을 열지 아니하였음이여 마치 도수장으로 끌려가는 어린 양과 털 깎는 자 앞에서 잠잠한 양 같이 그의 입을 열지 아니하였도다"). 반면에 인과응보의 세계관과 양육과 훈계의 세계관을 가진 사람은 말이 많다. 때로는 억울하기도 하고, 원망과 불평과 정죄가 섞인 말을 쏟아붓기도 한다. 그러나 대리적 고난의 세계관을 가진 사람은 자신에게 맡겨진 고난에 억울함과 원통함이 없다. 왜냐하면 그리스도의 구속과 고난에 동참하는 기쁨과 감격이 있기 때문이다.

송병현은 "하나님은 때로 더 원대하고 더 큰 목적을 위해 성도에게 고통과 수난을 허락한다"라고 하면서, "그런 고통이 올 때 하나님의 사역과 종의 수난 사역에 동참할 기회를 주신 하나님께 감사할 것"을 권한다.[56] 송병현은 대리적 고난이란 단어를 사용하지 않지만, '종의 수난 사역에 동참'이란 말로 의미를 알려 준다. 다만 그는 "자기 지식"(사 53:11)으로 많은 사람을 의롭게 하지만, 어떤 '지식'이 사람을 의롭게 할 수 있는지에 대한 명확한 답을 제시하지는 않는다. 많은 사람을 의롭게 만드는 '지식'(דעת)은 예수님이 십자가에서 성취하신 이사야 53장의 대리적 고난에 관한 '지식'(דעת)이다. 더불어 예수님을 따라 내가 타인(원수)을 대신하여 감당하는 '대리적 고난'이요 동시에 다른 성도가 예수님을 따라 나를 위해 감당하는 '대리적 고난'의 관계와 구조를 이해하는 '지식'(דעת)이다. 갈라디아서는 이를 "너희가 짐을 서로 지라(βαστάζετε) 그리하여 그리스도의 법을 성취하라"고 말한다(갈 6:2).

---

56 송병헌, 『엑스포지멘터리 이사야 2』, 353.

2. 대리적(대속적) 고난에 관한 연구

고난에 대한 성경적 이해는 인과응보, 훈계와 양육, 대리적 고난이라는 입체적 세계관으로 나타난다. 따라서 교회와 성도는 고난에 대한 입체적 세계관으로 자신과 타인의 고난을 이해하고 감당해야 한다. 그러나 지금까지 많은 경우 고난을 인과응보와 성도의 양육과 성숙에 집중된 세계관으로 이해하고 적용함으로써 삶과 고난의 이해에 어려움을 겪어야만 했다. 무엇보다 성경 해석에 많은 오류가 있었다. 따라서 대리적 고난에 대해서 더 깊이 살펴보고자 한다.

곽철호에 의하면 이사야의 종의 노래(사 52:13-53:12)는 앞선 세대들에게 지속되는 패러다임이었듯이, 예수의 고난받는 종의 역할은 그와 그 이후의 많은 제자를 위해 "하나님이 정하신 패턴"이었다.[57] 예수는 이러한 해석적 접근의 모델(본)을 제시하였으며, 그의 제자들과 초대 기독교 공동체가 그 뒤를 따랐다.[58] 다니엘 보야린(Daniel Boyarin)과 곽철호에 의하면, 신약 기자들은 무분별하게 이사야의 종의 노래(사 52:13-53:12)를 인용한 것이 아니라, 예수의 해석적 접근과 예언적 성취, 유대인의 이사야 53장 해석사 아래 "패턴"(전통/전승)을 따르는 전형적, 전형적-예언적, 문자적, 미스라쉬적(전형적인 랍비 해석 형식) 방식을 따라 인용한 것이다.[59] 차일즈(Childs, B.S)는 "이

---

57 Nelson Jr, B., et al, "Servant of the Lord." Eerdmans Dictionary of the Bible, ed. David Noel Freedman, (Grand Rapids: William B. Eerdmans Publishing Co, 2000): 1189-90.; 곽철호, 『패턴으로서의 고난받는 종의 전형』, 215, 370에서 재인용.

58 곽철호, 『패턴으로서의 고난받는 종의 전형』, 372-373.

59 다니엘 보야린, 『유대 배경으로 읽는 복음서』, 이학영 역 (서울: 감은사, 2020), 208-

사야의 종말론적 메시아와 고통받는 종 사이의 공명이 신약 교회에 울렸고, 종과 메시아를 연결하는 독자 반응이 있었다"라고 말한다.[60] 곽철호는 "이 사야의 시에서 신약의 저자들이 보았던 의미는 원래 본문의 의미에 기초하고 있지만, 그것의 의미 영역 내에서 새로운 외연/지시를 발전시킴으로써 그것은 신약의 문맥에서 새로운 적용, 새로운 사용, 그리고 어떤 경우에는 새로운 측면의 의미/의의를 가진다"라고 말한다.[61]

그러므로 신약 기자들이 이사야를 인용한 배경과 패턴을 따라 신약과 종의 노래를 인용한 구절을 해석해야 할 것이다. 그러나 나는 해석의 원리와 적용이 신약 전체로 확장되고 적용됨과 동시에 구약의 해석에도 확장되고 적용되어야 할 해석의 원리로 보인다. 왜냐하면 대리적 고난 사상이 신구약 성경 전체를 통합하는 하나님의 구원의 원리이자 방법이기 때문이다. 따라서 나는 이사야 52:12-53:13의 대리적 고난이 오경과 역사서, 시가서와 선지서와 신약에서 '계시'되고 성취되는지를 살펴볼 것이다. 더불어 대리적 고난의 연구에 관해 많은 학자가 예수님의 대리적 고난에 대해 다루었으나, 교회론적이고 목양론적 접근은 부족했다. 따라서 나는 대리적 고난에 관한 교회론적이고 목양론적 이해와 적용까지를 다루고자 한다.

이사야 53장에서의 대리 행위는 유죄한 이들이 받아야 할 형벌을 하나님

217.; 곽철호, 『패턴으로서의 고난받는 종의 전형』, 235-241, 349-259, 288, 297, 325-328, 372.

60 Childs, B.S., *Isaiah: A Commentary*. 1st ed. *OTL*, (Louisville, KY: Westminster John Knox Press, 2001), 505.

61 곽철호, 『패턴으로서의 고난받는 종의 전형』, 372.

의 종이 대신 받음으로써 나타나는 '대리적 고난'이다.[62] "그가 찔림은 우리의 허물 때문이요 그가 상함은 우리의 죄악 때문이라"(사 53:5)라는 말씀은 종이 감당한 고난의 이유에 대한 설명으로, 무죄한 종이 유죄한 이스라엘을 대신하여 고난을 겪은 것이다.[63]

'대리적 고난'이란 하나님께서 불의한 자에게 그 불의에 대한 심판으로 고난을 주시는 것이 아니라, 이제는 불의한 자를 구원하는 수단으로 의로운 자에게 고난을 주신다는 의미이다.[64] 존 스토트는 『그리스도의 십자가』(The Cross of Christ)에서 "대속의 개념은 한 사람이 다른 사람을 대신한다는 것으로, 특별히 그의 고통을 담당하여 그 고통에서 그를 구해내는 것이다"라고 말한다.[65] 의로운 자가 자기 자신 때문이 아닌 다른 사람 때문에, 그리고 다른 사람을 구원하기 위해서 고난을 받는다.[66] **불의한 자는 자신의 구원을 위해 어떤 것도 할 수 없지만, 의로운 자는 자신의 삶을 전적으로 '속죄 제**

---

62 박성호, "'고난받는 종' 예수", 186, 195.; 송병현, 『엑스포지멘터리 이사야 II』, 345–346.

63 Fischer, Das Buch Isaias: 2. Teil: Kapitel 40–66, 134.(아래 인용): "이것이 구약 성서의 고난 철학이 가져온 가장 중요한 사상이다. 고난 시편들이나 욥기나 전도서는 물론이요, 그 밖의 어떤 이방 철학자에게서도 고난의 의미와 목적에 대한 이와 같은 뛰어난 사상을 찾아볼 수 없다." 이때 이것이 제의적인 속죄/대속의 고난이 아니라 비제의적인 대리적 고난이라는 Fredrik Hägglund, Isaiah 53 in the Light of Homecoming after Exile, FAT II/31, (Tübingen: Mohr Siebeck, 2008), 56–61의 지적은 옳다. 제의적 대속과 비제의적 대리는 엄연히 다르다.: 박성호, "'고난받는 종' 예수", 186에서 재인용.

64 김이곤, 『구약 성서의 고난 신학』, 35.

65 스토트, 『그리스도의 십자가』, 179.

66 J. Mchenzie, Second Isaiah (New York: Doubleday & Company, 1968), 134–35.; 박노식, "마가복음의 대속적 고난의 신학적 함의와 그 배경", 191–213, 202에서 재인용.

물'(אשם)로 드림으로써 많은 사람을 대신하여 고난받고 죽을 수 있다.[67] 그러나 그는 고난에 대한 보응적 세계관을 가진 사람들에게 배척당하고 정죄받으며 배신과 멸시를 당한다.

성경적 고난에 대한 이해에서 가장 중요한 것은 타인의 회개와 구원을 위한 '대리적 고난'이다. 왜냐하면 하나님 백성이 겪는 고난의 속성이 죄의 결과로서의 개념과 연단하고 훈련하는 훈육의 기능, 그리고 하나님 나라의 상급을 받는 보상의 개념에서 '대리적 고난'으로 전환되기 때문이다.

초기 기독교에서 성도들의 삶을 박해받는 삶으로 규정한다(마 5:1-12). 이것은 고난을 예수의 대리적 고난에 동참하는 것으로 이해한 것이다(롬 8:17). 트렌트 C. 버틀러(Trent C. Butler)는 그의 이사야 주석에서 "고난의 종은 그의 교회에게 십자가를 지고 그를 따를 것을 촉구했다. 그것은 그가 교회에게 우리 세대와 우리 시대의 나라들을 위한 고난의 종이 되어야 한다는 명령을 내렸다는 것을 뜻한다"라고 말한다.[68] 크리스토퍼 노스(Christopher R. North)도 '고난받는 종'의 정체성을 그리스도 중심으로 신약의 교회까지 확장한다.[69] 이는 이사야 53장에서 말씀하시고, 예수님께서 성취하신 '대리적 고난'의 사건이 오늘날 교회와 성도들에게 요청되고 있음을 보이는 것이다.

---

67 M. Hengel, *The Atonement: The Origins of the Doctrine in the New Testament*, trans. John Bowden, (Philadelphia: Fortress Press, 1981), 41.; 박노식. "마가복음의 대속적 고난의 신학적 함의와 그 배경", 191-213, 202에서 재인용.

68 트렌트 C. 버틀러, 『Main Idea로 푸는 이사야』, 마영례 역 (서울: 디모데, 2006), 437.

69 North, Christopher R, *Isaiah* 40-55 : introduction and commentary. (SCM Press, 1952), 35-36; 곽철호, 『패턴으로서의 고난받는 종의 전형』, 127에서 재인용.

김이곤은 "성서적 구원사의 그 절정에는 예수 그리스도의 십자가 고난과 부활의 환희가 있기 때문이다. 이러한 경우에 있어서 그 고난은 거의 예외없이 자기를 버려서 이웃을 구원하는 '대신받는 고난'이라는 성격과 자기희생적 성격으로 나타난다는 특징이 있다"라고 말한다.[70] 그러므로 오늘날 교회와 성도들이 타인(원수)의 구원과 회개를 위해 대리적 고난에 동참함으로 복음이 증거되고 구원의 역사가 나타난 것이다.

지금까지 이사야 53장의 인용과 학자들의 견해를 살펴봄으로써 대리적 고난에 대해 살펴볼 이유와 필요성이 충분히 다루어진 것으로 보인다. 본서를 통해서 다음과 같은 유익이 있기를 바란다. 첫째, 나와 같이 고난받는 성도들이 자신의 고난을 이해함으로 고난을 감당하는 힘과 위로를 얻는 것이다. 둘째, 대리적 고난을 통해 복음의 증거가 어떤 매커니즘으로 작용하는지를 알게 됨으로 고난이 달란트라는 이해가 깊어지는 것이다. 셋째, 대리적 고난의 세계관으로 신구약을 이해하고 접근하여 성경신학적 유익을 끼치는 것이다. 넷째, 세상의 고통과 타인의 고난에 대해 목양·공동체적 관점에서 어떻게 이해하고 적용할 것인지를 살펴보는 것이다.

1) 구약에서 대리적(대속적) 고난

창세기에서 '대리적 고난'의 개념은 창세기 3장(21절, 가죽옷)과 창세기 17~18장에서 가장 먼저 발견된다. "해가 져서 어두울 때에 연기 나는 화로가 보이며 타는 횃불이 쪼갠 고기 사이로 지나더라"(창 17:17). 타는 횃불이

---

70   김이곤, 『구약 성서의 고난 신학』, 404.

330   각각 그 재능대로 맡겨 주신 고난

쪼갠 고기 사이로 지났다는 것은 언약을 맺는 양자 가운데 누구라도 이를 이행하지 못하면 쪼갠 고기처럼 몸이 쪼개질 것을 의미한다. 이 언약은 예수님의 대리적 고난으로 성취된다(사 53:4-7; "예수께서 신 포도주를 받으신 후에 이르시되 다 이루었다 하시고 머리를 숙이니 영혼이 떠나가시니라"(마 27:45-56; 막 15:33-41; 눅 23:44-49; 요 19:28-30). 창세기 18장에서는 소돔이 죄를 짓고 심판을 받는데, 기도에 힘쓰는 이는 아브라함이다. 아브라함은 소돔의 부르짖음, 소돔으로 인해 고통받는 하나님의 고통에 기도로 동참하고 있다.

많은 학자들이 대리적 고난의 개념을 모세오경의 요셉과 모세에게서 찾는다. 이는 대리적 고난이 구약 전반에 흐르는 것임을 보이기 위한 것이다. 창세기는 요셉이 겪은 고난에 대해 형들의 죄 때문이 아니라, 하나님께서 통치한 것이었다고 말한다(창 45:5-8; 50:20). 요셉의 고난은 아버지 야곱의 차별과 요셉을 향한 형제들의 시기심의 결과이지만, 정작 요셉은 자신의 고난을 '생명을 구원하기 위한' 하나님의 통치로 해석했다. "당신들이 나를 이곳에 팔았다고 해서 근심하지 마소서 한탄하지 마소서 하나님이 생명을 구원하시려고 나를 당신들보다 먼저 보내셨나이다"(창 45:5). 그뿐만 아니라 요셉은 자신의 고난을 "많은 백성(עַם־רָב)의 생명"을 구원하기 위한 구속사적 하나님의 통치로 확장한다(창 50:20; 사 53:11; 마 20:28; 막 10:45). 박노식은 김이곤을 인용하면서 요셉의 고난은 그의 형제들과 많은 사람을 위한 중재자적 기능을 할 뿐만 아니라, 형제들의 악행을 용서하기 위한 희생적 기능도 갖고 있다고 말한다.[71] 박노식은 "요셉은 자신의 고난과 형제들의 용서를

---

71 김이곤, "구약 성서의 고난 이해", 347-376, 367.; 박노식. "마가복음의 대속적 고난의 신학적 함의와 그 배경", 191-213, 200.

교환하였다"라고 말하며, "곧 요셉의 이러한 이해는 고난의 속량적 성격을 암시하는 것이다"라고 말한다.[72] 왜냐하면 요셉 이야기에서 요셉의 형제들의 구원은 대속적 제물로서 요셉의 고난이 반드시 전제되어야만 했기 때문이다. 요셉의 고난을 형제들의 죄와 악을 구속하기 위한 대속적 제물의 개념까지 연장하는 것은 놀라운 해석이다.

'נָשָׂא'(nasa)

히브리어 נָשָׂא(nasa)는 '담당'이라는 뜻으로, 육체, 정서, 영적 의미에서 용서를 목적으로 다른 사람의 죄와 형벌과 수치심을 짊어진다는 개념이 있다 (출 18:22, 38; 레 10:17; 17:16; 19:8, 17; 20:17, 19; 20:20; 24:15; 민 9:13; 11:17; 14:18, 34; 18:1, 23, 32; 30:15; 신 1:12; 사 53:12; 겔 4:4, 5, 6; 14:10; 16:52, 54, 58; 18:19, 20; 23:35, 49; 44:10, 12, 13; 미 6:16).[73]

구약에서 '담당'(נָשָׂא)의 개념은 용서의 원리를 포함하도록 확장되었다. 따라서 용서는 '형벌의 짐을 지다'와 같은 의미이며, '짊어지다', '옮기다', '해결하다' 등으로 이해된다.[74] 또한 하나님의 섭리적인 돌봄을 가리키기도 한다(신 1:31; 사 40:11; 46:3-4).[75] '나샤'(נָשָׂא)는 공감과 배려의 의미에서 개인 및 공동체적 부담, 즉 짐을 '짊어진다'라는 의미로까지 확장된다. 일반적으

---

72 김이곤, "요셉 이야기에 나타난 고난 신학", 188-199, 194-196.; 박노식, "마가복음의 대속적 고난의 신학적 함의와 그 배경", 191-213, 200에서 재인용.

73 *TDOT. Vol. 10*, 33.

74 *TDOT. Vol. 10*, 24-25.

75 프레타임, 『구약에 나타난 하나님의 고통』 [eBook], 54/73.

로 '나샤'(נָשָׂא)는 책임지는 것을 의미한다.[76] 민수기 30:15에서 נָשָׂא는 남편이 아내의 맹세를 취소하지 않으면 그 맹세는 효력이 발생하고 남편은 그 결과를 담당해야 한다. 이것은 타인의 죄책을 짊어진다는 נָשָׂא 개념의 출발점을 제공한다.[77] 하나님은 이사야 1:13-14에서 하나님이 백성들의 죄의 짐을 지고 곤비하다고 말씀한다.

> "헛된 제물을 다시 가져오지 말라 분향은 내가 가증히 여기는 바요 월삭과 안식일과 대회로 모이는 것도 그러하니 성회와 아울러 악을 행하는 것을 내가 견디지 못하겠노라 내 마음이 너희의 월삭과 정한 절기를 싫어하나니 그것이 내게 무거운 짐이라 내가 지기(נָשָׂא)에 곤비하였느니라."

여기서 '하나님이 무거운 짐을 지신다'라는 의미로 נָשָׂא가 사용된다. 이사야 1장의 초점은 이스라엘의 죄와 악이 아니라, 죄와 악을 행하는 백성과 언약적 관계를 유지하시는 하나님의 고통이다. 하나님은 자신의 "곤비함"(사 1:14)을 해결하고자 "내 마음을 편하게"(נָחַם) 하기 위해 "보응하여 보복"(נָקַם) 하실 것이라고 선포한다(사 1:24 "슬프다 내가 장차 내 대적에게 보응하여 내 마음을 편하게 하겠고 내 원수에게 보복하리라"). 하나님의 고통은 이사야 53장의 고난받는 종으로 이어진다. 그 결과, "시온은 정의로 구속함을 받고 그 돌아온 자들은 공의로 구속함을 받으리라"(사 1:27)라고 말씀하신다.

---

76 *TDOT*. *Vol*. 10, 29.

77 *TDOT*. *Vol*. 10, 32.

'담당'(נשׂא)은 자신의 죄와 심판을 이해하고 짊어지는 것이다.[78] 창세기 50:17에 따르면 요셉은 형들의 죄를 용서해야 한다. 형들의 죄와 악이 궁극적으로 하나님의 구원 계획 안에 있었다고 하더라도(창 50:20), 요셉이 형들의 죄로 고통받은 당사자이기 때문에 용서와 화해는 요셉에게 달려 있다. 그러나 형들에게도 화해는 자신의 죄를 인정하고, 요셉의 분노를 받아들이려는 태도가 준비되었을 때만 가능하다. 결론적으로 죄를 '담당'(נשׂא)하는 것은 죄를 지은 사람과 죄를 용서하는 사람 양쪽 모두에게 주어진다(삼상 25:28).[79]

(1) 시편과 대리적 고난

A. 시편 28편과 'נשׂא'(nasa)

A 시편 28:1-5 ¹ 여호와여 내가 주께 부르짖으오니 나의 반석이여 내게 귀를 막지 마소서 주께서 내게 잠잠하시면 내가 무덤에 내려가는 자와 같을까 하나이다 ² 내가 주의 지성소를 향하여 나의 손을 들고 주께 부르짖을 때에 나의 간구하는 소리를 들으소서 ³ 악인과 악을 행하는 자들과 함께 나를 끌어내지 마옵소서 그들은 그 이웃에게 화평을 말하나 그들의 마음에는 악독이 있나이다 ⁴ 그들이 하는 일과 그들의 행위가 악한 대로 갚으시며 그들의 손이 지은 대로 그들에게 갚아

---

78 *TDOT*. Vol. 10, 31.
79 *TDOT*. Vol. 10, 33.

그 마땅히 받을 것으로 그들에게 갚으소서 ^{5} 그들은
여호와께서 행하신 일과 손으로 지으신 것을 생각하
지 아니하므로 여호와께서 그들을 파괴하고 건설하
지 아니하시리로다

B 시편 28:5-6 ^{6} 여호와를 찬송함이여 내 간구하는 소리
를 들으심이로다 ^{7} 여호와는 나의 힘과 나
의 방패이시니 내 마음이 그를 의지하여
도움을 얻었도다 그러므로 내 마음이 크게
기뻐하며 내 노래로 그를 찬송하리로다

A' 시편 28:8-9 ^{8} 여호와는 그들의 힘이시요 그의 기름 부음 받은 자
의 구원의 요새이시로다 ^{9} 주의 백성을 구원하시며
주의 산업에 복을 주시고 또 그들의 목자가 되시어
영원토록 그들을 인도하소서

시편 28편의 구조

일반적으로 시편 28편은 "하나님의 도움을 요청하는 기도"(28:1-2), "악
한 자를 벌하시기를 요청하는 기도"(28:3-5), 그리고 "하나님을 향한 신앙고
백과 찬송"(28:6-9), 세 부분으로 나눈다. 마이클 윌콕(Michael Wilcock)은 시
편 28편의 구조를 아래와 같이 본다.[80]

기도(Prayer) (v. 1),

---

80 Wilcock, M., *The Message of Psalms: Songs for the People of God*, BST (Nottingham, England:
Inter-Varsity Press, 2001), 98.

내 부르짖음을 들으소서(Hear my cry) (v. 2),

중심 부분(Centre section) (vv. 3–5),

그가 내 부르짖음을 들으셨다(He has heard my cry) (v. 6),

찬양(Praise) (vv. 7–9).

그러나 나는 시편 28:6-7을 중심으로 "하나님을 향한 탄원과 요청"(28:1-5), "하나님을 향한 찬양과 고백"(28:6-7), 그리고 "공동체를 위한 요청"(28:8-9)으로 구분한다. 시편 28편의 화자는 자신을 일인칭 단수 "나"(28:1, 2, 3, 6, 7), "내가"(28:1, 2, 6, 7)로 표현하고, 자신의 대적을 "악인과 악을 행하는 자"(28:3), 그리고 삼인칭 복수인 "그들"(28:3, 4, 5, 8, 9)을 사용한다. 따라서 나는 등장인물의 인칭대명사에 따라 본문의 구조를 아래와 같이 분석했다.

시편 28:1-5. "하나님을 향한 탄원과 요청"

시편 28:6-7. "하나님을 향한 찬양과 고백"

시편 28:8-9. "공동체를 위한 요청"

시편 28:1-5 다윗의 부르짖음

시편 기자는 죽음의 고통을 경험한다. "내가 무덤에 내려가는 자"(28:1)라는 고백은, 악인들의 악행으로 인해 고통스러워하며 부르짖음에도 불구하고 응답하지 없는 하나님으로 인해 성도가 느끼는 영적 고통이다. 마치 하나님은 듣지 않기로 작정하고 귀를 막으며 의도적으로 외면하는듯한 느낌을 받는다. "내가 무덤에 내려가는 자"(28:1)라는 고백은 하나님의 침묵에 대한 그의 염려와 두려움이다.[81] 김정우는 "하나님께서 정말 그를 버릴지도 모르기 때문에, 내적으로 깊은 고통과 불안 가운데 있으며 하나님의 침묵의 무게에 짓눌려 있다"라고 말한다.[82] 따라서 시편 기자는 하나님 백성이 감당해야 하는 영적 고통으로 부르짖는 것이다. 즉, 이사야 53장의 고난받는 종처럼, 겟세마네 동산의 예수님처럼(마 26:36-46; 막 14:32-42; 눅 22:39-46), 십자가에 못 박힌 예수님처럼 의인이 감당해야 할 고통이다. 시편 기자는 응답 없는 하나님의 지성소를 향해 손을 들고 부르짖는다. 십자가의 예수님처럼 응답 없는 하나님을 향해 부르짖는다.

그런데 시편 기자는 자신의 고통과 보복의 마음을 미화하거나 감추지 않고 노골적으로 표현한다. 그의 기도에는 "그들"에게 보복하기를 원하는 시편 기자의 날카로운 감정이 그대로 드러난다. 구체적으로 "그들의 마음에 있는 악독"을 고발한다(28:3). "그들의 행위가 악한 대로 갚으시며"(28:4)라고 저주한다. 이에 대해 김정우는 보복을 요청한 시편 기자의 기도는 보응이 아니라 하나님의 공의를 구한 것이라고 말한다.[83] 그러나 나의 생각으로 기자는 하나님의 공의가 아니라 보응을 요청한 것이다.

"악인과 악을 행하는 자"(28:3)의 말은 "화평"(שָׁלוֹם)이지만 그 마음은 "악독"(רָע)이다. "그들은" 자신의 마음속에 있는 "악독"을 "화평"으로 감춘다. 그러나 시편 기자는 자신의 마음속에 있는 "악독"을 고백한다. 이것이 "그

---

81 피터 크레이기, 『WBC 시편 상』, 손석태 역 (서울: 솔로몬, 2000), 321.

82 김정우, 『시편 주석 I』 (서울: 총신대학 출판부, 2005), 618.

83 김정우, 『시편 주석 I』, 620.

들"과 시편 기자의 다름이다. 따라서 성도는 우리의 마음속에 있는 "악독"
과 신앙을 미화할 필요가 없다. 원수의 보응을 요청하는 것을 부끄럽게 여
길 필요가 없다. 시편 109편의 저주에 비하면 시편 28편의 저주는 애교스럽
다. 하나님은 보응적 기도를 요청하는 시편 기자를 정죄하지 않는다. 오히
려 그의 저주와 보응을 요청하는 부르짖음과 간구를 들으신다(28:6).

시편 28:6-7 다윗의 찬양

갑자기 시편 기자의 곡조가 변한다. 환경의 변화가 없지만 그는 달라졌
다. 좋은 두려움이나 보복 또는 저주의 감정이 아니라 하나님을 향한 확신
과 기쁨으로 충만하다. 무엇이 시편 기자를 변화시킨 것일까? 하나님이 자
신의 간구를 들으셨다는 확신이다(시 28:6). 드디어 시편 28:1에서 시작된
하나님의 침묵이 깨어진 것이다. 이는 악인과 악인들로 인해 기자가 감당하
는 고통의 배경과 하나님의 구원의 섭리를 이해했기 때문이다. 그의 세계관
과 지식이 달라진 것이다.

시편 28:8-9 다윗의 희생적 기도

내가 시편 28편의 구조에서 중요하게 살펴본 부분은 시편 28:8-9의 "그
들"이 누구인가 하는 점이다. 여기서 "그들"은 문맥상 28:3의 "악인과 악을
행하는 자"와 "그들"로 보인다. 이런 경우 해석이 어려운 이유는 시편 28편
의 화자가 갑작스럽게 8절에 와서 "여호와는 그들의 힘이시요"라고 선언하
는 당황스러움 때문이다. 앞에서는 하나님께 보복을 요청하더니, 이제 하나
님이 그들의 힘이라고 말하며 그들의 목자가 되어달라고 요청한다.

스티븐 J. 로슨(Steven J. Lawson)은 28:8-9의 기도를 전 민족을 대신해 드

리는 기도라고 말한다.[84] 하지만 스티븐 J. 로슨은 "그들"이 누구인지를 밝히지 않는다. 그는 맥락적으로 9절의 "그들"을 4-5절의 "그들"과 같다고 보지 않는다. 오히려 9절의 "그들"을 "주의 백성"으로 본다. 하지만 이는 시편 28편의 문맥상 자연스럽지 않다.

그러므로 28:9의 "그들"은 28:4-5의 "그들"로 읽어야 한다. 이제 다윗은 시편 28:3의 "악인과 악을 행하는 자"와 "그들"을 포함하는 전 민족적 기도를 드리는 자리까지 나아간 것이다. 이는 시편 기자가 28:6에서 하나님을 경험했기 때문이다. 이런 기도는 다윗이 "나는 범죄하였고 악을 행하였거니와 이 양 무리는 무엇을 행하였나이까 청하건대 주의 손으로 나와 내 아버지의 집을 치소서"(삼하 24:17)라는 기도와 같은 희생적 기도이다. 시편 28편에 대해서 김정우는 "개인 애가로 시작된 이 시편이 공동체를 위한 기도가 된다"라고 평가한다.[85] 피터 크레이기(Peter C. Craigie)는 "개인으로부터 국가 전체로의 전이를 강조하고, 또 개인의 구원을 위한 행동의 보다 큰 배경이 되는 공동체적 맥락을 제공함으로써 끝맺는다"라고 말한다.[86]

그렇다면 공동체를 위한 기도는 무엇인가? 악인과 마음에 악을 행하는 자를 차별하고 추방하는 것이 공동체를 위한 기도인가? 그렇지 않다. 예수님은 십자가에서 자신을 죽이는 자들을 품고 용서하는 기도로 간구하셨다. 스데반도 자신에게 돌을 던지는 자들의 죄를 사하여 주시기를 간구한다. 따

---

84 스티븐 J. 로슨, 『Main Idea로 푸는 시편 1 : 시편 1-75』, 김진선 역 (서울: 디모데, 2008), 303.

85 김정우, 『시편 주석 I』, 617.

86 크레이기, 『시편 상』, 319, 323.

라서 악인과 악을 행하는 자를 정죄하고 버리는 기도가 공동체를 위한 기도
일 수는 없다. 공동체를 위한 기도는 무엇인가? 이는 시편 28편을 이해하는
데 가장 중요한 관점이다.

나는 시편 28편을 해석하는 중요한 관점을 이사야 53장의 대리적 고난과
연결하여 본다. "그들"과 "악인과 악을 행하는 자"를 보는 관점이 시편 28편
을 풀어가는 키워드이다. 시편 기자는 "그들"과 "악인과 악을 행하는 자"를
포함한 "그들"의 구원을 위하여, 28:9에서 "그들의 목자가 되시어 영원토록
그들을 인도하소서"라고 기도한다. 여기서 "인도하소서"는 히브리어 'נַשֵּׂא'
이다. 'נַשֵּׂא'는 피해자가 가해자의 죄의 짐을 지는 고통을 감수하며 용서하는
고통을 의미한다. 따라서 "인도하소서"라는 요청과 기도는 "그들"과 "악인
과 악을 행자는 자"에게 하나님의 용서와 구원을 간구하는 것이다. 이런 이
유로 유세비우스(Eusebius)나 아우구스티누스(Augustine)와 같은 교부들은 시
편 28편을 십자가의 수난을 겪는 "그리스도의 목소리"(the Voice of the Mediator
Himself)로 간주한다.[87]

시편 28편의 구조를 B; 28:6-7을 중심으로 A; 28:1-5과 A'; 28:8-9을 대
칭 구조로 보면, A의 간구하는 내용은 A'의 내용과 평행을 이룬다. 이런 관
점에서 볼 때, 1-5절에서 시편 기자의 "부르짖으오니"와 "부르짖을 때",
"나의 간구하는 소리"는 "악인과 악을 행하는 자"들의 "악독"을 고발하고

---

[87] Augustine of Hippo, "Expositions on the Book of Psalms", in Schaff, Coxe, A.C. *Saint Augustin: Expositions on the Book of Psalms. NPNF,* First Series (New York: Christian Literature Company, 1888), 65-66.; Blaising, C.A. & Hardin, C.S., *Psalms 1-50. ACCS* (Downers Grove, IL: InterVarsity Press, 2008), 209-210.

정죄하는 것이 아니다. 오히려 그들의 구원을 위한 애통이다. 나아가 침묵하며 응답이 없는 하나님에 대한 깊은 좌절과 고통을 "무덤에 내려가는 자"라고 표현하는 것이다. 시편 기자는 "그들"과 자신의 관계를 옳고 그름의 율법적 세계관 속에서 가해자와 피해자의 구도가 아닌, 이사야 53장의 고난받는 종의 세계관으로 이해하고 적용한다. 이런 기도가 공동체를 위한 "기름 부음 받은 자"의 희생적 기도이다. 이사야 53장의 관점에서 "악인과 악을 행하는 자"는 고난받는 종인 기름 부음 받은 자를 정죄하고 멸시하는 이들이다. 그러나 이사야 53장의 종은 그들을 대신하여 "대리적 고난"을 감당한다.

시편 28편은 1-5절의 "그들"과 8-9절의 "그들"을 구분하지 않는다. 이러한 구조는 독자에게 큰 혼란을 초래한다. 그럼에도 불구하고 시편 28편이 이 구조를 유지하는 것은 기름 부음 받은 자가 1-5절의 "그들"을 공동체의 일원으로 보기 때문이다.

악인들이 기름 부음 받은 자에게 악한 마음을 품고 박해하는 것은 사실이다. 그러나 기름 부음 받은 자에게 그들은 '악을 행하는 자학적 고난'을 겪는 자이다. 옳고 그름의 세계관에 익숙한 현대인은 이 논리를 받아들이기 어려울 것이다. 그러나 사도행전 26장에서 예수님은 사도 바울에게 "가시채를 뒷발질하기가 네게 고생이니라"(26:14)라고 말씀하신다. 바울의 완악한 박해를 '돌부리를 걷어차는 어리석음과 자학적'이라고 표현한 것이다. "가시채를 뒷발질하기가 네게 고생이니라"(행 26:14)라는 표현은 고전 헬라 저술가의 표현을 인용한 것으로, 학자들은 이 구절을 "사도 바울이 자신의 양심과 투쟁하고 있다"라고 해석한다.[88] 사람은 죄성을 가진 자아(에고)와 치열한 싸움을 싸우고, 이를 '자학적 고생'으로 보는 시각이 필요하다. 그러나 각각 개인은 자신의 이해관계와 옳고 그름의 세계관에 따라 피해자와 가해자를 구분하고 갈등한다. 이렇게 박해와 갈등을 초래하는 그들을 기름 부음 받은 자는 십자가에서 불쌍히 여겨 주시는 것이다.

시편은 공동체에서 불리는 찬양, 즉 노래다. 신앙의 단계에 따라 시편 28편 전체를 1절로 본다면, 28편으로 처음 찬양하는 자들은 "악인"을 거절하고 정죄하는 자신을 보게 된다. "그들"을 공동체의 일원으로 받아들이지 못하는 자신을 직면할 것이다. 그리고 28편을 익숙하게 2절처럼 찬양하는 자들은 "악인"을 공동체의 일원이며 그를 위해 기도하는 성숙한 성도로 여긴다. 그러나 그런 의로운 기도에 하나님은 응답하지 않고, "그들"은 여전히 악을 행한다. 이것이 기름 부음 받은 자의 "무덤에 내려가는" 고통이다. 그 결과 시편 기자는 악인과 자신을 차별 없이 동등하게 악인처럼 다루시는 하나님을 깨닫게 된다. 그런 이유에서 "자신을 악인인 것처럼, 악인과 함께 다루지 말아 주시기"(3-5절)를 하나님께 간구하는 것이다.

하지만 하나님의 기름 부음 받은 자는 악인들의 죄를 대신하여 대리적 고난을 받는다. "기름 부음을 받은 자"는 악인들과 함께 십자가에 달리고, 악인들과 함께 정죄받고, 끝내 죽임당한다. 악인들과 같은 처벌을 받은 것이다. 그러므로 1-5절의 기도는 자신의 자기의를 깨닫지 못한 시편 기자의 실

---

88 하워드 마샬, 『사도행전: 틴데일 신약 주석 시리즈 V』, 백승현 역 (서울: CLC, 2016), 634-635.

존으로 들릴 수 있다. 그는 6-7절에서 여전히 변하지 않는 자기 열심과 자기의가 있다는 것을 깨달아야 한다. 히포의 어거스틴(Augustine of Hippo)은 28:8에서 "여호와는 그들의 힘이시요"라고 고백하는 사람들은 "하나님의 의를 모르고 자기의를 세우는 사람"이 아니라고 말한다.[89] 자기 열심과 자기 의을 기준으로 죄인들을 차별하고 그들과 다른 대접을 요구하는 사람은 어거스틴의 권면을 기억해야 한다. 이것이 시편 기자를 향한 하나님의 은총이다. 결국 시편 기자는 하나님을 알고 "크게 기뻐하며 내 노래로 그를 찬송하리로다"라고 고백한다.

그러므로 시편 28편은 가해자와 피해자의 구도가 아니라, 모두가 가해자이자 죄인이다. 나를 속이고 배신하며 나를 향해 악독을 품은 자를 위해 기도하는 것이야말로 복음이며 이것이 하나님 나라의 반전이다. 예수님은 십자가에서 이 기도를 드렸고, 스데반은 예수님을 따라 자신에게 돌을 던지는 자들의 용서를 간구했다. 그런데 예수님과 스데반 집사에게는 28:1-7의 과정은 필요하지 않았다. 그들은 8-9절의 간구로 직행한다. 따라서 8-9절의 기도는 대리적 고난을 감당하는 "종", 기름 부음 받은 자의 간구이다.

B. 시편 126편과 'נָשָׂא'(nasa)

시편 126편에서 바벨론 포로의 고난(126:1-2)은 시편 125:5-6의 고난과 평행 대조를 이룬다. 따라서 그들은 70년 바벨론 포로 생활에서 돌아왔음에도 불구하고(시 126:1-3), 여전히 남아 있는 고난을 감당하고 있다. 그들의

---

89 Augustine of Hippo, "Expositions on the Book of Psalms", *Saint Augustin: Expositions on the Book of Psalms*, NPNF, 66.

기쁨은 과거에 있고, 오늘을 살아가는 현재는 눈물에 잠식되었다.[90] 그런데 눈물에 잠식된 오늘의 고난을 바벨론 포로기의 고난과 동등하게 여기는 것이다. 그런 면에서 그들은 자신들을 고난의 피해자로 여기지 않는다. 고난에 굴복하지도 않는다. 보응적 고난으로 여기며 위축되거나 우울감에 빠지지도 않는다.

'נָשָׂא'가 사용된 구절 중에서 가장 인상적인 구절은 시편 126:6의 "울며 씨를 뿌리러 나가는 자는(הָלוֹךְ יֵלֵךְ וּבָכֹה נֹשֵׂא) 반드시 기쁨으로 그 곡식 단을 가지고 돌아오리로다"이다. 6절의 "나가는 자는"에서는 'נָשָׂא'가 사용된다. 그런데 '진행하다'의 의미인 칼 부정사 절대형인 הָלוֹךְ(halak)와 칼 미완료 3인칭인 יֵלֵךְ(halak)가 두 번 사용되어 'נָשָׂא'와 'בָכֹה'(울며)를 강조하는 형태이다. 이 패턴은 이사야 1:14, 53:4, 12에서 하나님과 여호와의 종에게 단순히 'נָשָׂא'만 사용된 것과 비교할 때, 특별한 강조로 보인다. 따라서 6절의 "나가는 자"(הָלוֹךְ יֵלֵךְ וּבָכֹה נֹשֵׂא)는 '고난 속에 고난을 계속해서 현재형으로 감당하는 자'이다. 시편 126편 공동체는 현재 진행형의 고난 속에서 울며, 눈물을 흘리며, 씨를 뿌리기를 멈추지 않는다.

김정우는 "남방 시내들"(126:4)은 "남방 시내처럼 된다"라는 유대인 격언을 인용한 것이라고 말한다(김정우, 시편주석 Ⅲ, 2010). "남방 시내처럼 된다"라는 의미는 메마른 곳에 강물이 흐르고 죽음의 땅이 생명의 땅으로 갑작스럽게 역전되는 현상을 말한다. 완전하고 전적인 전환으로 불가능한 것이 이

---

90 Motyer, J.A., "The Psalms" (Leicester, England; Downers Grove, IL: Inter-Varsity Press, 1994), 574.

루어지는 것이다. 그러나 무엇이 가장 완전하고 전적인 역전인가? 그것은 각자의 죄로 인해 보응적 심판으로 멸망할 죄인에게 타인을 구원하는 이사야 53장의 대리적 고난의 특권과 은총을 주는 것이다. 회심 이전의 죄와 보응적 형벌까지 타인(원수)과 공동체를 위한 대리적 고난으로 여겨 주심보다 완전한 역전은 없다.

그러므로 시편 126편은 자신들의 고난을 '공동체의 회복을 위한 고난'이자 이사야 53장의 '대리적 고난'으로 여기며 맡겨 주신 고난을 묵묵히 감당할 것을 격려하고 선언하는 공동체의 찬송이다. 이 본문을 시편 127, 128편과 함께 살펴볼 때, 시편 126편은 안식일마다 각 가정에서 자녀들과 함께 불렀을 것으로 보인다. 이는 과거의 기억과 미래의 희망 사이에서 오늘의 고난을 '살아가는' 긴장과 갈등에도 불구하고 오늘의 대리적 고난을 '살아내는' 신앙고백이다.[91] 낸시 데클레세-월포드(Nancy deClaissé-Walford)는 "씨앗을 땅에 뿌리는 것은 죽은 자를 매장하는 것과 비슷하기 때문에, 고대 근동의 많은 다산 의식에서처럼 씨를 뿌리는 사람은 씨앗을 땅에 묻으면서 눈물을 터뜨립니다"라고 말한다.[92] 이런 유대인 배경에 의하면, 가족과 자녀들을 대신하여 수고하고, 고난을 받은(시 127:1) 할아버지, 할머니, 아버지와 어머니의 장례에서 눈물로 이 찬송을 불렀을 것이라는 나의 상상력을 발휘해 본다. 이는 가정과 자녀, 식탁, 그리고 가정과 자녀를 위한 수고(시 127:1, 2:

---

91 Hossfeld, F.-L. & Zenger, E., *Psalms 3: A Commentary on Psalms* 101-150. *HERM* (Minneapolis, MN: Fortress Press, 2011), 378-379.

92 deClaissé-Walford, N., Jacobson, R.A. & Tanner, B.L., "The Songs of the Ascents: Psalms", *NICOT*, *The Book of Psalms*. (Grand Rapids, MI: Cambridge, U.K.: William B. Eerdmans Publishing Company, 2014), 915-916.

128:2)를 노래하는 시편 127, 128편과 갈등하지 않는다. 그러나 이러한 고단한 "수고"(עמל)에 하나님이 함께하시지 않으면 '헛수고'가 된다.

(2) 모세가 가나안 땅에 들어가지 못한 이유 ①

모세의 삶과 사명에 대한 가장 인상적인 평가는 모세를 **"속량하는 자"**(λυτρωτὴν)로 보내셨다는 스데반의 평가이다(행 7:35). 스데반의 모세에 대한 평가는 모세가 가나안에 들어가지 못하게 된 수치와 고난의 이해와 해석을 돕는다.

출애굽기에서 모세의 고난은 요셉과 같은 희생적인 고난이다. 모세는 공동체를 대신하는 희생 제물이 되길 원했다(32:32).[93] 이스라엘 백성은 금송아지 우상을 만들고 섬긴 죄로 인해 하나님의 심판을 받게 된다. 이때 모세는 백성을 위하여 "책"에서 자신의 이름을 지워 버리기를 요청하며 용서를 구한다(32:32). 모세의 자발적 희생은 이스라엘을 속량하려는 대리적 고난의 모티브를 보여 준다.[94] 또한 신명기에서도 모세는 고난받는 중재자이다. 그는 배교한 백성들을 위해 40일 동안 기도하고 금식하며(9:8), 하나님과 기도(논쟁)한다(9:26). 결국 모세의 헌신적 기도로 이스라엘 백성은 금송아지 우상 범죄에도 불구하고 요단을 건너 가나안에 입성한다.

그러나 정작 헌신의 당사자인 모세는 요단을 건너 가나안에 들어가지 못

---

93 김이곤, "구약 성서의 고난 이해", 347-376, 367.

94 Oepke, A., "μεσίτης, μεσιτεύω", *TDNT. Vol.* 4, 612

한다. 폰라드는 그의 신명기 주석에서 모세가 범죄한 백성을 '대신하여' 약속의 땅 밖에서 죽은 것이라고 말한다.[95] 모세가 가나안에 입성할 자격 없는 백성을 '대신하여' 약속의 땅 밖에서 죽은 것이다(1:37: "여호와께서 **너희 때문에** 내게도 진노하사 **너도 그리로 들어가지 못하리라**"; 3:26: "**너희 때문에** 내게 진노하사"; 4:21: "여호와께서 **너희로 말미암아** 내게 진노하사 내게 진노하사 **내게 요단을 건너지 못하며 네 하나님 여호와께서 네게 기업으로 주신 그 아름다운 땅에 들어가지 못하게 하리라고** 맹세하셨은즉"). 신명기 1:37, 3:26, 4:21은 모세가 백성을 탓하고 원망하는 것이 아니라, 가나안에 들어가지 못하는 모세의 수치와 고난이 백성들을 대신한 대리적 고난임을 강조하는 것이다. 스데반은 하나님이 모세를 "**속량하는 자**"로 보내셨다고 말한다(행 7:35). 모세를 "속량하는 자"로 칭하는 스데반의 이해는 모세의 사역과 고난이 대리적 고난이었음을 보여 준다. 따라서 모세의 죽음으로 자격 없는 이스라엘 백성이 요단을 건너 가나안에 입성하게 된 것이다. 스데반과 폰라드의 주장은 모세의 죽음을 해석하는 중요한 단서이다.

그러므로 모세가 약속의 땅 밖에서 죽은 것은, 첫째, 출애굽기 32:32에서 모세가 간구한 기도의 응답이며, 둘째, 이스라엘 백성을 대신한 모세의 '대리적 고난'이다(신 3:23).[96] 창세기 18장에서 아브라함은 심판으로 멸망할 소돔을 방관하지 않고 기도로 고난에 동참한다. 그러나 모세처럼 자신의 생명으로 대신하지는 않는다. 모세는 죽음의 순간까지 영광이 아니라 공동

---

95 제사장 문서는 이 사건을 모세의 죄로 인한 결과로 취급한다(민 20:12; 신 32:51).;
    Von Rad, G., *Deuteronomy: A Commentary*. *OTL* (Philadelphia, PA: The Westminster Press,
    1966), 45.

96 Oepke, A., "μεσίτης, μεσιτεύω", *TDNT. Vol.* 4, 612

체에서 추방되는 수치를 감당함으로써, '대리적 고난'을 받는 종으로 예수 그리스도를 예표하는 특권을 누린다(히 11:24-26). 이런 모세를 "**속량하는 자**"로 보내셨다는 스데반은 제2의 모세인 예수의 대리적 고난을 강조하는 의미가 있다(행 7:35). 폰라드에 따르면 모세의 이런 모습은 이사야 53장의 고난받는 종의 모습에 영향을 미쳤다.[97] 클라우스 발쩌(Klaus Baltzer)는 이사야 53:4-7은 시내산 호렙에서 출발하여 요단강에 이르는 모세의 삶을 상기시키는 고난의 역사로 고백적이고 회개적이며 회상적이라고 말한다.[98] 두 학자의 견해에 따르면 이사야 53장의 고난받는 종은 모세를 반영하는 그림이다.

그러므로 모세가 가나안에 입성하지 못한 것은 하나님께서 이스라엘의 모든 죄를 모세에게 '**감당하도록**' 하셨기 때문이다.[99] 지금까지는 모세가 가나안에 입성하지 못한 이유를 "우리는 생각하기를 그는 징벌을 받아 하나님께 맞으며 고난을 당한다 하였노라"(사 53:4)라는 말씀처럼, 므리바에서 하나님의 거룩함을 나타내지 못했기 때문에 받은 심판으로만 여겼다(민 20:1-13; 27:12-14; 신 31:1-8). 그러나 모세의 수치는 죽음의 순간까지 정죄받고 고난받는 종으로 남겨진 것이다. 가나안에 입성할 자격 없는 이스라엘을 대신한 모세는 변화산에서 엘리야와 함께 예수님을 만난다. 변화산에서 모세

---

97 G. von Rad, *Old Testament Theology: The Theology of Israel's Prophetic Traditions* (trans. D.M. G. Stalker, Edinburgh and London: Oliver & Boyd, 1965), 261-262.; 박노식, "마가복음의 대속적 고난의 신학적 함의와 그 배경", 191-213, 201에서 재인용.

98 Baltzer, K., *Deutero-Isaiah: a commentary on Isaiah 40-55. HERM* (Minneapolis, MN: Fortress Press, 2001), 414.

99 Baltzer, K., *Deutero-Isaiah: a commentary on Isaiah 40-55. HERM*, 413.

와 엘리야와 예수님의 만남은 대리적 고난을 받는 종의 예표인 모세와 죽음 없이 승천한 엘리야가 만난 것이다(마 17:1-5; 막 9:2-13; 눅 9:28-36). 도날드 거쓰리(Donald Guthrie)는 히브리서에서 말하는 "그리스도를 위하여 받는 수모"(11:26)는 모세의 수모가 예수 그리스도를 위한 고난과 연결되어 있다고 본다. 즉, 모세가 공동체에서 추방당하고, 가나안에 들어가지 못하는 수치를 당하며, 므리바 사건으로 인해 정죄를 받은 것은 하나님의 구원 계획을 위한 것으로 예수 그리스도가 당한 고난에서 절정을 이룬다.[100] 결국 백성을 가나안으로 이끈 사람은 율법의 사람이 아니라 믿음의 사람 여호수아였다. 따라서 모세는 예수(여호수아)를 위하여 가나안에 입성하지 못한 고난과 수치를 담당한 것으로 볼 수 있다. 이처럼 대리적 고난의 개념은 창세기를 포함하여 오경에 흐르는 전반적인 개념이다.

자기의(自己義)와 대리적 고난

대리적 고난의 상징적 인물은 요셉이 아니라 유다이다. 왜냐하면 요셉이 아니라 유다가 예수 그리스도의 직계 조상으로 택함을 받았기 때문이다. 유다는 다말에게 속았다. 그러나 자신이 아버지 야곱을 속인 것과 다를 것이 없음을 깨닫는다. 유다는 다말에게 계대결혼을 이행하지 않았으면서도 '신 벗김을 받은 자'라는 수치를 받지 않기 위해 "내 아들 셀라가 장성하기를 기다리라"(창 38:11)라고 말했고, 마치 계대결혼의 의무를 행할 것처럼 위선적으로 행동했다. 유다가 다말에게 합법적인 권리를 이행하지 않는 죄와 불법을 저지름으로 인해 다말은 수치와 고통을 받아야 한다. 다말이 유다를 속

---

100 도날드 거쓰리, 『히브리서(틴데일 신약 주석 시리즈)』, 백승현 역 (서울: CLC, 2015), 353.

인 죄에 비하면 유다의 죄가 더 위선적이다. 이 위선적인 자신의 실존을 직면한 유다는 "그는 나보다 옳도다(צָדְקָה)"라고 고백한다. 다말이 임신하였음에도 불구하고 유다가 자신의 죄를 인정하지 않으면, 그녀와 태아는 간음에 대한 율법대로 죽어야만 한다(창 38:24). 유다는 자신의 무죄를 주장함으로써 다말과 태아를 죽음으로 내몰든지, 아니면 자신의 죄를 인정함으로 다말과 태아를 살릴 것인지를 선택해야만 한다.

죄인을 대속하기 위해서는 죄인(부정한 존재)이 되어야 한다[101]

이사야는 하나님 앞에서 죄인인 자신의 실존을 깨닫고 "화로다 나여 망하게 되었도다 나는 입술이 부정한 사람이요 나는 입술이 부정한 백성 중에 거주하면서 만군의 여호와이신 왕을 뵈었음이로다"(사 6:5)라고 고백한다. '부정하다'라는 개념은 예배에 참석할 자격을 잃는 것으로, 다시 예배에 참석할 자격을 얻으려면 레위기의 율법에 따라 정한 정결 의식을 치러야 한다. 출애굽기 33:20에 따르면 부정한 인간이 하나님을 대면할 경우 죽게 된다는 사상이 있다. 따라서 구약 백성들은 스스로 부정해질 이유가 없었다. 이스라엘 백성에게 '부정하다'라는 상태는 피해야만 하는 상태였다.

그런데 예수님은 스스로 부정한 존재가 되셨다. 예수님은 죄인들을 대신해서 죄의 짐을 대속하기 위해 하늘의 영광을 버리고, 죄인인 종의 형체, 즉 부정한 피조물이 되셨다. 이를 성육신이라고 한다. 하나님은 하늘에서 하나님의 높으심과 거룩하심을 자랑하지 않고, 죄인을 살리기 위해서 죄인이 되

---

101 죄가 없으심에도 불구하고 죄인의 형상으로 성육신하신 예수님을 따르는 것이다. 이 점에 오해가 없기를 바란다.

섰다. 하나님이 하늘 보좌에서 거룩하심을 나타낼수록 인간은 죽을 수밖에 없기 때문이다. 그러므로 하나님은 죄인을 살리기 위해서, 죄인이 아니지만 죄인이 되어야만 하셨다. 하나님의 긍휼은 거룩함을 버리고 부정해지는 것을 두려워하지 않는다. 오히려 하나님의 거룩함이 인간의 부정과 어둠을 통해 더욱 드러날 뿐이다.

예수님은 "누구든지 나를 따라오려거든 자기를 부인하고 자기 십자가를 지고 나를 따를 것이니라"라고 말씀하셨다(마 16:24; 막 8:34; 눅 9:23). 예수님이 말씀하신 "자기를 부인"한다는 것을 어떤 의미일까? 우리는 이 답을 빌립보서 2:6-8에서 찾을 수 있다.

"그는 근본 하나님의 본체시나 하님과 동등됨을 취할 것으로 여기지 아니하시고 오히려 자기를 비워 종의 형체를 가지사 사람들과 같이 되셨고 사람의 모양으로 나타나사 자기를 낮추시고 죽기까지 복종하셨으니 곧 십자가에 죽으심이라."

엘리야, 엘리사 그리고 사도 바울

엘리야와 엘리사의 기사에서 이해하기 힘든 사건이 엘리야와 엘리사가 죽은 과부의 아들을 살리기 위해 죽은 아들의 시체에 엎드리는 장면이다(왕상 17:21; 왕하 4:34). 이는 신약에서 사도 바울이 죽은 유두고를 살리기 위해서 "바울이 내려가서 그 위에 엎드려 그 몸을 안고"와 유사하다(행 20:10).

엘리야가 과부의 아들 시체 위에 엎드리는 사건은 열왕기상 17장 까마귀를 통해 먹이는 사건과 이방 여인에게 양식을 얻어먹는 것, 죽은 과부의 아들을 살리는 것과 같은 문맥으로 해석해야 한다. 이는 하나님이 자기의를 버리는 성육신의 원리를 엘리야에게 가르치기 위해 죽은 시체를 먹는 부정한 짐승 까마귀와 부정한 이방 여인 사르밧 과부를 통해 생존하게 하신 양육의의 현장이다(레 11:15; 신 14:14). 그리고 점점 부정의 강도는 강력해지고, 훈련 강도도 깊어진다. 부정한 까마귀에서 이방 여인으로, 그리고 부정의 극치인 이방 여인의 죽은 아들의 시체에 이르기까지 말이다.[102]

혹자들은 까마귀를 통해 먹이시는 하나님의 기적을 좋아하지만, 이는 살기 위해서 율법이 정한 정결함을 버리고 타협하는 엘리야를 드러내는 사건이다. 왜냐하면 까마귀는 부정한 짐승이요 시체를 가까이하는 짐승이기 때문이다. 제사장의 경우, 정결을 지키기 위해 직계 가족 외에는 장례에 참여할 수도 없었다(레 21:1-11; 민 19:11-22). 다시 말해, 부정한 시체 위에 엎드린 엘리야와 엘리사의 행동은 선지자로서 율법을 따른 거룩과 정결을 버리는 행위가 될 수 있다.[103] 그럼에도 하나님은 비둘기가 아니라 까마귀를 통해 엘리야를 먹이신다. 이는 거룩과 정결을 지켜야 하는 엘리야에게 딜레마가 될 수 있다. 김정우도 나와 맥을 같이하는 관점으로 부정한 까마귀가 주는 것으로 생존한 엘리야를 지적한다.[104] 이방 여인 사르밧 과부의 경우도 마찬가지다. 남편이 없는 과부에게, 그것도 이방 여인에게 의존한 것은 오해의 소지가 크다. 요한복음 4:9에서 우물가 여인의 "당신은 유대인으로서

---

102 김정우, 『너는 어찌 여기 있으냐—엘리야의 열정과 엘리사의 사랑 이야기』 (서울: 생명의말씀사, 2009), 51.

103 Jamieson, R., Fausset, A.R. & Brown, D., *Commentary Critical and Explanatory on the Whole Bible*. (Oak Harbor, WA: Logos Research Systems, Inc, 1997), 233.

104 김정우, 『너는 어찌 여기 있으냐—엘리야의 열정과 엘리사의 사랑 이야기』, 57.

어찌하여 사마리아 여자인 나에게 물을 달라 하나이까 하니 이는 유대인이 사마리아인과 상종하지 아니함이러라"라는 말은 이런 배경을 알려 준다. 엘리야는 배고픔과 생존을 위해서 부정한 까마귀를 통해 배고픔을 면한다. 아무도 보지 않는 상황에서 자기 이익과 생존을 위해서 종교적, 영적 정결함을 버리고 타협하는 것은 어렵지 않다.

하지만 타인을 위해서는 어떠한가? 이것이 엘리야를 엘리야로 세우는 양육과 훈련의 과정이다. 헤다타의 네스토리우스 주교(Isho'dad of Merv)는 엘리야가 백성과 열방을 향한 '동정과 연민'(pity and compassion)을 가진 선지자가 되도록 양육하는 하나님의 긍휼로 본다.[105] 열왕기상 17:1에서 엘리야는 아합에게 영적 선전 포고를 하고 열왕기상 18장 갈멜산에서 바알 제사장과의 일전을 앞두고 있었다. 이러한 이유에서 엘리야는 일전을 준비하는 군사로서 자신의 영성과 거룩과 정결을 지켜야 했다. 엘리야가 그동안 지키고 쌓아온 영적, 종교적 거룩, 자기의를 버리고 이방 여인의 아들을 살리겠다고 부정한 존재(시체와 접촉하는)가 된 것은 18장의 갈멜산 전투의 대의를 그르칠 수도 있을 정도로 심각하게 어리석음은 행동이 될 수 있었다.[106]

그러나 엘리야는 '스스로 정결을 버리고 부정함을 선택하는 시험'을 통과한다. 대의가 아니라 한 영혼을 위해서, 그것도 이름 없는 이방 과부의 아들을 위해서 말이다. 이는 과부와 아들의 사회적, 영적 무기력한 존재감을 강

---

105 Conti, M. & Pilara, G., *1-2 Kings, 1-2 Chronicles, Ezra, Nehemiah, Esther. ACCS* (Downers Grove, IL: InterVarsity Press, 2008), 100-101.

106 김정우, 『너는 어찌 여기 있으냐-엘리야의 열정과 엘리사의 사랑 이야기』, 57.

조하는 것이다. 그러나 엘리야는 유대인과 이방인에 대한 민족적, 영적 차별 없이 자신의 거룩과 정결을 버리는 긍휼을 택한다. 그리고 긍휼을 위해 종교적 정결, 즉 자기의(自己義)를 버리고 스스로 부정해진다. 엘리야의 영적 존재감과 이름 없는 이방인 과부의 아들이 가진 영적 존재감에는 등가가 성립할 수 없다. 그러나 엘리야는 자신과 과부의 아들을 하나님 앞에서 조금도 차별 없는 동일한 죄인으로 여긴 것이다. 엘리야의 이런 선택과 순종은 인생을 낭비하는 것으로 보일 수도 있다. 현대인들은 자신의 감정과 삶을 낭비하고 싶지 않다는 이유로 이런 관계들을 회피한다. 그리고 자신의 선호에 따라 인간관계를 선택한다. 예수님이 이렇게 관계와 질서를 우선시했다면 성육신은 이루어질 수 없다.

우리는 하나님을 알고, 회개하고, 죄를 버린다. 그리고 예수님을 닮기 위해 죄를 고백하고, 죄를 미워하고, 죄에서 벗어나기 위해 많은 수고와 희생을 치른다. 그런데 하나님은 그렇게 쌓아온 우리의 영적, 종교적 의(義)를 예수님처럼 죄인을 살리기 위해서 버리고, 죄인의 자리에서 정죄와 수치를 감당하기를 요구하신다. 언제, 어떻게 요구할지는 하나님의 주권에 달려 있다. 스데반에게는 그것을 너무 빨리 요구하신 것 같지만, 결국 사도 바울을 통해 열매를 맺으셨다. 스데반이 살아서 사역했으면 사도 바울보다 나은 사역을 펼쳤을지도 모른다는 생각은 인간의 생각일 뿐이다. 하나님은 항상 100%, 1000% 옳다. 따라서 우리는 하나님을 신뢰하고 하나님의 계획을 따라야 한다. 내게 요구하실 때 드리는 것이 가장 아름다운 것임을 알아야 한다. 우리가 쌓고 자랑스럽게 여기는 우리의 거룩한 삶과 의(義)까지 포함해서 말이다. 이를 거부할 때 그렇게 쌓아온 의(義)는 자기의로 전락할 뿐이다.

엘리야는 결코 인생을 낭비하는 선택을 한 것이 아니다. 하나님의 관점에서 하늘 보좌를 버리고, 타락한 피조 세계의 질서, 그것도 동정녀 마리아의 자궁을 통해 인간으로 오신 것은 조금도 낭비하신 것이 아니다. 구원을 위해 타락한 질서와 관계 속으로 들어와 정죄와 무시, 멸시를 감당하는 삶은 이 땅의 질서와 관계로 들어오신 예수님의 성육신을 이해할 때만 가능하다. 따라서 교회와 성도는 죄와 사망에서 생명과 구원을 위해 성육신하신 예수님을 따라, 무시와 멸시, 정죄와 차별의 관계와 질서 안으로 반복해서 현재진행형으로 들어가야 한다. 이것이 자기를 부인하고 자기 십자가를 지고 예수님을 따르는 것이다. 이런 관점에서 자기의를 버리고 죄인의 자리에서 고난을 감당하는 자기 부인과 십자가는 긍휼의 하나님을 닮아 가는 영적 성숙과 성화의 과정의 핵심이다. 우리가 예수님을 닮아 가는 의인이 되고, 죄를 미워하고, 의인의 삶을 살아 냄으로써 영적 의(義)가 쌓여 간다고 해서 여전히 자기의만 주장한다면 아무도 살릴 수 없다. 나의 옳음(צדקה)이 사람을 살리는 옳음(צדקה)이 되지 못한다는 것을 알아야 한다.

이와 비슷한 맥락으로 팀 켈러는『마르지 않는 사람의 샘』(The Prodigal God)에서 "하나님의 율법에 대한 철저한 순종이 하나님에 대한 반역의 전략이 될 수도 있다"라고 말한다.[107] 하나님의 규율을 지키며 살고 있는데, 바리새인처럼, 회심 전의 바울처럼 어느 순간 하나님을 반역하고, 하나님에게서 멀어지는 것이다. 이것이 율법을 철저하게 지킴으로 생성되는 자기의의 심각성이다. 이런 고차원의 죄와 악에 대해서 팀 켈러는 자기의가 하나님을

---

107 팀 켈러,『마르지 않는 사람의 샘』, 전성호 역 (서울: 베가북스, 2011), 47.

빚진 위치로 몰아넣고 자신은 권리를 소유하게 한다고 말한다.[108] 따라서 죄에 대한 훨씬 더 깊은 이해가 요구된다.

따라서 나의 옳음이 사람을 살리는 옳음이 되기 위해서는, 예수님처럼 옳음(צדקה)을 버리고 죄인의 형상을 입고 거절과 무시의 관계와 질서로 들어가야 한다. 그리고 모세와 엘리야처럼 타인의 부정함과 죄의 짐을 감당해야 한다. 이를 위해 예수님은 하늘 영광을 버리고 이 땅에 죄인의 형상으로 오셨다. 모세는 생명책에서 자기 이름을 지울 것을 요청하고, 엘리야는 자신의 정함을 제물로 희생한다. 엘리야는 열왕기상 17:2의 "여호와의 말씀이 엘리야에게 임하여"에서 종의 형체로 오신다는 말씀으로 이를 깨달은 것이다.[109] 따라서 예수님의 성육신과 모세와 엘리야의 희생적 고난이 보여 주는 죄와 악의 근본적 뿌리는 자기 중심성이다.[110] 팀 켈러는 "진실로 그리스도인이 되기 위해서는 우리는 올바른 일을 행했던 여러 이유까지도 회개해야만 한다. 바리새인은 자신의 죄만을 회개하지만, 그리스도인들은 자기 의로움의 뿌리에 대해서도 회개한다. 우리는 모든 죄의 근본이 되는 죄, 그리고 모든 의로움의 근본이 되는 죄를 회개하는 법을 배워야만 하는 것이다"라고 말한다.[111] 우리의 열심과 의(義)가 자기중심성을 향한다면 그 열심과 선행은 악이다.

하나님의 긍휼을 아는 자는 생명을 위해 부정해지는 것을 두려워하지 않

---

108 켈러, 『마르지 않는 사람의 샘』, 48-50, 54-56.

109 Conti, M. & Pilara, G., *1-2 Kings, 1-2 Chronicles, Ezra, Nehemiah, Esther. ACCS*, 105.

110 켈러, 『마르지 않는 사람의 샘』, 76-78.

111 켈러, 『마르지 않는 사람의 샘』, 97.

는다. 히포의 어거스틴(Augustine 354–430)은 과부의 죽은 아들 시체 위에 엎드리는 엘리야를 그리스도 수난의 예표로 해석한다.[112] 하나님의 긍휼을 배운 엘리야는 죽은 과부의 아들을 살리기 위해 자신의 정결함을 버리고 죽은 아들의 시체를 자신과 동일시했다(왕상 17:21). 스스로 죽은 시체 위에 엎드려 종교적, 영적으로 부정한 존재가 된 것이다. 또한 엘리야가 시체 위에 엎드리는 행위는 엘리야의 생명으로 죽은 과부의 아들의 생명을 대신함을 표현한 것이다. 이런 의미에서 자기의를 버리는 자기 부인은 또 다른 죽음이다. 엘리야가 자신의 거룩과 정결함을 부인하지 않았다면 과부의 죽은 아들을 살릴 수 없었을 것이다.

김정우는 "엘리야는 소년을 위한 제물로 자신을 드리고 있다. 죽은 희생 제물이 예배자를 대속하듯이, 엘리야도 죽은 아이를 위한 대속 제물을 드리고 있다. 만약 우리가 이런 식으로 볼 수 있다면, 엘리야는 정결법을 깨뜨리는 것이 아니라 정결법을 따른 것으로 볼 수 있다. 제사법에서는 부정한 자를 위해 동물 제사를 드려 그를 정결하게 하고 하나님과 다시 화목하게 한다. 이와 같이 엘리야는 자신을 제물로 하나님께 드리며, 하나님께서 자신을 받으시고 아들을 살리시기를 구하고 있다. 만약 하나님께서 아이를 살리지 않으시면, 차라리 죽고자 한다. 이리하여 엘리야는 그 어떤 동물 제사로도 불가능한 인간적 헌신을 드리고 있다"라고 말한다.[113]

아들을 잃은 과부는 엘리야에게 "내 죄를 생각나게 하고 또 내 아들을 죽

---

112 Conti, M. & Pilara, G., *1-2 Kings, 1-2 Chronicles, Ezra, Nehemiah, Esther, ACCS*, 105.
113 김정우, 『너는 어찌 여기 있으냐–엘리야의 열정과 엘리사의 사랑 이야기』, 58.

게 하려고 내게 오셨나이까"(왕상 17:18)라고 원망한다. 과부의 원망에는 죄에 대해 인과응보적 세계관이 보인다. 그러나 엘리야는 죄에 대한 심판이 아니라 과부와 과부의 아들을 위해 자기의를 부인하는 대리적 고난을 받는다. 이는 과부를 과부의 죄와 보응적 세계관에서 구원하는 것이다. 이형원은 사르밧 과부의 죽은 아들을 살린 사건은 그녀가 당한 고난을 죄에 대한 심판으로 단정하는 보응적 세계관이 잘못되었음을 보여 주는 것이라고 말한다.[114] 이후 엘리야는 사르밧 과부에게 "이제야 당신은 하나님의 사람이시요 당신의 입에 있는 여호와의 말씀이 진실한 줄 아노라"라는 고백을 듣는다(왕상 17:24). 과부는 기적을 경험할 때는 엘리야에게 이렇게 고백하지 않았다. 기적으로 육의 양식을 해결하는 것보다 자기희생과 대리적 고난으로 생명을 살리는 권능이 더 놀라운 것이다. 기적을 좋아하는 사람들은 까마귀와 떨어지지 않는 가루와 기름병, 다시 살아난 죽은 아들의 기적에 주목한다. 하지만 죄와 인과응보적 세계관에 갇혀 있던 이방 여인이 엘리야의 대리적 고난으로 죄와 죽음과 보응적 세계관에서 구원받고, 하나님의 긍휼을 경험한 은총과 특권에 더 깊이 주목해야 한다.

열왕기는 열왕기 전체 400년 중에서 엘리야와 엘리사의 사역(왕상 17-왕하 13장)과 북이스라엘의 오므리 왕조에서 '가장 악한 왕 아합'(왕상 16:30)을 대조하는 40년을 기록한다.[115] 열왕기는 왕정기 역사 중 단 40년을 다루지만, 엘리야와 엘리사 기사가 차지하는 비중은 절반이 넘는다. 내가 주목하

---

114 이형원, 『성서주석 열왕기상(대한기독교서회 창립 100주년 기념 성서주석 시리즈 10)』(서울: 대한기독교서회, 2005), 355.

115 송병현, 『엑스포지멘터리 역사서 개론』(서울: 이엠, 2011), 264.

는 것은 열왕기의 엘리야의 사역에서 왜 갑자기 '대리적 고난' 사상이 계시되는가? 하는 점이다.

이것은 과부가 엘리야를 부르는 '하나님의 사람이여'(왕상 17:18)라는 말로 알 수 있다. '하나님의 사람'은 모세를 일컫는 호칭이다(신 33:1; 수 14:6; 스 3:2; 시 90편; 대상 23:14; 대하 30:16). 대부분 모세에게 사용되고 다윗에게는 한 번 사용되었지만, 무명인 하나님의 사자에게도 사용되었다(삿 13:6, 8; 삼상 2:27; 왕상 13:1-31; 대하 25:7, 9).[116] 따라서 나는 금송아지의 모티브를 배경으로 볼 때, '출애굽기 32장의 금송아지와 32:11-32의 모세'의 패턴이 '열왕기상 12:25-33의 여로보암의 금송아지와 17:21-24의 엘리야'의 패턴으로 반복되므로 모세와 엘리야를 반향(echo)하고 암시(allusion)하는 것으로 보인다. 모세는 금송아지 우상으로 망할 이스라엘과 자신을 동일시한다(출 32:21-24에서 아론은 백성과 함께 죄를 지었음에도 백성과 자신을 분리하는 반면, 모세는 백성들의 죄에 동참하지 않았음에도 불구하고 백성과 같이 심판을 받으려고 한다).[117] 그리고 엘리야는 죽은 과부의 아들과 자신을 동일시 한다.[118] 또한 모세와 엘리야는 각각 이스라엘과 사르밧 과부를 위해 중보자의 역할을 한다.[119] 즉, 금송아지 우상으로 광야에서 멸망해야 할 이스라엘을 가나안으로 인도하신 하나님이 금송아지 우상을 섬기는 북이스라엘을 구원으로 이끄실 것을 보이는 암시와 반향의 의미가 있다.

---

116 Wiseman, D.J., *1 and 2 Kings: an introduction and commentary*, *TOTC* (Downers Grove, IL: InterVarsity Press, 1993), 153-154.

117 박철현, 『출애굽기 산책』 (서울: 솔로몬, 2014), 274.

118 김정우, 『너는 어찌 여기 있으냐-엘리야의 열정과 엘리사의 사랑 이야기』, 55.

119 김정우, 『너는 어찌 여기 있으냐-엘리야의 열정과 엘리사의 사랑 이야기』, 55, 57.

송병현은 열왕기는 바벨론으로 끌려온 백성에게 이스라엘은 '아직도, 여전히' 하나님의 백성이라는 소망과 힘을 주기 위한 것이라고 말한다.[120] 따라서 모세와 엘리야의 희생적이고 대리적인 고난의 모티브는 시내산 언약과 '새로운 출애굽'을 기대하게 만드는 요소로 자리를 잡는다. 이는 신약에서 예수님에 의해 성취된다. 복음서에서 모세는 마지막까지 대리적 고난을 감당하는 종으로, 엘리야는 죽음 없이 승천하는 종으로 변화산에서 예수님과 만난다(마 17:1-5; 막 9:1-8; 눅 9:28-36).

사람을 살리는 것은 정의가 아니라 대리적 고난이다(사 53:4-6). 나는 열왕기상 17장의 죄와 고난을 정죄와 심판의 관점이 아니라 대리적 고난을 감당함으로써 생명을 부어 주시는 하나님의 긍휼의 관점으로 읽어야 한다고 본다. '하나님의 사람'으로 인정받는 것은 성도가 하루하루 쌓아 올린 열심과 자기의의 결과가 아니라, 오히려 자기의를 희생하는 대리적 고난을 감당함으로 가능하다. 우리는 고난을 담당함으로써 보응적 세계관에 갇힌 과부와 같은 많은 영혼을 살려야 할 것이다. 반대로 '희생하지 않는 나의 옳음(צדקה)'을 주장하면 할수록 내 주변의 사람들, 나의 아내와 자녀들이 정죄로 죽어 간다는 것을 깨달아야 한다. 하나님 백성이 사람을 살리지 못하는 것은 하늘 보좌와 같은 영광의 자리에서 자기의를 버리고 땅으로 내려오지 않았기 때문이다. 엘리야는 이를 깨달은 것이다. 그럼에도 엘리야는 열왕기상 19장에서 자기 열심과 자기의를 주장하며 하나님을 원망하는 자신을 직면한다(19:10, 14). 스스로를 의인으로 여기게 하는 자기 열심과 자기의를 버리는 자기 부인이 이렇게 힘든 것이다. 왜냐하면 자기의를 버리는 자기 부인

---

120 송병현, 『엑스포지멘터리 역사서 개론』, 265-266.

은 인간의 영역이 아니라 신의 영역이기 때문이다.

자기의를 부인하고, 죄인의 자리에서 다말과 태아를 살린 유다

유다는 '자기의'와 '의인 유다'를 버리고 '자신의 수치스러운 죄'를 고백함으로써 '죄인 유다'가 되어 다말과 태아를 살린다. 이것이 "그는 나보다 옳도다(צָדְקָה)"라고 한 유다의 고백이다. 예수님이 죄인의 형상으로 오신 성육신에 비교할 바는 아니지만, 유다는 자신이 모든 죄와 수치를 감당하는 죄인의 자리에서 죄인의 태도로, 사람을 살리는 의(צָדְקָה)인 대리적 고난을 깨달은 것이다.

유다는 "그는 나보다 옳도다"라고 고백한 이후, 가족에게로 돌아가서 아버지 야곱의 차별, 어머니 레아와 라헬의 시기와 경쟁, 배신의 상처로 깨어진 채 관계가 곪아 있는 형제와 함께 살아간다. 이것은 가족 공동체의 죄를 정죄하고 절망하는 것이 아니라, 죄의 짐을 감당하는 '종의 삶'이다. 온 땅에 기근이 왔을 때, 유다는 가족의 양식을 얻고자 앞장서서 **'자신의 생명으로'** 베냐민을 지키겠다는 간곡한 말로 아버지 야곱을 설득한다(창 43:9). 그것도 자식들을 차별하고 편애하는 아버지와 베냐민을 위해서 말이다. 또한 애굽에서 요셉의 계략으로 베냐민이 도둑으로 잡혀 종이 될 위기에 처하자 유다는 자원하여 베냐민을 **'대신하여'**(תַּחַת) 종이 되고, 베냐민을 아버지 야곱에게 돌려보내기를 간청하며 요셉을 설득한다(창 44:33).

"그 아이가 나와 함께 가지 아니하면 내가 어찌 내 아버지에게로 올라갈 수 있으리이까 두렵건대 재해가 내 아버지에게 미침을 보리이다."

유다는 요셉만을 편애했던 아버지 야곱에게 증오심이나 복수심이 가득했을 지도 모른다. 반면 요셉을 잃고 22년간 고통으로 슬퍼하는 아버지의 모습 역시 보았을 것이다. 그래서 그는 아들 요셉을 잃은 아버지 야곱과 동생 요셉을 팔아먹은 죄와 상처로 고통스러워하는 형제들의 모습을 더 이상 두고 보기 어려웠을 것이다. 그럼에도 불구하고 변한 것이 없던 아버지 야곱은 요셉을 대신하여 이제는 베냐민을 편애한다. 이로 인해 아물지 않는 아픔과 상처로 고통받는 형제들과 가족들을 바라보는 유다의 마음이 읽히는듯 하다. 그럼에도 유다는 아버지 야곱의 연약함을 불쌍히 여기고, 아버지 야곱과 요셉을 설득하고, 형제들의 상처와 분노, 그리고 깨어진 가족관계를 회복하기 위해 수고한다. 그가 그렇게 할 수 있었던 것은 아버지와 가족들에게도 "그는 나보다 옳도다"라는 고백을 적용했기 때문이다. 유다는 아버지와 형제들보다 자신의 죄가 더 크다고 여겼다. 형제와 가족 간의 관계 회복이 세계 평화보다 힘겨울 수 있다. 그러나 자신의 죄를 가족들의 죄보다 더 크다고 고백하는 사람을 통해 화평은 다가온다.

유다는 베냐민을 대신한 대리적 고난을 감당하는 모습으로 가족 공동체의 화평을 이루었지만, 모든 영광을 차지한 사람은 유다가 아니라 요셉이었다. 김양재 목사는 "유다가 회심 이후 그림자같이 있다가 22년 만에 화평의 중재자가 된 것은 자타가 공인하는 만고의 죄인이기 때문입니다. 그는 이미 이 땅에서 하나님의 영광을 등에 짊어지고 살기 때문에, 요셉을 시기하지도 않고 야곱을 정죄하지도 않았습니다. 예수님의 직계 조상 유다와 예수의 표상인 요셉은 하늘과 땅 차이입니다"라고 말한다.[121]

---

121   김양재(2023.04.30.), 마 5:9: "팔복산의 상속자", 우리들교회 주일설교 요약,

유다가 요셉을 시기하지 않은 것은 대리적 고난을 감당하는 특별한 은총과 부르심으로 영적 배부름을 얻었기 때문이다. 따라서 예수님의 직계 조상으로서 '대리적(대속적) 고난'(Vicarious[Substitutionary] Suffering)을 자청한 사람은 요셉이 아니라 유다이다. 굳이 차이점을 찾자면 요셉은 주어진 고난을 감당한 것이지만, 유다는 아버지 야곱이 자신과 형제들은 끊임없이 차별하면서 편애했던 요셉과 베냐민을 대신하여 고난받기를 자청한 것이다. 그러므로 인류를 위해 대리적 고난을 감당할 의로운 종으로 선택을 받은 특권은 유다의 자손으로 오신 예수 그리스도에게 있다.

"대신"(히브리어 תַּחַת'[tahat], 헬라어 ὑπέρ'[hyper])

히브리어 'תַּחַת'(tahat)은 공간적으로 '아래 부분', 즉 '아래'(출 24:4) 위치를 의미하는 것으로, '아래'(창 18:4) 또는 다른 사람의 자리를 '대신하여'라는 의미로 사용된다.[122] 창세기에서는 4:25의 "아벨 대신에(תַּחַת) 다른 씨를 주셨다"와 22장에서 아브라함이 "아들을 대신하여"(תַּחַת בְּנוֹ) 숫양을 번제로 드리는 구절에서 사용되었다(22:13).[123] 그뿐만 아니라 44:33에서 유다가 베냐민을 '대신하여'(תַּחַת) 종이 될 것을 구할 때도 사용된다. 출애굽기 21:23-24에서는 "생명에는 생명으로(תַּחַת נֶפֶשׁ), 눈에는 눈으로(תַּחַת עַיִן), 이에는 이로(תַּחַת שֵׁן), 손에는 손으로(תַּחַת יָד), 발에는 발로(תַּחַת רֶגֶל)"에서 사용되며, 레위기 16장에서는 속죄일에 대제사장이 이스라엘의 모든 죄를 위해서 일 년에 한

---

https://www.woori.cc/board/?page=6&cate=0&skey=&sword=&MenuUid=97&buid=1732&_m=V(접속일: 2024.04.03.).

122 맹용길, 『스트롱 맨 히브리어 헬라어 성경 원어 사전』, #8478

123 Youngblood, R.F., "2504 תַּחַת", TWOT, electronic ed. 편집자 : R.L. Harris, G.L. Archer Jr. & B.K. Waltke. (Chicago: Moody Press, 1999), no. 2504b

번 속죄할 것을 명령할 때 사용된다(레 16:17-34). "기름 부음을 받고 위임되어 자기의 아버지를 대신하여(תַּחַת) 제사장의 직분을 행하는 제사장은"(레 16:32)이라고 하는 구절에서 히브리어 'תַּחַת'이 사용된다. 또한 제사장들은 희생 제물로 드려지는 짐승의 머리에 안수함으로써 자신을 대신하는(תַּחַת) 제물과 동일시하게 된다.

민수기에서는 이스라엘 자손 중에 태어난 모든 맏이를 '대신하여'(תַּחַת) 레위 족속에게 레위인의 직무를 맡기는 은총에서 이 단어가 발견된다(민 3:12, 41, 45; 8:16, 18). 3:49의 "모세가 레위인으로 '대속한'(פָּדָה) 이외의 사람에게서 속전을 받았으니"에서 '대속(פָּדָה)'의 의미로 사용된 히브리어 'פָּדָה'(pada)는 '무를 것이요'(레 27:27), '건지신'(삼하 4:9), '구속하사'(삼하 7:23), '건지사'(욥 33:28)로 사용되었다.[124] 역사서에서는 왕위 계승을 언급할 때(왕상 1:30, 3:7; 대상 29:23; 대하 26:1), '제사장'의 계승(왕상 2:35), 특히 사람의 생명을 생명과 교환할 때 사용된다(왕상 20:39, 42, 왕하 10:24, 사 43:3-4).

잠언에서의 히브리어 'תַּחַת'(tahat)

잠언에서 히브리어 'תַּחַת'(tahat)은 1:29, 11:8, 17:10, 13, 21:18, 30:21-23에서 발견된다. 그중에서 11:8, 17:13, 21:18의 'תַּחַת'을 살펴볼 필요가 있다. 17:13의 "누구든지 악으로 선을 갚으면"에서 "갚으면"의 원어는 히브리어 'תַּחַת'이다. 여기서 'תַּחַת'은 טוֹב(선)을 רַע(악)으로 '대신하는'이라는 의미로 명확하게 사용된다.

---

124 맹용길, 『스트롱 맨 히브리어 헬라어 성경 원어 사전』, #6299

반면 잠언 21:18은 난해하다. 21:18에서 악인은 의인의 속전(ransom)이 된다. 21:18은 "속전"(כֹּפֶר)으로 사용하고, 11:8에서는 드러나지 않는 의인의 죄 또는 잘못을 강조한다. 트렘퍼 롱맨 3세(Tremper Longman III)는 21:18에 대해서 "의인이 받아 마땅한 징벌을 악인이 지불한다면, 거기에 정의가 있는가? 나아가 만약 의인이 속전이 필요하다면 그들은 정말로 의로운가"라는 질문을 제기한다.[125] 그는 이의를 제기하면서 21:18의 해석에 대한 어려움을 고백한다. 듀안 A. 가렛(Duane A. Garrett)은 21:18에서 "정직"과 "의인"이 죄 없는 완전함이 아니라 하나님을 향한 삶의 전반적인 지향으로 정의된다면, 하나님께서 의인의 죄에 대한 대속물로서 하나님을 멸시하는 자들에게 형벌을 내리신다는 뜻으로 볼 수 있다고 말한다.[126] 판 레이우엔(Van Leeuwen)은 21:18이 11:8과 함께 악인의 징벌을 의미한다고 말한다.[127] 브루스 K. 왈트케(Bruce K. Waltke)는 "무고한 사람을 죽이려고 한 위증자는 스스로 사형을 선고받는다(신 19:16-18; 에 5:14; 7:10; 9:1-10; 단 6:23-24; 눅 16:25)"라고 말한다.[128] 번드 U. 시퍼(Bernd U. Schipper)는 11:8에 대해 "여호와께서 의로운 사람이 곤경에 처했을 때는 구해 주시지만, 악한 사람은 구하지 않는 것"을 의미한다고 말한다.[129]

---

125 트렘퍼 롱맨 3세, 『잠언 주석(베이커 지혜 문헌·시편 주석 시리즈)』, 백승현 역 (서울: CLC, 2019), 627-628.

126 Garrett, D.A., *Proverbs, Ecclesiastes, Song of songs. NAC* (Nashville: Broadman & Holman Publishers, 1993), 182.

127 Van Leeuwen, *Proverbs: NIB Vol.* 5, (Abingdon Press, 1997), 194.

128 Waltke, B.K., *The Book of Proverbs, Chapters* 1-15. *NICOT* (Grand Rapids, MI: Wm. B. Eerdmans Publishing Co., 2004), 488-489.

129 Schipper, B.U., *Proverbs 1-15: A Commentary on the Book of Proverbs* 1:1-15:33. *HERMeneia* (Minneapolis, MN: Fortress Press, 2019), 397.

학자들은 11:8과 21:18을 해석함에 있어서 이사야 43:3-4을 인용한다.

"대저 나는 여호와 네 하나님이요 이스라엘의 거룩한 이요 네 구원자임이라 내가 애굽을 너의 속량물로, 구스와 스바를 너를 대신하여 주었노라 네가 내 눈에 보배롭고 존귀하며 내가 너를 사랑하였은즉 내가 네 대신 사람들을 내어 주며 백성들이 네 생명을 대신하리니."

여기서 "대신"으로 번역된 히브리어 'תָּחַת'은 세 번 사용된다. "속량물"(כֹּפֶר)과 'תָּחַת'은 11:8과 21:18을 인용하고 암시하는 것으로 보인다.

존 와츠는 이사야 43:3은 고레스가 예루살렘을 회복하는 보답으로 하나님께서 그에게 그 나라들을 주기로 약속하셨다고 말한다.[130] 그는 43:4은 출애굽 사건을 배경으로 한 것이며, "네가 내 눈에 보배롭고 존귀하며"는 출애굽기 19:5의 택하심에 대한 고전적 진술을 반향하는 것이라고 말한다. 즉, 이사야 43:4은 출애굽을 배경으로 읽어야 하며, 이스라엘이 맡은 영적 사명을 위해 페르시아와 애굽을 통치하신다는 사실을 보이신 것이라고 말한다.[131]

알렉 모티어(J. Alec Motyer)는 이스라엘 백성을 보내 주지 않으려는 애굽의 강퍅한 태도는 '애굽의 대가'(ransom, kōper)를 불러 왔고, 이스라엘의 구원

---

130   존 D. W. 와츠, 『WBC 이사야 하』, 강철성 역 (서울: 솔로몬, 2002), 240.
131   와츠, 『이사야 하』, 240.

은 그들이 대가를 치른 결과였다고 말한다.[132] 그는 이사야 43:3-4은 한 사람이 다른 사람을 대신하는 것을 강조하며(창 22:13, 왕상 11:43), 출애굽기에서 이스라엘은 갓 태어난 아들이 죽는 사형 선고를 받았지만(1:16, 22), 결국 애굽의 아들들이 대신 죽었다(14:27, 31).[133] 따라서 이사야 43:3-4의 의미는 출애굽의 역사가 이사야 43장의 현재로 이어지고, 바벨론 포로기와 종의 신분을 살아가는 하나님 백성을 여전히 존귀하게 여기시며, 그들의 영적 신분을 유지하신다는 뜻이다. 송병현은 이사야 43:3-4에 대해서 하나님은 이스라엘을 구원하기 위해서 백성들의 죄값으로 내놓을 용의를 내비치신 것으로 본다.[134] 그에 의하면 하나님은 애굽같은 큰 나라도 구스와 스바같은 먼 나라일지라도 이스라엘의 대속물로 내놓을 각오를 하셨다고 말한다.[135]

그러므로 다른 성경에서 악인을 대신하여 의인이 고난받는 의미로 사용된 히브리어 'תַּחַת'은 잠언에서는 악인이 의인을 대신하여 심판받는다는 의미로 사용된다. 잠언 21:18의 "악인은 의인의 속전(כֹּפֶר)이 되고 사악한 자는 정직한 자의 대신(תַּחַת)이 되느니라"에서 'תַּחַת'은 정직한 자를 '대신하여' 악인(사악한 자)이 속전(כֹּפֶר)된다는 의미로 사용된다. 즉, 악인이 의인이 감당해야 할 보응적 형벌을 대신 감당한다는 뜻이다. 고로 의인과 그의 의는 보존된다. 이처럼 잠언에서 히브리어 'תַּחַת'의 특징은 다른 성경에서와는 달리 악인이 의인의 형벌을 받는다. 즉, 의인의 보응적 형벌은 감해지고, 감해진

---

132 Motyer, J.A., *Isaiah: an introduction and commentary*. *TOTC* (Downers Grove, IL: InterVarsity Press, 1999), 302-303.

133 Motyer, J.A., *Isaiah: an introduction and commentary*. *TOTC*, 302-303.

134 송병현, 『엑스포지멘터리 이사야 2』, 193.

135 송병현, 『이사야 2』, 193.

의인의 형벌은 악인이 채운다.

이는 잠언 11:5-9에서 명확하게 드러난다. 11:8의 "의인은 환난에서 구원을 얻으나 악인은 자기의 길(תַּחַת)로 가느니라"에서 악인의 "길"로 번역된 히브리어는 'תַּחַת'이다. 이는 병행구절 11:5의 "완전한 자의 공의는 자기의 길(דֶּרֶךְ)을 곧게 하려니와"에서 완전한 자의 "길"이라는 의미로 사용된 히브리어가 'דֶּרֶךְ'(derek)인 것과 대조적이다. 일반적으로 "길"은 히브리어 'דֶּרֶךְ'(derek)를 사용한다. 그런데 11:8에서는 'תַּחַת'이 사용되었다. 8절에서 히브리어 'תַּחַת'을 '길'로 번역한 것은 잠언 기자의 의도가 있었던 것으로 보인다. 그러나 잠언 21:18에서 'תַּחַת'을 '대신'으로 모세오경의 번역을 따른 것을 비교해서 볼 때, 11:8은 병행절인 5절과 '길'로 운율을 맞추기 위해서 '길'로 번역한 것으로 보인다. "의인은 환난에서 구원을 얻으나 악인은 자기의 길(תַּחַת)로 가느니라"(8절)의 의미를 21:18과 함께 살펴볼 때, 악인이 가는 자기의 길은 의인이 받아야 할 보응적 심판을 악인이 '대신'(תַּחַת) 받는 것이다. 이는 잠언 11:6의 "자기의 악에 잡히리라"라는 말씀대로 된 것이다. 판 레이우엔(Van Leeuwen)은 하만은 모르드개를 매달려고 세운 나무에 자신이 매달렸고(에 5:14; 6:4; 7:9-10), 다니엘을 죽이려고 했던 적들은 그를 죽이는 데 쓰려고 했던 사자에게 먹힌 것이라고 말한다(단 6:24).[136] 잠언 11:5-9에서 의인은 악인들의 함정과 음모에 처하게 될 것이나, 결국 의인은 악인들의 음모와 함정에서 구원받을 것이다. 그리고 그 음모와 함정은 자신(악인들)이 감당하게 될 것이다.

---

[136] Van Leeuwen, *Proverbs: NIB Vol.* 5, 118.

(3) 주전 8세기 호세아, 요나, 이사야에게 '계시'(ןוזח)된 대리적(대속적) 고난

주전 8세기는 북이스라엘과 남유다가 불순종과 타락의 어둠에 깊이 빠진 시대이다. 북이스라엘은 아합 왕조와 이세벨, 그리고 남유다는 아달랴의 폭권으로 다윗의 씨가 끊어질 위기를 맞게 된다. 이 시기에 하나님은 갑자기 호세아, 아모스, 요나, 요엘, 미가, 이사야 선지자들을 불러일으킨다. 주전 8세기 전까지 하나님은 적극적으로 선지자들을 세우지 않으셨다. 따라서 하나님은 주전 8세기를 중심으로 구원의 역사에 적극적 개입하기 시작하신 것이다.

주전 8세기 선지자들의 특징은 하나님이 선지자들에게 하나님 자신의 고통에 대해 '계시'(Revelation)한다는 점이다. 그래서 이 시기 선지서에는 하나님의 고통에 동참하는 고난 사상이 강조된다. 호세아, 요나, 이사야가 대표적이다. 이사야 1:13-14에서 하나님은 하나님의 고통스러운 마음을 이렇게 표현하신다.

"헛된 제물을 다시 가져오지 말라 분향은 내가 가증히 여기는 바요 월삭과 안식일과 대회로 모이는 것도 그러하니 성회와 아울러 악을 행하는 것을 내가 견디지 못하겠노라 내 마음이 너희의 월삭과 정한 절기를 싫어하나니 그것이 내게 무거운 짐이라 내가 지기(אשנ)에 곤비하였느니라."

따라서 주전 8세기 선지자의 특징은 하나님의 고통을 백성에게 생생하게 전하는 것이다. 그런데 어떻게 선지자들이 하나님의 고통을 생생하게 전할 수 있는가? 그것은 하나님의 말씀과 함께 선지자들도 백성들의 죄를 감당함으로써 하나님의 고통을 경험했기 때문이다. 선지자들은 자신의 고통에서 하나님의 고통을 경험함으로써 전인격적인 하나님의 애통과 탄식을 전할 수 있었다. 무엇보다 하나님께서 고통을 통해서 성취하시는 구원을 이해할 수 있었을 것이다. 따라서 호세아, 요나, 이사야의 선지자적 삶과 고통은 이사야 53장의 고난받는 종에게 맡겨진 대리적 고난이다.

A. 이사야의 환상과 대리적 고난

이사야의 "계시"(ווֹזָח)는 '고난받는 종'(사 53장)을 "본"(רָאָה) 것이다(사 1:1; 6:1)

한스 빌트베르거(Wildberger, H)는 이사야는 이사야 6:1에서 רָאָה'(보다)를 사용함으로써 초월적 '환상'을 강조한다고 말한다. 이사야서에서 רָאָה'(보다)는 '선견자'와 '환상'의 의미로(사 28:7; 30:10) 사용되며, 역사서와 선지서에서는 '환상을 보다'라는 의미로 사용된다(왕상 22:19; 암 7:1, 4, 7, 8; 9:1; 렘 1:11, 13; 슥 1:8).[137] 캐롤 카민스키(Carol M. Kaminski)는 이사야 53장을 이사야의 환상이라고 말한다.[138] 즉, 이사야는 약 800년 후, 골고다 언덕에서 나타날 53장의 고난받는 종의 환상을 천국 회의(사 6장)에서 "본"(רָאָה) 것이다(왕상 22:17-23; 욥 1:6-12; 2:1-6; 사 6:1; 슥 3:1-5).[139] 이 환상을 본 이사야는 자신의 부정함을 고백한다.

137　Wildberger, H., *A Continental Commentary: Isaiah* 1-12. (Minneapolis, MN: Fortress Press, 1991), 260.

138　캐롤 카민스키, 『구약을 읽다』, 이대은 역 (서울: 죠이북스, 2016), 267-268.

139　와츠, 『WBC 이사야 상』, 173.; 김근주, 『이사야가 본 환상』(하남: 비블리카 아카데미아, 2010), 109.; 마빈 A. 스위니, 『예언서, 구약학 입문 시리즈 V』, 홍국평 역 (서울: 대한기독교서회, 2015), 95.

알렉 모티어는 이사야 6장이 '죽음에 대한 모티브'로 가득하다고 말한다.[140] 그는 1절은 "웃시야 왕이 죽던 해"를, 5절은 이사야의 '죽음'을 의미하며, 6절의 "제단에서 집은 바 핀 숯"은 희생 제물의 죽음을, 13절의 '베임을 당한 그루터기'는 나무의 죽음을 상징한다고 말한다. 그러나 알렉 모티어는 이사야 6장의 죽음이 끝이 아니라는 것을 밝힌다고 말한다. 왜냐하면 왕은 죽었지만 뿌리에 생명을 가진 그루터기는 남았고, 하나님의 거룩 앞에 드러난 선지자의 죄는 사함을 받았기 때문이다. 따라서 알렉 모티어는 이사야 6장이 '죽음'과 '그루터기의 생명', 그리고 '죄'와 '속죄'의 평행을 강조한다고 말한다. 그는 6장의 이사야가 자신의 속죄 경험에서, 53:11의 속죄를 보았는지도 모른다고 조심스럽게 지적한다.[141] 김근주는 이사야의 환상 체험을 사도 바울이 셋째 하늘에 이끌려간 체험과 연결하며(고후 12:1-6), 6장의 죄사함은 "아래로부터의 죄 해결이 아닌, 위로부터의 사죄의 은혜를 명확히 증거하고 있다"라고 말한다.[142] 다시 정리하면 6장은 이사야에게 '계시'된 초월적 환상으로 보는 데 문제가 없다.

한스 빌트베르거(Wildberger, H)는 이사야 6:1-13을 열왕기상 22:19-23과 비교한다.[143] 그는 두 천국 회의를 비교하면서, 일방적인 선포가 아니라 대화 형식으로 구성된 것을 강조한다. 차이점은 열왕기상 22:19-23에서는 하나님이 질문하고, 이사야 6:1-13에서는 선지자가 자신의 사역을 얼마나

---

140 Motyer, J.A., *Isaiah: an introduction and commentary*. TOTC, 78-79.

141 Motyer, J.A., *Isaiah: an introduction and commentary*. TOTC, 82.

142 김근주, 『이사야가 본 환상』, 111-112.

143 Wildberger, H., *A Continental Commentary: Isaiah 1-12*. (Minneapolis, MN: Fortress Press, 1991), 252-258.

오랫동안 수행해야 하는지를 질문한다. 즉, 6:1–13에서 선지자 이사야는 천국 회의에서 그 누구보다 특별한 자격으로 동참하고 있다.[144] 따라서 나는 알렉 모티어가 이사야 6장에서 강조한 '죽음'과 '그루터기의 생명' 그리고 '죄'와 '속죄'의 평행 구도와 한스 빌트베르거(Wildberger, H)의 관점을 따라 이사야는 특별한 자격으로 천국 회의(6장)에서 이사야 53장의 대리적 고난으로 속죄하시는 거룩한 종의 속죄와 그 앞에 선 부정한 자신을 목격한 것으로 본다. 주전 8세기, 이사야, 아모스, 요나, 미가 선지자들의 초월적 계시는 한결같은 그들의 메시지와 더불어 그들의 공통점이자 특징이다.

또한 이사야 52:13–53:12은 회고적 고백의 "우리"를 천국 회의(6장)에 참여한 이사야로 본다. 이사야는 천국 회의에서 일인칭 단수를 사용하지만, 53:3–6에서는 일인칭 복수 "우리"를 사용하면서 회고적 고백을 한 것이다. 일인칭 복수 "우리"는 이사야 1:9–10에서 처음 등장한다. 36~37장에서 산헤립의 부하 랍사게의 조롱을 들은 히스기야는 하나님 앞에 기도하고, 이때 히스기야는 37:20에서 "우리 하나님 여호와여 이제 우리를 그의 손에서 구원하사 천하 만국이 주만이 여호와이신 줄을 알게 하옵소서"라는 일인칭 복수 화법으로 "우리"를 사용하면서 간구한다. 에드가 W. 콘래드(Edgar W. Conrad)는 히스기야와 같이 일인칭 복수 화법인 "우리"를 사용하는 것은 '남은 자'들의 전형적인 표현이라고 말한다.[145] 이사야는 6:5에서 자신을 백성들과 구분하지 않는다. 따라서 나는 53:3–6의 "우리"는 이사야 혹은 이사야와 함께한 공동체적 "우리"로 본다. 이어서 이사야는 하늘의 천국 회의에

---

144 Wildberger, H., *A Continental Commentary: Isaiah* 1–12, 252–258, 265.
145 에드가 W. 콘래드, 『이사야서 읽기』, 장세훈 역 (서울: CLC, 2002), 152.

서 들려오는 "내가 누구를 보내며 누가 우리를 위하여 갈꼬"(6:8)라는 "주의 목소리"를 듣는다. 약 800년 뒤, 이사야 53장의 '고난받는 종'으로 오신 예수님의 십자가 고난과 죽음을 본 이사야는 자신을 보내 달라고 요청할 수밖에 없다. 김근주는 이에 대해 신비적 체험을 한 후에 이사야의 삶의 목적과 방향이 달라진 것이라 말한다.[146]

이런 배경으로 볼 때, 이사야 53장의 '고난받는 종'은 이사야로 볼 수 있다. 이사야는 천국 회의에서 본 환상을 품고, 천국 회의에서 본 '고난받는 종'의 본을 따라 살고자 했을 것이다. 그는 53장의 종처럼 고난받고 죽임당한다. 이사야는 톱으로 썰려 죽은 것으로 전해지는데, 히브리서 11:37은 이사야의 순교를 언급하는 것으로 보인다. 이사야의 죽음에 관한 이야기는 위경에도 나타난다.[147] 시편을 제외하고 신약 성서에서 이사야서보다 많이 인용된 구약의 책은 없다.[148] 이처럼 중요하게 평가받는 이사야서에 대해, 그리고 이사야가 자신의 고난과 수치와 고통을 감당할 힘을 어디에서 얻었을지에 대해 질문하면, 천국 회의에서 이사야가 본 환상, 즉 그리스도의 고난과 죽음의 환상뿐이다. 53장의 고난받는 종이 누구인가에 대한 고민과 연구는 사도행전 8:34에서처럼 이천 년 동안 계속되었다. 어떤 사람은 스룹바벨, 어떤 사람은 웃시야, 어떤 사람은 모세, 어떤 사람은 이스라엘 민족이라

---

146 김근주, 『이사야가 본 환상』, 111.

147 Charlesworth, J.H., *The Old Testament pseudepigrapha and the New Testament: Expansions of the "Old Testament" and Legends, Wisdom, and Philosophical Literature, Prayers, Psalms and Odes, Fragments of Lost Judeo-Hellenistic Works*, New Haven; (London: Yale University Press, 1985), 385-386.

148 마크 F. 루커, 『이사야(현대인을 위한 구약 개론: 구약의 세상과 하나님 말씀)』, 정희연 백승현 역 (서울: CLC, 2016), 597-598.

는 주장이 있다. 그러나 그런 제한된 환상을 본 이사야가 자신의 고난을 감당하고, 왕족 출신인 이사야가 이스라엘과 유다에게 제국을 섬기는 종이 되라는 반민족적 메시지를 전할 수 있을까를 생각해 본다. 무엇이 이사야를 그토록 수치(사 20장)와 고난을 감당하고, 반민족적으로 들릴 가능성이 농후한 메시지를 전하도록 이끌었을까를 생각할 때, 나는 천국 회의에서 '이사야 53장의 고난받는 종'에 관한 '계시'를 본 것이라고 여긴다.

천국 회의에서 '계시'된 이사야의 환상은 주전 538년 바벨론 포로 귀환 사건의 범위를 넘어, 800년 후 "처녀가 잉태하여 아들을 낳을 것이요"(사 7:14)라는 예언을 성취하신 예수님과 예수님의 십자가, 그리고 온 우주의 회복과 충만한 "임마누엘" 하나님의 영광이다.[149] 마치 스데반이 "하나님 우편에 서신"(행 7:56) 예수님을 본 것과 같다. '고난받는 종'(사 53장)의 환상을 본 이사야는 자신에게 맡겨진 사역과 고난과 정죄와 멸시, 그리고 죽음을 감당할수 있는 힘을 얻는다. 이런 배경에서 이사야 53장의 고난받는 종은 이사야로 보이기도 한다. 이사야 53장의 종을 스룹바벨이라고 보는 존 와츠는 주전 8세기 이사야를 통해 계시된 종의 환상이 시작이며, "성육신"은 새 시대의 절정으로 볼 것을 주장한다.[150] 마크 F. 루커(Mark F. Rooker)는 이사야 40~66장은 주전 8세기에 바벨론 포로 이후 시대를 다루고 있으므로 이사야가 기록할 수 없었을 것이라는 주장에 대해, 역사에서 일어날 구속사적사건을 '계시'하는 예언의 초자연적 성격을 부인하는 것이라고 말한다.[151] 그

---

149   카민스키, 『구약을 읽다』, 272.

150   와츠, 『WBC 이사야 상』, 75.; 와츠, 『WBC 이사야 하』, 377-385.

151   루커, 『이사야(현대인을 위한 구약 개론: 구약의 세상과 하나님 말씀)』, 585-586.

는 구약에는 수 세기의 간격을 두고 예언하는 사례가 많다는 것을 지적한다. 예를 들면, 요시야라는 이름은 그가 태어나기 3백 년 전에 예언되며(왕상 13:1–2), 주전 8세기에 미가 선지자는 베들레헴에서 메시아가 탄생할 것을 예언했으며, 미가의 예언은 약 800년 이후에 성취되었다(미 5:2; 마 2:6). 알렉 모티어는 이사야 6:3의 "거룩하다 거룩하다 거룩하다"는 열왕기하 25:15에서 '순금'을 히브리어 '금금'(זָהָב זָהָב)으로 기록한 것처럼, 하나님의 초월성과 내재성에 대한 '초 최상급적'인 표현이라고 말한다.[152] 그는 '계시'된 이사야의 환상에 대한 완전성을 위한 초석으로 해석한다.

'고난받는 종'과 '이스라엘의 거룩하신 자'

이사야가 천국 회의에서 본 환상은 "이스라엘의 거룩하신 자"를 통해 성취된다. 여러 학자는 이사야의 통일성을 '이스라엘의 거룩한 자' 사상에서 찾는다. '이스라엘의 거룩한 자'는 이사야 1:4에서 처음 등장한다. 송병현은 "거룩하신 자"는 이사야가 특허를 낸 표현이라고 말한다. 이 표현은 심판자, 구속자, 회복자와 같은 호칭들과 연관성을 보이는 하나님의 또 하나의 이름이다.[153] 그러나 그들은 '이스라엘의 거룩한 자'와 그의 '공의'(צְדָקָה)와 '정의'(מִשְׁפָּט)를 버리고 자신들이 '종교적 열심'으로 드리는 '헛된 제물'과 '절기'와 '애굽'을 의지한다(사 1:4, 11–14, 17).

트렌트 C. 버틀러가 신을 거룩한 자로 인식한 것은 가나안 족속도 마찬가지였는데, 차이점이 있다면 이스라엘은 '거룩'을 하나님과 사람을 구분하

---

152 Motyer, J.A., *Isaiah: an introduction and commentary*, TOTC, 81.
153 장세훈, 『한 권으로 읽는 이사야서』(고양: 이레서원, 2004), 182–183.

는 용어로 사용한 것이 특징이라고 말한다.[154] 그는 "거룩은 하나님께서 인간의 죄를 심판하시고 하나님의 백성들을 징계하시는 한 근거가 되었다. 이사야는 죄를 범한 하나님 백성들을 경고하고 회개할 것을 촉구하시는 하나님을 묘사하기 위해 '이스라엘의 거룩한 자'라는 표현을 30번 이상 사용했다"라고 말한다.[155] 장세훈은 "'이스라엘의 거룩한 자'는 이스라엘 백성의 부정을 심판하시는 진노의 하나님으로, 그의 백성을 다시 구원하시는 제2출애굽의 구속자로, 새 하늘과 새 땅을 창조하시는 시온의 회복자로 그려지고 있다"라고 말한다.[156]

나는 이사야에서 '이스라엘의 거룩한 자'라는 하나님의 또 다른 이름이 출현해야 하는 필요적 절대성을 "구속자"(גֹּאֵל)에서 찾는다(사 48:17; 49:7; 54:5). 히브리어 גָּאַל(gaal)은 '어떤 것을 다시 사다'라는 의미로, 분사형 '고엘'(גֹּאֵל)은 '구속자', '기업 무를 자'로 잘 알려져 있다.[157] 즉, '기업 무를 자'(nest kinsmen)란 생사를 함께하는 운명 공동체로서의 '친족'을 뜻한다(신 25:5, 7).[158] 대표적 '구속자', 곧 '고엘'은 룻기의 보아스와 예레미야이다(렘 32:7). 구약은 '기업 무를 자'의 책임을 완수한 사람을 '고엘'(구속자)이라고 불렀다. 그러므로 이사야서는 '이스라엘의 거룩한 자'를 보아스와 같이 이스라엘을 회복할 기업 무를 자, 즉 '고엘'(구속자)로 소개하는 것이다. 장세훈은 이를 제2의 출애굽, 바벨론의 압제에서 고통받는 백성들을 위해 새로

---

154 버틀러, 『Main Idea로 푸는 이사야』, 46.
155 버틀러, 『Main Idea로 푸는 이사야』, 46.
156 장세훈, 『한 권으로 읽는 이사야서』, 184.
157 버틀러, 『Main Idea로 푸는 이사야』, 510.
158 김재권, 『성경 문화배경 사전』, 62.

운 구원의 시대를 준비하는 것이라고 말한다(장세훈이 말하는 새로운 구원의 시대가 나와 같은 관점인지 알 수 없지만).[159] 내가 볼 때 하나님이 준비하신 새로운 시대는 이사야 53장과 깊은 연관이 있다. 왜냐하면 '이스라엘의 거룩하신 자'의 새 이름인 "구속자"가 53장에서 백성을 대신하여, 양을 희생 제물로 드리지 않고 직접 대리적 고난을 감당하는 기업 무를 자이기 때문이다. 이것이 출애굽과의 차이점이다. 따라서 53장의 구원은 단순히 새롭게 태어난 공동체도 아니며 출애굽의 반복도 아니다. '종의 신분'으로 구속사를 순종하는 공동체이다. 존 와츠는 이사야 40~66장에서 두 단어 '구속자'(גֹּאֵל)와 גָּאַל(구속하다)이 "구원하다"(יָשַׁע)와 밀접하게 관련되어서 유대인의 정치, 사회, 종교적 세계에 영향을 끼침으로써, 이사야의 환상과 함께 성경적 사상의 근간과 신학적 유형을 형성한다고 말한다.[160]

그러나 천국 회의에서 본 이사야 환상은 "너는 증거의 말씀을 싸매며 율법을 내 제자들 가운데에서 봉함하라"(사 8:16)의 명령으로 기록되고 봉인된다. 천국 회의에서 본 이사야 환상은 남은 자들과 그 대적자들의 현재적 경험이 묘사될 때까지, 즉 이사야 40장까지 기록되고 봉인된다(사 8:16; 29:11-12; 30:8).[161] 다시 말해, "내가 이르되 주여 어느 때까지니이까 하였더니 주께서 대답하시되 성읍들은 황폐하여 주민이 없으며 가옥들에는 사람이 없고 이 토지는 황폐하게 되며 여호와께서 사람들을 멀리 옮기셔서 이 땅 가운데에 황폐한 곳이 많을 때까지니라"(6:9-12)라는 말씀이 성취된 바벨론

장세훈, 『한 권으로 읽는 이사야서』, 190.

와츠, 『이사야 하』, 200.

콘래드, 『이사야서 읽기』, 164, 191-209.

고난에 대한 성경적 이해 **377**

포로 70년까지 봉인된 것이다. 따라서 천국 회의에서 본 이사야 환상은 봉인된 책으로 존재했고, 이사야 6:11에서 40:1-2까지는 약 300년간 읽히고 들려질 수 없었다. 이사야 29:11-12은 "그러므로 모든 계시가 너희에게는 봉한 책의 말처럼 되었으니 그것을 글 아는 자에게 주며 이르기를 그대에게 청하노니 이를 읽으라 하면 그가 대답하기를 그것이 봉해졌으니 나는 못 읽겠노라 할 것이요 또 그 책을 글 모르는 자에게 주며 이르기를 그대에게 청하노니 이를 읽으라 하면 그가 대답하기를 나는 글을 모른다 할 것이니라" 라고 말한다. 왜냐하면 이스라엘과 유다가 '종의 신분'을 이해하고 순종하기까지 양육의 시간이 필요했기 때문이다.

이사야 6:9-10의 "여호와께서 이르시되 가서 이 백성에게 이르기를 너희가 듣기는 들어도 깨닫지 못할 것이요 보기는 보아도 알지 못하리라 하여 이 백성의 마음을 둔하게 하며 그들의 귀가 막히고 그들의 눈이 감기게 하라 염려하건대 그들이 눈으로 보고 귀로 듣고 마음으로 깨닫고 다시 돌아와 고침을 받을까 하노라"라는 이상한 말씀은 신약 성경(마 13:14-15, 막 4:12, 눅 8:10, 요 12:39-41, 행 28:26-27)에서 인용된다.

알렉 모티어는 이사야 6:9-10에 대하여 히브리서 6:4-8을 인용하며 "말씀을 거부하는 사람들은 혹 말씀을 듣고 변화될 수 있지만, 결국 그들은 고난과 유혹을 이기지 못하고 다시 타락으로 향하며, 진리를 거부할 위험에 빠진다. 이런 경우 그들은 처음보다 마음이 강퍅해지고 돌이킬 기회를 얻기 어렵기 때문이다"라고 말한다.[162] 이처럼 모태 신앙을 가진 자 중에 반기독

---

162 Motyer, J.A., *Isaiah: an introduction and commentary*, TOTC, 84.

교인이 된 사례가 많다. 예수님을 배신하고 판 가룟 유다도 예수님의 제자인 것과 비슷하다.

이는 "노역의 때가 끝났고 그 죄악이 사함을 받았느니라 그의 모든 죄로 말미암아 여호와의 손에서 벌을 배나 받았느니라"(사 40:2)라는 말씀처럼, 죄의 값을 철저하게 치르고 바벨론 포로의 고난을 받을 때까지 그들에게 천국 회의에서 본 이사야 환상은 봉인된 책이므로, 들어도 듣지 못하고 눈으로 봐도 깨닫지 못할 것이다. 하나님은 이스라엘과 유다가 그들을 향한 하나님의 뜻—천국 회의에서 본 이사야 환상—을 이해하고 깨닫기까지 앗수르와 바벨론에 의해 침략당하고, 멸망당하며, 바벨론 포로로 끌려가 70년간 수치와 고난을 받아야 할 필요가 있다고 여긴 것이다. 따라서 하나님께서 성도에게 허락하시는 고난과 고통은 하나님의 절대성과 필요성을 가진다. 다시 말해, 성도는 구원을 위해 반드시 필요한 만큼의 고난의 양을 채워야 한다. 이 말은 반대로 고난 없이는 하나님의 진리를 깨달을 수 없다는 것의 반증이다. 그러므로 말씀을 들어도 깨닫지 못하고 자신의 죄와 고난을 해석하지 못하는 고단한 세월은 목사가 설교를 못해서가 아니라, 교만하고 완악한 자들을 향한 하나님의 제한된 징계라는 것을 알아야 한다. 김근주는 이사야 6:9-10의 말씀이 이사야가 만날 백성의 완악함으로 인한 어려운 사역의 현장을 역설적으로 표현한 것이라고 말한다.[163]

두 번째 천국 회의(사 40:6)에서 봉인이 풀리는 시작은 "내가 무엇이라 외치리이까"라는 이사야의 질문이다. 트렌트 C. 버틀러와 송병현은 이사야

---

163 김근주, 『이사야가 본 환상』, 114.

6:9-10에서 백성을 완고하게 하는 이사야의 사명이 두 번째 천국 회의(사 40:1-2)에서 백성을 위로하는 것으로 바뀌었다고 말한다.[164] 따라서 송병현은 이사야 40:1-11을 6장에서 부르심을 받은 선지자의 새로운 성향의 사역으로 부르심을 암시하는 것이라고 말한다.[165] 또한 이것은 역사 비평에 의해 이사야를 계승하는 공동체의 일원으로 볼 수 있다. 그러나 이는 이사야의 구조와 해석에 별 영향이 없다.

에드가 W. 콘래드는 "외치라"(40:2), "외치는"(3절), "외치라"(6절), "외치리이까"(6절)로 번역된 히브리어 'קָרָא'(qara)를 '외치라'가 아니라 '읽어라'로 번역해야 한다고 말한다.[166] 그에 따르면 40:6은 "내가 무엇을 읽어야 하리이까"로 번역해야 하고, 읽어야 할 말씀은 이사야 1:10의 "우리 하나님의 법(תּוֹרָה)"과 "여호와의 말씀(דְּבַר)"이다. 송병현은 40:6-8의 "풀은 마르고 꽃은 시드라 우리 하나님의 말씀은 영원이 서리라"에 대해 '하나님이 강대국 바벨론의 손에서 어떻게 우리를 구원할 수 있느냐'라고 하는 백성의 반문에 대한 예측된 답변이라고 말한다.[167] 세상의 권세와 하나님의 말씀을 풀과 영원으로 비교하는 것이다. 따라서 선지자와 일인칭 복수 화자인 "우리"가 소유한 말씀은 "풀은 마르고 꽃은 시드나 우리 하나님의 말씀은(וּדְבַר־אֱלֹהֵינוּ) 영원히 서리라"(8절)에서 시드는 풀처럼 세상 권력과 비교되는 "영원한 우리 하나님의 말씀(וּדְבַר־אֱלֹהֵינוּ)"이다. 하나님은 온 피조 세계의 주인이며, 야곱(이스

---

164 버틀러, 『Main Idea로 푸는 이사야』, 321.
165 송병현, 『엑스포지멘터리 이사야 2』, 109-114.
166 콘래드, 『이사야서 읽기』, 200-201.
167 송병현, 『엑스포지멘터리 이사야 2』, 123.

라엘)을 구원할 능력이 있음을 선포한 것이다.[168]

그런데 여기서 40:8의 "우리 하나님의 말씀"의 내용은 무엇인가? 오경인가? 에드가 W. 콘래드는 이사야를 중심으로 이사야에게 '계시'된 환상의 범위를 이사야 6~39장으로 본다.[169] 그는 기록된(8:16; 30:8) "우리 하나님의 말씀"(6~39장)이 이사야 1~5장과 40~66장 사이에 봉인되었으며, 이제 시작되는 40~66장에서 하나님의 논증의 근거가 된다고 말한다.[170] 그러나 장세훈은 모세의 율법, 혹은 제사장 문서 등을 주장하는 학자들의 의견을 종합하여 구약에 부패한 백성에게 선포된 하나님의 말씀으로 폭넓게 이해한다.[171] 김근주는 하나님께서 임하셔서 다스리는 '하나님 나라의 도래'라고 말한다.[172] 나는 이사야가 읽고 외쳐야 할 말씀은 천국 회의에서 '계시'된 이사야 53장의 '고난받는 종'과 '종의 신분'으로 구원에 이르는 제국과 열방, 그리고 이스라엘과 유다에 관한 계획을 이사야의 66장 전체로 본다. 주요 메시지는 앗수르의 침공과 바빌론 포로의 고난이 이스라엘과 유다의 죄로 인한 보응적 심판이 아니라는 것이다. 오히려 온 세계를 죄에서 구원하기 위해 종의 신분으로 오신 "이스라엘의 거룩한 자"를 만천하에 드러내는 하나님의 의도된 계획이다.

이사야의 중심 메시지는 53장에 있다. 따라서 53장을 중심으로 이사야의

---

168 스위니, 『예언서: 구약학 입문 시리즈 V』, 95.
169 콘래드, 『이사야서 읽기』, 175, 191, 208.
170 콘래드, 『이사야서 읽기』, 207-208.
171 장세훈, 『한 권으로 읽는 이사야서』, 166.
172 김근주, 『이사야가 본 환상』, 224-225.

구조를 살펴보면, 7~39장은 열방과 제국을 다스리시는 하나님의 주권이다. 제국은 하나님의 도구에 불과하다(10:5, 24-25; 17:12-14; 30:31-33). 특히 39장은 히스기야의 실수로 인해 남유다가 바벨론의 종이 될 것을 선언하는 이사야의 선포로 막을 내린다(6-7절). 하나님은 제국을 중심으로 세계사를 이끌어 가실 것이지만, 하나님이 제국을 통제하고 다스릴 것이라고 반복적으로 말씀하심으로써 그들을 두려워하지 말라고 강조하신다. 40~45장에서는 창조주 하나님의 선택이 강조된다(41:8, 24; 42:1; 43:10, 20; 44:1-2; 45:4). 특히 45:9-13의 토기장이 비유는 창조주 하나님이 이스라엘의 신분과 역할을 결정한 주권이 있음을 강조하는 말씀이다. 이렇게 하나님은 이사야에게 앞으로 제국의 종으로 종의 신분과 역할을 맡기실 것을 보인다. 그리고 '여호와 종의 노래'라고 불리는 42:11-4, 49:1-6, 50:4-9, 53:13-53:12에서 "종의 역할"을 감당할 백성들에게 종의 역할을 보여 주신다. 이후 이사야 1~5장과 56~66장은 맡겨진 종의 신분을 순종하는 "우리"와 거부하는 "그들"에 관한 심판과 경고의 메시지이다. 이제 '이스라엘의 거룩한 자'와 53장의 '고난받는 종'의 대리적 고난에 관한 이사야의 환상은 봉인 해제되었다. 따라서 '고난받는 종의 대리적 고난'으로 죄의 종인 유대인과 이방인을 구원하고 하나님의 우주적 통치를 성취할 것이다.[173]

제사장 나라와 '고난받는 종'으로

천국 회의에서 본 이사야의 환상은 역사의 주인이신 하나님이 창조주의 주권으로 이스라엘의 역할을 민족적이고 국가적인 제사장 나라에서 종의 신분으로 바꾸신 것이다. 존 와츠는 이사야에서 하나님의 구원을 위한 이스

---

173   스위니, 『예언서: 구약학 입문 시리즈 V』, 65.

라엘의 역할에 큰 변화가 주어졌다고 말한다. 첫째, 하나님은 언약에 대한 의무와 구원을 위해 분열 왕국의 역사를 끝낼 것이라는 결정을 이사야에게 알리신다. 역사의 지배와 주도권이 다윗 왕국에서 제국의 손으로 넘어간 것이다. 둘째, 이사야서에서 하나님의 뜻은 이스라엘이 제국들의 통치 아래 예속된 소수 집단으로 전락하여 제국과 식민 재배의 관계에서 종의 신분으로 살아가는 것이다. 이제 이스라엘과 예루살렘에 맡겨진 정치적, 독립적 국가 구조에서 "통치자"의 역할이 아닌 제국의 지배를 받는 식민, 즉 종의 역할을 통해서 구원이 성취된다.[174] 존 와츠는 "새 시대에는 하나님의 백성에게 민족적 독립이 존재하지 않고, 하나님의 성읍 예루살렘에게 정치적 권력이 존재하지 않고, 그들 자신의 왕과 국토가 존재하지 않는다. 새 시대의 기본적 개념은 '종의 신분'이다"라고 말한다.[175] 이사야와 예레미야는 한목소리로 바벨론의 종으로 살 것을 강조한다.

> 너는 줄과 멍에를 만들어 네 목에 걸고 유다의 왕 시드기야를 보러 예루살렘에 온 사신들의 손에도 그것을 주어 에돔의 왕과 모압의 왕과 암몬 자손의 왕과 두로의 왕과 시돈의 왕에게 보내며 그들에게 명령하여 그들의 주에게 말하게 하기를 …
>
> 이제 내가 이 모든 땅을 내 종 바벨론의 왕 느부갓네살의 손에 주고 또 들짐승들을 그에게 주어서 섬기게 하였나니 모든 나라가 그와 그의 아들과 손자를 그 땅의 기한이 이르기까지 섬기리라 …
>
> 바벨론의 왕 느부갓네살을 섬기지 아니하며 그 목으로 바벨론의 왕의 멍에

---

[174] 와츠, 『WBC 이사야 상』, 49, 75
[175] 와츠, 『WBC 이사야 상』, 58

를 메지 아니하는 백성과 나라는 내가 그들이 멸망하기까지 칼과 기근과 전염병으로 그 민족을 벌하리라 너희는 너희 선지자나 복술가나 꿈꾸는 자나 술사나 요술자가 이르기를 너희가 바벨론의 왕을 섬기게 되지 아니하리라 하여도 너희는 듣지 말라 그들은 너희에게 거짓을 예언하여 너희가 너희 땅에서 멀리 떠나게 하며 또 내가 너희를 몰아내게 하며 너희를 멸망하게 하느니라 그러나 그 목으로 바벨론의 왕의 멍에를 메고 그를 섬기는 나라는 내가 그들을 그 땅에 머물러 밭을 갈며 거기서 살게 하리라 하셨다 하라 여호와의 말씀이니라(렘 27:2-11)

이사야는 하나님의 부르심을 받은 후, 아하스에게 아람과 이스라엘의 반앗수르 동맹에 가담하지 말라고 경고한다(7~8장). 이는 이스라엘과 유다의 역할이 종의 신분으로 바뀌었기 때문이다. 종의 신분은 이스라엘과 유다에게 "걸림돌과 걸려 넘어지는 반석이 되실 것이며, 예루살렘 주민에게는 함정과 올무가 되시리니 많은 사람들이 그로 말미암아 걸려 넘어질 것이며 부러질 것이며 덫에 걸려 잡힐 것이니라"(8:14-15)라고 하신 말씀대로 "걸림돌과 걸려 넘어지는 반석, 함정과 올무"가 될 것이다. 종의 신분을 보응적 심판으로 여기는 백성들이 제국의 종으로 살라는 이사야와 예레미야를 거부하고, 정치 군사적으로 애굽을 의지한 것은 오늘날 성도들과 다를 것이 없다. 현대를 살아가는 교회와 성도들도 종의 신분을 거절한다. 그 당시 백성들에게 바벨론을 섬기라는 하나님의 말씀은 마치 우리에게 중국과 일본을 섬기고, 그들의 종이 되라는 말씀처럼 들렸을 것이다. 오늘날 이런 말씀을 하나님의 말씀으로 들을 수 있는 교회와 성도는 많지 않을 것이다. 그러나 이런 하나님의 말씀을 담대하게 전한 이사야와 예레미야에게는 '종의 신분'으로 살아가라는 하나님의 말씀과 종의 신분으로 살아갈 이유와 필요성에 대한 분명한 이해가 있었다. 예레미야와 이사야는 하나님이 요구하시는 종의 신분이 보응적 심판만이 아니라, 구원을 위한 대리적 고난을 감당하는 종으로 세워주는 은총이라는 사실을 깊이 깨달은 것이다.

하나님은 주전 8세기에 다윗 왕조의 주도 아래 있던 세계 선교의 계획을 변경하여 이분화한다. 즉, 세계 경영은 제국에게 맡기고, 구원의 역사는 하나님의 택함을 받은 "종"들에게 맡기신다.[176] 다시 말해서, 정치 군사적 영역은 제국에게 맡겨지고 이스라엘과 유다는 하나님을 위한 종의 사역으로 부르심을 받는다. 이사야 2:1-4에는 종의 신분으로 감당하는 새로운 공동체의 역할이 선포된다. 그것은 66:5-6에 언급된 박해받는 소수, 하나님을 기다리며 말씀에 떠는 사람들의 역할이다.[177] 사도 바울은 종에서 자유하게 되는 것이 구원이 아니라, 종의 자리에서 주인을 섬기는 것이 구원이라고 가르친다. 어떤 이들은 바울이 "노예"의 인권과 자유에 무관심한 자라고 혹평하지만, 사도 바울은 이사야에 계시된 종의 역할을 이해하고 적용한 것이다. 그는 아내와 남편이 서로에게 종의 신분으로 서로 복종하기를 가르친다. 이는 종에서의 자유가 아니라 종의 신분을 통해 대리적 고난을 감당하는 삶과 믿음의 사명을 깨닫고, 이해하고 자신과 교회에 적용한 것이다.

종의 신분과 역할에 대한 하나님 백성의 무지와 거절

이사야를 통해 '계시'된 새로운 이스라엘과 유대의 정체성은 '종의 신분'이다. 그러나 이스라엘은 구원을 위해 종의 역할을 맡으라는 하나님의 말씀

---

176 와츠, 『WBC 이사야 상』, 75.; 와츠, 『WBC 이사야 하』, 143.

177 와츠, 『WBC 이사야 상』, 40

을 거절하고 무시한다. 그들은 이사야의 환상을 통해 계시된 말씀이 아니라, 문자적 언약과 선민 의식, 그리고 자신들의 종교적 열심과 제의를 의지한다(1:11-14). 또 다른 이유로는 이사야의 말씀이 그들에게 봉인되었기 때문이다(6:9-10; 29:11-12). 새롭게 맡겨진 종의 역할은 제국에 맞서거나, 다윗 왕국을 회복하는 것이 아니다. 그러므로 여호수아 시대에 가나안을 정복하는 짜릿한 성취와 다윗 시대의 번영과 안정에 미련 또는 낭만을 가지고 있던 사람들은 새롭게 부여된 종의 역할과 부르심을 거절할 수밖에 없다. 존 와츠는 종의 역할을 거절한 이스라엘은 다윗 왕국의 영광에 대한 욕망과 민족적 독립과 번영에 대한 미련을 버리지 못한 것이라 말한다.[178] 유다 왕국은 앗수르와 바벨론의 종으로 살아가라는 명령을 듣지 않고 애굽을 의지하며 종의 삶을 거절한다. 그뿐만 아니라 그들은 종의 신분과 삶을 주장하는 이사야와 예레미야 선지자, 그리고 선지자들을 따르는 "우리"를 미워하고 박해한다. 이사야 65장은 "우리"를 박해하는 강퍅한 백성으로 인한 하나님의 좌절을 보여 준다.

이스라엘과 유다는 종의 신분과 그것을 맡기신 하나님을 거절하고, 출애굽의 하나님만을 구한다. "백성이 옛적 모세의 때를 기억하여"(사 63:7-19)라는 말은 당시 백성들이 출애굽 시대에 나타난 하나님의 권능과 구원의 역사를 꿈꾼 것을 말한다. 이는 당시 백성들이 새롭게 맡겨진 종의 역할을 얼마나 이해하지 못했는지를 보여 주는 증거이다. 이후 역사에서 정치, 민족, 국가적 이스라엘의 회복과 다윗 왕국의 재건을(사 64장) 꿈꾸던 인물들은 역

---

[178] 와츠, 『WBC 이사야 상』, 36-37.

사의 뒤안길로 사라질 수밖에 없었다.[179] 왜냐하면 그들은 하나님이 기뻐하시는 '고난받는 종'이 아니라, 다윗 왕국의 회복과 나라와 민족의 독립과 번영을 꿈꾸었기 때문이다. 그러면서도 그들은 하나님의 공의와 정의를 따르지 않았고 종교적 '열심'으로 드려지는 제의와 제물만 강조했다. 결국 이사야를 통해 '계시'된 새로운 이스라엘의 정체성인 종의 역할을 거부하는 변명에 불과했던 것이다.

사도행전에서 부활하신 예수님에게 "주께서 이스라엘 나라를 회복하심이 이 때니이까"(1:6)라고 묻는 사도들의 질문을 보면, 신구약 중간기와 예수님의 시대까지 종의 역할을 요구하는 이사야의 메시지는 봉인된 말씀과 감추어진 비밀로 보인다. 주전 8세기 유다의 지도자와 백성들에게 제국의 식민지로 살아가는 '종의 신분'을 전하는 이사야의 메시지가 나라와 민족 공동체를 반역하고 배신하는 것으로 들렸을 것이다(사 7:1-8; 20:1-5). 이런 이유로 이사야는 민족과 국가의 배신자로 정죄받고 죽임을 당한다. 존 와츠는 주전 8세기 세계 정치 구조와 이스라엘의 종의 신분으로의 변화는 이스라엘의 죄악이 하나의 원인이라고 말한다.[180] 따라서 종의 신분은 자신들의 죄에 대한 하나님의 형벌이다. 동시에 구원을 이루어가는 하나님의 언약적 긍휼과 특권이기도 하다. 여기서 형벌인 종의 신분이 대리적 고난이 된다. 그런데 이스라엘은 죄악의 결과로 주어진 종의 신분을 요구하는 하나님을 인정하지 않고 자신의 욕망을 따라 악을 행하고 결국은 멸망한다. 이는 자신들의 죄를 전혀 깨닫지 못하고 인정하지 않는 악이다. 동시에 역사 속에서

---

179   와츠, 『WBC 이사야 상』, 69.
180   와츠, 『WBC 이사야 상』, 74

행하시는 주님의 일을 전혀 깨닫지 못하는 것이다.[181] 유대인들이 기대한 정치적, 민족적 국가 공동체의 회복은 재림의 때에 이루어질 것이다. 그러나 민족을 초월한 구원 공동체가 될 것이다.

고난받는 종으로 살아가는 공동체

나는 이사야에서 "우리"와 "그들"에서 두 패턴을 발견한다. 첫째 "우리"와 "그들"은 구분이 선명하다. "생존자"(שָׂרִיד כִּמְעָט)인 "우리"는 '소수의 남은 자'(שָׂרִיד כִּמְעָט)로서 여호와가 기뻐하지 않는 제물을 바치는 "그들" 혹은 "대적자들"과 구별된다(1:10-14; 66:3-4). 둘째 "우리"와 "그들"은 에드가 W. 콘래드가 말하는 이사야 1:9-10의 공동체와 66:18-21의 공동체의 긴장과 차이점이다. 에드가 W. 콘래드에게 1:9-10의 공동체가 단지 살아남은 자들이라면, 66:18-21의 공동체는 심판 후 열방을 불러 모으실 회복의 시대에 회복에 참여할 남은 자이다. 송병현은 66:18-21의 "우리" 공동체를 하나님께서 택하신 "백성 중에서 백성"이라고 말한다.[182] 그들은 아브라함의 후손이라는 특권이 없는 이방인을 포함한다. 하나님은 야곱의 후손이라는 혈통에 제한받지 않는 이방인들을 택하여 새로운 공동체를 세울 것이다. 진정한 이스라엘은 민족과 국가를 벗어난 영적 공동체이며, 하나님은 하나님을 "우리 아버지"로 부르는 새로운 공동체에서 제사장과 레위인으로 삼으실 것이다(21절).[183] 따라서 존 와츠에게 하나님의 택함을 받은 공동체는 종의 신분으로 살아가는 고난받는 공동체이다.

---

181 변종길과 신득일, 『성경 길라잡이』 (서울: 생명의 양식(Church Next), 2019), 140.

182 송병헌, 『엑스포지멘터리 이사야 2』, 492.

183 송병헌, 『엑스포지멘터리 이사야 2』, 482, 502.

이사야는 하나님의 백성을 "눈이 있어도 보지 못하고 귀가 있어도 듣지 못하는 백성"(43:8), "그들이 알지도 못하고 깨닫지도 못함은 그들의 눈이 가려서 보지 못하며 그들의 마음이 어두워져서 깨닫지 못함이니라"(44:18)라고 말한다. 예레미야는 이스라엘이 "어리석고 지각이 없으며 눈이 있어도 보지 못하며 귀가 있어도 듣지 못하는 백성이여"(렘 5:21)라고 한다. 에스겔은 이스라엘을 두고 "그들은 볼 눈이 있어도 보지 아니하고 들을 귀가 있어도 듣지 아니하나니 그들은 반역하는 족속임이라"(겔 12:2)라고 말한다. 이사야는 이스라엘이 바벨론에게 포로로 잡혀갈 것을 선포했다. 그리고 정확히 주전 586년에 이스라엘은 그렇게 된다. 그러나 그들은 여전히 계속해서 종의 신분과 역할을 깨닫지 못하고 거절한다. 하나님은 이들을 "눈이 있어도 보지 못하고 귀가 있어도 듣지 못하고, 동시에 듣지 않고 보지도 않는 마음이 어둡고 반역하는 족속"이라고 말한다. 그들은 종의 신분을 형벌로만 여기고, 하나님의 구원을 이루는 경륜을 깨닫지 못한다. 마태복음 13:14-15은 이사야를 인용하여 '고난받는 종 예수님'을 거절하는 예수님 당시 백성들의 듣지 못함과 깨닫지 못함을 마음의 완악함이라고 말하며 경고한다. 이는 이천 년이 더 지난 현재까지 이어져 하나님 백성에게 맡겨진 종의 신분과 역할은 형벌과 수치로만 여겨진다.

예수님은 공생애를 시작하시면서 이사야의 글을 읽으셨다. 예수는 하나님의 영이 자신에게 임했으며, 자신은 "포로 된 자에게 자유를, 눈먼 자에게 다시 보게 함을 전파"(사 61:1; 눅 4:18)하도록 부르심을 받았다고 선언하신다. 예수께서 하신 치유 사역을 보면 특히 눈먼 자를 보게 하시는 경우가 많다(사 42:6-7; 마 9:27-31, 11:4-5, 12:22-24, 20:29-34; 막 8:17-26, 10:46-52; 눅 7:21-22, 18:35-43; 요 9장; 행 9:1-18). 믿는 자들만이 참으로 "볼 수 있을"

것이다. 그러나 깨닫고 본다는 것은 종의 신분으로 감당하는 대리적 고난을 통해 성취하시는 하나님의 뜻과 구원을 보는 것이다. 보지 못한다는 것은 자신에게 맡겨진 고난이 대리적 고난인 것과 대리적 고난을 감당하는 '고난 받는 종'으로 선택받은 것을 깨닫지 못함을 의미한다. 이런 백성들은 "Why me?"라는 질문으로 깊은 원망과 피해 의식을 겪는다. 고난을 통해 성취하시는 구속의 경륜을 깨닫지 못하는 것이다. 결국 기복, 율법, 세속적 세계관으로 성공과 번영을 꿈꾸며, 맡겨진 수치와 고난을 거절하는 것이다.

이사야 1장과 이사야 65~66장에서 "우리"와 "그들"의 갈등

에드가 W. 콘래드는 이사야에 나타난 일인칭 복수 "우리"를 연구하면서, 이사야의 청중이 '일인칭 복수 음성의 화자'로서 등장한다고 말한다.[184] 일인칭 복수 "우리"는 이사야 1:9-10에서 처음 등장한다. 그에 의하면 "우리"는 공동체 안의 타 그룹인 "그들"과 자신들을 구분한다.[185] 그들 혹은 대적자들은 여호와가 기뻐하지 않는 제물을 바치는 소돔의 관원이자 고모라의 백성이다(사 1:10-14; 66:3-4). 그 결과 이사야는 일인칭 복수 화자인 "우리"와 "그들"로 대립하는 한 공동체가 청중으로 존재한다.[186] 반면에 "그들"은 이인칭 복수형인 "너희"로 표현된다(사 1:5, 7, 10). 장세훈은 이사야 1, 66장은 두 그룹의 첨예한 갈등이 표출되는 구조로 이스라엘 가운데 두 그룹의 공동체가 공존한다고 말한다.[187] 한 그룹은 다른 한 그룹을 미워하고 박해한다. 고난을 겪는 그룹은 남은 자인 "우리"이며, 남은 자인 "우리"를 공

---

184 콘래드, 『이사야서 읽기』, 129-134.
185 콘래드, 『이사야서 읽기』, 137.
186 콘래드, 『이사야서 읽기』, 130, 137, 145.
187 장세훈, 『한 권으로 읽는 이사야서』, 164, 170.

격하는 그룹은 "그들"이다. 이사야 65~66장은 두 공동체 "우리"와 "그들"에게 상반된 운명을 선포한다. 장세훈은 이사야 65~66장은 악인의 심판과 의인의 회복이 반복되는 구조라고 말한다.[188] 존 와츠의 관점에 따르면, 종의 정체성에 순종하는 "우리"는 그것을 거절하는 "그들"에게 미움과 박해를 받는다. 외부로는 제국에게 박해를 받고 내부로는 동족인 "그들"에게 미움과 멸시를 받는다. 이런 구조는 신약과 교회사에서 반복된다. 유대인과 유대 기독교인의 갈등, 그리고 이방 기독교인과 이방 기독교인을 차별하는 유대 기독교인의 갈등이다. 종교 개혁자들과 반대자들의 갈등으로 역사는 반복된다.

대리적(대표적) 고난과 죄 고백

에드가 W. 콘래드(Edgar W. Conrad)는 이사야 59:5-15에서 "우리"와 "그들"의 차이를 지적한다.[189] 대적자들의 악은 5-9절에서 "그들"이라는 삼인칭 복수로 소개되고, "우리" 남은 자들은 9-15절의 "이는 우리의 허물이 주의 앞에 심히 많으며 우리의 죄가 우리를 쳐서 증언하오니 이는 우리의 허물이 우리와 함께 있음이니라 우리의 죄악을 우리가 아나이다 우리가 여호와를 배반하고 속였으며"에서 일인칭 복수인 "우리"를 사용한다(59:12-13). 그들과 우리를 분명하게 구별하고 그들의 죄를 고발하지만, 그들의 죄와 악을 포함하여 우리의 죄와 허물이라고 고백하는 것은 일인칭 복수의 화자 "우리", 즉 남은 자의 특징이다. 에드가 W. 콘래드는 "우리"는 "전체 그룹의 일부로서 이 그룹이 행한 범죄의 결과에 대해 책임을 통감한다"라고 말

---

188 장세훈, 『한 권으로 읽는 이사야서』, 168.

189 콘래드, 『이사야서 읽기』, 154.

한다.[190] 이는 이사야 53장의 대리적 고난을 감당한 '이스라엘의 거룩한 자'
를 따라 대리적 고난을 감당하는 "우리" 공동체의 고백이다.

B. 호세아의 결혼 생활로 인한 고통과 하나님의 고통

호세아는 음란한 여인 고멜을 맞아 아내로 삼고, 자녀 셋을 출산한다. 그
런데 첫째 자녀와 달리 둘째, 셋째 자녀의 이름에 히브리어 'לֹא'(lo)를 붙인
다. 첫째 자녀의 이름은 'לֹא רֻחָמָה'(로루하마), 둘째 자녀의 이름은 'לֹא עַמִּי'(로
암미)이다. 내가 보기에 첫째와 달리 둘째와 셋째 자녀의 이름에 'לֹא'(lo)를 붙
여 구별한 것은 첫째와 달리 둘째와 셋째는 호세아의 씨가 아닐 가능성 때
문인 것으로 보인다. 로버트 치즈홀름(Robert B. Chisholm)은 고멜의 음란함
으로 인해 자녀들의 출생은 충분히 의심받을만 하지만, 그럼에도 불구하고
호세아의 씨로 보아야 한다고 말한다.[191] 그러나 나는 호세아가 아내 고멜의
외도와 남의 씨를 자녀로 키우는 고통을 감수했다고 본다. 왜냐하면 호세아
의 씨가 아닐 경우에 둘째와 셋째 자녀의 이름의 의미가 더욱 명확해지기
때문이다. 이러한 호세아의 고통은 억울해 보일 수 있지만, 음란한 이스라
엘을 아내로 맞은 하나님의 고통을 암시하고 반향하는 것이다. 따라서 호세
아의 고통은 선지자의 고난이며, 이사야 53장의 종이 감당하는 대리적 고난
이다.

제임스 림버그(James Limburg)는 주전 8세기 선지자인 아모스, 이사야, 미
가, 호세아 네 명이 모두 희생 제사와 제물에 대한 종교적 의무와 하나님과

---

190   콘래드, 『이사야서 읽기』, 154.

191   로버트 치즈홀름, 『예언서 개론』, 강성열 역 (파주: 크리스찬 다이제스트, 2006), 507

공동체를 향한 '헤세드'의 갈등을 언급하는 공통점이 있다고 말한다.[192] 그들은 종교와 삶의 이분법적 분리를 경고하고, 공의(צְדָקָה)와 정의(מִשְׁפָּט), 은총(חֶסֶד), 긍휼(רַחַם)을 요구한다(호 2:19). 특히 호세아는 '헤세드'와 '하나님을 아는 지식'을 요청한다고 말한다.[193] 마태복음에서 예수님이 인용한 호세아 6:6은 하나님의 '헤세드'보다 종교적 열심을 강조하는 이들을 향한 지적이다. 제임스 림버그는 마태복음 9:13에서의 인용이 제의와 관계된 것이라면, 마태복음 12:7은 제의적 삶에 대한 것이라고 말한다.[194] 따라서 종교적 제의와 율법적 삶이 아니라, 하나님의 '헤세드'를 알고 실천하는 제의와 제의적 삶을 요구한 것이다.

"여호와를 알리라"(호 2:20), "하나님을 아는 지식"(호 4:1), "나는 인애를 원하고 제사를 원하지 아니하며 번제보다 하나님을 아는 것을 원하노라"(호 6:6)에서 반복적으로 발견되는 '하나님을 알아야 한다'라는 호세아의 메시지는 그들이 하나님을 모른다는 증거이다. 제임스 림버그는 호세아 6:6은 5:8-7:16에서 중심축에 해당한다고 말한다.[195] 이같은 구조는 호세아서에서 6:6이 가지고 있는 의미와 위치의 비중을 알려 준다. 더구나 예수님은 호세아 6:6을 마태복음 9:9-13, 12:7에서 두 번이나 인용하셨다. 또한 하나님은 "내가 네게 장가들어 영원히 살되 공의와 정의와 은총과 긍휼히 여김으로 네게 장가들며 진실함으로 네게 장가 들리니 네가 여호와를 알리라"(호

---

192 제임스 림버그, 『호세아-미가(현대성서주석)』, 강성열 역 (서울: 한국장로교출판사, 2004), 65-66.

193 림버그, 『호세아-미가(현대성서주석)』, 66.

194 림버그, 『호세아-미가(현대성서주석)』, 67.

195 림버그, 『호세아-미가(현대성서주석)』, 61.

2:19-20)라고 말씀하신다. 이제 나는 호세아 6:6을 중심으로 호세아에 나타난 대리적 고난을 살펴볼 것이다.

호세아 6:1-11은 "여호와께로 돌아가자"와 "내 백성의 사로잡힘을 돌이킬 때"에서 '돌아가자'와 '돌이킬'은 같은 히브리어 'שׁוּב'(shub)를 사용하며, 수사적으로 6:6을 중심으로 대칭을 이루는 구조이다. 따라서 "하나님께 돌아가는 것"과 "내 백성의 사로잡힘을 돌이킴"은 반복과 대칭으로 중요 메시지이며, 6:6을 중심으로 대칭을 이루므로 6절이 말하는 인애(חֶסֶד)를 아는 것이 중심 메시지로 보인다. 따라서 문맥의 구조상 하나님께 돌아가는 것은 하나님의 원하심을 이해하는 것이다. 그렇다면 "하나님을 아는 것은 무엇인가? 무엇을 알아야 하나님을 아는 것인가? 어떻게 하는 것이 하나님을 알아가는 것인가?" 하는 질문이 남는다. 왜냐하면 호세아 6:6에서 하나님이 '원하시기'(חָפֵץ) 때문이다.

6절에서 "원하고"로 번역된 히브리어 하파즈(חפץ)는 '즐기다', '기뻐하다'를 의미한다.[196] 레온 우드(Leon J. Wood)는 이 단어는 하나님께서 특정 사람들을 기뻐하실 때 사용된다고 말한다.[197] 하나님이 기뻐하시는 사람은 누구인가? 이사야 53:10에서 고난받는 종은 하나님의 "기뻐하시는 뜻"(וְחֵפֶץ)을 성취한다. 달리 표현하자면 하나님은 종이 고난받는 것을 기뻐하신다. 그러므로 하나님의 기뻐하시는 특정한 사람은 이사야 53장의 대리적 고난을 감

---

196 Wood, L.J., "712 חָפֵץ", *Theological Wordbook of the Old Testament* (Chicago: Moody Press, 1999), 310.

197 Wood, L.J., "712 חָפֵץ", *Theological Wordbook of the Old Testament*, 311.

당하심으로 구원을 이루신 예수님이다. 히브리어 '하파즈'(חָפֵץ)의 LXX 병행 헬라어 'θέλω'(thelo)는 '소망하다', '원하다'를 뜻한다.[198] 신약에서는 제자들을 선택하실 때 원하는(ἤθελεν) 자들을 택하였다(막 3:13). 이는 제자들이 이사야 53장의 종처럼 고난받을 자로 택함을 받았다는 의미가 된다. 예수님은 겟세마네 동산에서 기도할 때 아버지의 원대로(θέλω) 하시기를 구한다(마 26:39; 막 14:36; 눅 22:42). 고틀로브 슈렌크(Gottlob Schrenk)는 성도들이 감당하는 핍박과 환난은 하나님의 뜻(θέλω)으로 정해진 것이라고 말한다(행 18:21; 고전 4:19; 약 4:15).[199]

하나님은 하나님 백성이 하나님의 고통을 알기 원하신다(호 6:1)

호세아는 하나님께서 우리를 찢으시고 치셨다고 말한다. 그러나 하나님의 찢으심과 치심은 백성들의 회개와 구원을 위한 회복적 고난이다. 만약 하나님께서 공의대로 심판하신다면 우리는 하나님의 찢으심과 치심으로 멸망하였을 것이다. 이러한 맥락에서 하나님의 찢으심과 치심은 '감하신' 고난이다. 하나님의 공의에 따르면 죄의 대가는 반드시 지불되어야 한다. 그러므로 하나님의 인애로 '감하신' 고난은 누군가 이스라엘의 죄의 짐을 지불해야 가능하다.

다시 말해, 하나님께서 이스라엘의 죄의 짐을 감한 만큼 누군가 그 대가를 지불한 것이다. 그렇다면 누가 그 대가를 지불한 것인가? 누가 나의 죄

---

198 크레이그 L. 블롬버그, 『마태복음(신약의 구약 사용 주석 시리즈)』, 김용재·우성훈 역 (서울: CLC, 2010), 127-128.

199 Gottlob Schrenk, *TDNT*. *Vol*. 3, 47-48

를 대신한 고난을 감당한 것인가? 그는 하나님이다. 따라서 하나님을 안다는 것은 하나님의 고통을 이해하는 것이다. 하나님께서 이 지식을 알기를 원하신다(호 4:6). 호세아는 음란한 여인 고멜을 맞아 혼외자를 양육함으로써 하나님의 찢기는 고통을 아는 특권을 받았다. 호세아는 특별한 고난의 부르심으로 하나님의 고통을 이해하는 은총을 누린다. 이것이 호세아가 누린 치유와 회복이다. 호세아는 자신의 고통이 하나님의 고통을 반영하는 것임을 깨달았다. 따라서 하나님의 고통을 아는 만큼 치유되고 회복된다(6:3).

호세아를 잘못 읽으면, 음란한 아내로 고통받는 호세아만 보인다. 그러나 호세아를 정확하게 읽으면, 음란한 이스라엘로 고통받고 수고하는 하나님이 보인다. 외도한 아내로 고통받는 호세아와 음란한 고멜이 아닌 하나님의 고통이 보일 때 하나님을 알아가는 것이다.

호세아 2:19-20에서 'חֶסֶד'(은총) 및 'רַחַם'(긍휼)과 'מִשְׁפָּט'(정의)와 'צֶדֶק'(공의) 그리고 'אֱמוּנָה'(진실함)의 조합은 여호와께서 이스라엘과 결혼하기 위해 지불하신 값이다. 이 모든 하나님의 속성이 병렬로 나타나고 조합을 이루는 것은 호세아뿐이다. 호세아는 "은 열다섯 개와 보리 한 호멜 반으로" 음란한 아내 고멜을 다시 사지만, 하나님은 모든 하나님의 속성을 동원한다. 이는 하나님의 모든 속성이 입체적으로 언급된 것으로 이스라엘을 용서하기 위해 이스라엘의 죄의 짐을 전 신격적으로 감당하시는 하나님의 고통스러운 결단이다.

하나님의 인애(חֶסֶד)를 알아야 한다(호 6:6)

이스라엘과 에브라임은 자신들은 누구보다 하나님을 알고, 하나님께 제사도 드린다고 주장했을 것이다. 그러나 그들의 인애(חֶסֶד)는 쉬이 없어지는 이슬과 구름 같다(호 6:4). 제임스 림버그는 "6:4은 백성들의 인애가 아침 구름과 이슬처럼 찾아볼 수 없음에 대한 하나님의 좌절과 당혹감을 이해시키려는 호세아의 요청"이라고 말한다(4:16; 7:13; 11:8; 13:14).[200] 그는 다른 어떤 선지자도 이와 같은 요청을 한 적이 없다고 말한다. 그는 이스라엘은 종교적 제의에 대한 열심은 있었지만, 하나님의 속성인 인애를 모르고 행하지도 못했다고 말한다.[201] 하나님은 우리에게 종교적 열심이나 제사를 원하는 것이 아니라, 하나님의 인애를 알고 그것을 살아 내기를 원하신다. 그렇다면 하나님의 인애는 무엇인가?

사켄펠드(Katharine Doob Sakenfeld)에게 인애는 "자격 없는 자에게 하나님 백성이 될 기회를 주는 자발적, 언약적 헌신"이라고 말한다.[202] 트렌트 C. 버틀러에게 인애는 동적이고 관계를 중심으로 한 하나님의 성품이다.[203] 제임스 림버그는 '헤세드(חֶסֶד)'는 계약 관계에서 비롯된 사랑(covenant- love)으로 결혼 관계를 유지하기 위해 두 사람이 서로에게 보이는 충성적인 사랑이라고 말한다(렘 2:2; 호 2:19).[204] 하나님의 인애는 자격 없는 자에게 하나님 백성이 될 기회를 주기 위하여 하나님이 대가를 지불하는 것으로, 언약에 대한 하나님의 충성과 헌신을 의미한다. 보아스는 나오미와 룻의 언약적이고 공동체적인 회복을 위해 자신이 대가를 지불한다. 보아스와 룻은 각각 하나

---

200 림버그, 『호세아-미가(현대성서주석)』, 64.
201 림버그, 『호세아-미가(현대성서주석)』, 65.
202 Katharine Doob Sakenfeld, *Ruth*, *INT*, (Publisher: John Knox, 1999), 24.
203 버틀러, 『Main Idea로 푸는 이사야』, 459.
204 림버그, 『호세아-미가(현대성서주석)』, 64-65.

님의 '헤세드'를 보인 종이다. 자격 없는 죄인들을 하나님의 자녀가 되도록 하시기 위해서 하나님은 아들 예수님을 희생양으로 주셨다. 예수님은 성육신과 십자가의 죽음으로 대가를 지불하셨다. 그러므로 하나님을 안다는 것은 누군가의 구원을 위해서, 그리고 공동체의 풍성함을 누리기 위해서 나 역시 대가를 지불하는 삶을 살아 내는 것이다.

음란이란 무엇인가? 이 단어를 접할 때 대부분의 사람들은 성적 음란을 떠올릴 것이다. 그러나 성경이 말씀하는 음란은 세상을 사랑하는 것이다(호 1:2; 2:2-5, 8-12; 4:12; 5:4). 호세아 2:5, 7, 10, 12, 13에서 "사랑하는 자"(מְאַהֲבַי)는 세상을 사랑하고, 세상에서 성공하려는 욕망을 가진 자이다. 재미있는 것은 '사랑하는'의 히브리어는 'אָהַב'(아합)인데, 그러므로 이스라엘 백성들이 '사랑하는'이라는 말을 들을 때마다 '아합' 왕을 떠올릴 수밖에 없을 것이다. 아합과 이세벨의 길을 따라 사는 것이 음란을 따르는 것이었다. 북이스라엘은 아합이 세상을 사랑하여 이세벨과 불신 결혼을 한 것처럼, 세속적이고 기복적인 세계관과 불신 결혼을 한다. 그리고 나봇의 포도원을 빼앗기 위해 율법을 무시하고, 율법을 악용하여 합법적으로 나봇을 죽이고 나봇의 포도원을 빼앗는 것처럼 합법적으로 불신앙을 행한다. 이는 겉으로는 제물을 바치고 제사를 드리나 하나님의 인애를 모르는 것이다. 겉은 성도처럼 보일지 모르지만 내면은 불신앙과 불순종으로 채워져 있음을 의미한다.

그러므로 세상을 사랑하여 음란한 나를 향한 하나님의 '헤세드'와 하나님의 고통을 아는 것이 하나님을 아는 것이다. 호세아는 하나님의 고통을 알기 위해 음란한 고멜을 아내로 삼아 결혼하는 고난으로 부름을 받았다. 내게 주어진 고난을 통해 하나님의 고통을 알아가는 것이 은총이다.

하나님과 고통을 함께 감당하는 것이다(호 1:3; 3:1-3)

음란은 아내 고멜이 범했는데 대가는 남편 호세아가 치른다(3:2). 이것이 호세아의 수고이다. 그러나 이는 음란한 이스라엘을 사랑하는 하나님의 수고에 동참하는 것이다. 용서는 가해자의 죄와 보응적 고난을 피해자가 대신 지는 것이다. 이 짐은 고통스럽지만, 하나님을 알아가는 산통이 된다. 용서하는 자는 가해자의 죄와 보응적 고난을 대신 짐으로써 예수님의 십자가를 알게 된다. 나는 이 고난을 이사야 53장의 대리적 고난이라고 부른다.

이는 하나님의 '헤세드'를 흉내 내는 것이다(3:1-3). 하나님의 인내는 음란한 이스라엘을 향한 것이다. 호세아의 사랑 역시 하나님의 사랑을 따라 음란한 아내 고멜을 사랑하는 것이다. 그리고 음란한 아내를 정죄하지 않고, 오히려 그를 말로 위로하며(2:14), 결혼 언약을 갱신한다(3:3). 호세아는 음란한 이스라엘을 사랑하는 하나님을 따라, 돈으로 값을 치루어 음란한 자기 아내를 되찾음으로써 그에게 자신의 사랑을 재확인시켜 준다. 자격 없는 배우자를 대신해, 내가 고난을 겪고 대가를 지불하는 삶은 하나님의 '헤세드'를 흉내 내는 것이다. 호세아는 음란한 아내 고멜을 사랑하라는 말씀에 순종함으로 하나님의 고통을 경험하고, 하나님의 수고에 동참하며, 하나님을 아는 은총을 누린다. 하나님의 모든 고통과 수고는 예수님의 성육신과 십자가의 고난과 죽음으로 성취된다. 그러므로 하나님의 고통을 이해하고 하나님의 수고에 동참하는 고난을 받는 것은 은총이다.

범죄한 시일대로 주시는 벌은 하나님의 긍휼의 결과인 대리적 고난이다(2:13)

"벌을 주리라"(호 2:13)에서 사용된 히브리어는 פָּקַד(paqad)는 출애굽기 20:5, 34:6-7, 신명기 5:9에서 '보응하리라'(출 34:6-7)와 '갚아'(출 20:5; 신

5:9)로 사용되었다(출 34:7은 יְנַקֶּה פָּקַד'(처벌하지 않고 내버려두다)가 사용된다). 그런데 여기서 중요한 것은 민수기 14:33-34의 보응적 심판은 출애굽 두 번째 세대에게 맡겨진 대리적 고난, 즉 하나님이 이스라엘을 위해 했던 모세의 기도를 들으신 결과라는 사실이다. 모세가 자신의 생명을 걸고 이스라엘을 위하여 기도하지 않았다면 이스라엘은 14:12의 "내가 전염병으로 그들을 쳐서 멸하고 네게 그들보다 크고 강한 나라를 이루게 하리라"라는 말씀대로 멸망하였을 것이다. 그러나 모세의 기도로 말미암아 이스라엘의 멸망이 40년간 방황하는 것으로 감해졌다.

하나님의 진노를 온몸으로 막아선 모세가 하나님을 설득하고 요청한 근거는 출애굽기 34:6-7의 말씀에 있다. 또 민수기 14:18에서 했던 모세의 기도 역시 출애굽기 34:7을 인용한 기도이다.

"여호와는 노하기를 더디하시고 인자가 많아 죄악과 허물을 사하시나 형벌 받을 자는 결단코 사하지 아니하시고 아버지의 죄악을 자식에게 갚아(פָּקַד) 삼사대까지 이르게 하리라 하셨나이다."

출애굽기 34:7과 민수기 14:18에서의 기도에 대한 중요한 단어는 '보응하리라'와 '갚아'로 번역된 פָּקַד'(paqad)인데, 호세아 2:13에서는 '벌을 주리라'로 사용되었다. 따라서 벌을 주신다는 말씀 안에는 심판과 멸망이 아니라 구원과 회개를 목적으로 상당히 '감하여 주시려는' 하나님의 긍휼이 있다.

따라서 호세아 2:13의 "바알들을 섬긴 시일대로" 벌을 주신다는 말씀은 민수기 14장을 배경으로 살펴보아야 한다.

"너희의 자녀들은 너희 반역한 죄를 지고(וְנָשְׂאוּ) 너희의 시체가 광야에서 소멸되기까지 사십 년을 광야에서 방황하는 자가 되리라 너희는 그 땅을 정탐한 날 수인 사십 일의 하루를 일 년으로 쳐서 그 사십 년간 너희의 죄악을 담당할지니(תִּשְׂאוּ) 너희는 그제서야 내가 싫어하면 어떻게 되는지를 알리라 하셨다 하라"(민 14:33–34).

즉, 하나님은 이스라엘이 40일을 염탐한 날의 수대로 40년 동안 방황하도록 벌을 주셨다. 그런데 이 죄를 감당한 사람들은 그의 자녀들이다(민 14:33). 이를 인용하여 북이스라엘에게 "바알을 섬긴 시일대로" 벌을 주신다고 말씀하신 것이다(호 2:13). 따라서 이스라엘에게 범죄한 시일대로 주시는 벌은 단순한 심판이 아니라 하나님의 긍휼에 근거한 대리적 고난의 성격이 포함된다.

호세아의 대리적 고난

민수기에서는 모세가 이스라엘을 대신하여 기도했는데, 호세아에서는 누가 이스라엘을 위해서 기도했는지 알 수 없다. 호세아인지 아니면 다른 누구인지 알 수 없다. 호세아 7:7, 10은 "그들 중에는 내게 부르짖는 자가 하나도 없도다"라고 말한다. 그러나 민수기에서 모세와 이스라엘의 관계를 살펴볼 때, 누군가 모세와 같은 역할을 한 것은 분명하다. 일단은 호세아로 보는 것이 가장 타당해 보인다. 호세아는 음란한 여인과 결혼하고 불편한 결혼 생활로 수치와 고난을 감당함으로써 하나님의 고통을 깨달을 수 있었기 때문이다. 호세아의 결혼 생활은 하나님과 이스라엘의 결혼 생활을 반영하는 그림자로 기능한다.

하나님은 음란한 이스라엘과 하나님의 결혼 생활과 남편 하나님의 수치와 고통을 이스라엘에게 이해시키기 위해 호세아에게 음란한 여인 고멜과 결혼을 명령한다. 따라서 호세아에서 이스라엘을 용서하고 결혼 관계를 유지하기 위해 고통을 감당하는 이는 하나님이다. 출애굽기에서는 모세가 이스라엘을 대신하여 가나안에 입성하지 못하고 수치스러운 죽음을 감당함으로써 자격 없는 이스라엘이 요단강을 건너 가나안을 차지한다. 호세아에서는 하나님과 호세아가 고통을 감당함으로써 이스라엘이 용서의 기회를 얻는다. 그러나 역사적으로 이스라엘은 이를 이해하지 못하고 아합의 길을 따라가며 세상을 사랑한다. 음란한 이스라엘에게 수치와 벌거벗음을 경고하지만, 그럼에도 불구하고 수치와 벌거벗음을 대신 감당한 이는 하나님과 호세아이다.

세상에서 빼앗기고 벌거벗기는 죄의 대가를 감당해야 한다

이스라엘은 바알을 섬긴 시일만큼 그 수치를 감당해야 한다(호 2:10, 13). 하나님 백성은 이 음란한 이스라엘을 용서하기 위해 대신 짐을 지고 수고한 하나님과 호세아처럼, 타인의 구원과 회개를 위해 대리적 고난을 감당하는 위치까지 나아가야 할 것이다. 그러나 음란한 이스라엘은 세상과 배우자의 구원을 위해 세상과 배우자를 대신하여 고난을 감당하는 것이 아니라, 빼앗고 소유하기 위해 부끄러운 일을 행한다(호 2:5). 그리고 그 부끄러움을 감추기 위해 합법적으로 절기와 종교적 열심에 몰두한다(호 2:11).

반대로 유다의 의로운 왕은 '다윗의 모든 길'을 따른다(왕하 22:2). 다윗의 길은 세상의 번영과 성공이 아니라, 세상의 구원과 회개를 위해 음란한 백성을 용서하는 하나님의 고통을 이해하고, 용서하는 하나님의 고통에 동참하는 삶을 살아 내는 것이다. 이것이 참 남편되시는 하나님과의 참된 결혼 생활이다. 그러나 세상을 사랑하면 고난이 아니라 성공과 번영을 좇게 된다. 이런 악순환의 고리를 끊고 벗어나게 하는 하나님의 헤세드가 하나님의 가시담(울타리)이다(호 2:6). 사람은 자신의 노력과 수고로 성공과 번영을 얻었다고 생각한다. 그러나 실패와 좌절로 수고로 얻은 성공과 번영을 빼앗기고 지친 몸과 상실감에 빠질 때 자신을 돌아보게 된다. 지금까지 누린 모든 것이 자신의 노력과 수고로 인함이 아니요 하나님의 주권으로 인한 것이었음을 깨닫게 되는 것이다. 북이스라엘은 앗수르에게 멸망하고 수치를 당할 때 자신을 돌아보게 될 것이다.

C. 요나의 옳음(צדק)과 대리적 고난

예수님은 표적을 구하는 바리새인과 서기관, 사두개인에게 요나의 표적 밖에는 보일 표적이 없다고 말씀한다(마 12:39-41; 16:4; 막 8:11-12; 눅 11:24-26, 29-32). 예수님이 요나의 표적 밖에 보일 표적이 없다고 하신 말씀의 의미는 무엇일까? 예수님은 어떤 관점에서 요나의 표적을 강조하신 것일까? 예수님이 요나를 인용한 것만으로도 요나서를 살펴볼 충분한 이유가 있다. 나는 요나서에서 발견되는 대리적 고난을 살펴봄으로써 예수님이 말씀하신 요나의 표적이 지닌 의미를 밝히고자 한다.

자끄 엘륄(Jacques Ellul)은 "하나님이 요나를 보내셔서 세상을 진정한 선과 악 앞에 세우신다"라고 말한다.[205] 로버트 치즈홀름과 송병헌은 요나는 정의

---

205 자끄 엘륄, 『요나의 심판과 구원』, 신기호 역 (논산: 대장간, 2010), 145.

심이 강하고, 특히 니느웨의 악행에 정의 실현을 요구했다고 말한다.[206] 이런 요나의 기대와 달리 니느웨에 정의로운 심판이 아닌 하나님의 긍휼이 나타났을 때, 요나의 감정적 고통이 격해졌다고 보는 것은 전통적인 해석의 관점이다. 그러나 나는 본문을 정의(משפט)가 아니라, 요나의 옳음(טוב)과 하나님의 옳음(יטב)의 갈등이라는 주제로 접근하고자 한다(욘 4:3, 4, 8, 9).[207]

요나의 기도인 "주께서는 은혜로우시며 자비로우시며 노하기를 더디하시며 인애가 크시사"(4:2)는 출애굽기 34:6-7을 인용한 것이다. 이 구절은 모세에게 계시된 하나님의 속성으로 구약에서 범죄한 백성에게 회개를 촉구할 때, 하나님의 긍휼과 용서의 근거로 사용된 정형화된 패턴이다(출 20:5; 34:6-7; 민 14:18; 신 5:9; 대하 30:9; 느 9:17, 31; 시 86:15; 103:8; 114:4; 112:4; 145:8; 욜 2:13; 욘 4:2). 구약에서 출애굽기 34:6-7의 인용은 선민 이스라엘을 향한 독점적이고 언약적인 하나님의 긍휼을 간구할 때 사용되었고, 이스라엘과 하나님의 지속적인 언약 관계의 근거가 된다. 그런데 이 언약적 하나님의 속성이 대적 니느웨에게 베풀어진 것이다. 조이스 볼드윈(Joyce Baldwin)은 요나의 감정적 고통에 관해 언약적 하나님의 속성을 어떻게 언약 백성과 악한 이방 니느웨가 공유할 수 있는가에 대한 갈등으로 본다.[208]

학자들은 요나서에서 하나님의 이름, 엘로힘과 여호와를 구별하여 사용

---

206 치즈홀름, 『예언서 개론』, 620.; 송병현, 『엑스포지멘터리 호세아 요엘 아모스 오바댜 요나』(서울: 국제제자훈련원, 2011), 114-115.

207 송병현, 『엑스포지멘터리 호세아 요엘 아모스 오바댜 요나』, 114-115.

208 Baldwin, J., "Jonah", The Minor Prophets: An Exegetical and Expository Commentary, 583-584.

된 것을 지적한다. 브루크너(James K. Bruckner)와 알렌(Leslie C. Allen)은 "여호와"는 하나님의 구속 사역과 연결된 언약적 이름으로, 4:10은 그분의 긍휼을 이스라엘과 만민과 심지어 동물들에게까지 드러내는 "야훼, 긍휼의 하나님"으로 말한다.[209] 그리고 알렌 및 학자들은 "자신의 목적들을 성취하시기 위해 식물과 곤충, 태양과 바람 등 세계를 사용하시는 창조주의 역할"에서는 "엘로힘"을 사용한다고 말한다.[210] 즉, 언약과 창조의 관점에서 이름을 구별하여 사용하는 것이다. 이는 아브라함과 이삭과 야곱과 맺은 언약을 강조함으로써 이스라엘과의 관계성을 강조하는 것이다.

그런데 요나에게 문제가 된 것은 언약적 하나님의 긍휼이 선민 이스라엘을 향한 것이 아니라, 제국주의적 욕망을 가지고 있으며 언약과는 조금도 관련이 없는 이방인이자 대적인 니느웨를 향했다는 것이다. 악트마이어(Elizabeth Achtemeier)는 요나가 하나님이 자신에게 하신 것처럼 니느웨에게 정의를 보여 주시기를 원했지만, 이스라엘의 대적인 니느웨에게 심판이 아닌 긍휼이 주어지는 것을 보고 용납할 수 없었다고 말한다.[211] 알렌은 요나가 4:2-3에서 하나님의 긍휼이 이스라엘의 대적 니느웨에게 싼값에 미친 것을 용납하지 못한 것으로 본다.[212] 왜냐하면 요나 자신은 폭풍을 만나고 (1:4), 제비뽑기에 뽑혀(1:7) 바다에 던져지고(1:15), 물고기 뱃속에서 삼 일

---

209   James K. Bruckner, *Jonah, Nahum, Habakkuk, Zephaniah*, NIVAC (Publisher: Zondervan, 2004), 113.

210   Leslie C. Allen, *The Books of Joel, Obadiah, Jonah, and Micah*, NICOT (Grand Rapids, MI: Wm. B. Eerdmans Publishing Co.1976), 232.

211   Elizabeth Achtemeier, *Minor Prophets I*, UBC (Publisher: Baker, 2012), 279-280.

212   Leslie C, Allen, *The Books of Joel, Obadiah, Jonah, and Micah*, NICOT, 227.

간 고난을 겪은(1:17) 반면, 니느웨에게는 너무나 쉽게 하나님의 긍휼과 용서가 주어졌기 때문이다.

모세와 엘리야, 그리고 요나

요나의 논쟁(4:1-11)은 아브라함과 여호와 사이의 대화(창 18:16-33) 및 모세와 여호와의 대화(출 33:12-17; 민 14:11-20), 그리고 열왕기상 19:4의 엘리야를 떠올리게 한다. 아브라함과 모세는 여호와의 긍휼이 소돔과 금송아지 우상을 섬긴 백성들에게 미치기를 기도했지만, 요나는 여호와의 긍휼이 이스라엘이 아닌 니느웨에게 향한 것을 보고 분노한다. 요나는 하나님의 심판과 정의는 이스라엘의 대적들을 향하는 반면에, 하나님의 긍휼은 이스라엘과 자신에게 향하기를 원한다. 요나와 마찬가지로 출애굽기 34:6-7에 나오는 하나님의 속성들이 우리를 향할 때 우리는 당연한 것으로 여기며 만족하지만, 다른 사람들에게는 정의와 심판이 있어야 한다고 생각한다. 하나님 백성은 죄와 구원을 바라볼 때에 이해관계가 아니라 하나님의 긍휼의 관점으로 볼 수 있는 구원의 세계관을 가지고 있어야 한다.

열왕기하 14:25에서 요나에 관한 언급은 요나서의 역사성을 지켜 준다. 그럼에도 불구하고 요나의 역사성에 대해 다른 관점을 제기하는 학자들도 있다. 요나의 기록 시기에 대해 다양한 논점을 받아들여도 전통적 관점과 메시지는 크게 달라지지 않는다. 학자들은 요나서가 포로기 전 8세기에 기록되었다면, 이스라엘의 회개를 촉구하기 위한 목적으로 기록되었을 것으로 보고, 포로기 이후라면 열방을 향한 하나님의 긍휼과 구원을 향한 이스라엘의 시기와 분개를 꾸짖기 위한 것으로 본다. 결국 요나서는 이스라엘과 요나의 편협한 선민 우월주의에 대한 비판으로 평가된다.

요나는 "이제 내 생명을 거두어 가소서 사는 것보다 죽는 것이 내게 나음이니이다(בוֹט)"라고 기도한다(욘 4:3). 이 기도는 열왕기상 19:4에서 엘리야가 "여호와여 넉넉하오니 지금 내 생명을 거두시옵소서 나는 내 조상들보다 낫지(בוֹט) 못하니이다"라고 기도한 것과 민수기 11:15에서 모세가 "내게 은혜를 베푸사 즉시 나를 죽여 내가 고난(רֹעַ) 당함을 내가 보지 않게 하옵소서"라고 기도한 것과 비슷하다.[213] 그리고 모세의 죽여 달라는 탄식에 대한 응답으로 하나님은 장로 칠십 명을 구별하여 세우심으로 모세의 짐을 덜어 준다(민 11:16,-17. 24-30). 이는 엘리야에게도 마찬가지이다. 하나님은 엘리야에게 바알에게 무릎을 꿇지 않은 '남은 자' 칠천 명과 후계자 엘리사를 주신다(왕상 19:18-19). 하지만 요나에게는 박넝쿨만을 주셨을 뿐이다. 모세와 엘리야에게는 백성의 짐을 함께 담당할 동역자 칠십 명과 후계자를 주시지만, 요나에게는 벌레 먹어 시들은 박넝쿨만을 주실 뿐이다.

요나의 성냄인가? 아니면 낙심인가?

이런 맥락에서 새슨(Jack M. Sasson)의 주장에 귀 기울일 필요가 있다. 새슨은 요나가 분을 낸 것이 아니라, "낙담했다"라고 말한다(4:1-4).[214] 새슨의 주장은 LXX의 전통에 무게를 둔 해석으로 보인다. LXX 시편 42:5, 11; 43:5의 "내 영혼아 네가 어찌하여 낙심하며"(ἵνα τί περίλυπος εἶ, ἡ ψυχή)에서 'περίλυπος'(perilypos)는 "낙심"으로 번역되었다. LXX는 'περίλυπος'를 반복하여 "낙심"으로 번역한다.

---

213   박철수, 『요나·미가: 대한기독교서회 창립 100주년 기념 성서주석 시리즈 28』 (서울: 대한기독교서회, 2008), 90-91.

214   Jack M. Sasson, *The Anchor Yale Bible: Jonah*, CBC (Yale University Press, 1990), 273-275.

요나 4:4의 "הַהֵיטֵב חָרָה לָךְ"(네가 성내는 것이 옳으냐)와 LXX: "σφόδρα λελύπησαι σύ"(네가 성내는 것이 옳으냐)에서 "성내는"으로 번역된 히브리어 'חָרָה'(hārâ)는 LXX에서 헬라어 동사 "λυπέω"(lypeo)를 병행하여 사용한다(4:1, 4, 9). 4:4, 9에서 "λελύπησαι"는 VRUI2S(동사, 완료, 중간태 or 수동태, 직설법, 2인칭, 단수)로 사용되었다. 이것은 신약에서 "λυπέω"(lypeo)는 '슬픔', '근심'의 의미로 사용된다(고후 2:2, 4, 5; 7:8, 9; 살전 4:13; 벧전 1:6). 불트만(Bultmann, Rudolf)에 의하면, λύπη(lypē)의 어군은 배고픔, 갈증, 더위, 추위, 병 등에서 오는 육체적인 고통이며, 불행, 죽음, 수치, 모욕 등에서 오는 영적인(정신적인) 슬픔과 고통과 근심을 말한다(대하 7:10, 히 12:11, 벧전 2:19).[215] 동사 'λυπέω'와 명사 'λύπη'는 육체적이며 감정적인 고통, 짜증, 불안, 슬픔, 근심을 의미한다.[216] 그러나 λύπη(lypē)는 그리스도인의 삶에 없어서는 안 될 부분이며, 회심은 경건한 λύπη(lypē)를 동반한다(고후 7:8-9).[217] 나아가 동사 λυπέω(lypeō)는 고난이 아니라 비통의 감정을 가리킬 때도 있다(마 14:9; 17:23; 18:31; 19:22; 고후 2:2, 5; 살전 4:13; 벧전 1:6).[218]

로버트 치즈홀름은 요나 4:1에서 "싫어하고"(וַיֵּרַע אֶל־יוֹנָה רָעָה)는 문자적으로 "요나가 크게 불쾌해했다"라는 의미라고 말한다.[219] 그는 1절의 "싫어하고"(וַיֵּרַע אֶל־יוֹנָה רָעָה)를 요나의 감정적 상태를 묘사한 것이라고 말한다. 조이스

---

215 *TDNT. Vol.* 4, 313.

216 Kittel, G., Friedrich, G. & Bromiley, G.W., *TDNT.* Abridged in One *Vol.* (Grand Rapids, MI: W.B. Eerdmans, 1985), 540

217 Kittel, G., Friedrich, G. & Bromiley, G.W., *TDNT.* Abridged in One *Vol*, 541-542.

218 웨인 A. 그루뎀, 『틴데일 신약 주석 시리즈 17: 베드로전서』, 왕인성 역 (서울: CLC, 2014), 94-95.

219 치즈홀름, 『예언서 개론』, 630-631

볼드윈(Joyce Baldwin)은 10절에서 식물을 아끼는 요나의 감정을 자기연민(self-pity)으로 본다.[220] 이는 요나가 감정적 고통의 퇴행과 우울증 증세를 겪은 것처럼 보인다. 하재성은 남자의 우울증 증상에는 심한 짜증이 나타난다고 말한다.[221]

LXX에서 요나 4:1, 4, 9에 사용된 λύπη(lypē)의 어군은 LXX 시편 42, 43편에도 발견된다. LXX 시편 42:5, 11, 43:5에서 사용된 'περίλυπος'를 배경으로 요나를 살펴보면 다른 관점이 보인다. 시편 42:3, 10에서 원수들은 "네 하나님이 어디 있느뇨"라고 조롱한다. 이런 조롱과 고난에서 시편 기자는 사슴이 시냇물을 찾기에 갈급함 같이 내 하나님을 찾는다. 그러나 하나님은 응답이 없다. 그러자 시편 기자는 "어찌하여 나를 잊으셨나이까"(42:9), "어찌하여 나를 버리셨나이까"(22:1; 43:2; 욘 2:4)라는 탄식을 토하는 고통을 겪는다. 따라서 이 배경에서 요나서를 읽으면 요나의 감정적 고통은 편협한 선민 의식이 아니다. 요나가 아니라 잔인한 제국 니느웨 편에 선 하나님으로 인해 "네 하나님이 어디 있느뇨"라고 조롱받는 의인의 고통이다. 원수 니느웨는 "너희 하나님이 나의 편이 아니냐"라고 조롱한 것이다. 역사적으로 볼 때 앗수르 왕 산헤립은 신하 랍사게를 이스라엘에게 보내어 하나님이 예루살렘과 유다를 치도록 명령하셨다고 하는 조롱의 말을 듣게 했다(왕하 18:25). 따라서 "네 하나님이 어디 있나냐?"라는 조롱을 받는 요나의 감정적 고통은 산헤립의 조롱과 십자가에서 수치와 조롱을 받으신 예수님의 고통을 반영하는 것이다.

---

220 Baldwin, J., *"Jonah", The Minor Prophets: An Exegetical and Expository Commentary*, 589.
221 하재성, 『우울증, 슬픔과 함께 온 하나님의 선물』(고양: 이레서원, 2014), 73.

요나의 감정적 고통의 원인에 대해서 제임스 브루크너(James Bruckner)는 요나의 감정적 고통은 그가 알고 있는 모든 기초적인 신념, 세상의 질서와 세계관이 무너지고 있기 때문에 발생한 것이라고 말한다.[222] 조이스 볼드윈(Joyce Baldwin)의 말처럼, 악행을 일삼는 니느웨와 언약적 하나님의 속성을 공유해야 하는 당혹스러운 현실로 인해 요나는 언약적 세계관의 붕괴와 영적 혼란, 그로 인한 당혹스러운 감정적 고통을 겪고 있다.[223] 나는 이런 요나의 "싫어하고 성내며"를 하나님을 향한 원망과 분이 아니라, 요나에게 구속적 세계관을 창조하고자 하는 하나님의 창조적 파괴를 겪는 고통으로 본다. 요나의 '성냄'(4:1)을 긍정적 관점에서 선지자가 감당하는 고난으로 보는 것은 예수님께서 요나를 선지자로 인정하시기 때문이다(마 12:39).[224] 또 다른 이유는 여기서 요나가 겪어야 하는 자신의 언약적 세계관이 무너지는 사건과 혼란, 혼동, 무질서와 감정적 고통이 하나님의 'נָחַם'(돌이키심)으로 인한 것이기 때문이다. 즉, 요나의 혼란과 고통은 하나님의 나함(נָחַם)과 나함(נָחַם)으로 인한 고통을 공유하는 것이다. 자끄 엘륄은 하나님은 요나의 설교가 없어도 니느웨를 구원하실 수 있지만 이 신비한 구원에 하나님의 백성(교회)를 참여시키기를 원한다고 말한다.[225] 요나와 교회의 참여는 다른 것이 아니라, 하나님의 고통, 즉 예수님으로 성취된 이사야 53장의 대리적 고난으로의 동참이다. 그러므로 요나의 고통과 고난은 이사야 53장에서 여호와의 종

---

222 Bruckner, J., *Jonah, Nahum, Habakkuk, Zephaniah, NIVAC* (Grand Rapids, MI: Zondervan Publishing House, 2004), 120-121.

223 Baldwin, J., *"Jonah", The Minor Prophets: An Exegetical and Expository Commentary*, 583-584.

224 Luz, U., *Matthew: a commentary on Matthew 8-20, HERM*, 218.

225 엘륄, 『요나의 심판과 구원』, 134.

이 감당하는 대리적 고난이다.

요나의 감정적 고통과 예수님의 겟세마네 동산에서의 고통

헬라어 'λύπη'와 관련하여 가장 인상 깊은 것은 예수님이 겟세마네 동산에서 기도하실 때, 예수님의 고통을 'λύπη'라고 표현하는 것이다. 마태복음 26:37-38에서 동사 'λυπεῖσθαι'(lypeísthai)는 "고민하다"라는 의미로, 형용사 'περίλυπος'와 함께 겟세마네 동산에게 십자가의 고난으로 "매우 고민하는, 매우 슬픈"의 의미로 사용한다.[226] 루즈(Luz, U)는 '고민하여'로 번역된 형용사 'περίλυπος'는 최상급의 의미로써 극도로 슬픈 상태라고 해석한다(마 26:38; 막 6:26; 눅 18:23).[227] 그리고 마태복음 26:38의 예수님의 고백인 "내 마음이 매우 고민하여 죽게 되었으니"(περίλυπός ἐστιν ἡ ψυχή μου ἕως θανάτου)는 요나 4:9의 "내가 성내어 죽기까지 할지라도"(λελύπημαι ἐγὼ ἕως θανάτου)를 인용한 것으로 보인다. 이처럼 예수님이 인용하고 사용한 헬라어 "λυπέω"(lypeo)와 "λελύπησαι"를 중심으로 요나 4:1, 4, 9을 살펴보면, 요나는 분을 낸 것이 아니라 "낙담했다"라는 새슨의 주장은 설득력이 있다.[228] 오히려 더 나아가서 요나의 "λυπέω"(감정적 고통)는 예수님의 "λυπέω"를 모세처럼 예표하는 것으로 볼 수 있다.

대리적 고난과 요나의 감정적 고통

그렇다면 이제 살펴볼 남겨진 문제는 요나의 고통, 불안, 슬픔, 낙담의

---

226 Kittel, G., Friedrich, G. & Bromiley, G.W. *TDNT. Vol.* 1, 540; Brannan, R., 'περίλυπος ' 『Lexham 헬라어 성경 어휘 사전』(Bellingham, WA: Lexham Press, 2020).

227 Luz, U., *Matthew 21-28: a commentary. HERM*, 395-396.

228 Jack M. Sasson, *The Anchor Yale Bible: Jonah*, 273-275.

원인이다. "왜 요나는 니느웨의 회개와 하나님의 용서로 인해 슬픔과 낙담을 하나님께 쏟아 놓았는가?" 하는 점이다. 이를 해석하는 데 중요한 배경은 요나 3:9, 10, 4:2에서 사용된 히브리어 'נָחַם'(naham), 즉 하나님의 돌이킴(נָחַם)과 출애굽기 34:6-7, 그리고 요나 4:11의 "좌우를 분변하지 못하는 자"이다. 왜냐하면 요나는 출애굽기 34:6-7을 인용하여 하나님의 돌이킴(נָחַם)에 이의를 제기하기 때문이다.

첫째, 히브리어 'נָחַם'에 관하여 앞에서 언급한 것과 같이, 하나님의 'נָחַם'은 하나님의 고통과 용서를 위한 죄의 짐을 하나님이 직접 지신다는 것을 의미한다. 조이스 볼드윈(Joyce Baldwin)은 하나님이 주어가 될 때, נָחַם은 하나님이 감당하시는 고난의 신비를 보여 준다고 말한다.[229] 그리스도 안에서 하나님은 니느웨의 형벌과 죄를 스스로 짊어지신다(고후 5:19). 하나님은 죄 사함과 구원을 위한 자신의 "수고"(עָמַל)를 요나에게 말씀하신다(4:10-11). 요나 4:10에서 "네가 수고도 아니하였고"에서 "수고"(עָמַל)는 니느웨와 하나님 백성의 구원을 향한 하나님의 '나함'(נָחַם)이다. 이것은 하나님의 "수고"(עָמַל)를 요나의 "수고"(עָמַל) 없음과 비교하는 문맥이다. 그러므로 하나님의 "수고"(עָמַל) 중 하나는 요나가 하나님의 구속사를 위해 "수고"(עָמַל)하도록 설득하고 양육하는 것이다. 하나님은 계속해서 구속사를 위한 "수고"(עָמַל)를 거절하는 요나를 위해 "수고"(עָמַל)하신다.

이처럼 'נָחַם'은 하나님이 주어가 될 때, 취소된(해결된) 심판(렘 18:8; 26:3, 13, 19; 42:10; 욜 2:13; 암 7:3, 6; 욘 3:10; 4:2), 중단된 심판(삼하 21:14; 24:16; 대

Baldwin, J., *"Jonah", The Minor Prophets: An Exegetical and Expository Commentary*, 581.

  각각 그 재능대로 맡겨 주신 고난

상 21:15)을 의미한다. 하나님께서 선포한 심판을 취소하실 때 성경은 이를 하나님께서 '돌이키셨다' 혹은 '악을 후회한다'라고 표현한다. 그러나 이런 표현은 전능하신 하나님의 속성에 대한 모순이 아니라, 오히려 출애굽기 34:6-7에서 "그는 은혜롭고 자비로우시다"라고 계시한 하나님의 속성의 결과이다.[230]

자끄 엘륄은 『요나의 심판과 구원: *Le Live de Jonas* (1974)』에서 'נחם'과 "하나님의 뜻을 돌이키심"에 대해서 다음과 같이 정리한다.[231] "하나님과 관련하여 'נחם'은 방향의 변화가 아니라 위로받으셔야 하는 내적 고통의 범주에 속한다. 'נחם'은 그분 자신 때문이 아니라 자신과 타자들과의 사이의 관계로 말미암은 고통이다." 계속해서 그는 "하나님은 악으로 말미암아 고통받으신다. 단지 악 때문만이 아니라 악 그 자체로 말미암아 고통을 받으신다." 그리고 "하나님은 자신이 그들에게 내리시겠다고 정하신 악으로 말미암아 고통받으신다." 이제 하나님은 "인간의 죄의 삯이었던 이 악을 자신에게 돌린다. 그분은 자신의 정의 안에서 인간에게 부과해야 했던 바로 그 고통을 감수하신다. 이처럼 하나님은 이 심판을 자신에게 돌리시는데, 이것이 하나님의 돌이키심의 의미이다"라고 말한다.

하나님이 자신을 위로한다는 의미는 죄에 대한 심판을 연기하는 인내심과 고통에서 벗어나 심판을 집행한다는 뜻이다.[232]

---

230 Jenni, E. & Westermann, C., *TLOT* (Peabody, MA: Hendrickson Publishers, 1997), 738.
231 엘륄, 『요나의 심판과 구원』, 147-150.
232 Jenni, E. & Westermann, C., *TLOT*, 737.

"슬프다 내가 장차 내 대적에게 보응하여 내 마음을 편하게(אֶנָּחֵם) 하겠고 내 원수에게 보복하리라(וְאִנָּקְמָה)"(사 1:24).

이 구절은 하나님께서 원수에게 보복함으로써 마음을 편하게 한다는 의미인데, "편하게"에 사용된 히브리어가 'נָחַם'은 요나 3:9, 10, 4:2에서 니느웨를 용서하신다는 의미로 사용된 히브리어 'נָחַם'와 같다. 그런데 이사야 1:24은 1:13-14과 연결하여 살펴볼 필요가 있다. 왜냐하면 하나님의 마음의 편함은 백성들의 죄와 무거운 짐으로 인한 하나님의 곤비함을 벗는 것이어야 하기 때문이다. 존 와츠는 이사야 1:21-31의 문맥에서 1:24의 말씀은 "주 만군의 여호와 이스라엘의 전능자"가 직접 개입하여 대적들을 멸망시키고 성읍을 정화하고 회복하겠다는 하나님의 선언이라고 말한다.[233] 하나님의 개입으로 원수와 대적은 수치를 당하게 된다(사 1:29), 역사적으로 수치는 유다의 몫으로 바벨론에게 망하고 포로로 잡혀가는 고난이었다. 그러나 결국 수치를 하나님의 아들인 예수님이 십자가에서 감당하셨다는 것은 신비 그 자체이다.

모세오경에서 하나님의 돌이킴(נָחַם)은 모세의 기도가 영향을 끼쳤고, 모세와 출애굽 첫 세대와 두 번째 세대가 함께 죄의 짐을 감당하였다(민 11:15; 14:33). 광야에서 즉결 심판으로 멸망할 백성들은 하나님의 돌이킴(נָחַם)으로 형벌이 감하여지고 구원을 얻은 것이다. 출애굽 첫 세대는 철저하게 자신들의 죄를 지고 광야에서 죽어갔고, 출애굽 두 번째 세대는 부모들이 자신들의 불순종과 죄의 짐을 지고 죽어 가는 것을 실시간으로 목격하며, 이를 자

---

233 와츠, 『WBC 이사야 상』, 104-106.

신들의 죄와 불순종으로 여김으로써 죄의 짐을 지는 것에 동참한다. 그리고 가나안에 입성하는 특권을 누린다. 그러나 이 모든 은총은 하나님의 'םחנ', 즉 하나님께서 직접 죄의 짐을 지시고 용서하는 고통을 감당하셨기에 가능한 것이다. 니느웨는 재앙 없이 용서받았다. 그러나 니느웨에 선포된 재앙의 취소는 니느웨의 악과 죄에 대한 재앙을 하나님이 대신 치르실 것을 의미한다.[234] 테렌스 E. 프레타임(Terence Fretheim)은 "하나님은 니느웨의 악, 그 폭력의 무게와 이스라엘을 포함한 수많은 약탈당한 도시들의 아픔을 짊어지신다"라고 말한다.[235] 이는 하나님이 니느웨를 대신한 대리적 고난을 감당하신다는 뜻이다.

신명기 1:39의 "선악을 분별하지(ידע) 못하던 너희의 자녀들도"를 인용한 요나 4:11의 "좌우를 분변하지(ידע) 못하는 자가 십이만여 명이요"는 하나님의 돌이킴(םחנ)의 원인이다. 신명기 1:39과 요나 4:11을 비교하면 니느웨에 선악을 분별하지 못하는 어린 자녀가 십이만 명이나 된다. 이는 니느웨의 당시 인구를 연구하는 학자들에게는 논쟁거리일 수 있다. 그러나 이 두 평행 구절을 보아서는 그렇다. 더욱이 히스기야 시대에 앗수르왕 산헤립이 군사 185,000명의 대군으로 유다를 침략한 것이 사실이라면 불가능한 숫자는 아닐 것이다(왕하 19:35; 사 37:36). 하나님은 니느웨를 큰 성읍이라고 부르신다(욘 3:2, 3). 학자 중에는 큰 성읍이라는 의미를 물리적 크기로 보지 않고 '하나님의 관심과 하나님 보시기에'라는 관점에서 찾기도 한다.

---

234 Baldwin, J., *"Jonah"*, *The Minor Prophets: An Exegetical and Expository Commentary*, 581.

235 Fretheim, T.E., *Reading Hosea-Micah: A Literary and Theological Commentary*. Incorporated (Reading the Old Testament Series) (Macon, GA: Smyth & Helwys Publishing, 2013), 185.

둘째, 니느웨를 향한 이 모든 구원의 역사를 축약하여 하나님의 의(義)을 보이는 말씀은 출애굽기 34:6-7이다. 출애굽기 32:32에서 모세는 금송아지 우상으로 심판받아 멸망할 백성들을 위해 생명을 놓고 기도한다면, 요나는 장차 가까운 미래에 니느웨에게 멸망 받을 북이스라엘의 예견된 고통으로 '낙담'한다(Jack M. Sasson 1990, 273-275).[236] 즉, 주전 8세기 이사야를 통해 선포된 종의 신분을 감당하는 구속적 사명에 대한 무지와 자기 부인의 고통스러운 과정을 겪은 것이다. 왜냐하면 니느웨의 영적 부흥은 니느웨의 침략과 이스라엘의 패망을 뜻하기 때문이다. 역사적으로 북이스라엘은 주전 722년 니느웨의 앗수르에게 멸망한다(왕상 17:3-6, 18-23). 우리엘 시몬(Uriel Simon)은 소선지서에서 요나의 위치를 다루면서 요나서 다음에 미가와 나훔 두 책을 배치한 것은 앗수르가 요나 시대에 잠깐 회개한 후 다시 악한 길로 돌아갔다는 점을 보여 주기 위한 것으로 본다.[237] 그에 따르면 니느웨는 특별한 목적을 위해 사용되었다. 따라서 요나의 감정적 고통은 북이스라엘과 남유다, 그리고 앗수르의 관계에서 살펴볼 필요가 있다.

와츠(John D. W. Watts)에 따르면 주전 8세기 이스라엘과 유다의 구속사적 역할은 다윗 왕국에서 제국의 식민 백성으로 전환된다. 즉, '종의 신분'으로 구속사적 역할을 감당해야 한다.[238] 따라서 니느웨의 회개와 앗수르의 부흥은 종의 신분을 맡기시는 하나님의 역사, 정치, 군사적 배경이 된다. 주전 8세기에 하나님은 이사야를 통해 남북으로 나뉜 분열 왕국의 역사를 끝내고

---

236 Jack M. Sasson, *The Anchor Yale Bible: Jonah. CBC* (Yale University Press, 1990), 273-275.

237 Simon, U., *Jonah: JPS* (Philadelphia: Jewish Publication Society, 1999), xiv.

238 와츠, 『WBC 이사야 상』, 49, 75

새로운 세계의 구조와 질서를 계획하셨다. 지금까지는 선포된 말씀이었다. 그런데 요나는 이제 그 말씀이 돌이킬 기회는 사라지고 제국의 식민지에 종속된 종의 신분으로의 역사가 시작되는 현장을 본다. 요나가 믿고 순종하기 힘들었던 것은 북이스라엘의 멸망과 종의 신분의 역사적 성취가 시작되는 북이스라엘의 정치·군사적 배경은 북이스라엘이 가장 강력한 때였던 여호보암 2세의 때였기 때문일 것이다. 이 역사의 현장을 지켜보는 요나 4장의 선지자 요나는 고통으로 괴롭다. 따라서 요나에 대해서 편협한 민족주의와 선민 의식만으로 비난하는 것은 옳지 않다. 이런 관점으로 볼 때 요나는 앗수르판 하박국이다. 요나서는 정의와 심판, 선민과 이방 민족, 제국과 식민지의 다양하고 복잡한 이해관계에서 "종의 신분"을 통해 죄의 구속을 이루어 가는 하나님의 '옳음'(צדקה)이다. 하나님의 '옳음'으로 요나의 율법적 세계관과 요나의 '옳음'이 무너진다. 이것이 요나의 고통과 낙심이다.

정의는 심판이 아니라 대리적 고난이다

로버트 치즈홀름과 송병헌은 "요나는 정의감이 강한 사람이었으며, 특히 니느웨의 악에 대한 정의 실현을 요구했다"라고 말한다.[239] 그러나 하나님의 정의는 앗수르의 심판이 아니라 북이스라엘과 유다에게 맡겨진 종의 신분과 대리적 고난으로 성취된다. 즉, 하나님의 정의는 죄인에 대한 심판이 아니라 예수님의 십자가(대속적) 고난으로 실현된 것이다. 니느웨를 심판하는 것은 하나님의 정의가 아니며, 니느웨를 대신해서 요나가 니느웨의 고난을 감당하는 것이 진정한 승리이다. 죄는 불신자가 짓더라도 회개는 성도가 해

---

239   치즈홀름, 『예언서 개론』, 620. ; 송병헌, 『엑스포지멘터리 호세아 요엘 아모스 오바댜 요나』(서울: 국제제자훈련원, 2011), 114-115.

야 한다. 외도나 음란은 불신 배우자가 저질렀더라도 회개는 믿음의 배우자가 해야 한다. 이것이 하나님의 정의이다. 여기서 인생의 정의와 하나님의 정의, 인생의 승리와 하나님의 승리가 구별된다.

요나는 정의가 아니라 대리적 고난을 이해하고 이사야 53장의 고난받는 종으로 살아낼 수 있도록 양육을 받는다. 그는 불순종한 자신과 자신의 죄로 인해 선원들이 물질적 손해와 생명의 위기에 빠진 것을 경험한다. 즉, 요나는 자신의 회개를 위해 대리적 고난을 받은 선원들의 고통을 목격한 것이다. 그러나 요나는 계속해서 인용하는 출애굽기 34:6-7에 '계시'된 하나님의 긍휼을 위해 하나님과 모세, 그리고 출애굽 두 번째 세대가 죄의 짐을 감당한 것은 깨닫지 못한다(출 32:32; 민 14:33-35). 하나님의 'נָחַם'(돌이킴)은 공짜가 아니다. 사무엘상 15:29에서 사무엘은 "이스라엘의 지존자는 거짓이나 변개함이 없으시니 그는 사람이 아니시므로 결코 변개하지 않으심이니이다"라고 말한다. 그러나 하나님은 선포하신 심판을 지키지 않는 분이라는 불명예를 감수하면서까지 심판을 거두신다.[240] 따라서 용서는 누군가 대신해서 대가를 지불함을 의미한다. 가장 큰 대가는 하나님이 직접 지불하셨고, 예수님의 십자가에서 고난받으심으로 완성된다. 그러므로 성도는 정의가 아니라 대리적 고난을 감당함으로써 하나님의 의를 실현해야 한다. 요나는 계속해서 구속사를 위한 "수고"(עָמָל)를 거절하는 요나를 위해 "수고"(עָמָל)하시는 하나님을 알아야 한다.

하나님의 토브와 대리적 고난

몇몇 학자들은 요나서의 핵심 단어를 'רַע'(ra)로 본다. 'רַע'는 요나 1:2, 7-8, 3:10, 4:1-2, 6에서 일곱 번 사용된다. 니느웨의 "악독", "악한"(1:2; 3:10), 선원들에게 닥친 "재앙"(1:7-8), 하나님이 니느웨에 내리려고 했던 "재앙"(3:10; 4:2) 그리고 요나 4장에서 요나의 "싫어하는" 반응과 "괴로움"(4:6)에 사용된다.

그러나 나의 관점에는 히브리어 'טוֹב'(tôb)와 'יָטַב'(yatab)가 요나 4장의 핵심 단어이다. 'טוֹב'; 'טוּב'(tûb); 'יטב'(yṭb)는 어원적으로 한 어군이다. 셈 어족의 삼문어(triliteral) 어근에 대한 유추로 'יטב'가 생겨났다.[241] 따라서 하나님과 요나는 한 어군의 단어 'טוֹב'와 'יטב'를 사용한다. 4:3, 8의 히브리어 'טוֹב'는 LXX에서 '유용하다', '윤리적으로 좋다'라는 의미인로 'καλός'(kalos)로 병행 사용되었다.[242] 그리고 '옳으냐'(4:4, 9)로 번역된 히브리어 'יטב'는 LXX에서 'σφόδρα'(sphodra)가 병행 사용되었다. 'טוֹב'는 인간과 신 사이의 관계에서 신의 뜻을 이루는 데 도움이 되고 그럼으로써 신에게 보상을 받는 측면에서 정의된다.[243] 이 단어가 사람에게 적용될 때는 특별한 능력이나 우수성 또는 긍정적인 특성을 강조한다. 갓난아이가 강하고 잘생기면 'טוֹב'라고 불린다(출 2:2).[244]

'טוֹב'는 하나님의 신실함을 나타내는 단어로 צְדָקָה와 צֶדֶק과 동의어로 사용

---

241 *TDOT*. *Vol*. 5, 296.

242 *TDOT*. *Vol*. 5, 317.

243 *TDOT*. *Vol*. 5, 300.

244 *TDOT*. *Vol*. 5, 306.

되거나 병렬로 사용된다.[245] 이사야 52:7에서 'טוֹב'와 'שָׁלוֹם'(shalom), 'יְשׁוּעָה' (yeshua)는 현재의 구원을 넘어 하나님의 통치를 선포하는 것을 의미한다.[246] 'טוֹב'와 'מִשְׁפָּט'(mišpāt)의 동일시는 사회적 연대의 요구에 근거한 것으로, 적 극적인 의미에서의 'טוֹב'는 '사회적 충실'을 의미한다(대하 24:16; 시 14:1, 3; 잠 3:27; 미 3:2).[247] 이스라엘은 악을 공동체와 어긋난 것이기 때문에 악으로 규 정하며, 마찬가지로 선은 공동체에 부합하기 때문에 선으로 본다.[248]

'טוֹב'에서 가장 고려할 것은 창조 기사에서 'טוֹב'의 사용이다. 창조 기사에 서는 하나님이 피조물과 세계를 창조하시고 "보시기에 좋았더라"(창 1:10, 18, 25, 31)라고 할 때 이 단어가 반복하여 사용된. 이 가운데 차이점이 있다 면 인간을 창조하셨을 때에만 "심히 좋았더라"라고 표현하신 것이다. 이는 선과 악을 구별하는 기준이 하나님이 보시기에 좋은가, 즉 하나님의 관점이 중심이라는 것을 알게 한다. 그런데 요나는 4:3, 8에서 'טוֹב'를 사용하여 자 신을 주장하고, 9절에서는 'טב'를 사용하여 "옳으니이다"라고 하며 자신의 옳음을 주장한다. 반면에 하나님은 4:4, 9에서 'טב'을 사용하여 요나의 관점 을 교정하기 위한 양육을 계속하신다.

구약에서 선한 왕의 의무는 진리(טוֹב)와 거짓(רע)을 듣고 하나님의 지혜로 구별하는 것이다(삼하 14:17; 왕상 3:7-12).[249] 때문에 솔로몬은 "오직 송사를

---

245 *TDOT. Vol. 5*, 307.

246 *TDOT. Vol. 5*, 306.

247 *TDOT. Vol. 5*, 311.

248 *TDOT. Vol. 5*, 311.

249 *TDOT. Vol. 5*, 309.

듣고 분별하는 지혜"(왕상 3:11)를 하나님께 구한다. 이는 영적 지도자인 선지자와 제사장과 장로들에게도 요구된다. 반면 어린 자녀의 특징은 선악을 분별하지 못한다. 창세기 3장에서 인간은 선악을 아는 지혜를 알고자 했지만 지금까지도 저마다 자신의 신학과 주관에 따라 옳고 그름을 주장할 뿐이다. 이에 대해 자끄 엘륄은 "인간은 선악을 아는 지혜를 얻고자 했지만, 그 결과의 종착역은 선악을 분별조차 하지 못하기 때문에 반복적으로 죄를 짓는 것"이라고 말한다.[250]

그러나 인간은 이를 인정하지 않는다. 오히려 모든 인간이 니느웨처럼 힘과 권력을 가지면 저마다 주관적인 옳고 그름의 신학으로 선과 질서를 만들고, 니느웨의 신학으로 만들어진 선과 질서를 기준으로 판단하고 정죄하며 폭력을 행사할 뿐이다. 이에 대해서는 요나도 다를 바가 없다. 요나는 하나님의 선지자임에도 불구하고 선악을 분별하지 못할 뿐만 아니라, 하나님에게조차 자신의 옳음(צדיק)을 주장한다. 자끄 엘륄은 선악을 구별하지 못하는 것보다 비참한 것은 없다고 말한다.[251] 그에 의하면 니느웨보다 선지자 요나가 더 비참하다. 그는 하나님의 선지자임에도 불구하고 선악을 분별하지 못하기 때문이다. 반면에 니느웨는 "각기 악한 길과 손으로 행한 강포에서 떠날 것이라"(3:8)라고 고백하며 회개한다. 자끄 엘륄은 니느웨의 회개는 니느웨가 자신들이 '선'으로 여긴 것들이 '악'이라는 사실을 인정한 사건이라고 말한다.[252]

---

250 엘륄, 『요나의 심판과 구원』, 142.
251 엘륄, 『요나의 심판과 구원』, 144.
252 엘륄, 『요나의 심판과 구원』, 147.

인간은 저마다의 신학을 기준으로 옳고 그름, 즉 선악을 판단한다. 그러나 하나님은 인간의 악을 선으로 바꾸신다(창 50:20). 이는 악을 선으로 바꾸시는 하나님의 권능으로 인간의 선악을 아는 지혜와 주장, 그리고 판단을 무기력하게 만든다. 따라서 인간이 선과 악을 판단하고 정죄하는 것은 교만한 것이며, 아무런 의미도 없다. 오히려 하나님의 선하심을 믿으며 선으로 바꾸시기를 간청하는 것이 겸손이다. 이것이 영적으로 성숙하고 장성한 것이며 선악을 분별하는 지혜를 가진 것이다. 다시 말해, 'ﬣﬢﬡ'는 하나님의 의로서 대리적 고난을 감당하는 것이다.

하나님은 'ﬣﬢﬡ'와 'ﬠﬢ'를 구별하는 능력이 없는 어린아이에게 죄를 묻지 않는다(민 14:31; 신 1:39; 사 7:15; 욘 4:11).[253] 그런데 요나 4:2과 11절에서 출애굽기 34:6과 신명기 1:39의 패턴이 반복하며 평행을 이룬다. 출애굽에서 하나님은 'ﬣﬢﬡ'를 분별하지 못하는 어린아이들을 심판하는 대신 그들에게 광야에서 부모의 죄를 대신 지는 대리적 고난으로 양육하셨다(민 14:33). 이제 하나님은 니느웨에서 'ﬣﬢﬡ'를 분별하지 못하는 십이만여 명을 위해 요나에게 짐(대리적 고난)을 지우신다.

---

253 *TDOT*. Vol. 5, 309.

요나의 대리적 고난과 감정적 고통

따라서 요나의 감정적 고통은 편협한 선민 의식이 아니라 하나님의 선지자로서의 대리적 고난을 감당하는 고통이다. 박철수는 민수기 11:15에서 모세, 열왕기상 19:4에서 엘리야, 예레미야 15:10, 20:14-18에서의 예레미야를 요나 4:3의 요나와 관계지어 강조한다. 그리고 그들의 고통을 하나님의 대변자로서의 고통으로 본다.[254] 결국 하나님의 양육으로 모세와 엘리야, 그리고 예레미야는 백성을 위해 고난받는 종의 길을 묵묵히 걸어간다. 요나도 니느웨의 구원을 위해 폭풍을 만나고(1:4), 제비뽑기에 뽑혀(1:7), 바다에 던져지고(1:15), 물고기 뱃속에서 사흘 동안 고난을 겪었다(1:17).

존 와츠에 따르면 주전 8세기 이스라엘과 유다의 구속사적 역할은 다윗 왕국에서 제국의 식민 백성으로 전환된다. 즉, 종의 신분으로 구속사적 역할을 감당해야 한다.[255] 따라서 요나가 겪은 가장 큰 고통은 이제 니느웨와 앗수르의 식민 백성인 종의 신분을 거절할 수 없는 선지자의 고통이자 종의 신분을 거절하는 한 영혼의 고통이다.

이 고통은 이사야 53장의 대리적 고난을 이해하지 못하는 요나의 세계관과 정의만을 고집하는 자기의 때문이다. 이로 인한 요나의 고통은 죽음에 이르는 고통이다. 로버트 치즈홀름은 "요나 4:6에서 '괴로움'(רַע)은 요나의 육체적 고통을 의미하지만, 하나님의 'נָחַם'(돌이킴)을 이해하지 못하는 옳고

---

254 박철수, 『요나·미가: 대한기독교서회 창립 100주년 기념 성서주석 시리즈 28』, 90-91.

255 와츠, 『WBC 이사야 상』, 49, 75

그름의 사고방식, 세계관으로 인한 고통"이라고 말한다.[256] 그러나 이는 죄인인 인간의 본성이다. 선악을 아는 지혜와 하나님처럼 되려는 욕망으로 선악과를 범했지만, 아담과 하와가 얻은 것은 주관적인 옳고 그름의 신학과 자기중심적 이해관계뿐이다. 그래서 모든 인간은 저마다의 신학과 옳고 그름을 주장하며 자신을 피해자로, 상대를 가해자로 여기며 갈등하고 고통받는 것이다. 따라서 요나의 고통은 니느웨를 향한 대리적 고난으로 부르심을 받은 선지자의 자기 부인적 고통이다.

요나 4:3에서 요나가 죽기를 구한 것은 이사야 53장의 대리적 고난으로 성취하는 구원을 거절하는 모든 인생이 감당해야 하는 고통이다. 자신의 옳고 그름의 주관적 신학과 논리로 정의를 주장하며 맡겨진 대리적 고난을 거절하는 요나 같은 자들은 죽음 같은 고통을 감당해야 한다. 왜냐하면 그런 고통과 고난으로 견고한 자기의와 율법적 세계관이 무너지기 때문이다. 죽기를 바라는 요나의 고백은 자기의를 고집하는 요나의 감정적 고통이 얼마나 크고 깊은지를 잘 보여 준다. 학자들은 이 부분에서 누가복음 15장의 큰아들을 소환한다. 요나는 큰아들처럼 감정적 고통으로 잔치에 참여하지 못하고, 집 밖에서 아버지와 동생을 비난하며 자신을 피해자로 여기는 고통을 받는다. 송병헌은 요나는 지나친 자기의에서 벗어나야 한다고 말한다.[257] 요나가 이처럼 고통받는 것은 자기의에 갇혀서 대리적 고난으로 자신의 뜻을 성취하시는 하나님의 נחם(돌이킴)을 깨닫지 못하기 때문이다. 그의 혼란과 감정적 고통의 원인은 원수 니느웨가 악을 행했는데 자신과 이스라엘이 고

---

256 치즈홀름, 『예언서 개론』, 633
257 송병헌, 『엑스포지멘터리 호세아 요엘 아모스 오바댜 요나』, 118.

난을 받아야 하는 모순 때문이다. 고난도 힘겹지만, 고난 자체보다 어째서 니느웨는 용서를 받고 자신과 자신의 민족 이스라엘은 고통을 받아야 하는지 이해할 수 없었을 것이다.

그러나 요나는 내 민족 이스라엘이 아니라, 북이스라엘과 유다에게 맡겨진 종의 신분과 대리적 고난을 통해 성취하시는 하나님의 구속사를 배워야 한다. 요나는 선원들이 불순종한 자신의 죄로 인해 폭풍에 고통을 겪었던 것을 기억해야 한다(1:4-16). 그래야 대리적 고난을 배울 수 있다. 그들의 물질적 손해와 희생 덕분에 자신이 물고기 뱃속에서 회개할 수 있었다는 것을 기억해야 한다. 그렇지 않으면 자신의 회개조차도 요나에게 자기의가 될 뿐이며, 요나 2장의 회개에도 불구하고 4장의 요나처럼 삶과 속사람의 변화에 이르지 못하게 된다.

어쨌거나 요나의 고난으로 니느웨가 회개에 이른다. 하지만 가까운 미래에 니느웨는 이스라엘과 유다를 침략하고 노략질한다. 그럼에도 불구하고 이런 배은망덕과 배신은 북이스라엘과 유다에게 종의 신분과 이사야 53장의 대리적 고난을 깨닫는 구속사가 될 것이다. 따라서 죄로 인한 북이스라엘의 심판과 멸망도 하나님의 'טוֹב'이다.

나는 북이스라엘의 심판과 멸망을 자신들의 죄로 인한 보응적 심판으로만 보지 않는다. 요나 4:11에서 니느웨의 가축까지 살피시는 하나님께서 북이스라엘의 생명을 살피실 것이기 때문이다. 더구나 북이스라엘은 언약 백성이다. 즉, 북이스라엘의 멸망과 수치는 남겨진 유다의 회개를 향한 이스라엘의 고난이다. 출애굽 때 광야에서 출애굽 첫 세대가 죄의 짐을 지고 죽어 가는 모습을 자녀들에게 보인 것처럼, 북이스라엘은 남유다에게 자신들의 짐을 지고 멸망하는 것을 보여야 한다. 철저하게 멸망과 수치를 감당하는 이스라엘에게 주시는 은총은 자기 죄로 심판받는 이스라엘의 멸망을 대리적 고난으로 여겨 주시는 것이다. 요나는 예레미야처럼 장차 이스라엘이 감당할 종의 신분과 대리적 고난을 바라보는 선지자의 고통으로 괴롭다. 그러나 그들의 고난과 수고는 헛되지 않을 것이다(고전 15:58; 빌 2:16).

요나의 표적(마 12:39-41; 16:4; 막 8:11-12; 눅 11:24-26, 29-32)

바리새인들과 사두개인들은 "하늘에서 오는 표적"을 요구한다. 구약의 모세에게는 지팡이와 열 재앙, 만나와 불기둥, 구름 기둥이 있었고(출 16:4), 엘리야의 기도 후에는 하늘에서 불이 내리는(왕상 18:38) 기적이 나타남으로써 하나님이 함께하는 것이 증명되었다. 이처럼 표적은 예수님께서 행하신 일에 하나님이 함께하셨다는 것을 증명하는 기능을 한다.[258] 예수님의 표적은 메시아의 시대를 시작한 예수님의 사역을 통해 나타난 치유와 축귀와 오병이어, 칠병이어 기적으로 먹이시고 고치신 사건이다. 치유와 회복은 하나님 나라의 도래를 알리는 희년의 실현으로 상징적인 표적이다. 예수님이 메시아임을 확인하는 세례 요한에게도 예수님은 이사야 61:1-3을 인용하여 가난한 자에게 미치는 치유와 회복의 사건을 전할 뿐이었다(눅 7:18-22). 유대의 종교 지도자들은 예수께서 하나님 나라의 도래를 보인 표적들을 분별하지 못한다.[259] 그리고 바리새인들과 서기관들은 예수를 고발하기 위한 또는 흠집을 찾기 위한 목적으로 표적을 요구한다(마 12:38-41). 이들에 대해

---

258 강대훈, 『마태복음 주석 1권』, 89-90.

259 강대훈, 『마태복음 주석 1권』, 92.

서 예수님은 "악하고 음란한 세대"(마 12:39; 16:4)라고 말씀하신다. 자끄 엘륄은 "악하고 음란한 세대"라는 의미를 그들이 표적을 요구하는 동기에서 찾는다. 그들이 참으로 하나님을 원했다면 기적이 아니라 하나님 자신을 요구했을 것이다.[260] 그는 그들이 거절하는 유일한 기적은 그리스도의 임재이며, 이는 그들이 악하고 음란하다는 증거가 된다고 말한다. 따라서 악하고 음란한 그들은 자신들의 입맛에 맞는 하나님의 기적만을 원한다. 울리히 루츠(Ulrich Luz)는 "'Σημεῖον'(표적)은 일반적으로 상징적 행동, 기적, 하늘의 계시, 물리적 재앙과 같이 가시적인 것으로, 성경과 유대 전통에서 기적(δύναμις, τέρας)이 될 수 있지만 반드시 기적일 필요는 없다"라고 말한다.[261]

그렇다면 예수님이 말씀하신 요나의 표적은 무엇인가? 일반적으로 학자들은 요나의 표적을 니느웨 백성이 선지자 요나가 전한 메시지에 회개한 것으로 본다. 강대훈은 예수께서 보여 주시는 그리스도의 고난과 부활은 이 시대가 진정으로 찾아야 하는 표적이라고 말한다.[262] 그는 표적을 구하는 바리새인들과 서기관들에게 예수께서 보여 주실 표적은 예수의 죽음으로,[263] 강함이 아니라 "약함"이라고 말한다. 이런 관점은 사도 바울에게도 발견되는데, 바울은 자신의 사도직을 비난하는 자들에게 자신의 강함이 아니라 약함이, 기적이 아니라 고난이 사도직의 증거라고 말한다. 이런 점에서 강대훈은 예수께서 보여 주신 진정한 표적은 "약함"과 관련이 있고, 시대가 요

---

260 엘륄, 『요나의 심판과 구원』, 98.

261 Luz, U., *Matthew: a commentary on Matthew* 8–20, *HERM*, 218.

262 강대훈, 『마태복음 주석 2권』 (부흥과개혁사, 2019), 94.

263 강대훈, 『마태복음 주석 1권』, 823.

청하는 표적은 "강함"과 관련이 있다고 말한다.[264] 데이비스, W.D.(Davies, W.D.)와 데일 C. 앨리슨(Dale C. Allison, Jr)은 예수님의 부활을 '이 세대'에게 주어질 표적이라고 말한다(마 12:38-39).[265] R. T. 프랜스(France, R.T)는 "'사흘 밤낮'은 요나와 예수의 갇힘을 끝낸 신적 개입(2:10)으로, 예수의 부활은 선지자 요나처럼 죽음에서 풀려난 것과 일치하는 표적이 된다"라고 말한다.[266] 울리히 루츠는 예수의 부활은 예수를 거절한 "이 세대"를 위한 표적이 아니라, "이 세대"가 실패했음을 입증하는 표적이 된다고 말한다.[267] 그러므로 예수의 죽음과 부활은 결과적으로 이스라엘을 위한 표적이 아니다. 오히려 예수의 부활은 예수를 거절한 표적이 된다.

요나의 표적은 구원을 위한 하나님의 καιρός(카이로스)이다[268]

그러나 이런 학자들의 주장은 주전 8세기 상황을 이해하지 않는 관점이다. 그리고 "표적"으로 번역된 헬라어 'σημεῖον'(semeion)에만 집중하여 LXX의 병행 히브리어 אות에 관해 살펴보지 않은 것이다. 렝스토프, K.H. (Rengstorf, K.H.)는 헬라어 'σημεῖον'(표적)을 이해하려면, 먼저 히브리어의 의미를 파악하는 것이 필수적이라고 말한다.[269] 따라서 헬라어 'σημεῖον'의

---

264 강대훈, 『마태복음 주석 1권』, 823.

265 Davies, W.D. & Dale C. Allison, Jr, *A Critical and Exegetical Commentary on the Gospel according to St Matthew*, *ICC*, (London; New York: T&T Clark International, 2004), 583.

266 France, R.T., *The Gospel of Matthew*. *NICNT* (Grand Rapids, MI: Wm. B. Eerdmans Publication Co, 2007), 491.

267 Luz, U., *Matthew: a commentary on Matthew 8-20*. *HERM*, 218.

268 일반적으로 χρόνος(크로노스)는 자연적인 시간을, 카이로스(καιρός)는 지정된 시간을 가리킨다.

269 *TDNT*. *Vol.* 7, 209.

LXX 병행 히브리어 אּוֹת에 관해 살펴볼 필요가 있다.

개역개정에서 '표적'으로 번역된 헬라어 'σημεῖον'은 LXX에서 히브리어 נֵס(nes), מַשְׂאֵת(maset), אוֹת과 병행 사용된다. 그리고 구약에서 약 5분의 4는 אוֹת가 사용된다.[270] 히브리어 אוֹת는 '징조', '표적'을 가리킬 때 사용된다(창 1:14; 4:15; 렘 32:20, 21). 또한, אוֹת는 선지자들의 예언적 행동을 표현하기도 한다. 이사야 8:1, 18에서 이사야가 이름을 짓는 것, 이사야 20:3에서 이스라엘과 유다가 수치를 당할 것을 이사야가 상징적으로 알몸을 감당하는 행위, 에스겔 4:1-3에서 에스겔이 예루살렘을 포위하는 것을 묘사할 때 사용된다. 그러나 선지자들의 행동은 미래를 읽으려는 주술적인 것이 아니라, 영감받은 말씀을 상징적 행동으로 현재에서 미래를 선포하는 사역이다.[271] 히브리어 נֵס(nes)는 '놓칠 수 없는 경고 신호'(민 26:10, 대하 32:24)로서, 눈에 잘 띄는 것을 의미할 때, "장대 위에"(민 21:8, 9) 달린 놋뱀을 언급할 때, 이사야 11:12에서는 "여호와께서 열방을 향하여 기치(נֵס)를 세우시고"에서 사용되었다(사 11:12; 13:2; 18:3; 렘 28:12, 27).[272] 히브리어 מַשְׂאֵת는 LXX에서 '깃발'로 번역된다(렘 6:1).

그러나 내가 주목하는 것은 אוֹת의 어원에서 '일정의 기간'을 뜻하는 의미이다. 렝스토프, K.H.(Rengstorf, K.H.)는 "미리 정해진 기간"(a period of time determined in advance)이라는 제안이 있지만, 아직까지 셈어권에서는 더 이상

---

270 *TDNT. Vol.* 7, 209, 219-220.

271 *TDNT. Vol.* 7, 217.

272 *TDNT. Vol.* 7, 208-209, 220-221.

진전을 이루지 못하고 있다고 말한다.[273] 그러나 나는 창세기 1:14의 "하나님이 이르시되 하늘의 궁창에 광명체들이 있어 낮과 밤을 나뉘게 하고 그것들로 징조와 계절과 날과 해를 이루게 하라"에서 "징조"라는 단어에 히브리어 אֹת가 사용된 것에 의미를 둔다. 창세기에서 히브리어 אֹת는 당시 해와 달과 별을 신뢰하는 점성학에 대해서 시간과 역사를 주관하는 분이 하나님이라는 것을 강조하는 의미로 사용된 것으로 보인다.[274] 그런데 "징조"(אֹת)가 시간의 개념인 "계절과 날"과 함께 사용된 것을 볼 때, 히브리어 אֹת의 의미에는 '일정한 기간'과 시간의 흐름을 알려 주는 의미가 포함된 것으로 보인다. 유대인 성경학자인 나훔 M. 사르나(Nahum M. Sarna)는 창세기 1:14에서 히브리어 אֹת은 "정해진 시간"(fixed times)과 "시간 결정자"(time determinant)를 의미하는 일반적인 용어로 사용할 수도 있다고 말한다.[275] 따라서 나는 렝스토프, K.H.(Rengstorf, K.H.)와 나훔 M. 사르나에 근거하여 "미리 정해진 기간"(a period of time determined in advance)이라는 의미를 유대인이 요구하는 "표적"으로 적용할 필요가 있다고 본다.

'정해진 시간'이나 '시간의 결정자'라는 의미를 '표적'으로 적용하면, 주전 8세기의 상황을 살펴야 한다. 주전 8세기는 북이스라엘은 여로보암 2세의 치세로 강력한 국력을 누릴 때다. 남유다 역시 웃시야와 히스기야와 같은 왕의 치세로 나름대로 종교 개혁과 영적 부흥을 경험했다. 그럼에도 하나님은 주전 8세기 선지자들을 통해 새로운 구속사를 계획하셨다. 하나님이 계

---

273 Rengstorf, K.H., "σημεῖον, σημαίνω, σημειόω, ἄσημος, ἐπίσημος, εὔσημος, σύσσημον", *TDNT. Vol. 7* (Grand Rapids, MI: Eerdmans, 1964), 209.

274 로스, 『창조와 축복』, 160–161.

275 Sarna, N.M., *Genesis: Jewish Publication Society: JPSTC* (Philadelphia, 1989), 9.

획하신 새로운 구속사는 분열 왕국의 역사를 마감하고 제국의 식민지로 살아가는 종의 신분으로 감당하는 구속사이다. 존 와츠는 "새 시대에는 하나님의 백성에게 민족적 독립이 존재하지 않고, 하나님의 성읍 예루살렘에게 정치적 권력이 존재하지 않고, 그들 자신의 왕과 국토가 존재하지 않는다. 새 시대의 기본적 개념은 종의 신분이다"라고 말한다.[276] 이사야와 예레미야는 한목소리로 바벨론의 종으로 살 것을 강조한다.

따라서 이런 주전 8세기의 상황과 하나님의 계획으로 요나서를 살펴보면, 요나의 니느웨 사역과 니느웨를 향한 하나님의 돌이킴(נחם)은 주전 8세기 선지자들을 통해 선포하신 말씀을 역사 속에서 시작하신 변곡점 혹은 전환점을 만드신 것이다. 즉, 구원을 위한 결정적인 시간을 가리키며, 구속을 위한 '하나님의 때', '그리스도의 때'라고 할 수 있다. 마가복음 1:15의 "때가 찼고"에서는 헬라어 καιρός(kairos)가 사용된다. 신약은 성취된 "때"에 καιρός를 사용한다(눅 21:24; 요 7:8; 눅 1:20). καιρός는 메시아적 구원의 시대에 대한 예언자적 소망의 성취에 관해 사용된다. 그 개념은 단순히 지정된 시간이 경과했음을 의미하는 것이 아니라 결정적인 순간(καιρός)이 이제 도래했음을 의미한다.[277] 예수님은 마가복음 1:15의 "때가 찼고 하나님의 나라가 가까이 왔으니 회개하고 복음을 믿으라 하시더라"에서 "때"를 의미하는 'καιρός'를 사용하신다. 신약은 성취된 "때"에 'καιρός'를 사용한다(눅 21:24; 요 7:8; 눅 1:20). 'καιρός'는 메시아적 구원의 시대에 대한 예언자적 소망의 성취

---

276 와츠, 『WBC 이사야 상』, 58

277 R. T. 프랜스, 이종만, 임요한, 정모세 역, 『NIGTC 마가복음』 (서울: 새물결플러스, 2017), 165.

에 관해 사용된다. 그 개념은 단순히 지정된 시간이 아니라 결정적인 순간 (καιρός)이 이제 도래했다는 의미이다.[278] 구약에서 주전 8세기는 이스라엘의 정체성이 종의 신분으로 전환되는 하나님의 때를 의미한다. 따라서 요나는 주전 8세기 선지자들을 통해 들었던 말씀이 자신을 통해 시작되는 현장을 목격한 고통이다. 그러나 이는 심판이 아니라 마치 노아와 아브라함에게 임하신 것처럼, 아니 그보다 더 큰 은총으로 "직접 고난받으심"으로 하나님께서 성취하시는 구속의 경륜이다.

그러므로 요나의 표적은 분열 왕국이 구속사의 막을 내리고 종의 신분으로 감당하는 구속사의 시작을 알리는 "정해진 시간"으로서의 표적이다. 니느웨의 사역으로 요나가 역사의 전환점이 되었듯이 예수님이 구속사의 전환점이 된 것을 요나의 표적으로 말씀하신 것이다. 주전 8세기 선지자들을 통해 선포된 예언이던 말씀이 요나를 통해 시작되었듯이, 예언이었던 말씀이 예수님을 통해 성취되고 시작되는 것으로 본다. 다시 말해, 주전 8세기 선지자들을 통해 선포된 분열 왕국의 역사가 마감되고, 앗수르, 바벨론, 페르시아, 헬라, 로마와 같은 제국의 종의 신분으로 구속의 역사를 이루시는 하나님의 구속사가 요나를 통해 니느웨에서 시작되었듯이, 예수님의 대리적 고난을 통해 새 시대가 시작되는 것이다.

그러나 그들은 세속사를 보는 인식과 이해도 부족하고, 구속사의 경륜을 보는 이해도 없는 소경이었다. 이제 역사의 전환점인 요나가 표적이듯이 예수님의 성육신과 고난받으심이 새로운 구속사의 성취와 전환점이 되었다.

---

278   프랜스, 『NIGTC 마가복음』, 165.

예수님이 말씀하시는 요나의 표적은 하나님의 신적 개입인 부활이 아니라, 종의 신분으로 오신 예수님과 "종으로 오신 예수님의 고난과 죽음"으로 시작되는 것으로 본다.

2) 대리적(대속적) 고난 사상으로의 역사적 전환

이사야 52:13-53:12의 고난받는 종의 대리적 고난 사상은 '눈에는 눈'이라는 율법적 세계관을 넘어서는 은혜의 개념이다. '여호와 종의 노래'라고 불리는 이사야 42:11-4, 49:1-6, 50:4-9, 53:13-53:12에서 발견되는 고난은 의로운 자가 자신 때문이 아니라, 타인(원수)의 구원을 위해 받게 되는 고난을 말하고 있다. 의인의 대리적 고난 사상은 예수 그리스도에게 성취되어 하나님 나라의 새 시대를 열었다. 이사야 53장의 고난에 대한 새로운 세계관은 지금까지 고난에 대한 이해를 뒤집는 개념이다.

보수적인 성경학자들은 예수님이 이사야 53장의 고난받는 종을 따라 자신의 사명을 동일시했다는 견해를 옹호하며, 종의 대리적 고난의 개념이 기독교 이전에 유대교에도 존재했음을 역사적으로 입증하려고 노력해 왔다.[279] 반면에 자유주의 학자들은 이러한 전통적인 해석에 이의를 제기하며, 고난받는 종의 개념은 '헬레니즘 기독교'에서 등장한 것으로, 역사적 예수의 자기 이해와 관련이 없다고 주장한다.

하나님은 에스겔에게 이스라엘와 유다의 죄를 담당할 것을 명령하신다

---

279 Childs, B.S., *Isaiah: A Commentary*, OTL, 420-421.

(겔 4:4-6: "너는 또 왼쪽으로 누워 이스라엘 족속의 죄악을 짊어지되(וְשַׂמְתָּ) 네가 눕는 날수대로 그 죄악을 담당할지니라(עָלָיו תִּשָּׂא) 내가 그들의 범죄한 햇수대로 네게 날수를 정하였나니 곧 삼백구십 일이니라 너는 이렇게 이스라엘 족속의 죄악을 담당하고(וְנָשָׂאתָ) 그 수가 차거든 너는 오른쪽으로 누워 유다 족속의 죄악을 담당하라(וְנָשָׂאתָ) 내가 네게 사십 일로 정하였나니 하루가 일 년이니라"). 에스겔의 "날수대로"와 "햇수대로" 환산된 고난은 민수기 14:33-34의 "너희의 자녀들은 너희 반역한 죄를 지고(וְנָשְׂאוּ) 너희의 시체가 광야에서 소멸되기까지 사십 년을 광야에서 방황하는 자가 되리라 너희는 그 땅을 정탐한 날 수인 사십 일의 하루를 일 년으로 쳐서 그 사십 년간 너희의 죄악을 담당할지니"에서 "사십 일의 하루를 일 년으로 쳐서 그 사십 년간" 고난받은 출애굽 두 번째 세대가 떠오르게 한다. 그러나 크리스토퍼 라이트(Christopher J. H. Wright)는 에스겔의 고통이 속죄(대리)적인 것이 아니라, 상징적이고 대표적으로 백성들의 죄와 동일화되는 것이라고 말한다.[280] 이안 두굿(Iain M. Duguid)은 에스겔이 죄악을 담당하는 것은 백성의 죄를 제거하는 것이 아니라 백성이 쌓은 죄의 무게를 표현하기 위함이라고 말한다.[281]

반면에 짐머리(Zimmerli, W)는 에스겔의 고난이 이사야 53장의 대리적 고난과 연결되었다고 본다.[282] 그는 에스겔은 상징적 속박의 의미에서 이스라엘의 죄를 담당함으로써 이사야 53장과 깊이 관련됨을 부인할 수 없다고 말

---

280 크리스토퍼 라이트, 『에스겔 강해』, 정옥배 역 (서울: IVP, 2004), 102.

281 이안 두굿, 『NIV 적용주석 에스겔』, 임미영 역 (서울: 성서유니온선교회, 2003), 116-117.

282 Zimmerli, W., *Ezekiel: a commentary on the Book of the Prophet Ezekiel*, HERM (Philadelphia: Fortress Press, 1979), 164-165.

한다.

　예레미야는 하나님의 말씀을 전하면서 눈물과 탄식과 고통으로 하나님의 아픈 마음을 드러낸다. 하나님의 정서를 삶으로 살아 내는 선지자의 고통이었다.[283] 예레미야 선지자는 핍박당하고 투옥당하며 친바벨론자로 오해받고 격리된다. 다른 어떤 선지서들보다 예레미야서는 선지자 예레미야의 수난당하는 모습을 자세하게 기록하고 있는데, 이것은 단순히 그의 고난을 기록하기 위해서라기보다는 하나님의 말씀이 수난당하는 것을 보여 주기 위한 것이다.[284] 유다의 멸망 후 예레미야는 바벨론에서의 편안한 삶을 살 것인가 혹은 새롭게 총독으로 지명된 그달리야와 함께 유다에 남을 것인가를 선택할 수 있었다(렘 40:1-6).[285] 바벨론 사령관 느부사라단이 함께 바벨론으로 가면 선대하겠다고 약속했기 때문이다. 따라서 예레미야는 세 가지 선택지가 있었다. 첫째는 느부사라단과 함께 바벨론으로 가서 그곳에서 특별한 대우와 보호를 받거나, 둘째는 미스바 지방 총독 그달리야의 보호를 받거나, 셋째는 자신이 원하는 제3의 땅에서 살 수 있는 세 가지 선택지가 주어졌다. 예레미야는 자신이 원하는 곳으로 자유롭게 갈 수 있었다.[286]

　그러나 예레미야는 바베론으로 가지 않는다. 왜일까? 예레미야는 유다

283　김성수, 『구약의 키』 (서울로: 생명의 양식, 2016), 219.

284　김성수, 『구약의 키』, 220.

285　헤티 랄레만, 『예레미야·예레미야 애가(틴데일 구약주석 시리즈)』, 유창걸 역 (서울: CLC, 2017), 413.

286　Huey, F.B., *Jeremiah, Lamentations*. NAC (Nashville: Broadman & Holman Publishers, 1993), 349.

로 돌아가고 이후 백성들과 함께 애굽으로 끌려간다. 마빈 A. 스위니(Marvin A. Sweeney)는 예레미야가 사십 년 사역을 마감하면서 애굽으로 내려간 것을 지적한다. 왜냐하면 사십 년간의 사역을 통해 이스라엘을 애굽에서 이끌어 낸 모세에 대하여 예레미야를 정반대 인물로 묘사하는 기능을 할 수 있기 때문이다.[287] 그러나 예레미야가 바벨론으로 가지 않은 것은 유다에 남은 백성들과 '함께 고난받기'를 자청한 것이다. 예레미야는 가나안에 입성하지 못한 모세처럼 마지막 순간까지 고난받는 종의 역할과 사명을 감당했다. 따라서 대리적 고난은 오경과 역사서와 선지서에서 일관성 있게 발견된다. 이후 구속사는 예수님께서 대속적 고난을 받음으로써 완성되며, 이 구원의 원리를 따라 교회는 세상을 위해 대리적 고난으로 부르심을 받는다.

"아버지가 신 포도를 먹었으므로 그의 아들의 이가 시다"(렘 31:29; 겔 18:2)

에스겔에서 고난과 고통은 죄에 대한 심판의 결과와 이스라엘과 유다의 죄를 담당하는 대리적 고난의 두 가지 관점이 균형과 공존하는 것으로 이해된다. 하지만 창세기부터 발견되는 대리적 고난의 이해는 예레미야와 에스겔 시대까지도 이스라엘 백성들에게 불공평으로 이해되고 거부된 것으로 보인다(렘 31:29-30; 겔 18:2-4).[288] 장성길은 포로기 백성들은 선조들의 죗값에 대해 연대 책임을 물어 자신들이 고난을 받았다고 이해한 경향이 있다고 본다.[289] 이렇게 불공평을 호소하는 백성들에게 에스겔 18:2-4은 의인이나 악인 모두 자신의 행위에 따라 개인 차원의 죄와 심판을 강조하며(겔 3:17-

---

287 Seitz, "*The Prophet Moses.*"; 스위니, 『예언서』, 147-148에서 재인용.

288 김이곤, 『구약 성서의 고난 신학』, 35.

289 목회와 신학 편집부, 『예레미야 1 어떻게 설교할 것인가』(서울: 두란노, 2012), 279.

21; 14:12-23; 18:1-32; 33:1-20), 노아, 다니엘, 욥조차도 자신의 생명만을 건질 뿐 죄인을 구원할 수 없다고 말씀한다(겔 14:14, 20). 에스겔과 예레미야는 현세대가 조상들보다 더 많은 죄악을 행한 것을 지적하는 의미로 사용하였다.[290]

반면, 당시 에스겔과 백성들은 출애굽기 20:5, 34:6-7, 민수기 14:18, 신명기 5:9의 말씀을 오해하고 조상의 죄로 자신들이 억울한 심판을 받고 있다고 생각했다. 에스겔 18:25, 29에서 "주의 길이 공평하지 아니하다"라고 말함으로써 이의를 제기한 것이다. 예레미야애가 5:7의 "우리의 조상들은 범죄하고 없어졌으며 우리는 그들의 죄악을 담당하였나이다"라는 말씀으로 유추해 볼 때, 포로기 백성들에게 이런 피해 의식이 넓게 자리를 잡고 있었던 것으로 보인다.[291] 욥기에서도 대리적 고난의 사상은 발견되지 않는다. 욥기에서 욥의 고난은 그의 동료들에게까지 인과응보적으로 이해되고 정죄받는다. 또한 욥도 자신의 고난을 대리적 고난의 사상으로 변론하지 못한다. 모세오경(유다와 모세 이야기)은 대리적 고난의 모티브이다. 그럼에도 여전히 인과응보적 고난의 개념과 양육적 기능으로서의 고난에 대한 인식이 보편적이었다. 따라서 구약에서 대리적 고난의 사상은 감추어진 비밀로 극소수의 선지자들에게만 허락된 비밀이었다(고전 2:7; 4:1).

하나님은 이스라엘을 회복시키길 원하셨다. 이사야와 예레미야에게 말씀하신 바벨론 포로 70년 이후를 준비해야 했기 때문이다. 그러나 먼저 해

---

290 랄레만, 『예레미야·예레미야 애가(틴데일 구약주석 시리즈)』, 365.

291 두굿, 『NIV 적용주석 에스겔』, 307.

결해야 할 문제가 있었다. 그것은 출애굽기 20:5, 34:6-7, 민수기 14:18, 신명기 5:9의 말씀을 잘못 해석한 백성들의 피해 의식과 잘못된 태도였다. '대리적 고난'의 이해를 배경으로 볼 때, "아버지가 신 포도를 먹었으므로 그의 아들의 이가 시다"(렘 31:29-30; 겔 18:2)라는 속담은 타인의 허물로 인해 의로운 자가 대신 고난을 받거나 죽는다는 출애굽기 20:5, 34:6-7, 민수기 14:18, 신명기 5:9, 이사야 53장의 의인의 고난을 조금도 이해하지 못한 자들의 '절망적이고 냉소적인' 반응이다.[292] 왜냐하면 출애굽기 20:5, 34:6-7, 민수기 14:18, 신명기 5:9의 말씀은 가족 연좌제가 아니라 자손들이 부모의 죄를 반복할 때 자손들에게 심판이 임할 것을 의미하기 때문이다.[293] 그러나 당시 백성들은 "아버지가 신 포도를 먹었으므로 그의 아들의 이가 시다"와 같은 속담으로 자신들의 죄와 악을 변명하거나 정당화하며 절망하거나 체념하는 분위기가 있었다.[294] 프레드 M. 우드(Fred M. Wood)와 로스 맥클라렌(Ross McLaren)은 그들의 공동 저서에서 "하나님은 예레미야와 에스겔에게 이 문제를 백성들의 회복을 위해 정면으로 다루고 양육하셨다"라고 말한다.[295] 운명적 자포자기 상태의 백성들에게 '대리적 고난' 사상과 더불어 예레미야 31:31-33의 새 언약을 주셨다는 것이다.[296] 하나님은 주전 8세기 선

---

292 로날드 E.클레멘츠, 『예레미야』, 김회권 역 (서울: 한국장로교출판사, 2002), 287.; Bright, J, *Jeremiah, Anchor Bible* (Garden City: Doubleday, 1965), 283.; 김이곤, "구약성서의 고난 이해", 347-376, 370에서 재인용.

293 조셉 블렌킨솝, 『에스겔(현대성서주석)』, 박문재 역 (서울: 한국장로교출판사, 2002), 124-125.

294 클레멘츠, 『예레미야』, 287.

295 프레드 M. 우드, 로스 맥클라렌, 『Main Idea로 푸는 예레미야. 예레미야 애가』, 김진선 역 (서울: 디모데, 2011), 315.

296 클레멘츠, 『예레미야』, 288.

지자들, 특히 이사야를 통해 전해진 종의 신분과 대리적 고난을 감당할 공동체를 준비하셨다.

바벨론 포로기 이후로 고난의 개념이 전환된다

이스라엘 백성에게 바벨론 포로의 고난 경험은 고난의 의미를 찾는 유대 민족의 여러 전통적 방식을 재고하는 결정적인 시기였기 때문이다.[297] 결과적으로 포로기 백성들은 에스겔 18:2의 "아버지가 신 포도를 먹었으므로 그의 아들의 이가 시다"라며 원망하던 자신들을 양육해 주시는 하나님의 은총(겔 18:1-32)과 대리적 고난 사상을 이해하게 된 것이다. 또한 예레미야애가 5:7의 "우리의 조상들은 범죄하고 없어졌으며 우리는 그들의 죄악을 담당하였나이다"에서 "담당하였나이다"는 סָבַל'(sabal)이며, 이사야 53:4, 11에서도 사용되었다. 따라서 예레미야와 에스겔의 시대는 '대리적 고난' 사상으로 설득되고 양육되는 과정으로 볼 수 있다.

주전 8세기 선지자인 이사야와 예레미야와 에스겔을 통한 말씀의 양육과 바벨론 포로의 고난을 겪는 이들은 성전과 성전 제사를 드릴 수 없는 상황에서 자신들과 자신들의 고난을 대리적인 고난과 제물로 이해하는 새로운 정체성을 가지게 된다.[298] 다니엘 보야린은 『유대 배경으로 읽는 복음서』에서 "고난받는 메시야 개념은 고대 유대교, 중세 유대교, 그리고 근대 초기 유대교에도 존재한다"라고 말한다.[299] 김근주는 대리적 고난의 개념이 구약

---

297 Simundson, D.J., "Suffering", *AYBD* 6권 (New York: Doubleday, 1992), 219.

298 Berges, Ulrich, "Servant and Suffering in Isaiah and Jeremiah: Who borrowed from whom?." *Old Testament Essays* 25.2 (2012): 247-259, 248, 255.

299 보야린, 『유대 배경으로 읽는 복음서』, 237.

의 다른 곳에서는 찾아볼 수 없는 개념이지만, 마카비2서 7:37-38을 인용하여 대속적 죽음의 사상이 신구약 중간기에 있었다고 말한다.[300] 따라서 바벨론 포로기의 상황은 하나님의 종이 타인을 위하여 대신 고난을 받아 '속죄 제물'(אָשָׁם)이 되는 '대리적(대속적) 고난' 사상으로 전환하는 배경이 되었다.[301]

그러므로 바벨론 포로기를 지나 신구약 중간기에 대리적 고난의 세계관이 유대 배경으로 자리 잡은 것을 볼 수 있다. 베스터만(Westermann, C)는 고난에 대한 개인의 책임을 강조하는 인과응보적 관점을 넘어, 대속적 고난으로 보는 새로운 관점의 이해와 적용이 이사야 53장으로 전환되고 확립된다고 말한다.[302] 김이곤도 이러한 전환적 사건이 바벨론 포로기의 역사적 고난의 경험으로 근본적으로 전환되었다고 말한다.[303] 역사적으로 유대인들은 중세 유럽에서 많은 박해를 당했다. 중세 유럽에서 유대인 박해에 가장 앞

---

300 "나는 형들과 마찬가지로 우리 선조들이 전해 준 율법을 지키기 위해 내 몸과 내 생명을 기꺼이 바치겠소. 나는 하느님께서 우리 민족에게 속히 자비를 보여 주시고, 당신에게는 시련과 채찍을 내리시어 그분만이 하느님이시라는 것을 인정하게 해 주시기를 하느님께 빌겠소. 우리 민족 전체에게 내리셨던 전능하신 분의 정당한 노여움을 나와 내 형들을 마지막으로 거두어 주시기를 하느님께 빌 따름이오." 김근주, 『특강 예레미야』, 245.

301 Roy A. Rosenberg, "Jesus, Isaac, and the 'Suffering Servant'", JBL 84(1965), 381-388, 382.; 김이곤, "구약 성서의 고난 이해", 347-376, 369-370.; 박노식, "마가복음의 대속적 고난의 신학적 함의와 그 배경", 191-213, 201에서 재인용.

302 Westermann, C., Isaiah 40-66: A Commentary. OTL (Philadelphia, PA: The Westminster Press, 1969), 263-264.

303 J. L. McKenzie, Second Isaiah (AB, 1968), 134-135.; C. R. North, The Suffering Servant in Deutero-Isaiah, (London 1948), 181.; 김이곤, "구약 성서의 고난 이해", 347-376, 371에서 재인용.

장선 사람들은 도미니칸과 프란시스칸 수도회였다.[304] 유대인 박해의 절정은 세계 2차 대전에서 히틀러에 의해 학살당한 사건이다. 그런데 유대인들은 중세 유럽의 박해와 히틀러의 학살에 폭력적 저항을 하지 않은 것으로 보인다. 오히려 유대인들은 묵묵히 죽임을 당하며, 고난받는 민족으로 자신들에게 이사야 53장을 적용하며 해석한 것으로 보인다.[305] 유대인들이 고난받는 종으로서 저항하지 않고 묵묵히 중세 유럽과 히틀러의 학살을 감당했다면 이는 참으로 놀라운 일이다.

3) 신약에서 대리적(대속적) 고난

예수의 고난과 죽음은 초기 기독교인들에게 전통적 고난에 대한 세계관이 무너지는 큰 아노미적 사건이었다. 그들에게 예수는 전혀 죄인이 아니었기 때문이다. 더구나 부활이 그 증거였다. 따라서 초기 기독교인들은 전통적 고난의 이해인 보응적 세계관에 대해 의문을 제기하고 고난에 대한 새로운 세계관을 형성하게 된다. 그 근거와 배경은 이사야 40~55장이며, 그중에서도 특히 53장이다. 그들은 예수님의 고난과 죽음을 하나님의 계획의 일부로 해석하고, 초기 기독교인의 고난은 예수 그리스도의 모범을 따라 다른 사람들을 위한 대속적 고난으로 해석하였다.[306]

초기 기독교인의 고난에 대한 이해는 구약과 유대 전통에서 얻었다. 반

304　김근주, 『특강 예레미야』, 250.
305　보야린, 『유대 배경으로 읽는 복음서』, 212-213.
306　Simundson, D.J., "Suffering", *AYBD*, 224.

면 신약의 논의는 고난에 대한 이해를 "예수의 고난을 어떻게 이해할 것인가?", 그리고 "성도들이 그리스도이신 예수님으로 인해 겪은 고난을 어떻게 이해할 것인가?"라는 두 가지 질문에서 출발한다.

마태복음은 8:17, 27:38, 57-60에서 이사야 53:4, 9을 인용한다. 특히, 아리마대의 요셉에 대해 마가복음은 '공회원'이라고(15:43) 언급한 것과 달리 마태복음은 '부자'라고 언급한다. 이는 이사야 53:9의 "그가 죽은 후에 부자와 함께 있었도다"를 인용한 것으로, 예수의 죽음을 기독론적으로 대리적 고난과 죽음으로 확정하기 위해 사용한다.[307] 곽철호는 야고보서와 유다서를 제외한 모든 신약은 교리적 가르침인 기독론을 확증하거나 선교, 윤리, 목양의 목적으로 이사야 52:13-53:12을 암시하거나 인용한다고 말한다.[308] 그러나 내가 볼 때, 야고보서와 유다서는 직접적 인용과 암시가 없을 뿐, 이사야 52:13-53:12을 반향(echo)하고 있다.

예수님은 자기 목숨을 많은 사람의 대속물이라고 말한다. 여기서 대속물은 헬라어 'λύτρον'(lytron)을 사용한다(마 20:28; 막 10:45; 벧전 1:18). 사도 바울은 갈라디아서 1:4의 "우리 죄를 대속하기(ὑπὲρ) 위하여"에서 예수님의 죽음을 대속적 죽음으로 여긴다. 이는 이사야 53:10의 "속전 제물"(אָשָׁם)을 인용한 것이다. 의로운 자가 대신 고난을 받아 속건 제물이 된다는 대리적 고난 사상은 예수님이 자기 자신에게 가장 뚜렷하게 해석하고 적용한다(사 53:10; 막 10:45). 이후 십자가에서 많은 사람(모든 열방)의 구원을 위한 대리적 고난

---

307 곽철호, 『패턴으로서의 고난받는 종의 전형』, 294.

308 곽철호, 『패턴으로서의 고난받는 종의 전형』, 364-365, 372-373.

으로 성취된다. 이처럼 고난받는 종의 대리적 고난은 신적 필연성과 종의 자발성에 있다. 유다, 다말, 모세, 우리아, 나봇, 예레미야, 이사야, 에스겔, 스데반은 이사야 53장의 고난받는 종에서 발견된다(창 43:9; 44:33, 34; 50:20; 사 53:10-11). 이러한 이유에서 하나님은 불의한 자들에 의해 자행된 의로운 자들의 고난과 죽음(순교)을 희생적인 것으로 인정한다.[309]

의로운 종은 자기 생명까지 이스라엘을 위한 'אָשָׁם'(속죄 제물)로 내주었는데, 이것은 깨져 버린 하나님과의 관계를 회복하기 위해서였다. 예수님은 유죄한 이스라엘을 대신하여 그 자리에 서게 되었고, 이스라엘은 이를 통해서 구원받은 자의 지위를 획득하게 되었다.[310] 예수님의 대리적 고난이 죄인들에게 구원의 길을 열어 준 것이다.[311]

신약은 타인을 위한 고난받음을 그리스도인의 소명으로 강조한다.[312] 예수님이 다른 사람을 위해 고난받으신 것처럼, 그리스도인들도 다른 사람의 유익과 복음 전파를 위해 기꺼이 고난받아야 한다는 것이다(벧전 2:18-25). 고난으로의 부르심은 기복적이고 세속적 세계관에 대한 도전이다. 기복적

---

309 박노식, "마가복음의 대속적 고난의 신학적 함의와 그 배경", 191-213, 201.

310 Janowski, "Er trug unsere Sünden: Jesaja 53 und die Dramatik der Stellvertretung," 44; Janowski, *Stellvertretung: Alttestamentliche Studien zu einem theologischen Grundbegriff*, 90-91.; 박성호, "'고난받는 종' 예수", 189에서 재인용.

311 Kraus, "Jesaja 53 LXX im frühen Christentum – eine Überprüfung,", 160은 전치사 διά가 원인을 나타낸다는 이유에서 5절(70 인역)이 야웨의 종의 대리적 고난을 말하지 않는다고 말한다. 그러나 그는 5b절의 언급이 담고 있는 대리적 특징을 간과하고 있다.

312 Simundson, D.J., "Suffering", *AYBD* 6권, 224-225.

세계관에서 팔복의 사람은 실패한 사람이다. 그러나 대리적 고난의 세계관에서 팔복은 죄와 악의 심판적 결과라기보다는 의인이라는 증거다. 욥기와 요한복음 9장에서 소경으로 태어난 사람은 부모나 자신의 죄라는 보응적 고난 세계관에 대한 반론이다. 이처럼 팔복은 기복과 세속적 세계관에 대한 반론이다.

(1) 요한복음 9장 선천적 장애와 대리적 고난

요한복음 9장에서 제자들은 예수님에게 날 때부터 소경된 자는 누구의 죄로 그렇게 된 것인지를 질문한다(9:1-3, 34). 선천적 장애에 관한 인간의 "왜?"라는 이 질문은 고대 유대교의 고난과 죄 사이의 직접적인 원인–결과 관계인 보응적 세계관을 나타낸 것이다.[313] 선천적 장애로 인한 고난에 대해 인간은 "왜?"라고 하는 질문을 멈출 수 없다. 그러나 예수님은 선천적 장애가 장애인 본인이나 부모의 죄로 인한 것이라는 '보응적 고난 세계관'을 거부하신다. 반면, 요한복음 9:3의 "이 사람이나 그 부모의 죄로 인한 것이 아니라 그에게서 하나님이 하시는 일을 나타내고자 하심이라"와 5:14의 "보라 네가 나았으니 더 심한 것이 생기지 않게 다시는 죄를 범하지 말라"는 말씀을 통합하기는 어렵다. 두 구절의 조율을 원하는 인간에게는 "왜?"라는 질문이 남는다.

요한복음 9:3에서 "하나님이 하시는 일"에 대해서 어떤 사람들은 치유를

---

313 안드레아스 J. 쾨스텐버거, 『누가·요한복음: 구약 성경의 인용, 암시, 반영에 대한 탐구 (신약의 구약 사용 주석 시리즈)』 (서울: CLC, 2012), 596.

통한 하나님의 권능을 나타내고자 함이라고 말한다. 그러나 장애로 고통을 받은 장애인들에게 이런 해석은 조금도 은혜가 되지 못한다. 왜냐하면 장애를 겪는 사람은 애초에 장애 없이 건강하게 태어나는 것을 훨씬 더 큰 은혜로 여길 것이기 때문이다. 평생을 장애라는 수치와 불편을 감수하며 살아가는 이들에게 이런 관점은 오히려 고통을 더할 뿐이다. 여전히 "왜?"라는 질문에 해답을 얻을 수가 없기 때문이다. 병 고침이 은총이라면 애초부터 건강한 것이 선천적 장애보다 나을 것이다. 따라서 요한복음 9장은 치유와 회복이 아니라, 보응적 고난과 인과응보적 세계관에 대한 관점으로 접근해야 한다.

그렇다면 하나님이 하시는 일이란 무엇인가? 하나님이 하시는 일은 구원이다. 여호와의 종으로 오신 예수님께서 죄인을 대신하여 대리적 고난으로 구원을 이루시는 것이다.

요한복음 9장 전체의 핵심은 영적 시력의 유무이다. 예수님을 모르면 영적 소경이고, 육체적으로 시각 장애를 가지고 있다고 해도 예수님을 향한 믿음이 있다면 그는 영적 시력을 소유한 것이다.[314] 그런데 예수님을 믿고 안다는 것은 무엇인가? 결국 예수님을 안다는 것은 죄인인 나를 대신하여 예수님이 대리적 고난을 받으셨다는 사실을 아는 것이다. 그리고 예수님의 대리적 고난의 세계관을 자신과 타인에게 이해하고 적용하는 것이다. 즉, 9장의 선천적 소경과 그 부모의 고난을 타인(원수)의 구원을 위해 고난받는

권해생, 『요한복음(대한예수교장로회 고신총회 설립 60주년 기념 성경주석)』 (서울: 대한예수교장로회 총회 출판국, 2016), 268.

이사야 53장의 대리적 고난의 세계관으로 이해하고 적용하는 것이다. '영적 소경은 선천적 장애로 고통받는 장애인의 고통을 정죄하는'가 아니면 '나와 공동체의 유익을 위한 대리적 고난으로 이해하고 적용하는가'에 관한 지식의 유무이다.

레슬리 뉴비긴(Lesslie Newbigin)과 브루스 밀른(Bruce Milne)은 선천적 소경은 참 빛이 오기까지 모든 인간이 어둠에 있는 것을 대변하는 것이라고 말한다.[315] 따라서 그는 "문제는 눈 먼 자와 보는 자 사이의 구별이 아니고, 자신이 소경임을 아는 자와 자기가 보는 자라고 주장하는 자 사이의 구별이다"라고 말한다.[316] 본다고 여기는 바리새인들은 예수님이 치유해 주신 자에게 "네가 온전히 죄 가운데서 나서"(요 9:34)라고 말한다. 이는 "왜"라는 질문에 대한 답변으로 그들의 인과응보적 세계관이 얼마나 견고한지를 보여 준다. 바리새인들은 끊임없이 정죄한다. "왜"라는 질문에 대한 하나님의 답인 빛을 거절하기 때문이다. 그들은 이사야 53장의 대리적 고난에 대한 세계관에 관한 지식이 없다. 스스로 복음을 알고 본다고 주장하지만 대리적 고난에 대한 이해와 적용이 없으면 보지 못하는 소경에 불과하다.

빛이 없는 영적 소경은 죄와 고난에 대한 인간의 실증적 질문의 거짓인 보응적 형벌, 보응적 세계관을 피할 수 없다. 그들은 보응적 고난관을 "왜"라는 질문에 대한 답변으로 여기며 자신과 타인을 정죄할 것이다. 그럼에도

---

315 브루스 밀른, 『BST 요한복음: 말씀이 육신이 되어』, 정옥배 역 (서울: IVP, 1995), 188.
316 레슬리 뉴비긴, 『레슬리 뉴비긴의 요한복음 강해』, 홍병룡 역 (서울: IVP, 2001), 162.

그들은 자신의 고난과 고단한 삶에 대해서 "왜"라는 질문을 멈출 수 없을 것이다. 빛이 없는 영적 소경이기 때문이다. 레슬리 뉴비긴은 죄와 죽음의 권세 아래 있는 세상에서 선천적 장애에 관한 모든 노력과 시도는 좌절된다고 말한다.[317] 따라서 좌절 앞에 여전히 인간은 "왜"라는 질문을 멈출 수 없는 것이다. 그래서 아담의 죄 아래 태어난 모든 인간은 선천적인 소경이다. 죄와 고난 사이의 직접적인 원인과 결과, 선천적 장애는 누구의 죄로 인한 것인지에 관한 "왜"라는 질문, "왜"라는 질문에 답을 찾지 못하는 좌절과 무지의 어두운 세상을 이해할 수 있는 유일한 길은 빛이 오는 것이다.[318]

나를 대신하여 고난받은 종인 예수님의 대리적 고난에 관한 지식이 있는 사람은 예수님을 본다. '종의 신분'으로 오신 예수님이 빛이기 때문이다. 또한 자신과 타인의 고난을 예수님의 고난에 동참하는 대리적 고난으로 이해하고 적용하는 자는 종의 신분으로 오신 예수님을 본다. 이것이 죄와 고난 사이의 직접적인 원인과 결과, 선천적 장애는 누구의 죄로 인한 것인지에 관한 질문에 답을 찾지 못하는 좌절과 무지의 어두운 세상의 빛이다(요 9:5). 예수님은 "나는 세상의 빛이니 나를 따르는 자는 어둠에 다니지 아니하고 생명의 빛을 얻으리라"(요 8:12)라고 말씀하신다. 이것을 깨달은 그는 더 이상 "왜?"라는 질문을 하지 않는다. 어설픈 보응 신학으로 경솔하게 "네가 온전히 죄 가운데서"(요 9:34)라고 말하며, 타인을 정죄하지 않을 것이다. 왜냐하면 "왜?"라는 질문이 필요하지 않을 만큼 세상의 어둠을 이해하는 "지식"(사 53:11)을 얻었기 때문이다. 호세아는 "내 백성이 지식이(דעת) 없

---

317 뉴비긴, 『레슬리 뉴비긴의 요한복음 강해』, 162-163.

318 뉴비긴, 『레슬리 뉴비긴의 요한복음 강해』, 163.

으므로 망하는도다"(4:6)라고 말한다.

선천적 장애로 고통받는 자녀와 선천적 장애를 겪는 자녀를 둔 부모는 "왜"라는 질문을 멈추기 어려울 것이다. 평생을 짓누르는 보응적 세계관의 산물인 자책과 수치와 고난으로 괴로움을 받으며, 응답 없는 "왜"라는 질문을 수없이 던질 것이다. 이들에게 그들의 선천적 장애가 죄로 인한 보응적 고난이 아니라, 많은 생명을 구원하기 위한 그리스도의 고난에 동참하는 종의 신분과 '대리적 고난'이라는 신학보다 더 쉼과 자유를 주는 빛은 없다. 첫째, 하나님을 향한 "왜"라는 질문에 대한 답변으로 빛(지식)을 보았기 때문이다. 둘째, 자신들의 고난과 수치가 종의 신분으로 오신 예수님처럼 많은 생명을 구원하기 위한 하나님의 특권과 은총임을 깨달았기 때문이다. 이제 장애와 질병, 그리고 우리의 모든 고난이 꼭 치유되어야 하는 것은 아니다. 반드시 해결되어야 하는 것도 아니다. 선천적 소경으로 태어난 모든 인간의 "왜"라는 질문보다 "답"이 있기 때문이다. 이제 "왜"라는 질문은 사라지고, 그는 묵묵히 입을 다물고 고난받는다(사 52:15; 53:7). 고난받음 자체로 예수님의 고난에 동참하는 특권과 영광이다. 따라서 그들은 고난 중에도 자유와 쉼을 누리며 예수를 본다. 또한 그들은 예수의 고난에 동참할 자격 없는 죄인인 자신을 본다. 이로써 그들에게 현재의 고난은 피해 의식과 억울함이 아니라 기쁨과 영광이다. 그러므로 예수를 보는 것은 이사야 53장의 대리적 고난으로 자신과 타인의 고난을 이해하고 적용하는 것이다.

예수님은 새 계명으로 사랑을 주셨다.

"새 계명을 너희에게 주노니 서로 사랑하라 내가 너희를 사랑한 것 같이 너희도 서로 사랑하라 너희가 서로 사랑하면 이로써 모든 사람이 너희가 내 제자인 줄 알리라"(요 13:34-35).

사도 바울은 '사랑장'이라고 불리는 고린도전서 13:2에서 "사랑이 없으면 내가 아무 것도 아니요"라고 말한다. 선천적 장애를 안고 비참한 삶을 살아가는 지체를 사랑한다는 것은 무엇인가? 그를 동정의 대상으로 여기고 돕는 것인가? 나는 그들을 사랑하는 것은 그들의 비참함과 고난이 나와 나의 죄를 대신하여 대리적 고난을 감당한다는 이해와 고백에서 시작하는 것이라고 믿는다.

요한복음 9:16은 바리새인 중에 신학적 분쟁이 있었다고 말한다.

"바리새인 중에 어떤 사람은 말하되 이 사람이 안식일을 지키지 아니하니 하나님께로부터 온 자가 아니라 하며 어떤 사람은 말하되 죄인으로서 어떻게 이러한 표적을 행하겠느냐 하여 그들 중에 분쟁이 있었더니."

이 말씀은 대리적 고난에 대한 감추어진 신비로 오늘날에도 여전히 논쟁과 정죄와 무시와 같은 반응이 변함없이 나타난다. 오늘날에도 율법적 옳고 그름으로 판단하고 정죄하는 보응적 신학을 따르는 어떤 이들은 대리적 고난을 살아 내는 이들을 정죄하고 판단하느라 분주하다. 그럼에도 나타나는 표적으로 인해 전혀 무시할 수 없는 혼란을 겪을 것이다. 나름대로 자신들의 신학과 세계관에 짜 맞추어 보려고 노력하지만, 영적 소경이므로 혼란만 가중될 뿐 여전히 "왜"라는 질문에 만족스러운 답을 찾지 못한다. 그들은 바리새인처럼 "우리도 맹인인가"(요 9:40)라는 질문을 하지만, 자신들이 영적 소경임을 인정하지는 못한다. 여전히 "왜"라는 질문을 멈출 수 없기 때문이다. 죄로 인한 수치와 고난, 죄와 고난의 원인과 결과의 이해와 적용이 없는 신학과 목회는 빛이 없는 영적 소경의 신학과 목회다.

이사야 6:9-10 배경으로 읽는 요한복음 9장

소경의 눈을 뜨게 하는 것(시 146:8; 사 29:18; 35:5; 42:7, 18)과 보는 자들이 소경이 되는 것(사 6:10; 42:19; 렘 5:21; 마 13:13-15; 막 4:12; 요 12:40; 행 28:26) 은 성경의 주제이다.[319] 요한복음 9장을 살펴볼 때 중요한 것은 첫째, 9장은 "누구의 죄로 인함이니이까"(2절)로 시작해서 "너희 죄가 그대로 있느니라"(41절)로 끝난다. 선천적 소경이 치유되는 사건과 바리새인들의 논쟁과 정죄를 "죄"(2-3, 41절)로 둘러싸고 있다. 이것은 9장이 보는 것과 보지 못하는 것이 아니라 종의 신분으로 오신 예수님과 죄와 고난에 대한 이해를 다루고자 하는 목적을 지니고 있기 때문이다. 따라서 9장은 소경의 치유가 아니라 죄와 고난을 중심으로 읽어야 한다.[320] 둘째, '보는 것'과 '보지 못하는 것'은 구약을 배경으로 읽어야 한다. 특히 이사야서에서 소경이 보게 되는 것은 하나님의 구원이요 하나님의 선물이다(29:18; 35:5; 42:7). 반면 하나님을 거역하는 사람들에게는 보지 못하는 심판을 주신다(사 6:9-10; 42:19; 요 12:40). 예레미야에게 하나님을 거역하는 사람들은 눈이 있어도 보지 못하는 자들이다(렘 5:21).[321] 셋째, 요한복음 9:7, 11의 "실로암"은 이사야 42:19

---

319 쾨스텐버거, 『누가·요한복음: 구약 성경의 인용, 암시, 반영에 대한 탐구 (신약의 구약 사용 주석 시리즈)』, 599.

320 R. 앨런 컬페퍼, 『요한복음 요한서신, 신약학 입문 시리즈 4』, 박경미 역 (서울: 대한기독교서회, 2018), 242.

321 권해생, 『요한복음(대한예수교장로회 고신총회 설립 60주년 기념 성경주석)』, 278.

의 "내가 보내는 내 사자"를 인용하여 암시한 것이다. 이사야 42:19의 "보내는"은 히브리어 שָׁלַח(shalah)로 요한복음 9:11의 실로암과 음가가 비슷하다.[322] 요한은 9:7에서 실로암(שִׁלֹחַ)을 언급하며 "번역하면 보냄을 받았다는 뜻이라"라고 부가 설명한다. 이는 요한복음 9장을 이사야서를 배경으로 읽어야 할 것을 애써 알려 주는 것이다. 따라서 나는 요한복음 9장의 배경을 이사야 6:9-10으로 보며, 이사야서를 배경으로 요한복음 9장을 해석할 것이다. 이사야서에서 소경은 장애인이 아니라 이사야를 통해 전해지는 말씀을 깨닫지 못하는 백성이다(29:9; 42:18-25; 56:10; 59:10).

그렇다면 이사야서에서 "너희가 듣기는 들어도 깨닫지 못할 것이요 보기는 보아도 알지 못하리라"(사 6:9)라는 말씀은 무엇을 보고 들어도 알지 못한다는 것인가? 이 말씀은 인간의 지성과 지적인 능력을 말하는 것이 아니다. 존 와츠는 "이사야에서 하나님의 구원을 위한 이스라엘의 역할에 큰 변화가 주어졌다"라고 말한다. 또 "주전 8세기에 하나님은 분열 왕국의 역사를 끝내고 역사의 지배와 주도권을 다윗 왕국에서 제국의 손으로 넘기시는 큰 변화를 시작하신다. 이제 이스라엘은 제국들의 통치 아래 예속된 소수 집단으로 전락하여 제국과 식민 재배의 관계에서 '종의 신분'으로 구속사를 감당하게 된다"라고 말한다.[323]

그러므로 이사야 6:9의 "너희가 듣기는 들어도 깨닫지 못할 것이요 보기

---

322 콜린 G. 크루즈, 『요한복음(틴데일 신약 주석 시리즈)』, 배용덕 역 (서울: CLC, 2013), 329-330.

323 와츠, 『WBC 이사야 상』, 49, 75

는 보아도 알지 못하리라"라는 말씀은 종의 신분으로 감당하는 구속사를 이해하지 못하는 것을 의미한다. R. 앨런 컬페퍼(R. Alan Culpepper)는 소경으로 태어난 것이 죄가 아니라, 빛 되신 예수님을 대면하고도 예수님을 거부하는 것이 죄라고 말한다.[324] 그러나 그의 말은 반만 옳은 것이다. 그들이 거부한 것은 빛 되신 예수님이 아니라, 종의 신분으로 오신 예수님과 자신에게 맡겨지는 종의 신분이다. 주전 8세기의 백성들이나 예수님 당시의 백성들, 그리고 현대의 성도들에 이르기까지 종의 신분으로 오신 예수님과 함께 성도에게 맡겨진 '종의 신분'은 계속해서 거부되어 왔다. '종의 신분'으로 오신 예수님을 거부한 자들이 찾는 것은 이방신이 아니다. 그들이 찾는 것은 "백성이 옛적 모세의 때를 기억하여"(사 63:7-19)라는 말처럼, 출애굽 당시 불 기둥과 구름 기둥으로 임하신 하나님이다. 그리고 그들은 절기와 제물을 의지한다(사 1:11-14). 따라서 종의 신분으로 오신 예수님을 보았고, 그분의 말씀을 들었음에도 불구하고 깨닫지 못한다. 왜냐하면 그들은 종의 신분이 아니라 왕으로 오신 정치, 군사, 경제적 메시아를 찾고 구하기 때문이다. 그러므로 소경이 눈을 뜨는 것과 보는 자들이 소경 되는 것은 구속사에서 피할 수 없는 주제이다. 이런 배경에서 종의 신분으로 오신 예수님을 거절하는 백성들에게 마태복음, 마가복음, 요한복음, 사도행전은 이사야 6:10을 인용한다(마 13:13-15; 막 4:12; 요 12:40; 행 28:26).

보는 자들은 종의 신분으로 오신 예수님이 자신의 죄와 고난을 대신 감당하기 위해 종으로 오신 것을 깨닫고 이해하여 자신도 종의 신분으로 살아가는 자이다. 반면에 보지 못하는 자들은 대리적 고난을 감당하는 종으로

---

324 컬페퍼, 『요한복음 요한서신: 신약학 입문 시리즈 4』, 248-249.

오신 예수님을 이해하지 못하고 종의 신분으로 살아가기를 거절하는 자들이다.

(2) 로마서에서 '이신칭의'(justification by faith)의 근거는 대리적(대속적) 고난이다(롬 3:26, 28; 4:5; 5:1; 갈 2:16; 3:11, 24)[325]

이신칭의와 대리적 고난은 상호 보완적인 관계이다. 대리적 고난이 구속의 사건이라면, 이신칭의는 그 구속이 믿음을 통해 신자에게 적용되는 단회적 과정이다. 예수님의 대리적 고난은 구속의 근거이다. 즉, 예수님이 십자가에서 인간의 죄를 대신하여 죽으심으로 구속의 길을 여셨고, 이신칭의는 그 구속의 효력이 믿음을 통해 개인에게 적용된다. 대리적 고난은 하나님의 공의와 긍휼로써, 하나님은 죄를 심판하셔야 하는 공의로운 분이지만, 동시에 긍휼로 인해 자신의 아들 예수를 희생시키셨다. 이신칭의는 하나님의 긍휼을 믿는 자에게 그 의를 전가함으로써 이루어진다. 즉, 예수님의 대리적 고난을 통해 죄 사함을 받은 성도는 이신칭의를 통해 하나님 앞에서 '의롭다' 함을 받는다. 이는 신분의 변화를 의미하며, 더 이상 죄의 종이 아니라 하나님의 자녀로서 살아가게 된다.

여기서 중요한 의미는 '의롭다' 함을 받은 하나님 자녀로 살아간다는 것은 대리적 고난을 감당할 권리와 자격을 얻는다는 것이다. 따라서 교회와 성도는 예수님의 본을 따라 대리적 고난으로 부르심을 받는다. 바브 존슨(Barb Johnson)은 의인은 고난을 통해 다른 사람을 의롭게 도울 수 있을 뿐만

---

325   안토니 A. 후크마, 『개혁주의 구원론』, (서울: CLC, 1990), 257-259, 285, 313.

아니라, 다른 사람의 고난을 자신이 대리적 또는 대표적으로 감당할 수 있다고 말한다(시 22편, 사 53장).[326]

"모든 사람이 죄를 범하였으매, … 그리스도 예수 안에 있는 구속으로 말미암아 하나님의 은혜로 값없이 의롭다 하심을 얻은 자 되었느니라… 하나님이 그의 피로써 믿음으로 말미암는 화목제물로 세우셨으니…"(롬 3:23-26)

"하나님이 죄를 알지도 못하신 이를 우리를 대신하여 죄로 삼으신 것은 우리로 하여금 그 안에서 하나님의 의가 되게 하려 하심이라"(고후 5:21)

"사람이 의롭게 되는 것은 율법의 행위로 말미암음이 아니요 오직 예수 그리스도를 믿음으로 말미암는 줄 아는고로… 내가 그리스도와 함께 십자가에 못 박혔나니 그런즉 이제는 내가 사는 것이 아니요 오직 내 안에 그리스도께서 사시는 것이라"(갈 2:16, 20)

이 구절들은 예수님의 대리적 고난이 믿음으로 의롭게 되는 이신칭의의 근거임을 명확히 보여 준다.

그러므로 신약 성경은 이신칭의만을 강조하는 것이 아니라, 예수님의 대리적 고난을 전제로 이신칭의를 강조한다. 그리고 교회와 성도는 대리적 고난으로 부름을 받는다. 이 두 개념은 서로 밀접하게 연관되어 있으며, 이 두

---

326 Ringgren, H. & Johnson, B., "צָדַק", *TDOT. Vol. 12* (Grand Rapids, MI; Cambridge, U.K.: William B. Eerdmans Publishing Company, 2003), 262.

교리는 신약의 구원 이해에 있어서 불가분의 관계이다. 따라서 대리적 고난이 적용되지 않거나 결핍된 이신칭의에 대해서 본회퍼는 "값싼 은혜"라고 박철수는 칭의만을 강조하는 복음은 "반쪽 복음"이라고 말한다.[327] 그러나 그는 대안을 제시하지 못한다. 예수님의 대리적 죽음이 없다면 믿음을 통한 칭의도 이루어질 수 없다는 점에서, 신약 성경은 예수님의 대리적 고난을 전제로 이신칭의를 강조한다.

대리적(대속적) 고난
(Vicarious[Substitutionary] Suffering)

이신칭의
(Justification by faith)

예수 = 교회

성육신
(Incarnation)

대리적 고난
(Vicarious[Substitutionary] Suffering)

먼저 속량을 받은 자는 첫 열매로 희생된다. 그리고 그들이 감당하는 대리적 고난은 예수님의 대리적 고난의 증거가 된다. 리차드 보쿰(Richard John Bauckham)은 그의 『요한계시록 신학』(*The Theology of the Book of Revelation*)에서 "요한계시록 12~14장은 성육신(12:5)에서부터 재림(14:14-20)에 이르기까지의

---

327 박철수, 『하나님 나라: 기독교란 무엇인가』, 93.

메시야적 전쟁을 묘사하고 있다"라고 말한다.[328] 그는 "사람들 가운데서 속량함을 받아 처음 익은 열매"(14:4)를 "순교자"라고 칭하고, "순교자"의 증거로 만국은 우상 숭배를 회개하든지(14:7), 아니면 하나님의 심판을 받을 것인지(14:9-11)를 선택해야 한다고 말한다.[329] 여기서 요한은 추수의 이미지를 사용한다.

그런데 이 부분에서 내가 주목하는 것은 "사람들 가운데서 속량함(ἠγοράσθησαν)을 받아 처음 익은 열매"(14:4)의 역할이다. 이들은 어린양의 희생으로 속량된 후, 이제는 만국의 속량(ἠγοράσθησαν)을 위해 자신들을 희생제물로 드린다.[330] 여기서 '속량함'은 문자적으로 시장(ἀγορά)에서 '팔린' 사람들이라는 의미다. 마태복음 13:44, 46에서는 밭에 감추인 보화를 발견하고 그 밭은 '사느니라'(ἀγοράζει)와 자기의 소유를 팔아 그 진주를 '사느리라'(ἠγόρασεν)에서 사용되었다.

그러므로 먼저 속량함을 받고 첫 열매로 드려진 사람들은, 이후 속량함을 받을 사람들을 위해 희생 제물이 되어야 한다. 따라서 "순교자"라는 표현보다는 "먼저 속량함을 받은 사람"이라는 표현이 요한계시록 13~14장의 의미를 더 정확하게 해석하는 것으로 보인다(보쿰이 "순교자"라는 단어를 사용했는지, 아니면 역자가 "순교자"로 번역했는지 발견하지 못하였다). 그러므로 먼저 예수 그리스도를 믿고 하나님의 자녀가 된 사람들은 먹고 마시는 것이 아

---

328 리챠드 보쿰, 『요한계시록 신학』, 이필찬 역 (서울: 한들출판사, 2000), 142.

329 보쿰, 『요한계시록 신학』, 142-143.

330 보쿰, 『요한계시록 신학』, 144.

니라, 재림과 추수를 위해 타인(원수)의 구원을 위해 대리적 고난을 받는다. 사도 바울은 이 고난으로 주의 고난에 동참하는 영광을 누린다고 말한다(롬 8:17).

예수님의 성육신과 ···▶ 이신칭의 ···▶ 먼저 속량받은 자의 대리적 고난
대리적(대속적) 고난   (justification by faith)

그리스도의 고난에 동참하는 성도의 고난은 예수님의 대리적 고난을 따르고 흉내 내는 것이다. 로마서 3:10은 "의인은 없나니 하나도 없으며"라고 말한다. 인간의 죄를 대속하실 구원자가 필요하지만, 모든 인간은 죄인이기 때문에 대속의 고난을 감당할 자격이 없다. 따라서 하나님이신 예수님께서 여자의 후손으로 오셔서, 죄가 없으심에도 불구하고 인류의 모든 죄를 담당하고 고난받아 죽으신 것이다. 이를 복음이라고 부르고, 듣고, 시인하고, 믿는 자는 구원을 받는다(롬 1:17; 3:24-30; 4:14-15; 10:9-10; 엡 2:8). 팀 켈러는 '의롭다 함'을 '정결함'으로, '의롭다 함'과 '정결함'의 반대는 '정죄'와 '부정함'으로 본다.[331] 그는 의롭게 됨이란 실제 죄인임에도 불구하고 그리스도 안에 있으면 정죄당하지 않음을 의미한다고 말한다.

사도행전 1:8의 "오직 성령이 너희에게 임하시면 너희가 권능을 받고"에서 '권능'(δύναμις)은 무엇을 의미하는 것인가? 성령께서 주시는 권능은 예수님만이 감당하실 수 있는 대리적 고난을 본받고 따름으로써 그리스도의 고난에 동참하는 것이다(롬 8:17). 여전히 죄의 영향을 받고(롬 7:25), 육체의 소

---

331 팀 켈러, 『당신을 위한 갈라디아서』, 윤종석 역 (서울: 두란노, 2018), 84.

욕이 성령을 거스르고 대적하지만(갈 5:17), 하나님의 은혜로 값없이 '의롭다'(δικαιόω) 하심을 얻은 자가 되었음을 의미한다(롬 3:24). 즉, 믿는 자에게 그의 믿음을 '의'(δικαιοσύνη)로, 그리스도의 고난에 동참함으로 여겨 주시는 것이다(롬 4:5). 박철수는 인간의 고난에 대해서 수동적 고난과 능동적 고난으로 나눈다. 그리고 그리스도의 고난에 동참하는 고난을 능동적 고난으로 본다.[332] 그러나 나는 고난에 대한 그의 이해가 아쉽다. 사도 바울은 스스로 육체의 가시라고 칭했던 고난이 있었다. 이에 대해 여러 해석이 있으나 대개는 바울이 질병(안질 혹은 간질)을 가지고 있었을 것으로 본다. 또한 이사야 53:4의 "질고"를 질병과 고생으로 해석하며, 랍비 문헌은 "문둥병"으로 해석한다. 이런 관점은 질병이 그리스도가 감당하는 대리적 고난임을 보여 준다. 인간의 질병은 가장 수동적인 고난이며, 인간을 무기력하게 한다. 사도 바울조차도 세 번이나 자신에게서 육체의 가시로 주어진 질병으로부터 떠나기를 간구할 만큼 수동적이었다(고후 12:8). 그러나 이후 그는 육체의 가시와 약함을 기독론적으로 해석하고 "그리스도를 위하여"(ὑπὲρ Χριστοῦ; 고후 12:10; 빌 1:29; 3:7, 9; 몬 1:9) 고난에 동참하는 것으로 여긴다. 따라서 질병을 수동적 고난으로 여기며 그리스도를 위하여 받는 고난에서 배제시키는 박철수의 고난에 대한 이해는 이사야 53:4-6의 대리적 고난에 대한 무지와 가톨릭 사제 제도를 분별없이 따르는 이원론적이고 혼합적 세계관이다. 오히려 그리스도의 고난에 동참하는 것은 절대적이며 수동적 형태로 주어진다. 왜냐하면 이사야 53:6에서 고난받는 종의 고난은 능동적 자원함이 아니라 하나님께서 맡기신 것이기 때문이다. 그리스도를 따르는 제자라도 통제할 수 없고, 피할 수 없는 고난을 맡기실 것이다.

---

332 박철수, 『하나님 나라: 기독교란 무엇인가』, 95.

성도의 고난은 예수님의 대속적 기능이나 역할을 가지는 것으로 볼 수 없다. 감히 그렇게 말할 수 없다. 내가 고난받음으로 누군가 죄 사함을 받을 수 있다면 정말 좋겠지만, 인간에게는 그런 자격이나 '의'(義)가 없다. 따라서 인간이 만나는 모든 고난은 보응적 고난이다. 그러나 구원받은 하나님의 백성에게 고난은 양육과 훈련을 위한 고난과 대리적 고난이다. 더 적극적으로 적용하자면 대리적 고난뿐이다. 예수님이 감당하신 대리적 고난을 증거하는 방법으로 성도가 대리적 고난을 말하는 것이 복음인가? 아니면 대리적 고난을 살아 내는 것이 복음인가를 생각해 보라. 나는 하나님은 후자를 선택하셨다고 본다. 예수님의 대리적 고난은 대리적 고난에 관해 전하는 교회와 성도의 말이 아니라 대리적 고난을 살아 내는 교회와 성도에 의해 증거된다. 종말의 시대에 대리적 고난을 감당해야 할 구조와 종의 역할이 성도와 교회에게 맡겨진 것이다.

'의롭다'(δικαιόω)라고 '여겨 주심'(λογίζομαι)이 사실이라면, 나의 믿음을 '의'(δικαιοσύνη)로 '여겨 주심'을 믿는다면, 그리스도가 감당한 '대리적 고난'을 본받고, 따르고, 흉내 내는 고난으로의 부르심을 믿지 못할 이유가 무엇인가? 각 성도에게 맡겨진 고난을 믿음으로 감당하는 것을 '의'(義)로 '여겨 주심'같이 '대리적 고난'에 동참하는 것으로 '여겨 주심'을 믿지 못할 이유가 무엇인가? 고난받는 자에게, 성도의 고난을 예수님의 대리적 고난으로의 동참으로 여겨 주심보다 더 큰 격려와 위로는 없다. 또한 예수님의 고난에 동참과 대리적 고난으로 여겨 주심을 경험하면서 용서하시고 구속하시는 하나님의 긍휼과 은혜의 깊이와 넓이를 조금이나마 이해하게 된다.

아브라함은 '의'(義)로 여겨 주심을 받았다(창 15:6 "아브람이 여호와를 믿으니 여호와께서 이를 그의 의로 여기시고"). 이는 "여겨 주심"이지 존재적인 "의" (義)가 아니다. 또한 아브라함을 '의'(義)로 여겨 주심은 아브라함에게 '대리적 고난을 받을 자격'으로 여겨 주심이다. 이후 창세기 22장에서 아브라함은 이삭을 번제물로 드리는 것에 순종하였고, 아들 예수님을 십자가 제물로 내어 주는 하나님 아버지의 고통을 경험하게 된다. 아브라함과 이삭의 고난은 하나님과 예수 그리스도가 감당한 대리적 고난의 예표이며, 동시에 그리스도의 대리적 고난에 동참하는 것으로 보인다. 따라서 아브라함과 모세와 다윗을 비롯한 믿음의 증인들은 각자의 삶에서 맡겨진 대리적 고난을 예표하는 특권을 누린 것이다.

대리적 고난은 특권이다

이사야 53:4-6의 대리적 고난은 아무나 감당할 수 있는 것이 아니다. 자원한다고 해서 되는 것이 아니다. 그는 완전한 인간이어야 하고, 죄가 없어야 한다. 따라서 오직 성육신하신 예수님만이 범죄한 인류를 대신하여 '대속적(대리적) 고난'을 감당할 수 있다. 그렇다면 "어떻게 교회와 각 성도가 대리적 고난을 감당할 자격을 가질 수 있는가?" 하는 질문을 하게 된다. 이것은 이신칭의로 전가된 '의'(義)와 그리스도의 몸된 교회인 교회론과 성령론으로 이해된다. 따라서 성육신하신 예수님의 대리적 고난을 감당할 자격은 성도들에게 전가된다. 사도 바울은 이를 두고 "하나님의 상속자요 그리스도와 함께한 상속자니 우리가 그와 함께 영광을 받기 위하여 고난도 함께 받아야 할 것이니라"(롬 8:17)라고 말한 것이다.

이것은 놀라운 신분 상승이다. 각자의 죄로 망할 인생을 예수님이 대리적 고난과 이신칭의로 구원의 길을 열어 하나님 백성으로 삼으시고, 이제는 타인의 구원을 위해 예수님처럼 대리적 고난을 감당하는 의로운 종의 자격을 부여한 것이기 때문이다. 사랑은 대신 아파 주는 것이다. 그 어떤 부모도 자녀를 대신하여 죽어 줄 수도 없고, 대신 아파 줄 수 없다. 그저 제한적으로 자녀의 옆에서 함께하고 지켜보는 것이 최선일 뿐이다. 따라서 고난받는 자를 대신하여 대리적 고난을 감당하는 것은 '신적 영역'이다. 따라서 '신적 영역'인 대리적 고난의 자리로 부르심을 받는 것은 특권이다.

그러므로 대리적 고난을 감당하는 교회와 각 성도는 특별한 권능과 특권으로 부르심을 받은 것이다. 이 특권이 아브라함과 유다, 그리고 다윗과 예수 그리스도의 계보를 통해 교회 안에서, 교회를 통해 오늘날 각 성도에게 이어지는 것이다. 예수님을 본받아 자기 십자가를 지고, 예수님처럼, 대리적 고난을 감당하는 것은 특권이요 은총이다. 따라서 사도행전 5:41의 "사도들은 그 이름을 위하여 능욕 받는 일에 합당한 자로 여기심을 기뻐하면서 공회 앞을 떠나니라"라는 말씀에서 사도들은 정신 승리하며 기뻐하는 것이 아니라, 그리스도의 대리적 고난으로 부르심 받음에 감격하는 것이다.

대리적 고난은 하나님의 선택이다

하나님은 구원의 역사를 위해 특별한 사람과 공동체를 선택하신다. 그러나 하나님의 선택은 선택받은 사람의 행위와 '의'(義)에 근거하지 않는다. 이는 하나님의 주권적 영역이다. 하나님은 아브라함과 다윗, 그리고 이스라엘 민족을 선택하셨다. 다윗 왕조가 세워지고 이어진 것은 하나님이 선택하셨기 때문이다. 다윗은 밧세바와 간음하고 우리아를 살해한 죄를 범했다. 하나님의 입장에서 시편 51편의 고백과 회심은 누군가에게 필요했고, 하나님은 이를 위해 다윗을 선택한 것이다. 다시 말해, 믿음의 후손들과 구원의 역사를 위해 시편 51편의 기록과 간증이 필요했다. 이를 위해 하나님은 다윗에게 죄와 고난을 허락하셨다. 그럼에도 다윗의 범죄는 100% 전적으로 다윗의 선택에 의한 것이다. 아니면 창세기에서 하나님이 죄와 악을 선으로 바꾸어 주신 것처럼, 다윗의 죄와 악을 선용하신 것이다(창 50:20). 그러나 나는 이 둘의 차이를 알지 못하겠다. 하나님만이 이 모든 것을 아실 수 있기 때문이다.

이런 맥락에서 이사야 53:6의 그에게 담당시켰다는 말은 다윗에게도 적용될 수 있다. 하나님께서 다윗을 마음에 합한 자로 여기신 것은 그가 하나님의 심판으로 주어진 수치와 고난을 사울처럼 자살하지 않고 잘 감당하였다는 뜻이다. 그러므로 다윗처럼, 아니 다윗보다 덜 악랄한 죄를 지은 우리가 나의 죄로 인한 보응적 형벌을 받을 때, 자살하지 않고 죄의 결과로 당연하게 여기며 살아 내는 것만으로도 하나님은 마음에 합한 자로 여겨 주신다. 죄인을 선택하여 맡겨 주시는 대리적 고난(보응적 고난)은 하나님 백성에게만 주어지는 특별한 은총이다. 반면에 불신자에게는 보응적 심판뿐이다.

선민 이스라엘, 즉 하나님의 선택을 받은 이스라엘 민족이 실패한 이유는 자신은 하나님께 선택받았으므로 심판과 고난에서 안전하다고 하는 착각 때문이었다. 이런 세계관은 성경적이지도 않을뿐더러, 오히려 기복적이고 세속적인 세계관이며, 종교적 열심에서 비롯된 것이다. 성경에서 하나님은 구원을 위한 고난받는 종을 선택하시고, 고난을 위해 택하시며 부르시기 때문이다. 베드로는 고난을 위해 부르심을 받았다고 말한다(벧전 2:21).

오히려 성경은 하나님의 선택이 고난을 위한 선택임을 보여 준다. 이사야 53장에서 하나님이 "우리 모두의 죄악을 그에게 담당"시키셨다는 말씀(6절)은 하나님이 고난의 근원이라는 사실을 강조한다. 이사야 53:10은 종에게 닥친 고난이 하나님의 계획에 따라 진행되었음을 두 번에 걸쳐 분명하게 반복적으로 언급한다("여호와께서 그에게 상함을 받게 하시기를 원하사 질고를 당하게 하셨은즉"과 "또 그의 손으로 여호와께서 기뻐하시는 뜻을 성취하리로다"). 따라서 고난받는 의로운 종은 하나님의 선택과 대리적 고난의 의미와 역할을 이해하고 있기에, 원망과 변명으로 입을 열지 않고 묵묵히 감당하는 것이다. 그러나 하나님의 선택과 '대리적 고난'을 이해하지 못하는 종은 변명과 원망과 억울함으로 입을 다물지 못한다. 그러므로 대리적 고난을 감당하는 자의 순종과 하나님의 선택에 대한 이해가 요구된다. 이는 대리적 고난이 하나님의 주권적 선택으로 나(성도)에게 주어지는 특권임을 이해할 때 가능하다. 여기서 하나님의 선택과 주권이 강조된다(사 41:8-9; 45:4).

이사야 49:7의 "이스라엘의 구속자 이스라엘의 거룩한 이이신 여호와께서 사람에게 멸시를 하는 자, 백성에게 미움을 받는 자, 관원들에게 종이 된 자에게 이같이 이르시되 왕들이 보고 일어서며 고관들이 경배하리니 이는 이스라엘의 거룩하신 이 신실하신 여호와 그가 너를 택하였음이니라"에서 말하는 택함에 대해서 트렌트 C. 버틀러는 "하나님의 선택은 안전을 보장하는 것이 아니라 순종을 요구함이며, 모든 민족과 열방을 향한 하나님의 영원한 계획의 일부가 되는 기회를 주는 하나님의 초청"이라고 말한다.[333]

---

333 버틀러, 『Main Idea로 푸는 이사야』, 380.

(3) 이신칭의와 대리적 고난의 전제와 균형

행위 없는 구원에 대한 '이신칭의'(justification by faith)의 오해와 윤리적 삶의 부재는 '이신칭의와 대리적 고난의 전제와 균형'으로 해결된다. 사도 바울이 이신칭의를 강조할 때뿐만 아니라 복음서와 서신서 등 신약 성경은 이사야 53장의 대리적 고난이 전제되었다. 때문에 초대 교회는 대리적 고난을 강조할 필요가 없었다. 오히려 유대인이나 이방인 또는 귀족이나 종이나 신분과 관계없이 누구나 오직 믿음으로 의와 구원을 얻는다는 이신칭의 교리가 더 충격적인 복음 메시지였다.

그러나 이천 년이 지난 현대에 이르러서는 이신칭의 교리보다 대리적 고난으로의 부르심이 더 충격적인 복음이 되었다. 따라서 현대에는 이신칭의와 더불어 대리적 고난을 강조함으로써 참된 복음의 균형을 찾아야 할 것으로 보인다. 이 두 교리는 분리되지 않는다. 이신칭의는 행위 없는 구원을 조장하는 교리적 면죄부가 아니라, 예수님이 담당하신 '대리적 고난'으로의 부르심으로 제시되는 것이기 때문이다.

안타깝게도 교회사적으로 종교 개혁에서 이신칭의가 강조되는 것만큼 대리적 고난은 강조되지 못했기 때문에 오해가 발생한 것으로 보인다. 그 오해는 루터와 몇몇 학자들이 야고보서가 이신칭의를 반박하는 것으로 여긴 것이다.[334] 그러나 이는 이신칭의의 전제가 대리적 고난이며, 칭의는 복음의 증인, 곧 타인의 구원을 위한 대리적 고난으로의 부르심인 것을 깨닫

---

334 알리시아 J. 배튼, 『최근 야고보서 연구 동향』, 김병모 역 (서울: CLC, 2015), 87-88.

지 못했기 때문이다. 바울의 복음이 '이신칭의'와 '대리적 고난'의 균형과 적용이라면, 루터와 종교 개혁자들의 복음은 '이신칭의'에 집중되었다. 그들에게 대리적 고난의 이해와 적용은 소외되었다. 바울의 복음을 완전하게 이해하지 못한 종교 개혁자들의 복음은 500년이 지난 현재에 와서 그 한계를 드러내고 있다.

야고보의 행함과 대리적 고난

야고보서의 '행함'에 대해 살펴보기 전에, 우리는 바울이 말하는 '행함'과 야고보가 말하는 '행함'이 다름을 먼저 이해해야 한다.[335] 바울은 이것을 "율법의 행위"($ἔργων νόμου$)로서 행위 없이 의로 여김을 설명할 때 사용한다 (롬 2:15; 3:20, 28; 갈 2:16; 3:2, 5). 반면에 야고보는 "율법의 행위"($ἔργων νόμου$)가 아니라 "행함"($ἔργον$)으로만 기록한다. 후크마(Anthony A. Hoekema)는 야고보의 "행함"은 의롭게 된 자들에 의해서만 행해질 수 있는 행함이라고 설명한다.[336]

아브라함은 창세기 15:6에서 의롭다 하심을 받았다. 그런데 야고보는 창세기 22장의 아브라함에게서 행함과 믿음의 논의를 시작한다. 이러한 야고보의 논리에 대해서 권연경은 야고보와 유대인들이 아브라함의 이야기를 전체 하나의 통일된 것으로 읽기 때문이라고 말한다.[337] 즉, 유대인인 야고보에게 창세기 22장에 기록된 아브라함의 순종은 창세기 15:6의 "그의 의로 여기시고"라는 말씀이 성취된 것이다. 이처럼 권연경은 야고보의 교훈은 미

---

335 후크마, 『개혁주의 구원론』, 263.

336 후크마, 『개혁주의 구원론』, 264.

337 권연경, 『행위없는 구원?』, (서울: SFC, 2006), 44-45.

래 구원에는 반드시 올바른 행위가 요구된다고 말한다.[338] 그는 오늘날 칭의론이 바울 복음과 아무 상관이 없다는 것을 주장한다.

나는 바울과 야고보의 행함과 믿음의 논의에서 먼저 "무엇을 행함인가" 하는 문제를 강조하고 싶다. 즉, 창세기 22장에서 이삭을 하나님께 번제로 드리는 아브라함의 순종이 가진 의미에 관한 것이다. 야고보는 "그 아들 이삭을 제단에 바칠 때에 행함으로 의롭다 하심을 받은 것이 아니냐"(약 2:21)라는 말로 아브라함의 행함의 내용을 언급한다. 따라서 창세기 22장에서 독자 이삭을 번제물로 드리는 아브라함의 행함은 단순한 행위가 아니라, 아들 예수님을 제물로 드리는 성부 하나님의 고통을 그리는 예표이며, 이삭의 반항 없는 순종은 아들 예수님의 고난을 상징하는 그림자이다. 즉, 아브라함의 '행함'은 아버지 하나님의 고통에 동참하는 것이다. 하나님께서 이삭을 인신 제물로 요구하신 이유는 아브라함에게 대속의 원리를 양육하기 위함이었다. 믿음과 행함의 논의에서 믿음과 나누어질 수 없는 '행함'은 하나님의 고통에 동참하는 고난받음이다.

그러므로 야고보가 강조하는 행함은 "종교적이거나 율법적인 행위가 아니라, 구원을 위한 고난받음"이다. 하나님의 절대성과 필연성으로 맡겨 주시는 고난을 거절하고 회피하는 것은 행함의 부재이며, 맡겨 주신 고난을 감당하고 인내하는 것은 믿음과 함께하는 행함이다. 나의 이런 관점은 야고보서 1장과 5장이 고난을 주제로 평행을 이루므로 야고보서의 통일성을 지지하는 기능을 한다. 이런 나의 관점을 이사야 53장의 배경에서 설명하

---

338 권연경, 『행위없는 구원?』, 47.

면 '믿음과 함께하는 행함은 이사야 52:13-53:12의 대리적 고난에 동참하는 행함'이다. 예수님의 행함은 성육신과 십자가의 고난이며, 교회와 성도가 보이는 행함은 예수님의 고난에 동참하는 대리적 고난을 감당하는 행함이다. 대리적 고난은 로마서에 의하면 그리스도와 함께 고난받음이요(8:17) 요한계시록에 따르면 먼저 속량을 받은 처음 익은 열매로서 하나님께 드려짐을 의미한다(14:4-13). 정리하면 야고보의 행함은 타인(원수)의 구원을 위해 내가 대신 대리적 고난을 감당하는 행함이다. 이로써 이신칭의와 대리적 고난으로 바울과 야고보, 그리고 로마서와 야고보서가 조화와 통일을 이루는 것이다.

야고보서는 대리적 고난을 담당하는 행함의 결핍과 '고난받는 종'에 대한 정죄와 차별과 판단, 그리고 업신여김에 대한 경고다. 즉, 야고보서에서 업신여김을 받는 가난한 자(2:6)는 이사야 53:4-6의 대리적 고난을 감당하는 종과 동의어다. 포로기 이후, 가난한 자는 박해받는 남은 자를 가리키는 고백적 표현이다. 따라서 야고보서의 행함은 율법적이거나 윤리적 행위를 강조하는 것이 아니라, 그리스도의 고난에 동참하는 고난과 대리적 고난을 겪고 있는 고난받는 종에 대한 공감적 관계이다. 왜냐하면 이사야 52:13-53:12에서 다수의 "우리"가 고난받는 종을 정죄하고 멸시한 것처럼, 야고보서에서 부자들은 '가난한 자'(대리적 고난을 겪는 자)를 멸시하였기 때문이다. 야고보는 이를 행함 없는 믿음이라고 부른다. 따라서 야고보의 행함은 율법적이거나 윤리적인 행함이 아니라, 믿음, 즉 이신칭의와 분리될 수 없는 나를 향한, 나를 대신한 대리적 고난에 대한 신앙고백이다. 그러므로 이신칭의를 강조하는 로마서와 갈라디아서와 함께 행함을 강조하는 야고보서는 이신칭의와 더불어 대리적 고난의 균형 안에서 통합된다.

의인의 증거는 정죄받는 것이다

D. A. 카슨은 구약에서 비난받은 죄 가운데 가난한 자의 품삯을 탈취하는 악(레 19:13; 신 24:15; 말 3:5)이 야고보서 5:1-6에서 발견되며,[339] 야고보가 종말적 심판으로 경고하는 "살육의 날"은 예레미야 12:1-4과 이사야 30:25의 배경에서 볼 수 있다고 말한다(약 5:8-9).[340] 그러므로 야고보서 5:1-6의 부자들에 대한 경고는 구약을 배경으로 부자들이 종말에는 정반대의 운명(reversal of fortunes)에 처할 것을 암시한 것이다.[341] 토마스 D. 리는 6절의 부자들에 대한 경고가 가난한 사람들에게 행한 경제적 폭력이나 살해라고 말한다.[342] 유대 법에 따르면 이웃의 생계를 박탈하는 것은 이웃을 살인하는 것과 다를 바가 없다. 예수 벤 시라크의 외경이나 전도서는 "이웃의 생계를 빼앗는 자는 그를 죽이는 자이며, 품꾼의 삯을 빼앗는 자는 피 흘리는 자이다"(집회서 34:22)라고 선언하고 있다.[343] 이런 관점에서 부자들의 경제적 폭력은 주전 8세기 선지자들이 그토록 경고한 악이며 살인이다. 더구나 이런 임금 착취와 같은 경제적 폭력이 반복적으로 행해졌다면 가난한 자들은 견디기 힘들었을 것이다(약 5:4).

D. A. 카슨은 "야고보서 5:1-6에서 예레미야와 이사야를 언급한 것은

---

339 D. A. 카슨, 『야고보서(신약의 구약 사용 주석 시리즈)』, 김용재, 박정식 역 (서울: CLC, 2018), 284-286.

340 카슨, 『야고보서(신약의 구약 사용 주석 시리즈)』, 284-286, 288-289.

341 더글라스 J. 무, 『야고보서(틴데일 신약 주석 시리즈)』, 이승호 역 (서울: CLC, 2013), 246.

342 Lea, T.D., *Hebrews, James. HNTC* (Nashville, TN: Broadman & Holman Publishers, 1999), 343.

343 Lea, T.D., *Hebrews, James. HNTC*, 343.

당시 주전 8세기 선지자들이 경고한 경제적 폭력이 나타났기 때문일 수 있다"라고 말한다. 그러나 내가 볼 때 주전 8세기 선지자의 인용과 암시는 다른 의미가 있다. 야고보의 의도는 6절의 '불의한 부자'(너희)와 '정죄받는 의인'(가난한 자 혹은 고난받는 자)과의 관계를 이사야 53장의 구조와 배경으로 읽을 것을 암시하기 위한 빌드업이다. 따라서 나는 6절을 이사야 53:4-8의 인용과 암시, 그리고 반향으로 본다. 6절은 불의한 부자들에 대해 "너희는 의인을 정죄하고 죽였으니"라고 경고한다. 불의한 부자들이 정죄한 자는 의인이었다. 그러나 부자들은 의인을 향한 정죄를 마땅히 여겼을 것이다. 이런 맥락에서 6절의 "너희"는 이사야 53:4-6의 "우리"와 평행을 이룬다. 따라서 야고보는 5:6과 이사야 53:4-8을 독자에게 병행으로 보이는 흔적을 남겨 준다.

약 5:6   "너희는 의인을 정죄하고 죽였으나 그는 너희에게 대항하지 아니하였느니라"

사 53:4-8 "그는 실로 우리의 질고를 지고 우리의 슬픔을 당하였거늘 우리는 생각하기를 그는 징벌을 받아 하나님께 맞으며 고난을 당한다 하였노라
그가 찔림은 우리의 허물 때문이요 그가 상함은 우리의 죄악 때문이라 그가 징계를 받으므로 우리는 평화를 누리고 그가 채찍에 맞으므로 우리는 나음을 받았도다 우리는 다 양 같아서 그릇 행하여 각기 제 길로 갔거늘 여호와께서는 우리 모두의 죄악을 그에게 담당시키셨도다
그가 곤욕을 당하여 괴로울 때에도 그의 입을 열지 아니하였음이여 마치 도수장으로 끌려 가는 어린 양과 털 깎는 자 앞에서 잠잠한 양 같이 그의 입을 열지 아니하였도다 그는 곤욕과 심문을 당하고 끌려 갔으나 그 세대 중에 누가 생각하기를 그가 살아 있는 자들의 땅에서 끊어짐은 마땅히 형벌 받을 내 백성의 허물 때문이라 하였으리요"

더글라스 J. 무(Douglas J. Moo)는 야고보서 5:6의 "그는 너희에게 대항하지 아니하였느니라"를 보복하기를 거절하거나 혹은 보복할 수 없는 상황으로 읽는다.[344] 그러나 나는 의인들의 무저항을 "그가 곤욕을 당하여 괴로울 때에도 그의 입을 열지 아니하였음이여 마치 도수장으로 끌려 가는 어린 양과 털 깎는 자 앞에서 잠잠한 양 같이 그의 입을 열지 아니하였도다"라고 한 이사야 53:7의 침묵으로 읽는다. 모든 인간은 정죄받을 이유가 충분하다. 죄인이기 때문이다. 자신이 정죄받을 이유를 찾지 못하는 것은 아직 자신의 죄를 깨닫지 못했기 때문이다. 죄를 깨닫지 못한 죄인은 정죄받을 때 회피하거나 변명한다. 그러나 의인은 정죄받을 때 정죄받음을 마땅하게 여긴다. 스스로를 죄인으로 여기기 때문이다. 사무엘하 16:5-14에서 다윗은 시므이의 조롱과 정죄를 마땅하게 여긴다. 그리고 왕의 권력을 가졌음에도 불구하고 시므이에게 대항하지 않는다. 마치 십자가에서의 예수님처럼 말이다. 이런 이유로 다윗은 밧세바와의 간음과 우리아를 죽인 죄에도 불구하고 의인으로 여김을 받는다.

그러므로 야고보는 5:6을 이사야 53:4-8과 병행함으로써 그들의 정죄가 고난받는 종을 향한 정죄임을 강조한다. 종말의 때에 심판주 앞에서 이보다 더 충격적인 '운명 역전'(reversal of fortunes)은 없을 것이다(약 5:8-9). 더글라스 J. 무는 부한 자들이 쌓은 것은 재물이 아니라 "고생"(misery)이라고 말한다(약 5:1).[345] 부한 자들이 쌓은 '비참함'(ταλαιπωρία)은 자신들이 차별하고 무시하고 정죄한 자들이 고난받는 의인이기 때문이다. 이 모든 사실이 드

---

344 무, 『야고보서(틴데일 신약 주석 시리즈)』, 248.

345 무, 『야고보서(틴데일 신약 주석 시리즈)』, 242.

러날 종말의 때에 부한 자들은 그 충격과 수치를 피할 길이 없을 것이다. 또한 이사야 53:4-8을 인용하여 야고보서 5:6과 평행 구도를 만드는 야고보의 의도와 목적은 "불의한 부자들이 정죄하고 죽인 의인"이 바로 "이사야 52:13-53:12의 대리적 고난을 감당하는 고난받는 종"임을 강조하기 위함이다. 따라서 야고보는 경제적 문제를 언급하는 것이 아니라 죄와 고난에 대한 하나님 나라의 세계관을 양육하는 것이다. 야고보가 양육하려는 세계관은 예수님께서 직접 성취하신 이사야 53장의 대리적 고난의 세계관이다.

결국 불의한 재물로 사치하고 방종한 자들의 구원을 위해 예수님이 대리적 고난을 감당하신 본을 따라, 고난받는 종이 대리적 고난을 감당한다. 야고보는 이를 "주의 이름으로 말한 선지자들의 고난과 오래 참음의 본"(5:10)을 따라 "길이 참으라"(5:7), "길이 참고"(5:8), "오래 참음"(5:10), "인내"(5:11)하라고 격려한다. 왜냐하면 이는 구원을 위해 이사야 53장의 대리적 고난을 십자가에서 감당하신 예수님의 고난에 동참하는 특권과 영광이기 때문이다. 야고보서가 언급한 선지자는 주전 8세기 호세아, 아모스, 이사야, 요나 같은 선지자로 고난받은 이들이다. 특히 호세아는 하나님의 이상한 명령으로 결혼 생활에서 극심한 고통을 받는다. 그러나 이는 음란한 백성을 언약적 아내로 삼은 하나님의 고통을 반영하는 선지자의 무고한 고통이다(이에 대해서는 앞에서 다루었다). 성공과 번영이나 다른 이익을 위한 고난이 아니라, 오직 타인(원수)의 구원을 위한 대리적 고난이기 때문이다.

어떤 학자들은 야고보서 5장의 오래 참음과 인내를 불의한 자들이나 박해자들의 심판과 처벌을 기다리는 인내라고 말한다. 이는 천박한 해석이다. 예수님과 스데반은 죽임을 당하면서 보복을 기도하지 않았다. 오히려 자신들에게 돌을 던지는 자들을 위한 기도를 드린다.

"주 예수여 내 영혼을 받으시옵소서 하고 무릎을 꿇고 크게 불러 이르되 주
여 이 죄를 그들에게 돌리지 마옵소서 이 말을 하고 자니라"(행 7:59-60)

그러므로 야고보가 권하는 오래 참음과 안내는 불의한 재물을 쌓은 자들
이나 나를 정죄하는 자들의 심판을 기다리는 인내와 참음이 아니다. 오히려
그들의 구원을 위해 인내하는 것이다. 즉, 나의 고난을 그들의 구원을 위해
받는 대리적 고난으로 여기는 것이다. 대리적 고난을 받는 것이야말로 예수
님의 고난에 동참하는 것이기 때문이다. 사도 바울은 이를 구원을 위해 해
산하는 고통이라고 부른다(갈 4:19). 따라서 종말의 때에 심판주 앞에서 받
는 심판은 보복이 아니라 구원이다.

나는 "불의한 부자들에게 정죄와 약탈당하는 가난한 자들은 자신의 고난
을 예수님의 고난에 동참하는 대리적 고난으로 이해하고 적용할 수 있었을
까?" 하는 생각을 한다. 그런데 야고보의 관점을 보면 이런 질문이 중요한
것이 아니라 야고보가 이사야 53장의 관점으로 한쪽은 격려하고, 다른 한쪽
은 경고한다는 것이다. 이를 위해 야고보는 이사야 53장의 '정죄와 멸시받
는 종'과 '우리'의 구도가 '부자'(5:1)와 박해받는 의인(5:6)의 구도에서 평행과
오버랩을 이룬다. 그리고 야고보는 선지자와 욥과 엘리야의 고난을 소환함
으로써 고난의 성격과 필요성, 그리고 절대성을 보인다. 대리적 고난의 이
해와 적용은 살아 있는 유기체처럼 실시간으로 변화하는 관계와 태도 속에
서 나타나기 때문에, 누가 누구의 대리적 고난을 감당하는 의인인가를 문장
으로 적용할 수 없는 한계성이 있다. 따라서 신약의 기자들은 간접적으로

출애굽기 34:6-7과 이사야 52:13-53:12을 인용하고 암시하며 반향하는 동시에 고난받음의 모델인 선지자들을 소환한다.

유물론적 맘몬의 세계관과 율법적 옳고 그름의 세계관으로는 대리적 고난의 세계관을 이해할 수 없다. 옳고 그름을 분별하는 것은 하나님의 영역이며 구원의 영역이기 때문이다. 이런 관점을 살펴볼 때 야고보서 2:14-26에서 강조하는 야고보의 행함은 고난받음이다. 고난 중에도 이사야 53장의 의인의 고난, 고난받는 종의 고난, 타인(원수)의 구원을 위해 하나님께서 맡겨 주시는 대리적 고난이 보인다. 또한 고난에 대한 이해는 야고보서 3:1-12에서 요구하는 언어의 변화로 나타날 것이다. 그러므로 기복적이고 율법적인 세계관에서 불의한 부자들은 가난한 자들을 정죄하고 멸시하고 차별하며 이사야 53장의 '우리'처럼 자신(우리)의 정죄와 가난한 자들의 정죄받음을 마땅히 여기지만, 하나님은 정죄받는 그를 옳다고 여기실 것이다. 이를 두려워할 수 있어야 한다.

이필찬은 야고보서의 통일성을 언급하면서 5:9의 "서로 원망하지 말라"에서 "서로"는 누구를 언급하는 것인지를 지적한다. 그는 '부자와 가난한 자'의 경우와 '가난한 자와 가난한 자'의 경우를 모두 포함하여 "서로"를 연구한다.[346] 그러나 부자와 가난한 자의 구조적 위치가 서로를 원망할 수 있는 현실성이 없다는 이유를 들면서 "서로"를 가난한 자와 가난한 자로 본다. 이에 대한 해석으로 더글라스 J. 무의 관점이 도움이 된다. 그는 서로 원망

---

346 목회와 신학 편집부, 『히브리서·야고보서 어떻게 설교할 것인가』 (서울: 두란노, 2004), 464-468.

하지 말라는 말씀을 '성도가 자신의 고난을 다른 사람의 탓으로 여기지 말라'라는 의미로 본다.[347]

대리적 고난의 이해와 적용에서 나타나는 부작용은 서로를 탓하며 원망하는 것이다. 즉, "당신이 나를 대신하여 고난을 많이 받는다"라고 고백하는 것이 아니라, "내가 너 때문에 고생한다"라며 원망하는 것이다. 이는 고난이 극심하여 영적으로 무너질 때 나타나는 부정적 현상이다. 이사야 53장의 대리적 고난을 감당하는 것은 분명 영광스러운 것이지만, 연약한 인간은 고난으로 인해 쏟아지는 원망과 불평을 감당하지 못한다. 이렇게 부정적 현상이 반복되면 극심한 우울과 정죄를 겪으며, 진리를 떠나 진리에서 '돌아서는'(ἐπιστρέφω) 유혹을 받게 된다(약 5:19-20). 야고보는 이를 경계하려는 것이다.

그러므로 서로의 구원을 위해 서로가 감당해야 하는 대리적 고난을 오래 참고 인내하며, 서로를 미혹된 길에서 '돌아서게' 함으로써 허다한 죄를 덮을 수 있다. 이는 죄가 사라지는 것이 아니라 '덮어 준다'(καλύπτω)는 의미로 우리의 수치와 고난의 성격을 성화시켜 주신다는 뜻이다. 이 부분에서 오해하지 말기를 바란다. 이것은 요셉이 "악을 선으로 바꾸시는"(창 50:20)이라고 고백한 하나님의 권능을 말하는 것이다. 이는 성도의 죄와 모든 보응적 형벌까지 대리적 고난으로 바꾸어 주신다는 의미이다. 로마서는 합력하여 선을 이룬다고(8:28) 말하고, 창세기는 악을 선으로 바꾸신다고 말한다(50:20). 그리고 야고보는 "허다한 죄를 덮는다"라고 표현할 뿐이다.

---

347 무, 『야고보서(틴데일 신약 주석 시리즈)』, 253.

대리적 고난을 감당하는 종의 기도

야고보는 마지막으로 기도를 강조한다. 여기서 "기도"(προσεύχομαι)라는 단어는 "믿음의 기도"(서원: εὐχή), "서로 기도하라"(εὔχομαι), "의인의 간구"(δέησις), "간절히 기도한즉"(προσευχῇ προσηύξατο)을 포함하여 7번 발견된다. 그런데 야고보가 강조하는 기도는 고난받는 종의 기도이다. 가장 좋은 예는 사도행전 7:59-60의 스데반 집사의 기도이다. 따라서 타인(원수)의 구원을 위해 대신 고난받는 종의 기도가 "역사하는 힘이 큼이니라"라고 말한다. 왜냐하면 스데반처럼 원수의 구원을 위해 고난받는 종이 그의 구원을 위해 간구하는 기도를 하나님께서 서서 들으시기 때문이다(행 7:56). 서서 듣는 것은 주인이 아니라 종의 자세이다. 여기서 나는 천국 열쇠와 교회의 권세가 떠오른다. 예수님은 마태복음 16:19에서 "내가 천국 열쇠를 네게 주리니 네가 땅에서 무엇이든지 매면 하늘에서도 매일 것이요 네가 땅에서 무엇이든지 풀면 하늘에서도 풀리리라"라고 말씀하셨다. 가톨릭은 이 말씀을 죄를 사하는 교회의 권세로 오해하지만, 나는 대리적 고난을 감당하는 종이 자신을 정죄하고 박해하는 원수의 구원을 위해 드리는 기도로 본다. 스데반은 자신을 박해하고 정죄한 사울의 구원을 위해 기도드렸고, 예수님은 하늘 보좌에서 서서 들으시고 응답하셨다. 스데반이 땅에서 맨 것을 하늘에서 매셨고, 스데반이 땅에서 푼 것을 하늘에서도 푸셨다. 결국 사울은 스데반의 기도에 대한 응답으로 사도가 되었다.

야고보서 5:17은 엘리야가 우리와 성정이 같은 사람임을 강조한다. 이는 같은 사람이므로 간절히 그것도 많이 기도하면 응답받는다는 뜻이 아니다. 같은 사람이지만 예수님처럼 타인의 구원을 위해 고난의 자리에 있을 때, 그의 기도는 의인의 간구가 되며, 동시에 역사하는 힘이 크다는 뜻이다. 따라서 나를 정죄하고 차별하는 사람의 구원을 위한 기도는 강력하다. 자신에게 돌을 던지는 사울을 향한 스데반의 마지막 기도(행 7:59-60)로 인해 사도 바울은 다메섹 도상에서 예수님을 만나 회심에 이르게 된다. 이사야 53장의 고난받는 종처럼 타인의 구원을 위해 대리적 고난과 정죄를 묵묵히 받으며 기도하는 간구는 역사하는 힘이 크다. 우리의 기도가 연약한 것은 기도하지 않기 때문이 아니라, 타인을 위한 고난의 자리, 그것도 원수 같은 사람을 위한 대리적 고난을 받는 자리를 거절하고 단지 욕망을 위해 기도하기 때문이다. 이제 우리 모두는 누군가 나를 대신해서 고난받고 나의 영혼을 위해 간절히 간구함으로써 허다한 죄를 뒤로하고 구원받았다는 사실을 기억해야 한다. 우리는 스스로 구원의 자리에 이르지 않았다.

구원의 서정과 대리적 고난의 균형

많은 교회의 양육 시스템을 분석해 보면, 대부분 교회들의 양육 시스템 안에 고난에 대한 관점이 부족함을 발견할 수 있다. 고난받는 종에 대한 신학적이고 목양적인 이해가 부족하기 때문에, 많은 훈련과 양육에도 불구하고 실패하는 것이다. 왜냐하면 대리적 고난에 대한 이해와 적용이 부족한 양육과 훈련은 기복과 세속적 세계관에 물든 번영 신학의 산물에 불과하기 때문이다.

신약과 종말에서 교회와 성도의 부르심은 고난, 즉 먼저 드려진 첫 열매로서의 '대리적 고난'으로의 부르심이다. 그러나 현대 교회는 말과 지혜의 아름다운 설득력이 있는 단어인 '비전'(vision)과 '사명'(mission)으로의 부르심으로 오해하고 왜곡하여 열심과 헌신을 강조한다. 결국 헌신과 열심은 기복적이고 종교적인 모습, 즉 개교회의 조직에 대한 충성과 헌신으로 '날마다 새로워지는 것'이 아니라, '날마다 탈진'으로 이어지게 된다. 열심과 헌신을 다해 충성하지만, 자신의 내적 성숙과 회복과 치유를 누릴 수는 없다. 왜냐 하면 대리적 고난에 대한 이해와 삶을 살아 내지 못하고 자기의와 종교적 열심이 충만한 삶을 살기 때문이다. 따라서 교회의 양육과 훈련에 있어서도 가장 중요하게 제시되어야 할 전제는 성경적 고난관인 대리적 고난이다. 먼 저 속량을 받은 첫 열매로 불신자와 복음을 거절하는 자들의 회개와 구원을 위해 희생적 삶으로 드려지는 것이다. 그러므로 대리적 고난의 이해와 적용 의 세계관은 양육 시스템에서 적용되고 재정의되어야 할 것이다.

개혁주의 구원 서정

| 소명 | 중생 | 회심 | 신앙 | 칭의 | 수양 | 성화 | 견인 | 영화 |

예수님의 대리적(대속적) 고난과 이신칭의   교회와 성도의 대리적 고난

사도 바울은 로마서 10:2-3에서 이사야 53장의 대리적 고난을 감당하지 않는 삶은 올바른 지식을 따르는 열심이 아니라고 말한다.

"내가 증언하노니 그들이 하나님께 열심이 있으나 올바른 지식을 따른 것이 아니니라 하나님의 의를 모르고 자기 의를 세우려고 힘써 하나님의 의에 복 종하지 아니하였느니라."

이 말은 즉, 이사야 53장의 대리적 고난에 관한 지식이 참지식이며, 그들 의 열심은 "올바른 지식"이 아니라 하나님의 "의"(義)도 모르고 자기의를 세우기 위해 하나님의 '의'(義)에 복종하지 않는 것이라고 잘라서 말한다. 여기서 말하는 "올바른 지식"은 호세아가 탄식하는 "내 백성이 지식이 없으므로 망하는도다"(호 4:1, 6; 6:3, 6)에서 백성이 버린 지식이며, 이사야 53:11의 "나의 의로운 종이 자기 지식으로 많은 사람을 의롭게 하며"에서 고난받는 종의 지식이다. "지식"에는 히브리어 דַּעַת(daat)가 사용되며, 출애굽기 31:3, 35:31에서 성령의 감동으로 주시는 "지혜"와 "총명", 그리고 "여러 가지 재주"와 함께 "지식"(דַּעַת)이 언급된다(민 24:16; 시 119:96; 139:6; 잠 11:9).

사도 바울이 말하는 "올바른 지식"은 이사야 53장의 "고난받는 종의 지식"이며, 대리적 고난에 관한 지식만이 참지식이다. 호세아는 이사야 53장의 대리적 고난에 관한 지식이 없어 백성이 망한다고 탄식한다. 따라서 현재 교회의 양육과 열심은 "올바른 지식"인 이사야 53장 대리적 고난에 관한 지식에 이르지 못하였기 때문에, 양육하는 자나 양육을 받는 자나 "하나님께 열심"은 있으나, 자기의를 세우는 "열심"으로 타락해 버린 것이다. "자기의와 종교적 열심"은 정죄와 차별로 사람을 살리는 것이 아니라 사람을 죽인다. 그리고 자신의 정죄와 살인을 마땅하게 여긴다(행 8:1). 사울은 하나님을 향한 "열심"으로 스데반을 죽였다. 이것이 로마서 10:2-3에서 고백하는 사도 바울의 증언이다. 그러므로 대리적 고난을 감당하는 양육과 구원의 서정이 아니면, 자기의와 "하나님을 향한 종교적 열심"을 강조할 수밖에 없다. 이는 유사 기독교이지 복음이 아니다.

양육과 성화는 대리적 고난으로 성취된다

성도는 죄인이지만 의롭다고 여겨 주심을 받는다. 의인인 동시에 죄인이다. 따라서 그리스도인의 삶에는 죄가 활동한다(롬 7장). 하나님은 성도의 존재적 삶에 여전히 지배력을 가진 죄를 고난(대리적 고난)으로 다스린다. 이는 죄에 대한 가장 적극적이고 혁신적인 다스림이다. 그러므로 성도가 감당하는 대리적 고난은 이사야 53:4-6의 종처럼 보응적 심판으로 보이며, 정죄와 멸시, 수치를 동반한다.

그러나 신약에서 하나님 백성의 고난은 불의한 자에게 그의 불의에 대한 심판으로 주시는 것이 아니라, 불의한 자를 구원하는 수단으로 의로운 자에게 고난을 주시는 '대리적 고난'이다.[348] 베드로는 이를 "부당하게 받는 고난으로 부르심을 받았다"라고 말하고(벧전 2:19, 21),[349] 예수님은 "자기 십자가"라고 부르신다(마 10:38; 16:24; 막 8:34; 눅 9:23; 14:27). 김근주는 이사야 53장이 예수님의 고난에 대해서만 말하는 것이 아니라고 말한다. 그는 베드로가 인용한 이 본문은 예수님이 감당하신 대리적 고난으로서, 성도들이 걸어가야 할 고난과 삶의 본보기라고 말한다(벧전 2:19-25).[350] 그러므로 대리적 고난은 예수 그리스도를 따르는 백성들에게 적용된다. 신약의 백성들은 예수 그리스도와 함께 '대리적 고난'을 감당하는 특권을 누린다(롬 8:17).

누가복음 15장의 탕자는 대리적 고난을 이해하지도, 감당하지 못하는 큰아들이다
신약에서 대리적 고난 개념은 누가복음 15장 탕자의 비유에서 선명하게 보인다. 김양재는 그의 저서 『돌탕집탕』에서 "아들의 수치를 떠안은 아버지의 '자발적 수치'가 아들을 살렸다"라고 말한다.[351] 이는 아버지를 배신하고

---

348 김이곤, "구약 성서의 고난 이해", 347-376, 370.
349 김근주, 『특강 예레미야』, 251.
350 김근주, 『특강 예레미야』, 251.
351 김양재, 『돌탕집탕』, 55.

가산을 탕진한 아들이 당할 수치를 대신 감당한 아버지의 '대리적 수치'가 아들을 살렸음을 의미한다. 십자가에서 죄인들의 수치를 감당하신 예수님이 있으셨기에 우리가 살았다. 이것이 하나님 아버지의 자발적 수치이자 사랑이다. 반면에 큰아들은 동생을 대신하여 수치를 감당하지도 않고 동생을 찾아 나서지도 않는다. 오히려 공치사를 늘어놓고 공평을 주장하며 아버지의 기쁨에 동참하지 못한다. 집안의 탕자 큰아들은 동생의 일탈과 고난이 자신 때문임을 깨달아야 한다. 그러나 큰아들은 대리적 고난을 이해하지도, 살아 내지도 못한다. 대리적 고난을 이해하지 못하는 것이 탕자의 한계이다.

생각해 보면, 대리적 고난의 개념은 더 일반적이고 상식적이다. 세상은 '대리적 고난'으로 유지된다. 예를 들면, 현 도덕적 법적 체계에서 미성년 자녀의 범죄나 실수를 미성년 자녀에게만 책임과 사과를 묻기도 하지만, 법적 보호자에게 동반 책임을 묻기도 한다. 부모가 자녀를 대신하여 사과하고 용서를 구한다. 이는 자녀의 죄와 수치를 법적 보호자인 부모가 자녀를 대신하여 수치를 감당하는 것이다. 직장이나 사회에서도 마찬가지다. 감당할 범위를 넘어서는 부하 직원의 실수와 잘못에 대해서 상사가 대리적 책임을 지고 사퇴하기도 한다. 이런 경우 대리적 책임을 감당하는 상사로 인해 부하 직원은 책임을 면하게 된다. 그러나 반대로 상사가 자기 책임을 지지 않고 부하 직원에게 책임을 떠넘기고 빠져나가는 경우가 있기도 하지만, 이런 경우에는 도덕적으로 비난을 받게 된다. 본인이 살기 위해 힘없는 부하 직원을 '희생양'으로 삼았기 때문이다.

하나님은 이스라엘 자손 중에 태어난 모든 맏이를 '대신하여(תַּחַת)' 레위

족속에게 레위인의 직무를 맡기셨다. 히브리어 'תַּחַת'(tahat)는 아브라함이 "아들을 대신하여"(תַּחַת בְּנוֹ) 숫양을 번제로 드리는 대속죄를 예시하는 구절에서도 사용되었다(창 22:13).[352] 열왕기에서는 죽은 왕의 왕위를 계승한 사람이 그를 '대신하여'(instead of) 통치한다고 말할 때 이 단어를 사용하였다(왕상 11:43).

레위인은 경제 활동을 할 수 없고 오직 성전에서 하나님과 유대 민족을 대신하여 섬겨야 한다. 따라서 이스라엘 백성들에게는 제사장과 레위인의 헌신과 희생에 대한 존경이 있었다. 울리히 베르게스(Ulrich Berges)는 "여호와 종의 삶은 '많은 사람'의 유익을 위한 '서원 제물'입니다"라고 말한다.[353] 현재도 마찬가지이다. 징병제도 그중 한 가지이다. 징병은 국민의 국가적 의무이며 신성한 것이다. 그러나 속성은 모든 국민을 대신한 '대리적 고난'이다. 선진국에서는 국방의 의무를 감당하는 군인에 대해 존경심으로 많은 혜택이 주어진다. 반면에 우리나라에서는 자신들을 대신하여 국방의 의무를 다하는 청년들에 대한 혜택을 불평등이라고 주장하는 반공동체적 주장을 하는 이들이 있다. 국방뿐만 아니라 사회는 대리적 고난으로 유지되는 구조이다. 따라서 구원과 영적인 영역뿐만 아니라 사회 각 영역에서 '대리적 고난'을 감당하는 이들에 대한 존경과 감사의 마음이 있어야 할 것이다. 사회가 타락한다는 것은 '대리적 고난'이 특권이 되고, 세속적으로 특권이 될 수 없는 '대리적 고난'을 약자들에게 전가하여 희생양으로 삼는 것이다.

---

352 Youngblood, R.F., "2504 תַּחַת", *TWOT*, No. 2504b

353 Ulrich Berges, "The Fourth Servant Song,(Isaiah 52:13-53:12): Reflections on the Current Debate on the Symbolism of the Cross from the Perspective of the Old Testament", *OTE* 25/3 (2012): 481-499, 494.

그러므로 '대리적 고난'은 하나님 백성으로 정당한 책임을 다하는 행동이다. 불신자는 영적으로 자기 행위에 대해서 책임을 감당할 자격조차 갖춰지지 못했기 때문이다. 어쩌면 하나님 백성은 영적 보호자로서 자기 주변 불신자들의 구원을 위해 대리적 고난을 감당하는 것으로 보인다. 따라서 '대리적 고난'을 감당하는 것은 하나님 백성에게 주어진 특권이다. 하나님 백성은 '대리적 고난'의 사상과 개념을 세우고 살아 내는 선지자적 기능을 감당해야 할 것이다.

(4) 사도 바울에게서 발견되는 대리적 고난의 사상과 이해

리처드 헤이스(Richard B. Hays)는 "로마서에는 이사야 40~55장에 관한 다수의 인용문들과 암시들로 가득한데, 그 안에 이사야 53장의 고난받는 종의 모티브를 반향하는 것으로 보이는 다양한 구절들이 포함된다(롬 4:24-25; 5:15-19; 10:16; 15:21)"라고 말한다.[354] 이는 바울이 종의 노래를 현대 학자들처럼 읽지는 않았지만(종의 노래의 개념은 현대 비평 학계가 만들어 낸 것이다), 이사야 53장의 고난받는 종에 대한 이해와 의도를 가지고 인용한 것이다. 제임스 D. G. 던(James D. G. Dunn)은 사도 바울이 로마서 15:21에서 이사야 52:15을 인용하는 것은 자신의 사역이 이사야 53장에 예언되었고, 자신을 통해 성취된 것으로 여긴 것이라 말한다.[355] 따라서 나는 이사야 53장

---

354 리처드 헤이스, 『상상력의 전환(구약 성경의 해석자 바울)』, 김태훈 역 (성남: QTM, 2020), 88, 92.

355 Boa, K. & Kruidenier, W., *Romans. HNTC* (Nashville, TN: Broadman & Holman Publishers, 2000), 450-451.; Barrett, C.K., *The Epistle to the Romans. BNTC* Rev. ed. (London: Continuum, 1991), 253-254.; 제임스 D. G. 던, 『WBC 로마서 하』, 김철, 채천석 역 (서울: 솔로몬, 2005), 571-572.

이 사도 바울에게 예수님의 대리적 고난의 사상과 이해를 위한 중요한 근거로 보인다.[356]

리처드 헤이스(Richard B. Hays)는 사도 바울이 이사야를 인용하면서 바울 자신이 가진 일곱 가지 기준을 언급한다.[357] 이는 사도 바울이 이사야를 암시하고 반향하는 기준임과 동시에 바울 서신의 해석의 원리와 기준이 될 수 있다. 한 예로 바울은 거짓 선지자들의 거짓 복음에 대해 자신의 사도성을 변호한다. 그런데 거짓 사도와 자신의 사도성을 변론하는 논점에서 그의 고난을 이해하는 세계관이 드러난다. 반대자들은 바울의 외모와 연약함과 고난으로 사도직의 자격을 비난한다(고후 10:1, 10). 그들은 기복과 율법으로 보는 인과응보적 세계관으로 고난을 이해한 것이다.

그러나 바울은 바로 자신의 약함과 고난이 오히려 그리스도의 사도가 될 수 있는 자격이라고 말한다(고후 12:9, 13:4). 왜냐하면 바울은 자신의 고난이 이사야 53장에 기록된 대리적 고난이기 때문이다. 바울의 대적자들은 고난을 인과응보적 기준으로 판단하지만, 바울은 오히려 고난이 참 예언자의 표시라고 말한다.[358] 이처럼 바울과 그의 반대자들의 차이점 중 가장 중요한 것은 고난에 대한 이해이다. 사도 바울은 자신의 고난을 기독론적으로 이해하고 예수님의 고난과 동일시한다. 즉, 바울은 자신의 고난을 교회를 위한 고난이자 성도들을 위한 고난이라고 말한 것이다.

---

356 헤이스, 『상상력의 전환(구약 성경의 해석자 바울)』, 67–76, 99.

357 헤이스, 『상상력의 전환(구약 성경의 해석자 바울)』, 78–95.

358 Gerhard Von Rad, *The Message of the Prophets*, 241–242; 김근주, 『특강 예레미야』, 247 에서 재인용.

"그러므로 너희에게 구하노니 너희를 위한 나의 여러 환난에 대하여 낙심하지 말라 이는 너희의 영광이니라"(엡 3:13)

"나는 이제 너희를 위하여 받는 괴로움을 기뻐하고 그리스도의 남은 고난을 그의 몸된 교회를 위하여 내 육체에 채우노라"(골 1:24)

바울의 이 고백은 그리스도인의 삶이 우리의 겉사람은 쇠약해지지만, 우리의 속사람은 날로 새로워지고 있다고 말하는 배경이다(고전 4:16).

고린도전서 4:9-13에서 보이는 이사야 53:4-6의 패턴의 인용과 암시

고린도전서 4:9-13에서 사도 바울은 고린도 교회에 자신의 고난을 설명하면서도 단순히 고난을 나열하지는 않는다. 바울은 '우리(바울)'와 '너희(고린도 교회)'를 반복하며 비교한다. 그런데 여기서 이사야 53:4-6과 비슷한 패턴이 보인다.

고린도전서 4:9-13은 '우리(ἡμεῖς)'와 '너희(ὑμεῖς)'의 패턴을 보인다면 이사야 53:4-6은 '그(οὗτος)'와 '우리(ἡμῶν)'가 반복되는 패턴을 보인다. 이는 사도 바울이 의도적으로 이사야 53:4-6의 패턴을 인용함으로써 '대리적 고난'의 의미를 강조하려는 것으로 보인다. 따라서 '대리적 고난'이 바울이 고난 중에 믿음으로 인내하게 하는 복음의 실재이다.

"**우리는** 그리스도 때문에 어리석으나	"**그는** 실로 **우리의** 질고를 지고 **우리의** 슬픔을 당하였거늘 **우리는** 생각하기를 **그는** 징벌을 받아 하나님께 맞으며 고난

너희는 그리스도 안에서	을 당한다 하였노라
지혜롭고	**그가** 찔림은 **우리의** 허물 때문이요
우리는 약하나	**그가** 상함은 **우리의** 죄악 때문이라
너희는 강하고	**그가** 징계를 받으므로 **우리는** 평화를 누리고
너희는 존귀하나	**그가** 채찍에 맞으므로 **우리는** 나음을 받았도다 **우리는** 다
우리는 비천하여"(고전 4:10).	양 같아서 그릇 행하여 각기 제 길로 갔거늘 여호와께
	서는
	우리 모두의 죄악을 **그에게** 담당시키셨도다"(사 53:4–6)

사도 바울의 고난에 대한 관점에서 가장 인상적인 것은 바울이 자신의 고난을 인과응보적 심판으로 이해하지 않는다는 데 있다. 바울이 지난 날 교회의 박해자였음에도 불구하고 과거에 자신이 지은 죄와 현재의 고난을 연결하지 않는 것은 놀라운 점이다. 바울 반대자들의 비난처럼, 수많은 현재의 고난을 이전에 지은 죄와 그로 인한 심판으로 연결하여 이해하는 것이 당시의 지배적인 세계관이었기 때문이다.

그러나 바울은 자신의 고난을 나열하면서도 이전에 자신이 박해자로 지은 죄와 그로 인한 형벌이라고 말하지 않는다. 오히려 '너희를 위한' 고난이라고 말한다(엡 3:13; 골 1:24). 이 점으로 미루어 보아 바울은 인과응보적 관점이 아니라, 예수 그리스도가 보인 '대리적 고난'의 세계관을 자신에게도 적용하는 것으로 보인다. 바울은 의도적으로 '대리적 고난'을 자신에게 적용하여, 심판이 아니라 사도성의 근거로 적용하고, 이런 고난에 대한 세계관을 성도들에게 적용한다(롬 8:17). 결국 바울의 고난은 그가 사도이기 때문이 아니라 '그리스도인'이기 때문에 겪은 것이다.[359] 그러므로 바울뿐만 아니라, 각각 성도의 개인적이고 주관적 상황에서 감당해야 할 고난도 '대리적 고난'의 속성을 포함하는 것으로 접근해야 한다.

바울 서신에서 보이는 '대리적 고난'

사도 바울은 이사야 53장의 '대리적 고난'을 '함께'(with)로 번역된 헬라어 'σύν'(syn)을 사용하여 설명한다(롬 8:17; 딤전 1:8; 딤후 2:3). 월터 그룬트만 (Grundmann, W)은 바울이 사용하는 "그리스도와 함께"(σὺν Χριστῷ)를 적용하는 것으로 확인한 최소 14개의 συν- 합성어 그룹이 있고,[360] 로마서 이후 자료에도 등장한다고 말한다.[361]

'συγκληρονόμος'(synkleronomos: 함께한 상속자니(롬 8:17), 함께 상속자가(엡 3:6),

유업으로 함께 받은(히 11:9), 함께 이어 받을(벧전 3:7)),

'συμπάσχω'(sympascho: 고난도 함께 받아야(롬 8:17), 함께 고통을 받고(고전 12:26)),

'συγκακοπαθέω'(synkakopatheo: 함께 고난을 받으라(딤후 1:8. 딤후 2:3)),

'συνδοξάζω'(syndoksazo: 함께 영광을 받기(롬 8:17)),

'συστενάζω'(systenazo: 함께 탄식하며(롬 8:22)),

'συστρατιώτης'(systratiotes: 함께 군사 된 자(빌 2:25), 함께 병사 된(몬 1:2)),

---

359 Barnett, *The second epistle to the Corinthians*. NICNT (Grand Rapids: Eerdmans, 1997), 238

360 Grundmann, W., "σύν – μετά with the Genitive, συναποθνήσκω, συσταυρόω, συνθάπτω, σύμφυτος, συνεγείρω, συζάω, συζωοποιέω, συμπάσχω, συνδοξάζω", *TDNT*. Vol. 7 (Grand Rapids, MI: Eerdmans, 1964), 786–787.

361 Jewett, R. & Kotansky, R.D., *Romans: A commentary*. HERM (Minneapolis, MN: Fortress Press, 2006), 502–503.

'συσταυρόω'(systauroo: 함께 십자가에 못 박힌(마 27:44, 갈 2:20)).

고전 문헌에서 복합 동사 'συμπάσχειν'(sympaschomen)은 "함께 고통받다" 또는 "동정하다"를 의미한다. 그러나 로마서 8:17에서 'συμπάσχειν'는 '그리스도를 대신'하여, 혹은 '그리스도와 함께' 고난을 받는 성도들을 가리키는 의미를 분명히 담고 있다.[362] 따라서 바울이 각 단어에 접두어 'σύν'(syn)을 붙인 단어를 사용한 것은 누구에게 배운 것이 아니라 사도적 권위로 복음과 고난에 대한 새로운 신학적 해석과 적용을 시도한 것이다.[363] 이는 이사야 53장의 대리적 고난의 개념과 복음을 교회와 신약의 백성들에게 이해시킴과 동시에 적용하려는 의도이다.

종말론과 대리적 고난

초림과 재림 사이, 종말의 시대는 그리스도의 '대리적 고난'에 참여하는 은총의 시간이다. 최영숙은 그의 논문 "바울의 고난과 교회의 하나됨(Pauline Suffering and Church's Unity): 고린도전서 4장 6-13절을 중심으로"에서 "세례는 십자가에 달리신 그리스도와 함께 연합하는 장소이며, 바울은 그 그리스도를 위하여 고난받는다. 사도로서 바울의 고난도 마찬가지로 십자가에 달리신 그리스도와 함께 고난을 공존하는 장소이다"라고 말한다.[364]

---

362 Jewett, R. & Kotansky, R.D., *Romans: A commentary*, HERM, 503.

363 Grundmann, W., "σύν – μετά with the Genitive, συναποθνήσκω, συσταυρόω, συνθάπτω, σύμφυτος, συνεγείρω, συζάω, συζωοποιέω, συμπάσχω, συνδοξάζω", *TDNT*, Vol. 7, 782.

364 최영숙, "바울의 고난과 교회의 하나됨: 고린도전서 4장 6-13절을 중심으로", 「성경과 신학」 54 (2010), 35-63, 42.

최영숙은 바울의 고난에 '대리적 고난'이라는 단어를 사용하지는 않지만, 예수님의 고난에 실존적으로 참여한다고 이해하는 것으로 보인다. 왜냐하면 같은 논문에서 최영숙은 "바울의 고난도 십자가에 달리신 그리스도를 현재화하는 것이며"라고 말함으로, 바울의 고난을 기독론적 해석을 넘어서 "현재화"라는 단어를 강조하며 그리스도의 고난으로 설명하기 때문이다.[365] 최영숙은 계속해서 "종말론적 완성의 때가 아니라[366] 그리스도가 고난 당한 것처럼, 사도가 고난을 당하고 있는 것처럼, 지금은 고난받는 때이기 때문이다"라고 말함으로써, 오늘이 '대리적 고난'에 동참하는 종말적 시기임을 강조한다.[367] 따라서 '이미와 아직'의 종말적 시대는 그리스도의 '대리적 고난'에 참여하는 특권과 은총의 시대이다.

이사야 53장의 대리적 고난은 바울만이 아니라, 오늘날 각 개인의 성도의 삶에서도 성취되고 있다. 또한 동시에 대리적 고난을 감당하는 성도에게 정죄와 힐난, 비난하는 박해도 실시간으로 나타나고 있다. "우리는 생각하기를 그는 징벌을 받아 하나님께 맞으며 고난을 당한다 하였노라"(사 53:4)라는 말씀처럼 정죄를 받고 수치를 당하는 것이다. 욥의 친구들 역시 욥의 고난을 인과응보적 결과로 치부하고 정죄했다. 기복적이고 율법적인 세계관에서 고난은 하나님의 채찍과 진노를 의미했기 때문에, 욥의 친구들도 다른 생각을 할 수 없었다. 오히려 이 땅의 세상에서는 이러한 세계관이 올바

---

365 최영숙, "바울의 고난과 교회의 하나됨: 고전 4장 6-13절을 중심으로", 35-63, 44.

366 Schrage, 1 Kor I, 338: 그는 고린도의 신앙의 열광자들에게 이미 종말론적 완성에서 살고 있는 징후가 있다고 말한다.: 최영숙, "바울의 고난과 교회의 하나: 고전 4장 6-13절을 중심으로", 35-63, 50에서 재인용.

367 최영숙, "바울의 고난과 교회의 하나됨: 고전 4장 6-13절을 중심으로", 35-63, 50, 55.

르고 성숙한 태도로 보일 것이다.

그러나 예수님의 재림 때에 하나님의 심판으로 고난을 겪은 지질한 사람들이 나와 우리를 대신하여 '대리적 고난'을 감당한 것이 드러날 때, 많은 사람은 놀라고 당황하며 입을 다물게 될 것이다(사 52:15 "그들의 입을 봉하리니"). "먼저 된 자로서 나중 되고 나중 된 자로서 먼저 될 자가 많으니라"(마 19:30; 막 10:31)라는 말씀처럼 마지막 때에 놀라운 반전과 역전이 처처마다 나타날 것이다. 왜냐하면 그리스도는 완전히 새로운 하나님 나라의 '질서'(מִשְׁפָּט)를 창조하셨기 때문이다. [368]

사도 바울의 자기 고난에 대한 기독론적 이해와 적용

사도 바울은 1, 2, 3차에 이르는 전도 여행으로 많은 고난을 겪었다. 학자들은 바울의 고난과 그 고난을 나열한 목록을 '고난 목록(peristasenkatalog)'이라고 부른다. [369] 고린도전서 4:6-13은 고린도전서에서 유일한 바울의 고난 목록으로 성만찬과 세례와 교회론, 그리고 사도 바울의 사도직과 연관이 있다. [370] 최영숙은 "사도로서 바울의 고난도 마찬가지로 십자가에 달리신 그

---

368 오스왈트는 '미슈파트(מִשְׁפָּט)는 사법의 형평성 이상을 의미하며, 모든 사람의 관심사가 해결되는 사회적 질서를 포함한다. 이것은 창조 세계가 주님의 계획에 따라 기능할 때 존재하는, 생명을 주는 질서"라고 말한다.: Oswalt, J.N., he Book of Isaiah, Chapters 40-66, NICOT (Grand Rapids, MI: Wm. B. Eerdmans Publishing Co, 1998), 110-111.

369 A. Bonhoffer, "Epiktet und das Neue Testament," ZNW 13(1912), 281-292; idem, Epiktet und das Neue Testament, RVV 10 (Gießen: Toepelmann, 1911; Nachdruck Berlin 1964).; 최영숙, "바울의 고난과 하나님의 능력".「신약논단」, 17(2) (2010), 395-425, 396에서 재인용.

370 최영숙, "바울의 고난과 교회의 하나됨: 고전 4장 6-13절을 중심으로", 35-63, 37.

리스도와 함께 고난을 공존하는 장소이다. 마찬가지로 성만찬에서 십자가 죽음의 기억을 선포하는 것은 그리스도의 고난을 현재화하는 것이다. 즉, 바울의 고난도 십자가에 달리신 그리스도를 현재화하는 것이며, 분열된 교회는 십자가에 달리신 그리스도의 고난과 사도로서 당하는 바울의 고난을 통하여 이제 하나가 되는 길로 나아갈 수 있다"라고 말한다.[371] 이는 바울이 자신의 고난을 기독론적으로 이해하고 있음을 보여 주는 것이다(1:5; 4:6-13).[372] 예수님은 죄인들에게 "의"(δικαιοσύνη)을 주시기 위해 '죄가 되셨다'(고후 5:21). 바울은 이 복음을 전하는 메신저로서 고난을 받았는데, 폴 바네트 (Barnett, Paul W)는 바울의 선교적 고난을 '예수 그리스도의 대리적 고난의 확장'(the extension of the vicarious sufferings of Christ)으로 본다.[373]

바울은 자신의 고난을 기독론으로 이해하는 것에서 그치지 않는다. 바울은 로마서에서 성도들도 '고난받음'으로 그리스도의 고난에 동참한다고 말한다(롬 8:17). 빌립보 교회에게는 "나를 본받아" 그리스도의 고난에 참여하라고 초대한다(빌 3:10-17). 이처럼 바울이 자신의 고난을 언급하는 것은 교회의 연합은 예수님의 고난, 즉 대리적 고난에 동참하는 것으로 성취되기 때문이다. 그리스도인은 그리스도를 영화롭게 하는 대리적 방식인 고난을 받음으로써 예수 그리스도의 고난과 영광에 참여한다(롬 8:17; 고전 4:10-13).[374] 이는 사도 바울이 자신과 성도들의 고난이 각자의 죄로 인한 심판적

---

371 최영숙, "바울의 고난과 교회의 하나됨: 고전 4장 6-13절을 중심으로", 35-63, 56.

372 최영숙, "바울의 고난과 하나님의 능력", 395-425, 400, 409, 415, 416.

373 Barnett, *The Second Epistle to the Corinthians*. (Grand Rapids, MI: Wm. B. Eerdmans Publishing Co, 1997). *NICNT*, 238.

374 Sproul, R.C., *The Reformation Study Bible: English Standard Version* (2015 Edition)

고난이 아니라, 예수님이 보이신 '대리적 고난'임을 깨달을 때만 가능하다.

사도행전 16장을 보면 사도 바울은 빌립보 감옥에서 도망갈 수 있는 기회가 있었지만, 도망가지 않았다(26절). 지진으로 차꼬가 풀리고 감옥 문이 열음에도 불구하고 도망가지 않은 것은 '귀신 들린 여종'과 '간수', 그리고 빌립보 교회를 위해 '대리적 고난'을 감당하기로 작정했기 때문이다(16:16, 27-36). 만약 바울과 실라가 감옥 문을 열고 도망갔다면 간수는 죽임을 당했을 것이다. 왜냐하면 간수는 도망한 죄수의 생명을 자기 생명으로 대신해야 하기 때문이다. 이것이 당시 법이었다. 열왕기하 10:24에서 예후는 바알 제사장을 멸하기 위해 계책을 만든다. 그리고 팔십 명의 군사에게 "예후가 팔십 명을 밖에 두며 이르되 내가 너희 손에 넘겨 주는 사람을 한 사람이라도 도망하게 하는 자는 자기의 생명으로 그 사람의 생명을 대신하리라(תַּחַת)"(왕하 10:24)라고 경고한다. 이 본문을 통해서도 구약과 신약 시대에 생명으로 생명을 대신하는 법이 있었음을 알 수 있다(수 2:14; 왕상 20:39, 42). 이런 이유로 간수는 죄수들이 도망한 줄로 생각하고 자결하려고 한 것이다(행 16:27).

이런 배경에서 바울은 간수를 위해 대리적 고난을 적용하여 도망하지 않았다. 간수는 바울과 실라가 도망하지 않은 이유를 누구보다 명확히 알았다. 바울은 간수의 생명으로 죄수의 생명을 대신하는 로마법을 생각하며 간수의 생명을 지키기 위한 희생을 선택했다. 생명으로 생명을 대신하는(תַּחַת) 법에 대한 간수의 이해는 예수님의 대리적 고난을 영접하기에 충분히 준비된 영혼인 것을 보여 준다(행 16:29-30). 그리고 사도 바울의 대리적 고난에

(Orlando, FL: Reformation Trust, 2015), 2047.

대한 적용과 간수의 생명으로 생명을 대신하는 로마법의 이해가 만나 빌립보 교회가 세워진다. 이것이 빌립보 교회를 보는 바울의 특별한 기쁨이었다 (빌 1:4; 4:1). 그러므로 성도는 불신자들이 예수님의 대리적 고난을 깨닫기까지 바울과 실라처럼 감옥 같은 불합리한 구조와 억울한 죄수의 역할을 감당해야 한다. 나는 이 불합리하고 억울한 구조와 역할을 대리적 고난이라고 부른다. 대리적 고난은 종말의 시대에 성도와 교회에 맡겨진 것이다.

스데반의 대리적 고난과 사도 바울

사도 바울의 대리적 고난에 대한 이해에서 바울을 애통하게 한 것은 스데반의 죽음이다. 왜냐하면 스데반의 죽음은 바울을 향한 대리적 고난이었기 때문이다. 나의 생각에 스데반은 바울만큼이나 학식이 깊은 헬라파 유대인이었을 것이다. 그것은 사도행전 7장 스데반의 설교를 보면 알 수 있다. 또한 스데반에게는 대리적 고난에 대한 이해도 있었던 것으로 보인다. 7장의 설교에서 스데반은 모세에 관해 설명하면서 하나님이 이 모세를 "속량하는 자"(λυτρωτὴν)로 보내셨다고 말한다(35절). 모세를 "속량하는 자"(λυτρωτὴν)로 이해하는 것은 가나안에 입성하지 못한 모세의 죽음에 대한 스데반의 이해를 보이는 것이다. 하워드 마샬(I. Howard Marshall)은 신약에서 "속량하는 자"라는 칭호를 받은 이는 예수님이 아니라 모세이지만, 이는 예수의 모형론적 암시라고 말한다.[375] 가나안에 들어가지 못한 모세의 고난과 죽음이 이스라엘의 죄를 속량하는 대리적 고난이었음을 강조하는 것이다.

---

[375] 하워드 마샬, 『사도행전(틴데일 신약 주석 시리즈)』, 백승현 역 (서울: CLC, 2016), 230.

더불어 스데반은 자신의 고난과 죽음이 당시 예루살렘에 거주한 유대인(자기 설교를 듣는 유대인들)을 위한 '대리적 고난'이기를 간구한 것으로 보인다. 왜냐하면 스데반의 죽음과 마지막 기도는 예수님의 마지막 기도를 연상하게 만들기 때문이다.[376] 스데반은 자신의 죽음이 예수님의 대리적 고난과 죽음을 따르는 고난임을 이해한 것이다.

눅 23:34 "아버지 저들을 사하여 주옵소서 자기들이 하는 것을 알지 못함이니이다 하시더라" 눅 23:34 "그들이 그의 옷을 나눠 제비 뽑을새"	행 7:60 "주여 이 죄를 그들에게 돌리지 마옵소서" 행 7:58 "증인들이 옷을 벗어 사울이라 하는 청년의 발 앞에 두니라"

사도행전 8:1의 "사울은 그가 죽임 당함을 마땅히 여기더라"는 이사야 53:4의 "우리는 생각하기를 그는 징벌을 받아 하나님께 맞으며 고난을 당한다 하였노라"와 병행으로 보인다. 또한 사도행전 7:60의 "주여 이 죄를 그들에게 돌리지 마옵소서"라고 하는 스데반의 기도는 자기 죽음으로 자신을 죽이는 자들을 속량하여 주시기를 간구한 것으로 보인다(사 53:12). 즉, 사도행전 7:60의 스데반의 기도는 자기 죽음에 관여한 바울을 향한 용서를 간구하는 기도이다. 제임스 던은 바울이 스데반의 죽음에 개입했다고 본다.[377] 따라서 스데반은 모세(속량하는 자: 행 7:35)와 여호수아의 구도가 스데반 자신

---

376 마샬, 『사도행전(틴데일 신약 주석 시리즈)』, 242.; 제임스 D. G. 던, 『초기 교회의 기원 (상권, 하권)』, 문현인 역 (서울: 새물결플러스, 2019), 367-368, 445.

377 던, 『초기 교회의 기원 (상권, 하권)』, 445.

과 바울의 관계에서도 나타난 것을 본 것이다(행 7:56). 스데반은 짧은 삶을 살았지만, 사울이라고 하는 바울이 스데반의 대리적 고난과 기도 응답으로 복음 전도자가 되어 바울과 상급을 공유하게 되었다.

이사야 53장이 회고적 시점에서 고백 됨과 같이 바울도 회고적 시점에서 스데반의 대리적 고난을 회심 이후에 깨닫게 되었을 것이다(사 52:15; 53:4-6, 12). 스데반의 죽음과 고난이 자신에게 어떤 의미를 부여하고, 또 어떤 기능을 하는지를 깨달았을 것이다. 바울은 자기를 대신하여 고난을 감당한 스데반의 대리적 고난을 이해하고 그를 따르는 고난의 삶을 살아 내는 것이 그리 힘들지 않았을 것이다. 혹은 평생 스데반을 향한 애가를 부르며 살았을지도 모른다. 바울처럼 우리도 누군가의 애통과 고난을 통해서 죄를 깨닫고 회개에 이르게 된다. 그러나 여기에 머무는 것이 아니라 우리도 타인(원수)과 공동체의 유익과 구원을 위해 대리적 고난으로 부르심을 받을 것을 이해하고 감당해야 할 것이다.

갈라디아서와 대리적 고난

리처드 N. 롱에네커(Longenecker, Richard N.)는 사도 바울은 "성령으로 행하며"(갈 5:16, 25), "성령에 인도되고"(갈 5:18), "성령으로 사는"(갈 5:25) 것이 의미하는 것이 무엇인지 갈라디아서 6:1-10에서 보여 준다고 말한다.[378] 사도 바울에 의하면 성령 충만한 삶은 신비적인 것이 아니다. 성령 충만한 삶은 "너희가 짐을 서로 지라 그리하여 그리스도의 법을 성취하라"(갈 6:2)는 말씀과 깊은 관련이 있다. 성령 충만한 삶은 예수님의 대리적 고난을 본받

---

[378] 리처드 N. 롱에네커, 『WBC 갈라디아서』, 이덕신 역 (서울: 솔로몬, 2003), 590.

아 맡겨진 대리적 고난을 감당하는 것이다.

신약의 다른 본문에서는 볼 수 없는 "그리스도의 법"이란 표현에 대해
여러 해석이 많다. 대부분 학자는 갈라디아서 6:2을 5:14의 "네 이웃 사랑
하기를 네 자신 같이 하라"와 연결하여 이해하려고 한다. 팀 켈러는 갈라디
아서 6:2과 5:13-14을 연결하여, "사랑으로 서로 종노릇"하는 것을 "짐을
서로 지라"는 뜻으로 읽었다.[379] 그에 의하면 서로 짐을 지는 것은 구제가
된다. 존 스토트(John R. W. Stott)는 "너희가 짐을 서로 지라"는 말씀에서 예
수 그리스도만이 우리의 죄와 죄책의 짐을 질 수 있다고 말한다. 그러나 그
는 염려, 유혹, 의심, 슬픔과 같은 인생의 다른 "짐"에 관해서는 그렇지 않
다고 말한다.[380] 그러나 존 스토트의 "짐"에 관한 이해는 갈라디아서 6:1에
서 "형제들아 사람이 만일 무슨 범죄한 일이 드러나거든"으로 특정한 문맥
과 어울리지 않는다. 이 문맥에 따르면 6:2의 "짐"은 6:1의 "범죄한 일"과
관련이 있다.

반면, 베츠(Betz, H. D)는 "서로 짐을 지라"라는 말씀을 갈라디아서 5:13-
14의 가르침과 6:1의 "범죄한 일"(παράπτωμα)과 관련하여 '짐'(τὰ βάρη)을 "지
라"(βαστάζω)는 것으로 본다.[381] 베츠에게 "지라"의 의미는 '참는 것' 이상으로
실제적인 도움이 되는 구제를 의미한다. 하지만 그는 구제의 의미를 넘어
공동체 지체의 범죄와 실패를 삶의 '짐'의 일부로 여기고 공동체가 함께 감

---

379   켈러, 『당신을 위한 갈라디아서』, 247.
380   존 스토트, 『갈라디아서 강해』, 정옥배 역 (서울: IVP, 2007), 198-199.
381   Betz, H.D., *Galatians: a commentary on Paul's letter to the churches in Galatia*. HERM
      (Philadelphia: Fortress Press, 1979), 299.

당할 '짐'이라 말한다. 데릭 브라운(Derek R. Brown)은 베츠의 6:2에 대한 관점을 "그리스도의 법이라는 낯선 개념을 그리스도인들이 믿음과 성령을 따르는 것을 통해 '신적 구원'에 참여하라는 명령"으로 설명한다.[382]

나는 베츠의 성령의 감동으로 공동체가 감당하는 짐과 데릭 브라운의 '신적 구원'에 대한 이해를 종합하여 볼 때, 6:2의 "너희가 짐을 서로 지라"는 말씀은 지체의 죄로 인한 보응적 형벌을 대리적 고난으로 서로 감당하라는 명령으로 이해한다. 범죄한 지체를 육체를 따라 정죄하거나 차별하지 말고 (3:3), 그의 보응적 형벌을 공동체가 함께 감당하는 해산하는 수고로(4:19) 그를 바로 잡고 또한 각자 자신을 돌아보는 계기로 삼으라는 의미이다(6:1). 또한 6:5의 "각각 자기의 짐을 질 것이라"라는 명령은 이사야 53장의 대리적 고난을 감당하신 "그리스도의 법"을 따라 하나님께서 각자에게 부여하신 대리적 고난을 감당하라는 의미로 본다. 이것이 갈라디아서 5:22-23의 성령의 열매를 맺는 삶이며, 성령의 소욕을 거스르는 육체를 다스림이다. 그러나 육체의 소욕과 헛된 영광을 구하는 자들은 "짐"을 거부할 것이다 (5:17, 26). 육체의 소욕과 헛된 영광을 따르는 자들은 갈라디아서 6:1의 범죄한 자의 짐을 분담함으로써 그를 바로 잡으려 하지 않을 것이다. 오히려 그들은 "그 일이 우리와 무슨 상관인가? 말려들고 싶지 않다거나, 혹은 멸시하고 정죄하거나, '꼴좋다'라든가 '자업자득'이다"라고 말할 것이다.[383]

382 데릭 브라운, 『Lexham 리서치 주석: 갈라디아서』, 김태영 역 (Lexham Press; Logos 성경 소프트웨어, 2021), 갈 6:1-18.

383 스토트, 『갈라디아서 강해』, 202-203.

하지만 각각 맡겨진 대리적 고난을 감당하며 "낙심하지 말지니"(6:9), 때가 이르면 거둘 것이다. 이는 두 가지 열매를 말씀하는 것인데, 첫째는 6:1에서 범죄한 지체의 회개이며, 둘째는 5:22-23의 성령의 열매이다. 따라서 대리적 고난을 감당함으로써 범죄한 지체를 바로 잡고 나 자신을 살필 수 있는 것이다(갈 6:1). 이런 나의 주장은 갈라디아서의 전체 맥락과도 잘 어울린다. 3:1-3에서 성령을 따르는 것은 범죄한 지체와 함께 그의 형벌에 동참하는 대리적 고난을 감당하는 것이며, 육체를 따르는 것은 범죄한 지체를 율법의 옳고 그름으로 정죄하고 공동체에서 차별하는 것이다. 따라서 함께 "짐"을 질 그리스도인 친구를 찾으라는 존 스토트의 이해와 적용은 설득력이 있다(그의 "짐"에 대한 이해는 제한적이지만 말이다).

베드로전후서에서 발견되는 대리적 고난의 사상과 이해

베드로전서에서 이사야 53장의 인용은 2:18-25에서 나타난다. 2:19의 "부당하게"에서 사용된 헬라어 'ἀδίκως'(adikos)는 부정접두사 'ἀ'와 '정의', '형벌', '공의'를 의미하는 어근 'δίκη'(dike)의 합성어로, '불의하게', '합당한 이유 없이', '무고하게'라는 의미가 있다.[384] 2:18의 "사환들"은 불의한 폭력에 의해 자유를 빼앗기고 노예가 된 사람들이다. 그런데 베드로는 "사환들"이 노예가 된 것은 '부당하게'(ἀδίκως) 고난을 받기 위한 부름이라고 말한다(19, 21절).[385] 베드로가 언급한 '부당하게' 받는 고난은 '대리적 고난'을 감당하는 성도들의 억울함과 당황스러움을 대변하는 표현이다. 죄없이 감당하는 대

---

384 Louw, J.P. & Nida, E.A., *Greek-English lexicon of the New Testament: based on semantic domains*, 1권 *electronic ed. of the 2nd edition.* (New York: United Bible Societies, 1996), 744.; 김재권, 『라이프 성경 사전』(서울: 생명의말씀사, 2006), 706.

385 그루뎀, 『틴데일 신약 주석: 베드로전서』, 197.

리적 고난이 '부당하게' 받는 고난처럼 보인 것이다.

그런데 여기서 '부당하게' 고난을 받는다는 베드로의 권면을 듣는 사람들은 2:18의 "사환들"(οἰκέτης)이다. 여기서 말하는 사환은 노예이다. 이들은 전쟁 포로이거나 경제, 정치적 불의한 이유로 노예가 되었을 것이다. 노예의 상태에서 복음을 듣고 구원은 받았지만, 노예라는 신분은 변함이 없다. 베드로는 이들의 고난을 불의한 고난이라고 말하며, 2:21-25에서 이사야 52:13-53:12을 인용하여 그들을 위로한다. 구약을 인용하는 방법에는 모형론과 인용과 암시, 그리고 반향이 있다. 이 중에 가장 강력한 방법은 모형론과 인용이다. 베드로는 직접적 모형론과 인용과 암시를 사용한다. 이는 노예로 살아가는, 그래서 세상 어떤 말도 위로가 될 수 없는 그들의 형편과 마음을 베드로가 깊이 공감하기 때문이다.

그리고 베드로는 예수님의 "본"(ὑπογραμμός)을 따르라고 권한다(2:21). 또한 베드로는 계속해서 이사야 52:13-53:12을 인용하여 예수님의 대리적 고난을 설명한다. 베드로가 예수님의 대리적 고난에 대해 말씀을 증거할 때, 듣는 사환들은 자신들의 고난이 보응적 심판이 아니라, 예수님의 대리적 고난의 본을 따르는 것으로 여겨 주시는 성령의 음성을 들었을 것이다. 왜냐하면 사환들에게는 여전히 노예로 살아가야 하는 그들의 삶을 살아낼 힘이 필요했기 때문이다.

그러나 아흐테마이어, P. J(Achtemeier, P. J)와 웨인 A. 그루뎀(Wayne A. Grudem)은 베드로전서 2:21을 그리스도가 너희를 위하여 하나님께 완전한 (능동적) 순종의 모습을 보임으로써, 즉 고난받은 방식으로 '본'을 보임으로써 그 자취를 따라오게 하셨다는 의미로 해석한다.[386] 데이빗 월스(D.r David Walls)도 그의 주석에서 "성도는 예수님과 같은 대리적 고난을 겪지 않으나 예수님이 고난을 대하시고 견디신 것과 같은 방식으로 예수님을 따를 수 있다"라고 말한다.[387] 이처럼 대부분의 학자는 사환들에 대한 베드로의 권면을 예수님의 대리적 고난에 동참하라는 의미가 아니라, 예수님의 고난받으심의 '본'을 따르라는 의미로 본다.[388] 그들은 21절에서 예수님의 "본"(ὑπογραμμός)을 '대리적 고난'과 '고난받는 태도'로 나눈다. 그리고 대리적 고난의 형식과 의미의 "본"을 버리고 '고난받는 태도'만을 배우는 것이 "본"이신 예수를 따르는 것이라고 말한다. 그러나 이런 학자들의 접근은 노예의 고단한 삶에, '율법적 짐을 하나 더 지우는 멍에'에 불과하다. 무척이나 이상적이고 능동적으로 예수님을 따르는 영적 경지에 이른 것 같지만, 이는 마태복음 23:4에서 자신들도 감당하지 못하는 무거운 짐을 지우는 서기관과 바리새인과 다를 것이 없다.

또한 "사환들"에게 베드로전서 2:18-25을 해석하고 적용하는 학자들의 이런 관점은 원인과 결과, 앞뒤가 바뀐 해석이다. 하나님 나라는 먼저 "의"를 주신 후에 의인의 삶과 윤리를 요구하는 것이지, 율법적이고 이상적인 삶을 먼저 요구하는 것이 아니기 때문이다. 노예의 삶을 살아가는 사환들에게 이상적이고 율법적인 수준의 삶을 요구한다고 보는 것은 잘못된 해석이

---

386 그루뎀, 『틴데일 신약 주석: 베드로전서』, 198.; Achtemeier, J., *1 Peter: a commentary on First Peter, HERM* (Minneapolis, MN: Fortress Press, 1996), 196-199.

387 데이빗 월스, 『Main Idea로 푸는 베드로전후서, 요한일이삼서, 유다서』, 장미숙 역 (서울: 디모데, 2004), 56-57.

388 그루뎀, 『틴데일 신약 주석: 베드로전서』, 237.

다. 고난을 글로 읽고 배운 사람이 아니라, 현재적 고난의 삶을 살아 내고 있는 사람이라면 이런 해석과 적용이 얼마나 잔인하고 폭력적인지 알게 된다. 따라서 십자가의 고난을 능동적으로 감당한 예수님을 따라 능동적으로 노예의 고난을 받으라는 권면은 또 다른 하나의 멍에일 뿐이다.

하지만 사환들이 감당해야 하는 노예의 고단한 삶, 즉 부당한 고난을 예수님의 대리적 고난에 동참하는 것으로 여겨 주심으로써 쉼과 특권을 누리게 하신다. 더불어 사환들의 부당한 고난을 대리적 고난으로 여겨 주심은 노예의 고단한 삶을 감당할 힘과 능력을 부여해 준다. 이를 위해서 베드로는 베드로전서 2:22-25에서 구체적으로 이사야 52:13-53:12을 인용하고 암시한다. 계속해서 베드로는 "의를 위하여 고난을 받으면"(3:2), "그리스도의 고난에 참여하는 것으로 즐거워하라"(4:13), "하나님의 뜻대로 고난을 받는 자들은"(4:19)과 같은 말로 성도들이 감당하는 고난의 성격을 정의해 준다.

따라서 웨인 A. 그루뎀와 데이빗 월스를 비롯한 학자들의 접근은 베드로전서 2:22-25에서 이사야 52:13-53:12을 구체적으로 인용한 베드로의 의도와 목적을 설명하는 데 부족함이 있다. 왜냐하면 그의 주장은 "사환들"이 겪어야 하는 부당한 고난에 대한 기본적인 질문인 "왜 우리가 고난(노예의 삶)을 겪어야 하는가?"에 대한 명확한 답을 주지 못하기 때문이다. 베드로가 이사야 52:13-53:12을 베드로전서 2:22-25에서 구체적으로 인용하는 것은 "부당하게 고난을 받아도"(2:19)에 대한 답변으로 왜 부당한 고난을 받아야 하는지에 대한 암시를 주기 위함이다. 또한 사환들에게 중요한 것은 고난을 감당하는 방식이 아니라, "왜 자신들이 노예의 삶을 감당해야 하는 것인가?"를 묻는 영혼의 질문에 근본적인 답변이기 때문이다. 사환들에게 고난받는 방식으로 예수 그리스도를 따르는 것은 부차적이다. 그러므로 베드로는 예수 그리스도가 우리의 구원을 위하여 부당한 고난(대리적 고난)을 감당하는 본을 보인 것처럼, 이제 사환들과 성도들이 불신자인 주인 또는 남편의 구원을 위하여 부당한 고난(대리적 고난)을 감당한다고 말하려는 것이다.

또한 베드로는 고난을 겪고 있는 그리스도인에게 마귀를 대적하라고 말한다(벧전 5:8-9). 왜냐하면 감히 예수님처럼 대리적 고난을 감당하라고 하는 이해와 적용은 정죄받거나 비난받을 수 있기 때문이다. 그때나 지금이나 예수님의 대리적 고난을 교회와 성도가 감당한다는 이해와 적용은 신학적으로나 목양적으로나 어려운 일이다. 그러나 베드로는 성도의 대리적 고난의 이해와 적용에 대한 내외부적 공격에 마귀를 대적하라고 말한다. 이는 상당히 과격한 표현이다. 베드로의 과격한 표현은 마태복음 16:23의 "예수께서 돌이키시며 베드로에게 이르시되 사탄아 내 뒤로 물러 가라 너는 나를 넘어지게 하는 자로다 네가 하나님의 일을 생각하지 아니하고 도리어 사람의 일을 생각하는도다"라는 말씀을 떠올리게 한다. 베드로가 예수님이 십자가에서 고난받으실 것을 이해하지 못하고 항변할 때, 예수님은 그에게 칭찬은커녕 "사탄아 내 뒤로 물러 가라 너는 나를 넘어지게 하는 자로다"라고 하시며 수제자로서 무척이나 수치스러운 책망을 하신다. 예수님이 광야에서 사탄에게 시험받으실 때 "사탄아 물러가라"(마 4:10)라고 말씀하셨던 것처럼 베드로에게 똑같이 사탄이라고 부르신 것은 충격적이다. 그러나 이는 예수님이 감당하실 대리적 고난의 이해와 적용에 대한 영적 민감성을 보여 주는 것이다.

베드로는 하나님의 은혜로 믿음의 '반석'(Πέτρος)이라는 새 이름을 받았다(마 16:18). 그러나 하나님의 알게 하심이 아니라 사람의 일을 생각하자 걸려 넘어지게 하는 '걸림돌과 거치는 바위'(λίθον προσκόμματος καὶ πέτραν σκανδάλου)가 되었다(사 8:14-15; 롬 9:33; 벧전 2:6-8).[389] "하나님의 일을 생각하지 아니하고"(마 16:23)의 의미는 베드로의 마음의 태도가 신적 기원이 아니라, 사탄으로부터 발생한 것이라는 의미이다.[390] 따라서 사람의 생각과 인간의 기준(보응적 형벌의 세계관)에 따라 하나님의 길(대리적 고난)을 반대하는 사람은 교회의 반석이 아니라 걸려 넘어지게 하는 돌부리가 된다. 이처럼 '반석'을 한 순간에 '걸림돌'로 만들어 버린 것은 예수님의 대리적 고난에 대한 이해와 적용이었다. 왜냐하면 예수님의 대리적 고난은 구원의 기준이 되기 때문이다. 이 사건은 베드로의 영혼 속에 깊이 각인되었을 것이고, 베드로전서 2장에 반영되었다. 그만큼 예수님의 대리적 고난의 이해와 적용은 베드로에게는 남다른 경험과 아픔이 있다. 그러나 이는 예수님의 사려 깊은 양육이다. 이런 배경에서 베드로는 예수님의 대리적 고난을 자신이 "사람의 생각"(마 16:23)으로 판단했던 것처럼 사환들과 성도들의 고난을 "사람의 생각"으로 보응적 고난으로만 여기며, 감히 성도들의 고난을 대리적 고난으로 이해하고 적용하는 복음을 비난하고 조롱하는 것에 대해서 '마귀를 대적하라'고 말하는 것이다(벧전 5:8-9).

그러므로 베드로에게 대리적(부당한) 고난은 나만 겪는 고난이 아니다(빌

---

389 Luz, U., *Matthew 2: a commentary* 8-20. *HERM*, 382.

390 프랜스, 『틴데일 신약 주석: 마태복음』, 424.

1:29; 벧전 5:9).[391] 오히려 부당한 고난은, 예수 그리스도를 따르는 하나님 백성이라면 타인(원수)의 구원을 위해 당연하게 감당해야 할 부르심이다(벧전 2:21). 그럼에도 마귀는 성도에게 부당한 고난을 당하고 있다는 생각을 심어 유혹하며, 억울함이나 원망으로 대리적 고난의 특권을 감당하지 못하게 할 것이다. 혹은 예수님의 고난에 동참하는 대리적 고난을 스스로 보응적 형벌로 여기며, 원망과 피해 의식에 갇혀서 망하게 만들 것이다. 따라서 베드로는 이사야 52:13-53:12을 인용한 베드로전서 2:22-25의 말씀으로 성도의 고난이 대리적 고난인 것을 깨닫게 하며, 마귀의 속삭임을 대적하라고 권하는 것이다. 웨인 A. 그루뎀과 데이빗 월스는 대리적 고난에 참여하는 것이 아니라 예수님의 본을 따라 고난받는 태도에 집중할 필요를 여전히 주장하지만, 그들은 자신들의 주장과는 달리 계속해서 2:19의 '부당한 고난'을 예수님의 십자가 고난과 연결하여 이해한다.[392] 따라서 2:19의 부당하게 받는 고난은 예수님의 십자가와 이사야 52:13-53:12을 근거로 고난받는 종의 대리적 고난으로 보는 것이 옳아 보인다.

4) 로마서의 이신칭의와 대리적 고난

로마서의 명확한 주제는 이신칭의다. 그러나 이신칭의의 전제는 예수님의 대리적 고난인 것을 기억해야 한다. 이신칭의와 대리적 고난은 유대인과 이방인이 차별 없이 동등한 은총으로 구원받음과 동시에, 율법을 소유한 유

---

391 Achtemeier, J., 1 *Peter: a commentary on First Peter*. *HERM* (Minneapolis, MN: Fortress Press, 1996), 343-344.

392 월스, 『Main Idea로 푸는 베드로전후서, 요한일이삼서, 유다서』, 57-58.

대인과 그렇지 않은 이방인이 조금의 차별도 없이 동등한 죄인인 것을 강조한다. 왜냐하면 예수님께서 유대인과 이방인을 차별 없이 동등하게 속량하기 위한 대리적 고난을 받으셨기 때문이다. 따라서 이신칭의와 대리적 고난으로 유대인과 이방인이 그리스도 안에서 한 몸을 이룬다. 이제 예수님의 대리적 고난이 전제되지 않으면 이신칭의는 균형을 상실한 '반쪽 복음'이 된다. 그러므로 로마서의 독자들에게 이신칭의가 강조하는 만큼 예수님의 대리적 고난도 강조되어야 한다.

그러나 대리적 고난을 오직 예수님에게만 적용하면 이신칭의로 인한 여러 윤리적 문제가 발생한다. 따라서 나는 로마서에서 대리적 고난이 이신칭의의 전제이며, '의롭다' 함을 받은 성도에게 대리적 고난을 감당할 자격과 특권이 부여되었음을 밝히고자 한다. 사도 바울은 이신칭의와 대리적 고난을 강조하려 했으며, 이런 논리는 로마서 12:1-2에서 발견할 수 있다.

"거룩한 산 제물"(θυσίαν ζῶσαν ἀγίαν)과 "복음의 진리와 일치하는 예배" (λογικὴν λατρείαν)

더글러스 J. 무는 로마서 12:1-15:13은 1~11장에 비해 "신학"으로부터 "실천"으로의 이행이 아니라고 말한다.[393] 그에게 12:1-15:13은 로마서의 부록이 아니라 가장 웅대한 복음의 해설이다. 또한 리처드 N. 롱네커(Richard N. Longenecker)는 "로마서 12:1-2은 전환이나 문단의 전환, 로마서 12~16장의 서론이 아니라 그리스도인의 윤리 의식 형성과 관련하여 매우

---

393 더글러스 J. 무, 『NICNT 로마서』, 손주철 역 (서울: 솔로몬, 2011), 1002.

중요한 요인을 제시한다"라고 말한다.[394] 또한 12:1-15:13의 비중은 11:25과 16:26을 수미쌍관 구조로 만드는 단어인 "μυστήριον"(신비)으로 더욱 견고해진다. 즉, 12:1-15:13은 영세 전부터 감추어졌다가 이제는 사도 바울에게 나타난 신비(μυστήριον)의 계시이기 때문이다.

바울은 12:1-2에서 이신칭의와 대리적 고난에 대한 교회와 성도의 적용을 제사 언어로 시작한다. 구약에서 제물은 희생 제물, 즉 대리적 제물이 되는 것이다. 그러나 성도들은 이제 더 이상 제사를 드리지 않는다. 그리스도께서 구약의 제사를 완성했기 때문이다. 그럼에도 바울은 제의와 희생 제사 이미지를 사용하여 제물과 예배를 설명한다.[395] 부정과거 부정사 παραστῆσαι('드리다', '헌신하다')는 제사 언어로 개인적인 헌신을 의미한다.[396] 이는 의도적이다. 따라서 나는 12:1에서 "거룩한 산 제물"(θυσίαν ζῶσαν ἁγίαν)과 "영적 예배"(λογικὴν λατρείαν)라는 제사 용어를 사용하여 바울이 전하려는 메시지가 무엇인가를 살펴보려고 한다.

첫째, "거룩한 산 제물"(θυσίαν ζῶσαν ἁγίαν)은 이사야 52:13-53:12의 희생 제물이 되는 삶이다. 사도 바울은 "너희 몸"을 강조하는데, 이는 당시 플라톤 철학에서 파생된 영육 이원론으로 인해 육체를 부정적으로 보는 사상이 만연하였으므로, 이에 대한 대응으로 우리의 몸과 마음을 포함하는 전인격적인 제물을 강조하기 위함이다.[397] "거룩한"의 의미는 '구별'되는 것을 의미

---

394 리처드 N. 롱네커, 『NIGTC 로마서』, 오광만 역 (서울: 새물결플러스, 2020), 1481.
395 무, 『NICNT 로마서』, 1013.
396 롱네커, 『NIGTC 로마서』, 1484.
397 롱네커, 『NIGTC 로마서』, 1484.; 존 스토트, 『로마서 강해』(서울: IVP, 1996), 429-

하며 주를 섬기는 일에 헌신하는 것을 의미한다.[398] 그러므로 산 제물은 "그리스도인의 전 영역과 전인격적인 삶"이다.[399] 더글라스 J. 무는 이를 참된 예배로 해석한다.[400] 어떤 학자는 삶의 전 영역을 산 제물로 드리는 적용을 주일 예배와 주중의 삶을 구별하여 주일 예배뿐만 아니라 날마다 삶을 헌신하는 것으로 본다. 그러나 이는 "산 제물"로 드려지는 삶의 전 영역에 대한 오해이다. 로마서 12장은 1-2절에서 "산 제물"을 언급한 후, 3-21절에서 '몸과 지체'(5절)를 처음 적용한다. 그리고 공동체의 경계를 넘어서 박해하는 자와 원수까지도 포함한다(14-21절). 따라서 로마서 12장에서 삶의 전 영역이란, 선과 악, 유대인과 이방인, 원수와 지체를 차별하지 않는 사적이고 공적인 모든 인간관계를 포함하는 공동체의 내적 관계와 공동체 밖의 외적 관계까지를 포함하는 것이다. 그렇다면 원수를 포함하는 모든 대인관계에서 하나님께 드려지는 "거룩한 산 제물"로 드리는 그리스도의 생활은 어떤 것인가?

이는 로마서 5:8의 "곧 우리가 원수 되었을 때에 그의 아들의 죽으심으로"와 8:7의 "육신의 생각은 하나님과 원수가 되나니"의 말씀에서 답을 찾을 수 있다. 예수님께서 원수인 우리를 위해 이사야 53:4-6의 대리적 고난을 감당하신 것처럼, 원수의 구원을 위해 고난받는 삶을 감당하라는 뜻이다. 따라서 "네 원수가 주리거든 먹이고 목마르거든 마시게 하라"(롬 12:20)라는 가르침을 단순한 '구제'로 해석하는 오해를 범하지 않아야 한다. 이는

430.

398 무, 『NICNT 로마서』, 1010.

399 목회와 신학 편집부, 『로마서 어떻게 설교할 것인가』 (서울: 두란노, 2007), 238.

400 무, 『NICNT 로마서』, 1013.

구제가 아니라 원수를 대하는 관계와 관점의 "변화"(μεταμορφόω)를 요구하는 것이다(12:2). 그 변화는 이신칭의와 대리적 고난을 기준으로 이해하는 관계와 관점으로의 변화다. 관계를 넓혀 유대인과 이방인, 박해자와 원수, 그리고 모든 민족으로 확장하면, '거룩한 산 제물'(θυσίαν ζῶσαν ἁγίαν)과 '제사'의 이미지인 'λογικὴν λατρείαν'(logikēn latreia)를 사용하는 사도 바울의 의도가 더욱 명확해진다. 바울은 원수를 포함하는 모든 불신자의 구원을 위해 대리적 고난을 받는 역할과 삶을 "거룩한 산 제물"로 요구하는 것이다.

박해자와 원수에게 보복하지 않고 하나님의 진노하심에 맡기며, 박해자와 원수의 필요를 외면하지 않고, 주리거든 먹이고, 목마를 때 마실 것을 주는 것은 고통스러운 일이다. 이것이 용서하는 자의 고통이다. 그러나 하나님은 이 고통을 죄인을 용서하기 위해 아들 예수님을 십자가에 내어 주신 하나님의 고통과 성육신하신 예수님께서 감당하신 대리적 고통으로 여겨 주신다. 이것이 너희 몸을 하나님이 기뻐하시는 거룩한 산 제물로 드리는 것이다.

이런 해석이 가능한 것은, ① 사도 바울이 로마서에서 이사야 52:13-53:12의 "네 번째 종의 노래"를 인용하여 이신칭의의 교리를 전개하기 때문이다. 학자들은 로마서 4:25은 이사야 53:4, 6, 11-12을 인용하고, 로마서 10:16은 이사야 53:1을, 로마서 15:21은 이사야 52:15을 인용한 것으로 본다.[401] 바울이 로마서에 이사야 52:13-53:12을 인용한 것은 "산 제물"이 대리적 고난의 이해를 따른 것임을 더 견고하게 한다. 리처드 N. 롱네커는 사

---

401 곽철호, 『패턴으로서의 고난받는 종의 전형』, 247-250, 295-300.

도 바울의 구약 인용은 복음과 기독교 윤리가 구약에 나타난 하나님의 계시와 긴밀히 연결되었음을 보여 주기 위해 사용되었다고 말한다.[402] 바울도 자신의 복음에 대해 "나의 복음과 예수 그리스도를 전파함은 영세 전부터 감추어졌다가 이제는 나타내신 바 되었으며 영원하신 하나님의 명을 따라 선지자들의 글로 말미암아 모든 민족이 믿어 순종하게 하시려고 알게 하신 바 그 신비의 계시를 따라 된 것이니"(16:25-26)라고 로마서의 결론에서 강조한다.

② 이신칭의의 전제가 대리적 고난이기 때문이다. 이사야 53장의 대리적 고난을 성취하는 예수님의 고난이 이신칭의의 기초다. 따라서 이신칭의와 예수님의 대리적 고난은 하나의 패턴으로 여겨져야 한다. 그러므로 의(義)를 얻은 성도는 예수님을 따라 대리적 고난을 삶으로 보이는 "거룩한 산 제물"로 드려야 한다. 이처럼 성도의 모든 고난과 헌신은 '대리적 고난'이라는 주제 아래 통합되고 재정의되어야 할 것이다.

따라서 나는 "거룩한 산 제물"의 의미는 이사야 53:4-6 대리적 고난을 감당하신 예수님처럼 대리적 고난이 요구되는 구조와 질서, 역할에 대한 순종으로 본다. 사도 바울은 로마서 12~16장을 "거룩한 산 제물"(θυσίαν ζῶσαν ἁγίαν)이 되라는 권면으로 시작한다. 로마서 12:1-2 이후 12~16장에서 모든 적용은 "거룩한 산 제물"(θυσίαν ζῶσαν ἁγίαν)로 살아가는 것이다. 동시에 12:1의 "산 제물"은 1~11장을 이해하고 성취하여 적용된 "칭의"의 결과이다. 레위기에서 제사는 원하는 "누구든지" 드릴 수 있지만 제물은 아무것이

---

[402] 롱네커, 『NIGTC 로마서』, 1518-1519.

나 드릴 수 없다. 레위기에서 제물은 "흠 없는" 것이어야만 한다(레 1:3, 10; 3:1, 6; 4:3, 23, 28, 32; 5:15, 18; 6:6; 9:2, 3; 14:10; 22:19, 21; 23:12, 18). "하나님이 기뻐하시는"은 하나님께 받을만한 향기로운 제물이라는 뜻이다.[403] 이 표현은 에베소서 5:2의 "그는 우리를 위하여 자신을 버리사 향기로운 제물과 희생 제물로 하나님께 드리셨느니라"에서 예수님의 희생 제사에 사용되었다. 그러므로 "거룩한 산 제물"은 예수님의 희생 제사로 '흠 없게'(의롭게) 된 성도가 드리는 헌신으로 이사야 53장을 성취하신 예수님의 대리적 고난을 흉내 내는 삶이다.

"형제들아"(12:1)라고 부르는 사도 바울의 부름에는 이방인과 유대인이 차별 없이 동등하게 그리스도 안에서 그리스도의 한 몸 된 공동체가 되어야 함을 호소한다(12:5). 바울은 로마 교회의 유대인과 이방인의 갈등을 알고 있었다. 또한 9~11장에 하나님의 구원 계획 안에서 이스라엘과 다른 민족들의 역할을 설명했다. 그러므로 "거룩한 산 제물"(θυσίαν ζῶσαν ἁγίαν)은 예수 그리스도의 대리적 고난을 따름으로 그리스도 안에서 구원 공동체를 위한 "산 제물"로 드리는 삶을 요구하는 것이다.

한스 큉(Hans Küng)은 그의 저서 『교회』에서 교회와 성도는 왕적 제사장으로 영적 희생을 드린다고 말한다. 여기서 한스 큉이 말하는 영적 희생은 기도와 감사와 찬양과 회개, 의, 선, 사랑, 하나님 인식 등이다.[404] 그러나 한스

---

403 목회와 신학 편집부, 『로마서 어떻게 설교할 것인가』 (서울: 두란노, 2007), 237.
404 한스 큉, 『교회(가톨릭과 개신교를 초월한 교회론 사사의 절정)』, 정지련 역 (서울: 한들출판사, 2007), 547-548.

큉은 영적 희생의 성격을 예수님의 대리적 고난이라는 직접적 개념과 단어를 사용하여 표현하지 않는다. 그럼에도 한스 큉은 "모든 기독교인은 그의 이웃에 대해 책임적이 되어야 하며, 그의 이웃의 투쟁에 동참하고 그의 고난을 나누고 그의 죄를 짊어지며, 모든 일에 있어서 그와 함께 있도록 부름을 받았다. 따라서 만인 사제직은 모든 자들이 자신들만을 위해서가 아니라 하나님 앞에서 다른 사람으로부터, 그리고 다른 사람들을 위해 사는 공동체를 의미한다"라고 말한다.[405] 따라서 한스 큉은 이웃의 고난과 죄를 짊어지는 희생적 고난과 삶을 하나님이 받을만한 영적 희생으로 보는 것을 알 수 있다. 그는 대리적 고난을 교회의 희생에 반하는 교훈으로 보지 않는다.

나는 이러한 이해에도 불구하고 대리적 고난을 직접적으로 언급하지 않는 한스 큉이 의아할 뿐이다. 가톨릭은 교회의 면죄부 판매를 가능하게 하는 속죄권과 사제의 고해 성사를 교리로 가지고 있음에도 불구하고 교회와 성도의 대리적 고난을 의무와 특권으로 강조하지 않는다. 가톨릭 교회가 교회의 속죄권을 강조하는 만큼 교회의 대속적 고난이 강조되어야 하지만, 그들은 오직 사제의 속죄권만을 강조한다. 따라서 교회의 대리적 고난이 그들에게 어떻게 이해되고 강조되고 있는지 궁금하다. 나의 생각에 대리적 고난은 사제 제도를 강조하는 가톨릭에게 부담을 주는 듯하다. 따라서 의도적인 왜곡이 아니라면, '대리적 고난'에 대한 이해와 적용은 감추어진 비밀로 보인다.

둘째, "영적 예배"가 아니라 "복음의 진리와 일치하는 예배"(λογικὴν

---

405 큉, 『교회(가톨릭과 개신교를 초월한 교회론 사사의 절정)』, 545.

λατρείαν)이다.

리처드 N. 롱네커는 "영적"으로 번역된 'λογικός'(logikos)는 고대에 널리 사용된 '고정 어구'로, 당시 사람들에게는 "합리적인"으로 이해되었으며,[406] 바울이 '영적 예배'라고 말하고 싶었다면, 'λογικός'(logikos)가 아니라 'πνεῦμα' (pneuma)를 사용하여 'πνευματικὴν λατρείαν ὑμῶν'이라고 기록했을 것이라고 말한다. 그러나 바울은 명확하게 "λογικὴν λατρείαν"(logikēn latreia)이라고 기록한다.

그러므로 로마서 12:1의 "λογικὴν λατρείαν"는 크랜필드(Cranfield, C.E.B) 의 "복음의 진리와 일치하는 예배"로[407] 해석하는 것이 옳아 보인다.[408] 리처드 N. 롱네커는 이것을 "합리적인 사람으로서 너희가 드릴 적절한 예배 행위"라고 번역한다.[409]

왜냐하면 'λογικός'(logikos) "합리적인"의 반대어는 "비이성적인"을 의미하는 'ἄλογος'(alogos)이기 때문이다. 따라서 "λογικὴν λατρείαν"의 비교는 내면과 외면, 비물질과 물질 사이의 대비가 아니라, 'λογικός'의 반대는 'ἄλογος'이므로,[410] '이성적인'(λογικός) 예배와 '비이성적인'(ἄλογος) 예배의 대비다. 따라서

---

406 롱네커, 『NIGTC 로마서』, 1486.

407 Cranfield, C.E.B., *A critical and exegetical commentary on the Epistle to the Romans*, ICC (London; New York: T&T Clark International, 2004), 601.

408 Jewett, R. & Kotansky, R.D., *Romans: A commentary*, HERM, 729–730.

409 롱네커, 『NIGTC 로마서』, 1484.

410 Cranfield, C.E.B., *A critical and exegetical commentary on the Epistle to the Romans*, ICC, 604.

바울에게 "λογικὴν λατρείαν"(복음의 진리와 일치하는 예배)는 지적으로 이해하는 예배이며, "하나님의 선하시고 기뻐하시고 온전하신 뜻이 무엇인지 분별"하는 예배(롬 12:2), 즉 복음의 진리와 일치하는 예배이다. 팀 켈러는 '합리적인', '이성적', '논리적'이라는 의미를 '하나님이 우리에게 베푸신 긍휼을 생각하면 우리 전부를 바치는 것은 합리적이고 논리적이라고 해석한다.[411] 그러나 이는 우리 삶의 전부를 바친다는 의미가 아니라 예수 그리스도 안에 계시된 '이사야 53장의 대리적 고난'과 '하나님의 의'(δικαιοσύνη θεοῦ)에 대한 올바른 이해를 전제한다는 뜻에서 "합리적"(λογικός)이라는 의미이다.[412]

바울은 로마서 12:3에서 동사 "φρονεῖν"(생각하다)을 4번 반복하는데, "너희 자신에 대하여 마땅히 생각할(παρ᾽ ὃ δεῖ φρονεῖν) 그 이상의 생각을 품지 말고(μὴ ὑπερφρονεῖν) … 지혜롭게(εἰς τὸ σωφρονεῖν) 생각하라(φρονεῖν)"라고 권면한다.[413] 이는 "너희 마음을 새롭게 함으로써" 변화를 받기 위한 것으로 12:1의 "λογικός"(합리적인)와 관련이 있다. 바울이 12:3에서 φρονεῖν(생각하다)을 4번 반복하는 것은 말씀을 묵상하고, 기도하고, 공동체와 영적 지도자에게 묻는 것으로 적용할 수 있다. 4번 반복적으로 생각을(φρονεῖν) 강조한 것은 사람의 지혜가 아니라 성령의 지혜로만 분별할 수 있기 때문일 것이다.

바울이 λογικός(합리적, 이성적)와 분별(δοκιμάζω)이란 단어를 사용한 것은 "하나님의 선하시고 기뻐하시고 온전하신 뜻"을 분별하는 것이 "이 세대"에

---

411 팀 켈러, 『당신을 위한 로마서 2』, 김건우 역 (서울: 두란노, 2015), 171.
412 Cranfield, C.E.B., *A critical and exegetical commentary on the Epistle to the Romans*. ICC. 604–605.
413 롱네커, 『NIGTC 로마서』, 1494.

속한 '옳고 그름'의 세계관으로는 불가능한 '감추어진 비밀'(μυστήριον)을 분별하는 것이기 때문이다(롬 16:25; 고전 2:7; 엡 3:9; 골 1:26). 감추어진 하나님의 지혜를 깨달은 바울은 절제할 수 없는 감격과 흥분을 즉흥적 찬양으로 11:33에 "깊도다 하나님의 지혜와 지식의 풍성함이여, 그의 판단(κρίμα)은 헤아리지 못할 것이며 그의 길(ὁδός)은 찾지 못할 것이로다"라고 감격한다. 왜냐하면 "영세토록 비밀로 지켜졌던 신비(mystērion)의 계시에 따른 예수 그리스도의 선포"가 사도 바울 자신에게 맡겨졌기 때문이다(11:25; 16:25).[414] 따라서 '복음의 진리에 합당한 예배'는 이사야 52:13-53:12에 감추어진 하나님의 '판단과 길'을 아는 예배이다.

옳고 그름이라는 율법적이고 보응적인 세계관, 자기의에 갇힌 세계관으로는 로마서 11:33의 하나님의 판단(κρίμα)과 길(ὁδός)을 분별할 수 없다. 이런 이유로 사도 바울은 "오직 하나님께서 각 사람에게 나누어 주신 믿음의 분량대로(μέτρον) 지혜롭게 생각하라"라고 말한다(12:3). "분량"의 헬라어인 μέτρον(metron)은 미터의 어원으로 양적 개념이 아니라 객관적 측량의 기준이다.[415] 요한계시록 14:15-17에서 "거룩한 성 예루살렘"을 측량할 때 이 단어가 5번 사용되었다. 팀 켈러는 "분량"의 의미는 첫째는 복음이고, 둘째는 우리가 그리스도의 몸인 교회에 속했음을 의미한다고 말한다.[416] 그러므로 복음과 그리스도의 몸인 교회 공동체가 판단과 평가의 기준이라는 것이다. 그리고 그 모든 것을 평가하시는 분은 하나님이다. 때문에 바울은 "하나님

---

414 데릭 브라운 & 토드 트위스트, 『Lexham 리서치 주석: 로마서』(Bellingham, WA: Lexham Press, 2003), 롬 11:25-36.

415 켈러, 『당신을 위한 로마서 2』, 176.

416 켈러, 『당신을 위한 로마서 2』, 176-177.

이 기뻐하시는"(하나님이 받을만하신)이라는 기준을 추가한다.

"믿음의 분량"에 대해 가장 철저히 조사한 크랜필드(Cranfield, C.E.B)는 "믿음의 분량"은 공동체 내에서, 자신을 "동료 그리스도인들보다 우월하거나 열등한 수준이 아니라 그들과 동등한 존재로" 바라보는 관점으로 기능한다고 말한다.[417] 따라서 믿음의 분량은 양이 아니라 세상과 공동체의 대인관계에서 자기 정체성과 자존감의 기준과 근원이다. 이는 이방인과 유대인이 서로 다를 것 없는 죄인이며, 예수님께서 유대인과 이방인을 위해 차별없이 동등하게 대리적 고난을 받으셨다는 진리와, 유대인과 이방인이 차별없이 동등하게 오직 이신칭의로 구원을 받는다는 진리에 기반한 것이다.

그러나 대리적 고난에 반하여 사람은 저마다 자신의 신학과 지식을 기준으로 판단하고 정죄한다. 이사야 53:4-6에서 고난받는 종에 대한 정죄와 멸시는 하나님의 기준(믿음의 분량)이 아니라, 저마다 주관적 기준과 신학을 따른 판단과 정죄였다. 이후 자신이 멸시하고 정죄한 고난이 자신들을 대신하고 자신들 때문에 받은 고난인 것을 깨닫게 된 것이다. 로마서 12:14의 박해자와 12:20의 원수를 주관적 신학이나 감정, 또는 옳고 그름으로 함부로 판단하지 말고, 하나님의 의, 즉 이신칭의와 대리적 고난으로 판단하라는 권면(παρακαλέω)이다.

"변화를 받아"(롬 12:2)의 헬라어 'μεταμορφόω'(metamorphoo)는 마태복음

---

417 Cranfield, C.E.B., *A critical and exegetical commentary on the Epistle to the Romans*, ICC, 613-616.

17:2, 마가복음 9:2, 로마서 12:2, 고린도후서 3:18에서만 사용된 단어로, 변화산에서 예수님이 영광스러운 모습으로 변화하신 장면을 묘사할 때 사용되었다. 이는 생각을 새롭게 함으로 삶의 방향에 근본적 변화를 받는 것으로 가치관과 세계관이 변화됨을 의미한다.[418] 즉, "지적, 도덕적 판단의 자리"의 변화,[419] 그리스도를 따르는 성경적 관점과 세계관으로의 변화를 의미한다. 배럿(Barrett, C. K)은 마음을 새롭게 하는 것이 "예수의 죽음과 부활에서 성취된 구속의 행위를 인식하고 공유하는 것"을 의미한다고 말한다.[420] 위더링턴(Witherington)은 로마서 12:2에서 변화는 세계관의 완전한 변화로 "사고의 코페르니쿠스적 혁명"으로 죄인이 "그리스도 같은 방식"으로 보게 되는 것이다. 위더링턴에 따르면, 마음을 새롭게 함은 하나님의 뜻(롬 11:33 "판단과 길")을 알기 위한 전제 조건이다.[421] 콜린 G. 크루즈(Kruse, C. G)는 로마서 12:3의 '메트론'(metron)이 모든 신자에게 주어진 믿음의 "기준"이라고 말한다.[422] 그렇다면 변화된 세계관은 어떤 세계관이며, 무엇을 기준으로 하는 세계관을 의미하는 것인가?

'λογικὴν λατρείαν'(logikēn latreia)에서 "섬김"(요 16:2; 히 9:1)과 "예배"(롬 9:4)

---

418 변종길, 『로마서(대한예수교장로회 고신총회 설립 60주년 기념 성경주석)』 (서울: 대한예수교장로회 총회출판국, 2014), 365-366.

419 Mounce, R.H., *Romans, NAC* (Nashville: Broadman & Holman Publishers, 1995), 233.

420 Barrett, C.K., *The Epistle to the Romans, BNTC*, 214.

421 Ben Witherington III, *Paul's Letter to the Romans, SRC* (Eerdmans Publishing Company, 2004), 286-287.; 데릭 브라운 & 토드 트위스트, 『Lexham 리서치 주석: 로마서』, 롬 12:1-21에서 재인용.

422 Kruse, C.G., *Paul's Letter to the Romans, Apollos, PNTC* (Cambridge, U.K.; Nottingham, England; Grand Rapids, MI: William B. Eerdmans Publishing Company, 2012), 469.

라는 두 가지 의미로 사용된 '라트레이아'(λατρεία)는 신약 시대에 희생 제물을 바치는 종교적 섬김과 관련이 있으며, 바울은 이 단어로 희생 제물과 섬김의 개념을 동시에 전개했다.[423] 이는 우리의 몸(12:1)과 마음(12:2)을 포함하는 전인격적이며 반복된 희생(대리적 고난)을 요구하는 것이다. 따라서 특정한 시간과 장소에서 드려지는 예배관에 익숙한 현대인에게 날마다 만나는 사건과 지체와 원수와의 관계에서 선택한 결단이 몸과 마음을 하나님이 기뻐하시는 희생 제물로 드리는 예배라는 가르침은 "오직 마음을 새롭게 함으로 변화"되었을 때 가능하다.

이는 '이신칭의'와 '이사야 53:4-6의 대리적 고난'을 감당하신 예수님을 따르는 '고난받는 종'의 세계관으로 변화됨을 의미한다. 더글라스 J. 무는 "너희는 이 세대를 본받지 말고"에서 "이 세대"는 "죄가 지배하고 사망을 낳는 곳으로 모든 사람이 아담의 타락에 포함되어 태어날 때부터 속하는 영역이라"라고 말한다.[424] 따라서 "이 세대를 본받지 말고"는 "율법의 행위"(ἔργων νόμου)를 따르는 자기의와 고난에 대한 보응적 세계관에서 변화(μεταμορφόω)를 받으라는 의미이다. 따라서 이 세대를 본받지 말고 따라야 할 본은 우리 죄를 대속하기 위해 자기 몸을 주신 예수님의 대리적 고난과 순종이다.

그러므로 "거룩한 산 제물"(θυσίαν ζῶσαν ἁγίαν)과 "복음의 진리와 일치하는 예배"(λογικὴν λατρείαν)는 이사야 53:4-6의 대리적 고난을 감당하신 예수님을 따르는 고난받는 종의 세계관(대리적 고난 사상)으로 변화된 삶을 의미한

---

423 데릭 브라운 & 토드 트위스트, 『Lexham 리서치 주석: 로마서』, 롬 12:1-21.
424 무, 『NICNT 로마서』, 1014.

다. "산 제물"은 예수님이 감당하신 대리적 고난을 따름 혹은 드려짐, 즉 대리적 고난의 삶을 어떻게 적용해야 할지에 대한 교훈이다. 이것이 죄와 악을 확대하고 재생산하는 세상을 본받지 않고 마음을 새롭게 함으로 변화를 받아 "산 제물"로 드리는 것이며, 선으로 악을 이기는 것이다.

이후 로마서 12:3-15:13이 요구하는 모든 관계에서[425] "거룩한 산 제물"(θυσίαν ζῶσαν ἁγίαν)이 되는 구체적 적용은 대리적 고난을 감당하는 관점에서 이해되어야 한다. 사도 바울은 세상의 변화 속에 그리스도의 몸인 공동체를 섬기는 것을 '합리적인 예배'(λογικὴν λατρείαν)로 제안한다(12:4-13).[426] 특히 12:14-21은 원수와의 관계에서 변화 받은 적용으로 원수에 대한 가장 적극적 용서를 보여 준다. 그러나 원수에 대한 관점이 아니라, 원수와 성도 안에 숨겨진 "악"(롬 12:9, 17, 21)을 다스리고 제거하는 관점에서 다루어지고 있다(롬 12:9-21). 따라서 원수에 대한 변화를 받은 관계는 '복음의 진리와 일치하는 예배'(λογικὴν λατρείαν)를 위해 "거룩한 산 제물"(θυσίαν ζῶσαν ἁγίαν)이 되는 것이다. 이는 악을 선으로 이기는 관점으로(롬 12:21), 예수님이 타인(원수)을 위해 대리적 고난을 담당하심으로써 악을 완전히 정복하고 이기신 것을 따름이다(사 53:4-6). 악과 원수에 대한 하나님의 의(δικαιοσύνη θεοῦ)는 심판이 아니라, 예수님의 대리적 고난으로 성취되었다.

그러므로 선으로 선을 이기라는 로마서 12:21의 말씀은 예수님이 보이신

---

425 존 스토트는 롬 12~16장의 구체적 적용을 하나님과의 관계, 우리 자신과의 관계, 서로와의 관계, 원수들과의 관계, 국가와의 관계, 율법과의 관계, 낮과의 관계, 연약한 자와의 관계로 본다.

426 Jewett, R. & Kotansky, R.D., *Romans: A commentary*. HERM, 729-730.

대리적 고난의 적용으로 악을 다스리고 정복하라는 말씀이다. 이는 악을 다스리고 정복함으로써 원수가 '의'(義)와 '구원'을 얻도록 자신을 제물로 드리는 삶이다. 즉, 원수를 위해 예수님처럼 "너희 몸"(12:1)과 "너희 지체"(6:13)를 대리적 고난을 감당하는 "의의 무기로"(6:13)와 "산 제물"(12:1)로 드리는 것이다. 이로써 성도는 '의와 거룩함'에 이르게 된다(6:16, 19). 예수님의 대리적 고난과 이신칭의, 그리고 흠 없는 제물의 자격을 전가 받은(의롭게 된) 교회와 성도가 예수님의 대리적 고난을 따름으로 확장된다.

'하나님을 아는 지식'과 '복음의 진리와 일치하는 예배'(λογικὴν λατρείαν)

바울은 이를 "하나님의 지혜"(σοφία)와 "지식"(γνῶσις)이라고 부른다(롬 11:33). 이는 호세아 4:1, 6, 6:6을 암시하고 반향하는 것이다. 호세아는 이스라엘이 하나님의 지혜와 지식을 이해하지 못하므로 망한다고 말한다(4:6). 호세아 4:1의 "이 땅에는 진실(אֱמֶת)도 없고 인애(חֶסֶד)도 없고 하나님을 아는 지식(דַּעַת; ἐπίγνωσις)도 없고"와 4:6의 "내 백성이 지식(דַּעַת; γνῶσις)이 없으므로 망하는도다"라는 말씀은 이사야 53장의 대리적 고난을 감당하는 구원의 지식이 없다는 말씀이다. 6:6의 "나는 인애를(חֶסֶד) 원하고 제사(זֶבַח; θυσίαν)를 원하지 아니하며 번제보다 하나님을 아는 것을(דַּעַת; ἐπίγνωσις) 원하노라"에서 "아는 것을"에는 'יָדַע'(yada)가 아니라, 지식을 의미하는 'דַּעַת'(daat)와 'ἐπίγνωσις'(epignosis)가 사용되었으며, '제사'는 'זֶבַח'(zebah)로 LXX에서 'θυσία'(thysia)로, 신약에서는 로마서 12:1에서 '제물'로 사용되었다.

호세아 6:6에서 하나님이 기뻐하시는 제사는 'חֶסֶד'(인애)와 하나님을 아는 지식(דַּעַת)이다. 이사야 53:11에서 "나의 의로운 종이 자기 지식(דַּעַת)으로 많은 사람을 의롭게 하며 또 그들의 죄악을 친히 담당"하지만, 4:6에서는 "내 백성이 지식(תַעַד)이 없으므로" 망할 것이다. 왜냐하면 로마서 10:2의 말씀에서 언급한 것처럼 "그들이 하나님께 열심이 있으나 올바른 지식(ἐπίγνωσιν)을 따른 것"이 아니기 때문이다. 그럼에도 결국 로마서 11:33에서 "깊도다 하나님의 지혜와 지식(תַעַד; γνῶσις)의 풍성함이여, 그의 판단은 헤아리지 못할 것이며 그의 길은 찾지 못할 것이로다"라고 찬양한 바울처럼, 하나님은 모든 사람이 하나님을 찬양하도록, "물이 바다를 덮음 같이 여호와를 아는 지식(תַעַד)이 세상에 충만"(사 11:9)하도록 하실 것이다. 이 지식은 영세 전부터 감추었다가 신비의 계시를 따라 바울에게 알게 하신 것으로, '대리적 고난'에 대한 이해와 부르심이다(롬 16:25-26).

호세아 6:6은 하나님이 기뻐하시는 제사는 חֶסֶד(인애)와 하나님을 아는 지식(תַעַד)'으로, 이는 호세아에서 이미 하나님이 요구하시는 제사가 "λογικὴν λατρείαν"(복음의 진리와 일치하는 예배)이었음을 알게 한다. 즉, 하나님은 물리적 희생 제물을 원하신 것이 아니라, 하나님의 인애를 이해하는 지식(תַעַד)과 대리적 고난받는 삶을 "거룩한 산 제물"(θυσίαν ζῶσαν ἁγίαν)로 요구하신 것이다.

요한계시록에서도 지혜(σοφία)는 중요한 단어이다. 요한계시록 13:18과 17:9이 말하는 지혜는 5:12과 7:12에서만 나타난다. 요한은 지능적인 능력과 지혜가 아니라 영적인 지혜로 깨닫도록 성도들에게 권면한다.[427] 요한의

---

427 그레고리 K. 빌 & 숀 M. 맥도나휴, 『요한계시록』, 김주원, 김용재, 박정식 역 (서울: CLC, 2018), 603-604.

지혜는 구속사를 계획하고 실행하는 어린양의 능력에서 기인한다.[428] 13:18 과 17:9에서 믿는 자들은 성도들이 하나님의 구원 계획을 알게 하고 다니엘서에 예언된 미신적인 사기꾼들의 유혹을 분별하여 예수님의 재림을 준비하는 지혜(σοφία)를 가져야 한다고 말한다.[429] 요한이 말하는 영적인 지혜는 무엇인가? 그 지혜는 하나님의 '의'(義)를 나타내는 대리적 고난이다. 왜냐하면 옳고 그름으로 판단하고 정죄하는 율법적이고 보응적인 세계관에서 오직 대리적 고난을 분별하고 살아 내는 지혜가 구원이기 때문이다. 따라서 미혹이 많은 종말 시대에 진리와 거짓은 대리적 고난을 기준으로, 대리적 고난에 대한 태도로 분별할 수 있다. 이것이 요한이 강조하는 영적 지혜이다.

(1) "수고하는"(κοπιῶντες)의 구속사적 의미: 대리적 고난을 감당하는 종들에 대한 격려

사도 바울이 로마서를 마무리하면서 각별하게 추천한 사람들이 있다. "너희를 위하여 많이 수고한 마리아"(롬 16:6)와 "주 안에서 수고한 드루배나와 드루보사에게 문안하라 주 안에서 많이 수고하고 사랑하는 버시에게 문안하라"(롬 16:12)이다. "마리아"와 "드루배나"와 "드루보사", 그리고 "버시"뿐 아니라, 사도 바울의 서신서에는 "수고하는"(κοπιῶντες) 자가 많이 존재한다(마 11:28; 롬 16:6, 12; 고전 4:12; 15:10, 58; 16:16; 고후 11:23, 27; 갈 4:11; 빌 2:16; 골 1:29; 딤전 4:10; 5:17). 사도 바울이 로마서에서 복음과 이신칭의 교

---

428 빌 외, 『요한계시록』, 603.
429 빌 외, 『요한계시록』, 603.

리를 전하기 위해 '예수 그리스도의 종'으로 거창하게 시작한 로마서를 몇몇 사람들의 이름을 언급하며 마무리하는 것은 그들의 삶이 로마서에서 충분히 의미 있기 때문이다. 하나님의 '의'(義)와 이신칭의를 삶으로 보여 주는 '살아 있는 로마서'이기 때문일 것이다.

존 스토트는 "동사 'κοπιάω'(kopiao)는 강한 노력을 의미하며, (롬 16:6, 12의) 네 사람 모두에게 사용되었고 목록에 있는 다른 사람에게는 적용되지 않는다. 바울은 그들이 어떤 종류의 노력을 했는지 구체적으로 언급하지 않는다"라고 말한다.[430] 존 스토트는 'κοπιάω'의 사용에 대해서는 지적하면서도 그 의미를 밝혀 주지 않는 아쉬움이 있다. 더글라스 J. 무는 동사 'κοπιάω'가 초기 기독교에서 선교 사역을 의미하는 '준전문어'로 사용되었다고 말한다.[431] 그러나 그는 많이 언급되었다고 해서 단어에 전문성이 생기는 것은 아니라고 말하며 큰 의미를 부여하지 않는다. 한스 큉은 이들의 "수고"를 공동체를 위한 지속적인 봉사(διακονία)로 본다.[432] 이는 교회론적 관점에서도 지지받는다. 교회론적 관점에서 이들을 수고는 봉사(διακονία)와 교제(κοινωνία)이다. 교회론에서 교회의 주요한 기능은 봉사와 교제이다.

첫째, 봉사는 헬라어로 '디아코니아'(διακονία)인데, 거친 세파에 시달린 사람들에게 섬김과 나눔을 통해 정신·육체적 상처를 치유해 주는 사역이다.[433]

---

430 Stott, J.R.W., *The message of Romans: God's good news for the world*. BST (Leicester, England; Downers Grove, IL: InterVarsity Press, 2001), 395-396.

431 무, 『NICNT 로마서』, 1230.

432 큉, 『교회(가톨릭과 개신교를 초월한 교회론 사사의 절정)』, 569-570.

433 김재권, 『성경 문화배경 사전』, 639.

봉사의 다른 헬라어는 '레이투르기아'(λειτουργία)인데, '국민 또는 국가 공동체에 관한'을 뜻하는 'λήϊτος'(Lēitos)와 '일'을 뜻하는 'ἔργον'(ergon)의 합성어로 '공적인 임무에 봉사하는 자, 종교적인 일을 수행하는 사람'을 가리킨다.[434] 성경에서는 제사장이 하나님을 위해 공식적인 의식을 집행할 때나 성도가 하나님을 위해 봉사하는 것을 가리켰다.[435] 따라서 교회의 '봉사'(διακονία)는 하나님과 교회와 하나님 나라와 이웃 사회를 위해 자기를 돌보지 않고 몸과 마음을 다해 수고하는 것을 말한다. '집사'라는 의미의 '디아코노스'(διάκονος)는 여기에서 유래하였다(빌 1:1; 딤전 3:8, 12).[436]

둘째, 교제는 헬라어 '코이노니아'(κοινωνία)로 '교제', '사귐'(요 4:9; 행 10:28)이라는 뜻과 함께, '(어떤 일에) 참여하거나 운명을 같이함'(고전 10:16; 고후 8:4; 빌 3:10; 4:5; 딤전 4:13; 요일 1:11), '나눠 줌'(히 13:16) 등으로 번역되며, 성령 안에서 성도의 교제를 통해 진정한 그리스도의 사랑과 공동체 생활을 세상에 보여 주는 사역이다.[437] 그런데 이 단어는 '좋은 것을 함께하다'(갈 6:6)로 친밀한 교제를 뜻한다.[438] 이처럼 '수고하는'(κοπιῶντες) 자에 대한 교회론적 이해는 전통적인 관점으로 한스 큉뿐만 아니라 많은 학자의 견해이다.

434 Strathmann, H. & Meyer, R., "λειτουργέω, λειτουργία, λειτουργός, λειτουργικός", TDNT. Vol. 4. electronic ed. (Grand Rapids, MI: Eerdmans, 1964), 216.; Zerwick, M. & Grosvenor, M., A grammatical analysis of the Greek New Testament (Rome: Biblical Institute Press, 1974), 171.; 김재권, 『성경 문화배경 사전』, 998.
435 TDNT. Vol. 4, 221.
436 김재권, 『성경 문화배경 사전』, 646.
437 김재권, 『성경 문화배경 사전』, 613.
438 김재권, 『성경 문화배경 사전』, 234-235.

그러나 "수고"로 번역되는 히브리어 עָמָל(amal)과 헬라어 'κοπιάω'와 'κόπος'(kopos)의 언어적이고 신학적인 의미를 찾아보면 '수고하는'(κοπιῶντες) 자의 의미를 다른 관점에서도 살펴볼 필요를 발견하게 된다.

먼저, 히브리어 עָמָל은 특별한 사명을 위해 선택된 개인의 고난을 표현할 때 사용된다.[439] 창세기에서는 아들들이 태어난 후 자신이 겪은 고난을 되돌아보는 요셉(창 41:51 "요셉이 그의 장남의 이름을 므낫세라 하였으니 하나님이 내게 내 모든 고난(עָמָל)과 내 아버지의 온 집 일을 잊어버리게 하셨다 함이요")과 욥기 3:20에서 "고난 당하는 자"를 표현할 때 사용되었다. 다른 사람의 죄를 속죄하기 위해 고난을 겪는 여호와의 종(사 53:11), 그리고 자신이 태어난 이유를 묻는 예레미야(렘 20:18 "어찌하여 내가 태에서 나와서 고생(עָמָל)과 슬픔을 보며 나의 날을 부끄러움(בְּבֹשֶׁת)으로 보내는고 하니라")에게도 사용되었다. 시편 127편에서는 집을 세우는 자의 고단한 "수고"(עָמָל)가 하나님이 함께하시지 않으면 '헛수고'가 될 것을 경고하는 의미로 사용되고, 요나서에서는 니느웨와 하나님 백성의 구원을 위해 "수고"(עָמָל)하는 하나님과 자신이 "수고"(עָמָל)하여 기르지 않은 박넝쿨을 아끼는 요나를 비교하는 키워드로 사용된다. 즉, 요나는 구속사를 위한 "수고"(עָמָל)를 거절한 것이다. 그러나 요나는 자신의 정의와 하나님을 향한 불순종에 "수고"(עָמָל)하는 고통을 겪는다. 결국 죄의 멍에든지, 아니면 구원을 위한 멍에든지, 어느 쪽이든 "수고"(עָמָל)해야 하는 것이 인생이다.

히브리어 עָמָל은 사람들을 피곤하게 만드는 일이나 지친 사람의 상태,

---

439 *TDOT. Vol.* 11, 199.

즉 '고난'과 '불행', '파멸'을 의미한다.[440] 시리아어에서는 '수고하다'(명사)와 '고통을 감수하다'라는 의미가 고난과 함께 사용된다.[441] 시편과 선지서에서는 명사 'עָמָל'을 '고단함', '고난'이라는 의미로 사용한다.[442] 'עָמָל'은 시편 105:44에서는 다른 사람에게 가하는 고통의 의미로,[443] 이사야 10:16과 시편 107:12에서는 하나님께서 자기 백성을 벌하심을 의미하고, 신명기적 전통에서는 하나님의 징벌을 의미한다.[444] LXX에서는 'μόχθος'(모크소스), 'πόνος'(포노스), 'κόπος'(코포스)가 'עָמָל'과 병행적으로 사용된다.[445]

　두 번째, 헬라어 'κοπιάω'와 'κόπος'는 신약에서 공동체 안에서, 공동체를 위한 성도의 일과 그리스도를 위해 짊어진 짐이라는 의미로 사용된다(딤전 2:9).[446] 'κόπος'는 LXX에서 고정된 의미로 '의인에게 할당된 고난'을 뜻한다.[447] 현재의 수고와 구원의 안식은 대조되며, 구원의 시대에는 더 이상 수고가 없을 것이라고 하며, 요한도 "그들이 수고를 그치고 쉬리니"(계 14:13)라고 약속한다. 바울은 헬라어 'κοπιάω'와 'κόπος'를 자신뿐만 아니라 다른 사람들이 주 안에서(롬 16:12), 주님과 공동체를 위한 수고를 설명할 때 사용한다(롬 16:6). 이들의 수고를 소개하고 권위와 존경을 나타낸다(행 20:35; 고전

440　TDOT. Vol. 11, 196-197.
441　TDOT. Vol. 11, 196-197, 199.
442　TDOT. Vol. 11, 198-199.
443　TDOT. Vol. 11, 199.
444　TDOT. Vol. 11, 199.
445　TDOT. Vol. 11, 197-198.
446　TDNT. Vol. 3, 829.
447　TDNT. Vol. 3, 827-828.

16:16, 살전 1:3; 5:12; 딤전 4:10; 5:17).[448]

그러므로 특별한 사명을 위해 선택된 '의인에게 할당된 고난'을 의미하는 עָמָל과[449] 공동체 안에서 공동체를 위한 성도의 일과 그리스도를 위해 짊어진 짐이라는 의미인 'κοπιάω'와 'κόπος'를[450] 살펴볼 때, '수고한다'라는 말은 십자가, 즉 대리적 고난을 감당하는 충성된 종의 고단함을 의미한다. 모세는 수고하는 고단함을 시편 90:10에서 "우리의 연수가 칠십이요 강건하면 팔십이라도 그 연수의 자랑은 수고(עָמָל)와 슬픔뿐이요"라고 표현했다. 요한은 요한계시록에서 "성령이 이르시되 그러하다 그들이 수고를 그치고 쉬리니"라고 말한다(14:13).

요한계시록 14:12의 "성도들의 인내가 여기 있나니"와 13:10의 "성도들의 인내와 믿음이 여기 있느니라", 그리고 13:18의 "지혜가 여기 있으니"는 병행을 이룬다.[451] 이필찬은 요한계시록 13:10에서 "성도들의 인내"는 고난에도 불구하고 믿음을 지킨다는 의미이며, 14:12에서 "성도들의 인내"는 종말적 심판에서 인정받는 의미로 차이가 있다고 말한다.[452] 또한 이필찬은 14:12의 "하나님의 계명과 예수에 관한 믿음을 지키는 자"를 언급하면서 성도의 인내는 막연한 인내가 아니라 하나님의 계명과 예수에 관한 믿음을 지

---

448 *TDNT*, *Vol.* 3, 829–830.

449 *TDOT*, *Vol.* 11, 199.

450 *TDNT*, *Vol.* 3, 829.

451 그레고리 K. 빌 & 데이비드 H. 캠벨, 『그레고리 빌 요한계시록 주석』, 김귀탁 역 (서울: 복 있는 사람, 2015), 488.

452 이필찬, 『내가 속히 오리라』 (서울: 이레서원, 2006), 626–627.

키는 것이라고 말한다. 그러나 하나님의 계명과 예수에 관한 믿음이 무엇인지에 대해서는 언급하지 않는다. 그레고리 K. 빌(Gregory K. Beale)과 데이비드 H. 캠벨(David H. Campbell)은 "수고"(kopos)의 복수형은 단순히 선행을 가리키는 것이 아니라 고통과 난관을 무릅쓰고 인내하는 신실한 행위를 가리키고, 이것이 신약 성경 전체에서 이 단어의 전형적인 의미다"라고 말한다.[453]

요한계시록 13~14장에서 성도들의 "수고"와 "인내와 믿음"은 병행을 이루며, 구원의 쉼(안식)과는 대조된다. 동시에 성도와 성도들의 쉼은 "밤낮 쉼이 없는 고난을 받는 자", 곧 "짐승과 그의 우상에게 경배하고 그의 이름표를 받는 자"와 대조된다. 이 부분에서 그레고리 K. 빌과 데이비드 H. 캠벨은 성도들의 원수(박해자)들이 쉼이 없는 처벌을 받는 것에 대해서 즐거워할 것이 아니라고 지적한다.[454] 왜냐하면 불신자들은 세상이 끝날 때에 쉼 없는 하나님의 심판을 받을 것이기 때문이다.

요한계시록 13:10의 "사로잡힐 자는 사로잡혀 갈 것이요 칼에 죽을 자는 마땅히 칼에 죽을 것이니"는 예레미야 15:2의 "죽을 자는 죽음으로 나아가고 칼을 받을 자는 칼로 나아가고"와, 예레미야 43:11의 "죽일 자는 죽이고 사로잡을 자는 사로잡고 칼로 칠 자는 칼로 칠 것이라"를 인용한 것으로, 예레미야 시대 백성들의 불신과 죄에 대한 형벌을 의미한다.[455] 요한계시록에서 예레미야를 인용한 것에 대해서 그레고리 K. 빌과 숀 M. 맥도나휴(Sean

---

[453] 빌 & 캠벨, 『그레고리 빌 요한계시록 주석』, 490.

[454] 빌 & 캠벨, 『그레고리 빌 요한계시록 주석』, 492.

[455] 빌 외, 『요한계시록 』, 600-601.

M. McDonough)는 예레미야 시대의 소수 의인이 대다수 불신앙의 사람들과 함께 하나님의 심판과 고난을 감당한 것처럼, 요한계시록의 성도들이 불신자와 함께 고난받는 것을 적용한 것이라고 말한다.[456] 여기서 의인의 고난과 여호와의 고난받는 종의 이미지, 그리고 하박국의 "의인은 그의 믿음으로 말미암아 살리라"라는 고백이 나온 것이다.

그런데 그레고리 K. 빌과 숀 M. 맥도나휴는 예레미야 시대의 의인의 대리적 고난을 믿음의 훈련과 양육으로 본다.[457] 마찬가지로 요한계시록에서 성도에게 맡겨진 대리적 고난을 믿음의 훈련과 양육으로만 접근한다. 이는 고난이 양육과 훈련의 기능을 가지기는 하지만, 성도들의 고난은 그 이상의 의미로 이사야 53장에 예언되고 예수님이 성취하신 대리적 고난인 것을 망각한 접근이다. 따라서 고난을 믿음의 훈련과 양육으로만 보는 것은 대리적 고난에 대한 이해가 부족한 해석이라고 볼 수 있다.

제임스 D. G. 던은 "버시"는 당시 여성 노예의 이름으로, "마리아(롬 16:6)에게 주어진 것을 반영하는 것보다 상세한 설명은 버시의 헌신과 노고가 로마 회중 안에서 특출했다는 것을 보여 준다"라고 말한다.[458] 그런데 나는 권력과 재력을 갖춘 유력자도 아니고, 남자도 아닌, 당시 여성 노예였던 "버시"가 특출하게 로마 교회를 위해 헌신하고 봉사할 수 있는 것이 무엇이 있었을까? 하는 생각을 해 본다. 별로 할 수 있는 것이 없었을 것이다. 그러

---

456 빌 외, 『요한계시록』, 600-601.

457 빌 외, 『요한계시록』, 600-601.

458 제임스 D. G. 던, 김철, 『WBC 로마서 하 9-16』, 채천석 역 (서울: 솔로몬, 2005), 620.

나 "버시"의 고난은 일반인의 상상을 초월하는 깊이와 양을 가졌을 것이다. "버시"가 무엇을 성취하고 헌신해서가 아니라, 자신의 고난을 묵묵히 감당하는 종으로 살아 내는 본을 보임으로써 로마 공동체에 영적 영향력을 크게 끼친 것이다. 사도 바울과 로마 교회는 "버시"의 고난을 개인적이거나 보응적인 고난이 아니라 공동체의 구원을 위해 감당하는 공동체적 의미가 있는 고난, 즉 대리적 고난으로 여긴 것이다. 바울이 로마서 8:17에서 말한 그리스도와 함께 고난받음으로 그리스도와 함께 영광에 이르는 종이 바로 여성 노예 "버시"인 것이다. 이는 권력자, 유력자가 아니라 여성 노예를 통해 이루시는 하나님의 구속사이다.

결국, 신구약에서 "수고하는"(κοπιῶντες) 성도는 타인과 지체의 구원을 위해 대리적 고난을 감당하는 고난받는 종의 고단한 삶이다. 바울이 로마서를 결론지으면서 특별하게 한 사람 한 사람의 이름을 지목하여 소개한 지체들은("마리아", "드루배나", "드루보사", "버시") 많은 인내와 고난으로(특별히 로마 교회와 성도의 구원을 위해) 수고한 종들을 격려하는 것이다. 왜냐하면 그들은 대리적 고난과 이신칭의, 즉 로마서를 보여 주는 살아 있는 증인이었기 때문이다. "하늘에서 음성이 나서 이르되"와 "성령이 이르시되"(계 14:13)라는 말씀은 성도들의 수고와 인내를 하늘과 성령의 권위로 평가하는 것이다. 따라서 요한계시록 14:13에서 "수고"를 단순한 '봉사'와 '헌신'로 보는 것은 대리적 고난으로 구속사를 위해 '수고하는' 고단한 삶의 깊이와 고통에 대해 무지한 것이다. 무엇보다도 기복적이고 세속적 세계관에 물든 복음과 현대 교회의 어리석음과 한계를 보이는 것이다. 그러나 이 고통으로 교회와 성도는 더 견고해질 것이다.

(2) 마태복음 11:28-30에서의 수고와 쉼

"수고하고 무거운 짐 진 자들아 다 내게로 오라 내가 너희를 쉬게 하리라 나
는 마음이 온유하고 겸손하니 나의 멍에를 메고 내게 배우라 그리하면 너희
마음이 쉼을 얻으리니 이는 내 멍에는 쉽고 내 짐은 가벼움이라 하시니라"
(마 11:28-30)

마태복음 11:28-30의 전통적 해석에서 아쉬운 점은 멍에와 짐이 무엇인
지, 왜 쉼이 주어지는지, 수고는 어떤 것인지에 대한 명확한 관점과 이해가
부족하다는 것이다. 나는 이 본문을 해석하면서 마태복음 11:25-30이 기독
론적으로 해석되어야 한다는 관점과[459] 이 본문에서 사용된 단어들은 이사
야 42:2-3과 53:1-2에 등장하는 여호와의 종에 대한 묘사, 그리고 스가랴
9:9에 등장하는 단어들을 반향하고 있다는 관점에 귀를 기울일 것이다.[460]

"짐"(φορτίον; 마 11:28, 30)

"짐"으로 번역된 헬라어 'φορτίον'(phortion)은 예수께서는 서기관과 바리새
인들이 어깨 위에 지운 무거운 짐을 의미한다(마 23:4). 예수님께서 비판하
시는 것은 서기관과 바리새인이 백성에게 부과하는 율법의 의무와 자신들
의 삶 사이의 모순, 그리고 그들의 율법 해석의 왜곡을 비판한 것이다. 왜냐
하면 율법에 대한 그들의 왜곡과 무지가 하나님으로부터 자신들과 백성들
을 멀어지게 했기 때문이다. 이는 하나님이 인간의 구원을 위해 감당할 짐

---

459 강대훈, 『마태복음 주석 1권』, 778.
460 R. T. 프랜스, 『틴데일 신약 주석: 마태복음』, 337.

이 된다.[461]

구약에서 짐은 죄의 짐을 의미한다. 민수기 14:33에서 출애굽 두 번째 세대는 부모의 반역한 죄를 지고(נָשָׂא) 광야에서 방황하는 자가 된다. 출애굽 두 번째 세대와 모세는 백성들의 죄를 지고 수고한다. 그러나 누구보다 하나님께서 백성의 죄를 짐으로 수고하셨다. 이사야에서 하나님은 유다 백성들의 죄를 직접 지신다. 이사야 1:14의 "그것이 내게 무거운 짐이라(הָיוּ עָלַי לָטֹרַח) 내가 지기에 곤비하였느니라"에서 하나님은 유다 백성의 소돔과 고모라 같은 죄와 불순종으로 그들의 절기와 제물까지 무거운 짐이라고 말씀한다. "무거운 짐"은 히브리어 'טֹרַח'(torah)로 LXX에서 'πλησμονή'(plēsmonē)이며, 명사로 '충족', '만족'을 의미한다.[462] 따라서 이는 백성들의 죄로 인한 고통을 하나님이 충분히 감당하였다고 말씀하시는 것이며, 하나님이 백성의 죄의 짐을 감당하는 고통을 겪고 있음을 보이는 것이다. 인간의 모든 종류의 육체·영적 고통과 고난, 짐으로부터의 수고에서 벗어나 쉼을 얻는 구원은 예수님의 사역이다. 그러나 예수님을 따르는 것은 짐이 제거됨을 의미하는 것이 아니다. 예수님은 그분을 따르는 제자들에게 예수님이 직접 지신 "나의 멍에"(당신의 짐)을 지우신다.[463]

"멍에"(ζυγός; 마 11:29, 30)

멍에(ζυγός)의 이미지는 이사야 14:25에서 '앗수르의 멍에', 이사야 47:6,

---

461 *TDNT. Vol.* 9, 85–86.
462 Brannan, R., 'πλησμονή' 『Lexham 헬라어 성경 어휘 사전』.
463 *TDNT. Vol.* 9, 86–87.

예레미야 27:8, 11–12, 28:2, 4, 11에서 '바벨론의 멍에'로 징계와 형벌의 상
징으로 사용되었다. 따라서 사람들은 '멍에'를 부수거나(렘 2:20; 5:5) '멍에'
에서 벗어나기를 원한다(시 2:3). 이런 배경에서 '멍에'로부터의 해방은 '구
원'에 상응한다. 반면 하나님이 주시는 '주의 멍에'는 신학적인 의미가 있다.
찰스 R.H.(Charles, R.H)는 '멍에'는 기록된 "계시의 멍에"라고 말한다.[464] 이
는 마태복음 11:25–30에서 "계시를 받는 자"(마 11:27)와 병행된다. 따라서
마태복음 11:29의 '멍에'는 '의인의 고통'과 연관되어 강조되어야 한다.[465]

"쉽고"('χρηστός; 마 11:30)

마태복음 11:30에서 "쉽고"로 번역된 헬라어 'χρηστός'(chrestos)는 '좋다'(눅
5:39), '인자하시니라'(눅 6:35), '인자하심'(롬 2:4; 벧전 2:3), '선한'(고전 15:33)
으로 번역되었다. LXX에서 'χρηστός'는 히브리어 "토브"(טוֹב="좋은": 시 24:8;
33:9; 51:11; 68:17; 85:5; 99:5; 105:1; 106:1; 108:21; 111:5; 118:39, 68; 135:1;
144:9; 렘 24:2, 3, 5; 40:11; 51:17; 나 1:7), "야카르"(יָקָר="소중한": 마 27:22;
28:13)를 번역한 단어이다.[466]

바이스(Weiss, K)는 'χρηστός'(טוֹב)와 'ἔλεος'(חֶסֶד)는 서로를 설명한다고 말한
다.[467] 율법에 따라 겸손하게 심판(מִשְׁפָּט)과 의(צְדָקָה)를 하나님 자신에게도 행

---

464 1 En. *1 Enoch or Ethiopian Enoch*; Charles, R.H., *Commentary on the Pseudepigrapha of the Old Testament* (Oxford: Clarendon Press, 1913), 459에서 재인용.

465 G. Bertram, *Der Begriff der Erziehung in der griech.* Bibel (1932), 41 f.; *TDNT. Vol.* 2, 898에서 재인용.

466 강대훈, 『마태복음 주석 1권』, 775.

467 Weiss, K., "χρηστός, χρηστότης, χρηστεύομαι, χρηστολογία", *TDNT. Vol.* 9. (Grand Rapids, MI: Eerdmans, 1964), 485–486.

사하는 엄격함이 'χρηστότης'의 배경과 전제이다.[468] 따라서 언약의 하나님은 'חֶסֶד'(인애)와 'ἔλεος'(긍휼)라는 자신의 속성에 신실하게 행동하심으로 하나님을 'χρηστός'로 계시하신다.[469] 바울은 하나님 자신에게조차 엄격하게 적용되는 'χρηστότης'를 로마서 2:4에서 "τὸ χρηστὸν τοῦ θεοῦ"(하나님의 인자하심)으로, 로마서 11:22에서는 "χρηστότητα θεοῦ"(하나님의 인자하심)으로 기록한다. 누가복음 6:35에서 하나님은 은혜를 모르는 자와 악한 자에게도 '인자하신 (χρηστός) 분'으로 설명된다. 따라서 하나님은 "χρηστός", 곧 은혜와 긍휼을 베푸는 분이다.[470] 'χρηστός'는 지위, 신분, 권력, 부 등에서 누리는 우월한 지위를 '자비롭게' 사용하는 사람에게도 적용된다.[471] 그러므로 'χρηστός'는 그리스도 안에서, 그리스도를 통해 이루어진 하나님의 은혜를 특별히 설명하기 위해 선택한 단어다. 바울에게 있어서 'χρηστὸν τοῦ θεοῦ'(하나님의 인자하심)는 하나님께서 끊임없이 그리스도 안에서, 그리고 그리스도를 통해 이루신 은혜로운 '인내'인 것을 알 수 있다.[472] 마태복음 11:28-30에서 'ζυγός μου χρηστός'(내 멍에는 쉽고)는 로마서 2:4, 11:22의 'χρηστότητα(χρηστὸν τοῦ) θεοῦ'로 예수님의 구원 역사를 이미지화한 것이다.

따라서 'χρηστός'를 "쉽고"라고 번역하는 것은 언어와 신학적으로 본문의 흐름에 적절하지 않다. 예수님이 지신 멍에가 쉬운 것은 긍휼이 풍성하신 하나님의 속성 때문이다. 하나님의 긍휼은 대속을 위한 죄의 멍에를 쉽고

---

468 *TDNT. Vol.* 9, 485-486.

469 *TDNT. Vol.* 9, 485-486.

470 *TDNT. Vol.* 9, 485.

471 *TDNT. Vol.* 9, 485.

472 *TDNT. Vol.* 9, 487-488.

가볍게 한다. 반면 제자들에게 멍에가 쉽고 가벼운 이유는 그들이 멍에를 홀로 감당하는 것이 아니라 예수님이 먼저 멍에를 지셨기 때문이다. 그리고 예수님과 함께, 공동체와 함께 감당하기 때문이다.

여기서 R.T 프랜스는 예수님과 함께 멍에를 메는 의미가 아니라, 새로운 멍에를 제시하는 것으로 본다.[473] 그에 의하면 어떤 멍에를 없애는 것이 아니라 짐을 '가볍게' 만드는 새롭고 '친절한' 멍에다.[474] 그러나 내가 볼 때 여기에는 두 가지 의미가 있다. 새로운 멍에의 성격도 있지만 "나의 멍에를 메고"(ζυγός μου χρηστός)에서 일인칭 속격 단수를 사용함으로써 예수 그리스도의 멍에에 동참 혹은 함께하는 것이다. 따라서 "쉽게"로 번역된 'χρηστός'는 예수님으로 인해 멍에와 짐을 편하게 지고 갈 수 있도록 매우 적절하게 유용한 상태로 만들어진 칭의와 구원을 의미한다.[475]

"쉼"(ἀναπαύω; 마 11:28, 29)

헬라어 'ἀναπαύω'(anapausis)는 '휴식을 주다' 또는 '마음을 시원하게 한다'라는 의미를 갖고 있다.[476] LXX에서는 다윗 언약으로 알려진 사무엘하 7:11의 "너를 모든 원수에게서 벗어나 편히 쉬게(נוח; ἀναπαύω) 하리라"에서 '쉬게'(נוח; ἀναπαύω)로 사용된다. 마가복음 6:31에서는 '육체적 휴식'을, 고린도

France, R.T., The Gospel of Matthew, NICNT, 449.

474 France, R.T., The Gospel of Matthew, NICNT, 449-450.

475 Nolland, J., The Gospel of Matthew: a commentary on the Greek text, NIGTC (Grand Rapids, MI; Carlisle: W.B. Eerdmans; Paternoster Press, 2005), 478.

476 TDNT, Vol. 1, 350.

전서 16:18에서는 '마음의 시원함'을 의미한다.[477] 요한계시록 14:11, 18에서 'ἀναπαύω'(anapauo)는 "수고를 그치고 쉬리니"라고 하며 참된 안식을, 마태복음 11:28에서 "쉬게 하리라"는 예수님의 구원 사역 전체를 의미한다.[478] 예수님은 "나의 멍에를 메고 내게 배우라 그리하면 너희 마음(ψυχαῖς)이 쉼을 얻으리니"라고 말씀하셨다(마 11:29). 이는 쉼의 대상은 '마음' 혹은 '영혼'으로 번역되는 헬라어 'ψυχή'(프쉬케)이다. 마태복음 11:29에서 '영혼'으로 번역하는 'ψυχή'는 한 사람의 본질, 실체, 참 자아 등을 의미하는 것으로 '목숨'(마 2:20; 6:25; 10:39)이나 '영혼'(마 10:28)으로 번역될 수 있다. 여기서 "프쉬케"는 사람이 누리는 깊은 수준의 쉼을 강조하기 위해 사용된다.[479] 수고하는 사람이 쉼과 안식을 얻을 기회, 즉 구원은 예수님이 멍에를 감당하심으로 가능해진다.[480] 그레고리 K. 빌과 데이비드 H. 캠벨은 그들의 요한계시록 주석에서 "고난의 성격은 요한계시록 14:11에서 절멸이 아니라 안식(쉼)이 없는 것으로 설명된다"라고 말한다.[481] "쉼"은 구원받은 백성만이 누리는 상급이다. 반면에 종말적 형벌과 심판은 밤낮 쉼이 없는 고통이다.

쉼은 율법적이고 보응적 세계관에서의 구원과 자유다

쉼은 멍에가 사라졌기 때문이 아니다. 여전히 멍에는 존재한다. 예수님

---

477 *TDNT*. *Vol*. 1, 350.

478 *TDNT*. *Vol*. 1, 350.

479 France, R. T., *The Gospel of Matthew*. NICNT, 449.

480 강대훈, 『마태복음 주석 1권』, 771.

481 쉼을 얻지 못하는 고난과 심판을 말씀하는 계 14:11의 "그 고난의 연기가 세세토록 올라가리로다"라는 에돔에 대한 하나님의 심판을 묘사하고 있는 사 34:9-10을 인용한 것으로: 빌 외, 『요한계시록 (신약의 구약 사용 주석 시리즈)』, 610.; 빌 & 캠벨, 『그레고리 빌 요한계시록 주석』, 487.

은 "나의 멍에를 메고 나에게 배우라"(마 11:29)라고 말씀하신 것이지 멍에를 사라지게 하셨다고 말씀하지 않았다. 구약에서 '멍에'(ζυγός)는 억압의 상징이었다(레 26:13; 신 28:48; 왕상 12:4-14; 사 9:4; 58:6; 렘 27:8, 11-12; 28:2-14). 또한 하나님의 구원과 섬김이라는 좋은 의미로도 사용되고 있다(렘 2:20; 애 3:27; 나 1:13).[482] 따라서 멍에는 이중적 의미가 있다. 또한 멍에의 기능은 사람들이 지어야 하는 짐(φορτίον)을 쉽고 가볍게 만들어주는 것이다.

따라서 예수님께서 주시는 쉼의 의미는 멍에가 사라지는 것이 아니다. 율법과 형벌로의 멍에가 특권과 은총으로서의 멍에로 변환된 것이다. 냉소적인 사람들에게 이는 말장난처럼 보일 것이다. 멍에의 속성만 다를 뿐 멍에를 메는 것은 다를 것이 없기 때문이다. 그러나 죄의 형벌로 주어지는 멍에와 짐이란 보응적 세계관에는 구원이 없다. 반면에 타인(원수)의 구원을 위한 대리적 고난의 세계관에는 구원이 있다. 따라서 예수님의 멍에는 이름만 달리할 뿐 같은 멍에를 지칭하는 것이 아니라, 보응적 형벌의 멍에와 대리적 고난의 멍에라는 차이가 있다. 이 둘 사이에는 건널 수 없는 깊은 협곡이 있다.

첫째, 쉼은 죄인에서 의인(하나님 자녀)으로 신분이 달라졌기 때문에 누리는 것이다.

같은 짐이라도 체력이 좋아지면 짐은 가벼워진다. 짐이 가벼워진 것이 아니라 짐을 감당할 힘이 생겼기 때문이다. 따라서 "쉽고"(χρηστός), "가벼

---

482 프랜스, 『틴데일 신약 주석: 마태복음』, 336-337.

제5장   고난에 대한 성경적 이해 **535**

움"(ἐλαφρός)이란 의미는 "배움"(마 11:29; μανθάνω)으로 '쉽고', '가볍게' 질 수 있는 권능과 능력과 의로움을 "주셨음"(마 11:27, παρεδόθη)을 의미한다. R. T. 프랜스는 이를 하나님과의 새로운 관계라고 말한다.[483] 그러므로 마태복음 11:30의 '내 멍에는 쉽다'라는 말씀은 죄인으로 멍에와 짐을 지는 것이 아니라, 하나님의 자녀이자 의인으로 멍에와 짐을 지는 것이다. 아들로서 멍에와 짐을 지기 때문에 이는 곧 쉼이 된다.

둘째, 보응적 형벌이 아니라 성도의 특권이기 때문이다.

전통적으로 마태복음 11:28-30의 짐과 멍에는 죄의 짐과 율법의 짐을 의미한다. 그러나 예수님이 성육신과 십자가로 속죄를 성취하셨기 때문에, 더 이상 멍에는 보응적 심판으로 주어지는 죄에 대한 형벌이 아니다. 멍에는 타인(원수)의 구원을 위한 대리적 고난이며, 멍에를 지는 것은 하나님 백성의 특권이다. 그러므로 쉼은 하나님 백성의 수치와 고난이 죄에 대한 보응적 형벌이라는 세계관으로부터의 쉼과 자유이다. 예수님이 멍에를 감당하심에도 불구하고 멍에는 없어지지 않았다. 그러나 죄의 짐이라는 멍에, 율법의 짐이라는 멍에에서 예수님의 고난에 동참하는 멍에(대리적 고난)로 여겨 주신다. 즉, 쉼은 보응적 형벌이라는 멍에가 예수님의 고난에 동참하는 대리적 고난의 멍에로 바뀐 것이다. 이를 깨닫는 자는 고난 중에도 쉼을 누린다.

이제는 멍에와 짐에서 벗어난 자, 멍에와 짐을 외면한 자가 아니라 예수

---

483 France, R.T., *The Gospel of Matthew*, NICNT, 449-450.

님의 멍에를 지고 예수님을 따르는 자가 쉼을 얻는다. 즉, 예수님처럼 예수님의 멍에를 매고 예수님에게 "배울"(μανθάνω) 때 얻는 것이다(마 11:29). 예수님은 멍에를 멘 상태, 즉 '마음이 온유하고 겸손하게' 멍에를 메는 것이 쉼이라고 말씀한다. 여기서 '겸손하니'로 번역한 헬라어 'ταπεινός'(tapeinos)는 '낮추다'를 의미하는 'ταπεινόω'(tapeinoo)와 같은 어군에 속하며, 'ταπεινόω'는 수치를 겪는다는 의미이다.[484] 따라서 예수의 쉼과 수고는 예수님이 겪은 십자가의 수치를 의미한다.[485]

"수고하고"(κοπιάω; 마 11:28)는 대리적 고난으로 수고하는 종이다

마태복음 11:28에서 "수고하다"로 번역되는 단어(κοπιάω, 코피아오)는 육체, 정신, 영적으로 지치고 힘이 고갈된 상태다.[486] 전통적으로 '수고하고 짐을 진다'라는 것은 죄와 율법의 짐으로 해석되었다. 폴 틸리히는 무거운 짐을 율법의 짐이 아니라, 종교의 짐과 믿을 수 없는 것을 믿으라고 하는 종교적 짐에 의해 수고하는 사람으로 본다.[487] 강대훈은 수고하고 무거운 짐을 진 사람은 바리새인의 율법 해석으로 수고하는 사람들이나 죄의 짐을 진 사람들, 또한 다양한 상황에서 겪는 고난으로 본다.[488] 반면에 요나의 수고는 예수님의 멍에를 거절한 자의 수고이다. 하나님은 요나에게 니느웨를 향한 자신의 "수고"(עָמַל)를 말씀하신다(욘 4:10-11). 요나 4:10의 "네가 수고도 아니하였고"에서 "수고"는 니느웨와 하나님 백성의 구원을 향한 하나님의 '나

---

484 France, R.T. *The Gospel of Matthew*, NICNT, 679.

485 강대훈, 『마태복음 주석 1권』, 773.

486 강대훈, 『마태복음 주석 1권』, 771.

487 Luz, U., *Matthew: a commentary*, HERM, 174-176

488 강대훈, 『마태복음 주석 1권』, 771.

함'(ロカֱ)을 요나의 '수고'(יָגַע)하지 않음과 비교하는 수사법이다. 따라서 하나님의 "수고" 중 하나는 요나가 하나님의 구속사를 위해 "수고"하도록 설득하고 양육하는 것이다. 하나님은 계속해서 구속사를 위한 "수고"를 거절하는 요나를 위해 "수고"하신다.

예수님의 멍에는 이사야 52:13-53:12의 대리적 고난이다. 따라서 신약의 서신서에서 "수고"는 대리적 고난으로 지치고 고갈된 상태를 의미한다. 드디어 마태복음 11:28-30을 이사야 52:13-53:12과 연관하여 해석함으로써 예수님의 멍에가 십자가이며 동시에 대리적 고난인 것이 드러났다. 강대훈은 마태복음 11:25-30이 기독론적으로 해석되어야 한다고 말한다.[489] 또한 R. T. 프랜스는 마태복음 11:28-30에서 사용된 단어들은 이사야 42:2-3과 53:1-2에 등장하는 여호와의 종에 대한 묘사와 스가랴 9:9에 등장하는 단어들을 반향하고 있다고 말한다.[490] 크레이그 L. 블롬버그(Craig L. Blomberg)는 마태복음 11:29의 "너희 마음이 쉼을 얻으리니"는 예레미야 6:16의 "평강"(מַרְגּוֹעַ)을 암시한다고 말한다.[491] 이는 마태복음 11:28-30을 구약 배경에서, 특히 이사야 52:13-53:12을 배경에서 이해되어야 한다는 것을 보여 준다.

데이비스(Davies, W.D)와 엘리슨(Allison, D.C., Jr.)은 출애굽기 33:12-13

---

489 강대훈, 『마태복음 주석 1권』, 778.

490 프랜스, 『틴데일 신약 주석: 마태복음』, 337.

491 크레이그 L. 블롬버그, 『마태복음(신약의 구약 사용 주석 시리즈)』, 김용재·우성훈 역 (서울: CLC, 2010), 136.

이 마태복음 11:25-30에 영향을 주었다고 주장한다.[492] 이는 모세와 예수의 역할을 비교하는 것으로, 모세는 이스라엘에게 율법을 주었다. 그러나 예수는 자신의 "멍에"인 "은혜와 진리"를 주신다(요 1:17). 따라서 데이비스와 엘리슨은 마태복음 11:28은 출애굽기 33:14이 배경이며, '쉼과 안식'은 구약의 지혜와 관련이 있으며 종말론적으로 하나님의 아들이 '계시'한 진리를 알고 (마 11:27) 예수의 모든 말씀과 행동을 배우고(마 11:29) 행하는 데서 오는 평화와 만족과 삶의 충만함이라고 말한다.[493] 따라서 예수님을 따라 메고 배워야 할 "나의 멍에"(마 11:30)는 대리적 고난이다

또한 마태복음 11:29-30의 문맥 바로 앞에 11:25에서 '숨기시고'(κρύπτω)와 '나타내심'(ἀποκαλύπτω), 그리고 '주셨으니'(παραδίδωμι)와 '계시를 받는 자'(ἀποκαλύπ-τω)의 패턴이 반복된다. 따라서 세상에 '숨기시고' 오직 '계시를 받는 자'에게 '나타내심', 그리고 '주셨으니'는 하나님의 뜻인 이사야 52:13-53:12의 고난받는 종에게 주시는 대리적 고난을 의미한다. 그러므로 예수님의 멍에는 의로운 종 예수님이 감당하신 대리적 고난이다. 이사야 52:13-53:12의 대리적 고난보다 하나님의 'χρηστός'(טוֹב; 선함)를 잘 보여 주는 구원 사건은 없다.

율법과 죄의 짐으로 지친 자들이 대리적 고난(멍에)을 지고 수고하는 종이 된다

이제 하나님의 'χρηστός'(chrestos; טוֹב; 선함)와 예수님의 멍에를 메심으로

---

492 Davies, W.D. & Allison, D.C., Jr., *A critical and exegetical commentary on the Gospel according to Saint Matthew*, ICC, 283-290.

493 Davies, W.D. & Allison, D.C., Jr., *A critical and exegetical commentary on the Gospel according to Saint Matthew*, ICC, 288-293.

죄와 율법의 짐과 멍에의 속성이 바뀐다. 전에는 율법과 죄의 짐을 감당해야 했지만, 이제는 이사야 52:13-53:12의 고난받는 종에게 주시는 대리적 고난으로 여겨 주시기 때문이며, 예수님이 먼저 짐을 감당하심으로 우리에게 쉼이 주어졌기 때문이다. 이사야 53장의 고난받는 종은 "그가 자기 영혼의 수고한 것을 보고 만족하게 여길 것"이다(11절). 그러므로 이제 수고하고 무거운 짐 진 자들은 예수님을 따라 대리적 고난을 감당하는 "수고한" 종으로 불리는 특권을 누리게 되었다. 복음서에서 수고하고 무거운 짐 진 자에 대한 개념이 서신서와 요한계시록에서는 수고한 종과 수고한 종에게 쉼이 부여되는 개념으로 전환된다. 사도 바울은 이들을 "너희를 위하여 많이 수고한"(롬 16:6), "주 안에서 수고한"(롬 16:12), "주 안에서 많이 수고하고 사랑하는"(롬 16:12)이라고 부른다.

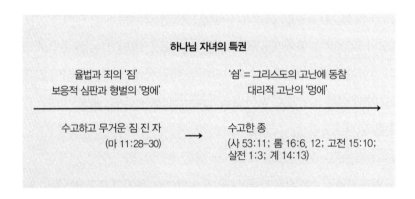

그런데 현대인의 관점에서 "수고하고 무거운 짐을 진 자"와 "수고한 종"을 구별할 수 있을까? 구별한다면 무엇을 기준으로 어떻게 구별할 수 있을까? 하는 질문을 해 보자. 첫째, 기복적이고 세속적 세계관이나 종교적이고 법적인 옳고 그름의 세계관에서 볼 때 "수고하고 무거운 짐을 진 자"와 "수고한 종"은 다를 것이 없다. 두 경우 모두 죄와 수치의 짐을 지고 고생하는 영혼으로 보일 것이다. 따라서 "수고한 종"은 대리적 고난을 이해하지 못하는 성도와 불신자들에게 정죄와 차별과 무시를 당할 것이다. 둘째, 이 둘은 대리적 고난 개념으로만 구별할 수 있다. 두 경우 모두 겉사람은 고난과 수치를 감당하는 고달픈 삶 가운데 있지만, 속사람은 천국과 지옥만큼이나 차이가 크다. 왜냐하면 대리적 고난을 살아 내는 "수고한 종"에게는 천국을 누릴 수 있는 "쉼"과 타인(원수)의 구원에 동참하는 감격이 있기 때문이다.

5) 대리적(대속적) 고난의 목양적 적용

타인(원수)을 위한 대리적 고난은 공감에서 시작된다

가이저-푸셰(Geyser-Fouchè, Ananda B)와 토마스 M. 무넨그와(Thomas M. Munengwa)는 이사야 52:13-53:12을 연구한 그들의 논문 "The concept of vicarious suffering in the Old Testament"에서 "공감적 고통(Empathetic suffering)은 대리 고통의 의미를 보여 주는 좋은 예입니다. 대리 고통은 다른 사람이 동일한 고통을 겪지 않도록 한 사람이 겪는 고통을 의미할 수도 있습니다"라고 말한다.[494] 그들은 고난받는 자의 고통에 공감하는 것을 대리적 고통으로 보는 것이다. 정신 분석에서 공감을 대리적 성찰(Vicarious introspection)이라고 정의한다. 따라서 타인의 고통을 공감하는 것은 정서, 경제, 공동체적으로 대리적 고통에 참여하는 것이다. 로마서 12:15에서 사도 바울은 "즐거워하는 자들과 함께 즐거워하고 우는 자들과 함께 울라"라고 말한다. 따라

---

[494] Ananda Geyser-Fouché & Thomas M. Munengwa, "The concept of vicarious suffering in the Old Testament," *HTS Teologiese Studies/Theological Studies* 75.4 (2019), 5/10.

서 공감은 대리적 고통으로 볼 수 있다.

고난과 고통 가운데 심각한 육체, 정신, 영적 스트레스를 받는 사람은 공동체의 지체를 찾아 소통해야 한다. 즉, 자신의 고통과 감정을 토하고 우울과 두려움, 불안과 원망, 짜증의 소리를 들어줄 사람을 찾는 것이 좋다. 자책과 정죄와 수치를 피하려고 감추고 숨는 것이 아니라, 공동체의 영적 지도자나 신뢰할 수 있는 지체를 찾아가야 한다. 안타까운 사실은 고통받는 자에게는 이런 공감과 위로가 반복적으로 있어야 한다는 것이다.

반면에 들어주고 공감하는 상담자 쪽에서 고통받는 자의 고통스러운 감정과 말을 들어주는 공감과 위로는 쉽지 않다. 이 또한 고통스러운 감정 노동이기 때문이다. 교회의 소그룹 공동체는 상한 감정의 쓰레기통 역할을 해주어야 한다. 목양적 관점에서 목회하는 목회자라 할지라도 성도의 고난과 아픔을 반복적으로 들어주는 상한 감정 쓰레기통이 되어 주는 것은 고강도의 감정 노동이다. 우울한 감정은 쉽게 전이되기도 하고, 목회자는 고통 겪는 자의 고통을 들어주기는 해도 마땅히 해 줄 것이 없다는 무기력과 좌절을 경험하기도 한다. 그러므로 상담자 혹은 목회자는 상대로부터 전이된 우울한 감정과 그의 이야기를 들어주는 감정 노동, 그리고 무력감이나 좌절까지도 감당해야 한다. 이것이 감정 쓰레기통이 되어 주는 공감하는 자의 고통이다. 나는 이를 이사야 53장이 말하는 대리적 고통에 동참하는 것으로 본다. 듣는 것만으로도, 들어주는 공감만으로도 생명이 빠져나가는 고통을 겪기 때문이다. 따라서 상한 감정의 원망과 분노를 반복적으로 정죄 없이 들어주는 감정 쓰레기통이 되어 주는 긍휼적 고통을 대리적 고난으로 여김에 어려움이 없다.

나는 무력감과 좌절에서 십자가에 달리신 무기력한 예수님을 본다. 우울과 고통스러운 감정을 들어주는 것 외에는 할 수 있는 것이 없는 무기력과 좌절과 절망으로, 구약의 모세와 엘리야처럼, 십자가에 달리신 예수님처럼 하나님께 나아간다. 그런데 하나님께서 이 무기력과 좌절, 절망감을 대리적 고통으로 여겨 주신다. 그리고 이 무기력과 좌절과 절망에 고통받는 우리를 살려 주신다. 이를 경험한 자만이 공감과 위로를 할 수 있다. 그러나 많이 고난받는다고 해서 공감 능력의 소양이 되는 것은 아니다. 오히려 냉소적인 사람으로 만들기도 한다. 또한 고난을 글로 배운 사람은 들어주고 공감하는 것이 아니라, 진단하고 성급하게 정답을 제시하며, 의사처럼 처방하려 할 것이다. 나는 정답만을 말하는 상담자 혹은 목회자를 "옳은 개소리"와 "옳은 개소리를 하는 자"라고 부른다.

상담자가 지치고 공감 능력이 채워지지 않으면, 고통 겪는 자의 감정을 기계적으로 듣거나 회피하게 된다. 회피하다가 지나치면 정죄까지 하게 된다. 정죄는 타인의 고통을 무시하고 외면하며 회피하는 것이다. 동시에 고통받는 자의 고통을 더 무겁게 하는 폭력적 행위가 된다. 이런 면에서 공감과 정죄는 반대 개념이 될 수 있다. 즉, 타인의 고난과 고통에 무관심과 외면을 넘어서 정죄하는 행위는 폭력이다. 예수님은 누구도 어떤 죄인도 정죄하지 않으셨다. 그러므로 현대인에게 대리적 고난에 참여하는 실천적 적용은 공감에서 시작되어야 한다. 공감과 구제, 그리고 위로와 애통으로 함께하는 것이 예수님의 대리적 고난에 참여하는 것이며 공동체를 이루는 것이다.

고난받는 종의 가장 중요한 역할과 책임은 정죄와 비난의 대상이 되는 것이다

각 성도의 삶에 나타나는 고난은 하나님의 고통에 동참하는 것이며, 동시에 이사야 53:4-6의 대리적 고난에 동참함이다. 이러한 영광과 특권을 누리는 고난받는 종의 가장 중요한 역할과 책임은 공격과 정죄와 비난의 대상이 되는 것이다(사 53:3-4).[495] 앞에서 언급했지만, 상한 감정의 쓰레기통이 되어 주는 것이다. 예수님은 죄가 없으시지만, 정죄와 비난과 공격을 받으셨다. 반면 성도는 의롭다고 여김을 받지만, 죄의 지배 아래에서 공격과 정죄와 비난을 받을 만한, 받아야 하는 자범죄를 반복한다. 때문에 성도가 감당하는 공격과 비난과 정죄와 수치는 당연히 감당해야 할 것이다. 그럼에도 하나님은 자신의 죄로 인한 공격과 비난과 정죄를 당연하게 여기며 묵묵히 받아내는 종을 인정해 주신다. 누가복음 15장의 탕자 비유에서 아버지는 큰아들의 공격과 비난을 받아야 한다. 돌아오는 작은아들을 위해, 작은아들의 수치를 대신 감당하기 위해 체면을 무릅쓰고 빨리 뛰어가서 아들을 품었다. 그리고 큰아들의 분노와 생색을 받아 주는 상한 감정의 쓰레기통이 되었다. 이처럼 죄없이 공격과 비난과 정죄와 수치, 그리고 고발을 당하는 것은 죽음에 이르는 고통이다. 바울이 고린도전서 15:31에서 "나는 날마다 죽노라"라고 말한 것은 억울함에 대한 자기 부인의 고통으로 보인다.

고난받는 종은 이 세상에서 죄와 악을 정복하기 위해 하나님의 고통과 죄인의 죄(대리적 고난)를 스스로 짊어지고 죽음에 이르는 십자가의 고통을 감당한다.[496] 그 고통은 공격과 비난의 대상이 되어 원망과 분노를 온몸으로

---

495 *TDOT*. *Vol*. 10, 36.

496 프레타임, 『구약에 나타난 하나님의 고통』[eBook], 58/73.

받아내는 것을 포함한다. 예수님께서는 십자가에서 온몸으로 하나님의 진노와 죄인들의 공격과 비난을 받아내심으로 완전하게 죄와 악을 무기력하게 정복하셨다. 억울해하거나 피해 의식에 사로잡히는 것이 아니라 비난과 정죄를 묵묵히 받아내는 것이 고난받는 종의 권능이다. 하나님의 백성이 감당해야 할 정죄와 멸시가 아내와 남편과 자녀의 반항이나 고발, 또는 무례함으로 인한 수치일 수 있다는 것을 이해하는 것이 대리적 고난에 대한 이해의 출발이다. 이 전제를 이해하지 못하면 옳고 그름으로 판단과 정죄를 반복하게 될 뿐이다. 내가 공격하고 비난하는 사람이 나를 위해 나의 감정 쓰레기통이 되어 주는 대리적 고통을 받아내는 고난받는 종일 수 있다. 이해를 돕기 위해 이사야 53:4-6에서 '그' 대신에 타인(원수)의 이름을 넣고, '우리' 대신에 자신의 이름을 넣어 읽어 보라.

> "(그)는 실로 (우리)의 질고를 지고 (우리)의 슬픔을 당하였거늘 (우리)는 생각하기를 (그)는 징벌을 받아 하나님께 맞으며 고난을 당한다 하였노라 (그)가 찔림은 (우리)의 허물 때문이요 (그)가 상함은 (우리)의 죄악 때문이라 (그)가 징계를 받으므로 (우리)는 평화를 누리고 (그)가 채찍에 맞으므로 (우리)는 나음을 받았도다 (우리)는 다 양 같아서 그릇 행하여 각기 제 길로 갔거늘 여호와께서는 (우리) 모두의 죄악을 (그)에게 담당시키셨도다."

타인(원수)을 위한 대리적 고난의 꽃은 순교다

터툴리안은 "순교자의 피는 교회의 씨앗"이라고 말한다.[497] 순교자는 헬

---

[497] 앨빈 레이드, 『복음주의 전도학 (복음주의 시리즈)』, 임채남 역 (서울: CLC, 2018), 108.

라어로 'μάρτυς'인데, 문자적으로 '증인'(witness)을 뜻한다.[498] 성경에는 최초의 순교자였던 아벨(창 4:3-8)부터 스가랴(대하 24:21-22; 마 23:35), 세례 요한(막 6:18-28), 스데반(행 22:20; 계 17:6), 사도 야고보(행 12:2) 등 여러 선지자가 나온다(마 2:6; 롬 11:3; 살전 2:15; 히 11:32-37). 그 외에도 성전 꼭대기에서 던져져 죽임당한 주의 동생 야고보(Clement of Alexandria), 네로의 박해로 거꾸로 십자가에 달려 죽임당한 베드로(Origen), 참수당한 사도 바울(Tertullian) 등이 있다.[499]

한국 교회사에서 대리적 고난을 감당한 사람으로는 주기철 목사와 손양원 목사가 대표적이다. 신사 참배한 교회를 대신하여 고난을 겪으셨던 분이 주기철 목사, 공산당에 타협하거나 굴복한 성도들을 대신하여 피를 흘린 분이 손양원 목사이다. 더욱이 손양원 목사는 아들을 죽인 사람을 양자로 입양하기까지 했다. 이분들의 대리적 고난으로 오늘날 교회가 존재한다. 순교자의 피는 교회의 씨앗이라는 터툴리안의 말이 실현된 것이다. 이는 대리적 고난의 의미와 열매를 보여 준다(사 53:11). 길선주 목사는 그의 설교에서 "예수께서 죄를 대속하신다 함은 우리가 경험하는 책임감에 그치는 것이 아니라, 실지로 그 죄와 벌을 인수(引受)하시는 것입니다. 우리가 어떤 짐꾼의 수고는 전부 나의 몸에 인도되는 것과 같이, 예수께서 인간의 죄악을 인수하신다 함은 자못 정신상의 관념 작용도 아니요, 한갓 법리상 논리도 아니라 죄업의 중하(重荷: 무거운 짐)[500]가 실제에 예수에게 인도되는 것입니다.

---

498 Danker, F.W., "Martyr", *ISBE*, 3권 (Wm. B. Eerdmans Publishing, 1979), 267.
499 김재권, 『성경 문화배경 사전』, 582-583.
500 이해를 돕기 위해 한자를 추가하거나 안에 보충 설명을 더했다.

그가 간음한 여인을 용서한다는 의미와는 전혀 다른 것이니, 그가 친히 그 더러운 죄벌을 자기 몸에 인수하시고 그 뒤에 사하신 것이며, '네 죄를 사하노니 상(床)을 메고 돌아가라' 하는 말이야 누가 못하리오마는 예수님은 그 죄를 인수하시고 '안심하라' 하신 것입니다"라고 말씀하셨다. 이러한 길선주 목사의 예수님의 대리적 고난에 대한 이해와 적용은 당시 한국 교회가 고난에 대해 어떻게 이해하고 적용했는지를 명확하게 알려 준다.[501]

각종 매체와 드라마 또는 각종 세속사의 이야기 속에서 이따금 들려오는 자기희생적 스토리에 감동하는 것은 그렇게 대리적 고난을 감당한 이들을 통해 사회와 공동체가 유지되기 때문일 것이다. 그들은 썩는 밀알이 되어 사회와 공동체를 지켜낸다. 이름도 모르고 아무런 관계도 없는 조선 사람들, 복음을 모르는 사람들을 위해 이 땅에 온 선교사들이 감당했던 고난으로 하여금 오늘날 한국 교회가 되었다. 미국 북장로교 선교사 모펫(S. A. Moffet, 마포삼열), 앨런, 언더우드, 헤론(J. W. Heron), 미 감리교회 의료 선교사 홀(W. J. Hall), 호주 장로교 선교사 데이비스(J. H. Davis), 아펜젤러 같은 분들이 감당한 고난은 우리가 감당해야 할 고난이었으나 그들이 감당했다. 이제 한국의 선교사들이 묵묵히 기쁨으로 그 고난을 감당하고 있다.

대리적 고난을 감당하는 사람의 외모

룻기에서 베들레헴으로 돌아온 나오미를 보고 온 성읍 사람들이 "이이가 나오미냐"라고 말하며 떠든다(1:18). 나오미의 상한 모습을 보고 충격을 받은 것이다. 나오미도 "나를 나오미라 부르지 말고 나를 마라라 부르라 이는

---

501   길선주, 『길선주 (한국 기독교 지도자 강단설교)』 (서울: 홍성사, 2008) p 47–48.

전능자가 나를 심히 괴롭게 하셨음이니라 내가 풍족하게 나갔더니 여호와께서 내게 비어 돌아오게 하셨느니라 여호와께서 나를 징벌하셨고 전능자가 나를 괴롭게 하셨거늘 너희가 어찌 나를 나오미라 부르느냐"(1:20-21)라고 말하며, 자신이 하나님의 징벌을 받았다고 말한다. 누가복음 15장의 탕자 비유에서 아버지와 집을 떠난 탕자는 돼지 열매도 먹지 못하는 주림과 목마름을 견디다가 집으로 돌아온다. 돼지와 함께 거주한 탕자의 몰골은 노숙자와 다름이 없었을 것이다. 걸친 누더기에 악취가 풍기는 모습을 보고 사람들은 놀랐을 것이다. 그러나 아버지는 측은히 여긴다.

누가 보더라도 탕자는 이사야 53:4처럼 징벌을 받아 하나님께 맞으며 고난 당한 것으로 보인다. 그러나 탕자의 고난은 동생보다 재물을 더 우선하는 형의 죄와 회개를 위해 받는 고난이기도 하다. 나오미의 고난도 이런 관점에서 해석될 수 있다. 망하고 수척해진 거지꼴의 모습으로 처량하게 돌아온 동생과 나오미를 정죄하고 멸시하는 이는 보응적 세계관에 갇힌 누가복음 15장의 큰아들과 같은 이들이다. 큰아들은 방황하는 동생을 찾지도 않고 돌아온 동생을 반기지도 않는 자신의 죄와 악을 드러내기 위한 하나님과 아버지와 동생의 고난으로 여길 수 있어야 한다. 그러나 그는 자기 열심과 자기의를 주장하며, 옳고 그름으로 동생과 아버지를 정죄하고 잔치에 참여하지도 않는다. 오늘날 교회 안에는 이런 큰아들이 너무도 많다.

고난받는 종의 상함에 대해서 "전에는 그의 모양이 타인보다 상하였고 그의 모습이 사람들보다 상하였으므로 많은 사람이 그에 대하여 놀랐거니와"(사 52:14)를 볼 때, 이전에 종을 알던 사람들이 놀랄 만큼 외모가 상했다는 것으로 이해된다. 마크 브레틀러(Marc Brettler)와 에이미-질 레빈(Amy-Jill

Levine)는 이사야 52:14, 53:2을 근거로 대리적 고난을 감당하는 사람은 '끔찍한 신체적 장애'(외모가 상하고 질병을 겪고 있다)를 겪고 있다고 말한다.[502] 다니엘 보야린은 이사야 53:4의 질고를 랍비 문헌을 인용하여 "나병 환자"로 본다.[503] 알렉 모터어는 "종의 고난은 보는 사람들이 '이 사람이 그 사람인가?'라고 말할 정도로 흉측한 모습으로 상한 것이다"라고 말한다.[504]

그러나 하나님은 고난받는 종의 부르짖음을 외면하고 응답하지 않는다. 시편 22:1-2의 "내 하나님이여 내 하나님이여 어찌 나를 버리셨나이까 어찌 나를 멀리하여 돕지 아니하시오며 내 신음 소리를 듣지 아니하시나이까 내 하나님이여 내가 낮에도 부르짖고 밤에도 잠잠하지 아니하오나 응답하지 아니하시나이다"라는 말씀에서 시편 기자는 하나님의 침묵에 탄식하고 버림받은 것 같은 고통을 받는다. 이런 고난과 고난에 대한 부르짖음에 침묵으로 일관하는 하나님으로 이중적 고통을 받아야 한다. 따라서 대리적 고난을 감당하는 종은 육체, 정서, 영적으로 점점 피폐해질 수밖에 없다. 그러나 이에 그치지 않고 대적자들의 조롱이 따라온다. 시편 22:8의 "그가 여호와께 의탁하니 구원하실 걸, 그를 기뻐하시니 건지실 걸"은 조롱의 말이다. 고신대학원 목회상담학 하재성 교수는 "한나는 남편 엘가나의 사랑으로도 채워지지 않는 심각한 우울을 겪었다"라고 말한다.[505] 불임으로 우울을 겪는

502 Marc Brettler & Amy-Jill Levine, *Isaiah's Suffering Servant: Before and After Christianity*, *Interpretation: JBT (2019)*, Vol. 73(2) 158 -173, 161.

503 보야린, 『유대 배경으로 읽는 복음서』, 243.

504 Motyer, J.A., *Isaiah: an introduction and commentary*, TOTC (Downers Grove, IL: InterVarsity Press, 1999), 375.

505 하재성, 『우울증, 슬픔과 함께 온 하나님의 선물』, 59.

한나를 격동하는 브닌나로 인해 한나의 우울은 더 깊어졌을 것이다. 이처럼 대리적 고난을 감당하는 종은 우울증과 공황장애와 대인기피 등 여러 가지 정서적 장애가 나타날 수 있다. 즉, 신체, 정서, 사회, 영적 고통을 겪어야 하는 것이다.

그러나 대리적 고난을 감당하는 종은 우울을 겪으나 우울에 갇히지는 않는다. 한나는 우울을 이겨내고 일어나 하나님께 서원한 것이다. 따라서 고난으로 성도의 겉사람은 낡아지나 성도의 속사람은 날로 새로워질 것이다(고후 4:16). 왜냐하면 버림받은 고통과 현실과 인과응보적 정죄, 그럼에도 응답하지 않는 하나님의 현주소가 바로 십자가의 자리이기 때문이다(마 27:46). 김이곤은 하나님 백성의 고난과 대적자들의 조롱과 정죄, 그럼에도 응답하지 않는 하나님의 부재로 인한 버림받음의 자리가 십자가에 못 박힌 하나님을 만나는 고유한 자리라고 말한다.[506] 왜냐하면 "의인의 탄식과 고난 만이(그 고난의 언어만이) 생명의 주요 부활의 주이신 하나님을 움직이는 힘을 갖고 있기 때문이다."[507] 그 고통의 자리에서 버림받은 예수, 대속적 고난을 감당한 예수 그리스도와 함께 고난을 받기에 그는 나날이 새롭게 될 것이다.

전처는 뇌종양 수술을 받은 후 대소변을 가리지 못하는 상태의 지적 지체 뇌병변 장애자가 되었다. 머리뼈를 도려내는 수술을 받고 함몰된 이마를 보았을 때 한참이나 얼굴이 낯설었다. 하루하루 호흡이 약해지고 죽음의 그

---

506 김이곤, 『구약 성서의 고난 신학』, 189, 191.
507 김이곤, 『구약 성서의 고난 신학』, 191.

림자가 짙어져 가는 전처의 상황을 지켜보는 것은 두려움과 안타까움이 공존하는 괴로움이었다. 가쁜 호흡으로 어린 두 아들에게 "엄마가 사랑한 걸 잊으면, 안돼!"라고 말하며 웃어 주는 표정에서 보이던 전처의 고통스러움이 나를 더 아프게 했다. 이제야 아내의 상한 외모와 가쁜 호흡의 고통이 나를 대신한 '대리적 고난'이었음을 깨닫는다. 전처의 고통으로 나의 기복적이고 세속적인 세계관을 직면할 수 있었다. 그전까지 나는 내가 꽤 괜찮은 죄인인 줄 알았다.

6) 대리적 고난의 적용

지금까지 대리적 고난에 대해 살펴보았다. 그러나 과연 교회사에서 또는 현 교회에서 대리적 고난을 감당하고, 대리적 고난을 이해하는 성경적 세계관을 살아 내는 교회 공동체가 존재하는가? 하는 점을 살펴볼 필요가 있다. 왜냐하면 대리적 고난의 세계관은 이론이 아니라 삶이고, 고난으로 보이는 복음의 진수이기 때문이다. 따라서 대리적 고난의 실존적 이해와 구체적 적용을 살펴볼 것이다.

교회사에서 종교 개혁 이후 기독교인들의 고난에 대해서 칼빈은 당시 종교 개혁으로 인한 갈등과 유럽의 종교 갈등으로 고난을 겪고 있던 성도들을 그리스도의 고난에 동참하는 기독론적인 의미로 해석했다.[508] 이처럼 대리적 고난의 세계관을 가진 공동체가 존재한다. 대리적 고난 개념을 많이 설

---

[508] 안인섭, "성도의 고난에 대한 칼빈의 신학적 이해". 「신학지남」 2016. 83(1), 153–184, 180.

교하는 김양재 목사는 열왕기하 7:3-11 말씀으로 「이제 가서 알리자」라는 제목으로 한 설교에서 "게하시는 말씀으로 양육을 받을수록 나를 힘들게 한 사람이 결국 나의 구원 때문에 가장 수고한 사람임을 깨달았습니다"라고 하며, '대리적 고난'을 언급한다.[509]

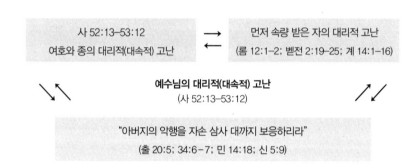

이처럼 우리들교회는 대리적 고난의 개념을 적극적이고 혁신적으로 적용한다. 예를 들면 피해자와 가해자를 나누지 않는다. 하나님 나라에는 피해자나 가해자가 없고, 모두 가해자이며 죄인일 뿐이라고 말한다. 왜냐하면 피해자나 가해자 모두가 각자의 대리적 고난의 몫을 감당하는 종이기 때문이다. 김양재 목사는 누구보다 인과응보적 심판과 고난을 강조하지만, 동시에 누구보다 대리적 고난을 함께 강조한다. 하지만 우리들교회는 '대리적 고난'이라는 단어보다는 에스겔 47:12에서 'healing'의 의미로 사용된 "약재료"(תְּרוּפָה)와 "수고"(마 11:25-30)라는 단어를 선호한다.

---

509 김양재(2024.01.15), 왕하 7:3-11: "이제 가서 알리자", 우리들교회 주일설교 요약, https://www.woori.cc/board/?page=2&cate=0&skey=&sword=&MenuUid=97&buid=1778&_m=V(접속일: 2024.04.02.).

(1) 현대인에게 대리적 고난은 가족의 몫이다

부모, 형제, 남편과 아내, 자녀가 대리적 고난을 감당하는 사람들이다. 그래서 가장 많은 정죄와 비난과 공격의 대상이 되거나 정죄하고 공격하는 이 역시 가족이다. 그러므로 대리적 고난을 이해하지 못하면 대부분 이혼으로 비극적인 끝을 맺는다. 김양재 목사는 대리적 고난을 감당하는 사람들의 고통과 자기 학대를 '수고한다'라고 표현한다(시 90:10; 마 11:28; 롬 16:6, 12; 계 14:13).[510] 김양재 목사의 "문제아는 없고 문제 부모만 있습니다"에 수록된 간증이다.

> "심 집사님은 세상적으로 갖춘 남편을 만나 유학을 떠났지만, 귀국 후 율법과 전통에 매인 시댁에서 살게 되면서 지옥을 경험했다. 날마다 시집살이에서 벗어날 궁리만 하다가 속에 쌓이는 화를 어린 딸에게 쏟아 냈다. 엄마의 분노를 무방비 상태로 받아먹던 딸은 식이장애가 생겨 고등학교 때는 담배와 술로, 대학을 간 후에는 등에 문신까지 새기며 온몸으로 반항을 하고 자신을 학대했다. 자녀 고난으로 집사님은 살기 위해 말씀을 붙잡기 시작했고, 이 모두가 자기 삶의 결론(인과응보)임을 깨닫게 되었다. 그러나 말씀을 들으면서 되었다 함이 없어 아들의 수고가 뒤따라야 했다. … 교수가 되어 일 중독에 빠졌던 무정한 엄마로 인해 어린 시절을 보내야 했던 공포와 불안이 근본적인 이유라고 합니다. 수없이 기절하는 아들을 보며 제게 선물로 주신 생명들을, 하나는 저의 공부에 방해가 된다고, 또 하나는 입덧 때문에 너무 힘들다고, 그다음은 아들이 아니라는 이유로 낙태를 하고도 아주 오랫

---

510   김양재, 『문제아는 없고 문제 부모만 있습니다』(서울: 두란노, 2016), 60-66.

동안 아무렇지도 않게 살아온 죄가 생각났습니다. 그러고도 모자라 하나님의 은혜로 생명을 보존한 자녀들을 일류라는 몰렉 우상의 손에 바쳐 달달 볶아 상하도록 내버려 두고는 내가 못해 준 것이 무엇이냐며 분을 냈습니다.”

부모의 죄와 악으로 자녀들이 고난받을 것이라고 경고한 말씀은 출애굽기 20:5의 “그것들에게 절하지 말며 그것들을 섬기지 말라 나 네 하나님 여호와는 질투하는 하나님인즉 나를 미워하는 자의 죄를 갚되 아버지로부터 아들에게로 삼사 대까지 이르게 하거니와”와 출애굽기 34:6-7의 “여호와께서 그의 앞으로 지나시며 선포하시되 여호와라 여호와라 자비롭고 은혜롭고 노하기를 더디하고 인자와 진실이 많은 하나님이라 인자를 천대까지 베풀며 악과 과실과 죄를 용서하리라 그러나 벌을 면제하지는 아니하고 아버지의 악행을 자손 삼사 대까지 보응하리라”, 그리고 신명기 5:9의 “그것들에게 절하지 말며 그것들을 섬기지 말라 나 네 하나님 여호와는 질투하는 하나님인즉 나를 미워하는 자의 죄를 갚되 아버지로부터 아들에게로 삼사 대까지 이르게 하거니와”가 있다. 민수기 14:33은 출애굽기 20:5, 34:6-7의 언약대로 아버지의 죄와 악이 자녀들에게 이르고 보응된다는 말씀의 성취이다.

혹자는 자녀들에게 부여된 심판이 과하다고 여길 수도 있다. 그러나 이는 이스라엘의 죄와 악에 대한 무지에서 비롯된 것이다. 이스라엘은 끊임없이 하나님께 불평하고 원망한 죄(민 11:1-3), 그리고 ‘차라리 광야에서 죽거나 애굽으로 돌아가자’라고 말하며 하나님을 멸시(민 14:1-4, 11)한 죄에도 불구하고 이스라엘을 긍휼히 여기신 결과이기 때문이다. 하나님은 “이 백성이 어느 때까지 나를 멸시하겠느냐 내가 그들 중에 많은 이적을 행하였으나 어느 때까지 나를 믿지 않겠느냐"라고 하시며 바로와 애굽처럼 전염병으로 쳐서 멸하겠다고 말씀하신다(민 14:12).[511]

하나님의 진노에 대한 모세의 기도는 출애굽기 20:5과 34:6-7에 근거한 민수기 14:18의 "여호와는 노하기를 더디하시고 인자가 많아 죄악과 허물을 사하시나 형벌 받을 자는 결단코 사하지 아니하시고 아버지의 죄악을 자식에게 갚아 삼사대까지 이르게 하시리라 하셨나이다"라는 기도이다. 그리고 이 기도의 응답이 민수기 14:33이다. 그러므로 민수기 14:33의 심판은 바로와 애굽처럼 진멸이 아니라 심판의 유보이자, 요셉을 통해 계시하신 악을 선으로 바꾸시는 하나님의 권능(מה)이다(창 50:20; 민 14:17). 이것은 대대로 이어지는 죄와 가계의 저주처럼 보이지만, 예수님의 고난에 동참하는 대리적 고난으로 만들어주시는 능력이다. 이 특권과 능력이 하나님 백성에게 주어진다. 데니스 올슨(Dennis T. Olson)은 "하나님의 권능은 심판이 아니라 지속적인 긍휼과 용서에서 나타난다"라고 말한다.[512]

민수기 14:33은 "너희의 자녀들은 너희 반역한 죄를 지고 너희의 시체가 광야에서 소멸되기까지 사십 년을 광야에서 '방황하는 자'(רעים)가 되리라"라고 말씀한다. 이는 출애굽 두 번째 세대의 광야 40년 방황은 말씀대로 이루어진 사건임을 의미한다. 즉, 자녀들의 방황은 부모의 죄와 우상 숭배와 하나님을 반역한 죄에 대한 심판이다. 자녀들은 죄에 대한 심판으로 부모들이 광야에서 죽어 가는 것을 목격해야 한다(민 14:32, 35). 부모는 가나안의 소

---

511 데니스 올슨, 『민수기』(서울: 한국장로교출판사, 2000), 133.
512 올슨, 『민수기』, 137.

유권을 박탈당하고 광야에서 진멸되고 엎드러짐을 마땅히 여김으로써 회개의 본을 자녀들에게 보여야 한다(민 14:32, 35).

심 집사님은 자녀들이 예수님을 등지고 세상적으로 성공하기 위해 온 에너지를 쏟는 것을 보는 것이 '고통(대리적 고난)'이라고 말한다. 민수기 14:33처럼 심 집사님의 불순종과 악을 감당한 '자녀들의 수고(대리적 고난)' 덕분에 심 집사님 자신은 예수님을 만났지만, 말씀으로 양육할 때를 놓친 자녀들은 제 갈 길로 가고 만 것이다. 이제 심 집사님은 자녀들의 불순종과 악으로 인한 고난을 자녀들의 구원의 때까지 자녀들을 대신해서 감당해야 한다. 이것이 출애굽기 20:5, 34:6-7, 신명기 5:9에 감추어진 비밀이다.

심 집사님의 경우에서 자녀들의 반항과 자기 학대와 일탈을, 첫째는 인과응보적 관점에서 한때 심 집사님의 불순종과 세상의 성공을 우상으로 섬긴 죄의 결과로 본다. 그러나 둘째는 자녀들의 반항과 자기 학대와 일탈은 심 집사님의 회개와 구원을 위해 자녀들이 감당하고 있는 대리적 고난으로 해석한다. 그렇기 때문에 일탈과 학대로 무너진 자녀들을 정죄하지 않는다. 왜냐하면 자녀 양육의 모든 책임과 원인을 부모에게서 찾기 때문이다. 그리고 자기 학대와 일탈과 반항으로 대리적 고난을 감당하는 자녀들에게 '자녀들이 수고한다'라고 하는 공감을 잊지 않는다. 이처럼 김양재 목사의 고난에 대한 이해와 적용은 입체적이다. 이제 성도에게 고난은 죄에 대한 형벌이 아니라, 하나님의 보호(마 6:25-34; 벧전 5:7)와 훈육이다(히 12:5-11).[513] 그러나 하나님의 은총은 여기에 머물지 않는다. 보응적 형벌을 그리스도의

---

513 후크마, 『개혁주의 구원론』, 307.

고난에 동참하는 대리적 고난으로 만들어주신다. 이 놀라운 은총과 권능을 경험하면 고난에도 불구하고 찬양과 기쁨의 눈물을 흘리게 된다.

그럼에도 하나님께서 자녀들의 구원을 이루시기까지 심 집사님은 자신의 입으로 "내가 자녀들의 구원을 위해 '대리적 고난'을 감당한다"라는 말을 할 수 없다. 왜냐하면 자녀들의 구원이 성취되기까지 '대리적 고난'의 성격은 감추어진 비밀이기 때문이다. 따라서 자녀들의 구원이 성취되기까지 심 집사님은 심판적 고난의 관점에서 철저하게 자신의 죄를 고백하는 회개가 우선되어야 한다. 동시에 자녀들의 구원을 향한 견고한 믿음과 복종이 요구된다.

그러므로 대리적 고난의 관점에서 볼 때, 먼저는 심 집사님의 구원을 위해 자녀들이 대리적 고난을 감당한 것이며, 이제는 자녀들의 구원을 위해 심 집사님이 대리적 고난을 감당하는 것이다. 고난받는 종의 가장 중요한 역할과 책임은 공격과 비난의 대상이 되는 것이다(사 53:3-4).[514] 부모는 자녀의 공격과 비난을 받아 주는 양육자가 되어야 하고, 자녀는 자신의 정죄와 원망을 쏟아 놓을 대상, 영적 양육자가 필요하다. 구약에서는 이사야, 예레미야, 에스겔 선지자들이 이를 감당하였고, 예수님께서 십자가에서 인간의 모든 폭력과 악과 멸시와 분노를 받아내심으로써 성취하셨다. 신약에서는 누가복음 15장의 탕자 비유에서 큰아들의 공격과 비난을 아버지가 받아 주었다.

---

[514] *TDOT, Vol.* 10, 36

(2) 대리적 고난은 제사장이 되는 것이다

나로 인해 누군가 '대신 고난'(대리적 고난)을 겪는다는 사실은 참으로 가슴 아픈 일이다. 그 대상이 자녀일 때는 더욱 그렇다. 그러나 타인의 죄를 감당하는 것이 제사장의 역할이다. 아비의 죄가 자녀들에게 영향을 끼친다는 말씀은 출애굽기 20:5의 "나를 미워하는 자의 죄를 갚되 아버지로부터 아들에게로 삼사 대까지 이르게 하거니와"에서 처음 언급되었다. 이후 출애굽기 34:7과 민수기 14:18과 신명기 5:9에서 언급된다.

출애굽 첫 세대의 반역은 민수기 14:33의 "너희의 자녀들은 너희 반역한 죄를 지고(וְנָשְׂאוּ) 너희의 시체가 광야에서 소멸되기까지 사십 년을 광야에서 방황하는 자가 되리라"의 말씀대로 그들의 자녀 세대가 감당하였다. '방황'(רֹעִים)은 양치기처럼 이리저리 방황하는 것으로,[515] 유목민에 대한 비하이다.[516] 자녀들의 방황으로 부모와 자녀가 수치와 조롱받는 것은 민수기 14:33처럼 부모의 죄의 결과이다. 오늘날도 자녀들의 방황과 삶의 낭비를 경험한다. 그러나 부모들은 방황하는 자녀에게 정죄와 판단과 분을 반복할 뿐, 자녀들의 방황이 부모의 죄의 결과인 것을 인식하지 못한다.

민수기 14:33의 암시와 반향은 신명기와 선지서에서 발견된다.

"네가 자녀를 낳을지라도 그들이 포로가 되므로 너와 함께 있지 못할 것이

---

515   Geneva Bible: Notes (1560). Geneva: Rovland Hall, 68.

516   Milgrom, J., *Numbers.*: *JPSTC* (Philadelphia: Jewish Publication Society, 1990), 115.

며"(신 28:42).

"너는 네 기뻐하는 자식으로 인하여 네 머리털을 깎아 대머리 같게 할지어
다 네 머리가 크게 벗어지게 하기를 독수리 같게 할지어다 이는 그들이 사
로잡혀 너를 떠났음이라"(미 1:16).

신명기와 미가의 예언은 기성 세대의 죄와 악으로 인해 자녀 세대가 바
벨론 포로로 잡혀갈 것이라는 말씀이다. 부모에서 자녀의 관점으로 옮겨 보
면, 자녀들에게 부모의 죄의 짐을 대신 감당하라는 말씀은 억울하고 부당하
게 여겨질 수도 있다. 그러나 이것은 범죄한 이스라엘을 용서하시는 하나님
의 고통에 참여하는 것이며, 예수님이 감당하신 대리적 고난에 동참하는 것
이다. 그리고 무엇보다도 자녀들에게 주어진 두 번째 기회이다.[517]

역사적으로 출애굽 두 번째 세대가 감당한 것은 부모의 "죄"가 아니라,
광야에서 40년을 방황하는 "고난"이다. 그러나 이것을 두고 민수기 14:33은
"죄를 지고"라고 말한다. 여기에서 우리는 '죄'와 '고난'의 물리, 화학적 관
계와 구조를 이해해야 한다. 출애굽 두 번째 세대가 감당한 대리적 고난은
'죄'이면서도 '고난'이다. 출애굽기와 레위기에서 제사장의 역할은 백성들
의 '죄'를 담당하는 것이다. 그러나 제사장들이 표면적으로 지는 것은 백성
들의 '고난'이다. 이것은 영적, 종교적으로 '죄'를 진다는 의미이며, 실존적
으로 타인의 '죄'를 함께 질 수는 없다. 따라서 실존적으로 제사장이 지는
것은 백성들이 감당해야 할 죄의 값인 '고난'이다.

---

[517] 올슨, 『민수기』, 140.

예수님은 이사야 53:4의 성취를 위해 "우리의 연약한 것을 친히 담당하시고 병을 짊어"지셨다(마 8:17), 인생들의 죄를 대속하기 위해 고난받으셨다. 크레이그 L. 블롬버그는 "예수님의 치유 사역은 마가와 누가복음에도 병행되지만, 오직 마태복음만이 예수님의 치유 목회를 이사야 53장에 기록된 예언의 성취로 본다"라고 말한다.[518] 크레이그 L. 블롬버그와 강대훈은 마태복음 8:17이 LXX가 아니라 히브리어 성경을 인용한 것으로 본다.[519] LXX에서 이사야 53:4은 "이 사람이 우리의 죄들을(τὰς ἁμαρτίας ἡμῶν, 타스 하마르티아스 헤몬) 지고 우리 때문에 고통을 겪으신다"로 번역하면서 '죄'(ἁμαρτία)를 언급하는 반면, 히브리어 성경은 '죄'가 아니라 '육체적 질병'(חֳלִי)을 언급하기 때문이다. 그러므로 제사장이 백성들과 함께 '고난'받는 것은 그들의 '죄'를 감당하는 것이라는 논리가 만들어진다.

그러나 부모(타인)의 죄(고난)를 함께 감당함을 억울하게 여긴 사람들은 예레미야와 에스겔에게 "아버지가 신 포도를 먹었으므로 그의 아들의 이가 시다"(렘 31:29; 겔 18:2)라는 속담을 인용하며 억울함을 토로한다. 그러나 자녀들에게 주어진 고난(죄)은 세대(아버지의 악행을 자손 삼사 대까지)를 넘어서 죄와 심판과 구원을 이루는 하나님의 공의와 긍휼이 조화되고 균형을 이룬 결과로, 출애굽기 20:5, 34:6-7, 민수기 14:18, 신명기 5:9에서 단순한 심판적 보응이 아니라 '대리적 고난'으로 여겨 주시는 은총이다. 이는 창세기 50:20에서와 같이 악을 선으로 만드시는 하나님의 권능이다.

---

518 크레이그 L. 블롬버그, 『마태복음 (신약의 구약 사용 주석 시리즈)』, 김용재·우성훈 역 (서울: CLC, 2010), 119.

519 블롬버그, 『마태복음 (신약의 구약 사용 주석 시리즈)』, 123.; 강대훈, 『마태복음 주석 1권』, 602.

민수기 14:33에서 자녀들에게 '지워진'(וְנָשְׂאוּ) 광야에서의 '방황'(רֹעִים)은 양육과 대리적 고난의 이중적 의미로 볼 수 있다. LXX도 히브리어 רָעָה 동사를 '방목하다', '가꾸다', '부양하다', '기르다', '양육하다', '인도하다'로 번역한다.[520] 이후, 두 번째 세대는 광야의 양육과 훈련으로 여호수아와 함께 가나안을 정복한다.

죄의 담당은 제사장의 직무이다

"아론과 그의 아들들이 회막에 들어갈 때에나 제단에 가까이 하여 거룩한 곳에서 섬길 때에 그것들을 입어야 죄를 짊어진(וְנָשְׂאוּ) 채 죽지 아니하리니 그와 그의 후손이 영원히 지킬 규례니라"(출 28:43).

대제사장은 레위기 16:1-34에서 속죄일에 백성의 죄를 지고 지성소에 들어간다. 16:14에서 속죄소 위의 피는 이스라엘의 죄가 '대속의 죽음'(a substitutionary death)으로 속죄되었음을 나타낸다.[521] 이때 생명을 걸고 하나님 앞에 나아가는 것이 대제사장의 직무였다(출 28:31-43).

따라서 출애굽기 19:6의 "너희가 내게 대하여 제사장 나라가 되며 거룩한 백성이 되리라"와 베드로전서 2:9의 "너희는 택하신 족속이요 왕 같은 제사장들이요 거룩한 나라요 그의 소유가 된 백성이니"에서 '제사장'은 세상의 죄를 대신 감당하는 사명으로의 부르심이다. 따라서 자녀들에게 부모

520　*TDOT. Vol.* 13, 545.

521　Rooker, M.F., *Leviticus. NAC* (Nashville: Broadman & Holman Publishers, 2000), 218.

의 '죄를 감당하게 하는' 것은 제사장적 역할을 맡기시는 것이며, 그리스도의 고난에 동참하는 특권으로의 부르심이다.

역사서에서는 다윗의 죄와 악으로 인해 다윗 자신이 심판받는 것이 아니라, 다윗의 자녀들이 심판과 고난을 받았다. 다윗은 밧세바와 간음하고 우리아를 죽인 죄와 악으로 인해 나단을 통해 하나님의 심판을 받는다. 그런데 마땅히 다윗이 받아야 할 심판이 다윗의 자녀들에게 주어진다. 사무엘하 12:11-12에서 "보라 내가 너와 네 집에 재앙을 일으키고 내가 네 눈앞에서 네 아내를 빼앗아 네 이웃들에게 주리니 그 사람들이 네 아내들과 더불어 백주에 동침하리라 너는 은밀히 행하였으나 나는 온 이스라엘 앞에서 백주에 이 일을 행하리라 하셨나이다"라고 하셨던 말씀대로 다윗의 이복 자녀들 간에 성폭행과 보복 살인이 일어난다. 암논이 이복 여동생 다말을 강간하고, 압살롬은 이복 형 암몬을 죽인다(삼하 13:14-15, 28-29). 다윗 가정과 자녀들의 비극적인 참사는 암논과 압살롬의 개인적 죄와 욕망의 결과이다. 그러나 동시에 다윗이 밧세바와 간음하고 우리아를 살인했던 죄가 원인이다.

마크 브레틀러(Marc Brettler: 듀크 대학교)와 에이미-질 레빈(Amy-Jill Levine: 밴더빌트 대학교)은 그들의 논문 "Isaiah's Suffering Servant: Before and After Christianity"에서 "이사야 52:13-53:12이 포로를 초래한 큰 죄는 속죄가 필요하며, 다윗과 밧세바의 아들의 죽음이 그들의 간음을 '대리 속죄'(vicariously atones)하는 것처럼(삼하 12:13-14), 모든 사람을 위해 고난을 받는 종이 속죄를 촉진한다는 것을 암시합니다"라고 말한다.[522] 다윗과 밧세바의 첫아들의

---

522 "Isaiah 52:13-53:12 suggests that the great sins that caused the exile require expiation,

죽음을 이사야 53장의 '대리적(대속적) 고난'으로 본 것이다.

그러므로 다윗은 자녀들의 죄로 인한 수치와 고난, 그리고 압살롬 반역의 피해자가 아니라 가해자이다. 이런 배경에서 자녀 세대는 부모의 죄악으로 인한 피해자처럼 보이고, 하나님과 아버지 다윗을 향한 원망과 불평과 피해 의식에 빠질 수 있다. "이르기를 아버지가 신 포도를 먹었으므로 그의 아들의 이가 시다고 함은 어찌 됨이냐"(겔 18:2)라는 속담은 당시 이스라엘 자녀 세대의 원망과 피해 의식을 잘 보여 준다.

사무엘하 21장에서는 이스라엘에 기근이 삼 년간 지속됨으로 인해 다윗이 하나님께 기도한다. 이후 기근의 원인이 사울왕이 기브온과 맺은 언약을 파기하고 기브온 민족 말살 정책을 펼침으로써 많은 사람을 죽였기 때문임을 알게 된다. 이에 기브온 족속은 "우리를 학살하였고 또 우리를 멸하여 이스라엘 영토 내에 머물지 못하게 하려고 모해한 사람의 자손 일곱 사람을 우리에게 내주소서 여호와께서 택하신 사울의 고을 기브아에서 우리가 그들을 여호와 앞에서 목 매어 달겠나이다 하니 왕이 이르되 내가 내주리라 하니라"(삼하 21:5-6)라고 말한다. 결국 사울의 자손 일곱 명이 죽임을 당한다.

그런데 여기서 사무엘하 21장의 기브온 사건에 대한 해석이 난해하다. 어떤 사람은 왕권을 지키려는 다윗이 정적이었던 사울 가문을 견제한 것으

---

and the servant, who suffers for all, facilitates this atonement, just as the death of David and Bathsheba's son vicariously atones for their adultery (2 Sam 12:13-14).": 마크 브레틀러(Marc Brettler) & 에이미-질 레빈(Amy-Jill Levine), *Isaiah's Suffering Servant: Before and After Christianity*, *Interpretation: JBT* (2019), *Vol.* 73(2) 158 −173, 163.

로 보기도 한다. 그러나 내가 보기에는 사울왕의 죄를 사울의 후손들이 '대리적 고난'으로 감당한 것이다. 사무엘하 21:14의 "모두 왕의 명령을 따라 행하니라 그 후에야 하나님이 그 땅을 위한 기도를 들으시니라"라는 말씀은 이러한 나의 해석을 지지하는 것으로 볼 수 있다. 따라서 억울한 죽임을 당한 것처럼 보이는 사울왕의 후손 일곱 명은 피해자가 아니라, 자신의 가문과 이스라엘을 위한 '대리적 고난'을 감당한 순교자이다.

이후 다윗은 사무엘하 24장에서 인구 조사로 범죄한 자신 때문에 이스라엘이 대신 심판받음을 고백하고 회개한다. 더불어 이스라엘을 대신하여 다윗 자신과 집이 심판받을 것을 요청하는 기도를 드린다(삼하 24:17). 그제서야 다윗의 제사를 받으신 하나님이 이스라엘에게 내리던 재앙을 그친다(삼하 24:25). 다윗은 대리적 고난을 깨닫기까지 많은 고난을 겪어야 했다. 그 가운데 압살롬의 죽음으로 인한 다윗의 애통("내 아들 압살롬아 내 아들 내 아들 압살롬아 차라리 내가 너를 '대신하여'(תַּחַת) 죽었더면, 압살롬 내 아들아 내 아들아"(삼하 18:33))을 보면, 압살롬의 죽음이 자신을 '대신한' 죽음이었음을 다윗이 인식했던 것으로 보인다. 믿음의 부모가 자녀들에게 할 수 있는 말은 "미안하다"이다. 자녀들에게 "전부 미안하다"라고 고백할 때 자녀들을 살릴 수 있다는 것을 알아야 한다.

부모의 죄와 악을 감당하는 기도

아난다 가이저-푸셰와 토마스 M. 무넨그와는 대리적 고난은 언약에 대한 개인과 공동체적 이해가 동시에 경험되는 관점에서 접근되어야 한다고 말한다.[523] 따라서 출애굽기 34:6–7에서 언약의 공동체적 차원에 비추어 볼 때, 조상의 죄의 결과는 3대와 4대까지 자녀에게 영향을 끼친다. 아담과 하와의 범죄로 온 인류가 고난을 감당한 것과 마찬가지로 민수기 14:33의 "너희의 자녀들은 너희 반역한 죄를 지고(וְנָשְׂאוּ) 너희의 시체가 광야에서 소멸되기까지 사십 년을 광야에서 방황하는 자가 되리라"에서 하나님은 부모들의 반역한 죄를 자녀들이 '지도록'(נָשָׂא) 하신다. 이것이 죄의 결과이고 현실이다.

출애굽기 20:5, 34:6–7, 민수기 14:18, 신명기 5:9에서는 'נָשָׂא'(nasa)가 아니라 '보응하리라'(출 34:6–7)와 '갚아'(출 20:5; 민 14:18; 신 5:9)로 번역된 히브리어 'פָּקַד'(paqad)를 사용한다(출 34:7은 'וְנַקֵּה פָּקֵד'(처벌하지 않고 내버려두다)가 사용된다). 이것은 세대(아버지의 악행을 자손 삼사 대까지)를 넘어 죄와 심판 관계의 연속성을 보이는 것으로 예레미야 31:29과 에스겔 18:2에서 자녀 세대의 억울함과 불평을 지지하는 것처럼 보인다. 유다 말기 백성들은 에스겔 18장과 예레미야 31:29–30에서 부모의 죄를 자신들이 짊어지는 것은 억울하다고 불평한다.

그러나 이것은 하나님께서 죄의 결과로 주어진 자녀의 고난을 대리적 고통으로 전환하여 주시는 은총이다. 요셉은 이를 악을 선으로 바꾸시는 하나님의 은총이라고 말한다(창 50:20). 요셉 이야기(창 50:15–21)는 한 사람의 고난을 통해 많은 사람이 받은 구원에 관한 이야기다. 요셉의 형들은 요셉에

---

523 Ananda Geyser–Fouché & Thomas M. Munengwa, "The concept of vicarious suffering in the Old Testament," *HTS Teologiese Studies/Theological Studies* 75,4 (2019), 7/10.

게 악의를 품었지만, 하나님은 요셉의 고난을 통해 많은 사람을 기근에서 구해 주셨다. 이처럼 악을 선으로 바꾸시는 은총이 3~4대에 이어지지만, 각 사람은 요셉처럼 각자에게 맡겨진 고난을 감당해야 한다. 그 과정에서 자녀 세대는 "나와 내 아버지의 집이 범죄하여"(느 1:6)라고 느헤미야처럼 공동체의 죄를 담당하는 제사장적 기도를 드릴 수 있어야 한다. 민수기 14:33에서 부모의 반역한 죄를 지는 것은 출애굽기 34:6-7에 따른 하나님의 긍휼이며, '대리적 고난'에 동참하는 상급이다. 이후 이 세대는 부모의 반역한 죄를 지고 광야 40년 이후 가나안에 입성하는 영광을 누린다. 왜냐하면 자신들을 부모의 반역으로 인한 피해자가 아니라 자신(나와 내 아비: 느 1:6)의 죄로 여기며 감당하였기 때문이다.

하나님께서 자녀들을 일차적으로 대리적 고난을 받는 자로 부르시는 이유는 자녀가 또 다른 자아(ego)이며 우상이기 때문이다. 따라서 아무리 자기중심적인 사람이라도 자녀의 고통을 자신의 고통으로 받게 된다. 물론 자녀가 고난을 겪음에도 불구하고 회개는커녕, 오히려 자신을 피해자로 여기는 부모도 많다. 반대로 자신을 부모의 죄로 인한 피해자로 여기며 원망과 피해 의식 속에 갇혀 구원에 이르지 못하는 사람도 많다. 그러므로 이사야 53:4-6의 '대리적 고난'을 이해한다면, 자녀들은 피해자가 아니라 대리적 고난의 특권으로 부르심을 받은 것이다. 반면에 부모들은 자신들의 죄와 불순종으로 자녀들이 부모들을 대신하여 대리적 고난으로 고통받는 것을 깊이 깨닫고, 회개의 열매를 맺어야 한다.

그런데 여기서 중요한 것은 누구보다 가장 먼저 하나님이 백성의 죄를 담당하신다는 것이다. 부모의 죄를 자녀에게만 담당하신 것이 아니라 가장 먼저 하나님께서 담당하셨다. 테렌스 E. 프레타임은 그의 저서『구약에 나타난 하나님의 고통』에서 하나님에게 인간의 죄는 반드시 대가를 지불해야 하는 것이라고 말한다. 그런데 즉각적 심판이 나타나지 않는 이유는 하나님께서 백성의 죄를 엄격하게 법적으로 처리하지 않고 대신 짊어지기로 선택하셨기 때문이다.[524] 따라서 하나님께서 대신 죄를 짊어지시는 고통 없이 이스라엘의 삶은 지속 가능하지 않다.

하나님은 심판을 유보하기 위해 그들의 죄를 짊어짐으로써 고통을 선택한다(사 1:14 "내 마음이 너희의 월삭과 정한 절기를 싫어하나니 그것이 내게 무거운 짐이라 내가 지기에(נִלְאֵיתִי) 곤비하였느니라").[525] 이처럼 하나님은 범죄한 백성을 대신하여 고통을 감당한다. 출애굽기 34:6-7은 하나님이 죄의 짐을 감당하기로 결단하신 하나님의 선언이다. 하나님은 출애굽과 구원의 의지를 성취하기 위해 자신의 고통을 계속 짊어지기로 결심한다. 이 본문에서 말하는 하나님의 보응은 심판이 아니라 '대리적 고난'으로 구원을 성취한다는 것이다. 이것이 34:6-7의 말씀에 감추어진 천국의 비밀이다. 이는 이스라엘뿐만 아니라, 이방을 향해서도 차별이 없다. 요나 4:2의 "주께서는 은혜로우시며 자비로우시며 노하기를 더디하시며 인애가 크시사 뜻을 돌이켜 재앙을 내리지 아니하시는 하나님이신 줄을 내가 알았음이니이다"라는 요나의 불평은 출애굽기 34:6-7을 인용한 것으로 열방을 향한 하나님의 긍휼을 이해하지 못하는 선민 요나의 차별과 시기를 보여 준다.

---

524 프레타임, 『구약에 나타난 하나님의 고통』[eBook], 55-58/73.
525 프레타임, 『구약에 나타난 하나님의 고통』[eBook], 55/73.

(3) 대리적 고난 간증

아래는 우리들교회의 한 집사님의 QT 간증이다.[526] 이 간증을 인용하는 이유는 오직 '대리적 고난'을 설명하기 위함이다.

"십여 년 전, 고등학생이던 큰아이가 교회에서 청소년부 예배를 드리던 중 심장 부정맥으로 쓰러져 뇌세포 대부분이 손상되었습니다. 초등학생 때부터 학급 임원을 도맡아 하고 전교 1등도 하던 모범생에, 교회에서는 중고등부 회장으로 섬기며 전도도 많이 하던 아들이 하루아침에 식물인간이 되어 중환자실에 누워 있다는 현실이 마치 꿈인 듯 느껴졌습니다. 마치 하나님이 나를 미워하셔서, 악으로 갚으시는 것처럼 느껴졌습니다.

저는 20년 넘게 교회를 다녔어도 사건이 해석되지 않아 하나님이 너무도 야속했습니다. 그리고 저는 요셉의 형들처럼 하나님이 '당신의 아버지'가 되어 '나에게 이럴 수는 없다'라며 분노하고 원망만 했습니다.

아들에게 찾아온 사건을 감당하기가 힘들었지만, 병원에서 아들을 간병하며 신앙 서적을 읽고 설교 말씀을 듣다 보니 사건이 조금씩 해석되었습니다. 하나님은 점차 예배를 회복시켜 주셨고, 대기업 부장 시절에 술을 마시고, 2차, 3차에서 행하던 음란한 모습과 숨기고 싶던 이혼녀와의 불륜 사건도 고백하게 하셨습니다. 그리고 IMF 외환 위기 때 동서 부부에게 보증을 섰다가 전 재산이었던 강남의 집을 잃고, 십 년 가까이 왕래가 없던 동서 부부를 병원에서 만나 서로 용서를 구했습니다.

주님은 병상에서 의식 없이 누워 있는 아들로 인해 믿지 않던 가족을 구원

---

526 김양재, 『THINK 양육 말씀대로 살고 누리다』(성남: QTm, 2015), 61-63.

의 길로 인도하셨고, 저와 아내는 아들을 찾아오는 친구들과 가족 병원 사람들에게 복음을 전했습니다. 갇힌 환경이었지만, 이 환경에 잘 갇혀 있다 보니, 하나님께서 선으로 바꿔 주셔서 주위 사람의 생명을 구원하게 하셨습니다.”

이 집사님은 아들의 고난으로 인해 자신의 음란과 죄를 깨닫고 회개에 이르렀다. 더불어 이 가정의 고난으로 인해 친구들과 많은 사람에게 복음을 전할 수 있었다는 고백은 '대리적 고난'의 의미를 정확하게 이해했음을 보여준다. 이런 관점에서 이 가정은 누군가의 구원을 위해 '대리적 고난'을 감당하는 가정으로 부르심을 받은 것이다. 그러나 인과응보나 기복적이고 세속적인 세계관으로 볼 때는 이들의 고난이 심판이나 저주, 또는 수치의 고난으로만 보일 것이다. 아들의 고난으로 자신의 음란과 죄를 깨달은 아버지의 회개가 억지스럽게 연결하는 것으로 보는 관점도 있을 수 있다. 그러나 하나님 안에서 우연은 없다. 무의미한 성도의 고난도 없다. 창조에 우연은 없다. 우연은 진화론적 관점이다. 모든 고난과 고통은 오직 구원을 향한 것이다. 다만 나의 죄와 나의 구원을 위한 것임을 깨닫지 못할 뿐이다. 이사야 53장에서 다수의 '우리'는 회고적으로 고난받는 종의 고난이 '우리'의 죄로 인한 것임을 깨달을 뿐이다.

한 목사의 간증이다. 셋째를 임신했는데, 병원에서 태아의 염색체에 이상 위험이 보인다는 진단을 받았다. 결국 태아는 염색체 이상을 가지고 태어났고 유아세례를 받았다. 유아세례 간증에서 목사님은 염색체 이상을 가진 아이를 주신 하나님께 순종하는 것이 너무나 힘들었다고 고백했다. 그리고 셋째 딸의 고난으로 자신에게 있던 이기심과 기복적 세계관을 깨닫고 하나님께 회개했다. 그의 고백에 따르면 이 목사님의 셋째 딸과 고난은 목사님을 바른 목사로 세우기 위한 하나님의 양육이다. 그러나 이를 위한 고난의 당사자는 목사님 부부가 아니라, 셋째 딸이다. 셋째 딸이 고난의 가장 큰 당사자인 것을 깨달아야 한다. 목사님의 셋째 딸은 목사님을 대신하여 고난받는 자로 택함을 받은 것이다. 이 목사님이 눈물로 회개한 이유는 자신의 악을 보았기 때문일 것이다. 아마도 아이를 낙태하고 싶은 유혹을 받았을 것이다. 그리고 목사로서 영혼을 품는 목사가 자기 자녀조차 포기하는 악을 보면서 자신이 얼마나 물리적이고 화학적으로 죄와 연합한 죄인인지 깨달았을 것이다.

내가 이렇게 담담하고 담대하고 말하는 이유는 나도 이런 악을 직면했기 때문이다. 뇌종양으로 투병하는 전처의 고난이 길어지니, 전처를 버리고 내 살 길을 찾고 싶었다. 대소변을 가리지 못하는 아내의 상한 마음과 고통을 위로하기보다 내 삶과 목회가 더 우선되었다. 이런 나의 악을 직면하면서 절망하고 절규했다. 위에서 간증한 목사님의 경우에 고난의 당사자가 셋째 딸이라면, 내 경우에는 사별한 전처가 고난의 당사자였다. 그녀는 3년이라는 시간 동안 뇌종양으로 대소변을 가리지 못하는 수치와 고통을 겪어야 했다. 왜냐하면 나의 체면과 가면이 무너지고 죄와 악이 드러나기까지 3년이라는 시간이 필요했기 때문이다.

대리적 고난을 예수님에게만 적용하는 현대 교회와 성도들

트렌트 C. 버틀러는 "모세는 백성들의 불평과 반역을 참아냈고, 약속의 땅에 들어가지 못한 채 숨을 거두었다. 예레미야는 바벨론에게 항복하라는 메시지를 전하며 극심한 고난을 받았다. 이스라엘은 앗수르와 바벨론에게 그리고 귀환 후 바사의 지배 아래 고통을 받았다. 비유적으로 말하자면, 모세와 예레미야와 이스라엘은 이스라엘의 남은 자들을 위해 고난을 받고 죽었다고 말할 수 있을 것이다. 그러나 그들 누구도 여호와의 종에 대한 묘사에서처럼 그렇게 자발적이고 의식적으로 그런 일을 감당하지는 않았다. 그들은 모두 여호와의 참된 종이 된다는 것이 뜻하는 바가 무엇인지를 보여 주는 전조가 되었다"라고 말한다.[527] 그는 계속해서 "예수께서는 우리 사회와 세계를 위해 고난의 종이 되는 길을 우리에게 보여 주셨다. 이사야 53장은 우리가 그 길을 따르지 않는다면 마지못해 행하는 이스라엘이 책망받았듯이 우리도 책망받게 될 것을 말하고 있다. 또 한편으로는 우리가 하나님의 백성이라면 예수님께서 보여 주신 대로 될 수 있고, 또 그렇게 되도록 만드는 새로운 초청의 역할도 하게 될 것을 말하고 있다"라고 강조한다.[528]

트렌트 C. 버틀러의 말을 정리하면 그는 고난의 종인 예수님처럼 하나님 백성들이 고난의 종이 되어야 한다고 말한다. 구약의 모세와 예레미야가 여호와의 종의 '전주'(prelude)가 된 것처럼, 신약의 백성들은 고난의 종인 예수님을 반사하고 반향을 일으키는 '후주'(postlude)가 되어야 한다.

현대 교회의 신학적이고 목양적인 문제는 이사야 53장의 '대리적 고난'을 오직 예수님에게만 적용한다는 것이다. 학자들은 이사야 52:13-53:12의 고난받는 종이 누구인가에 대한 질문에 '이스라엘' 민족이나 모세, 다윗 등으로 말한다. 이학재는 신구약의 연속성으로 예수님의 몸된 교회와 성도가

---

527 버틀러, 『Main Idea로 푸는 이사야』, 444.
528 버틀러, 『Main Idea로 푸는 이사야』, 445.

포함된다고 말한다.[529] 그러나 목회 현장에서는 대리적 고난의 사상을 찾아보기 어렵다. 많은 성도의 고난과 고통받고 있음에도 불구하고, 고난을 '대리적 고난'으로 해석하고 이해할 신학과 영적 통찰력을 상실했다. 그저 고난을 인과응보의 세계관으로 해석하거나, 하나님의 훈계와 양육으로만 접근할 뿐이다. 이로써 목회 현장에서의 고난 사상은 입체적이지 못한 평면적 세계관으로 위축되었으며 통찰력을 상실하는 결과로 이어졌다.

내가 가장 많이 정죄하고 멸시하는 사람, 나와 가장 크고 깊은 갈등을 일으키는 사람이 나를 대신해서 대리적 고난을 겪고 있다는 사실을 어떻게 받아들일 수 있을까? 이런 현장을 직면한 사람들이 예수님 당시의 제사장, 사두개인, 바리새인, 열심당과 대다수의 유대 백성이었다. 그들은 촉망받는 가문도 아닌 갈릴리 목수의 아들 예수가 자신들을 대신하여 대리적 고난을 감당한다는 것을 인정할 수 없었다. 왜냐하면 자신들을 의인으로 여겼기 때문이다. 만약 지질하고 무시당할 만한 처지에 있는 사람, 나와 갈등이 있는 사람, 나를 늘 괴롭히는 남편, 아내, 시댁 식구들, 특히 직장 상사가 나를 대신하여 '대리적 고난'을 감당하고 있다면, 당신은 어떻게 할 것인가? 내가 피해자가 아니라 가해자라면 당신은 어떻게 할 것인가? 예수님 당시 바리새인과 서기관은 세리와 창녀를 차별하고 무시했다. 그런데 만약 세리와 창녀들이 자신들을 대신하여 '대리적 고난'을 감당하고 있다고 한다면 바리새인과 서기관은 인정할 수 있을까?

나의 세계관을 흔드는 경험을 한 적이 있다. 나는 전처의 투병과 사별을

---

529   목회와 신학, 「그말씀」(서울: 두란노, 2000년 5월호), 34.

겪으면서 우울감을 느끼고 있었다(당시는 몰랐다). 재혼 후에는 아내와 갈등이 많았다. 그러나 목사의 체면과 수치에 갇혀 도움을 요청하지 못하고, 부부 갈등을 숨긴 채 화목한 가정의 화목한 부부, 남편, 아내처럼 가면을 쓰고 살았다.

그쯤 출석하는 교회의 소그룹 모임에 심한 부부 갈등으로 자주 싸우는 젊은 부부가 있었다. 처음에는 교회 소그룹에서 부부싸움을 하는 그 부부를 정죄하였다. 그러나 이 부부가 소그룹에서 심각하게 싸우는 것을 목격하면서, 부부싸움을 감추고 가면을 쓰고 있는 우리 부부의 현실이 더 비참하게 느껴졌다. 오히려 소그룹에서 신랄하게 다투고서 책망과 공감을 받는 이 부부가 부러웠다. 결국 나는 우리 부부의 갈등과 지질한 나눔을 고백할 용기를 얻었다. 아내는 수치를 당하더라고 공개하고 부부 관계의 회복을 원했지만, 목사인 나는 무임목사임에도 불구하고 수치가 두려워서 감추고 숨었다. 그때까지 아내는 이런 나를 배려하며 고통 속에 침묵하고 있었다. 아내와 이 부부가 수치심에 갇힌 나의 자유를 위해 '대리적 고난'을 감당한 것이다. 이때 이 부부의 도움으로 나는 하나님 백성의 악도 선용하신다는 것을 깨달았다. 선과 악을 도덕적 옳고 그름으로 판단한다는 것이 얼마나 교만한 것인지를 깨달았다.

이후로 나는 "그때 그 젊은 부부가 부부싸움을 싸워 주었기 때문에 내가 체면과 수치를 넘어 고백하고 자유를 얻을 수 있었다"라고 고백한다. 그 부부는 우리 부부의 체면과 수치에서 벗어나도록 돕기 위해 부부싸움이라는 '대리적 고난'을 겪은 것이다. 물론 그 부부의 갈등은 그들의 죄와 악이다. 그럼에도 나에게는 우리 부부를 대신한 '대리적 고난'이라고 고백할 수 있다. 하나님께서 그 젊은 부부의 부부싸움까지도 선용하셨다. 이것이 하나님 백성에게 주어지는 특권이다. 이제 나는 부부싸움을 하는 부부들을 보면, 정죄하고 무시하는 것이 아니라, 아직도 '내가 부부 관계에서 아내와 연합하지 못하고 아내를 사랑하지 못하는 부분이 많은가 보다'라고 생각한다. 하나님 백성의 죄와 악을 볼 때, '정죄'하든지, 아니면 자신의 죄와 악으로 인해 '대리적 고난'으로 볼 것인지는 당신의 선택에 달려 있다.

(4) 요셉의 형들도 대리적 고난을 감당한다

요셉은 자신이 형들에게 존재적 가해자임을 창세기 50장에 이르기까지 깨닫지 못한다. 요셉은 여전히 자신이 피해자였고, 피해자였기에 용서할 권리가 있다고 여겼다(형들도 그렇게 여긴다). 그러나 요셉은 자신의 존재 자체가 형들에게 가해적이었고, 아버지 야곱의 차별과 무시를 만들어 냈으며, 자신이 아버지 야곱처럼 베냐민과 형들을 차별한 것을 깨닫고 눈물을 흘린다.

"요셉이 자기 음식을 그들에게 주되 베냐민에게는 다른 사람보다 다섯 배나 주매 그들이 마시며 요셉과 함께 즐거워하였더라"(창 43:34).

"또 그들에게 다 각기 옷 한 벌씩을 주되 베냐민에게는 은 삼백과 옷 다섯 벌을 주고"(창 45:22).

요셉이 같은 어머니 라헬의 핏줄을 타고난 베냐민을 편애한 것은 위축된 형들에게 큰 두려움을 심어 주었을 것이다. 왜냐하면 그들이 아버지 야곱의 같은 아들이었음에도 불구하고 아들로서 같은 사랑을 받지 못한 원천적 한계성이 이미 드러났기 때문이다. 요셉은 아버지 야곱의 차별과 편애의 구조를 넘지 못했다. 야고보는 차별은 죄를 짓는 것이라고 반복하여 말한다(약 2:4, 9).[530] 그러나 사람들은 차별에 익숙하여 그것이 얼마나 심각한 죄인지 깨닫지 못한다. 결국 형들에게 야곱을 '내 아버지'가 아니라 '당신의 아버지'로 여기도록 만든 것은 요셉 본인이었다(창 5:16-17). 요셉은 형들의 비굴함과 두려움을 직면하고 나서야 비로소 자신의 차별과 편애가 아버지 야곱의 차별과 편애와 다를 바가 없으며 형들을 차별하고 아프게 했다는 사실을 깨닫는다.

창세기는 요셉이 겪은 고난을 두고 형들의 죄로 인함이 아니라, 하나님의 통치로 인한 것이라고 말한다(창 45:5-8 "당신들이 나를 이곳에 팔았다고 해서 근심하지 마소서 한탄하지 마소서 하나님이 생명을 구원하시려고 나를 당신들보다 먼저 보내셨나이다"; 50:20). 요셉의 고난은 아버지 야곱의 차별과 요셉을 향한 형제들의 시기심의 결과였지만, 정작 요셉은 자신의 고난을 '생명을 구원하기 위한' 하나님의 통치로 해석한다. 요셉이 자신의 고난을 하나님의 통치로 보는 이해는 아버지 야곱처럼 자신에게도 차별하고 편애하는 죄를 보았기 때문이다. 김양재는 그의 설교에서 "모두가 피해 의식으로 똘똘 뭉친 피해자로 만나면 해결할 수 없다. 하나님 앞에서 요셉이나 형들이나 똑같은 죄인이지만, 형들은 이제 힘없는 가해자이고, 요셉은 돈과 권세를 가진 강한 피해자이었다. 요셉은 비굴하게 용서를 구하는 형들을 보며 형들 역시 피해자이고, 자신도 베냐민을 편애한 가해자임을 깨닫는다"라고 말한다.[531]

---

530 D. A. 카슨, 『야고보서 (신약의 구약 사용 주석 시리즈)』, 261-262.
531 김양재(2011.07.09.), 창세기 50:15-21, "용서", 우리들교회 주일설교 요약.

요셉은 형들에게 용서한다고 말하지 않고, 하나님께서 하신 일이라고 말한다(창 50:20: "당신들은 나를 해하려 하였으나 하나님은 그것을 선으로 바꾸사"). 요셉은 자신은 형들을 용서할 위치에 있지 아니하며, 용서할 피해자도 아니라고 말하는 것이다. 요셉은 자신이 아버지 야곱처럼 형들과 베냐민을 차별하는 죄를 깨닫기까지, 형들이 자신(요셉) 때문에 자신(요셉)을 대신하여 고난을 겪은 것을 깨달았다.

그러나 요셉이 형제들과 베냐민을 차별하는 악을 깨닫지도 못할 때, 유다는 자신을 차별한 아버지 야곱과 베냐민을 대신하여 고난을 자청한다. 요셉과 형제들 사이에서 양쪽의 차별과 무시를 뛰어넘어 온 가족과 형제들을 사랑하고 베냐민을 대신하는 대리적 고난을 감당함으로써 회복과 화평을 이끈 사람이 유다이다. 유다가 베냐민을 대신하여 희생을 자원하는 것은 이사야 53장의 대리적 고난의 예표가 된다. 오늘날에도 차별과 편애는 존재한다. 교회 공동체 안에도 마찬가지다. 사도행전 6:1에 의하면 예루살렘 교회에 유대인 과부와 헬라파 과부 사이에 차별이 있었다. 고린도 교회는 바울파, 아볼로파, 게바(베드로)파, 그리스도파로 분열되었다(고전1:12). 차별과 편애는 공동체를 무너뜨리는 악이다. 나는 약 9년간 한 교회에서 부목사로 섬겼다. 그 교회에 부목사는 두 명뿐이었는데, 한 사람은 나였고 다른 한 사람은 담임목사님의 아들이었다. 담임목사님은 아들을 많이 배려하는 반면, 나는 차별했다. 나에게 일어난 이러한 차별과 편애는 오늘날 교회 공동체에서도 일어나고 있을 것이다. 우리는 모두 차별당하고 차별한다. 그러므로

---

https://www.woori.cc/board/?page=57&cate=52&skey=&sword=&MenuUid=97&buid=373&_m=V (접속일: 2024.04.02.).

이런 배경에서 차별당하는 형제를 대신하여 고난을 감당하겠다는 유다의 자발적 고난이 얼마나 대단한 결단인지를 알 수 있다.

형제들에게 배신당하고 노예로 팔려 가서 외롭게 종살이하는 고난이 힘 들까? 아니면, 아버지 야곱에게 차별받고 무시받으며 아들이 아닌 종 취급 을 받는 것이 더 힘들까? 조선 시대에 여종에게서 태어난 아들은 아버지가 양반이라고 해도 종이 되었다. 이를 종모법이라고 한다. 더구나 요셉은 총 리로 신분이 상승하여 자신의 고난에 대한 하나님의 보상을 받았다. 반면 요셉의 형제들은 차별과 무시를 받으며, 시기심으로 고통받았다. 그리고 여 전히 동생 요셉의 눈치를 봐야만 하는 형편이다. 무엇보다 그들에겐 어떤 상급도 없다. 그들은 여전히 가해자로 남아 있고, 현재는 약자이기까지 하 다. 따라서 정말 불쌍한 영혼은 요셉의 형제들이다. 그래서 요셉은 창세기 50:17, 20에서 울며 간곡한 말로 형들을 위로한다. 요셉의 위로는 형들의 죄를 자신의 죄로 여기며 자신과 형들의 죄를 감당함으로써 형들의 짐을 가 볍게 한다는 의미이다. 요셉이 죄의 짐을 경감시켜 줌으로써 형들에게 위로 가 되었다.

인간이 죄인이라는 증거는 인생들 모두가 자신을 피해자로 인식한다는 것이다. 그러나 성경적 세계관으로 볼 때 모든 인생은 가해자다. 피해자는 회개할 이유가 없다. 그저 자신이 얼마나 큰 피해와 상처를 입었는지 반복 적으로 소리 높여서 말하면 된다. 그러나 가해자라면 회개해야 할 것도, 그 핑계도 많을 것이다. 그러므로 하나님 나라는 피해자의 나라가 아니라 회개 하는 자의 것이다. 가장 불쌍한 사람은 자신을 피해자로만 여기는 사람이 다. 이런 관점에서 요셉의 형들 역시 시기심과 아버지 야곱의 사랑을 받지 못하고 차별받는 대리적 고난을 감당한 종이다. 하나님은 이것을 인정하셨기 때문에 12지파의 이름으로 남은 것이다. 따라서 요셉과 요셉의 형들은 대리적 고난을 감당한 의인이지만, 동시에 피해자이자 가해자로 해석한다. 피차간에 고난 속에 숨겨진 하나님의 경륜을 이해할 때, 모두가 가해자라고 고백할 때, 형제와 부부, 부모와 자녀의 관계에서 하나님의 화평과 연합, 그리고 용서가 성취된다.

간음과 외도로 이혼하고 재혼한 고난과 사별하고 재혼한 목사의 고난

부목사로 섬기던 중 아내의 뇌종양 투병으로 나는 많은 고난을 겪어야만 했다. 어린 두 아들은 불안과 정서적 어려움을 겪어야 했고, 나는 목회를 내려놓고 아내를 간병해야 했다. 그럼에도 불구하고 결국 아내는 하나님의 부르심을 받았다. 이후 재혼하고 목회를 다시 시작하려 했지만, 현실은 그리 녹록하지 않았다. 목회 경력의 단절로 기회가 막혔고, 개척도 쉽지 않았다. 더욱 힘겨운 것은 재혼 생활도 평안하지 않았다. 그러나 이런 것보다 나를 더 힘들게 한 사실은 주변으로부터 음란과 외도로 이혼하고 재혼한 사람과 같은 취급을 받았다는 사실이다. 물론 나와 함께 비교의 선상에 올랐던 분는 불신자였을 때 외도한 것이었고, 현재는 교회의 장로다. 그럼에도 이혼하고 재혼한 사람과 사별하고 재혼한 내가 동일한 평가를 받는 것이 불편했다. 나는 같은 재혼 생활이라고 해도 달라야 하고, 다르다고 주장했다.

그러나 이사야 53:4-6의 대리적 고난을 연구하면서 이런 나의 생각이 얼마나 교만한 것인지를 깨닫게 되었다. 왜냐하면 하나님 백성의 특권은 예수님의 대리적 고난에 동참하는 것이기 때문이다. 분명히 각 개인의 죄와 악에 따라 보응적 형벌이 있지만, 하나님 백성이 됨과 동시에 고난의 성격은 바뀐다. 이것이 예수님의 대리적 고난과 이신칭의(Justification by faith)의 결과이다. 예수님의 대리적 고난과 이신칭의는 유대인이나 이방인에게 차별이 없으며, 영적 우월성 또한 존재할 곳이 없다. 이는 성도의 고난으로의 부르심에도 차별 없이 동등하다. 따라서 유대인과 이방인의 구원에 차별이 없듯이, 이제 성도에게 고난은 죄에 대한 형벌이 아니라 예수님의 대리적 고난에 동참하는 것이다. 이것이 하나님의 권능이다. 나와 전처가 목사와 사모로서 감당한 뇌종양 투병, 대소변을 가리지 못한 전처의 수치, 어린 두 아들의 상처를 포함하여 사별 후 재혼에 뒤따른 고난이 외도로 재혼하고 겪는 고난과는 달라야 한다고 주장하고, 하나님께서 다르게 대접해 주시기를 간구했지만, 이는 하나님 나라에 대한 무지와 교만일 뿐이다. 왜냐하면 상급은 대리적 고난에 참여하는 것이기 때문이다.

그러므로 종교적, 영적, 실존적 혈통과 우월감이나 인간의 삶에서 주관적이고 도덕적인 옳고 그름으로 피해자 또는 가해자로 나누는 것은 의미가 없다. 이는 창세기 3장에서 선악을 아는 지혜를 탐하는 새로운 선악과에 불과하다. 저마다 자신의 성경 지식과 신학으로 의인과 악인을 분별하고 옳고 그름을 판단하지만, "하나님께 열심이 있으나 올바른 지식을 따른 것이 아니니라"(롬 10:2)라고 고백한 사도 바울처럼 어리석음을 반복할 뿐이다. 과거의 악인과 현재의 의인을 판단하는 것은 무의미하다. 과거의 악인이 하나님 안에서 회개하여 의인이 될 수 있고, 반면 현재의 의인이 타락하여 죄인이 될 수도 있기 때문이다(겔 18:1-32). 그러므로 의인의 고난인지 악인의 고난인지, 보응적 고난인지 대리적 고난인지를 판단하는 것보다 모든 죄와 악으로 발생하는 하나님 백성의 고난을 대리적 고난으로 만들어주시는 하나님의 은총을 간구하는 것이 옳다.

고난과 고난으로 인한 조롱과 비난에도 불구하고 침묵을 지키는 모습(사 53:7)은 이사야서 53장에서 그가 입을 열지 않았다는 반복적인 언급(7절)을 통해 특별히 강조된다. 침묵은 종이 자신에게 닥친 불의와 부당한 고난을 감당하는 모습이다. 시편의 기자들은 억울함과 우울과 분노 속에서 "내 하나님이여 내가 낮에도 부르짖고 밤에도 잠잠하지 아니하오나 응답하지 아니하시나이다"라고 부르짖으며 하나님께 탄원하거나 하나님과 논쟁한다(22:2). 그러나 이사야 53장의 고난받는 종은 털 깎는 자 앞의 어린 양처럼 입을 열지 않는다. 설명이나 변명, 또는 이해시키려고 하는 어떤 노력조차 없다. 이는 고난을 이해의 영역이 아니라 '계시'와 '감추어진 신비'($\mu\nu\sigma\tau\acute{\eta}\rho\iota o\nu$)의 영역으로 보는 것이다.

이는 대리적 고난받는 종이 자신의 죄를 인정하는 태도로 보인다. 대리적 고난을 묵묵히 감당하는 의인은 자신의 죄를 철저하게 직면한 사람이다. 이 사람은 수치스러운 고난을 받는 타인을 판단하고 정죄하지 않는다(사 53:3-4 "우리는 생각하기를 그는 징벌을 받아 하나님께 맞으며 고난을 당한다 하였노라"; 마 7:1-3). 왜냐하면 타인의 고난은 나를 대신한, 나로 인한 대리적 고난일 수 있기 때문이다(사 53:4-5 "그는 실로 우리의 질고를 지고 우리의 슬픔을 당하였거늘"). 그러므로 이사야 53장의 고난받는 종을 이해하고 구원받은 사람은 "내 고난은 대리적 고난이라고 힘주어 말하는 것이 아니라, 저 사람은 나로 인해 고난을 받는다"라고 고백한다. 나는 의로운 반면, 나보다 종교적이지도 않고, 헌신적이지도 않으며, 기도도 안 하는 그 사람이 나로 인해 고통을 받는다는 사실을 인정하는 것은 복음이 아니고서는 사실상 어려운 일이다. 유다가 다말에게 "너는 나보다 옳도다"라고 고백한 것은 "너는 나로 인해 고난을 받았다'"라는 말이다. 현대어로 번역하면 "나 때문에 고생했다 미안하다" 혹은 "내가 죄가 커서 너가 고생한다"라고 할 수 있을 것이다. 왜냐 하면 유다가 다말에게 계대결혼의 의무를 따라 셋째 아들 셀라를 주지 않았기 때문이다(창 38:11). 나는 이런 언어를 헤아림의 언어라고 부른다.

나의 전처는 나의 회개와 구원을 위해 대리적 고난을 감당한다

나는 요양 병원에서 많은 시간을 보냈다. 전처가 뇌종양 투병 중일 때 재활 병원과 요양 병원에서 간병을 해야 했기 때문이다. 재활 병원과 요양 병원에는 치매와 뇌종양과 뇌출혈 등으로 인해 지적, 지체 장애를 앓고 있는 환자들도 있지만 대부분은 연세가 많은 분들이다. 그러나 가끔 젊은 청년들도 있다. 기억나는 한 분은 선교사로 헌신하셨던 분인데, 30대에 뇌출혈로 인한 장애를 얻어 고난을 겪고 있었다. 그분의 고난과 우울로 무기력했던 표정이 지금도 기억이 난다. 참으로 마음이 아프고 안타까웠다.

나는 재활 병원과 요양 병원에서 시간을 보내면서 많은 생각을 했다. '하나님은 왜 이런 분들이 이렇게 고통받도록 하시는 걸까? 환자 당사자나 가족이나 사회적으로 왜 저리도 큰 비용을 치르게 하시는 걸까?' 하는 생각 말이다. 결국 마태복음 25장 최후의 심판에서 지극히 작은 자 한 사람을 귀하게 여기며 일하시는 하나님의 말씀으로 정리할 수밖에 없었다. 당시 지식으로는 그것이 나의 한계였다.

그러나 대리적 고난을 이해하고 난 후에 나의 세계관은 바뀌었다. 그들 중에는 의인의 고난으로 대리적 고난을 겪는 분이 있었다. 하나님 백성이라면 더욱 그렇게 보였다. 나에게는 마무리하지 못한 큰 숙제가 있었다. 그것은 뇌종양으로 고생하다가 소천한 전처의 고난에 대한 이해와 목적을 찾는 것이다. 이것이 사별한 전처에 대한 나의 예우였고, 어린 두 아들에게 보여 줄 복음이라고 여겼기 때문이다.

전처가 겪었던 고난은 대리적 고난이었다. 전처는 나의 회개와 구원을 위해 대소변을 가리지 못하는 수치와 고난을 감당했다. 나에게 전처의 뇌종양 투병과 사별, 무임목사라는 고난이 없었다면, 나는 내 죄가 얼마나 큰지 깨닫지 못하고, 자기의에 갇혀서 남을 정죄하거나 스스로를 자책하며 살았을 것이다. 전처는 수술 후 온몸을 짓누르는 고통을 겪으면서도 원망하거나 불평하는 말이 없었다. 짜증조차 한번 낸 적이 없었다. 마치 털 깎는 자 앞에 잠잠한 어린 양처럼 묵묵히 고난을 감당했다. 남편인 나에게 가장 많이 한 말은 "미안해요"였고, 시어머니인 내 어머니에게도 "어머니 죄송해요!"라고 말할 뿐이었다. 전처는 자신의 고난이 대리적 고난인 것을 이해하고 있었던 것일까?

반면 나와 어린 두 아들은 우리 가정이 겪은 고난이 힘겨웠다. 두 아들은 수치심에서 벗어나지 못하고 있었고, 나는 원통함과 생색과 냉소, 그리고 시기심에 힘겨운 하루하루를 보내야 했다. 나는 사별과 무임목사라는 고난을 통해 죄인인 나의 자기의와 교만과 시기를 직면하고 있었다. 고난의 훈계와 양육적 이해를 살아가고 있었다.

그러나 이제 나는 두 아들에게 해 줄 말을 찾았다. "너희 어머니는 대리적 고난을 감당한 의인이며, 우리 가정은 하나님 나라의 유익과 많은 생명의 구원을 위해 대리적 고난을 겪고 있는 가정이다"라고 말이다. 이 말을 할 수 있게 되면서 내가 얼마나 큰 자유를 누리게 되었는지 전하고 싶다. 고난에 갇히고 눌려서 도무지 한 발짝도 성숙으로 나아가지 못하던 나를 볼 때, 고난의 두 번째 이해인 훈계와 양육은 너무나 잔인하게 느껴졌었다. 그러나 고난의 세 번째 이해인 대리적 고난의 세계관은 나를 자유하게 했다. 이제 억울함과 원통함이 아니라, '털 깎는 자 앞에서 잠잠한 양 같이' 나에게 맡겨진 고난을 감당할 힘을 얻었다!

하나님 백성은 과거 불신과 악으로 지은 죄도 '대리적 고난'으로 만들어주신다

하나님의 구원은 죄와 악에서의 구원뿐만 아니라, 죄와 악을 다스리는 하나님의 대리자로서의 회복을 포함한다. 따라서 예수님의 대리적 고난의 사역은 인간에게 확대되고 적용되어야 한다. 구원은 범죄한 인간과 심판으로 인한 고난을 타인(원수)의 구원을 위한 대리적 고난으로 승화시킴으로써 완성된다.

마태복음 5:4에서 애통의 모든 원인인 고난은 인과응보적 관점에서 나의 죄의 결과로 주어진 심판적 고난이다. 그러나 하나님은 백성의 악조차도 선용하시는 그의 권능으로 악을 선으로 바꾸어 주신다(창 45:5-8; 50:20: "당신들은 나를 해하려 하였으나 하나님은 그것을 선으로 바꾸사"; 롬 8:28: "우리가 알거니와 하나님을 사랑하는 자 곧 그의 뜻대로 부르심을 입은 자들에게는 모든 것이 합력하여 선을 이루느니라"). C.S. 루이스는 복음을 오해하는 자들에게 "천국이란, 일단 손에 쥐게 되면 과거로까지 거슬러 올라가 그 참담했던 고통조차도 영광으로 바꾸어 버릴 것이라는 사실을 모르고 하는 소리다"라고 말한다.[532] 따라서 나의 개인적이고 보응적인 형벌로 인한 애통을 하나님의 고통

---

532 C.S. Lewis, *The Great Divorce*, *Macmillan*, 1946, 64.

에 참여하는 애가로 만들어주심은 은총이다. 이는 과거와 현재와 미래를 초월하는 하나님의 시간 개념이다.

(5) 모세가 가나안에 들어가지 못한 이유 ②

모세가 가나안에 들어가지 못한 것은 수치가 아니라 특권이었다. 대개 모세가 요단강을 건너 가나안 땅에 들어가지 못한 이유는 가데스의 므리바에서 하나님의 거룩을 나타내지 못한 불순종과 죄에 대한 보응적 심판으로 여겨진다(민 20:12; 27:12-14).

> "여호와께서 모세와 아론에게 이르시되 너희가 나를 믿지 아니하고 이스라엘 자손의 목전에서 내 거룩함을 나타내지 아니한 고로 너희는 이 회중을 내가 그들에게 준 땅으로 인도하여 들이지 못하리라"(민 20:12)

> "여호와께서 모세에게 이르시되 너는 이 아바림 산에 올라가서 내가 이스라엘 자손에게 준 땅을 바라보라 본 후에는 네 형 아론이 돌아간 것 같이 너도 조상에게로 돌아가리니 이는 신 광야에서 회중이 분쟁할 때에 너희가 내 명령을 거역하고 그 물 가에서 내 거룩함을 그들의 목전에 나타내지 아니하였음이니라 이 물은 신 광야 가데스의 므리바 물이니라"(민 27:12-14)

그러나 신명기는 다른 관점을 말한다.

> "여호와께서 너희 때문에 내게도 진노하사 너도 그리로 들어가지 못하리라"(1:37)

"너희 때문에 내게 진노하사"(3:26)

"여호와께서 너희로 말미암아 내게 진노하사 내게 진노하사 내게 요단을 건 너지 못하며 네 하나님 여호와께서 네게 기업으로 주신 그 아름다운 땅에 들 어가지 못하게 하리라고 맹세하셨은즉"(4:21)

즉, 모세가 가나안에 들어가지 못한 것은 이스라엘 백성의 죄를 대신 담 당했기 때문이라는 것이다. 그렇다면 민수기와 신명기의 다른 해석에 대해 서 우리는 어떻게 결론을 맺어야 하는가?

신명기 3:26의 "여호와께서 너희 때문에 내게 진노하사 내 말을 듣지 아 니하시고 내게 이르시기를 그만해도 족하니(רַב־לָךְ, LXX: Ἱκανούσθω σοι) 이 일 로 다시 내게 말하지 말라"라는 말씀은 모세에게 더 이상의 요구를 금지하 는 것이다. 그러나 랍비 주석은 이 말씀이 하나님의 신적 인도와 관련이 있 고, 모세가 만족해야 할 신적 은혜와 미래의 종말론적 선물과 관련되어 있 다고 말한다.[533] 또한 사도행전에서 모세에 대한 스데반의 해석을 보면, 하 나님은 모세를 "속량하는 자"(λυτρωτὴν)로 보내셨다고 말한다(행 7:35). 스데 반이 모세를 "속량하는 자"로 소개하는 관점을 따른다면, 모세가 가나안에 들어가지 못한 이유는 보응적 심판을 받은 것이 아니라, 이스라엘을 대신한 '대리적 고난'을 받은 것이다. 따라서 모세가 공동체에서의 추방과 가나안에 들어가지 못한 것은 수치가 아니라 특권이다. 그럼에도 모세는 지난 이천 년 동안 교회에서조차 므리바 사건으로 정죄받았고, 공동체에서 추방되어

---

533 Kittel, G. "ἀρκέω, ἀρκετός, αὐτάρκεια, αὐτάρκης", *TDNT. Vol.* 1, 465–466.

가나안에 들어가지 못한 것으로 해석됨으로써 수치를 감당해야 했다. 이사야 53:9에서 고난받는 종이 죽은 후에도 부당한 대우를 받는 것처럼 모세는 죽은 후에도 부당한 대우를 받고 있다.

하나님의 거절은 수치가 아니라 특권(대리적 고난)이다

성경에서 하나님에게 세 번의 간구와 거절의 패턴은 모세의 가나안 입성과 예수님의 십자가, 그리고 사도 바울의 육체의 가시에서 반복된다. 이 세 번의 간절한 기도는 모두 거절되었다. 거절당한 모세는 광야에서 수치스러운 죽음을, 거절당한 예수님은 십자가의 수치와 죽음을, 그리고 거절당한 사도 바울은 육체의 가시로 질병의 고통과 더불어 사도직을 수행하는 데 심각한 위협을 받는다. 사도 바울이 떠나기를 간구한 육체의 가시는 '간질'로 전해지기 때문이다.

바울은 "내 은혜가 네게 족하도다(ἀρκεῖ) 이는 내 능력이 약한 데서 온전하여짐이라"(고전 12:9)라는 하나님의 거절과 응답에서, 모세에게 응답하신 "그만해도 족하니 이 일로 다시 내게 말하지 말라"(신 3:26)을 인용하고 암시한 것이다. 그리고 겟세마네에서 세 번 간구하신 예수님의 기도와 십자가의 대리적 고난과 부활을 묵상했을 것이다. 예수님의 대리적 고난에 대한 이해를 기준으로 모세와 바울 자신을 거절하신 하나님의 말씀과 뜻을 해석하고, 자신의 거절과 육체의 가시를 대리적 고난으로 적용한 것이다.

> 신 3:26 "여호와께서 너희 때문에 내게 진노하사 내 말을 듣지 아니하시고 내게 이르시기를 그만해도 족하니 이 일로 다시 내게 말하지 말라"(신 1:37: "여

호와께서 너희 때문에 내게도 진노하사 너도 그리로 들어가지 못하리라”;
신3:26: “너희 때문에 내게 진노하사”; 신 4:21: “여호와께서 너희로 말미
암아 내게 진노하사 내게 진노하사 내게 요단을 건너지 못하며 네 하나님
여호와께서 네게 기업으로 주신 그 아름다운 땅에 들어가지 못하게 하리
라고 맹세하셨은즉”)

마 26:39-44 “조금 나아가사 얼굴을 땅에 대시고 엎드려 기도하여 이르시되 내 아
버지여 만일 할 만하시거든 이 잔을 내게서 지나가게 하옵소서 그러
나 나의 원대로 마시옵고 아버지의 원대로 하옵소서 하시고… 다시
두 번째 나아가 기도하여 이르시되 내 아버지여 만일 내가 마시지 않
고는 이 잔이 내게서 지나갈 수 없거든 아버지의 원대로 되기를 원하
나이다… 세 번째 같은 말씀으로 기도하신 후”

고후 12:8 “이것이 내게서 떠나가게 하기 위하여 내가 세 번 주께 간구하였더니”

이러한 배경에서 바울은 자신의 고난 목록을 나열하면서 자신의 고난을
이전에 자신이 박해자로 지은 죄와 그로 인한 심판과 형벌이라고 말하지 않
는다. 심지어 바울은 자신을 “죄인 중에 내가 괴수니라”(딤전 1:15)라고 고백
하면서도, 내가 마땅히 심판으로 고난을 받아야 한다고 말하지 않는다. 오
히려 그는 담대하게 ‘너희를 위한’ 고난이라고 말한다(엡 3:13; 골 1:24). 이는
바울이 고난을 인과응보적 관점이 아니라, 예수 그리스도가 보인 ‘대리적 고
난’의 세계관을 자기 자신에게도 당당히 적용한 것이다. “비방자요 박해자
요 폭행자”(딤전 1:13)였던 바울의 고난이 과거의 죄에 대한 심판적 고난이
아니라면, 신약을 살아가는 하나님 백성의 고난도 죄와 불순종으로 인한 심
판적 고난이 아닌 ‘대리적 고난’으로 여겨 주심을 담대히 믿어야 할 것이다.
팀 켈러는 “악과 고통은 너무나도 철저히 정복당하므로 이전에 일어났던
일은 단지 우리 미래의 삶과 즐거움을 무한히 크게 만드는 역할을 할 것이

다"라고 말한다.[534] 따라서 대리적 고난을 감당하는 각 성도는 죄와 악과 고난에 대해 철저하게 승리하게 되는 것이다.

　나는 사별과 재혼의 고난을 겪었다. 그러나 나를 불편하게 한 것은 외도와 음란으로 이혼하고 재혼한 이들과 같은 취급을 받는 것이었다. 그래서 애써 나는 사별하고 난 후 재혼한 것이라고 사람들에게 밝혔다. 결혼 생활과 부부의 정조를 지켰던 내가 음란과 외도로 재혼한 이들과 동급으로 취급받는 것이 싫었다. 그러나 그보다 더 힘들었던 것은 그들은 음란과 외도에도 불구하고 경제적으로 불편한 점이 없는데, 나는 무임목사가 되어 할 수 있는 것도 없고 경제적으로 너무 힘이 들었다. 불신과 음란과 외도와 같은 죄와 불순종으로 인과응보적 고난을 받는 이들을 보면, 그들의 고난과 나의 고난이 겉으로 보기에는 비슷해 보일지 모르지만, 전혀 다른 성격인 것을 강조하고 증명하고 싶었다. 이것이 나의 신학적이자 목양적인 고민이었다. 불신자의 죄로 인한 심판적 고난과, 부족하지만 믿음 안에서 살아가는 성도의 고난을 같은 성격으로 여길 수 있는가? 하는 점 말이다. 그러나 '대리적 고난'을 공부하면서 이같은 나의 생각이 얼마나 교만하고 어리석은 세계관인지 깨닫게 되었다. 사도 바울처럼 과거에 비방자이자 박해자이자 핍박자였다고 할지라도, 회개하고 구원받은 후 하나님은 모든 인과응보적 심판과 고난을 타인(원수)과 공동체의 유익과 구원을 위한 대리적 고난으로 만들어 주셨기 때문이다. 이렇게 마지막으로 정복되고 다스려져야 했던 나의 교만은 나의 내면에 숨어서 뱀처럼 똬리를 틀고 있던 죄와 악이었다.

534　팀 켈러, 권기대 역, 『살아 있는 신』, 71.

하나님은 악인의 악을 서로에게 돌아가는 심판의 도구로 사용하신다. 그러나 하나님 백성의 악은 선용하신다. 하나님 백성은 악도 선용하여 하나님의 뜻을 이루는 데 사용해 주신다. 따라서 인간이 선과 악을 판단하는 '선악을 아는 지혜'는 의미가 없다(창 3:5). 인간이 보기에 좋은 것이 아니라, 하나님이 보시기에 좋은 것이 '선(טוב)'이다(창 1:10, 18, 25, 31).

이사야 53:4-6에서 화자인 '우리'는 회고적 고백을 한다. 고난받는 종이 겪은 고통이 '우리'(자신)의 고통을 대신한 것임을 과거에는(그때는) 깨닫지 못하였으나 현재(지금)는 깨달았다. 그들(우리)은 일어난 일을 뒤돌아보고 이제야 비로소 깨닫게 된 것이다. 따라서 이 고백은 회고적이다. 지금은 이해하지 못하나, 후에 고난받는 종의 고통이 나를 대신한 것임을 깨닫게 된다. 과거에는 깨닫지 못했으나, 회개와 구원 이후에는 깨닫게 된다. 그러므로 회개는 이전에 내가 판단하고 정죄하고 멸시한 사람들 모두가 나를 대신하여 고난과 고통을 당한 것임을 깨닫는 슬픔이자 애통이다. 동시에 나를 대신하여 고난받은 이들처럼 '대리적 고난'으로 부르심에 대한 감격과 희락의 눈물이다.

밭에 감추인 보화 고난

"천국은 마치 밭에 감추인 보화와 같으니 사람이 이를 발견한(εύρών) 후 숨겨 두고 기뻐하며 돌아가서 자기의 소유를 다 팔아 그 밭을(ἀγρόν) 사느니라"(마 13:44)

דוֹמָה מַלְכוּת הַשָּׁמַיִם לְאוֹצָר טָמוּן בַּשָּׂדֶה, וְהִנֵּה מְצָאוֹ אִישׁ. הוּא טוֹמֵן אוֹתוֹ שׁוּב

וּבְשִׂמְחָתוֹ הוּא הוֹלֵךְ וּמוֹכֵר אֶת כָּל אֲשֶׁר לוֹ וְקוֹנֶה אֶת הַשָּׂדֶה הַהוּא [1]

(마 13:44)

이 비유의 요점은 하나님 나라의 현재성과 절대적 가치를 발견한 사람의 반응이다. 첫째, 제자가 천국을 발견해서 기뻐하였다는 것이다. 둘째, 하나님 나라는 우리가 추구하고 소유하는 어떤 가치보다 절대적이라는 사실이다. 이는 희생하는 것이 아니라, 훨씬 더 큰 기쁨을 얻기 위해 자신의 소유를 매매하는 것이다.[2] 셋째, 하나님 나라는 현재는 감추어져 있기에 지속해서 찾을 것을 촉구한다. 반면에 감추어진 보화는 사람들이 찾아줄 것을 기

---

1   ha-Berit ha-ḥadashah, *Israel: The Bible Society in Israel*, 마 13:44.

2   프랑스, 『틴데일 신약 주석: 마태복음』, 380.

다리고 있다.[3] 그러므로 정리하면 하나님 나라는 예수의 사역을 통해 현재 임해 있으며, 어떤 비용을 치르더라도 보화를 얻는 기쁨을 누려야 한다. 그러나 어떤 사람은 이것을 자신의 모든 소유를 희생해서라도 얻어야 할 가치로 여기지만, 어떤 사람은 하나님 나라가 오기는 했는지, 그 가치가 어느 정도인지조차도 깨닫지 못한다.

'감추인'(κεκρυμμένῳ; 마 13:44)의 사전적 의미는 '감추다', '숨기다', '자신을 포함한 어떤 것을 발견되지 않도록 숨기다'이다.[4] 마태복음에서 'κρύπτω' (krypto)는 하나님 나라와 연관하여 4번 사용되었다(마 5:14; 11:25; 13:35, 44). 일반적인 κρύπτω의 의미는 '무언가를 숨기다', '비밀로 유지하다'이다.[5] 'κρύπτειν'는 위탁된 비밀을 유지하는 데 사용되며, '무언가를 간과하다', '내버려두다', '용서하다'를 의미한다.[6]

가장 중요한 의미는 'κρύπτω'가 창조자와 피조물 사이의 본질적인 구별을 나타내는 의미로 사용된다는 것이다.[7] 첫째, 구약은 하나님의 편재성과 전지하심을 강조한다. 이때, 'κρύπτω'는 하나님께는 아무것도 '숨겨져' 있지 않다는 것을 강조할 때 사용한다.[8] 둘째, 죄인인 인간은 하나님으로부터 도망

---

3   강대훈, 『마태복음 주석 1권』, 872.

4   Oepke, A. & Meyer, R. "κρύπτω, ἀποκρύπτω, κρυπτός, κρυφαῖος, κρυφῇ, κρύπτη, ἀπόκρυφος", TDNT. Vol. 3, 958.

5   TDNT. Vol. 3, 959.

6   TDNT. Vol. 3, 959.

7   TDNT. Vol. 3, 967.

8   TDNT. Vol. 3, 967.

치려고 한다.[9] 죄인인 자신을 깨달은 아담은 하나님을 피하여 숨는다(창 3:8, 10).[10] 이때 사용된 헬라어가 'κρύπτω'이다.

성경에서 'κρύπτω'의 반대 개념은 '계시'(revelation)이다. 진리는 일차적이고 본질적으로 감추어져(κρύπτω) 있다. 따라서 진리는 '계시'를 통해서만 접근할 수 있다. 하나님은 자신을 원하는 자들에게 '계시'하시기 때문이다. 알브레히트 엡케(Albrecht Oepke)와 마이어(Meyer, R)는 'κρύπτω'의 연구 범위를 위경과 정경과 정경의 과정까지 확장한다.[11] 'κρύπτω'가 말씀과 계시의 영역에서 신학적인 의미가 있기 때문이다. 따라서 'κρύπτω'는 '감추어진 하나님 말씀'이라는 의미와 '동시에 감추어진 비밀이 드러남'이라는 의미로도 사용된다. 하나님은 아브라함에게 자신의 계획을 숨기지 않으셨다(창 18:17). 하나님은 이스라엘의 지도자들, 특히 선지자들에게 '감추인' 말씀을 드러내셨다.[12] 반면에 하나님은 자신의 계시를 계속 통제하신다.[13] 하나님은 자신을 감추기도 하신다. 의인도 숨어 계시는 하나님의 고통스러운 침묵을 경험한다(사 45:15). 감추어진 말씀에 대한 지식은 역사적으로 그리스도 안에서 성취된 구원 계획에 달려 있다.[14] 하나님은 감추어진 것을 그가 원하는 자들에게 드러내신다(마 3:11).[15] 성도들의 특권은 감추어진 종말론적 구원의 축복

---

9   TDNT. Vol. 3, 968.

10   TDNT. Vol. 3, 968.

11   Oepke, A. & Meyer, R. (1964–) "κρύπτω, ἀποκρύπτω, κρυπτός, κρυφαῖος, κρυφῇ, κρύπτη, ἀπόκρυφος", TDNT. Vol. 3, 977–1000.

12   TDNT. Vol. 3, 969.

13   TDNT. Vol. 3, 969.

14   TDNT. Vol. 3, 976.

15   TDNT. Vol. 3, 977.

이 계시를 통해 접근 가능하게 되었다는 사실이다. 대대에 감추어졌던 비밀이 이제 성도들에게 나타났으니(골 1:26; 엡. 3:9), 그리스도 안에는 지혜와 지식의 모든 감추인 보화가 있다(골 2:3).[16] 그렇기 때문에, 감추어진 비밀인 하나님의 말씀은 최고의 보물이다. 감추어진 비밀을 깨달은 사람은 이 보물을 자신의 소유로 만들어야 한다(마 13:44).[17] 그는 심지어 모든 재산을 팔아서라도 자신의 소유로 삼아야 한다(마 13:44).[18]

'κρύπτω'의 LXX 병행 히브리어는 'חָבָא'(chābhā)이다. 구약에서 'חָבָא'는 광범위한 신학적 용법을 보여 준다. 'חָבָא'는 재앙을 예언하는 심판의 용어이자, 하나님의 구원 행위를 선포하는 개념으로 사용된다.[19] 창세기 3장의 아담은 범죄 후 하나님으로부터 숨는다(창 3:8, 10). 이때 'חָבָא'는 '숨는다'라는 의미로 사용되었고(창 3:8, 10),[20] 하나님을 피해 숨고 변명하는 것은 타락한 인간의 존재적이고 원초적인 상태를 보인다.

1) 마태복음 13장 비유에서 '밭'(ἀγρός)은 무엇이고, '감추인 보화'

첫째, 마태복음 13장의 문맥에서 살펴보면, '감추인 보화'가 '말씀'인 것을 발견하기는 어렵지 않다. 13:44은 13:35과 병행을 이루고, 이 구조에서 보화는 "창세부터 감추인 것들"을 말씀한다.

---

16 *TDNT. Vol.* 3, 976.

17 *TDNT. Vol.* 3, 970.

18 *TDNT. Vol.* 3, 974.

19 *TDOT. Vol.* 4, 170–171.

20 *TDOT. Vol.* 4, 170.

> "천국은 마치 밭에 감추인 보화(θησαυρῷ κεκρυμμένῳ ἐν τῷ ἀγρῷ)와 같으니 사람이 이를 발견한 후 숨겨 두고 기뻐하며 돌아가서 자기의 소유를 다 팔아 그 밭을 사느니라 (마 13:44)"

> "이는 선지자를 통하여 말씀하신 바 내가 입을 열어 비유로 말하고 창세부터 감추인 것들을(κεκρυμμένα ἀπὸ καταβολῆς) 드러내리라 함을 이루려 하심이라 (마 13:35)"

즉, 감추인 보화는 창세부터 선지자를 통하여 말씀하신 것이다. 또한 마태복음 13:11과 비교하면, 감추어진 비밀은 "천국의 비밀을 아는 것"이다. 이 부분에서 중요한 것은 '감추어진 천국의 비밀'과 '예수'의 관계성이다. 강대훈은 그의 책에서 말씀에 대한 올바른 이해는 누군가의 해석이 아니라, 예수님의 해석을 받아들이는 것이라고 말한다.[21]

그러므로 비유를 통한 계시에 귀를 기울여 예수의 해석을 듣지 않으면 하나님 나라의 비밀은 여전히 비밀로 남겨질 수밖에 없다. 특히 예수님의 비유를 귀 기울여 듣고자 하는 자에게는 비유에 감춰진 천국의 비밀이 이해될 수 있다. 그러므로 비유는 심판의 기능을 가진다. 루즈는 그의 주석에서 "비유가 그 자체로 심판은 아니지만, 심판을 받을 사람과 그렇지 않을 사람을 구분시키는 경계선의 역할을 한다"라고 말한다.[22]

둘째, 밭(ἀγρός)은 무엇인가? 밭에 대한 원어를 살펴보면, 헬라어로는 'ἀγρός'이고, 그 사전적 의미는 '목초지', '면적', '토지', '풍경', '영토', '들판'이

---

21 강대훈, 『마태복음 주석 1권』, 863.

22 Luz, U., *Matthew: a commentary. HERM*, 246.

다.[23] 병행 히브리어는 'שָׂדֶה'(śāde)인데, 이 단어는 구약에서 다양하게 사용되었다. 'שָׂדֶה'에는 '하나님이 일하시는 현장'이라는 의미가 있다.[24] 'שָׂדֶה'는 고대 이스라엘의 세계를 이해하는 포괄적 개념을 담고 있다. 구약에서는 인간에게 식량을 제공하고, 위험으로부터 피난처가 되어 주고, 귀중품을 숨길 수 있는 은신처나 우상 숭배를 위한 음침한 환경이나 피비린내 나는 전쟁을 위한 전장, 또는 범죄 행위의 장소이자 궁극적으로는 고인이 조상과 재회하는 안식처의 의미로 사용된다.[25] 선지자 에스겔은 '밭'을 하나님의 개입과 심판의 장소로 본다.[26] 이처럼 'שָׂדֶה'의 다양하고 황량한 들판의 이미지는 인생의 모든 사건이 발생하는 현장인 동시에, 하나님께서 역사하시는 현장이다. 정리하면 'שָׂדֶה'는 하나님이 일하시는 '삶의 현장'이요 사람의 '인생' 혹은 '삶'이다.[27]

예수님이 복음서에서 사용하신 비유들은 친유대적이었을 것이다. 예수님이 말씀하신 마태복음 13:44의 "밭에 감추인 보화"는 잠언 2:4의 "감추어진 보배"(וְכַמַּטְמוֹנִים)를 인용한 것으로 보인다. 따라서 "밭에 감추인 보화"는 유대인들에게 익숙한 관용어구였을 것이다. 마치 한국인이라면 이순신 장군이 "신에게 아직 열두 척 배가 남아 있사오니"라고 하신 말씀이 생각나는 것처럼, "밭에 감추인 보화"는 유대 민족에게 익숙한 이미지였을 것이다. 유대인이라면 이 비유가 보아스와 룻의 계대결혼, 즉 룻기가 배경인 것

---

23 *The Lexham Analytical Lexicon of the Septuagint* (Bellingham, WA: Lexham Press 2012).

24 Wallis, G., "שָׂדֶה", *TDOT*. 14권, 44.

25 Wallis, G., "שָׂדֶה", *TDOT*. 14권, 45.

26 Wallis, G., "שָׂדֶה", *TDOT*. 14권, 44.

27 Wallis, G., "שָׂדֶה", *TDOT*. 14권, 44-45.

을 누구나 알 수 있는 것이다. 대부분 주석에서는 "밭에 감추인 보화"의 배경을 당시 많은 전쟁에서 재화를 감추기 위해 땅에 묻어 두었던 것에서 찾는다.

그러나 내가 볼 때, "밭에 감추인 보화" 비유의 배경은 룻기이다. 이를 지지하듯이 '밭'을 의미하는 히브리어 'שָׂדֶה'는 룻기에서 많이 쓰였다(1:6; 2:2, 3, 6, 8, 9, 17, 22,; 4:3, 5). 엘리멜렉의 '소유지'를 직역하면 "밭의 한 부분"(חֶלְקַת הַשָּׂדֶה; 헬카트 핫사데)이다(4:4). 보아스는 룻에게 엘리멜렉의 소유지(חֶלְקַת הַשָּׂדֶה; 헬카트 핫사데)를 산다. 보아스가 산 것은 엘리멜렉의 소유지이다(4:3-10). 그러나 보아스보다 기업 무름의 우선권이 있는 아무개는 사지 않는다(4:6). 왜냐하면 기업 무를 자의 표현에 의하면 엘리멜렉의 소유지를 사는 것은 손해 되는 일이기 때문이다(4:6).

반면, 보아스는 기쁨으로 'שָׂדֶה'(밭)을 산다. 왜냐하면 보아스는 'שָׂדֶה'에 감추어진 보화를 발견한 사람이기 때문이다. 보아스가 발견한 보화는 '룻이 베푼 인애'이다(룻 3:10). 따라서 보아스가 매수한 것은 '룻이 베푼 인애'가 된다. "인애"는 하나님의 하나님이심을 나타내는 속성이다. '인애'를 매수한 보아스는 다윗의 증조할아버지가 되며, 그보다 중요한 것은 보아스의 이름이 그리스도의 계보를 이어가는 족보에 올라간다(룻 4:21, 22; 마 1:5). 보아스는 'שָׂדֶה'에 감추어진 '천국의 비밀'인 룻의 고난 속에 감추어진 "인애"를 볼 수 있는 영적 혜안이 있었다.

룻기에서 'שָׂדֶה'는 물리적 공간이기도 하지만, 구속사적으로는 구원과 회복의 성취가 나타나는 기업 무름의 현장이다. 보아스는 밭에 감추인 보화를 발견한 사람이고, 아무개는 감추어진 보화를 보지 못했기 때문에 그 가치를 알아보지 못하고 손해라는 생각에 사지 않는다. 이는 유대 공동체에서 '신발 벗김을 받은 자'라고 불리는 수치스러운 행동이다. 언약 공동체에서 형제의 의무인 하나님의 '의'(צְדָקָה)를 행하지 않았기 때문이다. 그래서 룻기에 그의 이름은 "아무개"로 기록되었다. 현재도 밭에 감추어진 보화를 사지 않는 사람은 수치스러운 일을 행한 것이며 수치를 당할 것이다. 왜냐하면 하나님 나라에서도 아무개처럼 이름이 기록되지 않을 것이기 때문이다.

아브라함은 사라의 죽음으로 마므레 앞 막벨라에 있는 에브론의 밭(שָׂדֶה)과 그 주위에 둘린 모든 나무를 산다(창 23:17-20). 이방인에게 땅을 팔지 않는 고대 근동의 법으로 땅을 살 수 없었던 아브라함은 아내 사라의 죽음을 땅을 매매할 명분으로 활용하였다. 이는 하나님의 언약을 믿은 아브라함이 합법적으로 아브라함이 가나안 땅을 소유한 첫 열매인 동시에 근거가 되었다. 예레미야 선지자도 'שָׂדֶה'과 깊은 연관이 있다. 선지자 예레미야는 아나돗에 있는 밭을 산다. 하나님은 심판으로 멸망할 유다 왕국이 다시 회복될 언약의 증거로 예레미야에게 아나돗에 있는 밭을 사라고 하신다(렘 32:7-15). 중요한 요점은 예레미야가 밭을 산 근거가 기업 무름을 의미한다는 것이다. 조카 하나멜의 땅을 보아스처럼 회복시켜 준 것이다. 따라서 아브라함과 예레미야가 매수한 것은 밭(שָׂדֶה)이 아니라 하나님의 언약이다(창 12:1-3; 23:17-20; 렘 32:15).

(1) 마태복음에서 שָׂדֶה(밭)

마태복음에서 'שָׂדֶה'는 마태복음 13장에서 사용된다(13:24, 27, 31, 36, 38,

44). 나는 씨 뿌리는 비유(13:3-9, 18-23)와 밭은 세상이요(13:38-43), 이 두 부분으로 나누어 'שָׂדֶה'의 의미를 살펴보려고 한다.

첫 번째, 씨 뿌리는 비유에서 '밭'(ἀγρός; שָׂדֶה)은 사람의 마음이다. 왜냐하면 예수님은 제자들에게 씨 뿌리는 비유를 설명하면서 "그 마음에 뿌려진" (τὸ ἐσπαρμένον ἐν τῇ καρδίᾳ αὐτοῦ; 마 13:19)이라고 말씀하시기 때문이다. 씨 뿌리는 비유에서(13:3-9, 19-24), 제목은 씨 뿌리는 비유이지만 비유의 초점은 씨가 뿌려진 토양에 있다.[28] 그러나 씨 뿌리는 비유에서 밭을 의미하는 단어는 발견되지 않는다. 농사에는 여러 조건이 필요하지만, 이 비유에서는 밭의 토양만 언급한다. 예수님은 밭을 길 가(παρὰ τὴν ὁδόν)과 돌밭(ἐπὶ τὰ πετρώδη)과 가시떨기(τὰς ἀκάνθας), 그리고 좋은 땅(ἐπὶ τὴν γῆν τὴν καλὴν), 이렇게 네 종류로 구분한다(13:1-9, 18-30). 강대훈은 이것을 두고 네 종류의 밭이 아니라 네 종류의 토질을 가진 하나의 밭으로 본다.[29]

두 번째, 밭(ἀγρός; שָׂדֶה)은 하나님과 원수가 일하는 공간이다. 예수님은 가라지 비유에서 가라지를 뿌린 원수는 마귀라고 말씀하신다(13:39). 이 말씀에 따르면 밭은 하나님과 마귀와 천사가 일하는 공간이다. 추수 때까지 밭은 열매와 가라지가 공존하며, 열매는 가라지에 의해 넘어지는(σκάνδαλον) 고통을 받는다(13:21, 41). 재미있는 것은 씨 뿌리는 비유에서 가시밭에 떨어진 씨가 넘어지는 것(21절)과 원수가 넘어지게 하는 것(41절)에 같은 헬라어

---

28 장재일, 『히브리적 관점으로 다시 보는 마태복음 1~13장』 (서울: 쿰란출판사, 2011), 457

29 강대훈, 『마태복음 주석 1권』, 836.

'σκανδαλίζω'(skandalizo)가 사용되었다는 것이다. 이 단어의 명사인 'σκάνδαλον' (skandalon)에는 '올무', '걸림돌'이라는 의미가 있다.[30]

"밭은 세상이요(ὁ δὲ ἀγρός ἐστιν ὁ κόσμος: 13:38)"에서 'κόσμος'(kosmos)의 의미는 '우주', '인간 사이의 질서'이다.[31] 후기 코이네에서 'κόσμος'는 '사람이 사는 세계', '땅과 그 주민', '인류'라는 의미로 사용되었다.[32] '인간 세계', '인류'라는 의미로는 코이네와 LXX에서 사용되었다.[33] 따라서 온 세상에 전파한다는 것은 "땅에 사는 모든 사람"에게 전파한다는 뜻이며, '밭'은 하나님과 원수가 일하는 공간으로서의 세상을 의미한다. 밭이 세상을 상징하므로, 역사의 끝에 심판을 집행하기까지 밭(세상)에는 악인과 하나님의 백성인 의인들이 공존한다. 악인들이 더 번영하고 의인들이 고통을 겪는 모순과 혼란의 상황이 이 시기에 일어날 수 있다.[34] 그 세상에서 의인은 악인과 원수에게 고통을 받으나 결국 추수할 열매가 된다. 즉, 모든 넘어지게 하는 것과 불법자들의 방해가 있다고 할지라도, 결국은 밭에서 의인을 열매로 추수할 것이

---

30 Bullinger, E. W., *A Critical Lexicon and Concordance to the English and Greek New Testament*. Fifth Edition, Revised. (London: Longmans, Green, & Co, 1908), 547.

31 "세상", "우주"라는 의미에서 "κόσμος"는 구약의 "하늘과 땅"(γῆ)과 동의어이다. 세상을 인간 생활과 지상 역사의 무대로 볼 때, "κόσμος"의 의미는 "사람이 사는 세상", "땅"으로 좁혀질 수 있다. "κόσμος"는 타락으로 인해 산산조각이 나고 하나님의 심판 아래 있는 신적 창조의 세계이며, 예수 그리스도가 구속자로 나타나신다. 바울에서 "ἅγιοι, ἐκκλησία"에 속한 신자들은 "ἐκ τοῦ κόσμου"가 아니다(15:19; 17:14; 17:16). 야고보, 요한의 가르침에서도 교회는 세상이 교회의 활동 영역이지만 세상에 속하지 않는다; Sasse, H., "κοσμέω, κόσμος, κόσμιος, κοσμικός", *TDNT. Vol.* 3. (Grand Rapids, MI: Eerdmans, 1964), 894-895.

32 Sasse, H., "κοσμέω, κόσμος, κόσμιος, κοσμικός", *TDNT. Vol.* 3, 889.

33 Sasse, H., "κοσμέω, κόσμος, κόσμιος, κοσμικός", *TDNT. Vol.* 3, 889-890.

34 강대훈, 『마태복음 주석 1권』, 869.

다(13:43). 왜냐하면 의인과 악인이 공존하는 공간에서 의인의 고난은 예수님의 십자가를 따르는 대리적 고난의 성격이 녹아 있기 때문이다.

결론적으로 밭은 두 가지 의미를 지니고 있다. 첫째, 말씀이 뿌려지는 씨인 사람의 마음이다. 두 번째, 세상과 교회, 의인과 악인이 공존하는 공간이다. 하나님도 일하시지만, 원수도 일하는 영적 공간이다. 이 두 의미가 구원을 위해 상호작용을 하면서 사람의 마음을 좋은 밭으로 만들어 가시는 것이 하나님의 일하심이다.

(2) 사도 바울에게서 발견되는 대리적 고난의 사상과 이해

그렇다면 '좋은 밭'은 어떤 밭일까? 팔복에 의하면, 좋은 밭은 가난하고, 애통하고 온유하며 의를 위하여 박해받는 자의 삶이다(마 5:1-12). '돌밭', '가시밭', '길가 밭'은 서기관과 바리새인처럼 위선적이고 자기의로 부유한 마음을 의미한다.

이사야를 인용하신 예수님

마태복음 13장 천국의 비유에서 예수님은 이사야를 인용하신다. 13:14-15의 "이사야의 예언이 그들에게 이루어졌으니 일렀으되 너희가 듣기는 들어도 깨닫지 못할 것이요 보기는 보아도 알지 못하리라 이 백성들의 마음이 완악하여져서 그 귀는 듣기에 둔하고 눈은 감았으니 이는 눈으로 보고 귀로 듣고 마음으로 깨달아 돌이켜 내게 고침을 받을까 두려워함이라 하였느니라"는 이사야 6:9-10의 "여호와께서 이르시되 가서 이 백성에게 이르기를 너희가 듣기는 들어도 깨닫지 못할 것이요 보기는 보아도 알지 못하리라 하여 이 백성의 마음을 둔하게 하며 그들의 귀가 막히고 그들의 눈이 감기게 하라 염려하건대 그들이 눈으로 보고 귀로 듣고 마음으로 깨닫고 다시 돌아와 고침을 받을까 하노라"를 인용한 것이다.

예수님은 이사야를 많이 인용하신다(사 13:14-15; 15:7-9). 누가복음에서 세례 요한에게 세례를 받으시고, 마귀에서 시험받으신 후 공생애를 시작하시면서 회당에서 처음 읽으신 책도 이사야서였다(눅 4:16-20). 그런데 마태는 예수님보다 이사야서를 더 많이 인용한다(사 3:3; 4:14; 8:17; 12:17-21; 13:14-15; 15:7-9). 이처럼 신약에서 이사야는 시편 다음으로 많이 인용된 책이다. 따라서 성경에서 이사야의 비중과 역할은 우리가 생각하는 것보다 더 크고 깊다는 것을 생각해야 한다. 나는 이사야를 구약의 사도 바울이라고 생각한다. 오경을 이해하지 못하면 성경을 알 수 없듯이, 이사야를 알지 못하면 선지서와 신약을 이해할 수 없다.

이사야의 주요 메시지는 "역사의 주인이신 하나님이 창조주의 주권으로 이스라엘의 역할을 민족적이고 국가적인 제사장 나라에서 제국의 식민지, 즉 '종의 신분'으로 바꾸셨다"라는 것이다. 하나님은 주전 8세기에 분열 왕국의 역사를 마감하고, 이스라엘의 정체성이 종의 신분으로 전환하는 구속사의 경륜을 결단한다. 요나서에서 니느웨의 회개는 이 결단을 돌이킬 수 없음을 보이는 것이다. 따라서 이사야와 예레미야는 한목소리로 바벨론의 종으로 살 것을 강조한다. 존 와츠는 "이사야서에서 하나님의 뜻은 이스라엘이 제국들의 통치 아래 예속된 소수 집단으로 전락하여 제국과 식민 재배의 관계에서 종의 신분으로 살아가는 것이다"라고 말한다.[35] 그는 구속의 역사는 이스라엘과 예루살렘에 맡겨진 정치적이고 독립적인 국가 구조와 역할이 아니라, 제국의 지배를 받는 식민, 즉 종의 역할을 통해 성취된다고 말한다.

주전 8세기 이사야를 통해 '계시'된 새로운 이스라엘과 유대의 정체성은 종의 신분이다. 그러나 이스라엘은 구원을 위해 "종의 역할"을 맡으라고 하는 하나님의 말씀을 거절한다. 그들은 이사야가 전한 하나님의 말씀이 아니라, 문자적 언약과 선민 의식, 그리고 자신들의 종교적 열심과 제물과 제의를 의지한다(사 1:11-14). 이스라엘과 유다는 종의 신분과 종의 신분을 맡기신 하나님을 거절하고, 출애굽의 하나님만을 구한다. "백성이 옛적 모세의 때를 기억하여"(사 63:7-19)라는 말은 당시 백성들이 출애굽 시대에 나타난 하나님의 권능과 구원의 역사를 꿈꾸었음을 가리킨다. 왜냐하면 그들은 하나님이 기뻐하시는 '고난받는 종'이 아니라, 다윗 왕국의 회복과 민족의 독립과 번영을 꿈꾸었기 때문이다. 존 와츠는 "종의 역할"을 거절한 이스라엘은 다윗 왕국의 영광에 대한 욕망과 민족적 독립과 번영에 대한 미련을 버리지 못한 것이라고 말한다.[36] 유다 왕국은 앗수르와 바벨론의 종으로 살라는 명령을 거절하고 애굽을 의지한다. 그뿐 아니라 그들은 '종의 신분'과 삶을 주장하는 이사야와 예레미야 선지자, 그리고 선지자들을 따르는 "우리"(사 53장)를 미워하고 박해한다.

---

35 와츠, 『WBC 이사야 상』, 49, 75.
36 와츠, 『WBC 이사야 상』, 36-37.

그러므로 예수님이 인용하신 "백성들의 마음이 완악하여져서"(사 6:10; 마 13:15)는 종의 신분으로 오신 예수님의 눈에 비친 종의 신분을 거절하는 백성들의 욕망을 가리킨다. 종의 신분으로 오신 예수님과 그의 신분의 정체성을 깨닫지 못하면, 들어도 깨닫지 못하고 보아도 알지 못한다(사 6:10; 마 13:14). 이런 배경에서 루즈는 "마태복음 13장의 하나님 나라 비유의 주제는 하나님 나라가 아니라 하나님 나라에 대한 '이해' 또는 '깨달음'이다"라고 말하는데,[37] 이것은 이사야서를 배경으로 말하는 것이다. 이사야 시대와 같이 종의 신분을 거부하는 백성들의 완악한 마음은 천국의 비밀을 이해하지 못하도록 막았다(사 6:9-10; 마 13:14; 요 12:40; 행 28:25-27). 그들에게 종의 신분은 "걸림돌과 걸려 넘어지는 반석"이 되었다(사 8:14-15). 따라서 "종의 신분"으로 오신 예수님과 예수님의 말씀인 "천국의 비밀을 아는 것"(마 13:11)은 귀와 눈을 지나 마음의 문제이다.[38]

이제 "종으로 오신 예수님과 종의 신분"을 거부하는 마음(밭)의 관점에서 설명할 필요가 있다. 예수 그리스도의 오심과 가르침으로 감추어진 천국의 비밀이 계시된다.[39] 그리고 계시와 동시에 하나님은 길가, 돌밭, 가시밭 같은 완악한 마음($\dot{\epsilon}\pi\alpha\chi\acute{\upsilon}\nu\theta\eta$ $\gamma\grave{\alpha}\rho$ $\acute{\eta}$ $\varkappa\alpha\rho\delta\acute{\iota}\alpha$)을 좋은 땅으로 만드는 일을 병행하신다. 아모스는 말씀을 듣지 못할 기갈을 경고한다(암 8:11). 아모스가 경고하는 기갈은 문자적으로 말씀을 듣지 못하는 기갈로 보이지는 않는다. 현대 성경과 설교는 인터넷 공간과 서적 등으로 얼마든지 말씀과 설교를 들을 수

---

37 Luz, U., *Matthew: a commentary*, HERM, 228.
38 강대훈, 『마태복음 주석 1권』, 845.
39 강대훈, 『마태복음 주석 1권』, 841.

있기 때문이다. 오히려 홍수 때에 마실 물이 없는 것과 같이, 바다 한가운데에서 마실 물이 없는 것 같은 기갈을 뜻한다.

인생은 교만하거나 열등감에 정죄하거나 수치심에 빠진다. 성공과 성취를 경험한 사람이나 실패와 좌절에 빠진 사람이나 할 것 없이 우울증에 빠지고, 중독으로 회피하고, 자살을 선택하는 것은 삶의 의미와 목적, 혹은 자신의 고난을 이해하지 못하기 때문이다. '하나님이 살아계신다면 어떻게 이런 일이 나에게 일어날 수 있는가?' 하는 피해 의식, 억울함, 원망, 마치 버려진 것 같은 감정 등으로 고통받는다. 이 고통이 아모스가 "주 여호와의 말씀이니라 보라 날이 이를지라 내가 기근을 땅에 보내리니 양식이 없어 주림이 아니며 물이 없어 갈함이 아니요 여호와의 말씀을 듣지 못한 기갈 (רעב)이라"(8:11)라고 경고한 기갈이다. 수많은 설교를 듣고 말씀을 읽어도 아해되지 않는 기갈을 겪어본 경험이 있을 것이다. 이사야서에 의하면 이는 봉인된 말씀이기 때문이다(6:11-13). 이사야 40:1-2의 "노역의 때가 끝났고 그 죄악이 사함을 받았느니라 그의 모든 죄로 말미암아 여호와의 손에서 벌을 배나 받았느니라"라는 말씀이 있기까지 봉인된 말씀과 함께 인생은 고난과 종의 삶을 살아야 한다. 역사적으로는 앗수르와 바벨론의 침략으로 인한 멸망과 포로 70년이다.

그러므로 감추어진 천국의 비밀은 밭(세상)에서 나에게 주어진 고난을 해석하고 이해하는 구속사적 세계관(말씀)이다. 이는 고난 속에 감추어진 천국의 비밀, 곧 구원을 향한 하나님의 뜻을 해석하고 이해하고 자신을 설득하며, 또 다른 가난한 자에게 천국의 비밀을 뿌리는 자가(천국의 제자된 서기관; 마 13:52) 되는 삶이다.

2) 고난으로 사람의 마음을 좋은 밭으로 만드신다

"깨닫는 자는 결실하여(καὶ ⌜συνιείς,⌝* ⌜ὃς δὴ⌝ καρποφορεῖ; 마 13:23)"에서 '깨닫는 것'은 '결실'과 병행을 이룬다. 추수 때에 의인(결실한 열매)과 악인(가라지)은 천국의 비밀을 이해하는 것으로 구별된다.[40] 씨 뿌리는 비유의 관점으로 볼 때, 나에게 열매가 맺히지 않는 것은 내가 좋은 밭이 아니기 때문이다. 왜냐하면 씨 뿌리는 비유는 씨(말씀)가 아니라, 밭(토양)의 상태가 문제라고 말하기 때문이다.[41]

팔레스타인에서는 주로 이른 비가 내리는 10월경에 밭갈이를 하였다(삿 6:3). 농부는 씨 뿌리기에 앞서 해당 경작지를 갈아엎어 돌을 골라내고 흙을 부드럽게 만들어 식물이 뿌리내릴 수 있도록 환경을 조성한다(사 28:24). 그후 11월경에 씨를 뿌리는데, 가장 먼저 밀을 파종하고, 그다음에 보리, 수수, 콩류, 오이 등의 순서로 씨를 뿌렸다. 이 가운데 가장 먼저 결실하는 것은 보리였다.[42]

씨 뿌리기에는 크게 세 가지 방법이 동원되었다. 첫째, 이른 비가 내린 뒤 새로 갈아엎은 농지에 흩뿌리는 방법이다. 향료와 기름의 원료인 소회향과 대회향 및 여러 채소의 씨앗들을 이렇게 뿌렸다. 둘째, 소가 앞서 쟁기로 밭을 갈면 그 뒤를 따라가면서 고랑 사이에 생긴 두둑 부분에 일정한 간격

---

40 Luz, U., *Matthew: a commentary*, HERM, 249.

41 강대훈, 『마태복음 주석 1권』, 853.

42 Kellett, E., "식물", 『Lexham 성경 사전』 (Bellingham, WA: Lexham Press, 2020).

으로 구멍을 내고, 그곳에 종자 몇 알을 넣은 후 쟁기질을 하여 다시 흙으로 덮는 방법이다. 소맥(밀)과 보리와 호밀, 그리고 귀리를 이렇게 뿌렸다(사 28:25). 셋째, 땅을 갈아엎지 않은 상태에서 씨를 뿌리고 난 후, 흙을 덮는 방법을 사용하기도 했는데, 이 방법은 씨앗의 손실률이 높아 많은 수확을 기대할 수 없었다(마 13:5-6; 눅 8:5-7).[43] 그런데 예수님은 가장 수확이 적고 씨앗의 손실이 많은 방법으로 파종한다. 이는 농부가 게으르거나 수확할 마음이 없거나 다른 의미가 있는 것이다. 이 농부는 길가, 돌밭, 가시밭을 좋은 밭으로 만들고자 한다. 제자들은 비유의 의미를 알기 원했다는 점에서 좋은 밭이다(마 13:36).[44] 길가, 돌밭, 가시밭 같은 나의 마음을 방치하거나 포기하지 않으시고 하나님께서 좋은 밭으로 만드실 것이기 때문에 소망이 있다.

"길가"(παρὰ τὴν ὁδόν)는 밭을 구분하는 밭두렁이다[45]

길가에 뿌려진 씨의 특징은 깨닫지 못하는 것이다(마 13:19). 깨닫지 못할 때 악한 자가 와서 그 마음에 뿌려진 것을 빼앗는다.

'ὁδός'는 '길', '도로', '여행', 은유적으로는 '방식', '방법'을 의미한다.[46] 길은 많은 사고와 사건이 일어나는 장소이다. 세례 요한은 광야에서 주의 길을 예비한다(요 1:23). 바디메오는 길가(παρὰ τὴν ὁδὸν)에서 구걸하다가 예수님을 만나 구원을 받는다(마 20:30; 막 10:46; 눅 18:35). 사도 바울은 다메섹으로 가

---

43 김재권, 『성경 문화배경 사전』, 1031.
44 강대훈, 『마태복음 주석 1권』, 847.
45 강대훈, 『마태복음 주석 1권』, 836.
46 Liddell, H.G., *A lexicon: Abridged from Liddell and Scott's Greek-English lexicon* (Oak Harbor, WA: Logos Research Systems, Inc, 1996), 543.

는 길에 예수님을 만난다(행 9:3; 26:13). 예수님은 낙심하여 엠마오로 내려가던 제자들을 길(ὁδός)에서 만나 주시며 친히 말씀을 가르치신다(눅 24:13-35). 엠마오로 내려가던 제자 두 사람은 예수님을 만났지만, 눈이 어두워 알아보지 못했다(눅 24:16). 이들은 눈으로 보고, 귀로 들어도 깨닫지 못한다는 이사야의 예언대로 이루어진 것이다(사 6:10; 마 13:14).

그러나 예수님은 길가 밭 같은 이들을 찾아 가서 "미련하고 선지자들이 말한 모든 것을 마음에 더디 믿는 자들이여 그리스도가 이런 고난을 받고 자기의 영광에 들어가야 할 것이 아니냐(눅 24:25-26)"라고 책망하시며, 친히 가르치신다.

여기에서 예수님께서 말씀하신 '그리스도가 이런 고난을 받고'라는 말씀은 어떤 의미일까? 누가복음 24:27의 "이에 모세와 모든 선지자의 글로 시작하여 모든 성경에 쓴 바 자기에 관한 것을 자세히 설명하시니라"라는 말씀과 24:44-47의 말씀을 근거로 볼 때, 이는 이사야 53:4-6의 말씀을 포함하여 예수님의 '대리적 고난'을 설명한 것으로 보인다.[47] 그러나 제자들은 예수님이 감당하신 고난의 성격을 이해하지 못했다. 그들은 예수님의 고난을 보응적 고난으로 여긴 것이다. 그러나 예수님의 죽음이 '대리적 고난'임을 깨달은 엠마오로 가던 두 제자는 예수님을 알아보고 다시 예루살렘으로 돌아가 제자들에게 증언한다. 그러므로 '길가'와 같은 심령은 '대리적 고난'을 전혀 깨닫지 못했던 엠마오로 내려가는 제자들과 같다.

---

47 곽철호, 『패턴으로서의 고난받는 종의 전형』, 246.

"돌밭"(ἐπὶ τὰ πετρώδη)은 돌투성이로 가득한 토질의 밭을 의미한다.[48]

돌밭은 말씀을 기쁨으로 받지만, 환난이나 박해가 오면 넘어지는 마음이다(마 13:21). 돌밭의 사람은 고난으로 믿음이 견고해지는 것이 아니라 넘어진다.[49]

돌밭의 돌은 헬라어로 'πέτρα'이다. 이것은 "너는 베드로라(Πέτρος) 내가 이 반석(πέτρᾳ) 위에 내 교회를 세우리니(마 16:18)"에서 베드로에게 사용된 단어와 같은 단어이다. 베드로는 하나님 나라의 말씀을 듣고 기뻐하지만(마 13:20), 한 여종의 고발에 예수님을 모른다고 저주하며 부인했다(마 26:69). 환난이나 박해가 올 때 넘어진다는 말씀대로 된 것이다(마 13:21).

그러나 오순절 성령 강림 이후, 베드로는 초대 교회의 수장으로 세워지고 거꾸로 십자가에 매달려 순교하기까지 믿음을 지킨다. 돌밭 같던 베드로가 풍성한 열매를 맺는 좋은 밭이 된 것이다. 베드로가 믿음의 반석이 될 수 있었던 것은 그에게 실패와 좌절이 있었기 때문이다. 초대 예루살렘 교회의 수장으로 세우기에 베드로에게는 분명 예수님을 부인했었다고 하는 치명적인 결격사유가 있었다. 그러나 그랬던 그가 사람들의 정죄와 수치에서 자유한 영혼으로 세워지고, 한 번의 설교로 3천 명, 5천 명이 회개하는 놀라운 사건을 경험하고도 교만에 빠지지 않을 수 있었던 것은, 고난을 통해 예수님을 부인한 자신을 직면했기 때문이다. 하나님은 고난을 통해 베드로처럼 돌밭 같은 마음을 믿음의 반석으로 변화시키신다.

---

48 강대훈, 『마태복음 주석 1권』, 837.
49 강대훈, 『마태복음 주석 1권』, 851.

그러나 모든 이들이 실패로부터 회복되고 사명의 길을 걷게 되는 것은 아니다. 예수님의 고난이 대리적 고난임을 이해하고 맡겨진 대리적 고난을 감당하는 특권을 이해할 때 가능하다. 더욱이 지적으로 이해한다고 해서 감당할 수 있는 것도 아니다. 이를 보여 주는 것이 베드로의 부인이다. 성령께서 주시는 권능이 필요한 것이다. 오순절 성령 강림 후, 사도행전 5:41에서 베드로가 "사도들은 그 이름을 위하여 능욕 받는 일에 합당한 자로 여기심을 기뻐하면서 공회 앞을 떠나니라"라고 했던 말씀에 비추어 볼 때, 베드로는 자신이 예수님을 부인했던 과거의 행적에도 불구하고 예수님의 대리적 고난에 동참하는 자로 부름 받음을 기뻐한 것으로 볼 수 있다.

"가시떨기"(τὰς ἀκάνθας)**는 밭의 경계를 표시하거나 동물이 들어오지 못하게 막는 울타리 역할을 했다.**[50]
씨를 뿌리고 나서 밭을 쟁기질했던 당시 팔레스타인의 풍습을 배경으로 보면, 두렁 옆이나 위에 떨어진 씨는 새들이 즉시 먹어 치웠다.[51]

가시는 헬라어로는 'ἄκανθα'(akantha), 히브리어로는 'קוֹץ'(qots)와 'סִירָה'(sira)이다. 가시란 어떤 특정한 수종이 아니라, 팔레스타인 지역에서 자생하며 땅을 황폐하게 만들고 사람이나 짐승을 고통스럽게 하는 가시 돋은 식물을 가리킨다.[52] 구약에서는 교만하고 완악하여 하나님을 대적하고, 이웃에게

---

50 Harrington, *Matthew*, 195.; 강대훈, 『마태복음 주석』 (서울: 부흥과개혁사, 2019), 837에서 재인용.
51 강대훈, 『마태복음 주석 1권』, 836.
52 김재권, 『성경 문화배경 사전』, 8.

해를 입히는 악인을 의미할 때 사용되었다(민 33:55; 사 5:6; 호 10:8).[53]

창세기에서 'קוֹץ'(가시)는 아담과 그의 아내 하와가 타락한 이후 아담에게 가시덤불과 엉겅퀴(קוֹץ וְדַרְדַּר)가 주어졌다고 하면서 고난의 의미로 사용되었다(창 3:18). 민수기에서는 가나안 족속을 진멸하지 않으면 그들이 이스라엘의 눈에 '가시'(לְשִׂכִּים)와 옆구리에 '찌르는'(וְלִצְנִים) 괴로움이 될 것이라고 경고할 때 사용되었다(민 33:55). 호세아서에서 '가시와 찔레(קוֹץ וְדַרְדַּר)'는 북이스라엘 우상 제단이 심판으로서의 파괴의 상징으로 사용되며(호 10:8), 에스겔서에서는 이스라엘을 찌르고 아프게 하는 고난의 의미로 가시(קוֹץ)가 사용된다(겔 28:24). 신약에서는 로마 군인들이 예수님을 조롱하는 의미로 예수님의 머리에 가시 면류관을 씌운다(마 27:29; 막15:17; 요 19:2, 5).[54] 정리하면 '가시(ἄκανθα; קוֹץ)'는 심판의 결과나 수치와 조롱, 혹은 고난의 상징으로 사용되었다.

구약에서의 가시

사도 바울이 사용한 'σκόλοψ'(가시; 고후 12:7)은 LXX에서 히브리어 'שֵׂךְ' (sek; 민 33:55),[55] 'סִירָה'(sira; 호 2:6),[56] 'סִלּוֹן'(sillon; 겔 28:24)과 병행하여 사용된다.[57] 바울처럼 이스라엘 민족도 가시떨기 같은 심령이다. 말씀을 듣지만 염

---

53 김재권, 『성경 문화배경 사전』, 8.

54 김재권, 『성경 문화배경 사전』, 8.

55 Swete, H.B., *The Old Testament in Greek: According to the Septuagint* (Cambridge, UK: Cambridge University Press, 1909), 민 33:55.

56 Swete, H.B., *The Old Testament in Greek: According to the Septuagint*, 호 2:6.

57 Swete, H.B., *The Old Testament in Greek: According to the Septuagint*, 겔 28:34.

려와 재물의 유혹이 씨를 막아 열매를 맺지 못하게 되는 성향이다(마 13:22). 여호수아 시대의 이스라엘은 가시떨기처럼 세상의 염려와 재물의 유혹으로 가나안 족속을 멸하지 않았다. 그러자 말씀대로 진멸하지 못한 가나안 족속들이 이스라엘 민족에게 찌르는 가시가 되어 돌아왔다(민 33:55). 민수기에서는 이스라엘의 불순종의 결과가 '가시'로 돌아온다고 할 때 사용되었고, 호세아서는 음란의 유혹에 대한 '가시울타리'로, 에스겔서에서는 '이방의 위협(가시)'이 사라지는 의미로 사용된다.

예레미야는 회개하지 않은 마음을 가시덤불에 비유한다(렘 4:3). 그는 회개 없는 마음을 묵은 땅(ניר)이라고 부르며, 가시덤불(קוץ)에 씨를 뿌리지 말라고 한다.[58] 여기서 예레미야가 가시떨기 비유를 마음과 연관된 모티브로 사용했음을 알 수 있다. 씨를 뿌리기 전에 농부가 먼저 할 일은 가시덤불을 태우는 일이다. 그리고 밭을 기경하고, 씨를 뿌린 후에 추수한다. 가라지를 따로 묶어 불사지름으로써 다음 경작에 거름으로 사용한다. 그런데 이 농부는 이 과정을 생략하고 가시떨기 위에 씨를 뿌린다. 이는 무지한 농부가 씨를 낭비하는 것이거나, 반대로 가시떨기 밭을 좋은 땅으로 기경하겠다는 농부의 의지적 표현이다. 주전 8세기는 리모델링 수준이 아니라 재건축을 위한 총체적 파괴가 요구될 만큼 타락한 상태였다. 그러므로 예레미야가 묵은 땅을 기경하라고 한 말씀의 의미는 리모델링 정도가 아니라 재건축을 위해 모든 것을 불사르고 새롭게 다시 시작할 것이라고 하는 하나님의 의지를 보

---

58 Newman, B.M., Jr. & Stine,C., *A handbook on Jeremiah*, *UBS Handbook Series* (New York: United Bible Societies, 2003), 119.

여 준다.[59]

그러므로 하나님은 가시떨기 같은 우리의 삶과 마음을 불사르고 갈아엎은 후에 씨를 뿌릴 것이다. 역사적으로 유다는 바벨론에게 멸망하고, 바벨론의 포로로 끌려가 70년 동안 종의 신분을 감당하는 수치와 고난을 당했다. 이후 율법에 대한 유대인의 태도와 관점은 달라졌다. 가장 극적인 변화는 고난에 대한 이해이다(→고난에 대한 성경적 이해). 이사야 53장의 '대리적 고난'에 대한 이해와 적용이 시작되었다. 성전과 제의가 사라진 바벨론에서 그들은 율법과 회당으로 전환되고 율법의 연구와 기록에 전념한다.

신약에서의 가시

신약에서 가시와 연관이 있는 인물은 사도 바울이다. 그는 가시에 관해 두 번 언급한다. 첫째, 사도행전 26:14에서 "사울아 사울아 네가 어찌하여 나를 박해하느냐 가시채(πρὸς κέντρα)를 뒷발질하기가 네게 고생이니라"라고 말한다. 이 말씀은 바울에게 헛되고 자학적인 저항으로 인한 고통을 헬라 속담을 인용하여 표현한 것이다.[60] 이는 하나님의 부르심을 거부하는 사람을 위해 고백하는 바울의 솔직한 자화상이다(행 9:4; 26:14).[61]

다른 하나는 고린도후서 12:7의 "여러 계시를 받은 것이 지극히 크므로 너무 자만하지 않게 하시려고 내 육체에 가시(σκόλοψ) 곧 사탄의 사자를 주

---

59 프레드 M. 우드, 로스 맥클라렌, 『Main Idea로 푸는 예레미야 예레미야 애가』, 김진선 역, 65.

60 Schmid, L. "κέντρον", *TDNT. Vol.* 3 (Grand Rapids, MI: Eerdmans, 1964), 666-667.

61 Arndt, W. 기타, *BDAG.* 3rd ed. (Chicago: University of Chicago Press, 2000), 539-540.

셨으니"에서 나타난다. 사도 바울은 자신이 자만해질 것에 대비해서 하나님이 보호 장치로서 자신에게 가시를 주셨다고 말하는 것이다. 바울은 육체의 가시(질병)로 인한 고통뿐만 아니라, 남의 병은 고치면서 자신의 병은 고침받지 못하는 무력감과 거절감으로 인해 조롱과 수치가 따랐을 것이다. 그러나 육체의 가시로 인한 고통과 수치는 하나님께서 가시떨기 같던 바울의 영혼을 좋은 밭으로 만드시고 더 좋은 밭으로 만들기 위해서 주신 것이다.

그럼에도 바울은 이 응답을 받기까지 육체의 가시가 떠나기를 하나님께 세 번이나 기도했다. 그리고 세 번의 기도에 대해 하나님은 "내 은혜가 네게 족하도다(ἀρκεῖ)"(고전 12:9)라고 응답한다. 이 말씀은 마치 신명기 1:37, 3:26, 4:21에서 하나님이 모세에게 "그만해도 족하니(רַב־לָךְ(rab-ak); LXX: Ἱκανούσθω σοι) 이 일로 다시 내게 말하지 말라"라고 응답하신 장면의 데자뷰를 보는 듯하다. 이것은 예수님이 겟세마네에서 세 번 기도하신 것(마 26:44)과 같은 패턴이기도 하다. '세 번'이라는 숫자는 모세와 예수와 바울을 연결하는 모티브가 된다. 즉, 모세에게 가나안에 들어가지 못하게 하신 하나님의 응답, 겟세마네에서 세 번 기도하신 예수님의 기도, 육체의 가시를 고침 받지 못한 바울의 이야기는 같은 모티브이다.

바울은 육체의 가시에 대한 하나님의 응답을 모세가 무기력하고 수치스럽게 가나안에 들어가지 못한 사건과 예수님이 겟세마네에서 아버지께 세 번 기도하신 일, 그리고 예수님이 십자가에서 죽어 가시는 동안 자신을 구원할 수 없었던 무력함을 묵상한 것으로 보인다. 그리고 하나님의 강력한 구원의 능력이 십자가에 못 박히신 예수님의 무기력("자기는 구원할 능력이 없

으되 남을 구원하셨으니"(막 15:31))에서 이루어진 것을 깨달았다.[62]

개역 개정에서 '족하도다'와 '족하니'로 번역된 רַב(rab)는 유대인 랍비(율법 전문가, 선생님), 랍바성(큰 성)의 어원이기도 하다.[63] 구약에서는 비교적 의미로 '더 큰', '더 많은'(신 7:7), '너무 많은'(출 23:29)이라는 의미로도 쓰였다. 이 의미를 모세와 바울에게 적용하면 '족하다'는 의미는 '충분하다, 크다'라는 뜻이 된다.

신명기 3:26에서 모세에게 명하신 "그만해도 족하니"라는 말씀은 더 이상의 요청을 금하는 것이다. 그러나 랍비 주석에서는 이것이 모세가 만족해야 할 신적 은총과 종말론적 선물과 관련이 있다고 본다.[64] 이 선물은 모세가 가나안에 입성할 자격 없는 이스라엘 백성을 대신해서 '대리적 고난'을 받는 것이다. 고린도후서 12:9에서 바울의 '족함'은 ἀσθενής(나의 여러 약한 것들)에게 주어진 χάρις(은혜)에 참여하는 데서 발견되며, 바울 역시 '고난받는 종'으로 죽음의 순간까지 '대리적 고난'에 동참하는 특권을 선물로 받았다. 따라서 바울이 응답받은 "온전하여짐이라"(고전 12:9)라는 의미는 특별한 능력이 아니라, 바울이 '그리스도 안에' 있다는 사실이다.[65] 따라서 모세는 예수님의 대리적 고난의 예표로, 바울은 예수님의 대리적 고난에 동참함

---

62 Barnett, *The Second Epistle to the Corinthians*, NICNT (Grand Rapids, MI: Wm. B. Eerdmans Publishing Co, 1997), 572.

63 *TDOT*. Vol. 13, 273–274, 294.

64 *TDNT*. Vol. 1, 465–466.

65 McDonald, L.M., "2 Corinthians" (Colorado Springs, CO: David C Cook, 2004), 451–452.

으로 해석되어야 한다.

이는 고린도전서 12장의 문맥에서도 지지된다. "나의 여러 약한 것들에"(고전 12:9b)의 복수형은 고린도전서 11:23-33의 "그리스도를 위한" 고난을 가리키지만, 단수형인 "약한"(고전 12:9a)은 하나님이 바울에게 '주신'(고전 12:7) 육체의 가시이다.[66] 고린도전서 12:10에서 중요한 것은 "그리스도를 위하여(대신하여)"다. 개역개정에서 'ὑπέρ'(hyper)는 '위하여'로 번역되었지만 '대신하여'로도 번역할 수 있는데,[67] 고린도전서 5:21의 'ὑπέρ'(hyper)는 "대신하여"로 번역하였다. 따라서 고린도전서 12:10의 "약한 것들과 능욕과 궁핍과 박해와 곤고"는 바울이 '그리스도를 대신하여' 받는 고난이다. 그리스도의 사도인 바울은 그리스도를 대신하여 "간구"하고 그리스도를 대신하여 고난을 "받는다"(고전 4:8-10; 고후 6:4-5). 그리스도의 고난은 사도의 무기력한 연약함에서 재현되고,[68] 교회를 대신하여 고난을 겪는 것으로 확장된다.[69]

그러므로 바울은 육체의 가시로 고난받음(대리적 고난)으로써 '그리스도 안에, 그리스도와 함께' 머물게 되는 것이다.[70] 폴 바네트(Paul Barnett)은 "'그리스도의 능력이 내게 머물게'(ἐπισκηνόω)(고전 12:9)에서 '머물게'(ἐπισκηνόω)는

---

66 Barnett, *The Second Epistle to the Corinthians*, NICNT, 574-575.

67 곽철호, 『패턴으로서의 고난받는 종의 전형』, 323-326.

68 Barnett, *The Second Epistle to the Corinthians*, NICNT, 575-576.

69 Barnett, *The Second Epistle to the Corinthians*, NICNT, 577.

70 Thrall, M.E., *A critical and exegetical commentary on the Second Epistle of the Corinthians*, ICC (London; New York: T&T Clark International, 2004), 827-829.

구약 성막에서 사용된 단어로, 하나님께서 자기 백성과 함께 '장막을 치시는'(출 40:34)과 '말씀이 육신이 되어 우리 가운데 거하시매'(요 1:14), 그리고 그의 백성과 함께하실 미래(계 7:14; 12:12; 13:6; 21:3)를 묘사하는 데 사용되었다"라고 말한다.[71] 따라서 그리스도의 능력이 머무는 능력은 신비적 은사가 아니라 무기력한 연약함(대리적 고난)에 함께하시는 은혜이다. 로마서 8:17에 따르면 '그리스도와 함께함'은 "고난도 함께 받음"을 의미한다. 본회퍼에게도 예수 그리스도와의 만남은 신비적, 영적 체험이 아니라, 죽기까지 타인을 위한 삶을 사는 타인(원수)을 위해 대리적 고난받는 현장이다.[72]

좋은 땅(ἐπὶ τὴν γῆν τὴν καλὴν)의 특징은 결실(καρπός)이다

마태복음 13:23의 "깨닫는 자는 결실하니"에서 '깨닫는'(συνίημι)과 '결실'(καρποφορέω)은 병행하여 사용된다. 강대훈은 마태복음 13장의 핵심 단어인 "깨닫는"은 여섯 번 사용되지만, 마태복음 12장까지는 한 번도 언급되지 않으며, 천국 비유의 주제는 "이해" 또는 "깨달음"이라고 말한다.[73] 루즈에 의하면 제자들의 정체는 예수를 통해서 이해하는 것, 즉 깨닫는 것이고(마 15:10; 16:12; 17:13), 추수 때에 의인(결실한 열매)과 악인(가라지)은 천국의 비밀을 이해하는 것으로 구별된다.[74] 강대훈은 참된 깨달음을 행위로 연결하며 행위로 깨달음을 입증할 것을 요구하지만, 나는 '무엇을 깨닫는' 것인지에 대한 논의가 요구되어야 한다고 본다.

---

71 Barnett, *The Second Epistle to the Corinthians*, NICNT, 574-575.

72 본회퍼, 『옥중서간』, 227-229.

73 강대훈, 『마태복음 주석 2권』 (서울: 부흥과개혁사, 2019), 852.

74 Luz, U., *Matthew: a commentary*, HERM, 249.

대제마태복음 13장에 의하면 전혀 깨닫지 못하는 것은 길가뿐이고, 돌밭과 가시떨기는 깨닫기는 하지만 결실을 맺지 못한다. 돌밭과 가시떨기는 말씀을 듣고 깨닫기는 하지만 환난이나 박해에 넘어지고, 세상의 염려와 재물의 유혹에 막혀 결실하지 못한다. 그러므로 좋은 밭은 하나님 나라의 말씀을 눈으로 보고, 귀로 듣고, 마음으로 깨달아, 환난과 박해를 견디고 세상의 염려와 재물의 유혹에 막히지 않아야 한다. 그렇다면 눈으로 보고, 귀로 듣고, 마음으로 깨닫는다는 것은 무엇을 의미하는가?

첫째, 고난받는 종의 고난이 '나의 죄로 인한', '나를 대신한' 고난이라는 사실이다(사 53:4-6). 제2성전 유대 문헌에서 "비밀"(μυστήριον)은 세상을 향한 하나님의 계획을 가리킨다(마 13:11).[75] 나는 이사야 6:9-10을 인용하신 예수님을 근거로 하여 이 비밀이 이사야 53:4-6의 '종의 고난'이라고 본다. 따라서 마태복음 13:23에서 예수님이 말씀하신 "깨닫는"(συνίημι) 것은 이사야 52:15의 "그가 나라들을 놀라게 할 것이며 왕들은 그로 말미암아 그들의 입을 봉하리니 이는 그들이 아직 그들에게 전파되지 아니한 것을 볼 것이요 아직 듣지 못한 것을 깨달을(συνίημι) 것임이라"를 반향하고 암시하는 것이다. 정죄하고 멸시했던 '종의 고난'이 나를 대신한 것임을 깨달음(συνίημι)으로써 좋은 밭이 되고, '종의 고난'을 담당(παραδίδωμι)함으로 백 배, 육십 배, 삼십 배 결실을 맺게 된다.

둘째, 내 고난이 이사야 53:4-6의 '대리적 고난'인 것을 깨닫는 것이다.

---

75 Saldarini, A.J., "Matthew" (Grand Rapids, MI; Cambridge, U.K.: William B. Eerdmans Publishing Company, 2003), 1030.

사람은 고난을 통제할 수 없고 피할 수도 없다. 어느 날 갑자기 찾아오는 고난에 무방비 상태로 당할 수밖에 없는 존재다. 그리고 그 억울하고 부당한 고난, 이해할 수 없는 고난으로, 원망과 분노, 피해 의식에 갇히기도 한다. 그러나 억울한 고난이 아니라 예수님의 대리적 고난에 동참하는 '종의 고난'을 깨달을 때 피해 의식과 원망에서 치유되고, 고난이 특권과 은총으로의 부르심인 것을 깨닫게 된다. 그러므로 깨달아야 할 천국의 비밀은 나의 고난이 이사야 53:4-6의 '종의 고난'이라는 것이다. 이를 깨달을 때, 백배, 육십 배, 삼십 배의 결실을 맺는다.

말씀을 깨닫는 것은 하나님을 아는 만큼 자신의 죄에 대해서도 깨닫는 것이다. 바울은 하나님과 하나님 나라에 대해서 알아 갈수록 자신의 죄에 대한 이해가 깊어진다. 바울의 마지막 고백은 "나는 죄인 중의 괴수니라(딤전 1:14)"이다. 박해자였으나 수십 년의 사역과 서신서를 기록한 바울이 내가 죄인 중의 괴수라고 고백한 것은, 그가 드러나지 않게 죄를 많이 행했기 때문이 아니라 자신의 죄를 보는 이해와 깊이가 이전보다 더 성숙해졌기 때문이다. 이와 더불어 반드시 기억해야 할 사실은 바울이 자신의 고난을 그리스도를 대신한 고난으로 이해하는 것이다. 우리에게도 바울처럼 고난에 대한 입체적인 이해와 균형이 필요하다. 죄에 대한 이해가 깊어지는 만큼 자신의 고난을 죄에 대한 보응이 아니라 이사야 53:4-6의 '종의 고난'으로 여기는 깨달음이 있어야 한다.

따라서 말씀을 눈으로 보고 귀로 듣고 깨닫는 것은 이사야 53:4-6의 '종의 고난'이 나를 대신한 것임을 깨달음(συνίημι)으로써 좋은 밭이 되고, '종의 고난'을 담당함으로써 결실하는 것이다. 다시 말해, 이사야 53:4-6의 '종의 고난'을 통해서 자신이 고난받는 종을 정죄하는 "우리"이며, 좋은 밭이 아니라는 사실을 알아가는 것이다. 예수님을 따라 대리적 고난을 감당하지도 못하면서 대리적 고난을 감당하는 사람을 끊임없이 정죄하고 멸시하는 "우리"가 나 자신인 것을 깨닫는 것이다. 이런 죄와 악을 깨닫는 것이 이사야 52:15의 깨달음이다.

결론적으로 좋은 밭이 된다는 것은 예수님의 십자가를 이해하고 예수님처럼 타인(원수)와 공동체의 구원을 위해 대리적 고난에 동참하는 종으로 부르심을 기뻐하며, 고난을 감당하는 것이다. 베드로는 고난이 두려워 예수님을 부인했지만, 대리적 고난을 깨닫고 십자가에 거꾸로 매달리기까지 예수님의 고난에 동참한다. 자신이 좋은 밭이 아니라는 것을 깨닫는 도구는 교훈의 목적이라면, 자신이 좋은 밭이 아니라는 사실을 깨닫게 해 주는 것은 고난이다. 폴 트립의 말처럼 고난은 우리 마음속에 있는 것들을 드러내기 때문이다.[76] 즉, 환난이나 박해가 자신이 돌밭과 같은 존재라는 사실을 깨닫게 한다. 세상의 염려와 재물의 유혹은 자신이 가시떨기인 것을 증명한다. 돌밭은 외적인 환난과 박해로 넘어지고, 가시떨기는 내적인 욕망으로 막힌다.

3) 고난이 기업(נַחֲלָה)이다

바울은 하나님 백성은 그리스도와 함께 상속자가 된다고 말한다. 이는

---

76 폴 트립, 『고난: 하나님의 특별한 은혜의 도구』[eBook], 조계광 역 (서울: 생명의말씀사, 2019), 122/142.

성령의 증언으로 확증되며 상속자의 권리를 누리는 근거이다(롬 8:16). 상속자의 권리는 예수님과 함께 영광을 누리는 것이다. 또 다른 상속자의 권리이자 의무는 타인의 구원을 위한 '대리적 고난'을 감당하는 그리스도의 고난에 동참하는 것이다.

"자녀이면 또한 상속자(κληρονόμοι) 곧 하나님의 상속자요(κληρονόμοι μὲν θεοῦ) 그리스도와 함께한 상속자니(συγκληρονόμοι δὲ Χριστοῦ) 우리가 그와 함께 영광을 받기 위하여 고난도(συμπάσχομεν) 함께 받아야 할 것이니라"(롬 8:17)[77]

그러므로 고난은 상속자의 권리이자 의무가 된다. 따라서 구약의 기업은 '땅'이었으나, 신약의 기업은 '대리적 고난'이다.

하나님께서 신적 권위로 하나님 백성에게 주시는 것이 '대리적 고난'이다. 하나님이 "우리 모두의 죄악을 그에게 담당"시키셨다는 말씀(사 53:6)은 하나님이 고난의 근원이라는 사실을 강조한다. 이사야 53:10은 종에게 닥친 고난이 하나님의 계획에 따라 진행되었음을 두 번에 걸쳐서 분명하게 반복하며 언급한다(사 53:10: "여호와께서 그에게 상함을 받게 하시기를 원하사 질고를 당하게 하셨은즉"과 사 53:10: "또 그의 손으로 여호와께서 기뻐하시는 뜻을 성취하리로다").

---

[77] Aland, K., *Novum Testamentum Graece, 28th Edition* (Stuttgart: Deutsche Bibelgesellschaft, 2012), 롬 8:17.

신약에서 기업은 그리스도의 성육신과 구원에 관련되어 있다.[78] 예수 그리스도를 통해 누리게 될 성도의 기업은 영생, 생명, 구원, 하나님 나라에 들어가는 것이다(마 19:29; 25:34; 눅 10:25; 18:18; 고전 6:9; 갈 5:21).[79] 이 기업은 현재 이 땅에서 누릴 수 있고, 예수님의 재림으로 영원히 누리게 될 상급이다(롬 8:17-23; 고전 15:50; 히 11:3; 벧전 1:3-4). 그러나 종말적으로 성도가 누릴 기업은 그리스도의 대리적 고난에 동참하는 특권이다.

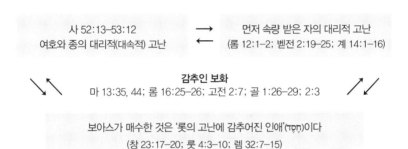

보아스가 매수한 것은 '룻의 고난에 감추어진 인애'(חֶסֶד)이다

보아스는 자신의 기업에 손해를 무릅쓰고 기업 무를 자의 의무를 행하기 위해 엘리멜렉의 נַחֲלָה(기업)을 값을 주고 산다. 그런데 이 같은 결정은 보아스 개인만 보자면 경제적으로 손해가 되는 결정이었다. 그럼에도 보아스는 기업 무름을 위해 손해를 본다. 그리고 룻과 결혼 언약을 맺는다. 보아스는 언약(결혼)으로 고단한 룻의 삶에 동참한다. 이는 세속적으로 보기에 고생을 사서 하는 선택이었다.

---

78 김재권, 『성경 문화배경 사전』, 127.

79 김재권, 『성경 문화배경 사전』, 127.

이것은 하나님께서 죄인인 인간과 언약을 맺음으로써 인간의 고단한 삶에 동참한 것과 다르지 않다. 예수님은 죄인인 인간의 십자가를 대신 감당한다. 보아스가 룻에게 보인 헤세드(חֶסֶד) 역시 룻의 고난에 동참하는 것이었다. 동시에 룻의 고난에 동참한 보아스의 헌신이 보아스를 특별한 존재로 만들었다. 룻의 고난에 동참하기를 선택한 보아스의 언약적 결단이 보아스의 기업이다. 마찬가지로 그리스도의 고난에 동참하는 것이 하나님 백성의 기업이다.

내가 아는 한 자매는 사별한 목사님과 재혼했다. 목사님은 뇌종양으로 투병 중이던 사모님을 간병하며 어린 두 아들을 양육했다. 초혼인 자매가 이 목사님과 결혼하려고 할 때, "무엇 하러 그 고생을 사서 하느냐"라고 말리는 사람이 있었다. 그러나 그 자매는 "고생이라고 생각하지 않는다"라고 답할 뿐이었다. 이 자매는 보아스처럼 그 목사님과 언약(결혼)을 맺고 그 가정의 고난에 동참했다.

나는 보화를 감추어 둔 밭은 하나님 백성의 인생(삶) 가운데에 강도처럼 찾아오는 고난으로 본다. 인생의 밭인 고난 속에 보화가 감추어져 있다. 그러나 보화는 아직 보화처럼 보이지 않을 수도 있다. 보화는 고난의 모습을 하고 찾아오기 때문이다. 모세는 인생의 자랑은 수고와 슬픔(עָמָל וָאָוֶן)뿐이라고 했다(시 90:10). '수고'로 번역된 히브리어 עָמָל의 의미는 '고난'(창 41:51)과 '고생'(욥 5:6)이다.[80] 그러나 하나님 나라의 눈이 열리면 그 속에 감추어진 구원의 비밀이 열린다. '대리적 고난'의 의미와 특권으로의 부르심을 깨닫게

---

80 맹용길, 『스트롱 맨 히브리어 헬라어 성경 원어 사전』, #5999.

된다.

하나님 나라의 제자는 가장 소중한 것, 곧 태초부터 감추어진 소중한 보화, 곧 복음을 듣고 깨달은 서기관들이다. 옛것들과 새것들은 구약과 신약 또는 구약과 하나님 나라의 복음을 가리키며, 새것에는 하나님 나라의 복음에 합당한 가르침 혹은 제자도가 포함된다.[81] 제자는 예수의 가르침을 깨닫고 열매 맺는 것뿐만 아니라, 다른 사람들을 가르치는 서기관의 역할도 한다. 따라서 마태복음 13장은 예수께서 사명을 부여하는 장면으로 끝을 맺고 있다(13:51-52).

고난이 없으면 사람의 마음에는 육신의 정욕과 안목의 정욕과 이생의 자랑만 가득해질 뿐이다. 교만과 자기의와 두려움과 수치, 결국 죄인의 욕망과 원수의 유혹으로 넘어지는 것이 죄인이다. 풍요와 평안으로 말씀에서 점점 멀어지고 둔감해진다. 둔감해진다는 것은 비판과 정죄에 빠진다는 것이다. 내 눈의 들보는 보지 못하고 남의 눈의 티를 정죄하게 되는 것이다 (7:1-3).

그러므로 하나님 나라의 백성은 스스로 마음이 무뎌진 상태에 있는 것은 아닌지 늘 심각하게 점검해야 한다. 의인은 하나님께 깨어 있기를 구하고, 둔감하고 무감각한 마음을 깨우려는 의지를 불태우지만, 쉽지만은 않다. 결국 하나님의 백성을 깨우는 것은 각자에게 맡겨진 고난이다. 그래서 하나님께서는 깨어 있기를 간구하는 성도에게 고난(대리적 고난)을 응답의 선물로

---

81 강대훈, 『마태복음 주석 1권』, 876.

허락하신다. 고난(선물)은 원수와 가라지와 불법을 행하는 자를 통해 주어진다. 그리고 이것이 곧 가라지를 추수 때까지 뽑지 않으시는 이유이다.

나가는 글

출애굽기의 모세가 시내산에서 율법을 받을 때, 이스라엘 민족은 시내산 밑에서 아론과 함께 금송아지를 만들고 우상 숭배를 한다. 금송아지 우상으로 범죄한 이스라엘 민족을 위해 중보한 모세는 얼굴에 빛이 난다(출 34:29-30). 이것은 죄인의 죄를 대속하기 위해 이사야 53장의 대리적 고난을 감당하는 여호와의 영광을 보았기 때문이며(출 34:6-7), 금송아지 우상을 섬기는 죄를 범한 이스라엘을 대신하여 대리적 고난을 감당한 모세의 영광 때문이다. 여기서 말하는 얼굴의 빛은 신비적인 의미에서의 빛이 아니라, 기쁨과 평안(שׁלֹום)이 얼굴에 드러난다는 뜻이다. 다시 말해, 고난 중에도 두려움과 수치에 갇힌 근심의 얼굴이 아니라, 기쁨과 감사와 높은 자존감이 드러나는 얼굴을 말하는 것이다. 이것이 대리적 고난을 감당하는 종의 영적 권위이다. 경험은 권위가 된다. 고난의 경험도 권위가 된다. 그러나 모든 고난이 영적 권위가 되는 것은 아니다. 고난이 영적 권위가 되기 위해서는 이사야 53장의 대리적 고난을 감당하는 하나님을 만나야 한다.

출애굽기 34:6-7은 먼저 주의 길(דֶּרֶךְ)을 알리시고(출 33:13), 둘째로 주의 영광을 보여 달라(출 33:18)고 하는 모세의 요청에 대한 하나님의 답변이다.

이 본문의 배경이 되는 사건은 이스라엘이 금송아지 우상을 만들고 섬김으로 인해 하나님께서 진노하셨던 사건이다. 출애굽기 34:6은 다음 절인 7절에서 여호와께서 "천대까지" 인자를 베푸신다는 설명이 동반된다. 하나님의 '의'(義)는 죄와 악을 용서하되, 죄인들에게 반드시 벌을 주시는 데 있다. 여기서 삼사 대까지 보응하시는 하나님의 긍휼과 형벌에 대한 이해가 필요하다.

테렌스 E. 프레타임은 그의 저서 『구약에 나타난 하나님의 고통』에서 "하나님에게 인간의 죄는 반드시 대가를 지불해야 하는 것이다. 그런데 즉각적 심판이 나타나지 않는 이유는 하나님께서 백성의 죄를 엄격하게 법적으로 처리하지 않고 대신 짊어지기로 선택하셨기 때문이다"라고 말한다.[1] 여기서 중요한 것은 누구보다 가장 먼저 하나님이 백성의 죄를 담당하신다는 것이다. 따라서 하나님께서 대신 죄를 담당하는 고통 없이는 이스라엘의 삶이 가능하지 않았다.

시미안-요프레(Simian-Yofre)는 하나님과 깨어진 관계와 창조 질서의 회복을 목적으로 한다면 보응적 형벌은 보상이라고 말한다.[2] 금송아지 우상을 만들고 섬긴 출애굽 첫 세대는 애굽에서 노예로 살면서 이방 우상의 세계관이 몸과 영혼에 흐르고 있는 사람들이었다. 그러나 하나님은 자기 백성들의 죄와 악을 다스리고 정복하여 반드시 가나안에 이르게 하실 것이다. 동시에 그들은 각자의 죄에 대한 심판을 받을 것이다. 이것은 모든 죄와 악에서 구

---

1   프레타임, 『구약에 나타난 하나님의 고통』[eBook], 55-58/73.
2   *TDOT*. *Vol*. 13, 449.

원하고 회복하려는 하나님의 헌신이다.[3] 출애굽기 34:6-7의 말씀은 역사적으로 두 세대가 광야 40년에 걸쳐 진행되었고, 출애굽 2번째 세대(광야 세대)는 여호수아와 함께 가나안에 이르게 된다. 보응적 형벌이 구원과 회복을 위한 것이라면 형벌은 보상이다.[4] 하나님의 죄에 대한 형벌과 심판(고난)이 상급이라는 의미는 죄와 불순종으로 하나님을 배신하고 배교하는 상황에서 더 명백히 드러난다. 왜냐하면 이것이 하나님의 은혜(חֶסֶד)이기 때문이다.[5] 따라서 이사야 53장의 고난이 대리적 고난과 상급이라는 이해와 적용은 오경에서부터 이어진다.

아담의 죄는 율법적 옳고 그름의 세계관으로 제거할 수 없다. 세상 속에 파고든 아담의 죄는 물리·화학적으로 인간의 영혼과 삶에 결합되어 있기 때문이다. 이것이 세상에서 아담의 죄를 제거하고 세상을 구속하는 하나님의 '의'(義)가 감추어진 신비인 이유이다. 하나님의 신비는 대리적 고난에 감추어져 있다.

민수기 14:33의 "너희의 자녀들은 너희 반역한 죄를 지고(וְנָשְׂאוּ) 너희의 시체가 광야에서 소멸하기까지 사십 년을 광야에서 방황하는 자가 되리라"에서 하나님은 부모들의 반역한 죄를 자녀들이 '지도록'(נָשָׂא) 하신다. 출애굽 첫 세대가 저지른 반역의 죄를 그 자녀 세대가 지도록 하신 것이다. 이 장면은 하나님이 출애굽 2세대에게 부모들의 죄라는 명분으로 억울하게 고

---

3   Hicks, *The Message of Evil and Suffering: Light into Darkness.* (BST: Bible Themes Series) (Nottingham, England: Inter-Varsity Press, 2006), 40.

4   *TDOT. Vol.* 13, 449.

5   Harris, R.L., "698 חסד", *Theological Wordbook of the Old Testament*, 306-307.

난을 겪게 하는 것으로 보일 수도 있다. 그러나 이는 이스라엘을 용서하기 위해 짐을 지신 하나님의 고통에 참여하는 '대리적 고난'으로의 부르심이다. 동시에 믿음과 영적 성장을 위한 철저한 훈련의 현장이다. 사실 출애굽 2세대보다 먼저 이스라엘을 용서하는 짐을 감당했던 사람은 모세다. 모세가 먼저 하나님의 고통에 참여한 것이다. 따라서 '대리적 고난'을 경험하고 은혜의 하나님을 만난 사람은 모세처럼 얼굴이 빛난다(출 34:29-20).

주의 영광을 보여 달라는 모세의 요청에 대한 하나님의 응답은 신비적이고 시각적인 것이 아니라, 하나님의 속성, 즉 긍휼을 보이는 것이었다. 하나님의 긍휼은 죄인을 향한 가장 공의롭고(צֶדֶק) 인자하신(חֶסֶד) 하나님의 속성을 각각 선포함과 동시에 시편 85:10에서 노래하는 두 속성의 갈등과 조화의 결합이다. 따라서 이사야 52:13-53:12의 대리적 고난은 하나님 속성의 갈등과 조화의 결과이다. 하나님의 공의(צֶדֶק)와 인애(חֶסֶד)와 긍휼(רַחֲמִים)의 결정체인 이사야 53장의 대리적 고난을 직접 감당하는 하나님의 사람은 모세처럼 얼굴이 빛난다. 이것이 대리적 고난을 경험하고 감당하는 사람의 영적 권위를 가진 얼굴이다.

욥이 존경받았던 이유는 욥이 부자였기 때문이 아니다. 그가 존경받았던 이유는 부당한 고난으로 수고했음에도 불구하고 끝까지 믿음을 지키고 고난의 권위를 맡았기 때문이다. 하나님께서 고난과 정죄로 고통받은 욥에게 주신 상급은 두 배의 재산이나 다시 얻은 자녀들, 손자 사대까지 본 건강 정도가 아니라, 이사야 53장의 대리적 고난을 직접 감당하는 하나님 자신이었다. 하나님을 눈으로 목격한 욥은 "내가 주께 대하여 귀로 듣기만 하였사오나 이제는 눈으로 주를 뵈옵나이다 그러므로 내가 스스로 거두어들이고 티끌과 재 가운데에서 회개하나이다"(욥 42:5-6)라고 고백한다. 왜냐하면 하나님의 백성은 먼저 받은 속량에 머무는 것이 아니라, 타인의 속량을 위한 희생 제물(대리적 고난)로 부름을 받았기 때문이다. 우리는 욥처럼 자신의 고난을 이사야 53장의 대리적 고난으로 해석하고 적용할 수 있어야 한다. 우리의 상급은 건강이나 재산이나 명예가 아니라 이사야 53장의 대리적 고난에 동참하는 것이다. 한편 베드로는 '대리적 고난'을 '부당하게 받는 고난'이라고 부른다(벧전 2:19, 21).[6]

나는 사별과 재혼의 과정에서 찾아온 고난과 무임목사라는 고난을 겪었다. 처음 찾아온 고난은 뇌종양 수술 후 대소변을 가리지 못하는 전처를 3년간 간병한 것이었다. 건강했던 아내는 어느 날 갑자기 와병 환자가 되었고, 이로 말미암아 우리 가족은 몸도 마음도 모두 무너졌다. 어린 두 아들의 얼굴이 수치심과 불안으로 어두워지는 것을 보는 것도 마음이 아팠다. 나도 고난이라면 어디 빠지지 않을 만큼 겪었다. 그럼에도 현재 나보다 더 큰 고난을 겪은 분도 있을 것이고, 끝이 없는 고통 가운데 몸과 마음이 무너진 분도 있을 것이다.

과거의 방종과 무책임으로 가족들을 아프게 한 것을 몸서리치도록 자책하는 분들에게 드리고 싶은 말씀이 있다. 그것은 상급으로 고난을 받으셨다는 사실이다. 누구보다 고난이 컸던 분들은 "다섯 달란트"를 받은 분들이다. 왜냐하면 예수님이 감당하신 '대리적 고난'으로 부르심을 받았기 때문이다. 하나님의 구속은 과거와 현재와 미래를 초월하여 역사한다. 따라서 이

---

6   그루뎀, 『틴데일 신약 주석: 베드로전서』, 197.

제 맡겨 주신 고난과 수치를 감당하는 종을 "착하고 충성된 종" 혹은 "수고한 종"이라 불러 주실 것이다.

나는 달란트를 고난이라고 해석하는 것보다 더 정확하게 십자가와 복음을 설명할 수 있는 해석은 없다고 본다. 성경은 우리의 재능이 아니라 우리의 죄와 고난과 수치를 통해 이루어 가시는 구원을 다루고 있다. 그러므로 하나님께서 주신 고난과 수치는 아담과 하와 이후 모든 인류의 구원을 이루는 달란트가 되는 것이다.

많은 고난을 겪었다고 생각되는 분이 있다면 다섯 달란트를 받은 분이라고 말씀드리고 싶다. 많은 분을 공감하고 위로할 수 있는 위치와 권능을 받으셨기 때문이다. 감당할 수 없는 고난 가운데 있는 성도들에게 많은 고난을 받았다는 것은 다섯 달란트를 받았다는 의미라는 말씀은 위로가 될 것이다. 부디 이 말씀과 더불어 예수님이 감당하신 '대리적 고난'에 동참하는 특권을 누리기를 바란다. 예수님은 이 특권을 비밀에 감추셨다. 누구에게나 허락된 말씀이지만 아무나 깨달을 수 있는 말씀은 아니다. 그래서 성경은 감추어진 비밀이다. 그러나 고난을 감당하는 자에게는 말씀 가운데 감추어진 비밀이 허락된다.

참고 문헌

성경

대한성서공회. 성경전서: 개역개정, 대한성서공회.

Aland, K. — Aland, B. — Karavidopoulos, J. — Martini, C. M. — Metzger, B. M., Novum
Testamentum Graece, Deutsche Bibelgesellschaft, Stuttgart 2012 28th Edition.

Complete Jewish Bible: an English version of the Tanakh (Old Testament) and B'rit Hadashah
(New Testament). 1st ed. Clarksville, MD: Jewish New Testament Publications, 1998.

Codex Bezae Cantabrigiensis: Greek Transcriptions, IGNTP (IGNTP) 2012.

Elliger, K. Rudolph, W & Weil, G.E. (2003) *Biblia Hebraica Stuttgartensia*. electronic ed.
Stuttgart: German Bible Society.

Novum Testamentum Graece. 28th Edition. Stuttgart: Deutsche Bibelgesellschaft,
2012.

Robinson, M. (2002), *Elzevir Textus Receptus* (1624): *with morphology*. Bellingham, WA: Logos
Bible Software.

Scrivener, F.H.A. (1881), *The New Testament in Greek.* Cambridge: Cambridge University
Press.

Stephen's 1550, Textus Receptus: with morphology, Logos Bible Software, Bellingham,

WA 2002.

Stern, D.H. (1998), *Complete Jewish Bible: an English version of the Tanakh (Old Testament) and B'rit Hadashah (New Testament)*. 1st ed. Clarksville, MD: Jewish New Testament Publications.

Swete, H. B., *The Old Testament in Greek: According to the Septuagint*, Cambridge University Press, Cambridge, UK 1909.

The Hebrew New Testament is the 1991 Revision of the Modern Hebrew translation from the Bible Society In Israel; ha-Berit ha-ḥadashah (2000). Israel: The Bible Society in Israel.

The Lexham Hebrew Bible (2012). Bellingham, WA: Lexham Press.

The Lexham Analytical Lexicon of the Septuagint (2012). Bellingham, WA: Lexham Press.

Westcott, B. F. – Hort, F. J. A., *The New Testament in the Original Greek*, Logos Bible Software 2009.

사전

Arndt, W. (2000), *BDAGe*. 3rd ed. Chicago: University of Chicago Press.

Balz, H.R. & Schneider, G. (1990–), *Exegetical dictionary of the New Testament*. Grand Rapids, Mich.: Eerdmans.

Brannan, R. (2020), Lexham 히브리어 성경 어휘사전. Bellingham, WA: Lexham Press; *The Old Testament in Greek: According to the Septuagint*. Cambridge, UK: Cambridge University Press, 1909.

Bullinger, E.W. (1908), *A Critical Lexicon and Concordance to the English and Greek New Testament*. Fifth Edition, Revised. London: Longmans, Green, & Co.

D. N. Freedman – G. A. Herion – D. F. Graf – J. D. Pleins – A. B. Beck (edd.), *AYBD*,

Doubleday, New York 1992.

Danker, F.W. (1979–1988), *ISBE*, G.W. Bromiley. Wm. B. Eerdmans.

Fahlbusch, E. – Bromiley, G. W., in *The encyclopedia of Christianity*. Wm. B. Eerdmans;
Brill, Grand Rapids, MI; Leiden, Netherlands 2008.

G. J. Botterweck – H. Ringgren – H.–J. Fabry (edd), *TDOT*. William B. Eerdmans
Publishing Company, Grand Rapids, MI; Cambridge, U.K. 1977–2012Revised
Edition.

G. Kittel – G. W. Bromiley – G. Friedrich (edd), *TDNT*. Eerdmans, Grand Rapids, MI
1964–electronic ed.

Harris, M. J., *The Second Epistle to the Corinthians: a commentary on the Greek text*, *NIGTC*,
W.B. Eerdmans Pub. Co.; Paternoster Press, Grand Rapids, MI; Milton Keynes,
UK 2005.

I. Singer (ed.), *The Jewish Encyclopedia: A Descriptive Record of the History, Religion, Literature, and
Customs of the Jewish People from the Earliest Times to the Present Day*, 12 Volumes, Funk
& Wagnalls, New York; London 1901–1906.

J. Hastings – J. A. Selbie – L. H. Gray (edd), *Encyclopædia of Religion and Ethics*, T. & T.
Clark; Charles Scribner's Sons, Edinburgh; New York 1908–1926.

J. Orr – J. L. Nuelsen – E. Y. Mullins – M. O. Evans (edd.), *The International Standard
Bible Encyclopaedia*, The Howard–Severance Company, Chicago 1915.

James G. Emerson, *Suffering: its meaning and ministry*, (Abingdon Press, 1986).

Jenni, E. Westermann, C. (1997) *TLOT*. Peabody, MA: Hendrickson Publishers.

Klein, E., in B. Sarel (ed.), *A Comprehensive Etymological Dictionary of the Hebrew Language for
Readers of English*, Carta Jerusalem; The University of Haifa, Jerusalem 1987.

Kellett, E. (2020), Lexham 성경사전. Bellingham, WA: Lexham Press.

Liddell, H.G. (1996), *A Greek-English lexicon.* Oxford: Clarendon Press. p, 1800.

Liddell, H.G. (1996), *A lexicon: Abridged from Liddell and Scott's Greek-English lexicon.* Oak Harbor, WA: Logos Research Systems, Inc.

Louw, J. P. – Nida, E. A., *in Greek-English lexicon of the New Testament: based on semantic domains,* United Bible Societies. New York 1996electronic ed. of the 2nd edition.

M. A. G. Haykin (ed), 'Lexham 교회사 사전', Faithlife, Bellingham, WA 2022.

Motyer, J. A., *Isaiah: an introduction and commentary,* XX, *TOTC,* InterVarsity Press, Downers Grove, IL 1999.

Moulton, J.H. Milligan, G. (1930), *The vocabulary of the Greek Testament.* London: Hodder and Stoughton.

Peterson, D. (2014), 선교학사전. 서울: CLC.

R. L. Harris – G. L. Archer Jr. – B. K. Waltke (edd.), *Theological Wordbook of the Old Testament,* Moody Press, Chicago 1999electronic ed.

Spicq, C. – Ernest, J. D., *in Theological lexicon of the New Testament,* Hendrickson Publishers, Peabody, MA 1994.

Strong, J. (2009), *A Concise Dictionary of the Words in the Greek Testament and The Hebrew Bible.* Bellingham, WA: Logos Bible Software.

Swanson, J. (1997), *Dictionary of Biblical Languages with Semantic Domains': Hebrew (Old Testament).* electronic ed. Oak Harbor: Logos Research Systems, Inc.

Swete, H.B. (1909), *The Old Testament in Greek: According to the Septuagint.* Cambridge, UK: Cambridge University Press.

Thayer, J.H. (1889), *A Greek-English lexicon of the New Testament:* being Grimm's Wilke's Clavis Novi Testamenti. New York: Harper & Brothers.

Zerwick, M. – Grosvenor, M., *A grammatical analysis of the Greek New Testament,* Biblical

Institute Press, Rome 1974.

김재권, 라이프 성경사전(Life Bible Dictionary), 생명의말씀사, 2006.

김재권, 성경 문화배경 사전(Cultural Background Bible Dictionary), 생명의말씀사, 2018.

맹용길, (2016), 스트롱 맹 히브리어 헬라어 성경 원어 사전.

외국 서적

A. Bonhoffer, "Epiktet und das Neue Testament," *ZNW* 13(1912), 281–292; idem, Epiktet und das Neue Testament, *RVV* 10 (Gießen: Toepelmann, 1911; Nachdruck Berlin 1964).

Achtemeier, P.J. (1996), *1 Peter: a commentary on First Peter*. Minneapolis, MN: Fortress Press (*HERM*).

Allen, L. C., *The Books of Joel, Obadiah, Jonah, and Micah*, NICOT, Wm. B. Eerdmans Publishing Co., Grand Rapids, MI 1976.

Andersen, Francis I., *Job: An Introduction and Commentary*, XIV, *TOTC*, InterVarsity Press, Downers Grove, IL 1976.

Baltzer, K., *Deutero-Isaiah: a commentary on Isaiah* 40–55, ed. P. Machinist, *HERM*, Fortress Press, Minneapolis, MN 2001.

Barrett, C. K., *The Epistle to the Romans*, BNTC, Continuum, London 1991Rev. ed.

Barnett, P., *The Second Epistle to the Corinthians*, NICNT, Wm. B. Eerdmans Publishing Co., Grand Rapids, MI 1997.

Ben, C. (2005), "Identifying the Talents Contextual Clues for the Interpretation of the Parable of the Talents (Matthew 25:14–30)", *Tyndale Bulletin*, 56.

Betz, H. D., *Galatians: a commentary on Paul's letter to the churches in Galatia*, HERM, Fortress Press, Philadelphia 1979.

Blaising, C. A. & Hardin, C. S., *Psalms* 1–50, *ACCS*, InterVarsity Press, Downers Grove, IL 2008.

Boa, K. & Kruidenier, W. (2000), *Romans*. Nashville, TN: Broadman & Holman Publishers, *HNTC*.

Bruckner, J., *Jonah, Nahum, Habakkuk, Zephaniah*, *NIVAC*, Zondervan Publishing House, Grand Rapids, MI 2004.

Calvin, J. (1888), *Institution de la Religion Chrétienne*. Genève: E. Beroud & C.,

Calvin, J. Beveridge, H. (1845) *Institutes of the Christian religion*. Edinburgh: The Calvin Translation Society.

Carson, D. A. – France, R. T. – Motyer, J. A. – Wenham, G. J. (edd.), *New Bible commentary*: 21st century edition, Inter–Varsity Press, Leicester, England; Downers Grove, IL 19944th ed.

Carter, M. & Wredberg, J. (2017), *Exalting jesus in john*. Nashville, TN: Holman Reference,.

Charlesworth, J. H., *The Old Testament pseudepigrapha and the New Testament: Expansions of the "Old Testament" and Legends, Wisdom, and Philosophical Literature, Prayers, Psalms and Odes, Fragments of Lost Judeo*–Hellenistic Works, II, Yale University Press, New Haven; London 1985.

Conti, M. – Pilara, G. (edd.), 1–2 *Kings*, 1–2 *Chronicles, Ezra, Nehemiah, Esther*, *ACCS*, InterVarsity Press, Downers Grove, IL 2008.

Conzelmann, H., *1 Corinthians: a commentary on the First Epistle to the Corinthians*, *HERM*, Fortress Press, Philadelphia 1975.

Conti, M. – Pilara, G. (edd.), 1–2 *Kings*, 1–2 *Chronicles, Ezra, Nehemiah, Esther*, *ACCS*, InterVarsity Press, Downers Grove, IL 2008.

Childs, B.S. (2001), *Isaiah: A Commentary*. 1st ed. Louisville, KY: Westminster John Knox

Press (*OTL*).

Cranfield, C. E. B., *A critical and exegetical commentary on the Epistle to the Romans*, ICC, T&T Clark International, London; New York 2004.

C.S. Lewis, *The Great Divorce*, Macmillan, 1946.

Dale C, Allison, Jr, *"Matthew", ed. John Barton John Muddiman*, The Oxford Bible Cpmmentary (Oxfoed; Oxford University Press, 2000).

Davies, W. D. – Allison, D. C., Jr., *A critical and exegetical commentary on the Gospel according to Saint Matthew*, II, ICC, T&T Clark International, London; New York 2004.

Dan Otto Via, "Ethical Responsibility and Human Wholeness in Matthew 25:31–46," *HTR* 80 (1987), 79~100 (87).

Danker, F.W. Krug, K. (2009), *The Concise Greek-English Lexicon of the New Testament*. Chicago; London: The University of Chicago Press.

David K. Naugle, *Worldview The History of a Concept* (Grand Rapids: William B. Eerdmand Publishing Company, 2002).

Davies, W. D. – Allison, D. C., Jr., *A critical and exegetical commentary on the Gospel according to Saint Matthew*, I, ICC, T&T Clark International, London; New York 2004.

Davies, W. D. – Allison, D. C., Jr., *A critical and exegetical commentary on the Gospel according to Saint Matthew*, II, ICC, T&T Clark International, London; New York 2004.

Davies, W. D. – Allison, D. C., Jr., *A critical and exegetical commentary on the Gospel according to Saint Matthew*, III, ICC, T&T Clark International, London; New York 2004.

deClaissé–Walford, N. – Jacobson, R. A. – Tanner, B. L., *The Book of Psalms*, edd. E. J. Young – R. K. Harrison – R. L. Hubbard Jr., *NICOT*, William B. Eerdmans Publishing Company, Grand Rapids, MI; Cambridge, U.K. 2014.

Evans, C. A. – Bubeck, C. A. (edd.), *The Bible Knowledge Background Commentary: Acts-*

Philemon, David C Cook, Colorado Springs, CO 2004First Edition.

Fee, G. D., *The First Epistle to the Corinthians*, edd. N. B. Stonehouse – F. F. Bruce – G. D. Fee – J. B. Green, *NICNT*, William B. Eerdmans Publishing Company, Grand Rapids, MI; Cambridge, U.K. 2014Revised Edition.

Forbes, G.W. (2016), *1 Peter*. B&H Academic; WORDsearch (EGGNT).

France, R.T. (2007), *The Gospel of Matthew*. Grand Rapids, MI: Wm. B. Eerdmans Publication Co. (*NICNT*).

Fretheim, T. E., *Reading Hosea-Micah: A Literary and Theological Commentary*, Reading the Old Testament Series, Smyth & Helwys Publishing, Incorporated, Macon, GA 2013.

Garrett, D. A., *Proverbs, Ecclesiastes, Song of songs*, XIV, *NAC*, Broadman & Holman Publishers, Nashville 1993.

Hartley, J. E., *The Book of Job*, NICOT, Wm. B. Eerdmans Publishing Co., Grand Rapids, MI 1988.

Huey, F. B., *Jeremiah, Lamentations*, XVI, *NAC*, Broadman & Holman Publishers, Nashville 1993.

Holladay, W.L. (1986) *Jeremiah 1: a commentary on the Book of the Prophet Jeremiah*, chapters 1–25. Philadelphia: Fortress Press (*HERM*).

Hossfeld, F.–L. – Zenger, E., *Psalms 3: A Commentary on Psalms* 101–150, ed. K. Baltzer, *HERM*, Fortress Press, Minneapolis, MN 2011.

Hubbard, *Ruth*, 234–35.

James K. Bruckner, *Jonah, Nahum, Habakkuk, Zephaniah* (NIV Application Commentary | NIVAC), Publisher: Zondervan, 2004.

Jacobson, R. A. – Tanner, B., *Book One of the Psalter: Psalms* 1–41, in E. J. Young – R. K. Harrison – R. L. Hubbard Jr. (edd.), *The Book of Psalms*, NICOT, William B.

Eerdmans Publishing Company, Grand Rapids, MI; Cambridge, U.K. 2014.

Jamieson, R. - Fausset, A. R. - Brown, D., *Commentary Critical and Explanatory on the Whole Bible*, Logos Research Systems, Inc., Oak Harbor, WA 1997.

Jack M. Sasson, *The Anchor Yale Bible: Jonah* (AYB), Yale University Press, 1990.

J. Duncan M. Derrett, "Law in the New Testament: the Parable of the Talents and Two Logia," ZNW 56/3-4 (1965): 184~195: *Reprinted in Law in the New Testament* (London: Darton, Longman, & Todd, 1970), 18~19.

Jenni, E. - Westermann, C., in *TLOT*, Hendrickson Publishers, Peabody, MA 1997.

Jewett, R. - Kotansky, R. D., *Romans: A commentary*, ed. E. J. Epp, *HERM*, Fortress Press, Minneapolis, MN 2006.

June Fhce langney, Fatnaa Wagner and Richard Gramzow, "Proneness to Shame, Goneness to Guilt, and Psychopathology," *Journal of Abnormal Psychology* 101 (1992): 469-470; W. R Crozier, Shyness and Embarrassment-Perspectives torn social Psychology (Camtridge: Cambridge University Press, 1990).

J. L. McKenzie, *Second Isaiah* (AB, 1968), p. 134-135.; C. R. North, *The Suffering Servant in Deutero-Isaiah*, London 1948.

J. Mchenzie, *Second Isaiah* (New York: Doubleday & Company, 1968).

Katharine Doob Sakenfeld, *Ruth*(Interpretation | INT), Publisher: John Knox, 1999.

Kruse, C. G., Paul's *Letter to the Romans*, ed. D. A. Carson, PNTC, William B. Eerdmans Publishing Company; Apollos, Cambridge, U.K.; Nottingham, England; Grand Rapids, MI 2012.

Lamm, Maurice, (1980), *The Jewish Way in Love and Marriage*, Middle Village, NY; Jonathan David Publishers, Inc.

Lampe, G.W.H., (1961), *A Patristic Greek Lexicon*. Oxford: At The Clarendon Press.

Lea, T. D., *Hebrews, James*, X, *HNTC*, Broadman & Holman Publishers, Nashville, TN 1999.

Luz, U., *Matthew* 1—7: *a commentary on Matthew* 1—7, ed. H. Koester, *HERM*, Fortress Press, Minneapolis, MN 2007Rev. ed.

Luz, U. (2001) *Matthew* 8—20: *a commentary*. Minneapolis, MN: Augsburg (*HERM*).

Luz, U. (2005) *Matthew* 21—28: *a commentary*. Minneapolis, MN: Augsburg (*HERM*).

Mathews, K.A. (1996) *Genesis* 1—11:26. Nashville: Broadman & Holman Publishers (*NAC*).

McComiskey, T. E. (ed.), *The Minor Prophets: An Exegetical and Expository Commentary*, Baker Academic, Grand Rapids, MI 2009.

M. Noth, *The Deuteronomistic Histroy*, (Sheffifld : JOST Press, 1881).

Milgrom, J., *Numbers*, *JPSTC*, Jewish Publication Society, Philadelphia 1990.

Newman, B.M., Jr. Stine, P.C. (2003) *A handbook on Jeremiah*. New York: United Bible Societies (UBS Handbook Series).

Mounce, R. H., Romans, XXVII, *NAC*, Broadman & Holman Publishers, Nashville 1995.

Nolland, J. (2005) *The Gospel of Matthew: a commentary on the Greek text*. Grand Rapids, MI; Carlisle: W.B. Eerdmans; Paternoster Press (*NIGTC*).

Patzia, A. G. — Petrotta, A. J., *Pocket dictionary of biblical studies*, InterVarsity Press, Downers Grove, IL 2002.

Radmacher, E. D. — Allen, R. B. — House, H. W., *Nelson's new illustrated Bible commentary*, T. Nelson Publishers, Nashville 1999.

Riesner, R. (2013) "Teacher", *Dictionary of Jesus and the Gospels*, Second Edition. Downers Grove, IL; Nottingham, England: IVP Academic; IVP.

Sarna, Nahum M., Genesis, *JPSTC*, Jewish Publication Society, Philadelphia 1989.

Schipper, B. U., *Proverb*s 1—15: *A Commentary on the Book of Proverbs* 1:1—15:33, ed. T.

Krüger, Hermeneia, Fortress Press, Minneapolis, MN 2019.

Schreiner, T.R. (2003) 1, 2 *Peter, Jude*. Nashville: Broadman & Holman Publishers (*NAC*).

Seifrid, M.A. (1997) "Death of Christ", *Dictionary of the later New Testament and its developments*. Downers Grove, IL: InterVarsity Press.

Simon, U., *Jonah, JPS*, Jewish Publication Society, Philadelphia 1999.

Sproul, R.C. (2015) *The Reformation Study Bible*: English Standard Version (2015 Edition). Orlando, FL: Reformation Trust.

Stott, J. R. W., *The message of Romans: God's good news for the world*, BST, InterVarsity Press, Leicester, England; Downers Grove, IL 2001.

Thrall, M. E., *A critical and exegetical commentary on the Second Epistle of the Corinthians*, ICC, T&T Clark International, London; New York 2004.

Van Leeuwen, Proverbs"(NIB *Volume* 5.). Abingdon Press, 1997.

Von Rad, G. (1966) *Deuteronomy: A Commentary*. Philadelphia, PA: The Westminster Press (*OTL*).

Waltke, B. K., *The Book of Proverbs, Chapters* 1–15, *NICOT*, Wm. B. Eerdmans Publishing Co., Grand Rapids, MI 2004.

Westermann, C. (1969) *Isaiah* 40–66: *A Commentary*. Philadelphia, PA: The Westminster Press (*OTL*).

Wiseman, D. J., 1 *and 2 Kings: an introduction and commentary*, IX, *TOTC*, InterVarsity Press, Downers Grove, IL 1993.

Wilcock, M., *The Message of Psalms* 1–150: *Songs for the People of God*, ed. J. A. Motyer, *BST*, Inter–Varsity Press, Nottingham, England 2001.

Wildberger, H., *A Continental Commentary: Isaiah* 1–12, Fortress Press, Minneapolis, MN 1991.

Zimmerli, W., Ezekiel: *a commentary on the Book of the Prophet Ezekiel*, edd. F. M. Cross – K.
Baltzer, *HERM*, Fortress Press, Philadelphia 1979–.

국내외 논문

ACTS 신학저널, 제52집 81–120, 2022, 안점식; http://dx.doi.org/10.19114/atj.52.3

Ananda Geyser–Fouché & Thomas M. Munengwa, "The concept of vicarious suffering in the
Old Testament." *HTS Teologiese Studies/Theological Studies* 75.4 (2019).

Roy A. Rosenberg, "Jesus, Isaac, and the 'Suffering Servant'", *JBL* 84(1965), 381–388.

Ulrich Berges, "The Fourth Servant Song,(Isaiah 52:13–53:12): Reflections on the Current
Debate on the Symbolism of the Cross from the Perspective of the Old Testament",
OTE 25/3 (2012): 481–499.

Marc Brettler & Amy–Jill Levine, "Isaiah's Suffering Servant: Before and After Christianity,
Interpretation", *JBT* 2019, *Vol.* 73(2) 158 –173.

김이곤, "구약 성서의 고난 이해", 「신학연구」 28 (1987), 347–376.

김이곤, "요셉 이야기에 나타난 고난 신학", 「기독교사상」 29(5) (1985).

김이곤. "고난 신학의 맥락에서 본 야웨 신명 연구". 「신학연구」 27 (1986), 171–202.

김학철. "하늘나라 비유로서 달란트 비유 (마 25:14–30) 다시 읽기", 「신약논단」 제16권 제
1호 (2009년 봄).

박노식, "마가복음의 대속적 고난의 신학적 함의와 그 배경", 「신약 연구」*vol.* 12, no. 2
(2013), 191–213.

박성호, "'고난받는 종' 예수", 「Canon & Culture」 11.1 (2017) 169–211.

방성규, "수치심과 죄책감에 대한 목회 상담학적 고찰", 웨스트민스터신학대학원대학교,
2013. 「신약논단」, 제16권 제 1호(2009년 봄), 5–39.

안인섭, "성도의 고난에 대한 칼빈의 신학적 이해". 「신학지남」 83(1) (2016), pp. 153–

184.

조재천. "공동체, 미래, 그리고 그리스도와의 연합을 위한 고난 – 마카비서, 요세푸스 그
리고 신약 성서의 고난 이해". 「신약 연구」 19(2) (2020), 415-447.

최영숙. "바울의 고난과 하나님의 능력". 「신약논단」 17(2) (2010), pp. 395-425.

최영숙. "바울의 고난과 교회의 하나됨(*Pauline Suffering and Church's Unity*): 고린도전서 4장
6-13절을 중심으로". 「성경과 신학」 54 (2010), pp. 35-63.

인터넷 자료

https://ko.wikipedia.org/wiki/%EA%B0%90%EC%A0%95%EB%85%B8%EB%8F%99

https://terms.naver.com/entry.naver?docId=5676796&cid=62841&categoryId=62841.(접속
일: 2023.11.15.).

Stephen's 1550 *Textus Receptus: with morphology* (2002). Bellingham, WA: Logos Bible Software.

김양재(2023.04.30.), 마 5:9: "팔복산의 상속자", 우리들교회 주일설교요약,
https://www.woori.cc/board/?page=6&cate=0&skey=&sword=&MenuUid=97&bu
id=1732&_m=V(접속일: 2024.04.03.).

김양재(2024.01.15), 왕하 7:3-11: "이제 가서 알리자", 우리들교회 주일설교요약,
https://www.woori.cc/board/?page=2&cate=0&skey=&sword=&MenuUid=97&bu
id=1778&_m=V(접속일: 2024.04.02.).

국내 서적 및 번역 서적

알버트 M. 월터스, 창조·타락·구속, 양성만 역, IVP, 2009.

브레인 J. 월시·리처드 미들턴, *The Transforming Vision*, 황영철 역, IVP.

M. 스콧 펙, 아직도 가야할 길, 신승철·이종만 역, 열음사, 2007.

R. T. 프랜스, 마태복음(틴데일 신약 주석 시리즈), 박상민·진규선 역, CLC, 2013.

R. T. 프랜스, NIGTC 마가복음, 이종만, 임요한, 정모세 역, 새물결플러스, 2017.

강대훈, 마태복음 주석, 부흥과개혁사, 1-2권, 2019.

강용원, 유능한 교사의 성경교수법, 생명의 양식 (Church Next), 2008.

곽철호, 패턴으로서의 고난받는 종의 전형(*Persistent Image of the Suffering Servant: A Hermeneutical Analysis of the New Testament Use of Isaiah* 53), 김석근 역, 성서침례대학원대학교 출판부, 2017.

권해생, 요한복음(대한예수교장로회 고신총회 설립 60주년 기념 성경주석), 대한예수교장로회 총회출판국, 2016.

권연경, 행위없는 구원?, SFC 출판부, 2006.

길선주, 길선주(한국 기독교 지도자 강단설교), 홍성사, 2008.

김경일, 적정한 삶, 진성북스, 2021.

김광수, 마가, 마태, 누가의 예수 이야기, (대전: 침례신학대학교 출판부, 1997).

김근주, 특강 예레미야, IVP, 2013.

김근주, 이사야가 본 환상, 비블리카 아카데미아, 2010.

김득중·유태엽, 마태복음 해석, CLC, 2013.

김상윤, 유아유치부 사역 매뉴얼, 생명의양식 (Church Next), 2008.

김성묵, 남자, 아버지가 되다, 두란노, 2017.

김성수, 구약의 키, 바이블 키, 생명의 양식, 2015.

김양재, 고난이 보석이다, 두란노, 2013.

김양재, 돌탕집탕, 두란노, 2019.

김양재, 뜨겁게 행하라, 두란노, 2013.

김양재, 문제아는 없고 문제 부모만 있습니다, 두란노, 2016.

김양재, 보시기에 좋았더라, 두란노, 2014.

김양재, 사랑하고 사랑받고, 큐티엠, 2018.

김양재, 상처가 별이 되어, 두란노, 2014.

김영재, 기독교 교리사 (수원: 합동신학대학원출판부, 2009).

김영진, 옥스퍼드 원어 성경대전 마태복음 제1~11a장, 성서교재주식회사, 1998.

김영진, 옥스퍼드 원어 성경대전 마태복음 제21~28장, 성서교재주식회사, 2000.

김영진, 옥스퍼드 원어 성경대전 창세기 제1~11장, 성서교재주식회사, 1998.

김주석, 히브리적 사고로 조명한 성경해석학 성경을 이렇게 해석하라, 도서출판 동행,
     2011.

김정우, 너는 어찌 여기 있으냐(엘리야의 열정과 엘리사의 사랑 이야기), 생명의말씀사,
     2009.

김정우, 시편 주석 I, 총신대학교 출판부, 2005.

김지찬, 룻기, 어떻게 설교할 것인가: 본문주해에서 설교까지, 생명의말씀사, 2018.

김춘경, 상담학 사전 세트, 학지사, 2016, 동일시(identification).

그랜트 오스본, LAB 주석시리즈 마태복음 (상), 전광규·김진선 역, 성서유니온, 2002.

그레고리 K. 빌·데이비드 H. 캠벨, 그레고리 빌 요한계시록 주석, 김귀탁 역, 복 있는 사
     람, 2015.

노승수, 핵심 감정 공동체(핵심 감정 시리즈), 세움북스, 2019.

노승수, 핵심 감정 성화: 대요리문답으로 해석한 7가지 대죄와 성화(핵심 감정 시리즈), 세
     움북스, 2019.

노승수, 핵심 감정 탐구: 핵심 감정의 치유와 성화의 길(핵심 감정 시리즈), 세움북스,
     2019.

다니엘 보야린, 유대 배경으로 읽는 복음서, 이학영 역, 감은사, 2020.

더글라스 J. 무, NICNT 로마서, 손주철 역, 솔로몬, 2011.

더글라스 J. 무, 야고보서, 틴데일 신약 주석 시리즈 XVI, CLC, 2013.

더글라스 R. A. 헤어, 현대성서주석 마태복음, 최재덕 역, 한국장로교출판사, 1993.

데이비드 A. 드실바, 김경식 역, 신약개론, CLC, 2013.

데이비드 터너, BECNT 마태복음, 배용덕 역, 부흥과 개혁사, 2014.

데이비드 W. 파오·에카르트 J. 슈나벨·안드레아스 쾨스텐버거, 누가·요한복음(신약의 구약사용 주석 시리즈), CLC, 2012.

데이빗 A. 노에벨, 충돌하는 세계관(*Understanding the Times: The Collision of Today's Competing Worldviews*), 류현진·류현모 역, 꿈을 이루는 사람들, 2021.

데이빗 월스, Main Idea로 푸는 베드로전후서, 요한일이삼서, 유다서, 장미숙 역, 디모데, 2004.

데니스 올슨, 민수기, 한국장로교출판사, 2000.

데릭 브라운, Lexham 리서치 주석 갈라디아서, 김태영 역, Lexham Press, 2012.

데릭 브라운, 토드 트위스트, Lexham 리서치 주석: 로마서, ed. 더글러스 맹검, Lexham 리서치 주석 시리즈, Lexham Press, Bellingham, WA 2023.

도널드 헤그너, WBC 성경주석 마태복음(33하), 채천석 역, 솔로몬, 2000.

드실바 데이비드, 바울 복음의 심장: 개인, 교회, 창조 세계를 변화시키는 복음(교회를 위한 신학), 오광만 역, 이레서원, 2019.

D. A. 카슨, 위로의 하나님 | 신정론 시리즈 7, 한동수 역, CLC, 2017.

D. A. 카슨, 야고보서"(신약의 구약사용 주석 시리즈), 김용재·박정식 역, CLC, 2018.

디트리히 본회퍼, 나를 따르라(*Nachfolge*), 허혁 역, 대한기독교서회, 1965.

디트리히 본회퍼, 옥중서간, 대한기독교서회, 1967.

디트리히 본회퍼, 십자가 부활의 명상, 연규홍 역, 도서출판 청우, 2003.

랄프 P. 마틴, 현대성서주석 에베소서·골로새서·빌레몬서, 김춘기 역, 한국장로교출판사, 2002.

레슬리 뉴비긴, 레슬리 뉴비긴의 요한복음 강해, IVP Korea, 2001.

레온 모리스, 레온 모리스의 그리스도의 십자가(*The Cross of Christ*)[eBook], 이승구 역, 바이블리더스, 2013.

로날드 사이더, 가난한 시대를 사는 부유한 그리스도인, 한화룡 역, IVP, 1998.

로날드 E. 클레멘츠, 예레미야, 한국장로교출판사, 김회권 역, 2002.

룩 티모시 존슨, '최신 신약 개론, 채천석 역, 크리스천 다이체스트, 1998.

리처드 미들턴·브라이언 왈쉬, 그리스도인의 비전: *Transforming Vision*, 황영철 역, IVP,
2023.

리처드 헤이스, 상상력의 전환(구약 성경의 해석자 바울), 김태훈 역, 큐티엠(QTM), 2020.

리처드 J. 클리포드, 지혜서(*The Wisdom Literature*), 구약학 입문 시리즈 IV, 안근조 역, 대
한기독교서회, 2015.

리차드 L. 프랫 주니어, Main Idea로 푸는 고린도전후서, 김진선 역, 디모데, 2005.

리처드 N. 롱네커, 로마서(*NIGTC*), 새물결플러스, 오광만 역, 2020.

리처드 N. 롱네커, WBC 성경주석 갈라디아서, 이덕신 역, 솔로몬, 2003.

마빈 A. 스위니, 예언서(*The Prophetic Literature*), 구약학입문시리즈 V, 홍국평 역, 대한기독
교서회, 2015.

마크 루커, Main Idea로 푸는 에스겔, 김진선 역, 디모데, 2010.

매튜 헨리, 매튜 헨리 주석 마태복음, 원광연 역, 크리스챤 다이제스트, 2006.

목회와 신학 편집팀, 마태복음 어떻게 설교할 것인가, 두란노아카데미, 2003.

목회와 신학 편집부, 예레미야 1: 어떻게 설교할 것인가 두란노 HOW 시리즈 25, 두란
노아카데미, 2012.

목회와 신학 편집부, 로마서 어떻게 설교할 것인가: 두란노 How 주석 시리즈 39, 두란
노, 2007.

목회와 신학, 그말씀, 도서출판 두란노, 2000년 5월호.

미눙 R. 제이콥스, "미가"(구약의 신학적 해석: 구약 각 권 해석 연구), CLC, 2011.

M. 스캇 펙, 아직도 가야할 길, 신승철 이종만 역, 열음사, 2007.

박성덕, 당신 내 편이라서 고마워, 두란노, 2017.

박용규, 평양대부흥운동, 생명의 말씀사, 2000.

박철수, 하나님 나라: 기독교란 무엇인가, 대장간, 2015.

박철수, 요나/미가: 대한기독교서회 창립 100주년 기념 성서주석 시리즈 28, 대한기독교
서회, 2008.

박철현, 출애굽기 산책, 솔로몬, 2014.

변종길, 로마서(대한예수교장로회 고신총회 설립 60주년 기념 성경주석), 대한예수교장로회
총회출판국, 2014.

브라이언 왈쉬·리처드 미들턴, 그리스도인의 비전(*Transforming Vision*), 황영철 역, IVP,
2023.

브레네 브라운, 나는 왜 내 편이 아닌가, 서현정 역, 북하이브, 2012.

브레네 브라운, 대담하게 맞서기, 최완규 역, 명진출판, 2013.

브루스 밀른, 요한복음 – 말씀이 육신이 되어(*BST*) 성경 강해 시리즈, 정옥배 역, IVP,
1995.

송병헌, 엑스포지멘터리 역사서 개론, 국제제자훈련원, 2011.

송병헌, 엑스포지멘터리 이사야 2, 이엠(*EM-Exposi Mentary*), 2012.

송병헌, 엑스포지멘터리 호세아 요엘 아모스 오바댜 요나, 국제제자훈련원, 2011.

송병헌, 엑스포지멘터리 창세기, 국제제자훈련원(DMI, 디엠출판유통), 2010.

스튜어트 K 웨버, Main Idea로 푸는 마태복음, 김창동 역, 디모데, 2005.

스티븐 J. 로슨, Main Idea로 푸는 시편 1 : 시편 1-75, 김진선 역, 디모데, 2008.

신원하, 죽음에 이르는 7가지 죄, 한국기독학생회 출판부, 2012.

아치볼드 하트, 숨겨진 감정의 회복, 정성준 역, 두란노, 2005.

안토니 A. 후크마, 개혁주의 구원론, CLC, 1990.

안드레아스 J. 쾨스텐버거, "누가·요한복음(신약의 구약사용 주석 시리즈)", CLC, 2012.

알버트 월터스, 창조·타락·구속, IVP, 1992.

R. 앨런 컬페퍼, 요한복음 요한서신, 신학 입문시리즈 IV, 대한기독교서회, 2018.

엘런 로스, '창조와 축복'(*Creation & Blessing*), 김창동 역, 디모데, 2007.

알리시아 J. 배튼, 최근 야고보서 연구 동향(21세기 신학 시리즈), 김병모 역, CLC, 2015.

양용의, 마태복음 어떻게 읽을 것인가, 성서유니온, 2005.

앨빈 레이드, 복음주의 전도학(복음주의 시리즈), 임채남 역, CLC, 2018.

에드가 W. 콘래드, 이사야서 읽기, 장세훈 역, CLC, 2002.

웨인 A. 그루뎀, 틴데일 신약 주석 시리즈 베드로전서, 왕인성 역, CLC, 2014.

오은주·이호경, 교회오빠 이관희, 국민일보사, 2019.

Eugene H. Merrill·Mark F. Rooker·Michael A. Grisanti, 현대인을 위한 구약개론: 구약의
    세상과 하나님 말씀, 유창걸·황의무 역, CLC, 2016.

이문범, 신약 개관(역사지리로 보는 성경), 두란노, 2017.

이석호, 하나님 나라 왕들의 행진곡, 킹덤북스, 2013.

이안 두굿, NIV 적용주석 에스겔, 성서유니온선교회, 2003.

이지선, 지선아 사랑해, (주)문학동네, 2010.

이형원, 성서주석 열왕기상(대한기독교서회 창립 100주년 기념 성서주석 시리즈 10), 대한기
    독교서회, 2005.

이홍록, 시내산 아래서 창세기를 읽다, CLC, 2010.

자끄 엘륄, 요나의 심판과 구원: *Le Live de Jonas* (1974), 신기호 역, 대장간, 2010.

자밀 자키, 공감은 지능이다: *The War for Kindness*(2019)[eBook], 정지인 역, 심심, 2021.

장세훈, 한 권으로 읽는 이사야서, 이레서원, 2004.

장재일, 히브리적 관점으로 다시 보는 마태복음 1~13장, 쿰란 출판사, 2011.

전광식, 학문의 숲길을 걷는 기쁨: 세계관, 철학, 학문에 관한 여덟 가지 글모음, CUP,
    1998.

전요섭, 효과적인 기독교 상담 기법, CLC, 2009.

제임스 D. G. 던, 초기 교회의 기원 (상권, 하권), 문현인 역, 새물결플러스, 2019.

제임스 D. G. 던, WBC 성경주석 로마서 하 9-16, 김철·채천석 역, 솔로몬, 2005.

제임스 림버그, 호세아-미가(현대성서주석), 강성열 역, 한국장로교출판사, 2004.

J. 허버트 케인, 세계 선교 역사, 변창욱 역, CLC, 2020.

조경철, 대한기독교서회창립 100주년 기념성서주석 마태복음(1), 대한기독교서회 1999.

조셉 블렌킨숍, 에스겔(현대성서주석), 박문재 역, 한국장로교출판사, 2002.

조지 H. 거쓰리, D. A. 카슨, 그레고리 K. 빌, 숀 M 맥도너, 일반서신·요한계시록(신약
    의 구약사용 주석 시리즈), 김주원·김용재·박정식 역, CLC, 2018.

존 와츠, WBC 성경주석 이사야 상, 강철성 역, 솔로몬, 2002.

존 와츠, WBC 성경주석 이사야 하, 강철성 역, 솔로몬, 2002.

존 칼빈, '구약 성경주석 8: 시편', 존 칼빈 성경주석출판위원회 역,성서교재간행사,
    1982.

존 스토트, 로마서 강해, 정옥배 역, IVP, 1996.

존 스토트, 그리스도의 십자가(The Cross of Christ), 지상우 역, CLC, 1988.

존 스토트, 갈라디아서 강해(The Message of Galatians: Only One Way), 정옥배 역, IVP, 2007.

존 E 하틀리, WBC 성경주석 레위기(4), 김경열 역, 솔로몬, 2006.

주기철, 주기철(한국 기독교 지도자 강단설교), 홍성사, 2008.

채영삼, 마태복음의 이해 긍휼의 목자 예수, 도서출판 이레서원, 2011.

최갑종, 바울, 율법 그리고 유대교, 진리논단 창간호, 1997.

캐롤 카민스키, 구약을 읽다, 이대은 역, 죠이북스, 2016.

콜린 G. 크루즈, 요한복음(틴데일 신약 주석 시리즈IV), 배용덕 역, CLC, 2013.

크루즈콜린 G, 고린도후서(틴데일 신약 주석 시리즈), 왕인성 역, CLC, 2013.

크레이그 L. 블롬버그, "마태복음"(신약의 구약사용 주석 시리즈), 김용재·우성훈 역, CLC,

2010.

크레이그 S. 키너, 키너 요한복음(CLC 신약 주석 시리즈), 이옥용 역, CLC, 2018.

토마스 렌즈, "에스겔", 구약의 신학적 해석: 구약 각 권 해석 연구. 초판. 서울: CLC, 2011.

트렘퍼 롱맨 3세, 구약 성경의 정수: 창조, 정복, 유배, 그리고 귀환, 최광일 역, CLC, 2016.

트렘퍼 롱맨 3세, 욥기 주석(베이커 지혜문헌·시편 주석 시리즈), 임요한 역, CLC, 2017.

트렘퍼 롱맨 3세, 잠언 주석, 베이커 지혜 문헌·시편 주석 시리즈(*Baker Commentary on the Old Testament Wisdom and Psalms* 5), 임요한 역, CLC, 2019.

트렌트 C. 버틀러, Main Idea로 푸는 이사야, 마영례 역, 디모데, 2006.

티머시 R. 제닝스, 뇌 하나님 설계의 비밀: *The God-Shaped Brain: How Changing Your View of God Transforms Your Life*, 윤종석 역, CUP, 2017.

팀 켈러, 팀 켈러의 정의란 무엇인가, 최종훈 역, 두란노, 2012.

팀 켈러, 살아 있는 신: *Belief in an age of skepticism*, 권기대 역, 베가북스, 2010.

팀 켈러, 마르지 않는 사람의 샘(*The Prodigal God*), 전성호 역, 베가북스, 2011,

팀 켈러, 당신을 위한 로마서 2, 김건우 역, 두란노, 2015.

팀 켈러, 당신을 위한 갈라디아서, 윤종석 역, 두란노, 2018.

폴 히버트 저, 21세기 선교와 세계관의 변화, 홍병룡 역, 복 있는 사람, 2010.

폴 히버트·다니엘 쇼·티트 티에노우, 민간종교 이해, 문상철 역, 한국해외선교회출판부, 2006.

폴 히버트, 선교현장에서의 문화 이해, 김영동·안영권 역, 죠이선교회출판부, 1997.

폴 트립, 고난: 하나님의 특별한 은혜의 도구[eBook].조계광 역, 조계광 역, 생명의 말씀사, 2019.

프레드 M. 우드·로스 맥클라렌, 메인아이디어로 푸는 예레미야, 예레미야 애가, 김진선 역, 디모데, 2010.

피터 크레이기, WBC 성경주석 시편 상, 손석태 역, 솔로몬, 2000.

필립 H. 타우너, "디모데전후서·디도서"(신약의 구약사용 주석 시리즈), 이상규 역, CLC, 2012.

하워드 마샬, 사도행전: 틴데일 신약 주석 시리즈 V, 백승현 역, CLC, 2016.

하재성, 우울증, 슬픔과 함께 온 하나님의 선물, 이레서원, 2014.

한성천·김시열, 옥스퍼드 원어 성경대전 신명기 제1~11장, 제자원, 2002.

헤티 랄레만, 예레미야·예레미야 애가(틴데일 구약주석 시리즈), 유창걸 역, CLC, 2017.

현용수, 성경이 말하는 남과 여 한 몸의 비밀, 도서출판 쉐마, 2012.

현용수, 성경이 말하는 어머니의 EQ 교육 2권, 도서출판 쉐마, 2004.

현용수, 유대인의 고난의 역사교육, 도서출판쉐마, 2015.

황원하, 마태복음(대한예수교장로회 고신총회 설립 60주년 기념 성경주석), 대한예수교장로회 총회출판국, 2014.